高等医药院校系列教材

供临床、预防、基础、护理、影像、检验、麻醉、中西医结合、
口腔、药学、法医等专业使用

医学生物化学

主　　编　鄢佳程

副 主 编　李红林　朱彦雨

编　　者　（以姓氏笔画为序）

王含彦　朱彦雨　汤建才　李红林

杨映雪　宋永燕　张秀云　张蜀敏

陈　竞　陈瑾歆　易　芳　唐　珍

鄢佳程

编委会秘书　易　芳　王含彦

科学出版社

北　京

内 容 简 介

本书根据医药院校教育改革的需要,按照“前期趋同、后期分流”,适当减少理论教学时间、增加实践教学和自学时间的基本思路,在总结教学实践的基础上,参考国内、外相关教科书,适当精减部分内容编写而成。全书分为四部分:①生物大分子的结构与功能,共三章。②物质的中间代谢与调节,共五章。③遗传信息的传递、表达和调控,共五章。④专题生物化学,共五章。在专题生物化学部分主要是供相关专业和方向的学生学习,如放射损伤的生物化学、骨和牙的生物化学、麻醉生物化学、应激生物化学。为减轻学生课堂负担,本书没有列出参考阅读内容,只列出参考阅读书目和文献供学生自学时使用。

为提高学生的学习兴趣和针对性,本书在每章的最后都单列内容介绍与理论内容相关的疾病诊断、治疗、预防等知识。

本书主要作为医学本科各专业学生的生物化学与分子生物学教材使用,也可作为中等医药学校的教师和学生的参考书。

图书在版编目(CIP)数据

医学生物化学／鄢佳程主编.—北京:科学出版社,2010
高等医药院校系列教材
ISBN 978-7-03-027248-5

Ⅰ.医…　Ⅱ.鄢…　Ⅲ.医用化学-医学院校-教材　Ⅳ.R96

中国版本图书馆 CIP 数据核字(2010)第 006462 号

策划编辑:李国红　邹梦娜／责任编辑:邹梦娜／责任校对:张小霞
责任印制:李　彤／封面设计:黄　超

科学出版社 出版
北京东黄城根北街 16 号
邮政编码:100717
http://www.sciencep.com
北京虎彩文化传播有限公司 印刷
科学出版社发行　各地新华书店经销
*
2010 年 5 月第　一　版　　开本:850×1168　1/16
2023 年 1 月第五次印刷　　印张:19
字数:543 000

定价:79.80 元

(如有印装质量问题,我社负责调换)

前　　言

生物化学与分子生物学是近数十年研究进展最快、知识更新最多、涉及面最广的学科之一，也是医药院校的学生在学习中难度最大的课程之一。为了既较全面概括学科内的所有知识又尽可能反映新进展，在教科书编写内容的取舍上都尽量压缩经典内容，即"三大物质代谢"，扩充遗传信息的传递、表达、调控及相关内容。尽管如此，目前国内外医学院校的生物化学与分子生物学教科书一般都在 90 万字左右。如要求在规定的教学时段内全部完成，无论是教师还是学生都力不从心；但作为参考书又略显不足。

经编委们反复讨论后达成共识：①缩减篇幅，全书控制在 56 万字左右；②突出本学科主干内容，删除其他学科重复的内容；③紧扣医学主题，在每章单列内容介绍与理论内容相关的疾病诊断、治疗、预防等知识；④为新设医学专业或专业方向设置专题内容：如"放射损伤的生物化学"针对医学影像学专业；"麻醉生物化学"针对麻醉学专业；"应激生物化学"针对急诊医学专业。

由于本教材改动较大，是否能够达到预期目的结果难料，故而本教材暂未邀请其他院校的教师参与编写，先作为教改试用教材使用并总结经验，同时征求其他院校教师意见，争取下一版扩大编委范围逐步形成一本成熟的教材。

在本书的编写过程中得到科学出版社等单位的大力支持和帮助，在此一并致谢！

郗佳程

2010 年 3 月 15 日

目　　录

第1章 绪 论

生物化学与分子生物学在自然科学领域中是一门年轻的新兴的学科，也是在化学、物理学、生物学、遗传学、生理学等学科的基础上发展起来的学科，所以，也是一门边缘学科。生物化学与分子生物学作为医学的重要基础学科之一，对人类的进步、科学的发展起到了巨大的推动作用，就诺贝尔奖获得情况来看，从1901年至2008年就这方面取得的成就获奖达53次，占化学奖的近1/3，占生理学医学奖的近1/4。

生物化学就是生命的化学。它是研究活细胞和有机体中存在的各种化学分子及其所参与的化学反应的科学；分子生物学是研究生物大分子的结构、功能及其调控机制的科学，因此，从广义上讲，生物化学包括分子生物学的全部知识，经典内容就是传统生物化学知识，分子生物学内容就是近代和现代生物化学知识。

第一节 生物化学与分子生物学发展史简介

生物化学与分子生物学的发展大致分为三个阶段：静态生物化学、动态生物化学（即物质代谢过程）和现代生物化学（即分子生物学）。在100多年的发展历程中，随着人类整体科学技术水平和能力的高速推进，本学科也有许多发现和发明极大地推动学科的发展。

一、静态生物化学阶段

静态生物化学阶段也有人称为描述生物化学、叙述生物化学阶段。这个阶段发展缓慢，历时时间最长，从18世纪的晚期到20世纪早期，主要围绕生物体的化学组成，化学组成的结构、性质，生物化学反应的基本概念等方面从事研究。如1773年发现尿素；1780年证明呼吸即氧化反应；1836年明确了生物催化剂概念和1897年完成无细胞发酵；1869年发现核酸；1890年结晶出第一个蛋白质；1902年证明蛋白质即是多肽；1903年分离出肾上腺素；1926年分离出维生素 B_1、脲酶；1929年发现“活性磷酸”ATP。

二、动态生物化学阶段

在静态生物化学的研究结果基础上，这阶段的研究主要围绕进入生物体的化学物质的组成，及其代谢过程、代谢条件、代谢调控和代谢产物进行，这些研究成果除借助于其他分离分析技术的高度发展外，同位素示踪技术的发明和应用加快了研究的进程。如：1932年发现“鸟氨酸循环”；1937年“三羧酸循环”模式化；1938年发现转氨基作用；1939年发现氧化磷酸化作用；1948~1950年证明了三羧酸循环、脂肪酸β氧化和氧化磷酸化在线粒体进行。

以上两个阶段构成了经典生物化学的基本内容。

三、现代生物化学阶段

现代生物化学阶段即分子生物学阶段，主要研究生物大分子的结构、功能、代谢和调控，其中心内容是遗传信息的保存、传递、表达、调控以及细胞信号转导机制。这一阶段生物化学发展最快、成果最突出、对生命科学的进步推动最大和对人类的影响最深远。其中最具影响的成果有：1952年阐明蛋白质的α-螺旋模型；1953年阐明DNA的双螺旋模型；1958年证明了半保留复制；1959年发现cAMP为激素作用的第二信使；1968年发现不连续复制；1970年发现限制性内切酶和逆转录酶；1978年发现DNA中有内含子存在；1980年发明DNA碱基测序；1983年发现DNA上的“可移动遗传元件”；1990年启动人类基因组计划（Human Genomic Project，HGP）；1993年发明“PCR”技术；1996年克隆羊“多莉”诞生；1997年发现感染性蛋白颗粒（Prion）；1998年发现NO是信号分子；2003年完成人类基因组序列图；2006年发现RNA干扰现象；2007年实现小鼠“基因打靶”技术。

下面重点介绍一下人类基因组计划和人类

后基因组计划。

人类基因组计划于 1990 年正式启动，美国、英国、法国、德国、日本和我国科学家共同参与了这一价值达 30 亿美元的研究计划。该计划在 2003 年完成。人类基因组计划与曼哈顿原子弹计划和阿波罗计划并称为三大科学计划。HGP 的目的是解码生命、了解生命的起源、了解生命体生长发育的规律、认识种属之间和个体之间存在差异的起因、认识疾病产生的机制以及长寿与衰老等生命现象、为疾病的诊治提供科学依据。HGP 的主要任务是人类的 DNA 测序，完成四张谱图：

1. 遗传图谱（genetic map） 又称连锁图谱（linkage map），它是以具有遗传多态性（在一个遗传位点上具有一个以上的等位基因，在群体中的出现频率皆高于 1%）的遗传标记为“路标”，以遗传学距离（在减数分裂事件中两个位点之间进行交换、重组的百分率，1% 的重组率称为 1cM）为图距的基因组图。遗传图谱的建立为基因识别和完成基因定位创造了条件。意义：6000 多个遗传标记已经能够把人的基因组分成 6000 多个区域，使得连锁分析法可以找到某一致病的或表现型的基因与某一标记邻近（紧密连锁）的证据，这样可把这一基因定位于这一已知区域，再对基因进行分离和研究。

2. 物理图谱（physical map） 物理图谱是指有关构成基因组的全部基因的排列和间距的信息，它是通过对构成基因组的 DNA 分子进行测定而绘制的。绘制物理图谱的目的是把有关基因的遗传信息及其在每条染色体上的相对位置线性而系统地排列出来。DNA 物理图谱是指 DNA 链的限制性酶切片段的排列顺序，即酶切片段在 DNA 链上的定位。因限制性内切酶在 DNA 链上的切口是以特异序列为基础的，核苷酸序列不同的 DNA，经酶切后就会产生不同长度的 DNA 片段，由此而构成独特的酶切图谱。因此，DNA 物理图谱是 DNA 分子结构的特征之一。DNA 是很大的分子，由限制酶产生的用于测序反应的 DNA 片段只是其中的极小部分，这些片段在 DNA 链中所处的位置关系是应该首先解决的问题，故 DNA 物理图谱是顺序测定的基础，也可理解为指导 DNA 测序的蓝图。

3. 序列图谱（sequence map） 随着遗传图谱和物理图谱的完成，测序就成为重中之重的工作。DNA 序列分析技术是一个包括制备 DNA 片段化及碱基分析、DNA 信息翻译的多阶段的过程。通过测序得到基因组的序列图谱。

4. 基因图谱（genome map） 基因图谱是在识别基因组所包含的蛋白质编码序列的基础上绘制的结合有关基因序列、位置及表达模式等信息的图谱。在人类基因组中鉴别出占具 2% ~ 5% 长度的全部基因的位置、结构与功能，最主要的方法是通过基因的表达产物 mRNA 反追到染色体的位置。

在完成四张图谱的基础上，HGP 还进行了两方面的工作，一是疾病基因的定位克隆，人类基因组计划的直接动因是要解决包括肿瘤在内的人类疾病的分子遗传学问题。6000 多个单基因遗传病和多种大面积危害人类健康的多基因遗传病的致病基因及相关基因，代表了对人类基因中结构和功能完整性至关重要的组成部分。所以，疾病基因的克隆在 HGP 中占据着核心位置，也是计划实施以来成果最显著的部分。二是多基因病的研究，由于多基因疾病不遵循孟德尔遗传规律，难以从一般的家系遗传连锁分析取得突破。这方面的研究需要在人群和遗传标记的选择、数学模型的建立、统计方法的改进等方面进行艰苦的努力。1999 年 9 月，我国获准参加国际人类基因组计划研究，成为继美、英、日、德法之后的第六个参与国。值得注意的是，我国是参与这一研究计划的唯一发展中国家。在国家科技部和中科院的资助下，2002 年 4 月，我国科学家仅用半年时间就完成了人类基因组计划中分配的 1% 的测序任务，即 3 号染色体上 3000 万个碱基对的测序任务。更为重要的是，我国测序的这段染色体是基因密集的区段，有 750 ~ 1000 个基因，蕴藏着极大的可开发资源。

人类后基因组计划：人类后基因组计划是由序列（结构）基因组学向功能基因组学的转移。即在基因组静态的碱基序列逐步搞清楚后，转而对基因组进行动态的生物学功能的研究。对基因功能的研究包括一个给定的基因在什么地方、什么时候表达以及基因实际上是做什么的。在这些巨量的序列信息基础上，就可以在分子层面上探索人类健康和疾病的奥秘，从老年痴呆症到癌症等不治之症的攻克，从疾病预防到优生优育到长寿等。人类后基因组计划包括基因的表达与调控、蛋白质组学、生物信息学、比较基因组学、结构基因组学、药物基因组学等等，其研究结果必将极大地推动医学的发展。

笔记栏

第二节 生物化学与分子生物学在医学中的地位及本书的内容

一、生物化学与分子生物学在医学中的地位

生物化学与分子生物学作为医学基础课的主要课程之一，以化学、生物学、物理学及其他相关公共学科为基础，从分子水平研究正常人体的组成、代谢及调控机制。一方面为后续的基础学科如生理学、药理学、免疫学、病理学、微生物学打下基础，并在这些学科中衍生出新兴的分支学科，如生化药理学、分子药理学、分子免疫学、分子病理学、分子遗传学、分子病毒学、病理生化学等国；另一方面也为临床学科预防、理解、诊断和治疗疾病提供理论依据。如唐筛检查胎儿先天愚型，肿瘤标志物检查，PCR 结合分子杂交诊断肿瘤，将来的“基因打靶”治疗遗传病和肿瘤，临床生化检验的基本原理和方法，基因药物治疗相关疾病，基因疫苗预防各种传染病等等。有人预言，到 21 世纪的中叶，基因方法治疗相关疾病犹如目前治疗普通感冒一样简单，但这都离不开生物化学与分子生物学的基本原理和方法。综上所述，无论是对于基础学科还是临床学科，生物化学与分子生物学都是关系十分密切、地位非常重要的基础学科。

二、本书的内容及特点

和其他医学生物化学与分子生物学教材一样，本书同样含四部分内容：①生物大分子的结构与功能：包括蛋白质的组成与结构、核酸的组成与结构、酶的结构与功能。②物质代谢：包括糖、脂、氨基酸、核苷酸和能量代谢。③遗传信息的传递、表达、调控：包括复制、转录、翻译、基因表达调控、基因重组与基因工程。④专题生物化学：包括肝脏的生物化学，放射损伤的生物化学，骨、牙生物化学，麻醉生物化学和应急状态的生物化学。

本教材的特点主要体现在实用上：①根据五年制医学本科学生后续课程和临床课程的需要突出主干内容，删减其他学科已经或将重复的内容。②保留基本内容，删减其他内容，比如一些复杂而又非必须掌握的结构、反应过程等。③每章增加密切相关的临床病例以强化基础知识和提高学习的针对性、积极性。④书未列出参考文献供学有余力的学生深入自学。⑤针对目前相关医学专业的细分增添相关内容，如放射损伤的生物化学、麻醉生物化学和应急状态的生物化学。

本书是在总结数十年教学的基础上，结合多个学校生物化学教师和医学生的反响，配合教育和教学改革所作的一个尝试，由于水平有限，疏漏之处还请各位教师、学生和读者批评、斧正。

（郿佳程　李红林　朱彦雨）

第 2 章　蛋白质的组成与结构

蛋白质(protein)是由氨基酸组成的一类重要的生物大分子,是生命的物质基础。人体内蛋白质的含量很多,约占人体固体成分的45%,它的分布很广,几乎所有的器官组织都含蛋白质,并且它又与所有的生命活动密切联系。例如,机体新陈代谢过程中的一系列化学反应几乎都依赖于生物催化剂——酶的作用,而酶的本质就是蛋白质;调节物质代谢的激素有许多也是蛋白质或它的衍生物;其他诸如肌肉的收缩,血液的凝固,免疫功能,组织修复以及生长、繁殖等主要功能无一不与蛋白质相关。近代分子生物学的研究表明,蛋白质在遗传信息的控制、细胞膜的通透性、神经冲动的发生和传导以及高等动物的记忆等方面都起着重要的作用。

第一节　蛋白质的组成单位

一、蛋白质的元素组成

蛋白质的元素组成主要是碳(50%~55%)、氢(6%~7%)、氧(19%~24%)、氮(13%~19%),硫(0~4%)。除此以外,部分蛋白质还含有磷、铁、铜、锌、锰、硒、碘等元素。其中,各种蛋白质中氮含量平均约为16%,即1克氮约相当于6.25克蛋白质。因此,利用含氮量可以推算蛋白质的大致含量。

二、蛋白质的基本组成单位——氨基酸

蛋白质可以受酸、碱或酶的作用而水解。利用层析等手段分析水解液,证明组成蛋白质分子的基本单位是**氨基酸**(amino acid)。天然氨基酸有300多种,但构成蛋白质的基本氨基酸有20种。除脯氨酸外,均为α-氨基酸。

(一)氨基酸的结构通式

α-氨基酸的结构如下(图2-1):

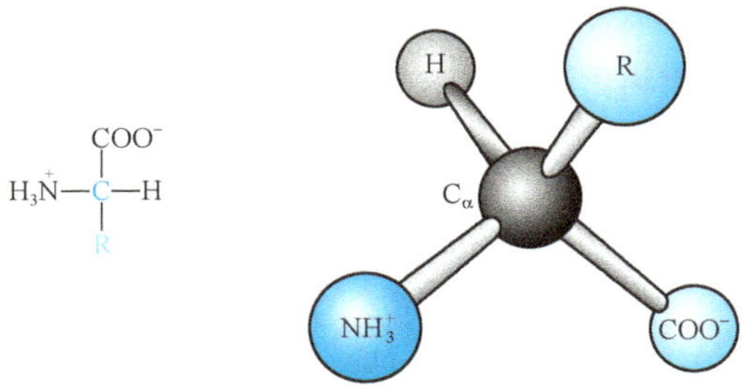

图2-1　L-α-氨基酸结构通式

R基团是氨基酸的特征基团,不同的氨基酸其侧链各异。α-氨基酸(除甘氨酸外)均有一个不对称碳原子,因此具有L型和D型两种旋光异构体(图2-2)。而组成天然蛋白质的氨基酸皆为L-α氨基酸,D型氨基酸没有营养价值,而且大多数D型氨基酸不能被动物利用或利用率很低。仅存于短杆菌肽等极少数寡肽之中,还未在蛋白质中发现。

图2-2　丙氨酸的两种构型

A. L-丙氨酸;B. D-丙氨酸

(二)氨基酸的分类

氨基酸的分类可以依照侧链R基团的结构不同分为脂肪族氨基酸、芳香族氨基酸和杂环氨基酸三类;也可以依照侧链R基团的极性不同分为非极性氨基酸和极性氨基酸两类,其中极性氨基酸又分为极性中性氨基酸、酸性氨基酸和碱性氨基酸;本书依照侧链R基团的极性来分类。

表2-1列举了20种氨基酸的分类、中英文名称、简写符号、PI及结构。

表 2-1　氨基酸分类

分类	中文名	英文名	缩写	pI	化学结构
非极性氨基酸	甘氨酸	glycine	Gly/ G	5.97	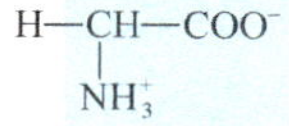
	丙氨酸	alanine	Ala/ A	6.01	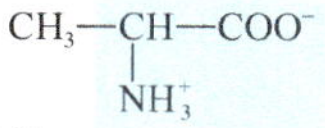
	缬氨酸	valine	Val /V	5.96	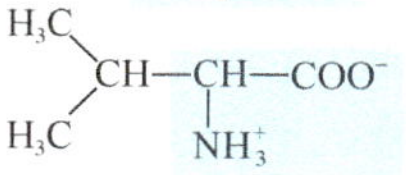
	亮氨酸	leucine	Leu/ L	5.98	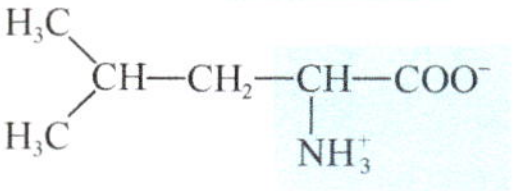
	异亮氨酸	isoleucine	Ile/ I	6.02	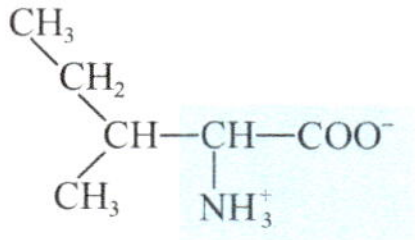
	脯氨酸	proline	Pro /P	6.30	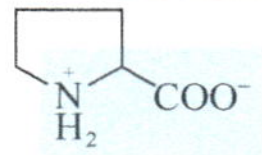
	苯丙氨酸	phenylalani-ne	Phe /F	5.48	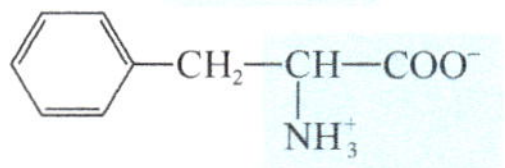
极性中性氨基酸	丝氨酸	serine	Ser/ S	5.68	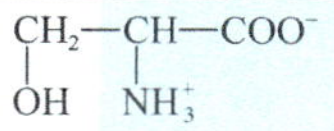
	苏氨酸	threonine	Thr /T	6.18	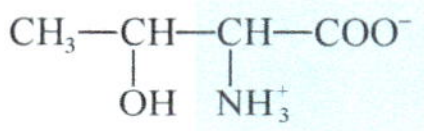
	半胱氨酸	cysteine	Cys /C	5.07	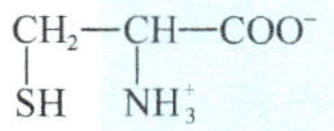
	蛋氨酸	methionine	Met /M	5.74	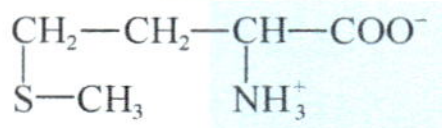
	天冬酰胺	asparagine	Asn /N	5.41	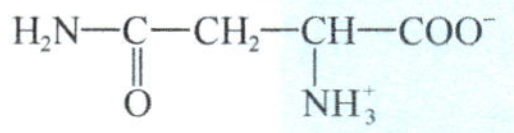
	谷氨酰胺	glutamine	Gln/ Q	5.65	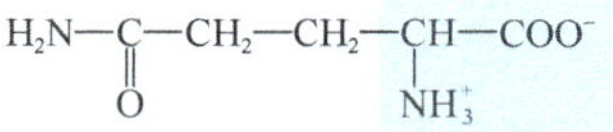
	酪氨酸	tyrosine	Tyr /Y	5.66	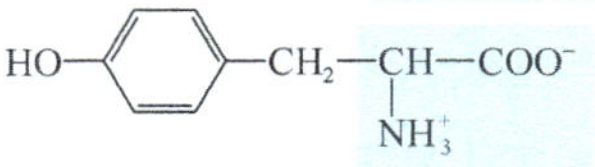
	色氨酸	tryptophan	Trp /W	5.89	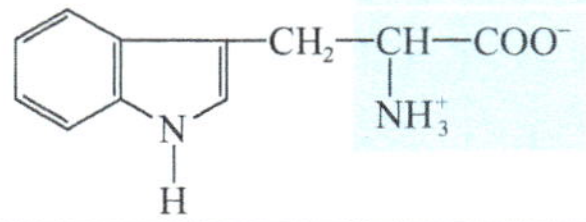
酸性氨基酸	天冬氨酸	aspartic acid	Asp/ D	2.77	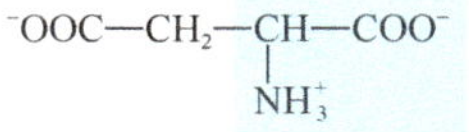
	谷氨酸	glutamic acid	Glu/ E	3.22	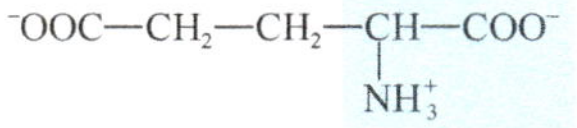
碱性氨基酸	赖氨酸	lysine	Lys /K	9.74	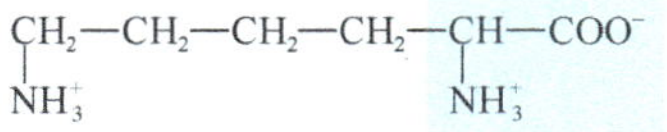
	精氨酸	arginine	Arg /R	10.76	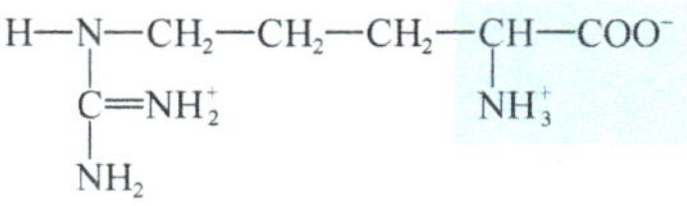
	组氨酸	histidine	His /H	7.59	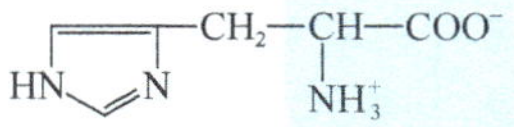

这20种氨基酸都有各自的遗传密码，它们是生物合成蛋白质的基本构件，无种属差异，又称为编码氨基酸。在体内，一些特殊蛋白质分子中还含有其他氨基酸，如甲状腺球蛋白中的碘代酪氨酸，胶原蛋白中的羟脯氨酸及羟赖氨酸，某些蛋白质分子中的胱氨酸等，它们都是在蛋白质生物合成之后（或合成过程中），相应的氨基酸残基被修饰形成的。还有的是在物质代谢过程中产生，如鸟氨酸（由精氨酸转变而来）等，这些氨基酸在生物体内都没有相应的遗传密码，称为非编码氨基酸。

（三）氨基酸的理化性质

氨基酸为无色结晶，熔点高（200℃以上），在水中的溶解度差别大，易溶于酸/碱溶液，一般不能溶解于有机溶剂（个别氨基酸例外）。此外，氨基酸还具有两性解离及等电点、紫外吸收、茚三酮反应等特性。

1. 两性解离及等电点 氨基酸含有碱性的α-氨基和酸性的α-羧基。在酸性溶液中，氨基与质子（H^+）结合呈带有正电荷的阳离子（$—NH_3^+$），氨基酸带正电荷；在碱性溶液中，羧基失去质子变成带负电荷的阴离子（$—COO^-$），氨基酸带负电荷，因此氨基酸具有两性解离的特性，是两性电解质。

氨基酸在溶液中所带正、负电荷数取决于其所处溶液的pH。当调节氨基酸溶液的pH，使氨基酸带上相同的正负电荷数（为兼性离子或两性离子状态），即氨基酸所带净电荷为零，呈电中性，这种氨基酸在电场中既不会向正极也不会向负极移动，此时溶液的pH称为该氨基酸的等电点（isoelectric point，pI）。每个氨基酸都有其特有的pI。pI是氨基酸的重要常数之一，它的意义在于，氨基酸在pI处的溶解度最小，是分离纯化氨基酸的重要手段。

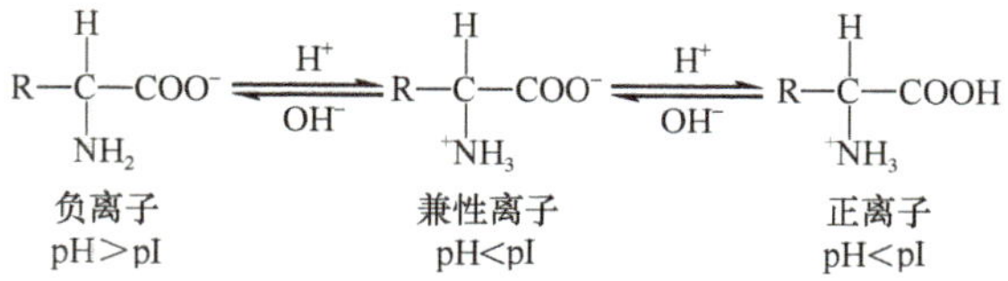

2. 芳香族氨基酸的紫外吸收性质 苯丙氨酸、酪氨酸和色氨酸，在紫外光区280nm附近具有最大吸收峰，其中，以色氨酸吸光能力最强（图2-3）。大多数蛋白质在280nm处具有最大光吸收值是由于其中含有色氨酸和酪氨酸残基的原因，根据这一特性可定量分析蛋白质含量。

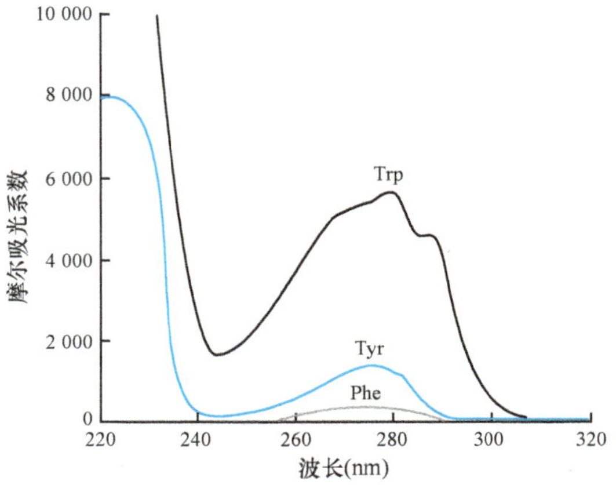

图2-3 芳香族氨基酸的紫外吸收

三、肽键和肽

一分子氨基酸的α-羧基与另一分子氨基酸的α-氨基脱水缩合形成的键称为**肽键**（peptide bond）（图2-4A）。氨基酸之间通过肽键互相连接构成的化合物称为**肽**（peptide）。两个氨基酸构成的肽称为二肽，三个氨基酸形成的肽叫三肽，以此类推。少于10个氨基酸缩合形成的肽称为寡肽，多于10个氨基酸缩合形成的肽称为**多肽**（polypeptide）。多肽中氨基酸相互连接，构成的长链称为多肽链。肽中的氨基酸分子因脱水缩合而残缺，故称为**氨基酸残基**（residue）。

多肽链中各氨基酸残基的R基团构成侧链，除侧链以外的若干重复结构构成主链。多肽链中有自由氨基的一端，称为氨基末端（或N-端），一般写在肽链左侧；有自由羧基的一端，称为羧基末端（或C-端），一般写在肽链右侧。多肽的命名是从N-末端开始到C-末端，依次排列多肽链中氨基酸的酰基名称，但最后一个具有自由羧基的氨基酸名称不变。例如：由丝氨酸、甘氨酸、酪氨酸、丙氨酸、亮氨酸构成的五肽，它的命名为：丝氨酰-甘氨酰-酪氨酰-丙氨酰-亮氨酸。人体内存在许多具有生物活性的肽，重要的有：①谷胱甘肽（glutathione GSH）——是由谷氨酸、半胱氨酸、甘氨酸构成的三肽。第一个肽键是由谷氨酸的γ-羧基与半胱氨酸的α-氨基脱水缩合而成，称为γ-谷氨酰半胱氨酰甘氨酸（图2-4B）。GSH中半胱氨酸的巯基是谷胱甘肽主要的功能基团，具有还原性，使GSH成为体内重要的还原剂，防止蛋白质或酶分子中的巯基被氧化，使蛋白质或酶处在活性状态。如：H_2O_2具有强氧化性，能氧化蛋白质中的巯基从而破坏其功能。在谷胱甘肽过氧化物酶的催化作用下，GSH使H_2O_2还原为H_2O，而GSH由还原型转变为氧化型（GSSG）。在谷胱甘肽还原酶的作用下，GSSG再生成GSH（图2-4B）。②多肽类激素及神经肽——促甲状腺释放激素（三肽）、催产素（9肽）、加压素（9肽）、脑啡肽（为五肽，具有镇痛作用，它们在中枢神经系统中形成，是体内自己产生的一类鸦片剂）等。它们各有其重要的生理功能。

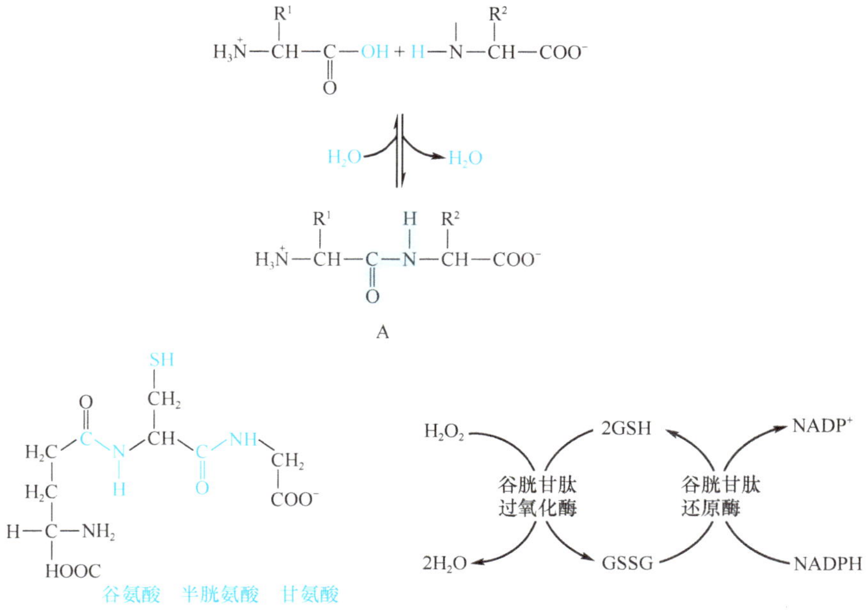

图 2-4 肽键和肽

A. 肽键的形成；B. 谷胱甘肽（GSH）

第二节 蛋白质的分子结构

蛋白质的分子结构分为一级结构和高级结构。高级结构包括二级、三级、四级结构，又称为空间结构或空间构象（conformation）。但四级结构并不存在于所有的蛋白质中，它只可能存在于由两条或两条以上肽链形成的蛋白质中，而由一条肽链形成的蛋白质中只有一级、二级和三级结构。

一、蛋白质的一级结构

蛋白质的一级结构（primary structure）指蛋白质分子从N-末端至C-末端的氨基酸排列顺序，是蛋白质最基本的结构。它是由基因上遗传密码的排列顺序所决定的。各种氨基酸按遗传密码的顺序，通过肽键连接起来，成为多肽链，故肽键是蛋白质结构中的主键。此外，还含有二硫键，即由两个半胱氨酸巯基（—SH）氧化成—S—S—形式的键。下面以牛胰岛素为例说明蛋白质的一级结构（图2-5）。

牛胰岛素是首个被阐明一级结构的蛋白质分子。胰岛素由51个氨基酸残基组成，分子量为5734，有A和B两条多肽链，A链由21个氨基酸残基组成，B链由30个氨基酸残基组成。牛胰岛素共有三对二硫键，即两对链间二硫键连接A链及B链，一对链内二硫键。

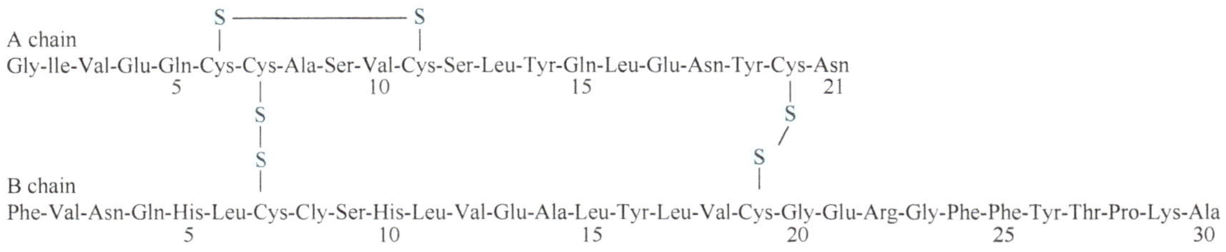

图 2-5 牛胰岛素结构

不同蛋白质一级结构是不同的，而它们之间的差别是由氨基酸组成、数目以及排列顺序共同决定的。蛋白质的一级结构决定了蛋白质的二级、三级等高级结构，众多的天然蛋白质各有其特殊的生物学活性，而决定每一种蛋白质的生物学活性的结构特点，首先在于其肽链的氨基酸序列，由于组成蛋白质的20种氨基酸各具特殊的侧链，侧链基团的理化性质和空间排布各不相同，当它们按照不同的序列关系组合时，就可形成多种多样的空间结构和不同生物学活性的蛋白质分子。所以蛋白质的一级结构是决定高级结构重要的因素，是蛋白质特异性空间结构和生物学活性的基础，一级结构的改变会导致一些遗传性疾病的发生。

二、蛋白质的二级结构

蛋白质的二级结构（secondary structure）是指蛋白质分子中多肽链主链的局部空间结构（周期性、重复有序的空间结构），不涉及氨基酸残基侧链的构象。主要包括α-螺旋、β-折叠、β-转角和无规卷曲。氢键是稳定二级结构的主要因素。

（一）肽平面

20世纪30年代末，X线衍射技术研究证实，肽键是一种共价键，其键长（0.132nm）介于单键（0.149nm）和双键（0.127nm）之间，因此肽键具有部分双键的性质，不能自由旋转。构成肽键的4个原子（C，O，N，H）和与它相邻的2个α-碳原子（$C_{\alpha1}$、$C_{\alpha2}$）处于同一酰胺平面内（见图2-6），称为肽键平面或肽单元。肽键平面中C_α—N键和C_α—C_0键都是可以自由旋转的单键。C_α—C键的旋转角度以φ表示，C_α与N键的旋转角度以ψ表示。因此，C_α—N键和C_α—C_0键这两个单键的自由旋转角度决定了相邻两个酰胺平面的空间相对位置。

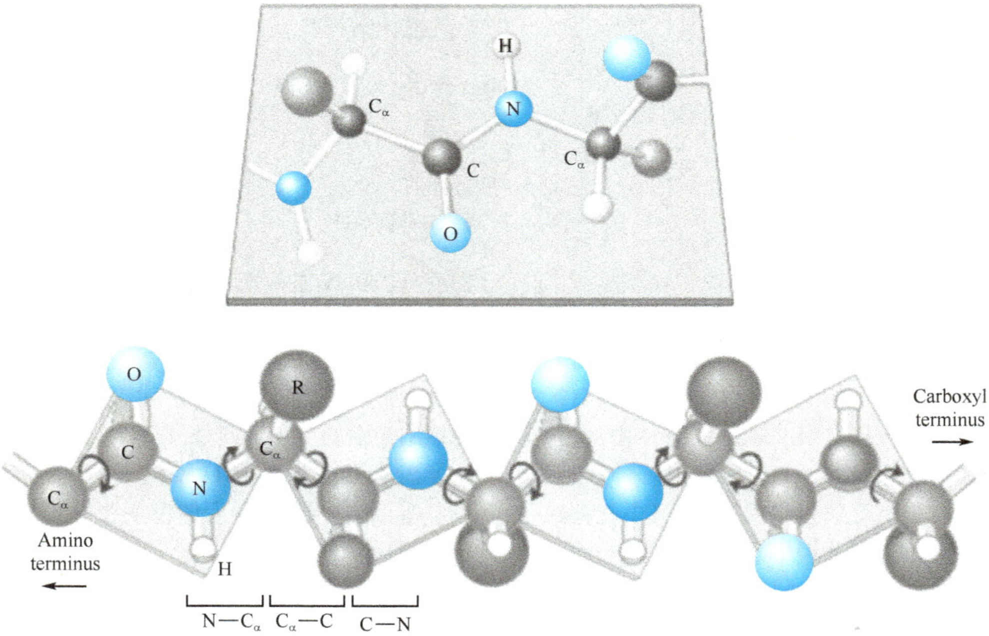

图2-6 肽平面

（二）α-螺旋（α-helix）

1951年，Pauling和Corey首次提出了α-螺旋的结构模型。α-螺旋是多肽链围绕中心轴有规律的螺旋状盘绕上升的一种立体结构（图2-7）。它是蛋白质中最常见、最典型、含量最丰富的二级结构元件。尤其在毛发的角蛋白、肌肉的肌球蛋白以及血凝块中的纤维蛋白中含量最高。

α-螺旋的结构特点如下：

（1）以肽单元为单位，多肽链以顺时针方向形成紧密的右手螺旋（图2-8），R基伸展向外，外观形状为棒状。

（2）每一圈螺旋由3.6个氨基酸构成，螺距为0.54nm。

（3）螺圈之间通过链内氢键稳定，氢键的取向几乎与轴平行，第一个肽键上的—NH的氢与第四个氨基酸残基的—CO的氧形成氢键，以此类推。螺旋内所有肽键都可参与形成氢键，这是稳定α-螺旋的主要因素。

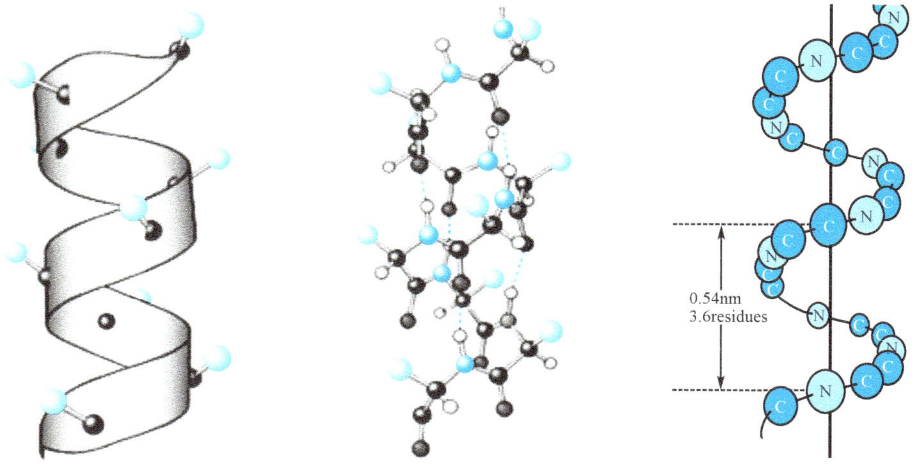

A B C

图 2-7 α-螺旋

A. α-螺旋带状模型，蓝球表示氨基酸的 R 基团；B. α-螺旋球棍模型，蓝色虚线为氢键；C. α-螺旋结构特点

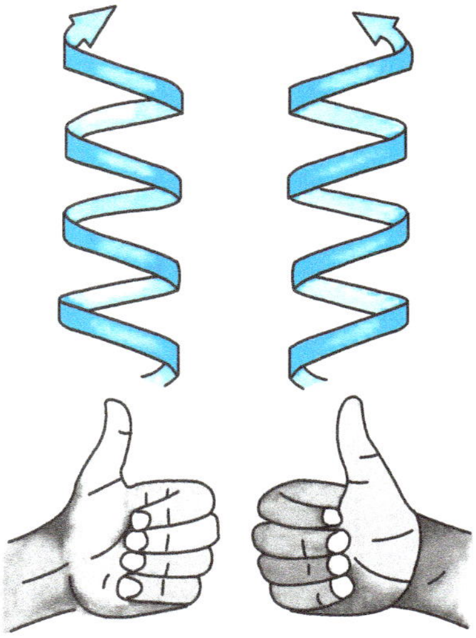

图 2-8 α-螺旋几乎都是右手螺旋

(4) α-螺旋的形成以及稳定性受到肽链中氨基酸侧链 R 基团的形状、大小及电荷影响。酸性或碱性氨基酸（如多聚赖氨酸）集中的区域，由于同种电荷相斥，不利于 α-螺旋形成；R 基团较大的氨基酸（如苯丙氨酸、色氨酸、异亮氨酸）集中的区域，也妨碍 α-螺旋形成；脯氨酸因其α-碳原子位于五元环上，不易扭转，加之它是亚氨基酸，不易形成氢键，故不易形成上述 α-螺旋；甘氨酸的 R 为 H，空间占位很小，也会影响该处螺旋的稳定。

（三）β-折叠（β-pleated sheet）

β-折叠也叫 β-片层，多肽链充分伸展，每个肽单元 C_{α} 为旋转点，折叠成锯齿状的结构，是蛋白质中常见的二级结构。

β-折叠结构特点如下：

(1) β-折叠是由同一肽链的不同肽段或多条肽链之间几乎完全伸展的平行排列，肽段的主链呈锯齿状折叠构象，外观为一片状物。氨基酸残基的 R 基团位于锯齿结构的上下方（图 2-9A）。

(2) 氢键是稳定 β-折叠的主要非共价键，包括链间氢键（两条肽链间）或链内氢键（一条肽链内的两段肽段间）。氢键几乎垂直于伸展的肽链。

(3) β-折叠可分为平行式以及反平行式两种类型（图 2-9B）。平行式即所有肽链的走向相同（N-端都在同侧），反之，为反平行式。反平行式较平行式结构更为稳定。

（4）肽链中氨基酸侧链R基团位于平面的上方或下方，R基团的大小会对β-折叠的形成以及稳定性产生一定的影响。当氨基酸残基的R基团较小时，两条肽链的空间占位小，才能够彼此靠近。例如蚕丝蛋白中含有大量的甘氨酸、丙氨酸、丝氨酸等R基团较小的氨基酸，所以蚕丝蛋白中有大量的β-折叠结构。β-折叠广泛存在于纤维状蛋白质以及球状蛋白质中，特别是在蚕丝蛋白、β-角蛋白中含量最丰富。溶菌酶等球状蛋白也存在β-折叠构象。

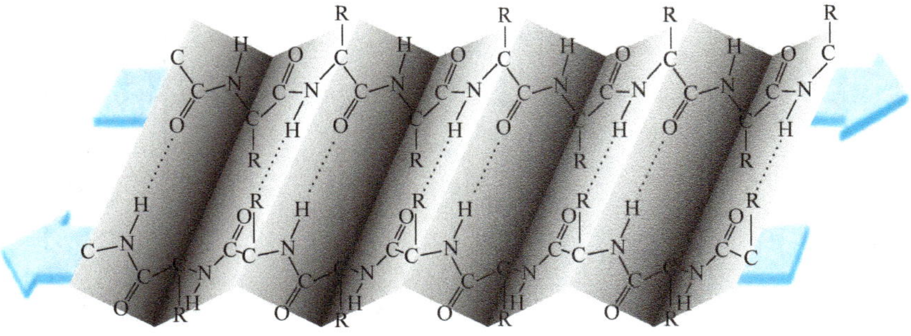

A

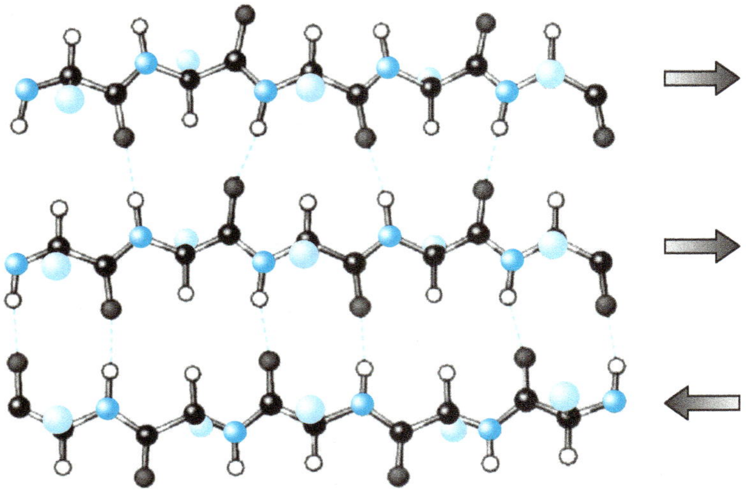

B

图 2-9　β-折叠

A. β-折叠结构；B. 反平行与平行式混合在一起的β-折叠

（四）β-转角（β-turn）

β-转角是由于肽链出现180°的回折而形成，它是多肽链中常见的二级结构。β-转角由四个连续的氨基酸残基构成，第一个氨基酸残基的C=O与第四个残基的NH形成氢键以稳定构象（图2-10）。β-转角中常见的氨基酸残基有脯氨酸、天冬氨酸、天冬酰胺、甘氨酸和色氨酸，其中脯氨酸常常出现在β-转角结构中第二位上，这是由于脯氨酸环形侧链有利于形成β-转角。

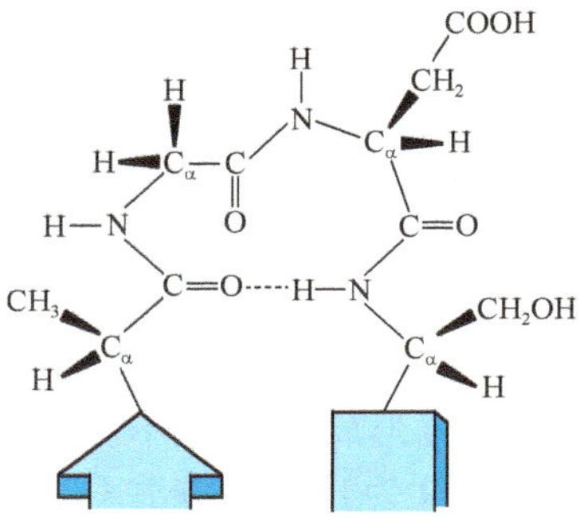

图 2-10　β-转角

（五）无规卷曲（random coil）

无规卷曲是指除α-螺旋、β-折叠、β-转角这些二级结构以外的，没有确定规律的那部分肽链结构。球状蛋白中含量较高。无规卷曲常常构成酶的活性中心以及蛋白质的特异功能部位。

三、超二级结构

超二级结构(supersecondary structure)是指相互邻近的二级结构,在空间上彼此靠近且相互作用,形成有规则的二级结构组合。目前已知的超二级结构有三种基本形式:αα、ββ 和 βαβ(图 2-11)。超二级结构在多种蛋白质中作为三级结构的构件,是二级结构与三级结构之间的一个过渡层次。

图 2-11　超二级结构

A. βαβ;B. αα;C. ββ

(一) 模体(motif)

模体或称基元、基序等名称,是具有特殊功能的超二级结构,一个模体总有其特异的氨基酸序列,发挥特殊的功能。例如"锌指结构"是一个典型的模体(图 2-12A),它由一个 α-螺旋和两个反平行的 β-折叠三个肽段构成,能够结合锌离子,形似手指。此模体的 N-端有一对半胱氨酸残基,C-端有一对组氨酸残基,这四个残基在空间上相互接近,形成一个能够容纳一个 Zn^{2+} 的洞穴。Zn^{2+} 具有稳定模体中的 α-螺旋结构的功能,能够使 α-螺旋与 DNA 链稳定结合(图 2-12B)。锌指的这种结构有利于生物大分子之间的相互结合,常见于 DNA 结合蛋白质中。例如:各种转录因子、类固醇激素受体等。

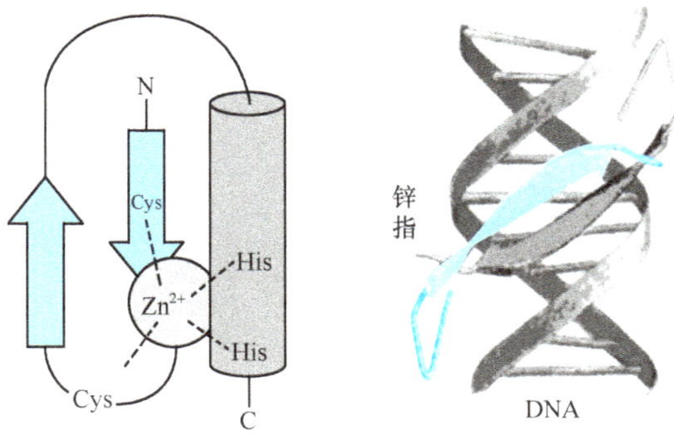

图 2-12　锌指结构

A. 锌指结构;B. 锌指结构(示与 DNA 结合)

(二) 结构域

结构域也是蛋白质结构中二级结构与三级结构之间的超二级结构。有不少分子量大的蛋白质的三级结构,常常由 2 个或多个球状或纤维状的区域组成,每个区域的结构和功能相对独立,称为结构域(domain)。一般每个结构域约 100~200 个氨基酸残基组成,各有独特的空间构象,并承担不同的生物学功能。对于较大的球状蛋白质或亚基,其三级结构往往由两个或多个结构域缔合而成,也即它们是多结构域的,如免疫球蛋白(immunoglobulin, Ig)由 12 个结构域组成,其中两个轻链上各有 2 个,两个重链上各有 4 个;补体结合部位与抗原结合部位处于不同的结构域(图 2-13)。对于那些较小的球状蛋白质分子或亚基来说,结构域和三级结构是一个意思,也就是说这些蛋白质或亚基是单结构域的,如核糖核酸酶、肌红蛋白等。

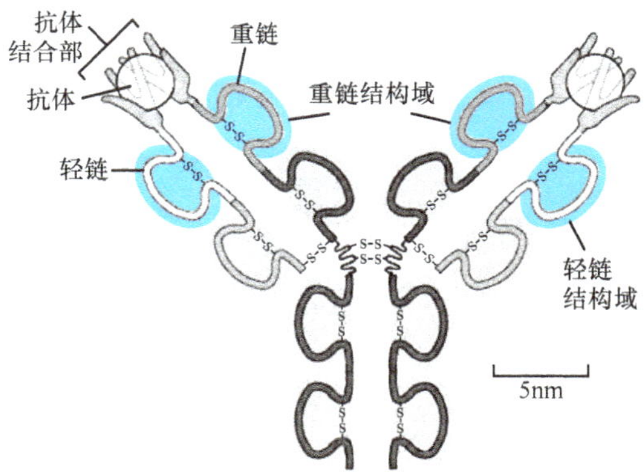

图 2-13　免疫球蛋白

四、蛋白质的三级结构

蛋白质的三级结构(tertiary structure)是指多肽链上所有原子在三维空间的排布位置。在二级结构基础上多肽链进一步折叠形成蛋白质三级结构。球状蛋白质的三级结构具有一些共同点:①具有多种二级结构元件,并具有明显的折叠层次;②多肽链折叠成球状或椭球状;③具有水溶性,亲水R基团位于蛋白质分子表面,形成亲水区;而疏水R基团埋在分子内部,形成疏水区;④疏水区常形成一些"洞穴"或"裂沟",是某些辅基结合并发挥生物学功能的部位。

三级结构的稳定因素主要是次级键(非共价键),包括氢键、疏水键、盐键以及范德华力等,其中疏水键是最主要的稳定力量(图2-14)。由于次级键为非共价键,其作用力易受环境中pH、温度、离子强度等因素的影响而发生改变。上述的这些次级键对于维持蛋白质的三级结构具有重要的意义。在某些蛋白质分子中二硫键在维系三级结构的稳定上也起着重要作用。

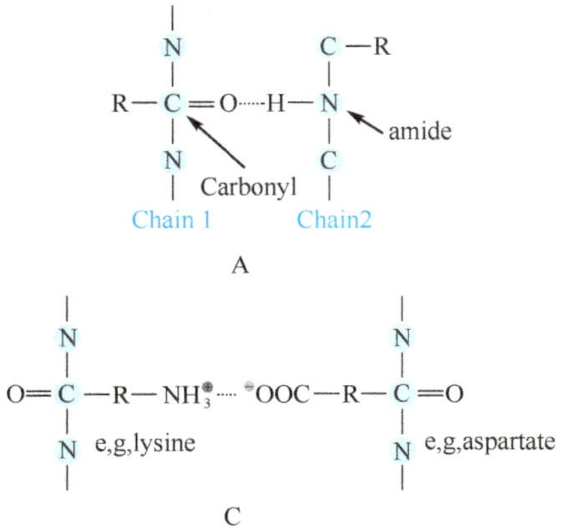

图2-14 维持蛋白质三级结构的作用力

A. 氢键;B. 疏水键;C. 盐键;D. 范德华力

肌红蛋白(myoglobin, Mb)是具有典型三级结构的球状蛋白质(图2-15),存在于人及哺乳动物的心肌、骨骼肌等组织,其主要功能是为肌肉组织摄取和储存氧气。肌红蛋白仅含一条多肽链,有153个氨基酸残基,脯氨酸等难以形成α-螺旋的氨基酸都存在于拐角处。肌红蛋白具有亲水区与疏水区,疏水区形成的"洞穴"是血红素结合的部位。肌红蛋白富含α-螺旋,多肽链折叠形成8个螺旋区,两个螺旋区之间的拐角为非螺旋区(亦称螺旋间区),由无规卷曲连接。

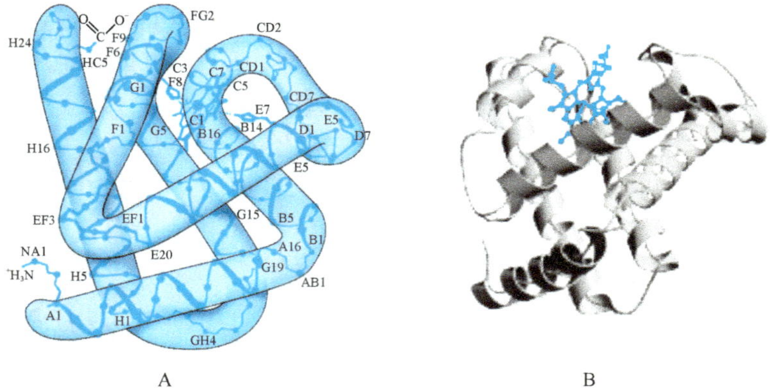

图2-15 肌红蛋白

A. 肌红蛋白(八个α-螺旋区段);B. 肌红蛋白(丰富的α-螺旋结构;红色部分为血红素)

五、蛋白质的四级结构

四级结构(quarternary structure)是指由两个或两个以上具有三级结构的多肽链通过非共价键按一定方式聚合而成的特定构象的蛋白质分子。其中每一条具有完整的三级结构的多肽链称为蛋白质的亚基(subunit)。例如促甲状腺素含2个亚基,血红蛋白(hemoglobin, Hb)含4个亚基,而烟草斑纹病毒的外壳蛋白是由相同的亚基形成的多聚体,亚基数多达2200个。一种蛋白质中,亚基的种类可以相同或不同。在四级结构的蛋白质中,缺少一个亚基或亚基单独存在都不具有活性。只有当亚基相互聚集成特定构象的多聚体时才有生物学功能。维持蛋白质四级结构的非共价键仍然是氢键、疏水键、盐键和范德华力。

血红蛋白是具有典型四级结构的蛋白质(图 2-16)。是一个含有两种不同亚基的四聚体,有两个 α 亚基和两个 β 亚基。每个亚基都可结合一个血红素,具有结合与运输氧的功能。但是当血红蛋白的亚基单独存在时,就失去运输氧的功能,只有当它以四聚体的形式存在时,才能有效执行运氧功能。

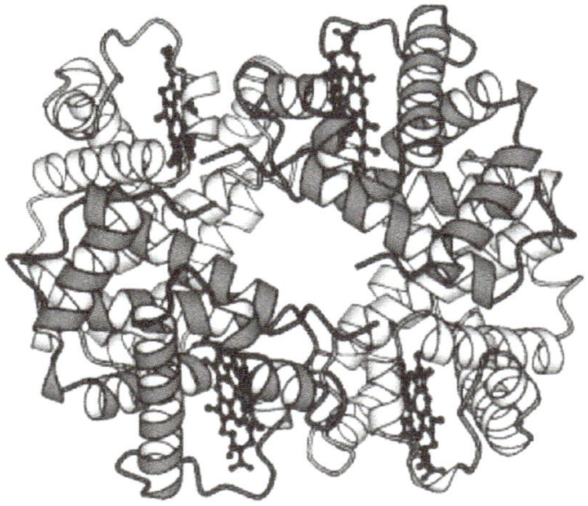

图 2-16　血红蛋白

六、蛋白质结构与功能的关系

(一) 蛋白质一级结构是空间结构的基础

蛋白质一级结构是空间结构的基础,特定的空间构象主要是由蛋白质分子中肽链和侧链 R 基团形成的次级键来维持,在生物体内,蛋白质的多肽链一旦被合成后,即可根据一级结构的特点折叠和盘曲,形成一定的空间构象。

20 世纪 60 年代,C. Anfinsen 以牛胰核糖核酸酶(RNaseA)为对象,研究二硫键的还原和氧化问题,发现该酶的 124 个氨基酸残基构成的多肽链中存在 4 对二硫键,在大量β-巯基乙醇和适量尿素作用下,4 对二硫键全部被还原为—SH,酶活力也全部丧失,从理论上推算,若重新生成 4 对二硫键,有 105 种配对方式,但只有与天然酶完全相同的配对方式才具有酶活性。透析除去尿素和 β-巯基乙醇,酶的 4 对二硫键选择了天然酶的配对方式,且酶活性又逐步恢复到与天然酶一致(图 2-17)。虽然,牛胰核糖核酸酶的空间结构被破坏,但只要一级结构不变,仍然能够恢复其原有的空间结构以及生物学功能。另外,人工合成的牛胰岛素具有与天然胰岛素相同的氨基酸排列顺序,所以也能够形成与天然胰岛素相同的空间构象,并具有生物学活性。这说明蛋白质一级结构决定空间构象。但是蛋白质的空间结构除一级结构为决定因素外,还有一些其他的影响因素,例如分子伴侣(chaperon),是帮助新生多肽链折叠成天然空间构象的一类保守蛋白质,在原核生物及真核生物普遍存在。分子伴侣可识别肽链的非天然构象,促进各种功能域和整体蛋白质的正确折叠以及在蛋白质的组装、转运及降解等过程中起协助作用。并能够识别已发生错误折叠的蛋白质,并帮助其恢复正确构象(详见第 12 章　蛋白质的生物合成)。

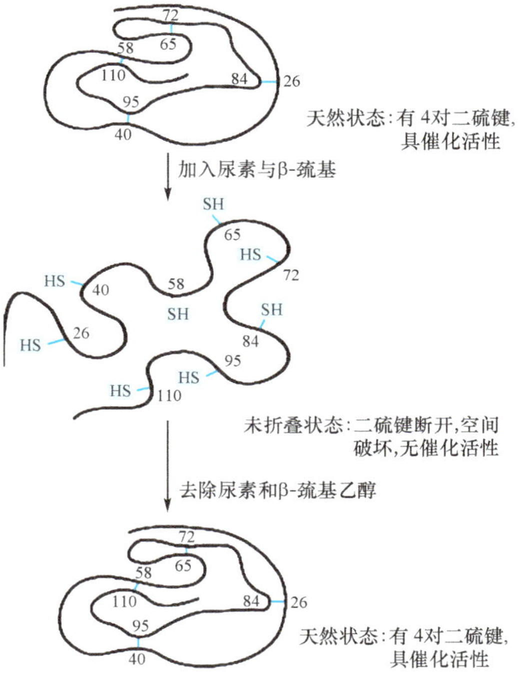

图 2-17　RNaseA 的变性与复性

一级结构相似的蛋白质,其基本构象及功能也相似。不同种属的生物体分离出来的同一功能的蛋白质,其一级结构只有极少的差别,而且在系统发生上进化位置相距愈近的差异愈小。例如,不同种属来源的胰岛素,其一级结构相似,因而都具有相似的生物学功能,即调节血糖的功能。但这些动物的胰岛素 A 链第 8、9、10 三个氨基酸残基和 B 链 C-末端第 30 个氨基酸残基有差别(表 2-2),这 4 个氨基酸残基对胰岛素的生物活性不起决定性作用。胰岛素结构中有 24 个氨基酸保持不变,分子中半胱氨酸残基的数量(6 个)及其位置恒定不变,是胰岛素生物活性所必需的。

笔记栏

表 2-2 人与不同生物的胰岛素分子中氨基酸残基的差异部分

胰岛素来源	氨基酸残基的差异部分			
	A_8	A_9	A_{10}	B_{30}
人	Thr	Ser	Ile	Thr
猪	Thr	Ser	Ile	Ala
狗	Thr	Ser	Ile	Ala
兔	Thr	Ser	Ile	Ser
牛	Ala	Ser	Val	Ala
羊	Ala	Gly	Val	Ala
马	Thr	Ser	Ile	Ala

综上所述，一级结构是蛋白质功能的基础。一级结构改变，特别是与功能密切相关的氨基酸残基改变，会影响蛋白质的生理功能，严重时导致疾病的发生。

（二）蛋白质的空间结构决定其功能

蛋白质的功能不仅与一级结构有关，而且与蛋白质的空间构象也有关系。例如上述牛胰核糖核酸酶，实验中其一级结构没有改变，但空间构象被破坏，导致酶活性丧失；当其空间构象重新恢复到天然酶状态，酶活性也随之恢复。这说明蛋白质的一级结构不变，但空间构象破坏，蛋白质的生物学功能也会丧失。

另外，变构效应也证明了空间构象影响蛋白质的生物学功能。蛋白质变构效应是指配体与蛋白质变构部位结合，引起蛋白质空间构象改变，从而导致功能改变的现象。以肌红蛋白（Mb）和血红蛋白（Hb）为例，Hb 是由四个亚基（$\alpha_2\beta_2$）组成，每个亚基含有一个血红素，血红素能与氧可逆的结合，故 Hb 能结合 4 分子氧，是具有四级结构的球状蛋白质。Mb 只有一条肽链，只含一个血红素，是只有三级结构的单链蛋白质。所以只能结合一分子氧。

Hb 与 Mb 都可与氧可逆的结合。但 Hb 与 Mb 的氧解离曲线有所不同，Hb 是 S 形曲线，而 Mb 是直角双曲线图（图 2-18）。解离曲线说明 Mb 易与氧结合，其和氧的亲和力大于 Hb。根据 Hb 的 S 形曲线可知，Hb 的第一个亚基与氧结合后，促进了 Hb 的第二、第三、第四个亚基与氧结合，这种效应称为**正协同效应**。**协同效应**是指一个亚基与配体结合后能影响该寡聚体中其他亚基与配体的结合能力。如果是促进作用称为正协同效应，反之就称为负协同效应。

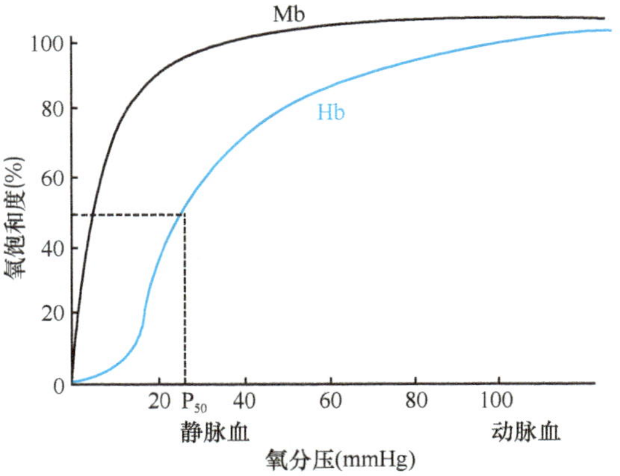

图 2-18 Hb 与 Mb 的氧解离曲线

血红蛋白属于变构蛋白，它存在两种构象：紧张态（tense state，T 态）与松弛态（relaxed state，R 态）。当血红蛋白未与氧结合时，其亚基间结合紧密为 T 态，此时与氧的亲和力小。在组织中，血红蛋白呈 T 态，使血红蛋白释放出氧供组织利用。当血红蛋白分子第一个亚基与氧结合后，可导致 4 个亚基间盐键的断裂，使亚基间的空间排布和四级结构发生轻微改变，血红蛋白分子从较紧密的 T 型转变成较松弛的 R 型构象。此时与氧的亲和力增大，当第一个亚基与氧结合后，就会促使第二、第三个亚基与氧结合，而前三个亚基与氧的结合，又大大促进了第四个亚基与氧结合，这样有利于血红蛋白在氧分压高的肺中迅速充分地与氧结合（图2-19）。血红蛋白通过变构效应改变其分子构象，呈现出与肌红蛋白不同的 S 形氧解离曲线，完成其更有效的运氧功能。

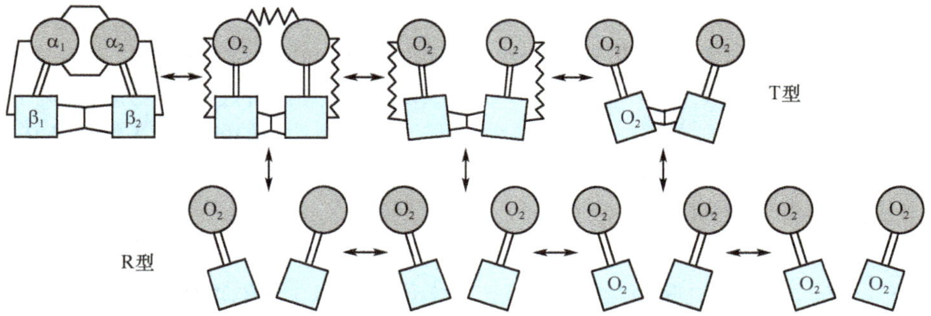

图 2-19 血红蛋白氧合及脱氧过程的构象转换

第三节　蛋白质的理化性质

蛋白质是由氨基酸组成的生物大分子，其理化性质有与氨基酸相似之处，如：两性电离及等电点、呈色反应、紫外吸收性质等；也有与氨基酸不同之处，如：高分子量、胶体性质、变性和凝固、沉淀等。

一、两性解离及等电点

蛋白质分子的 N-端与 C-端含有可解离的自由的 α-NH_3 以及 α-COOH，此外，氨基酸残基侧链含有可解离成带正负电荷的基团：精氨酸的胍基、组氨酸的咪唑基、赖氨酸的 ε-NH_3、天冬氨酸的 β-COO^- 和谷氨酸的 γ-COO^- 等。因此，蛋白质具有两性解离的性质。

在某一 pH 溶液中，蛋白质解离成正、负离子的趋势相等，净电荷为零，成为兼性离子，该蛋白质在电场中既不向正极也不向负极移动，此时溶液的 pH 称为蛋白质的等电点（pI）。

当蛋白质溶液的 pH 小于等电点时，蛋白质以正离子形式存在，在电场中向负极移动；当蛋白质溶液的 pH 大于等电点时，以负离子形式存在，在电场中向正极移动：

$$H_3N^+—P—COOH \underset{H^+}{\overset{OH^-}{\rightleftharpoons}} H_3N^+—P—COO^- \underset{H^+}{\overset{OH^-}{\rightleftharpoons}} H_2N—P—COO^-$$

由于生物体内大多数蛋白质的等电点在 5～7左右，所以在人体体液 pH7.4 环境下，大多数蛋白质解离成负离子。

二、蛋白质的胶体性质

蛋白质分子量大，介于一万到百万之间，故其分子的大小已达到胶粒（1～100nm）范围之内。球状蛋白质的表面多亲水基团，具有强烈地吸引水分子作用，使蛋白质分子表面常为多层水分子所包围，称水化膜，从而阻止蛋白质颗粒的相互聚集。除水化膜外，蛋白质颗粒还带有相同的表面电荷，蛋白质颗粒之间的相互排斥也是维持蛋白质胶体稳定的原因之一。总之，水化膜和表面电荷是维持蛋白质胶体稳定的两大因素。若这两个稳定因素破坏，蛋白质就极易发生沉淀（图 2-20）。例如，在蛋白质溶液中加入一定浓度的中性盐，能够破坏蛋白质的水化膜和表面电荷这两个稳定因素，达到使蛋白质沉淀作用。

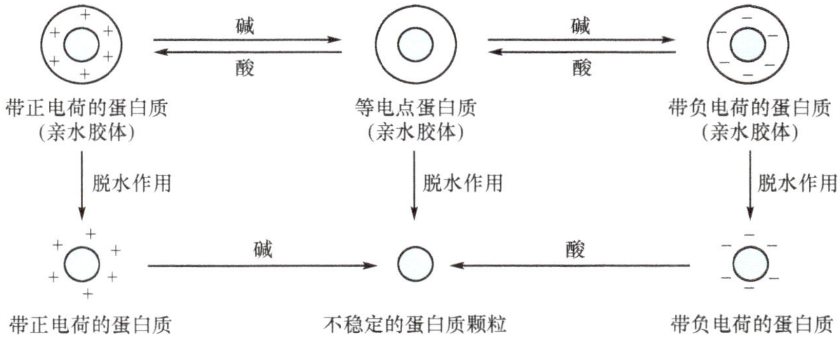

图 2-20　蛋白质胶体颗粒的沉淀

三、蛋白质的变性

在某些理化因素的作用下，维系蛋白质空间结构的次级键断裂，使其空间结构被破坏，从而导致理化性质的改变和生物活性的丧失，这种现象称为蛋白质的变性（denaturation）。变性蛋白质和天然蛋白质最明显的区别是溶解度降低，同时蛋白质的黏度增加，结晶性破坏，生物学活性丧失，易被蛋白酶分解。导致蛋白质变性的理化因素很多，物理因素有高温、紫外线照射、超声波和 X 射线等；化学因素有强酸、强碱、有机溶剂等。在临床医学上，变性因素常被应用于消毒及灭菌，例如采用酒精、紫外线、加热、高压等方法，使病毒或细菌的蛋白质变性，达到消毒灭菌的目的。反之，注重防止蛋白质变性就能有效地保存蛋白质制剂，例如某些酶蛋白，疫苗要放在低温下保存，就是为了防止高温导致蛋白质变性。此外，热凝固止血法通过高温导致组织蛋白质变性，黏结为胶状结构，从而使出血创面凝固而达到止血的目的；在体液检测中，常利用变性原理来除去血，尿中的蛋白质。

笔记栏

并非所有变性都是不可逆的，当变性程度较轻时，如去除变性因素，有的蛋白质仍能恢复或部分恢复其原来的构象及功能，变性的可逆变化称为复性（renaturation）。例如，前述的核糖核酸酶中4对二硫键及其氢键。在β-巯基乙醇和尿素作用下，发生变性，失去生物学活性，变性后如经过透析去除尿素，β-巯基乙醇，并设法使巯基氧化成二硫键，酶蛋白又可恢复其原来的构象，生物学活性也几乎全部恢复，此称变性核糖核酸酶的复性。但是，大多数蛋白质在变性后，其空间构象破坏严重，不能发生复性。

蛋白质被强酸或强碱变性后，仍能溶于强酸或强碱溶液中。若将pH调至pI，则变性蛋白质可形成能溶于强酸或强碱中的絮状物。如再加热，絮状物进一步变为比较坚固的，不溶于强酸或强碱的凝块，这种现象称为蛋白质的凝固作用（protein coagulation）。例如鸡蛋煮熟后蛋清变成了固体状；豆浆中加少量氯化镁即可变成豆腐，都是蛋白质凝固的典型例子。

四、蛋白质的紫外吸收与呈色反应

蛋白质在280nm波长的紫外光下有最大吸收峰。这是由于大多数蛋白质中含有色氨酸残基和酪氨酸残基，而色氨酸残基和酪氨酸残基内的共轭双键在280nm波长处有特征性的吸收峰。这一特性常用来测定溶液中蛋白质含量。

蛋白质分子中的许多侧链基团和肽键可与多种化学试剂发生呈色反应。这些呈色反应可用于蛋白质定性与定量的分析。双缩脲反应（biuret test）是蛋白质肽键所特有的反应。其原理是，在稀碱溶液中，蛋白质分子中肽键与Cu^{2+}可形成紫红色络合物。有两个以上肽键的蛋白质和多肽可发生这一反应，而氨基酸无此反应。呈色反应还可用于检测蛋白质的水解程度：水解越完全，生成的氨基酸越多，则双缩脲呈色越浅。

第四节 蛋白质与疾病

1949年，美国生物化学家，诺贝尔化学奖得主鲍林（Linus Carl Pauling）在对镰状细胞贫血（sickle cell anemia）进行研究时，首次提出了“分子病”（molecular disease）的概念。分子病是由于基因突变引起蛋白质分子一级结构改变，从而导致蛋白质功能改变所引发的疾病。已知人类有几千种先天遗传性疾病，其中大多是由于相应蛋白质分子异常或缺失所致。比如，镰状细胞贫血、血友病、家族性高胆固醇血症等。

除分子病外，人们在探讨疯牛病（mad cow disease；牛脑海绵状病；Bovine spongiform encephalopathy；BSE）的发病机制时提出了“构象病”（conformational disease）的概念。与分子病不同，构象病中的蛋白质一级结构并没有改变，只是其空间结构发生改变，从而导致疾病的发生。比如人类变异性克雅病（Creutzfeldt-Jakob disease；CJD）、库鲁病（Kuru disease；Ku-rmm）、格斯特曼综合征（Gerstmann syndrome；GSS）及致死性家庭性失眠症（fatal familial insomnia；FFI）。由于发现疯牛病病原体，斯坦利·普鲁西纳教授获得1997年诺贝尔医学或生理学奖。本节将对分子病以及构象病加以介绍，揭示蛋白质与疾病之间的关系。

一、镰刀状红细胞贫血症（sickle cell anemia）

1904年，芝加哥内科医师James Herrick首先报道此病，他发现一个黑人青年的红细胞是镰刀形（图2-21）。1945年，鲍林等人利用电泳技术证明镰刀状红细胞性贫血（镰状细胞贫血）是一种血红蛋白异常的分子病。该病多见于非洲和美洲的黑人，此病在我国少见。

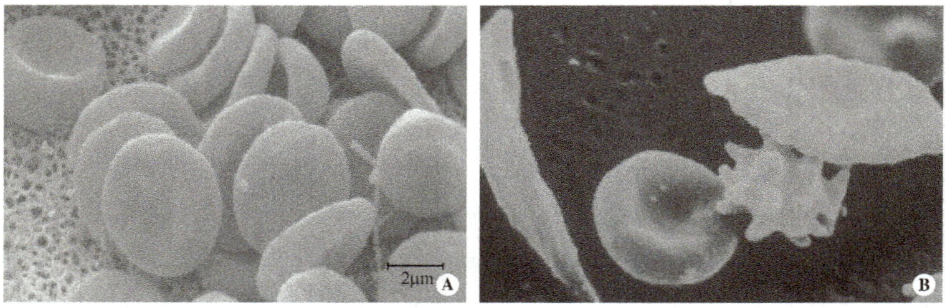

图2-21 正常红细胞和镰刀状红细胞
A. 正常红细胞；B. 镰刀状红细胞

镰状细胞贫血的致病机制是正常血红蛋白(HbA)的 β 链上的第 6 位谷氨酸被缬氨酸所替代;是由于携带 β 链编码的 mRNA 链上的谷氨酸密码子 GAG 突变为编码缬氨酸的密码子 GUG,即 GAG→GUG,也就是 β 链的基因上一个碱基发生了突变,即 T→A。结果造成由疏水氨基酸取代了酸性氨基酸(图 2-22),疏水氨基酸正好适合另一血红蛋白分子 β 链 EF(EF 表示 β 链上的一段无规卷曲)角上的“口袋”,使两条血红蛋白链互相“锁”在一起,最终与其他血红蛋白链共同形成一个不溶的长柱形螺旋纤维束,使红细胞扭旋成镰刀形。

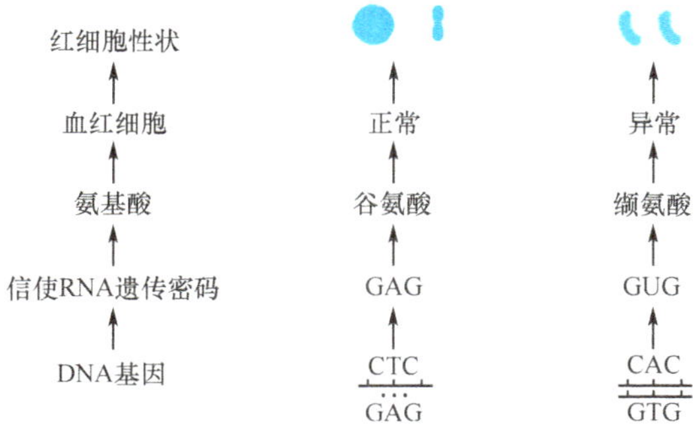

图 2-22　镰状细胞贫血病因的图解

镰状细胞贫血患者的血液红细胞携带氧的功能只有正常红细胞的一半。主要症状是贫血。病人衰弱、头晕、气短、心脏有杂音和脉搏增高,这种细胞极脆,易破损造成溶血。更严重的后果是某些器官的毛细血管被这些长形异常细胞堵塞,这是许多镰状细胞贫血病人早死的主要原因。

二、疯牛病与人类变异性克雅病

疯牛病(BSE)于 1985 年 4 月在英国首先发现;1987 年,由英国农业部兽医中央研究所的 Well 等首次报道;1994 年 2 月,首例人类变异克雅病(CJD)出现,在 10 个月内先后鉴定了 10 例病人,其中 8 人死亡;1996 年 3 月 20 日英国政府宣布因 CJD 死亡的 10 名青年,可能与食用感染疯牛病的牛肉有关,1996 年,英国科学家分析认为 CJD 与疯牛病的传染有关,这是首次明确两者之间的关系。2000 年,英国发表的《牛海绵状脑病调查报告》,确认 CJD 是感染疯牛病引起,进一步肯定了疯牛病感染人这一重要问题。

朊病毒(piron)是引发疯牛病以及人类变异克雅病的元凶,此外,还可以引起人类的疾病有脑软化病、纹状体脊髓变性病等;动物的羊瘙痒症、传染性水貂脑病、马骡和麋鹿的慢性消耗病等。

朊病毒与其他病毒不同之处在于,它只含蛋白质,不含核酸。朊病毒蛋白(Prion protein, PrP)是一类高度保守的糖蛋白,有两种构象:细胞型(正常型 cellular prion protein, PrP^{c})和瘙痒型(致病型 scrapie-associated prion protein , PrP^{sc})。正常型朊蛋白广泛表达于脊椎动物细胞表面,二级结构中仅存在 α 螺旋(图 2-23A),它可能与神经系统功能维持,淋巴细胞信号转导及核酸代谢等有关。致病型朊病毒有多个 β-折叠存在(图 2-23B),是 PrP^{c} 的构象异构体,两者之间没有共价键差异。PrP^{sc} 可胁迫 PrP^{c} 转化为 PrP^{sc},实现自我复制,并产生病理效应;基因突变可导致细胞型 PrP^{sc} 中的 α-螺旋结构不稳定,至一定量时产生自发性转化,β-片层增加,最终变为 PrP^{sc} 型;初始的和新生的 PrP^{sc} 继续攻击另外两个 PrP^{c},这种类似多米诺骨牌效应使 PrP^{sc} 积累,直至致病。

目前认为疯牛病的传播途径可能主要与给牛畜喂食受污染的动物肉骨粉有关。也有可能通过受孕母牛传染子牛进行传播,还有可能通过病牛粪便传播。

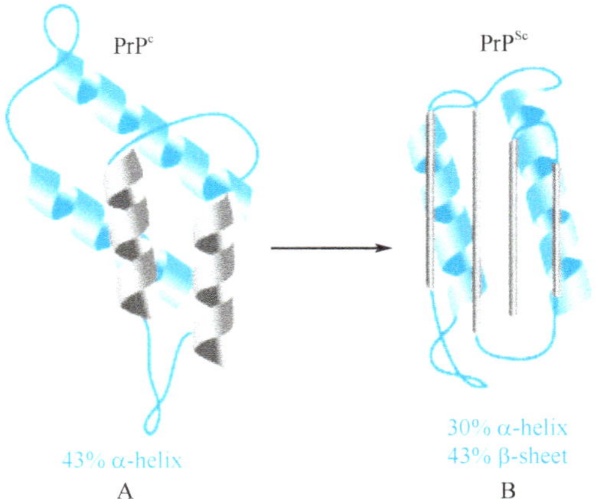

图 2-23　正常朊病毒蛋白与致病型朊病毒空间结构的差异

A. PrP^{c}(富含 α-螺旋);B. PrP^{sc}(富 β-折叠)

小　结

L-α-氨基酸是蛋白质的基本组成单位。氨基酸通过肽键连接成肽,肽可分为寡肽(小于 10 个氨基酸),多肽(大于 10 个氨基酸)。氨基酸可分为下面四类:非极性脂肪族氨基酸、极性中性氨基酸、酸性氨基酸、碱性氨基酸。氨基酸是两性电解质。蛋白质在某些物理化学作用下,会发生变性。

但个别蛋白质在去除变性因素后，能够发生复性。蛋白质的分子结构包括初级结构以及高级结构。初级结构即一级结构，高级结构包括二级、三级、四级结构。一级结构是指蛋白质中从N-末端至C-末端的氨基酸排列顺序。二级结构是指是指蛋白质分子中多肽链局部的，有规则的重复空间构象(即该段肽链主链骨架原子的相对空间位置)，不涉及氨基酸残基侧链的构象。主要包括α-螺旋、β-折叠、β-转角和无规卷曲。三级结构是指多肽链上所有原子在三维空间的排布位置。四级结构是指蛋白质的四级结构指亚基间的相互作用，空间排布，以及亚基聚合而成的特定构象。蛋白质的一级结构是决定空间构象以及功能的基础。此外，空间构象也影响蛋白质的功能，例如血红蛋白与氧的结合。蛋白质的一级结构改变，而引发的疾病称为分子病，空间构象的改变引发的疾病称为构象病。

(张蜀敏　李红林)

笔记栏

第 3 章　核酸的组成与结构

核酸(nucleic acid)是由核苷酸聚合而成的生物大分子化合物,是生命最基本的物质之一,具有重要的生物学功能。生物体内的核酸有两大类:核糖核酸(ribonucleic acid,RNA)和脱氧核糖核酸(deoxyribonucleic acid,DNA)。DNA 分布于细胞核与线粒体中,决定细胞和个体的基因型,是储存、复制和传递遗传信息的主要物质基础。RNA 分布于细胞核和细胞质中,主要分为 tRNA、mRNA、rRNA 三种,他们主要参与遗传信息的复制、转录和翻译。除了上述三种 RNA 外,细胞的不同部位还存在着另外一些小分子的 RNA,它们分别称为核内小 RNA、核仁小 RNA、胞质小 RNA、催化小 RNA、小片断干扰 RNA。这些小 RNA 分别参与 hnRNA 和 rRNA 的转运和加工以及基因表达过程的调控。RNA 在某些情况下,也可作为遗传信息的载体。

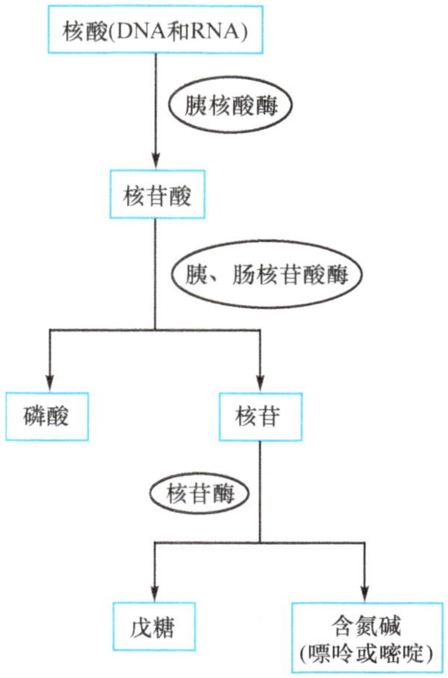

图 3-1　核酸分子的组成

第一节　核酸的组成单位

一、核酸的基本组成单位——核苷酸

核酸分子的元素组成为 C、H、O、N 和 P,其中 P 含量在 9% 左右。核酸完全水解生成核苷酸(nucleotide),核苷酸是组成核酸的基本单位;核苷酸完全水解生成核苷(或脱氧核苷)和磷酸;核苷完全水解得到戊糖和碱基;戊糖可分为核糖与脱氧核糖两种,碱基可分为嘌呤与嘧啶两种(图 3-1)。

(一) 戊糖

核酸分子中的戊糖包括两种:β-D-核糖(图 3-2A)与 β-D-2′-脱氧核糖(图 3-2B)。DNA 含 β-D-2′-脱氧核糖(图 3-2 C),RNA 含 β-D-核糖(图 3-2 D)。在戊糖 C-2′上(为区别碱基中的碳原子编号,戊糖的碳原子序号都加上“′”,标以 C-1′、C-2′…C-5′)。由于 DNA 分子中是 β-D-2′-脱氧核糖,所以没有游离的羟基存在,而 RNA 分子中核糖的 C-3′有一个羟基。DNA 与 RNA 在戊糖结构上的差异,使 DNA 较之 RNA 不易发生水解,因此 DNA 分子更加稳定。

(二) 碱基

核酸中的碱基包括嘌呤(purine)和嘧啶(pyrimidine)。常见的嘌呤包括腺嘌呤(adenine,A)和鸟嘌呤(guanine,G),为 DNA、RNA 共有成分。常见的嘧啶包括胞嘧啶(cytosine,C)、尿嘧啶(uracil,U)和胸腺嘧啶(thymine,T)(图 3-3)。DNA 和 RNA 所含的碱基有所不同,DNA 所含的碱基为:胞嘧啶、胸腺嘧啶。RNA 所含的碱基为:胞嘧啶、尿嘧啶。

除了这五种基本的碱基外,一些核酸中还存在少量的其他碱基,称为稀有碱基(rare base)。稀有碱基种类多,大多数都是甲基化碱基,如 7-甲基鸟嘌呤、N^6-甲基腺嘌呤、5-甲基胞嘧啶等。稀有碱基在 tRNA 中较为常见。

(三) 核苷

核糖或脱氧核糖与碱基以糖苷键连接生成核苷(图 3-4)或脱氧核苷。

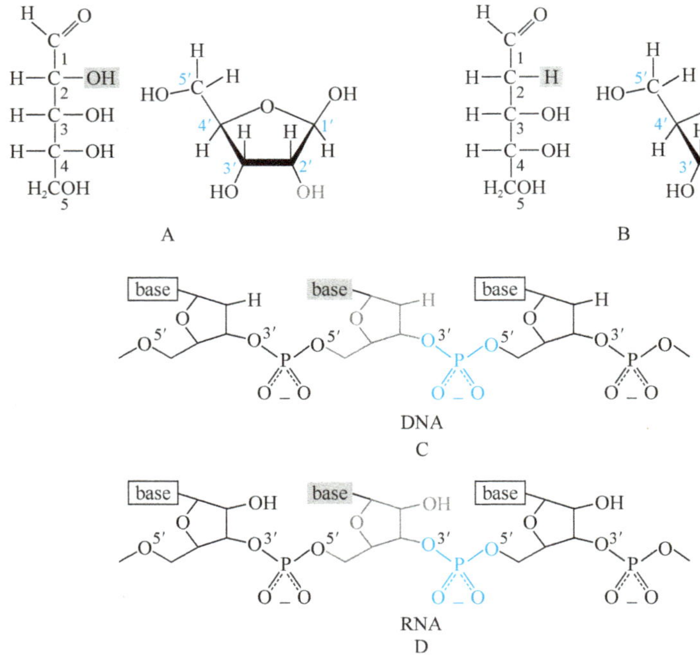

图 3-2　戊糖的化学结构式

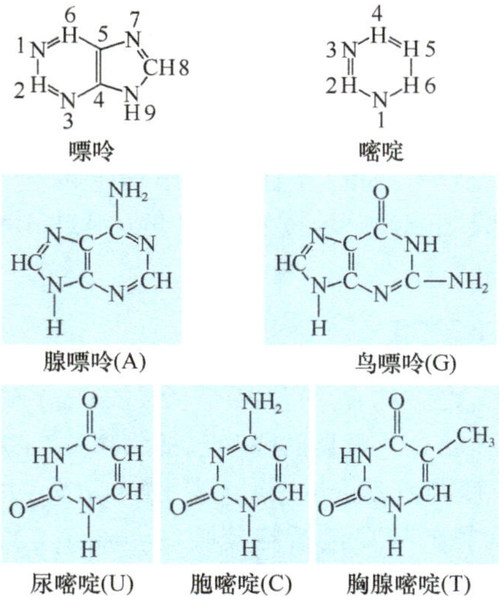

图 3-3　参与组成核酸的主要碱基结构

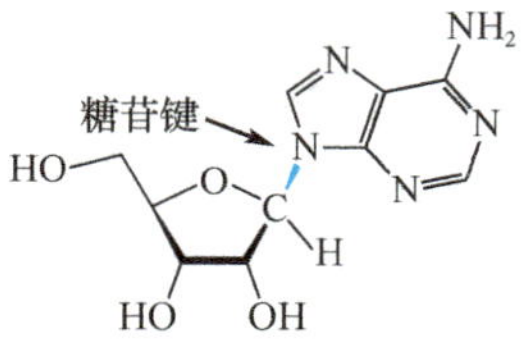

图 3-4　核苷

戊糖的第 1 位碳原子(C-1′)与嘌呤碱的第 9 位氮原子(N-9)或嘧啶碱的第 1 位氮原子(N-1)之间通过 C—N 糖苷键相连。核苷的命名是在核苷前面冠以碱基的名字，例如腺嘌呤核苷(简称腺苷)、胞嘧啶脱氧核苷(简称脱氧胞苷)等。

(四)核苷酸

核苷酸或脱氧核苷酸是由核苷或脱氧核苷中戊糖 C-5′位羟基与磷酸通过磷酸酯键连接而成。

根据戊糖碳原子上自由羟基的数目，核苷的糖基上有三个自由羟基，能分别形成 2′、3′或 5′-核苷酸，脱氧核苷的糖基上只有两个自由羟基，所以只能形成 3′、5′-两种脱氧核苷酸，生物体内的核苷酸基本都是 5′-核苷酸(图 3-5 A)；根据连接磷酸基团的数目不同，可分为核苷一磷酸(NMP)、核苷二磷酸(NDP)、核苷三磷酸(NTP)(图 3-5 B)；根据连接的戊糖类型，可分为核苷酸与脱氧核苷酸(图 3-5C)；除上述的核苷酸类型外，核苷酸还有其他的衍生物，例如：3′,5′-环腺苷酸(cAMP)或 3′,5′-环鸟苷酸(cGMP)等环化形式(图 3-5D)。

核苷酸除参与核酸生成外，还具有其他的重要的生物学功能。例如：ATP 是能量的直接载体，在机体的物质和能量代谢等过程中发挥作用；环腺苷酸、环鸟苷酸作为第二信使，在细胞信号传导过程中起重要作用。

笔记栏

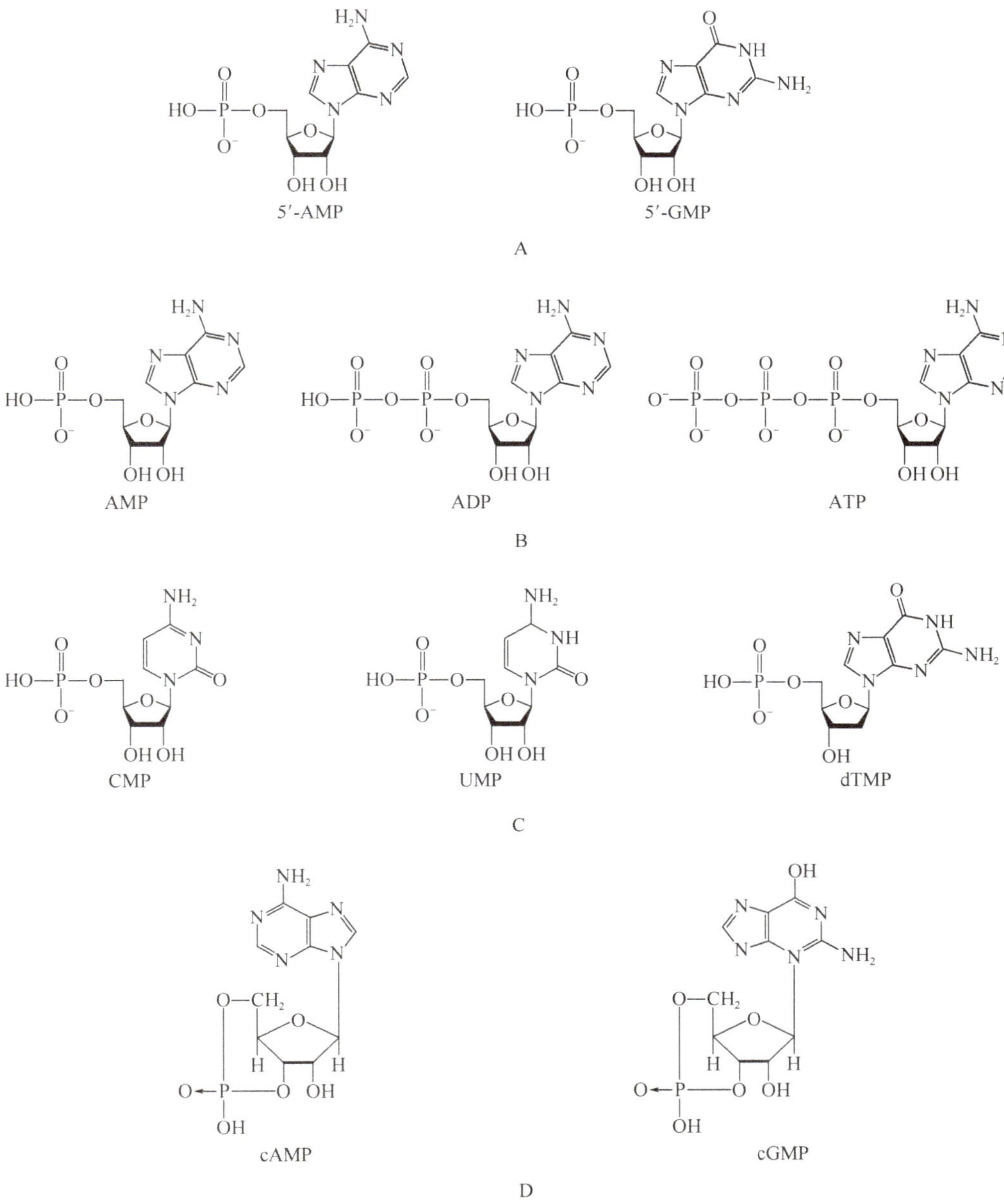

图 3-5　不同类型核苷酸的结构

二、核酸的一级结构

核酸的一级结构是指构成核酸的核苷酸的排列顺序，也称为核苷酸序列。因为核苷酸间的差异主要是碱基不同，所以核苷酸序列也称为碱基序列。

1. 核酸的一级结构　是由核苷酸（或脱氧核苷酸）通过 3′,5′-磷酸二酯键连接聚合而成的没有分支的多核苷酸链。即由每个核苷酸的 3′-OH 与相邻核苷酸的 5′-磷酸缩合而成（图 3-6 A）。

2. 多核苷酸链是有方向性的　一般以 5′→3′的方向为正向，即以 5′磷酸末端为首，3′羟基末端为尾。书写时也按照 5′→3′的方向进行，5′磷酸末端写在左端，3′羟基末端写在右端（图 3-6 B）。

3. 磷酸-核糖（或脱氧核糖）　形成多核苷酸链主链，碱基处于侧面。

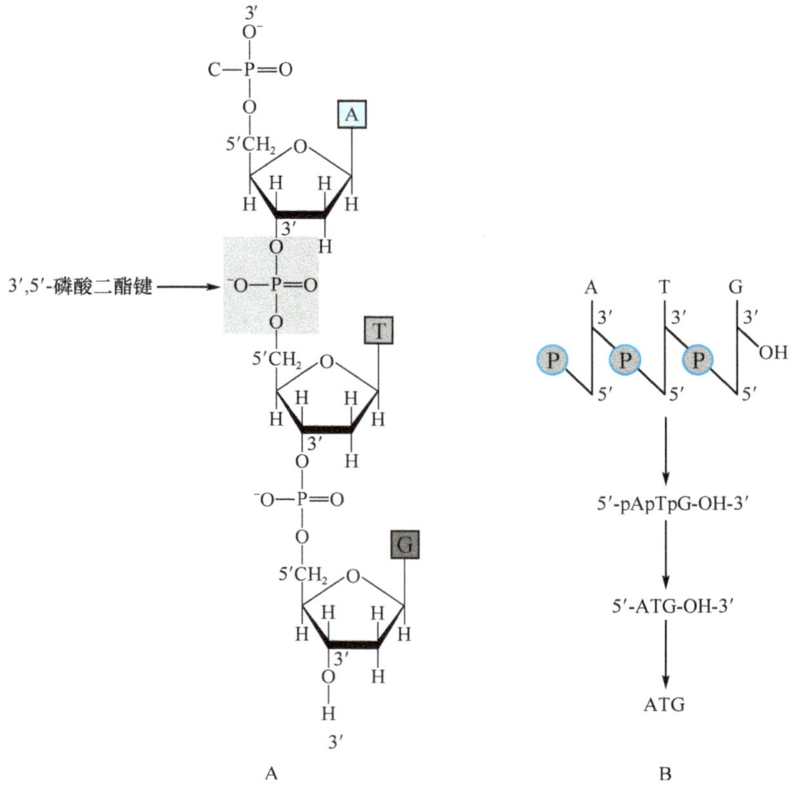

图 3-6　核酸一级结构其书写方式

A. 核酸一级结构;B. 核酸书写方式

第二节　DNA 的空间结构

DNA 的结构是由一级结构、二级结构和三级结构组成。DNA 的二级结构、三级结构则称为 DNA 的空间结构。

一、DNA 的二级结构

1953 年,生物学家 James Watson 和物理学家 Francis Crick 在总结前人结果的基础上提出了 DNA 分子的双螺旋模型(图 3-7),揭示了生物遗传的研究奥秘,成为现代分子生物学的奠基石,因此,获得了 1962 年诺贝尔生理和医学奖。

双螺旋结构模型的主要依据:①X 射线衍射分析结果说明 DNA 可能是双螺旋结构。②Chargaff规则:DNA 分子中腺嘌呤与胸腺嘧啶的含量相等,鸟嘌呤与胞嘧啶的含量相等,因此 DNA 中嘌呤与嘧啶的总数相等:即 A+G=C+T;不同生物种属的 DNA 具有不同的碱基组成;同一生物体的各种不同器官或组织 DNA 的碱基组成相似。③实验证明嘌呤和嘧啶是由氢键连接起来的。

(一) DNA 双螺旋结构的特点

1. DNA 是反向平行的互补双链结构　由亲水的脱氧核糖和磷酸基组成的两条反向平行的多聚核苷酸链围绕同一中心轴形成右手螺旋的结构。一条链的走向是 5′→3′,另一条的走向是 3′→5′。脱氧核糖基和磷酸基位于外侧,而碱基位于内侧。碱基间以 A-T 和 G-C 的方式互补配对。

2. DNA 是右手螺旋结构　螺旋直径为 2.4nm,每个螺旋结构含 10.5 对碱基,螺距为 3.54nm,每个碱基平面之间的距离 0.34nm。

3. 氢键与碱基堆积力共同维持 DNA 双螺旋结构的稳定　DNA 双螺旋结构的稳定因素之一是依靠横向的互补碱基的氢键维系,即 A 与 T 配对,形成两个氢键,G 与 C 配对,形成三个氢键(图 3-8)。稳定因素之二依靠纵向的碱基堆积力维系。碱基堆积力对维持 DNA 的双螺旋结构起主要作用。

4. 双螺旋表面存在大沟和小沟　大沟和小沟在 DNA 结合蛋白与 DNA 相互识别中发挥重要的作用。

笔记栏

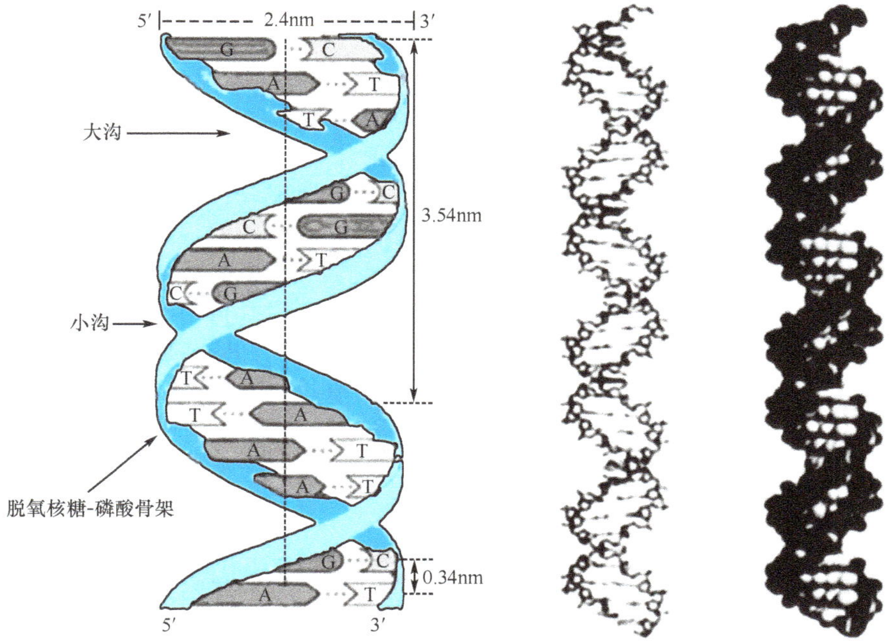

图 3-7　DNA 双螺旋结构

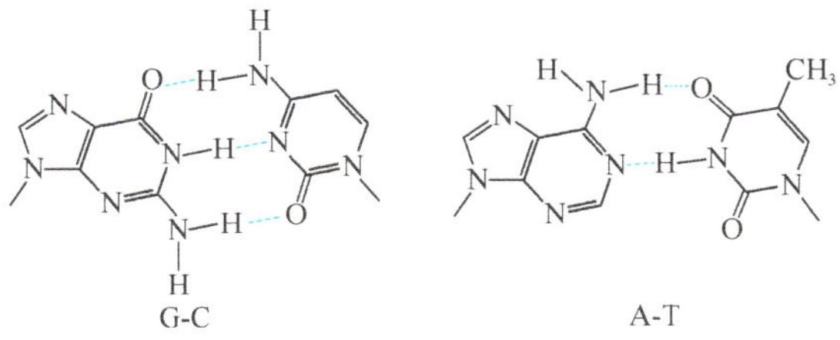

图 3-8　DNA 分子中碱基配对模式

(二) DNA 二级结构的多样性

根据溶液的离子强度或相对湿度，DNA 的结构类型有：B-DNA、Z-DNA 和 A-DNA。James Watson 和 Francis Crick 在相对湿度为 92% 的条件下得到的 DNA 右手双螺旋结构为 B-DNA。B-DNA 是 DNA 分子在水性环境和生理条件下最稳定的结构。

二、DNA 的三级结构

DNA 的三级结构是指 DNA 双螺旋分子在二级结构的基础上进一步折叠盘曲所形成的更复杂的结构。原核生物 DNA 的三级结构主要为环状超螺旋形结构，真核生物染色质 DNA 的三级结构以核小体的形式存在。

(一) 超螺旋结构

原核生物的双链环状 DNA，真核生物的双链线形 DNA，都可以盘绕形成超螺旋(supercoils)结构。超螺旋结构可以实现 DNA 分子的高度压缩，以使 DNA 分子以较致密的形式存在于较小的空间中。

(二) 原核生物 DNA 的环状超螺旋结构

原核生物(病毒、细菌质粒等)和真核生物的线粒体、叶绿体的 DNA 都是共价闭合的双链环状 DNA，而双链环状 DNA 可进一步扭曲成环状超螺旋结构。环状超螺旋结构使 DNA 被压缩和包装，大大减小了 DNA 的体积，同时增加了 DNA 的稳定性。

(三) DNA 在真核生物细胞核内的组装

真核生物染色体由 DNA 和蛋白质构成，其基本单位是核小体。核小体由组蛋白和 DNA 所构成。组蛋白包括五种：H_1、H_2A、H_2B、H_3和 H_4。各两个分子的 H_2A、H_2B、H_3和 H_4形成一个八聚体，即核心组蛋白。DNA 在核心组蛋白上盘绕一又四分之三圈(1.75 圈)，共 146bp，构成核小体的核心颗粒(图 3-9)。组蛋白 H_1和 DNA 构成连接区，连接区将若干核小体核心颗粒连接起来，构成串珠状的核小体链。

进一步的组装过程：染色质纤丝→突环→玫

笔记栏

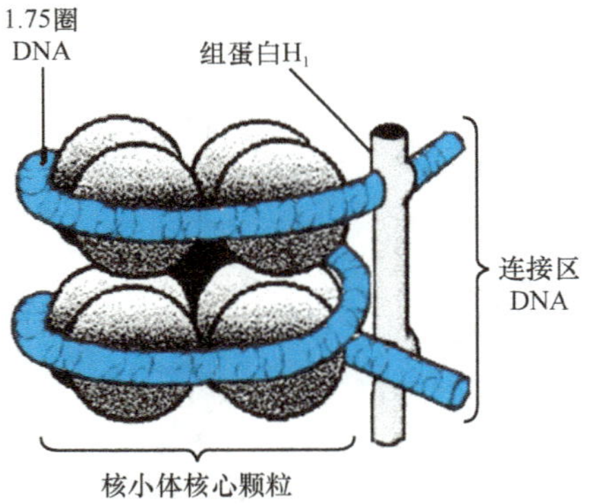

图 3-9　核小体的结构

瑰花结→螺旋圈→染色单体(图 3-10)。整个折叠盘绕过程使得近 2 米长的 DNA 有效组装在直径只有数微米的细胞核中。

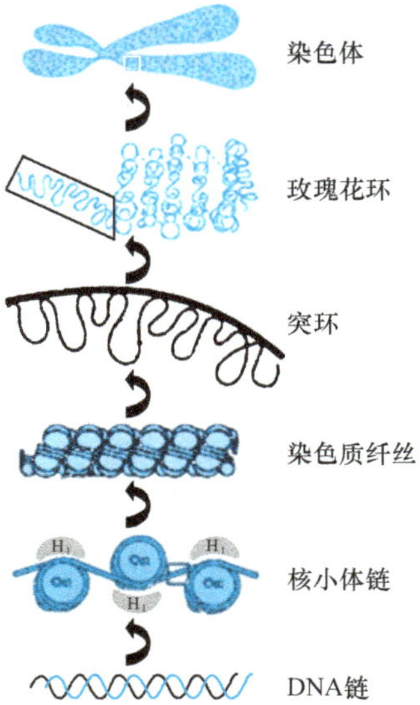

图 3-10　DNA 在真核生物细胞核内的组装

第三节　RNA 的空间结构与分类

RNA 与 DNA 有很多相同之处,但也存在一些不同的地方,例如,在组成成分方面:DNA 含脱氧核糖和胸腺嘧啶(T),RNA 则含核糖与尿嘧啶(U)。就结构而言:DNA 的二级结构为双链,以双螺旋结构存在。而 RNA 的二级结构为单链,部分区域可以发生回折实现碱基互补,形成局部双螺旋结构;DNA 的碱基互补配对具有高度的忠实性,而 RNA 中碱基的配对情况不像 DNA 中严格。G 除了可以和 C 配对外,也可以和 U 配对。G-U 配对形成的氢键较弱;RNA 较之 DNA,其种类很多,常见的为 mRNA、rRNA、tRNA;还有许多种小分子 RNA,如核内小 RNA(snRNA)、反义 RNA(asRNA)等。

一、mRNA

信使 RNA(messenger RNA,mRNA)的主要功能是携带 DNA 的遗传信息到细胞质,并作为蛋白质合成的模板。细胞核内合成的初级 mRNA 比成熟的 mRNA 大,且分子大小不均一,故被称为不均一核 mRNA (heterogeneous nuclear RNA,hnRNA)。它在细胞核内存在的时间极短,经过剪切成为成熟的 mRNA,然后再被转移到细胞质中参与蛋白质的合成。真核生物的成熟 mRNA 具有 5′-末端的帽子结构以及 3′-末端的多聚腺苷酸尾巴[poly(A)],而原核生物的 mRNA 不具有这一结构。

真核生物的成熟 mRNA 的结构特点如下:

(一) 5′-末端具有共同的帽子结构

大多数真核生物 mRNA 的 5′-末端在转录后加上了一个 7-甲基鸟嘌呤-三磷酸基(m^7GpppN)的结构,这一结构称为帽子结构(图 3-11)。帽子结构能够增强 mRNA 的稳定性,促进 mRNA 与核糖体、翻译起始因子的识别与结合等。

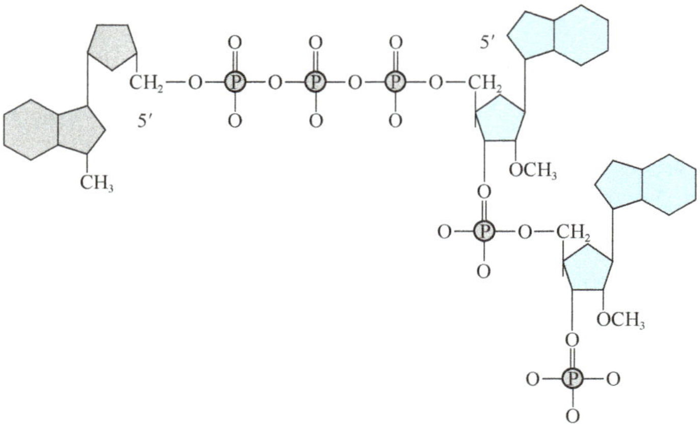

图 3-11　真核生物 mRNA 的帽子结构

（二）3′-末端具有多聚腺苷酸尾巴结构

大多数真核生物 mRNA 的 3′-末端有一段由 80～250 个腺苷酸组成的多聚腺苷酸结构，称为多聚 A 尾[poly(A)]。poly(A)结构是在mRNA 转录完成以后加入的。poly(A)的主要功能在于：参与 mRNA 从核内向胞质的转位，增强 mRNA 的稳定性，对翻译起始进行调控。

（三）mRNA 分子含有遗传密码区

mRNA 分子上从 5′-AUG 开始，每三个相邻的核苷酸为一组，为三联体密码子，决定肽链上一种氨基酸。一条完整的 mRNA 包括 5′-非翻译区、编码区和 3′-非翻译区。编码区包括起始密码子(AUG)、编码其他氨基酸的密码子和终止密码子(UAG、UGA、UAA)(图 3-12)。

图 3-12　mRNA 基本结构示意图

二、tRNA

转运 RNA(transfer RNA，tRNA)是具有携带并转运氨基酸功能的一类小分子核糖核酸，简称 tRNA。绝大多数 tRNA 由七十几至九十几个核苷酸组成，沉降常数约为 4S(个别 tRNA 的沉降常数为 3S，含 63 个核苷酸)。转运 RNA 约占总 RNA 的 15%。原核生物与真核生物的tRNA的结构具有以下共同特点：

（一）tRNA 分子含有较多的稀有碱基和核苷

稀有碱基占所有碱基的 10%～20%，如双氢尿嘧啶(DHU)、次黄嘌呤(I)、甲基化的嘌呤(^{m}G、^{m}A)、假尿嘧啶核苷(ψ)等，部分稀有碱基的结构如图 3-13。

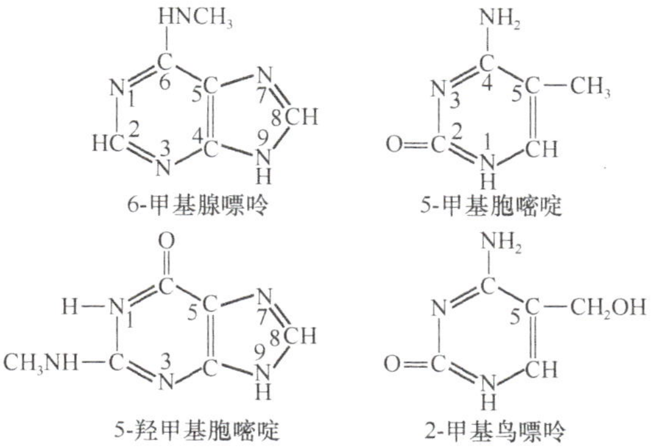

图 3-13　部分稀有碱基结构

（二）tRNA 的二级结构呈三叶草形

tRNA 的二级结构类似于三叶草形。在三叶草形结构中，tRNA 分子是由二氢尿嘧啶环(DHU)、TψC 环、反密码环、额外环(或称附加叉)和氨基酸臂等 5 个部分组成(图 3-14)。二氢尿嘧啶环与 TψC 环含有稀有碱基；反密码环的中部有 3 个碱基，称为反密码子，可以与 mRNA 上的密码子形成碱基互补配对。额外环是 tRNA 分类的重要指标。氨基酸臂的 3′-末端为 CCA，是活化氨基酸的结合部位，又称氨基酸接纳臂。tRNA 的三级结构成倒 L 形(图 3-15)。

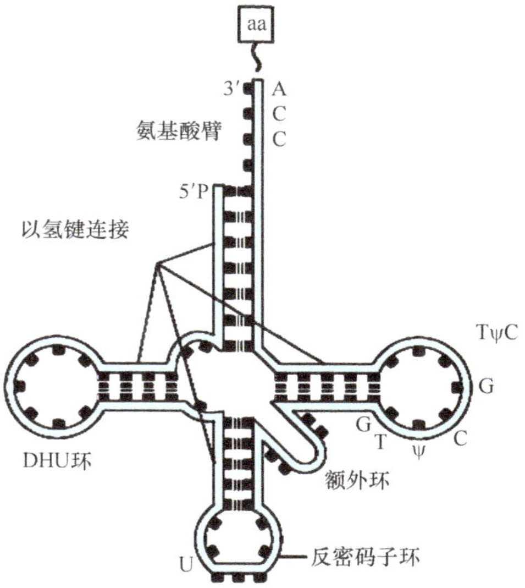

图 3-14　tRNA 二级结构

三、rRNA

核糖体 RNA(ribosomal RNA，rRNA)是细胞内含量最多的 RNA，约占 RNA 总量的 80% 以上。rRNA 与核糖体蛋白(ribosomal protein)

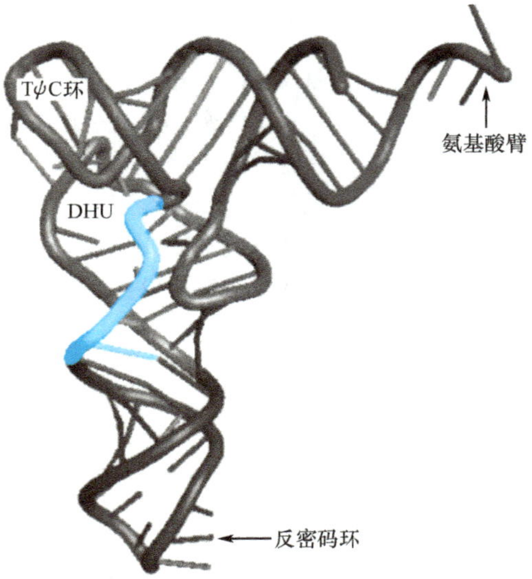

图 3-15 tRNA 的三级结构

结合构成核糖体或称核蛋白体(ribosome)。核糖体是生物体内合成蛋白质的场所。原核生物与真核生物的核糖体都是由大、小两个亚基组成。

原核生物有三种 rRNA,大小分别为 5S,16S、23S。其中核糖体的小亚基(30S)是由 16SrRNA 和多种核糖体蛋白质结合构成;大亚基(50S)则是由 5S 和 23S 两种 rRNA 共同与多种核糖体蛋白质结合构成(图 3-16)。

真核生物有四种 rRNA,大小分别为 5S、5.8S、18S、28S。其中核糖体小亚基(40S)是由 18SrRNA 和核糖体蛋白质结合构成;大亚基(60S)则由 5S、5.8S、28S 三种 rRNA 和多种核糖体蛋白质结合构成。

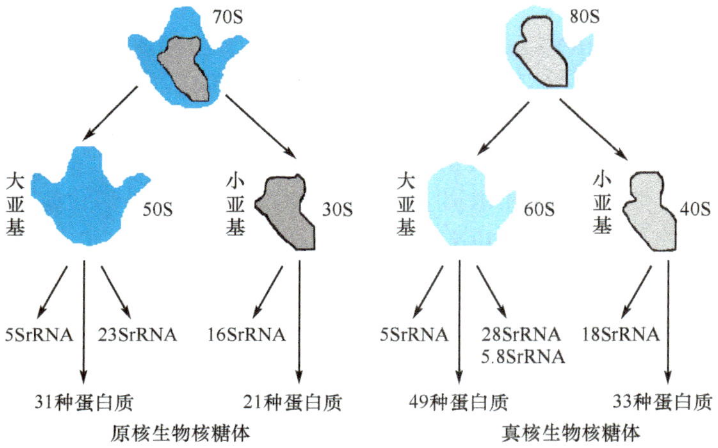

图 3-16 原核生物与真核生物的核糖体

四、其他小分子 RNA 及 RNA 组学

除上述三种主要的 RNA 外,细胞的不同部位还存在其他种类的小分子 RNA,这些小 RNA 被统称为非 mRNA 小 RNA(small non-messenger RNA,snmRNA)。随着对 snmRNA 研究的深入和发展,由此产生了 RNA 组学(RNomics)这一新的研究领域。"RNA 组学"就是从基因组水平研究细胞中非编码 RNA 结构与功能的一门新的科学。

"RNA 组学"是后基因组时代一个重要的科学前沿,因为它有可能揭示一个全新的由 RNA 介导的遗传信息表达调控网络,从而以不同于蛋白质编码基因的角度来注释和阐明人类基因组的结构与功能。同时,基于非编码 RNA 研究所获得的新的发现,将为人类疾病的研究和治疗提供新的技术和思路。RNA 组学研究细胞中 snmRNA 的种类、结构和功能,以及同一生物体内不同种类的细胞、同一细胞在不同时间、不同状态下 snmRNA 的表达所具有的时间和空间特异性。非编码 RNA 研究领域主要包括以下几个方面:①非编码 RNA 的系统识别与鉴定。在现代隐蔽的 RNA 世界中,已知的非编码 RNA 仅为冰山一角。采用计算机 RNA 组学和实验 RNA 组学等方法,系统地发现和注释各种模式生物中的非编码 RNA 基因并进一步阐明其生物学意义是 RNA 组学的首要任务。②细胞分化和发育中 miRNA 的结构与功能。miRNA 是一个巨大的小分子非编码 RNA 家族,广泛存在于各种动植物甚至单细胞真核生物中。miRNA 在转录后水平调控蛋白质基因的表达谱来决定细胞分化、胚胎发育等一系列重要生命活动的进程及多样性。目前在各种生物中已发现数千种 miRNA，大部分 miRNA 的功能尚有待阐明。③表观遗传中的 RNA 调控。许多非编码 RNA 都参与了基因组 DNA 转录水平的调控。研究这些 RNA，特别是内源 siRNA 参与的真核细胞核内异染色质的形成和基因组 DNA 修饰或加工过程，有可能揭示表观遗传控制发生的原因及调控机制。④RNA 与疾病发生。许多新发现的小分子非编码 RNA 不仅是细胞增殖、分化和凋亡的重要调控因子，而且与细胞的异常表型和人类重要疾病密切相关。在许多肿瘤中可检测到特有 miRNA 基因的异常表达或 mRNA 异常可变剪接体。一些动物病毒也编码用于逃逸宿主细胞免疫攻击的 miRNA。比较分析正常生理和疾病发生过程中的非编码 RNA 的表达及其作用，将从 RNA 调控的角度揭示疾病发生机制并为疾病诊断和治疗提供新的基因靶点和分子标记。⑤mRNA 可变剪接的调控。大量的剪接调控蛋白与特异的 RNA 顺式作用元件和 RNA 反式因子在 mRNA 可变剪接调控中起重要作用。发现和鉴定这些调控因子及其作用方式将阐明 RNA 调控蛋白质组复杂度的机制及其与细胞分化和个体发育的关系。⑥非编码 RNA 基因资源与 RNA 技术及其应用。非编码 RNA 基因是新发现的遗传资源和新的生物技术制高点。如 miRNA 和 RNA 干涉技术在干细胞维持、动植物品种选育及病害控制等方面有重要应用前景。miRNA 治疗干预作为人类重大疾病新的治疗技术，正得到迅速的发展，miRNA 药物及靶点的前景十分广阔。

snmRNAs 主要包括核内小 RNA（small nuclear RNA，snRNA）、核仁小 RNA（small nucleolar RNA，snoRNA）、胞质小 RNA（small cytoplasmic RNA，scRNA）、催化性小 RNA（small catalytic RNA）、小片段干涉 RNA（small interfering RNA，siRNA）等。snmRNAs 主要参与 hnRNA 和 rRNA 的加工和转运、基因表达过程的调控等。例如，核内小 RNA 参与 mRNA 前体的剪接过程；核仁小 RNA 参与 rRNA 中核苷酸残基的修饰；小片段干涉 RNA 参与转录后调控；催化性小 RNA 参与特殊 RNA 剪切，具有催化活性的小 RNA 亦被称为核酶。

总之，对 snmRNA 以及 RNA 组学的研究将会在揭示生命奥秘以及促进生物技术产业化中做出巨大贡献。

第四节　核酸的理化性质

一、核酸的一般理化性质

核酸是多元酸，具有较强的酸性；具有紫外吸收特性；微溶于水，不溶于一般有机溶剂；能被酸、碱或酶分解。

DNA 为白色纤维状固体，RNA 为白色粉末；DNA 是线性高分子，黏度极大，RNA 分子小且短，黏度低；在碱性溶液中，RNA 能在室温下被水解，DNA 则较稳定。

二、核酸的紫外吸收特性

由于组成核酸分子的碱基中含有共轭双键，使核酸分子在紫外 260nm 波长处有最大吸收峰，利用这一特性可用来对核酸进行定性、定量分析。这一特性也可用于判断核酸的纯度。蛋白质是常与核酸混合在一起的杂质（蛋白质最大吸收峰 280nm），可采用 A_{260}/A_{280} 的比值判断核酸纯度。纯 DNA 的 A_{260}/A_{280} 应为 1.8，纯 RNA 应为 2.0。

三、DNA 的变性

在某些理化因素（温度、pH、有机溶剂等）作用下，DNA 分子互补碱基对之间的氢键断裂，使 DNA 双螺旋结构松散，变成单链，即为 **DNA 变性**（denaturation）。DNA 变性只涉及二级结构改变，不伴随一级共价键的断裂。

监测 DNA 是否变性的一个最常用的指标是 DNA 在紫外区 260nm 波长处的吸收光值变化。因为 DNA 变性时，DNA 双链发生解离，共轭双键更充分暴露，所以 DNA 变性后，其在 260nm 处紫外吸收值升高，此现象称为**增色效应**（hyperchromic effect）。

DNA 的变性从开始到解链完全，是在一个相当窄的温度内完成的，在这一范围内，紫外光吸收值增加达到最大增加值的 50% 时的温度叫做 **DNA 的解链温度**（T_m）（图 3-17）。

一种 DNA 分子的 T_m 值的大小与其所含碱基中的 G+C 的比例相关，也与 DNA 分子大小有关。G+C 的比例越高，DNA 分子越长，溶液离子强度越高，T_m 值越大。

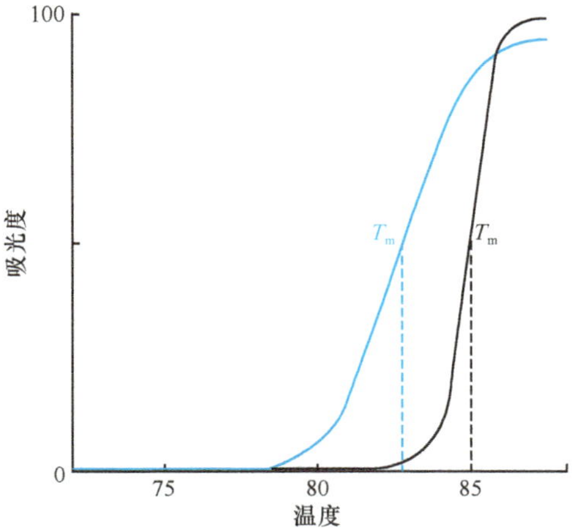

图 3-17 DNA 的解链曲线

四、DNA 的复性与分子杂交

变性的 DNA 在适当条件下，两条互补链可重新结合恢复天然的双螺旋构象这种现象称为复性。热变性的 DNA 经缓慢冷却后即可复性(renaturation)(图 3-18)，这一过程也叫退火(annealing)。伴随复性，DNA 溶液紫外吸收减弱，称低色效应。若 DNA 经过热变性后，温度快速急剧下降到 4℃以下，复性再发生的可能性就很低，这通常叫做"淬火"。一般认为，比 T_m 值低 25℃的温度是 DNA 复性的最佳条件。

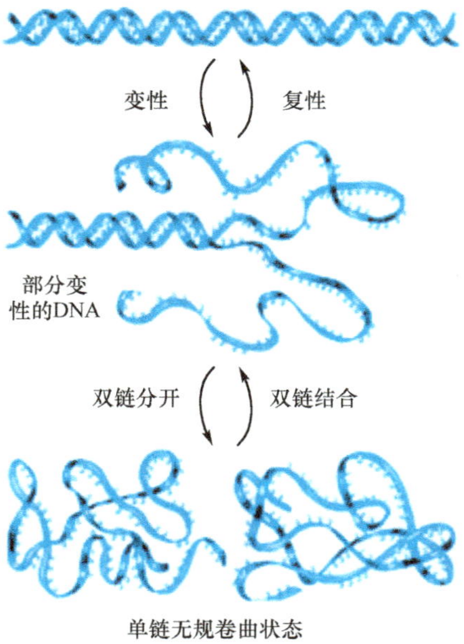

图 3-18 DNA 变性与复性

不同来源的变性核酸单链在退火条件下结合形成杂化双链的过程，称为分子杂交(molecular hybridization)。杂交可以发生在 DNA-DNA 之间，RNA-RNA 之间以及 RNA-DNA 之间(图 3-19)。常用的核酸分子杂交技术有：Southern Blot 印迹杂交，Northern Blot 印迹杂交，原位杂交、菌落原位杂交、斑点杂交等。

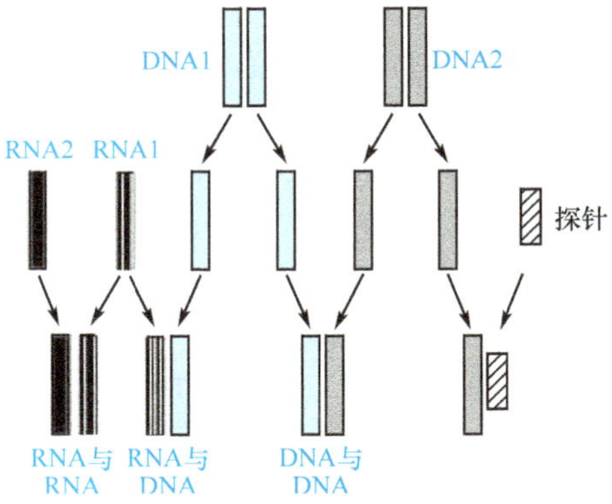

图 3-19 核酸分子杂交以及探针

核酸分子探针(probe)就是以核酸分子杂交为基础发展起来的一项分子生物学实验技术。核酸分子探针带有与待测核酸样品碱基互补的核苷酸序列，能够与其发生互补反应，形成杂化双链(heteroduplex)(图 3-19)，用于检测待测核酸样品中的特定基因序列。根据来源和性质，核酸分子探针可分为基因组探针、RNA 探针、cDNA探针和寡核苷酸探针等；根据标记物，又可以划分为放射性标记探针和非放射性标记探针两大类。核酸分子杂交技术的用途非常广泛，例如：遗传性疾病的诊断、先天性遗传病的产前诊断、外源性病原体的诊断、癌基因检测、基因缺失或变异引起的疾病的基因诊断、性别及 DNA 指纹谱的鉴定等。

下面举例说明核酸分子探针在临床上的应用：苯丙酮尿症是一种先天性的代谢缺陷病，采用核酸分子探针技术可以实现该遗传疾病的产前诊断。1983 年胡流清等首先完成了人苯丙氨酸羟化酶 cDNA 探针的制备。他们先用限制性内切酶将正常人基因组 DNA 切割成若干 DNA 片段，然后采用电泳技术将这些 DNA 片段分离开。再将分离开的 DNA 片段转移到一张硝酸纤维膜上，然后用带有标记物的人苯丙氨酸羟化酶 cDNA 探针杂交，cDNA 探针就会与人苯丙氨酸羟化酶基因结合。最后结果发现正常人有 23kb 和 19kb 两种限制性片段长度。同时他们分析了一个苯丙酮尿症家系，比较后发现父母同时有 23kb 和 19kb DNA，但患儿只有 19kb 片段。说明在该家系中，苯丙氨酸羟化酶突变基因是与 19kb 片段连锁的。连锁简而言之就是指同一染

笔记栏

色体上的基因联合遗传的现象，因此在该家系中的第 2 胎，如果只出现 19kb DNA 片段将是患儿，而同时出现 23kb 和 19kb DNA 片段或只出现 23kb DNA 片段的都是正常个体。

小　结

核酸分为 DNA 与 RNA。核酸完全水解生成核苷酸，核苷酸是组成核酸的基本单位，核苷酸完全水解生成磷酸、戊糖和碱基。DNA 含 β-D-2′-脱氧核糖，RNA 含 β-D-核糖。DNA 所含的碱基为 ATGC，RNA 所含碱基为 AUGC。

核酸是由核苷酸通过 3′、5′-磷酸二酯键连接聚合而成。核酸的一级结构是指构成核酸的核苷酸或脱氧核苷酸从 5′-末端到 3′-末端的排列顺序。

DNA 的二级结构是双螺旋构型，结构特点为：DNA 是右手螺旋，反向平行的双螺旋结构；DNA 双链中，碱基位于内侧，脱氧核糖-磷酸骨架位于外侧；氢键与碱基堆积力共同维持 DNA 双螺旋结构的稳定；双螺旋表面存在大沟和小沟。

RNA 主要分为 mRNA、tRNA、rRNA 三种。mRNA 的结构特点在于：5′-末端具有共同的帽子结构；3′-末端具有多聚腺苷酸尾巴结构；mRNA 分子含有三联体密码子。tRNA 的结构特点在于：tRNA 分子含有较多的稀有碱基；tRNA 二级结构呈三叶草形；tRNA 的三级结构是倒 L 形。rRNA 主要是作为蛋白质合成的场所。除上述三种 RNA 外，细胞内还有非 mRNA 小 RNA。

DNA 的理化性质主要有紫外吸收特性、DNA 的变性与复性等。紫外吸收特性是指核酸分子在紫外 260nm 波长处有最大吸收峰。DNA 的变性是指双链 DNA 解开成单链的过程，而复性则是指单链分子重新形成双链的过程。变性后，DNA 在 260nm 紫外吸收值升高，此现象称为增色效应。而解链温度（T_m）则是指紫外吸收值达到最大值的一半时所对应的温度。解链温度与 DNA 中的 G-C 比例、溶液离子强度有关。

（张蜀敏　李红林）

第 4 章 酶

生物体内新陈代谢的一系列复杂化学反应几乎都是由酶催化。酶是由活细胞产生的对其特异底物起高效催化作用的生物催化剂(biocatalyst)。大部分酶是蛋白质,但是一些核酸也具催化作用,称作核酶(ribozyme),包括 RNA 酶(RNAzyme ,Rz)和 DNA 酶(deoxyribozyme,DNAzyme,DRz),主要作用于核酸。核酶的发现突破了酶是蛋白质的经典观念,但核酸参与催化的反应有限,并且这些反应均可有相应的酶蛋白参与催化,因此以蛋白质为本质的酶是体内最主要的催化剂,也是本章讨论的重点。

第一节 酶的结构与功能

一、酶的分子结构

(一) 酶的分子组成

1. 分子组成 按照酶的化学组成,可将酶分为单纯酶(simple enzyme)和结合酶(conjugated enzyme)两类:①单纯酶:是仅由蛋白质组成的酶,如蛋白酶、淀粉酶、酯酶等;②结合酶:除蛋白质成分外,还有非蛋白成分,如金属离子或小分子有机化合物。结合酶的蛋白质成分称为酶蛋白(apoenzyme),非蛋白质成分统称为辅助因子(cofactor),两者一起组成全酶(holoenzyme);只有全酶才有催化活性,如果分开则催化活性消失。

2. 辅助因子 根据辅助因子与酶蛋白结合的牢固程度不同,可将其分为辅基(prosthetic group)和辅酶(coenzyme):①辅基与酶蛋白以共价键牢固结合,不能用透析、超滤等简单的物理化学方法使之分开,在反应中辅基不能离开酶蛋白,如细胞色素氧化酶的血红素;②辅酶与酶蛋白以非共价键疏松结合,可以用透析或其他方法除去。辅酶在某一酶促反应中接受质子或基团后离开酶蛋白,参加另一酶促反应并将所携带的质子或基团转移出去,如 NAD^+、$NADP^+$等。一种酶蛋白只能与一种辅助因子结合,形成一种特异性的酶,而一种辅助因子则可与不同的酶蛋白结合形成多种特异性的酶,催化各种特异的化学反应。因此酶蛋白决定结合酶催化反应的特异性,而辅助因子决定反应的类型与性质。

金属离子是主要的辅助因子,约 2/3 的酶含有金属离子。有的金属离子与酶结合紧密,不会在提取过程中丢失,这类酶称为金属酶(metalloenzyme)。如羧基肽酶、黄嘌呤氧化酶等。有的金属离子与酶结合不紧密,但为酶活性所必需,称金属激活酶(metal-activated enzyme),如己糖激酶、肌酸激酶等。金属离子有多方面功能,主要是作为酶活性中心的组成成分;可能在稳定酶分子的构象上起作用;作为桥梁使酶与底物相连接。

另一类是小分子有机化合物,主要是 B 族维生素的衍生物,此外还有血红素家族、硫辛酸等,部分作为辅助因子的维生素见表 4-1。

表 4-1 辅酶的种类及其作用

转移的基团	小分子有机化合物(辅酶或辅基)	
	名 称	所含的维生素
氢原子(质子)	NAD^+(尼克酰胺腺嘌呤二核苷酸,辅酶Ⅰ)	尼克酰胺(维生素 PP)之一
	$NADP^+$(尼克酰胺腺嘌呤二核苷酸磷酸,辅酶Ⅱ)	尼克酰胺(维生素 PP)之一
	FMN(黄素单核苷酸)	维生素 B_2(核黄素)
	FAD(黄素腺嘌呤二核苷酸)	维生素 B_2(核黄素)
醛基	TPP(焦磷酸硫胺素)	维生素 B_1(硫胺素)
酰基	辅酶 A(CoA)	泛酸

续表

转移的基团	小分子有机化合物(辅酶或辅基)	
	名 称	所含的维生素
	硫辛酸	硫辛酸
烷基	钴胺素辅酶类	维生素 B_{12}
二氧化碳	生物素	生物素
氨基	磷酸吡哆醛	吡哆醛(维生素 B_6 之一)
一碳单位	四氢叶酸	叶酸

(二)酶的活性中心

1. 活性中心(active center) 酶是生物大分子,所催化的底物(substrate)却大多为小分子物质,它们的分子质量比酶要小几个数量级。因此酶促反应中底物仅与酶分子的很小区域结合。此区域即酶的活性中心(图 4-1)。活性中心是酶分子中具有三维结构的区域,形如裂缝或凹陷,能与底物特异结合并催化底物转变为产物。

2. 必需基团(essential group) 酶分子中与酶活性密切相关的化学基团称为必需基团。有些必需基团在一级结构上可能相距很远,但在空间结构上彼此靠近,形成酶的活性中心。必需基团按其所处位置可以分为两类:①组成活性中心的必需基团称为活性中心内的必需基团。酶活性中心内的必需基团有两类:**结合基团**(binding group)和**催化基团**(catalytic group)。结合基团结合底物,使之与酶形成复合物;催化基团通过影响底物中某些化学键的稳定性,催化底物发生化学反应并将其转变为产物。有些酶活性中心内的必需基团可兼具这两个功能。②酶活性中心外的必需基团,不参与活性中心组成,但却为维持酶活性中心所必需。常见的必需基团有组氨酸的咪唑基,丝氨酸的羟基,半胱氨酸的巯基,以及谷氨酸的 γ-羧基(图 4-2)。

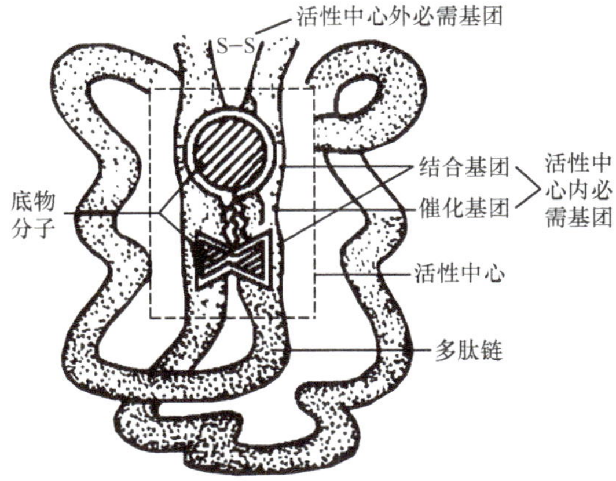

图 4-1 酶活性中心示意图

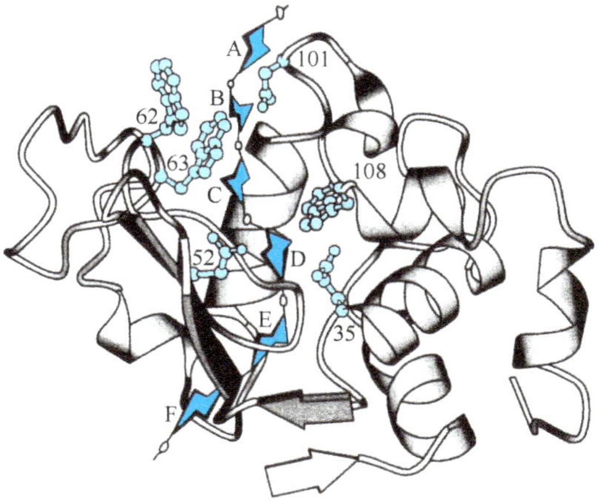

图 4-2 溶菌酶的活性中心

图中深蓝色代表底物,浅蓝色代表必需基团

二、酶促反应的特点与机制

酶是一类生物催化剂,因此它具有一般催化剂的共性,即只能催化热力学上允许进行的反应;只能加速反应的进程,而不改变反应的平衡点;反应前后酶的质和量不变。酶又是蛋白质,它具有一般催化剂所没有的特性。

(一)酶促反应的特点

1. 酶促反应具有极高的催化效率 酶的催化效率通常比非催化反应高 $10^8 \sim 10^{20}$ 倍,比一般催化剂高 $10^7 \sim 10^{13}$ 倍。例如,脲酶催化尿素的水解速度是 H^+ 催化作用的 7×10^{12} 倍,而且不需要较高的反应温度。

2. 酶促反应具有高度的特异性或专一性(specificity) 体内的化学反应绝大多数都需要酶催化,一种酶能从成千上万种反应物中找出自己作用的底物,这就是酶的特异性。如淀粉酶只能水解淀粉,而不能水解蛋白质和脂肪;蛋白酶只能水解蛋白质,而且通常只能水解由特定氨基酸构成的肽键。所以酶促反应特异性表现在它对底物的选择性和催化反应的特异性两方面,即

笔记栏

一种酶仅作用于一种或一类化合物或一定的化学键，催化一定的化学反应并产生一定的产物，这种现象称为酶的特异性或专一性。根据酶对其底物特异性的严格程度不同，可分为以下3类：

（1）绝对特异性（absolute specificity）：一种酶只能作用于一种特定结构的作用物，进行一种专一的反应，生成一种特定结构的产物。这种特异性称为绝对特异性。例如，脲酶只能催化尿素水解为 CO_2 和 NH_3，而不能催化甲基尿素水解。

$$H_2N-\overset{\overset{\displaystyle O}{\|}}{C}-NH_2 + H_2O \xrightarrow{\text{脲酶}} 2NH_3 + CO_2$$

（2）相对特异性（relative specificity）：一种酶可催化一类化合物或一类化学键发生反应。如磷酸酶对一般的磷酸酯都有水解作用，而不论是甘油磷酸酯、葡萄糖磷酸酯或酚磷酸酯；脂肪酶不仅水解脂肪，也水解简单的酯；人体内蛋白激酶A、蛋白激酶G、蛋白激酶C等，都可催化其底物蛋白氨基酸残基上羟基的磷酸化。

（3）立体异构特异性（stereospecificity）：一种酶仅作用于底物的一种立体异构体，或其催化的结果只能生成一种立体异构体。如L-乳酸脱氢酶只催化L-乳酸脱氢生成丙酮酸，而对D-乳酸无作用。体内合成蛋白质的氨基酸均为L-型，所以体内参与氨基酸代谢的酶绝大多数均只能作用于L-型氨基酸，而不能作用于D-型氨基酸。

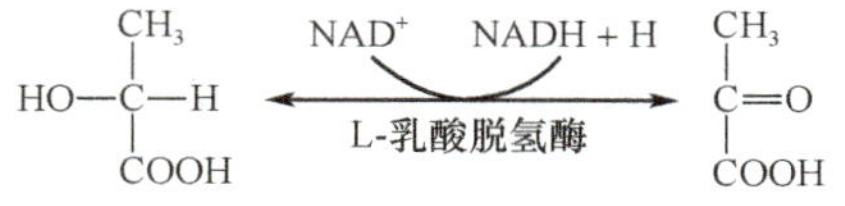

L-乳酸　　　　丙酮酸

3. 酶活性的可调节性　酶促反应受多种因素的调控，以适应机体对不断变化的内环境和生命活动的需要。如酶与代谢物在细胞内的区域化分布；变构酶受变构剂的调节；酶共价修饰以及细胞内酶含量的调节等。

（二）酶促反应的机制

酶促反应与一般催化反应相比能更有效地降低反应的活化能；酶通过何种方式实现其高效催化，迄今尚未完全阐明。目前普遍被人们接受的是中间复合物学说与诱导契合学说。

1. 降低反应的活化能　根据中间复合物学说，酶促反应的机制为：酶（E）的活性中心与底物（S）定向结合生成酶-底物复合物（ES），ES的形成是酶催化作用的第一步。ES复合物进而转变为产物（P）。此过程可用下式表示：

$$E+S \longleftrightarrow ES \longleftrightarrow E+P$$

ES的形成，改变了原来反应的途径，可使底物的活化能大大降低，从而使反应加速。

在任何一种热力学允许的反应体系中，底物分子能量达到一定水平才有可能进行化学反应。这些能量较高的分子称为活化分子。使分子从基础状态达到活化状态所需要的能量称为**活化能**（activation energy）。催化剂的作用，主要是降低反应所需的活化能，以致相同的能量能使更多的分子活化，从而加速反应的进行。酶比一般催化剂更有效降低反应的活化能（图4-3），使底物只需较少的能量便可进入活化状态，因而增加了活化分子的百分数，增加了反应速度。据计算，在25℃时活化能每减少4.18kJ/mol，反应速度可增高5.4倍。

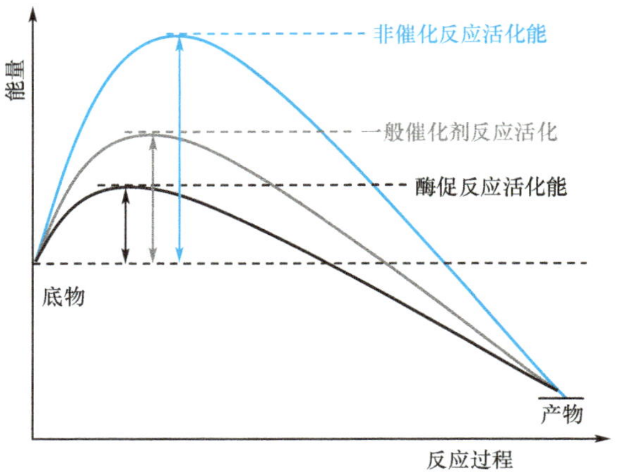

图4-3　酶促反应降低反应活化能

2. 酶-底物结合的诱导契合假说　ES复合物形成不是锁与钥匙的机械结合关系。当酶与底物相互接近时，其结构相互诱导、相互变形、相互适应，进而相互结合。酶在底物的诱导下，其活性中心进一步形成，并与底物受催化攻击的部位密切靠近，形成ES复合物。这就是酶-底物结合的诱导契合假说（induced-fit hypothesis）（图4-4）。

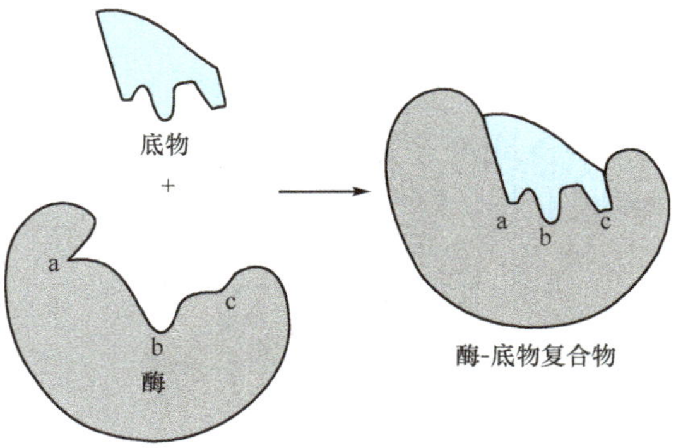

图4-4　酶-底物结合的诱导契合假说

笔记栏

此外还有邻近效应(proximity effect)与定向排列(orientation arrange)、多元催化(multielement catalysis)及表面效应学说(surface effect)。邻近效应与定向排列实际上是将分子间的反应变成类似于分子内的反应,若在反应系统的某一局部区域,底物浓度增高,则反应速度也随之提高;此外,酶与底物间的靠近具有一定的取向,这样反应物分子才被作用,大大增加了 ES 复合物进入活化状态的几率,从而提高反应速率;酶是两性电解质,所含的多种功能基团具有不同的解离常数。这种多功能基团(包括辅酶或辅基)的协同作用可极大地提高酶的催化效能,即酶的多元催化;酶的活性中心多为氨基酸残基的疏水基团组成的疏水环境,疏水环境排除水分子的干扰,有利于酶促反应的发生,即表面效应学说。

总之,一种酶的催化反应常常是多种催化机制的综合作用,这是酶促反应高效率的重要原因。

第二节 酶促反应动力学

酶促反应动力学(kinetics of enzyme-catalyzed reaction)研究的是酶促反应速度和影响因素,这些因素包括酶浓度、底物浓度、pH、温度、抑制剂、激活剂等。在研究某一因素对酶促反应速度的影响时,要使酶促系统的其他因素不变。酶促反应速度通常是指反应开始时的速度,即初速度。即底物转化量<5%时的反应速度。采用反应的初速度可以避免反应进行过程中,底物浓度因消耗而相对降低;以及反应产物堆积等因素对正向反应速度的抑制。动力学研究可为酶作用机制及作用最适条件等方面研究提供信息。

一、底物浓度对反应速度的影响

(一)酶促反应速度对底物浓度的饱和现象

由实验观察到,在酶浓度不变时,不同的底物浓度与反应速度的关系为一矩形双曲线(图 4-5)。即当底物浓度较低时,反应速度的增加与底物浓度的增加成正比(一级反应);此后随底物浓度的增加,反应速度的增加量逐渐减少(混合级反应);最终当底物浓度增加到一定量时,反应速度达到一最大值,不再随底物浓度的增加而增加(零级反应)。

(二)米氏方程

根据上述实验结果以及中间产物学说,Michaelis & Menten 于 1913 年推导出了上述矩形双曲线的数学表达式,即米氏方程:

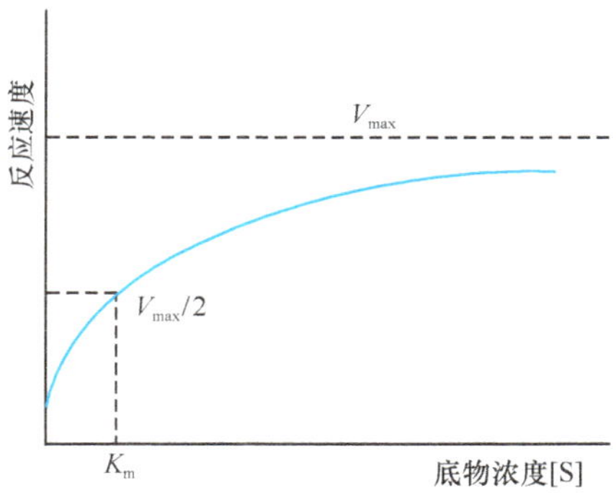

图 4-5 底物浓度对酶促反应速度的影响

$$E+S \underset{k_{-1}}{\overset{k_{+1}}{\rightleftharpoons}} ES \xrightarrow{k_2} P+E$$

$$V=\frac{V_{max}[S]}{K_m+[S]} \qquad \frac{k_{-1}+k_2}{k_{+1}}=K_m$$

其中,[S]为底物浓度,V 是在不同[S]时的反应速度。V_{max} 为最大反应速度(maximum velocity),K_m 为米氏常数(Michaelis constant)。

由米氏方程式也可推出由实验得到的矩形双曲线,可分为三个阶段:①当底物浓度很低,即[S]<<K_m 时,方程中分母上的[S]可以忽略不计,于是 $V=V_{max}[S]/K_m$ 对一个酶来说,V_{max} 和 K_m 均为常数,反应速度随底物浓度的增加而上升,于是反应速度与底物浓度成正比关系。反应呈一级反应。②随着底物浓度的进一步增高,反应速度不再呈正比例增加。反应速度增加的幅度逐渐下降,反应呈混合级;若底物浓度很高,即[S]>> K_m,方程中分母 K_m 可以忽略不计,于是 $V=V_{max}[S]/[S]=V_{max}$,此时再增加底物浓度,反应速度也不会增加(零级反应)。

(三)K_m 与 V_{max} 的意义

当反应速度为最大速度的一半时,米氏方程式可以变换如下:

$$\frac{V_{max}}{2}=\frac{V_{max}[S]}{K_m+[S]}$$

进一步整理得 K_m=[S]。由此可见 K_m 值等于酶促反应速度为最大速度一半时的底物浓度。因此,米氏常数的单位为 mol/L。

(1) K_m 是酶的一个基本的特征常数:只与酶的结构、底物和反应环境(如温度、pH、离子强

笔记栏

度）有关，与酶的浓度无关。各种酶的 K_m 值范围很大，大致在 $10^{-6} \sim 10^{-2}$ mol/L 之间。对于同一底物，不同的酶有不同的 K_m 值；对于不同底物，相同的酶 K_m 值也各不相同

（2）K_m 值可用来表示酶对底物的亲和力。K_m 值愈小，酶与底物的亲和力愈大，这表示不需要很高的底物浓度便可容易地达到最大反应速度。

（3）在一定条件下，某种酶的 K_m 值是恒定的，因而可以通过测定不同酶（特别是一组同工酶）的 K_m 值，来判断是否为不同的酶。

（4）V_{max} 是酶完全被底物饱和时的反应速度，与酶浓度呈正比。

（四）K_m 值和 V_{max} 值的测定

如图 4-5 所示，底物浓度曲线是矩形双曲线，很难准确地测得 K_m 值和 V_{max} 值。过高的底物浓度不仅不易测得 V_{max} 值，在实验中还会出现很多困难。若将米氏方程式进行某种变换，将曲线作图改为直线作图，便可容易地用图解法准确求得 K_m 值和 V_{max} 值。

双倒数作图法（double reciprocal plot）又称为林-贝（Lineweaver-Burk）作图法，是最常见的作图法。它将米氏方程式等号两边取倒数，所得到的双倒数方程式称做林-贝方程式：

$$\frac{1}{V}=\frac{K_m}{V_{max}[S]}+\frac{1}{V_{max}}$$

以 $1/V$ 对 $1/[S]$ 作图（图 4-6），得一直线，其纵轴上的截距为 $1/V_{max}$，横轴上的截距为 $-1/K_m$。此作图法除用于求取 K_m 值和 V_{max} 外，还可用于判断可逆抑制反应的性质（见“五、抑制剂对反应速度的影响”）。

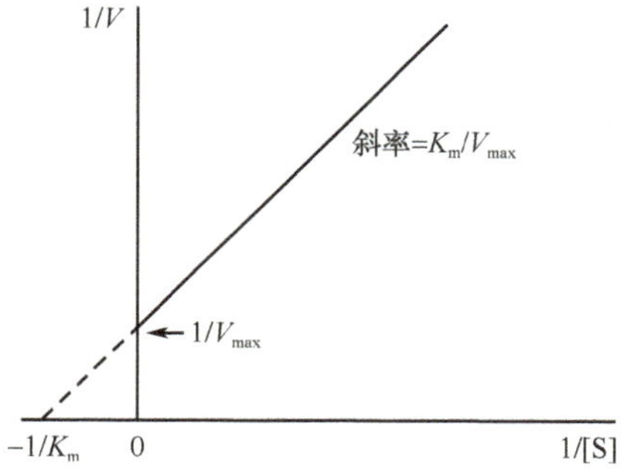

图 4-6 双倒数作图法

二、酶浓度对反应速度的影响

在一定的温度和 pH 条件下，当底物浓度远大于酶的浓度时，式中 K_m 可以忽略不计。酶反应速度与酶浓度成正比（图 4-7），即 $V=k[E]$，其中 V 为反应速度，k 为反应速度常数，[E] 代表酶浓度。

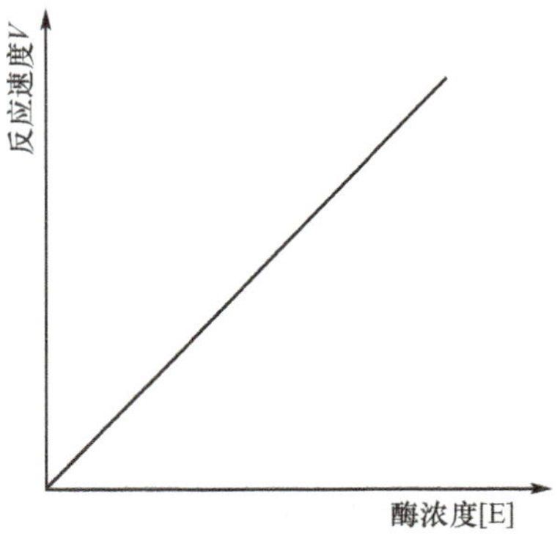

图 4-7 酶浓度对酶促反应速度的影响

三、温度对反应速度的影响

（一）酶促反应的最适温度

酶促反应速度最快时的环境温度称为最适温度（optimum temperature）。酶是蛋白质，对温度的变化极为敏感。温度升高到 60℃ 以上时，大多数酶开始变性；80℃ 时多数酶的变性已不可逆。最适温度相当于细胞最适生活环境的温度或稍高。生活在温泉或深海中的细菌体内酶的最适温度甚至可以达到水的沸点。聚合酶链反应所需的热稳定的 DNA 聚合酶就是从生活在 70～80℃ 的栖热水生菌（*Thermus aquaticus*）中提取的，此酶可耐受近 100℃ 的高温。温血动物组织中酶的最适温度多在 35～40℃。

（二）温度对反应速度的影响

环境温度低于最适温度时，温度升高加快反应速度；高于最适温度时，反应速度则因酶变性而降低。即温度对酶促反应速度具有双重影响。故以反应速度 V 对温度 T 作图（图 4-8），即得一条钟罩形曲线。曲线最高点所对应的温度，即为该酶的最适温度。

酶的最适温度是温度升高使酶促反应加速和使酶变性两种拮抗因素作用的总和。若反应持续时间短，则温度促使化学反应加速的影响大于对酶变性的影响，此时最适温度往往偏高。反之若反应时间长，温度导致酶失活的影响变的明显，此时最适温度偏低。因此酶的最适温度不是酶的特征性常数。

笔记栏

酶的活性虽然随温度的下降而降低，但低温一般不使酶破坏。温度回升后，酶又可以恢复活性。临床上低温麻醉便是利用酶的这一性质以减慢组织细胞代谢速度，提高机体对氧和营养物质缺乏的耐受性。低温保存菌种也是基于这一原理。生化实验中测定酶活性时，应严格控制反应液的温度。酶制剂应保存在冰箱中，以免变性。

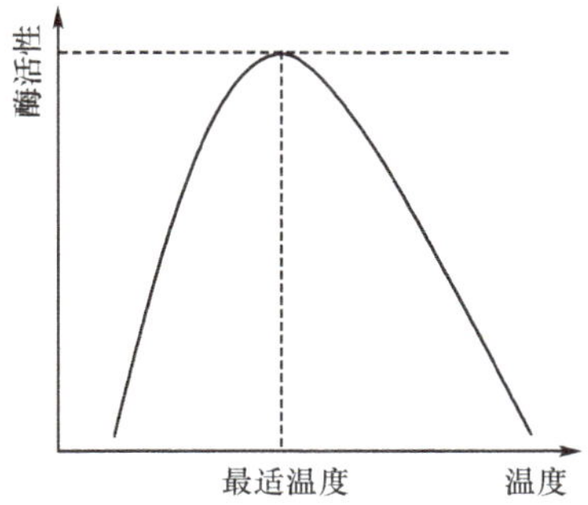

图 4-8 温度对酶活性的影响

四、pH 对反应速度的影响

酶促反应速度受其所处环境 pH 的影响。酶催化活性最大时的环境 pH 称为酶促反应的**最适 pH**（optimum pH）。酶分子活性基团、底物分子及辅助因子的解离状态都与酶的催化作用相关，而环境 pH 影响它们的解离程度。

酶活性中心的某些必需基团往往仅在某一解离状态时才最容易同底物结合或具有最大的催化作用；而底物及辅酶的荷电状态也影响它们对酶的亲和力。此外，pH 还可影响酶活性中心的空间构象。因此，pH 对酶促反应影响很大，反应速度对 pH 的变化呈钟罩形曲线（图 4-9），个别的只有钟罩形的一半。也有的酶，如木瓜蛋白酶的活力与反应液的 pH 变化关系不大。虽然不同酶的最适 pH 不同，但除少数（如胃蛋白酶的最适 pH 约为 1.8，肝精氨酸酶最适 pH 为 9.8）外，动物体内多数酶的最适 pH 在 6.5~8.0 左右；多数植物和微生物来源的酶最适 pH 在 4.5~6.5 左右 。

最适 pH 不是酶的特征性常数，它受缓冲液的种类及浓度、底物浓度以及酶的纯度等因素的影响。溶液的 pH 高于或低于最适 pH 时，酶的活性降低，甚至导致酶变性失活。测定酶活性时，应选用适宜的缓冲液以保持酶活性的相对恒定。

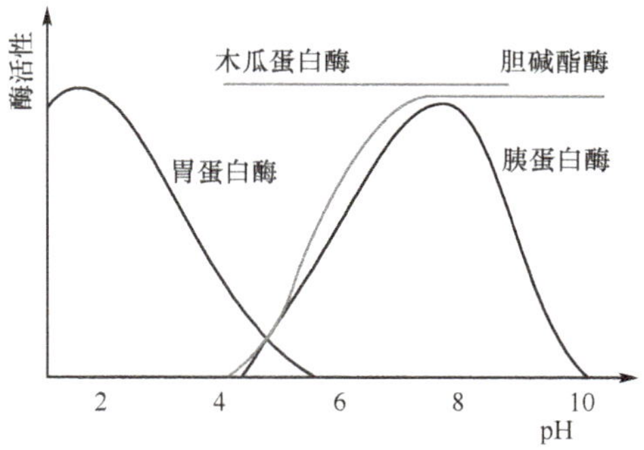

图 4-9 pH 变化对酶活性的影响

五、抑制剂对反应速度的影响

凡是能降低酶促反应速度，但不引起酶分子变性失活的物质统称为酶的**抑制剂**（inhibitor）。抑制剂与酶的变性剂区别在于：抑制剂对酶有一定选择性，而引起变性的因素对酶没有选择性。抑制剂多与酶的活性中心内、外必需基团相结合，从而抑制酶的活性。根据抑制剂与酶结合的紧密程度不同，抑制剂作用方式可分为不可逆性抑制与可逆性抑制两类。

（一）不可逆性抑制作用（irreversible inhibition）

抑制剂通常与酶活性中心上的必需基团以共价键相结合，使酶失活。此种抑制剂不能用透析、超滤等方法予以去除，故所造成的抑制作用是不可逆的。按抑制剂对酶必需基团选择程度不同，又分专一性和非专一性抑制两类。

1. 专一性不可逆性抑制作用 抑制剂专一性作用于酶活性中心的必需基团并导致酶活性的抑制。如有机磷农药[敌百虫（美曲膦酯）和敌敌畏等]能特异地与胆碱酯酶活性中心丝氨酸残基的羟基结合，使酶失活，乙酰胆碱不能及时分解。过多的乙酰胆碱会导致胆碱能神经过度兴奋的症状，表现为一系列中毒的症状。临床上用解磷定等药物可以解除酶的抑制，用于抢救农药中毒病人。

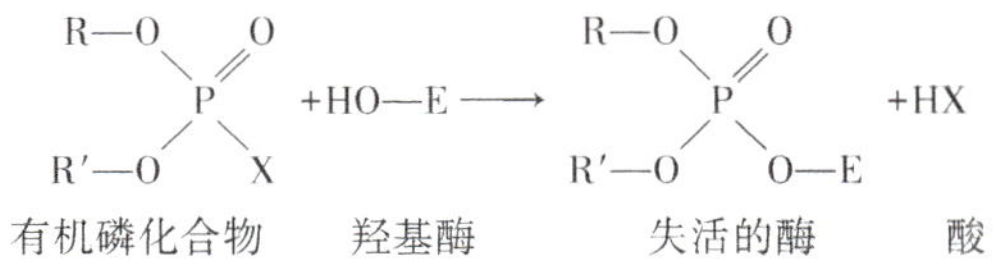

2. 非专一性不可逆性抑制作用 抑制剂与酶的一类或几类基团结合，抑制剂并不区分其结合的基团属必需基团或非必需基团。如重金属离子（Hg^{2+}、Ag^{+}等）及As^{3+}等可与酶分子的巯基结合，使酶失活。化学毒气路易士气（Lewisite）是一种含砷的化合物，它能抑制体内的巯基酶而使人畜中毒。重金属离子与酶分子巯结合是造成酶活性抑制的主要原因。二巯丙醇或丁二酸钠等含巯基的化合物，可以置换结合于酶分子上的重金属离子而使酶恢复活性，因此临床上用作抢救重金属中毒的药物。

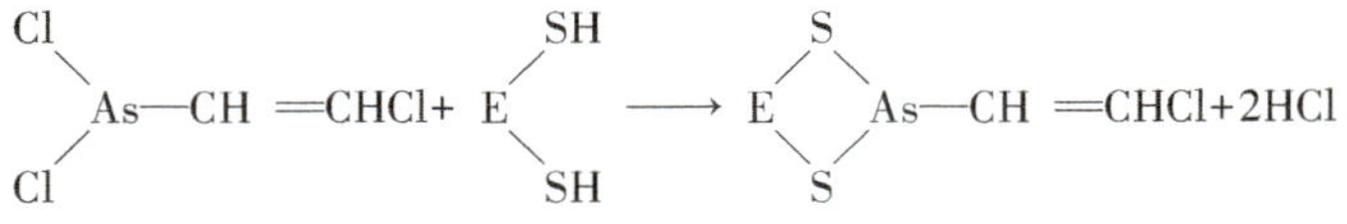

路易士气 巯基酶 失活的酶 酸

（二）可逆性抑制作用（reversible inhibition）

抑制剂与酶和（或）酶-底物复合物通过非共价键结合，使酶活性降低或消失。可用透析或超滤的方法把酶与抑制剂分开，使酶恢复催化活性，故称为酶的可逆性抑制作用。可逆性抑制作用的类型可分为以下3种。

1. 竞争性抑制作用（competitive inhibition）竞争性抑制剂（I）与底物结构相似，可与底物竞争同一种酶的活性中心，妨碍酶与底物结合形成ES复合物。这种抑制作用称为竞争性抑制（图4-10）。

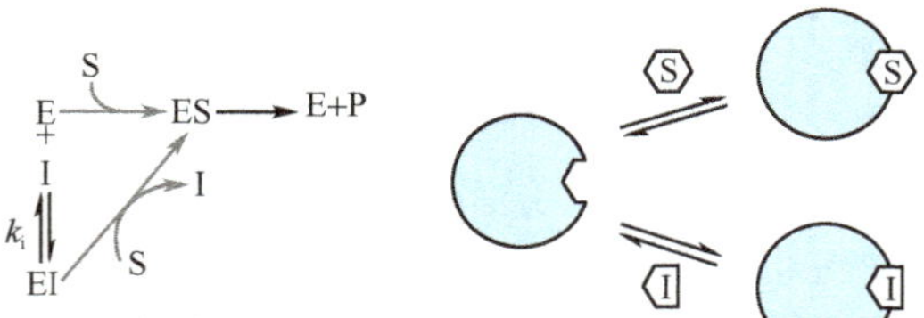

图4-10 酶的竞争性抑制

由于抑制剂与酶的结合是可逆的，抑制程度既取决于抑制剂及底物与酶的相对亲和力，又取决于抑制剂与底物的相对浓度。竞争性抑制的显著特点是其抑制作用可用高浓度的底物来解除，即增加底物浓度，则抑制作用可以被降低，甚至解除。经典的例子是丙二酸对琥珀酸脱氢酶（催化琥珀酸脱氢生成延胡索酸）的竞争性抑制作用。丙二酸只比琥珀酸少一个碳原子（图4-11），二者结构相似，故可与琥珀酸竞争酶的活性中心结合，酶对丙二酸的亲和力远大于酶对琥珀酸的亲和力，当丙二酸的浓度仅为琥珀酸浓度的1/50时，酶的活性便被抑制50%。若增大琥珀酸的浓度，此抑制作用可被削弱。草酰乙酸，苹果酸的化学结构亦与琥珀酸相似，它们也是琥珀酸脱氢酶的竞争性抑制剂。

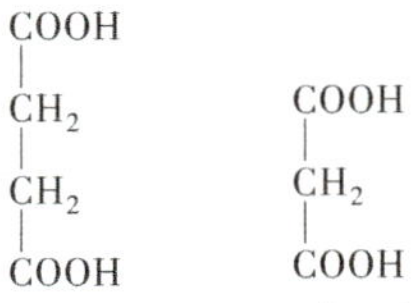

琥珀酸 丙二酸

图4-11 丙二酸与琥珀酸

酶和抑制剂结合形成的复合物EI不能转化为产物。其中k_i称为抑制常数，即酶-抑制剂复合物的解离常数。按米氏方程式的推导方法可衍生出竞争性抑制的动力学方程式：

$$V=\frac{V_{max}[S]}{K_m(1+[I]/k_i)+[S]}$$

上式与米氏方程式相比，在竞争性抑制中，K_m增大了$(1+[I]/k_i)$倍，但V_{max}不受竞争性抑制剂的影响。

以$1/V$对$1/[S]$作图（图4-12A）可见，无论竞争性抑制剂的浓度如何，纵轴截距均为$1/V_{max}$，这说明V_{max}不因有竞争性抑制剂的存在而改变，亦即V_{max}不变。有竞争性抑制剂存在时，横轴上的截距"K_m值"（称为表观K_m值，apparent K_m）大于无抑制剂存在时的K_m值，可见，竞争性抑制作用使酶的表观K_m值增大。

很多药物是酶的竞争性抑制剂，磺胺类药物是典型的代表。对磺胺类药物敏感的细菌在生长繁殖时，不能直接利用环境中的叶酸，细菌可在体内以对氨基苯甲酸（p-aminobenzoic acid，PABA）等为原料，在二氢叶酸合成酶（dihydrofolic acid synthetase）的催化下合成二氢叶酸，后者可转变为四氢叶酸，而四氢叶酸是细菌合成核酸所不可缺的辅酶。磺胺药的化学结构与PABA相似（图4-13），故能与PABA竞争二氢叶酸合成酶的活性中心，造成该酶活性抑制，进而减少四氢叶酸和核酸的合成，

笔记栏

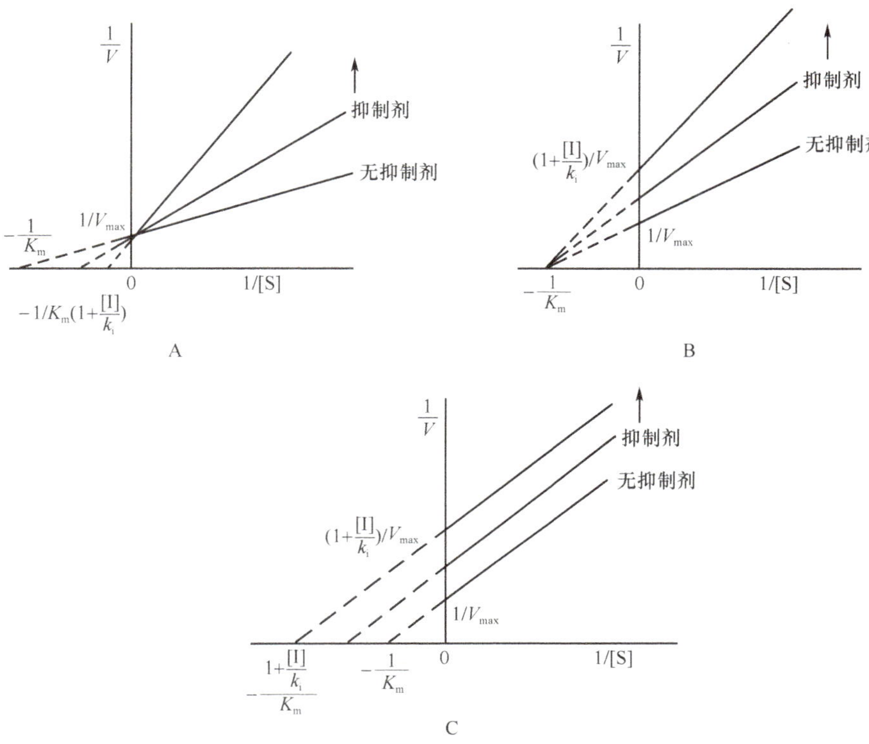

图 4-12　三种可逆性抑制的特征性曲线

A：竞争性抑制；B：非竞争性抑制；C：反竞争性抑制

最终导致细菌生长繁殖停止。人类能直接利用食物中的叶酸，核酸的合成不受磺胺类药物的干扰。根据竞争性抑制的特点，服用磺胺类药物时必须保持血液中药物的高浓度，以发挥其有效的竞争性抑菌作用。

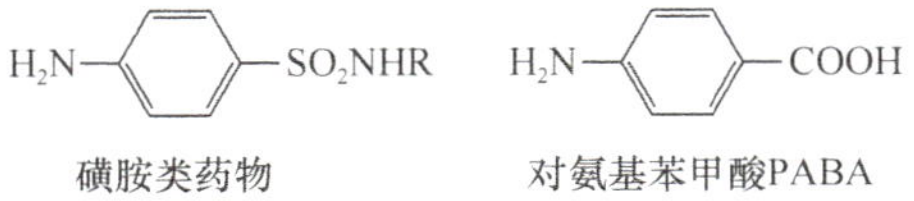

图 4-13　PAPA 与磺胺药

许多属于抗代谢物都是酶的竞争性抑制剂，如氨甲蝶呤（MTX）、5-氟尿嘧啶（5-FU）、6-巯嘌呤（6-MP）等，它们分别抑制四氢叶酸、脱氧胸苷酸及嘌呤核苷酸的合成，起到抑制肿瘤生长的作用。

2. 非竞争性抑制作用（non-competitive inhibition）　抑制剂与酶活性中心外的必需基团结合，不妨碍酶与底物的结合，抑制剂与底物之间无竞争。抑制剂既与酶结合，也与 ES 复合物结合，但生成的酶-底物-抑制剂复合物（ESI）是死端复合物，不能释放出产物。这种抑制作用称做非竞争性抑制作用（图 4-14）。抑制程度取决于抑制剂的浓度大小，加大底物浓度[S]不能解除抑制。

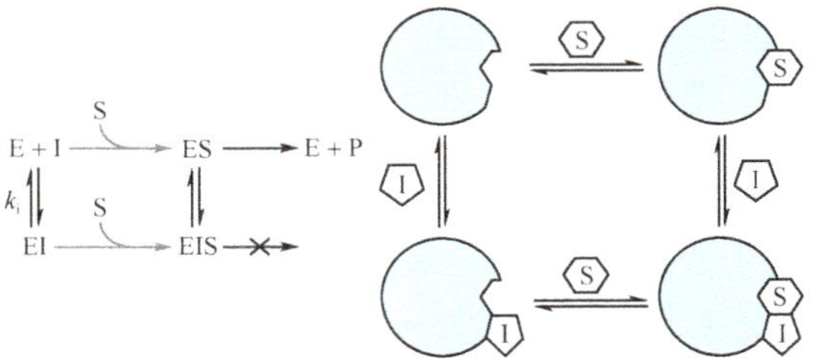

图 4-14　酶的非竞争性抑制

按照米氏方程式的推导，其动力学方程式如下：

$$V=\frac{V_{max}[S]}{(K_m+[S])(1+[I]/k_i)}$$

以 $1/V$ 对 $1/[S]$ 作图（图 4-12B），可得非竞争性抑制作用的特征性曲线。抑制剂浓度增加时纵轴上的截距均增大，这说明酶促反应的 V_{max} 因为抑制剂的存在而降低，降低的幅度与抑制剂的浓度相关；横轴上的截距均与无抑制剂时相同，即 K_m 不受抑制剂影响。

3. 反竞争性抑制作用（uncompetitive inhibition）　反竞争性抑制剂仅与酶-底物的中间产物（ES）结合，使中间产物 ES 的量下降。这样，既减少从中间产物转化为产物的量，也同

笔记栏

时减少从中间产物解离出游离酶和底物的量。这种抑制作用称为反竞争性抑制作用（图 4-15）。

从反竞争性抑制作用的双倒数作图（图 4-12C）可见，此类抑制作用同时降低反应的 V_{max} 和表观 K_m 值。在用不同浓度反竞争性抑制剂时得到一组平行线（表 4-2）。

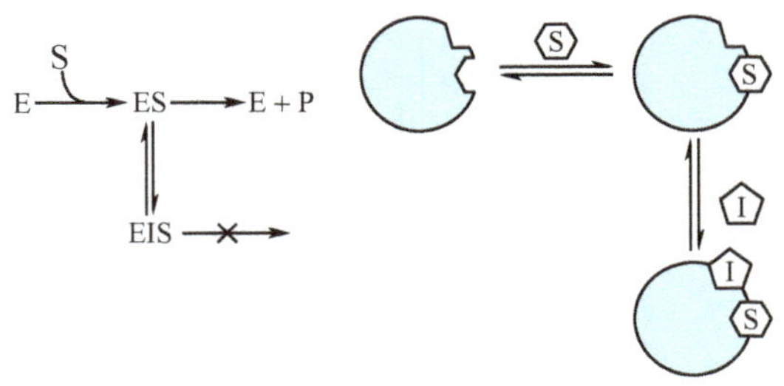

图 4-15 酶的反竞争性抑制

表 4-2 酶的三种可逆性抑制作用的特点比较

作用特征 抑制类型	I 与 S 结构	与 I 结合组分	I、S 与酶结合部位	抑制程度取决于	动力学特点
竞争性抑制	相似	E	竞争酶的活性中心	I 与 E 的相对亲和力及[S]	K_m 增大 V_{max} 不变
非竞争抑制	不相似	E，ES	I 与酶活性中心外的必需基团结合	[I]	K_m 不变 V_{max} 降低
反竞争抑制	不相似	ES	I 只与 ES 复合物结合	[S]及[I]	K_m 减少 V_{max} 降低

六、激活剂对反应速度的影响

凡是使酶从无活性变为有活性或使酶活性增加的物质称为酶的激活剂（activator）。激活剂大多为金属离子，如 Mg^{2+}、K^+、Mn^{2+} 等；少数为阴离子，如 Cl^- 等；也有许多有机化合物激活剂，如胆汁酸盐等。

激活剂按对酶促反应的必需程度可分为两类：①大多数金属离子激活剂对酶促反应是不可缺少的，否则酶的活性丧失，这类激活剂称为必需激活剂，也是酶的辅助因子。如 Mg^{2+} 是已糖激酶的必需激活剂（essential activator）；②有些激活剂不存在时，酶仍有一定的催化活性，这类激活剂称为非必需激活剂（non-essential activator）。如氯离子是唾液淀粉酶的非必需激活剂。许多有机化合物激活剂也属于此列。非必需激活剂激活作用的机制可能是激活剂与酶及底物结合成复合物而起促进作用；必需激活剂参与酶的活性中心的构成。

第三节 酶的调节

一、酶原及酶原的激活

多数酶合成后即具有活性，但有些酶如消化系统中的各种蛋白酶以无活性的前体形式合成和分泌，然后输送到特定的部位，当体内需要时，经特异性蛋白水解酶的作用转变为有活性的酶而发挥作用。这些不具催化活性的酶的前体称为酶原（zymogen，proenzyme）。由无活性的酶原变成有活性的酶的过程称为酶原的激活。酶原激活的实质是酶的活性中心形成或暴露的过程。

胃蛋白酶、胰蛋白酶、胰凝乳蛋白酶、羧基肽酶及弹性蛋白酶在它们初分泌时都是以无活性的酶原形式存在。在一定条件下水解掉 1 个或几个短肽，其多肽链发生进一步折叠、盘曲、形成活性中心必需的构象，使酶原转化成相应的酶。如胰蛋白酶原进入小肠后，在 Ca^{2+} 存在下受肠激酶的激活，第 6 位赖氨酸残基与第 7 位异亮氨酸残基之间的肽键被切断，水解掉一个六肽，分子的构象发生改变，形成酶的活性中心，从而成为有催化活性的胰蛋白酶（图 4-16）。

消化管内蛋白酶原的激活具有级联反应性质。胰蛋白酶原被肠激酶激活后，生成的胰蛋白酶除了可以自身激活外，还可进一步激活胰凝乳蛋白酶原，羧基肽酶原 A 和弹性蛋白酶原，从而加速对食物的消化过程。血液中凝血系统的酶类也都以酶原的形式存在，它们的激活具有典型的级联反应性质。在正常情况下，血浆中大多数凝血因子基本上是以无活性的酶原形式存在，只有当组织或血管内膜受损后，无活性的酶原才能转变为有活性的酶，从而触发一系列的级联式酶促反应，最终导致可溶性的纤维蛋白原转变为稳定的纤维蛋白多聚体，网罗血小板等形成血凝块，引发快速而有效的血液凝固。

笔记栏

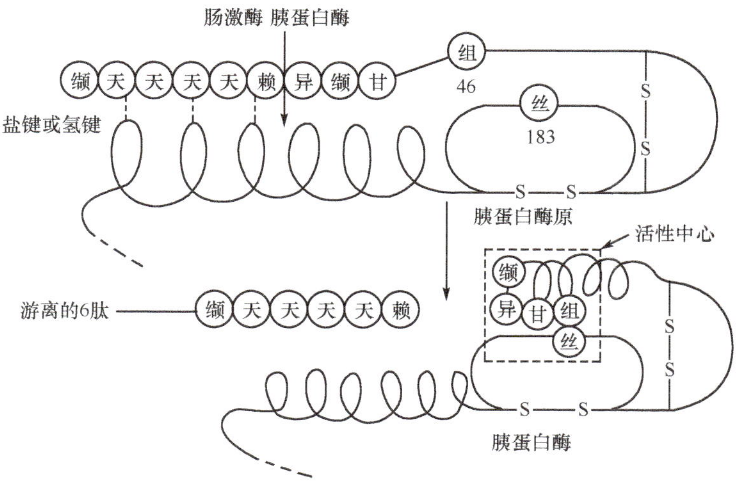

图 4-16 胰蛋白酶原激活

酶原的激活具有重要的生理意义。①保护细胞本身的蛋白质不受蛋白酶的水解破坏;②保证合成的酶在特定部位和环境中发挥生理作用;③酶原还可以视为酶的储存形式。如凝血和纤维蛋白溶解酶类以酶原形式在血液循环中运行,一旦需要便不失时机地转化为有活性的酶,发挥其对机体的保护作用。通过特定肽键的断裂激活酶原在生物体内广泛存在,是生物体的一种重要的调控酶活性的方式。如果酶原的激活过程发生异常,将导致一系列疾病的发生。急性胰腺炎的发生就是由于蛋白酶原在未进小肠时就被激活,激活的蛋白酶水解自身的胰腺细胞,对其周围组织进行消化,从而继发一系列的器官功能障碍。

二、酶活性的调节

代谢调节机制普遍存在于生物界,是生物在长期进化过程中逐步形成的一种适应能力。进化程度越高的生物,其代谢调节的机制越复杂。体内的物质代谢、能量代谢都是由酶催化的,因此代谢调节首先是通过酶活性的升高、降低或酶含量的增加、减少来调节代谢进行的速度与方向。

单细胞生物与外界环境直接接触,它对外界环境变化的适应与调节即主要通过酶活性的改变进行最原始、最基础的调节。这种调节称为原始调节或细胞水平代谢调节。是生物体在进化上较为原始的调节方式。高等生物在进化过程中,出现了专司调节功能的内分泌细胞及内分泌器官,其分泌的激素可对其他细胞发挥代谢调节作用。激素可以改变某些酶的催化活性或含量,也可以改变细胞内代谢物的浓度,从而影响代谢反应的速度,这称为激素水平的调节。高等动物不仅有完整的内分泌系统,而且还有功能复杂的神经系统。在中枢神经系统的控制下,或通过神经纤维及神经递质对靶细胞直接发生影响,或通过某些激素的分泌来调节某些细胞的代谢及功能,并通过各种激素的互相协调而对机体代谢进行综合调节。这种调节即称整体水平的调节。

以上所述的细胞水平的代谢调节、激素水平的调节和整体水平的调节,在高等动物和人体内全都存在,而细胞水平调节是最基础,最重要的调节方式。从速度方面来说有两种方式:一种是快速调节,一般在数秒或数分钟内即可发生。这种调节是通过激活或抑制体内原有的酶分子来调节酶促反应速度的,是在温度、pH、作用物和辅酶等因素不变的情况下,通过改变酶分子的构象或对酶分子进行化学修饰来实现酶促反应速度的迅速改变的。另一种是迟缓调节,一般经数小时后才能实现。这种方式主要是通过改变酶分子的合成或降解速度来调节细胞内酶分子的含量。现将这两类调节作用分述如下:

(一) 酶的变构调节(allosteric regulation)

体内一些代谢物(称为变构剂)可与酶分子活性中心外的某一部位(变构中心或变构调节部位)发生非共价结合,引起酶分子构象的改变,对酶起到激活或抑制的作用。这类酶通常称为变构酶(allosteric enzyme),由于变构剂与酶的变构中心或变构调节部位的结合而引起酶活性改变的现象则称为酶的变构调节作用。

变构酶多为具有四级结构的多亚基寡聚酶，一般由调节亚基与催化亚基组成。酶分子的催化部位(活性中心)和调节部位可共处一个亚基的不同部位，但更多的是分别处于不同亚基上。多数变构酶处于代谢途径的开端，而变构酶的变构剂往往是一些生理性小分子及该酶作用的底物或该代谢途径的中间产物或终产物。故变构酶的催化活性受细胞内底物浓度、代谢中间物或终产物浓度的调节。终产物抑制该途径中的变构酶称反馈抑制。说明一旦细胞内终产物增多，它作为变构抑制剂抑制处于代谢途径起始的酶，及时调整该代谢途径的速度，以适应细胞生理机能的需要。变构酶的动力学特征是反应动力学曲线呈"S"形，这不同于一般酶促反应动力学的矩形双曲线(图 4-17)。

变构酶在细胞物质代谢上的调节中发挥重要作用。如 ATP 和柠檬酸是糖酵解途径的关键酶之一磷酸果糖激酶-1 的变构抑制剂。这两种物质增多时，此代谢途径受到抑制，防止产物过剩；而 ADP 和 AMP 是该酶的变构激活剂，这两种物质的增多加快葡萄糖的氧化供能，增加 ATP 的生成。

(二) 酶的共价修饰调节

酶蛋白肽链上的一些基团可与某种化学基团发生可逆的共价结合，从而改变酶的活性，这一过程称为**酶的共价修饰**(conalent modification)或化学修饰(chemical modification)。

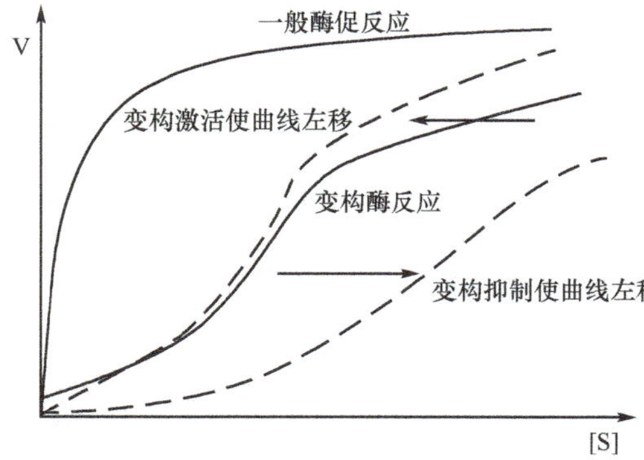

图 4-17 变构酶的 S 形曲线

在共价修饰过程中，酶发生无活性(或低活性)与有活性(或高活性)两种形式的互变，这种互变需要不同的酶催化。由于这种修饰导致酶活力改变，称为酶的共价修饰调节(covalent - modification regulation)。

体内最常见的共价修饰是酶的磷酸化与去磷酸化(图 4-18)，此外还有酶的乙酰化与去乙酰化、甲基化与去甲基化、腺苷化与去腺苷化，以及—SH 与—S—S—的互变等。共价修饰具有级联式放大效应，是体内酶快速调节的另一种重要方式，如催化糖原分解第一步反应的糖原磷酸化酶有活性与无活性的互变，就是通过酶分子的磷酸化与去磷酸化实现的。

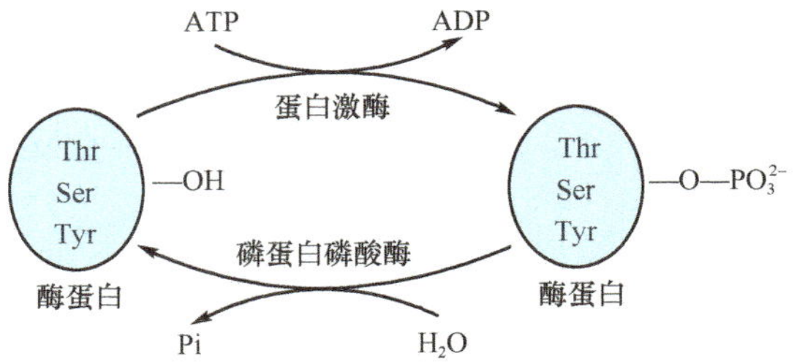

图 4-18 酶的共价修饰：磷酸化与脱磷酸化

三、酶含量的调节(酶活性的迟缓调节)

(一) 酶蛋白合成的诱导与阻遏

某些底物、产物、激素、药物等可以影响一些酶的生物合成。一般在转录水平上促进酶生物合成的化合物称为诱导剂(inducer)，诱导剂诱发酶蛋白生物合成的作用称为诱导作用(induction)；在转录水平上减少酶生物合成的物质称为辅阻遏剂(corepressor)，辅阻遏剂与无活性的阻遏蛋白结合，影响基因的转录，此过程称为阻遏作用(repression)。由于诱导剂和辅阻遏剂作用是在酶生物合成的转录过程，后还要进行翻译和翻译后加工等过程，所以其效应出现较迟，一般需要几个小时以上才能见效。然而，一旦酶被诱导合成以后，即使去除诱导因素，影响仍然存在。可见，酶的诱导与阻遏作用是对代谢的缓慢而长效的调节。

(二) 酶降解的调控

酶在机体中不断地自我更新。细胞内各种酶的分子构象一旦受到破坏，便被细胞内的蛋白水解酶所识别，降解成氨基酸。细胞内存在两种酶蛋白质降解途径。①溶酶体蛋白酶降解途径(不依赖 ATP 的降解途径)在溶酶体内酸性条件下，多种蛋白酶把吞入溶酶体的蛋白质进行无选择的水解。这一途径主要水解细胞外来的蛋白质和长半寿期的蛋白质。②非溶酶体蛋白酶降

笔记栏

解途径（又称依赖 ATP 和泛素的降解途径）在胞液中，细胞内的异常蛋白和短半寿期的蛋白质被泛素标记，然后被蛋白酶所水解。

四、同　工　酶

催化相同的化学反应，但酶蛋白的分子结构、理化性质和免疫学性质各不相同的一组酶称为同工酶（isoenzyme）。它们存在于生物的同一种族或同一个体的不同组织，甚至在同一组织、同一细胞的不同细胞器中。同工酶是长期进化过程中基因分化的产物。根据国际生化学会的建议，同工酶是由不同基因或等位基因编码的多肽链，或由同一基因转录生成的不同 mRNA 经翻译产生的不同多肽链组成的蛋白质。翻译后经修饰生成的多分子形式不在同工酶之列。

现已发现百余种酶具有同工酶。如己糖激酶、乳酸脱氢酶等，其中以乳酸脱氢酶（LDH）研究的最为清楚。人和脊柱动物组织中 LDH 催化相同的化学反应，有五种分子形式即五种同工酶，均由四个亚基组成即为四聚体酶。组成 LDH 的亚基有两种类型：① H 型亚基，主要分布于心肌；②M 型亚基，主要分布于骨骼肌、肝。两型亚基的氨基酸组成不同，是由于基因不同所决定的。由两种亚基以不同比例组成的四聚体，存在五种 LDH 形式，即 H_4（LDH_1）、H_3M_1（LDH_2）、H_2M_2（LDH_3）、H_1M_3（LDH_4）和 M_4（LDH_5）（图 4-19）。

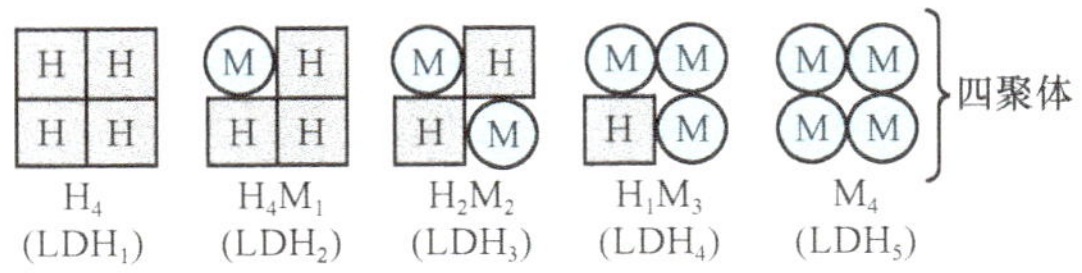

图 4-19　LDH 同工酶组成

电泳法可把五种 LDH 分开，LDH_1 向正极泳动速度最快，而 LDH_5 泳动最慢，其他几种介于两者之间，依次为 LDH_2、LDH_3 和 LDH_4，即酶标号次序也是它们向正极电泳速度递减的顺序图（图 4-20）。这 5 种同工酶在各器官中的分布和含量不同，各器官组织都有其各自特定的分布酶谱。心肌富含 LDH_1，故当急性心肌梗死时或心肌细胞损伤时，细胞内的 LDH 释入血中，同工酶谱分析表现为 LDH_1 增高，可辅助该病的诊断（图 4-21）。

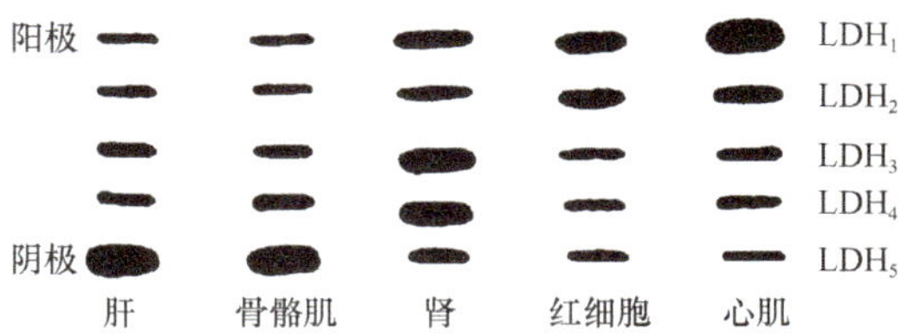

图 4-20　LDH 同工酶在某些组织中的含量

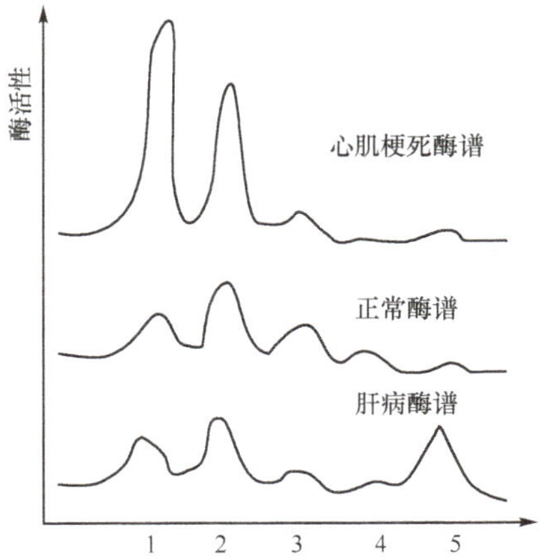

图 4-21　心肌梗死和肝病病人血清 LDH 同工酶谱的变化

正常血清 LDH_2 活性 > LDH_1，心肌梗死时 LDH_1 > LDH_2，肝病时 LDH_5 活性升高。不同组织中 LDH 同工酶谱的差异也与组织利用乳酸的生理过程有关，LDH_1 和 LDH_2 对乳酸的亲和力大，使乳酸脱氢氧化成丙酮酸，有利于心肌从乳酸氧化中取得能量；LDH_5 和 LDH_4 对丙酮酸的亲和力大，有使丙酮酸还原为乳酸的作用，这与肌肉在无氧酵解中取得能量的生理过程相适应。

五、多酶复合体和多功能酶

体内有些酶彼此聚合在一起，组成一个物理结合体，此结合体被称为多酶复合体。参与组成多酶复合体的酶有多有少，如催化丙酮酸氧化脱羧反应的丙酮酸脱氢酶多酶复合体由三种酶组成，而在线粒体中催化脂肪酸 β-氧化的多酶复合体由四种酶组成。

多酶复合体中的第一个酶催化的产物，是邻近下一个酶催化的底物，第二个酶催化的产物又为复合体第三个酶的底物，如此形成一条结构紧密的“流水生产线”，使催化效率显著提高。

近年来发现有些酶分子存在多种催化活性，哺乳动物的脂肪酸合成酶由两条多肽链组成，每

笔记栏

一条多肽链均含脂肪酸合成所需的七种酶的催化活性。这种酶分子中存在多种催化活性部位的酶称为多功能酶(multifunctional enzyme)或串联酶(tandem enzyme)。多功能酶在分子结构上比多酶复合体更具有优越性,因为相关的化学反应在一个酶分子上进行,比多酶复合体更有效。

六、酶活性测定与酶活性单位

酶的活性是指酶催化化学反应的能力,其衡量标准是酶促反应速度的大小。酶促反应速度可在规定的实验条件下,用单位时间内底物的消耗或产物的生成量来表示。

1963 年,国际生化协会酶学委员会推荐采用国际单位(IU)来统一表示酶活性的大小。1976 年对酶活性单位定义为:在特定的条件下,1 min 能转化 1mmol 底物的酶量,即 1IU = 1mmol · min。目前国内外大多数临床实验室常省略国际二字,即将 IU 简写为 U。

1979 年,国际生物化学协会为了使酶活性单位与国际单位制(SI)的反应速率相一致,推荐用 Katal 单位(也称催量,Kat)。即在规定条件下,每秒(s)钟催化转化 1 mol 底物的酶量,即 1Katal = 1mol · s。我国法定计量单位制中,酶催化活性单位为 Katal,因表示血浆中酶量时过大,故常用 mKatal 或 nKatal 表示。

IU 和 Kat 间关系如下:1U = 16.67nmol · s = 16.67nKatal。

七、酶的命名与分类

(一)酶的命名

1. 酶的习惯命名原则 酶的命名多采用习惯命名法。绝大多数酶依据其所催化的底物命名,英文命名则在底物的英文名词上加上尾缀 ase。如分解脂肪的酶,称脂肪酶(lipase);水解蔗糖的酶,称蔗糖酶(sucrase);有些酶则是依据其所催化的反应类型或方式命名,例如,转氨酶(transaminase)系将氨基从一个化合物转移到另一个化合物上去;脱氢酶(dehydrogenase)系催化脱氢反应;还有些酶是根据上述两项原则综合命名的,如将丙氨酸上的氨基转移到 α-酮戊二酸上去的酶,称丙氨酸氨基转移酶(alanine transaminase,ALT),此酶亦称谷丙转氨酶(GPT)。习惯命名法常出现混乱。有的名称(如心肌黄酶、触酶等)完全不能说明酶促反应的性质。

2. 酶的系统命名 系统命名法规定每一酶均有一个系统名称(systematic name),它标明酶的所有底物与反应性质。底物名称之间以“:”分隔。如乳酸脱氢酶,系统名称为“L-乳酸:NAD^+氧化还原酶”。由于许多酶促反应是双底物或多底物反应,且许多底物的化学名称太长,这使许多酶的系统名称过于复杂。为了应用方便,国际酶学委员会又从每种酶的数个习惯名称中选定一个简便实用的推荐名称(recommended name),如乳酸脱氢酶、胃蛋白酶、淀粉酶等。

(二)酶的分类

酶按照反应性质分为六类:氧化还原酶类、转移酶类、水解酶类、裂解酶类、异构酶类和连接酶类/合成酶类。

1. 氧化还原酶类(oxidoreductases) 催化底物进行氧化还原反应的酶类。例如:乳酸脱氢酶、细胞色素氧化酶、过氧化氢酶等。

2. 转移酶类(transferases) 催化底物之间进行某些基团的转移或交换的酶类。例如:氨基转移酶、己糖激酶、磷酸化酶等。

3. 水解酶类(hydrolases) 催化底物发生水解反应的酶类。例如:淀粉酶、蛋白酶、脂肪酶等。

4. 裂解酶类(lyases) 催化一种化合物分解为两种化合物或两种化合物合成为一种化合物的酶类。如醛缩酶、碳酸酐酶、柠檬酸合成酶。

5. 异构酶类(isomerases) 催化各种同分异构体间相互转变的酶类,如磷酸丙糖异构酶、磷酸己糖异构酶等。

6. 合成酶类(ligases) 催化两分子底物合成一分子化合物,同时偶联有 ATP 的磷酸键断裂的酶类。如谷氨酰胺合成酶、谷胱甘肽合成酶等。

第四节 酶与医学

一、酶与疾病

(一)酶与疾病的发生

机体的生命活动离不开酶的催化。许多疾病的发生都直接、间接地与酶的异常或酶活性受到抑制有关。酶异常可引起疾病甚至危及生命。

笔记栏

1. 酶缺乏所致疾病 酶缺乏引起的疾病多为先天性或遗传性疾病,即由于基因的突变,不能合成某种特殊的酶。如葡萄糖-6-磷酸脱氢酶缺乏引起蚕豆病,酪氨酸羟化酶缺乏导致的白化症;苯丙氨酸羟化酶缺乏,会使苯丙氨酸及其脱氨基产物苯丙酮酸在体内堆积,过多的苯丙酮酸经肾排出,表现为苯丙酮尿症(表4-3)。

2. 疾病引起酶的异常 许多疾病可引起酶的异常,而酶的异常又会使病情加重。如炎症发生时,巨噬细胞或白细胞释放的蛋白酶会对组织产生破坏和损伤;严重肝病时,肝合成的凝血酶原及一些凝血因子(均为蛋白酶)不足,致使血液凝固障碍。

3. 酶活性的抑制 酶活性可被重金属与有机磷农药抑制,氰化物(CN^-)能与细胞色素氧化酶结合,致使生物氧化中断,生命窒息而死。

表4-3 酶缺乏或异常引起的疾病

酶	疾 病
苯丙氨酸羟化酶	苯丙酮酸尿症
6-磷酸葡萄糖脱氢酶	蚕豆病
酪氨酸酶	白化病
细胞色素氧化酶	氰化物中毒
胆碱酯酶	有机磷中毒
蛋白酶	炎症

(二)酶与疾病的诊断

1. 组织器官发生病变常表现为血液中某些酶活性异常 ①当某一组织器官发生病变时,组成它的细胞会坏死或损伤,从而导致细胞膜通透性增高,原来储存在细胞内的酶则会进入体液,使体液中该酶活性升高。对血、尿等体液和分泌液中某些酶活性的测定,可以反映某些组织器官的病变情况,而有助疾病的诊断。如急性胰腺炎时血清和尿中淀粉酶活性升高,急性肝炎或心肌炎时血清转氨酶活性升高等。②前列腺癌病人因细胞增殖加快,其特异的标志酶酸性磷酸酶可大量释放入血。③胆管堵塞时,胆汁的反流可诱导肝合成大量的酸性磷酸酶,巴比妥盐类或乙醇可诱导肝中的γ-谷氨酰转移酶生成增多。④许多肝内合成的酶,肝功能严重障碍时,酶合成减少,如血中凝血酶原、凝血因子Ⅶ等。

2. 产前诊断 许多遗传性疾病是由于先天性缺乏某种酶所致,故胎儿出生前可从羊水或绒毛中检测酶的缺陷或其基因表达的缺失,进而采取早期流产,防患于未然。部分临床诊断用酶见表4-4。

(三)酶与疾病的治疗

1. 替代治疗 因消化腺分泌不足所致的消化不良可补充帮助消化的酶类,如胃蛋白酶、胰蛋白酶、胰脂肪酶及胰淀粉酶等。鸡内金即鸡胃黏膜,含有丰富的胃蛋白酶可起到助消化作用。

表4-4 临床诊断部分常用酶

主要临床应用	酶
丙氨酸转氨酶	肝实质疾患
天冬氨酸转氨酶	心肌梗死、肝实质疾患
胆碱酯酶	有机磷中毒
乳酸脱氢酶	心肌疾患、肝实质疾患
淀粉酶	胰腺疾病
碱性磷酸酶	骨病、肝胆疾患
胰蛋白酶(原)	胰腺疾病
肌酸激酶	心肌梗死、肌肉疾患
醛缩酶	肌肉疾病
酸性磷酸酶	前列腺癌、骨病
γ谷氨酰转移酶	肝实质病变、酒精中毒
5′核苷酸酶	肝胆疾患
山梨醇脱氢酶	肝实质病变

2. 抗菌治疗 凡能打断或抑制细菌代谢途径中重要的酶活性,即可达到抗菌的目的。如磺胺类药物可竞争性抑制细菌中的二氢叶酸合成酶,使细菌的核酸代谢障碍而抑制其生长。某些对青霉素耐药的细菌,是因为该菌生成一种能水解青霉素的β-内酰胺酶。新设计的青霉素衍生物具有不被该酶水解的结构特点,如头孢西丁,其被β-内酰胺酶分解的速度只有青霉素V的十万分之一。

3. 抗癌治疗 肿瘤细胞有其独特的代谢方式,若能阻断相应酶的活性,就可达到遏制肿瘤生长的目的。L-天冬酰胺是某些肿瘤细胞的必需氨基酸,若给予能水解L-天冬酰胺的天冬酰胺酶,则肿瘤细胞将因其必需的营养素被剥夺而趋死亡。又如氨甲蝶呤可抑制肿瘤细胞的二氢叶酸还原酶,使肿瘤细胞的核酸代谢受阻而抑制其生长繁殖。其他如5-氟尿嘧啶、6-巯基嘌呤等,都是核苷酸代谢途径中相关酶的竞争性抑制剂。

4. 对症治疗 如菠萝蛋白酶等可用于溶解及清除炎症渗出物,消除组织水肿,溶解纤维蛋白血凝块。链激酶及尿激酶可溶解血栓,多用于心、脑血管栓塞的治疗。DNA酶可水解呼吸道黏稠分泌液中的DNA,使痰液变稀,易于引流咳出。

5. 调整代谢,纠正紊乱 如精神抑郁症是由于脑中兴奋性神经递质(如儿茶酚胺)与抑制性神经递质的不平衡所致,给予单胺氧化酶抑制剂,可减少儿茶酚胺类的灭活,提高突触中的儿茶酚胺含量而抗抑郁。

二、酶在医学上的其他应用

(一)抗体酶

抗体酶又称催化抗体,是抗体的高度选择性和酶的高效催化能力巧妙结合的产物,本质上是一类具有催化活力的免疫球蛋白,在其可变区赋予了酶的属性。在医药上的应用可以设计抗体酶杀死特殊的病原体,也可用抗体酶活化处于靶部位的药物前体,以降低药物毒性,增加其在体内的稳定性。

抗体酶的应用:

1. 戒毒 用可卡因水解的过渡态类似物-磷酸单酯为半抗原,产生的单克隆抗体能催化可卡因的分解,水解后的可卡因片断失去可卡因刺激功能。

2. 肿瘤治疗 如抗体介导前药治疗技术,其将能水解前药释放出肿瘤细胞毒剂的酶和肿瘤专一性抗体相偶联,则酶通过和肿瘤结合的抗体存在于细胞的表面。静脉给药后,当药物扩散至肿瘤细胞的表面或附近,抗体酶将前药迅速水解释放出抗肿瘤药物。

(二)酶工程

酶工程主要研究酶的生产、纯化、固定化技术、酶分子结构的修饰和改造以及在工农业、医药卫生和理论研究等方面的应用。酶工程可分为两类:①化学酶工程,即通过对酶的化学修饰或固定化处理,改善酶的性质以提高酶的效率和降低成本,甚至通过化学合成法制造人工酶;②生物酶工程,即用基因重组技术生产酶以及对酶基因进行修饰或设计新基因,从而产生性能稳定,具有新的生物活性及催化效率更高的酶。

1. 化学修饰酶 用化学方法对酶分子进行改造,即体外在酶的侧链基团上接上或去掉一些化学基团,从而改变酶的物理化学性质,最后达到改变酶的催化性质的目的。化学修饰的途径,可以通过对酶分子表面进行修饰,也可对酶分子内部进行修饰。

2. 固定化酶 固定化酶(immobilized enzyme)是将水溶性酶经物理或化学方法处理后,成为不溶于水但仍具有酶活性的一种酶的衍生物。在催化反应中它以固相状态作用于底物,并保持酶的高度特异性和催化的高效率。

酶的催化反应依赖于它的活性部位的完整性,因此在固定某一酶时必须选择适当条件,使其活性部位的基团不受影响,并避免高温、强酸及强碱等条件,不使蛋白质变性。

3. 人工酶 人工合成的具有催化活性的蛋白质或多肽,称为人工酶(artificial enzyme)。

4. 模拟酶(mimic enzyme) 通过有机化学合成的方法合成一些非蛋白质、非核酸的生物催化剂,这些生物催化剂的结构比蛋白质酶的结构简单得多,可以模拟酶对底物的结合和催化过程,既可以达到酶催化的高效率,又可克服酶的不稳定性,这样的生物催化剂称模拟酶。

小 结

酶是由活细胞合成的、对其特异底物起高效催化作用的特殊蛋白质,又称生物催化剂。

酶是对其特异底物有高效率催化作用的蛋白质和核酸,以前者为主。酶按其分子组成可分成单纯酶和结合酶两类。前者酶分子全部由氨基酸组成。后者的分子组成除含蛋白质部分(称酶蛋白)外,还含有非蛋白质部分(称辅助因子),辅助因子根据与酶蛋白结合的牢固程度不同又可分为辅基和辅酶。辅助因子由金属离子、B族维生素衍生物等组成。

酶的分子大小和分子量远比其底物要大很多,因此底物与酶的结合范围只能集中在酶分子某个表面处的裂缝或凹陷区域。在此区域中,集中了与酶活性密切相关的基团,称酶活性必需基团。这些必需基因比较集中,并构成特定空间构象,直接参与酶促反应的区域称为酶活性中心。它能结合底物、并催化底物转变成产物。

酶主要依赖酶(E)与底物(S)生成中间产物(ES)降低活化能而提高反应速度,比一般催化反应速度高出10^7~10^{13}倍。

酶促反应动力学是研究各种因素对酶促反应速度的影响。影响酶促反应速度的因素有酶浓度、温度、pH、作用物浓度、激动剂及抑制剂等。作用物浓度对酶促反应速度的影响可用米氏方程来表示。

K_m值是当反应速度为最大速度一半时的底物浓度,它表示酶与底物的亲和力,K_m值愈大亲和力愈小,反之愈大。

凡能使酶活性下降而不使其变性的物质称酶的抑制剂,抑制作用分成不可逆抑制作用和可逆抑制作用两大类。可逆抑制作用又分成竞争性抑制作用、非竞争性抑制作用和反竞争性抑制作用三类。①竞争性抑制作用的特点:抑制剂与底物结构相似,共同竞争酶的活性中心,其抑制作用的强弱(大小)取决两者的相对浓度。结果是V_{max}不变,K_m值增加。②非竞争性抑制作用的特点:抑制剂与底物在结构上无相似之处。抑制剂不妨碍底物与酶分子结合,而是与酶分子其他部位结合。最终结果是V_{max}降低,K_m值不变。③反竞争性抑制作用的特点:抑制剂不与酶分子结合,而是与酶-底物复合物结合,使酶失去活性。结果是V_{max}降低,K_m值降低。

酶的调节分活性调节和含量调节。活性调节速度快。主要方式有变构调节、共价修饰、酶原激活作用和同工酶作用。含量调节速度慢,主要方式有诱导合成、阻遏合成和降解。活性调节中的共价修饰指酶分子在另一种酶催化下,以共价方式结合或失去某种基团,以磷酸化和脱磷酸化修饰多见,具有级联放大效应。变构调节是指变构剂以非共价键结合在酶的调节中心,使酶分子构象改变,从而引起酶活性改变的高效快速调节方式。动力学曲线大都呈S型。同工酶是指催化相同的化学反应,但酶蛋白的分子结构、理化性质乃至免疫学性质各不相同的一组酶。酶原激活的调节作用是指无活性的酶前体运至作用部位变成有活性的酶作用过程。这是生物保护酶的合成运输组织,免遭自我消化的一种自我保护调节方式。

酶与医学的关系反映在酶与疾病发生、疾病诊断和治疗等方面。临床上有些疾病是由于酶的质和量异常或酶活性受抑制所致。

(唐 珍 李红林)

笔记栏

第 5 章 糖代谢

糖(saccharide)的化学本质是多羟基醛或多羟基酮以及它们的衍生物或多聚物。糖的基本结构式是$(CH_2O)_n$,故也称之为碳水化合物(carbohydrate)。糖在生命活动中的主要作用是提供能源和碳源:人体所需能量的50%~70%来自于糖,并可转变为机体所需的多种含碳化合物如氨基酸、脂肪酸、核苷等;糖还是人体组织结构的重要成分,如蛋白聚糖(proteoglycan)和糖蛋白(glycoprotein)构成结缔组织、软骨和骨的基质,糖脂(glycolipid)、糖蛋白是神经组织和细胞膜中的组成成分;糖与蛋白质、脂类的聚合物还在调节细胞间或细胞与其他生物物质的相互作用中发挥重要作用,其作用主要基于这类物质具有丰富的结构多样性;体内还有一些具有特殊生理功能的糖蛋白,如激素、酶、免疫球蛋白、血型物质和血浆蛋白等。

糖类被人体摄入经消化吸收后,由血液输送到各组织细胞进行中间代谢,通过中间代谢,营养物或转变为生物大分子(合成代谢),或被分解为小分子同时释放能量(分解代谢)。葡萄糖(glucose,G)在糖代谢中居于主要地位,其多聚体——糖原(glycogen,Gn)是体内糖的主要储存形式。人体内糖的中间代谢途径主要有无氧酵解、有氧氧化、磷酸戊糖途径、糖原合成与糖原分解代谢、糖异生等。

第一节　糖的无氧分解

糖的无氧分解(anaerobic degradation)是指体内组织在无氧情况下,细胞液中的葡萄糖分解生成乳酸(lactate)和少量ATP的过程。这一过程与酵母菌使糖生醇发酵的过程相似,因而又称为糖酵解(glycolysis)。

一、糖酵解的反应过程

糖酵解反应的起始物,可以是游离状态的葡萄糖,也可以是糖原分子的葡萄糖基分解生成。反应过程分为2个阶段:第一阶段从葡萄糖分解为丙酮酸(pyruvate)的过程称为糖酵解途径(glycolysis pathway),第二阶段丙酮酸还原为乳酸。

(一)葡萄糖经酵解途径分解为两分子乳酸

1. 葡萄糖的磷酸化　进入细胞内的葡萄糖首先在C_6上磷酸化生成6-磷酸葡萄糖(glucose-6-phosphate, G-6-P),需ATP提供能量和磷酸基团,反应不可逆。这一过程不仅活化了葡萄糖,有利于它进一步参与合成与分解代谢,同时还能使进入细胞的葡萄糖不再逸出细胞。催化此步反应的酶是己糖激酶(hexokinase, HK),需Mg^{2+}激活,并受产物G-6-P的反馈抑制,此酶是糖酵解途径的限速酶。体内已发现4种HK的同工酶,分别称为Ⅰ~Ⅳ,其中Ⅳ型通常称为葡萄糖激酶(glucokinase ,GK),只存在于肝脏和胰腺B细胞中,它对葡萄糖的亲和力较低(K_m值为10~20mmol/L;Ⅰ~Ⅲ型HK对葡萄糖的K_m值为0.01mmol/L)。当血糖浓度升高时,GK的活性增高,葡萄糖和胰岛素能诱导肝脏合成GK,G-6-P对此酶无抑制作用,肝脏可不断地将葡萄糖变为G-6-P而缓解血糖浓度的升高;血糖浓度降低时,GK活性降低,从而避免肝脏从血液中摄取过多的葡萄糖。因此,GK在调节葡萄糖的磷酸化及维持血糖水平方面起着重要的生理作用。

若糖原分子中的葡萄糖基进入糖酵解途径时,则必须先在磷酸化酶的作用下生成1-磷酸葡萄糖(glucose-1-phosphate, G-1-P),然后再转变为G-6-P,即多经历一步反应。

2. 6-磷酸葡萄糖的异构反应　这是由磷酸己糖异构酶催化的G-6-P(己醛糖)转变为6-磷酸果糖(己酮糖,fructose-6-phosphate,F-6-P)的异构化反应,需要Mg^{2+},反应可逆。

3. 6-磷酸果糖的磷酸化　此反应是F-6-P的C_1进一步磷酸化生成1,6-二磷酸果糖(fructose-1,6-bisphosphate, F-1,6-BP),经磷酸果糖激酶-1(phosphofructokinase-1, PFK-1)催化,

需 Mg^{2+}参加，仍由 ATP 提供能量和磷酸基团，反应不可逆。PFK-1 是糖酵解途径中最重要的限速酶。体内还有磷酸果糖激酶-2（phosphofructokinase-2，PFK-2），催化 F-6-P 的 C_2位磷酸化，生成 2,6-二磷酸果糖（fructose-2,6-bisphosphate，F-2,6-BP），它是 PFK-1 最强的变构激活剂，在糖酵解的调控上有重要作用。

4. 1,6-二磷酸果糖的裂解 由醛缩酶催化，F-1,6-BP 裂解为 2 分子磷酸丙糖，即磷酸二羟丙酮（dihydroxyacetone phosphate，DHAP）和 3-磷酸甘油醛（glyceraldehydes-3-phosphate），反应可逆。其逆反应是一个醛缩反应，故催化此反应的酶称为醛缩酶。

5. 磷酸二羟丙酮的异构反应 DHAP 和 3-磷酸甘油醛互为同分异构体，可在磷酸丙糖异构酶的催化下互相转变。由于 3-磷酸甘油醛不断进入糖酵解后续的反应，故 DHAP 不断地转变成 3-磷酸甘油醛，其结果相当于 1 分子 F-1,6-BP 生成 2 分子 3-磷酸甘油醛。

6. 3-磷酸甘油醛的氧化反应 由 3-磷酸甘油醛脱氢酶催化 3-磷酸甘油醛的醛基氧化为羧基以及羧基磷酸化，反应脱下的氢和电子转给辅酶 NAD^+生成 $NADH+H^+$，磷酸根来自无机磷酸。脱氢氧化时释出的能量可保存于羧酸与磷酸构成的混合酸酐内，生成含有一个高能磷酸键的 1,3-二磷酸甘油酸。

7. 1,3-二磷酸甘油酸的高能磷酸键转移反应 由磷酸甘油酸激酶催化 1,3-二磷酸甘油酸氧化为 3-磷酸甘油酸（3-phosphoglycerate），同时其 C_1上的高能磷酸键转移给 ADP 生成 ATP。这种底物氧化过程中产生的能量直接将 ADP 磷酸化生成 ATP 的过程，称为**底物水平磷酸化**（substrate level phosphorylation）。此激酶需 Mg^{2+}激活，反应可逆。

8. 3-磷酸甘油酸的变位反应 由磷酸甘油酸变位酶催化磷酸甘油的磷酸基从 C_3位转移到 C_2，生成 2-磷酸甘油酸（2-phosphoglycerate），反应可逆，同时需 Mg^{2+}参与。

9. 2-磷酸甘油酸的脱水反应 此反应由烯醇化酶催化，需 Mg^{2+}或 Mn^{2+}参加。2-磷酸甘油酸在脱水过程中分子内部能量重新分布，集中于 C_2位的磷酸酯键上，生成磷酸烯醇式丙酮酸（phosphoenolpyruvate，PEP），反应可逆。

10. 磷酸烯醇式丙酮酸的磷酸转移 由**丙酮酸激酶**（pyruvate kinase，PK）催化，PEP 上的高能磷酸键转移至 ADP 生成 ATP，这是又一次底物水平磷酸化过程，反应不可逆。PK 也是糖酵解途径中的限速酶，需 Mg^{2+}及 K^+激活。烯醇式丙酮酸化学性质不稳定，生成后可经分子重排而自发转变为丙酮酸。

（二）丙酮酸还原为乳酸

在缺氧情况下，丙酮酸在乳酸脱氢酶（lactate dehydrogenase，LDH）催化下加氢还原为乳酸。氢原子来源于糖酵解途径中 3-磷酸甘油醛脱氢时生成的 $NADH+H^+$，同时 $NADH+H^+$重新转变为 NAD^+，使糖酵解得以不断进行。糖酵解的全部反应过程见图 5-1。

糖酵解的最终产物是乳酸和少量能量。此途径的所有酶均分布于胞液中，其中已糖激酶、磷酸果糖激酶-1 和丙酮酸激酶是糖酵解的关键酶。糖酵解时每分子磷酸丙糖有 2 次底物水平磷酸化，可生成 2 分子 ATP。因此 1mol 葡萄糖可生成 4mol ATP，在葡萄糖和 6-磷酸果糖磷酸化时共消耗 2mol ATP，故 1mol 葡萄糖通过无氧分解可净生成 2mol ATP；若从糖原开始，1mol 葡萄糖单位磷酸化时少消耗 1mol ATP，则可净生成 3mol ATP。

二、糖酵解的调节

糖酵解途径中大多数反应是可逆的。这些可逆反应的速率、方向由底物和产物浓度决定，催化这些可逆反应的酶活性变化不能决定反应的方向。但是在酵解途径中有 3 个反应基本上是不可逆的，分别由 PFK-1、PK 和 HK（GK）催化，是糖酵解途径流量的 3 个调节点，分别受变构效应和激素的调节。胰岛素能诱导体内 GK、PFK-1、PK 的合成，因而促进这些酶的活性，一般来说，这种促进作用比对限速酶的变构或修饰调节慢，但作用比较持久。

（一）磷酸果糖激酶-1（PFK-1）

该酶的活性被认为是糖酵解途径流量最重要的调节点。该酶是四聚体，受多种变构效应剂的影响。它与 ATP 有两个结合位点，具有高亲和力的底物结合部位和低亲和力的抑制剂结合部位。ATP 是该酶的底物，因此需要一定的量才能使糖酵解进行。但 ATP 增高又成为该酶的变构抑制剂，即细胞内 ATP 丰富，能量足够时糖酵解减弱。柠檬酸是 PFK-1 的另一个变构抑制剂。而 AMP 、ADP 、F-1,6-BP 和 F-2,6-BP 是

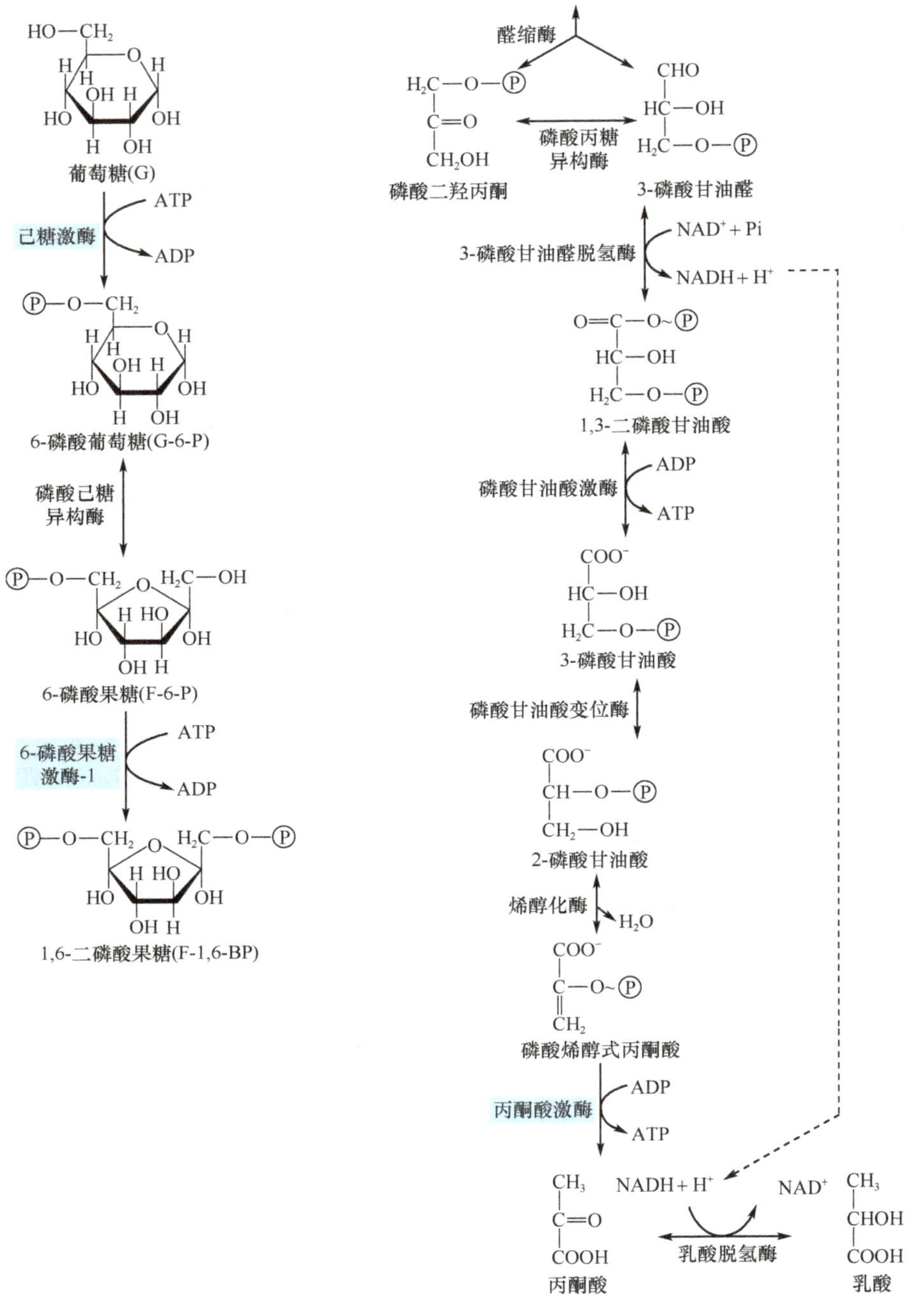

图 5-1 糖酵解的代谢途径

PFK-1 的变构激活剂，AMP 可以与 ATP 竞争变构结合部位，抵消 ATP 的抑制作用。F-2，6-BP 是 PFK-1 最强的变构激活剂，与 AMP 一起消除 ATP、柠檬酸的抑制作用（图 5-2）。F-1，6-BP 是磷酸果糖激酶-1 的反应产物，这种产物的正反馈作用是少见的，有利于糖的分解。

（二）丙酮酸激酶（PK）

此酶是糖酵解第二个重要的调节点。F-1，6-BP，ADP 是其变构激活剂，ATP 则有抑制作用。在肝内丙氨酸也有变构抑制作用。PK 还受共价修饰方式调节。依赖 cAMP 的蛋白激酶和依赖 Ca^{2+}、钙调蛋白的蛋白激酶均可使其磷酸化而失活。胰高血糖素可以通过 cAMP 抑制 PK 的活性。

（三）己糖激酶（HK）或葡萄糖激酶（GK）

HK 受其反应产物 G-6-P 的反馈抑制，GK 分子内没有 G-6-P 的变构部位，故不受其影

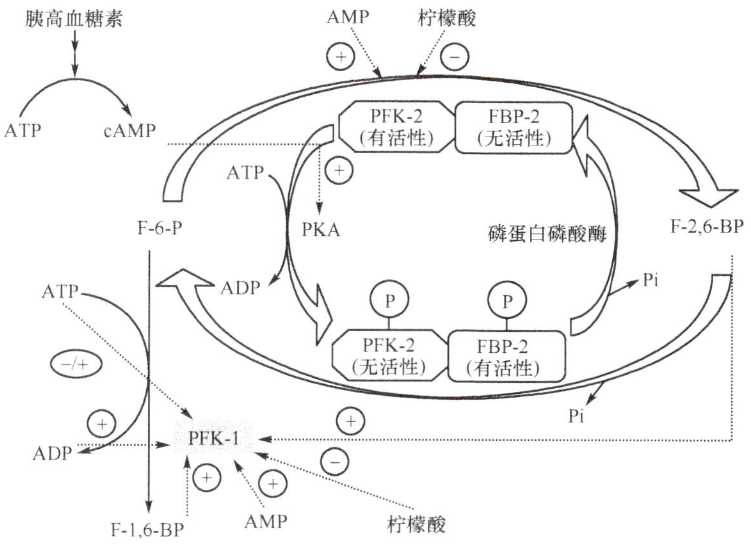

图 5-2 磷酸果糖激酶-1 的调节

响。长链脂酰 CoA 对其有变构抑制作用，这在饥饿时减少肝和其他组织摄取葡萄糖有一定意义。

三、糖酵解的生理意义

糖酵解最重要的生理意义在于为机体迅速提供能量，对肌肉组织尤为重要。肌肉组织中 ATP 含量甚微，仅为 5～7μmol/g 新鲜组织，肌肉收缩几秒钟就可全部耗尽。此时即使不缺乏氧，而葡萄糖进行有氧氧化的过程比糖酵解长得多，不能及时满足生理需要。而通过糖酵解则可迅速获得 ATP。当机体缺氧或剧烈运动肌肉局部血流相对不足时，能量主要通过糖酵解获得。在人体内，成熟红细胞缺乏线粒体，其生命活动所需的能量完全依靠糖酵解供应。少数组织如视网膜、肾髓质、皮肤、睾丸等，即便在有氧条件下，也主要依靠糖酵解供能。此外，神经、白细胞、骨髓等代谢极为活跃，即使不缺氧，也常由糖酵解提供部分能量。在一些病理情况下（如严重贫血、大量失血、呼吸障碍、循环衰竭等），可因供氧不足而使糖酵解加强，倘若糖酵解过度，则因乳酸产生过多而导致酸中毒。

第二节 糖的有氧氧化

葡萄糖在有氧条件下彻底氧化分解生成 CO_2 和 H_2O，并释放大量能量的反应过程，称为糖的有氧氧化（aerobic oxidation）。有氧氧化是糖在体内氧化供能的主要方式，体内大多数组织细胞都能进行糖的有氧氧化而获得能量。

一、糖有氧氧化的反应过程

糖的有氧氧化与无氧分解具有一段共同的途径，即葡萄糖转变为丙酮酸。在无氧分解时，丙酮酸在胞液中接受 $NADH+H^+$ 的 2H 还原为乳酸。而在有氧氧化时，丙酮酸则进入线粒体氧化脱羧，转变为乙酰 CoA（acetyl CoA），继而进入三羧酸循环彻底氧化。糖的有氧氧化可概括如图 5-3。

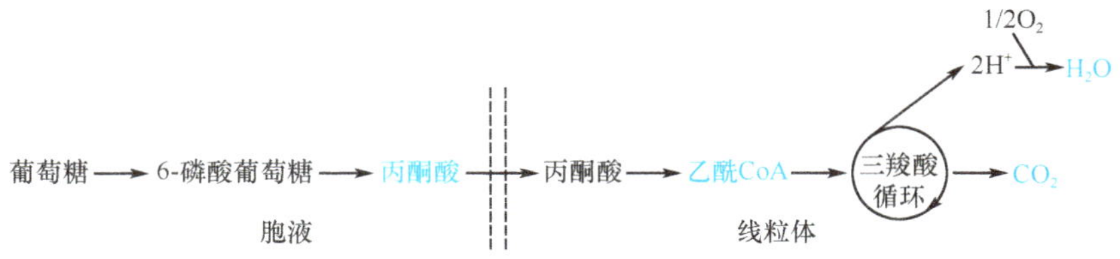

图 5-3 葡萄糖有氧氧化概况

(一) 丙酮酸生成

丙酮酸生成见糖酵解途径。

(二) 丙酮酸氧化脱羧生成乙酰 CoA

胞液中生成的丙酮酸，经线粒体内膜上丙酮

酸载体转运到线粒体内，在丙酮酸脱氢酶复合体催化下，氧化脱羧生成乙酰 CoA，其总反应为：

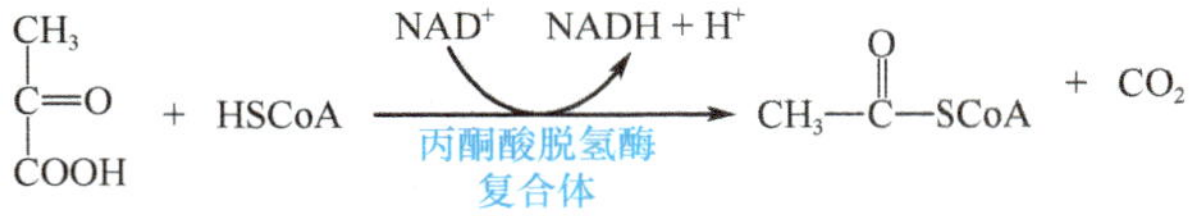

丙酮酸　　辅酶A　　　　　　　　乙酰CoA

丙酮酸脱氢酶复合体由 3 种酶和 5 种辅助因子组成（表 5-1），三种酶按一定比例组合成多酶复合体，不同生物体中组合比例有所不同。在哺乳动物细胞中，酶复合体由 60 个转乙酰酶组成核心，周围排列着 12 个丙酮酸脱氢酶和 6 个二氢硫辛酰胺脱氢酶，形成一个紧密的连锁反应机构，整个反应过程的中间产物并不离开酶复合体，其催化效率极高，是糖有氧氧化中关键的不可逆反应（图 5-4）。

表 5-1　丙酮酸脱氢酶复合体的组成及作用

酶	辅酶及其来源维生素	催化反应
丙酮酸脱氢酶（E_1）	TPP（B_1）	丙酮酸脱羧产生 CO_2，并形成羟乙基-TPP
二氢硫辛酰胺转乙酰酶（E_2）	硫辛酸，HSCoA（泛酸）	羟乙基氧化成乙酰基并与硫辛酰胺结合，乙酰基再从二氢硫辛酰胺转至 HSCoA 生成乙酰 CoA
二氢硫辛酰胺脱氢酶（E_3）	FAD（B_2），NAD^+（PP）	二氢硫辛酰胺脱氢重新生成硫辛酰胺

（三）乙酰 CoA 进入三羧酸循环彻底氧化

由乙酰 CoA 与草酰乙酸（oxaloacetate）缩合成含 3 个羧基的柠檬酸（citrate）开始，经过一连串的代谢反应，使 1 分子乙酰基彻底氧化，再生成草酰乙酸而形成一个循环，称为三羧酸循环（tricarboxylic acid cycle，TAC），又称柠檬酸循环（citrate cycle），它是由 H. Krebs 于 1937 年正式提出的，故又称 Krebs 循环，他因此获得 1953 年的 Nobel 奖。

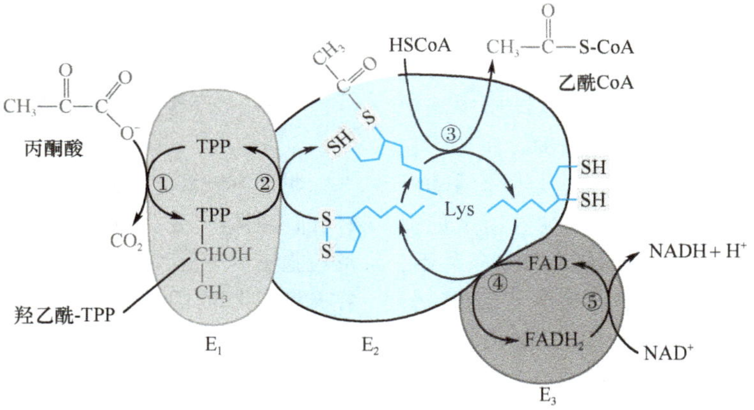

图 5-4　丙酮酸脱氢酶复合体作用机制

1. 三羧酸循环的反应过程　整个循环过程在线粒体中进行，共有 8 步反应。

（1）柠檬酸的形成：由柠檬酸合酶（citrate synthase）催化乙酰 CoA 的硫酯键加水分解放出能量促进其与草酰乙酸的缩合反应，由于释放出较多的自由能（$\Delta G^{0\prime}$为－31.4kJ/mol），故反应不可逆。而且柠檬酸合酶对草酰乙酸的亲和力很强，所以即使线粒体内草酰乙酸的浓度很低，反应也能迅速进行。柠檬酸合酶还是一个变构酶，是三羧酸循环的重要调节点，ATP、NADH 是其变构抑制剂，AMP 可对抗 ATP 的抑制而起激活作用。

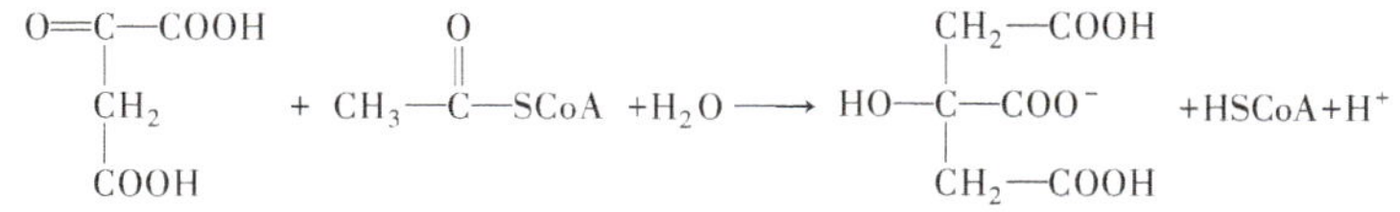

草酰乙酸　　乙酰 CoA　　柠檬酸　　辅酶 A

(2) 柠檬酸的异构反应:柠檬酸的叔醇基不易氧化,可转变成异柠檬酸(isocitrate)而使叔醇变成仲醇,就易于氧化。反应由顺乌头酸酶(cis-aconitase)催化柠檬酸先脱水生成顺乌头酸(cis-aconitic acid),再加水变成异柠檬酸,原来在 C_3 上的羟基转到 C_2 上。反应中间产物顺乌头酸仅与酶结合在一起以复合物的形式存在。

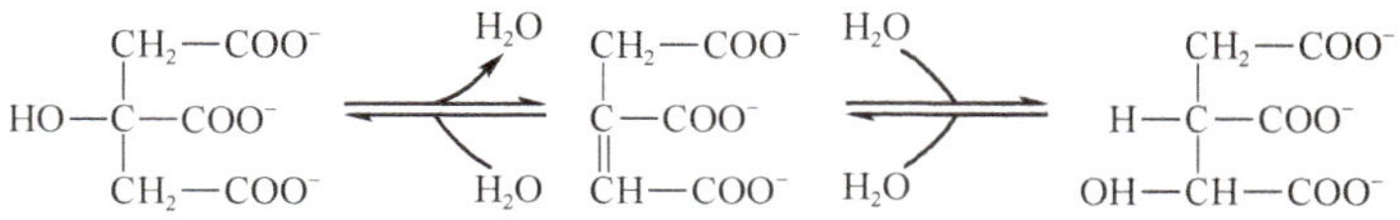

柠檬酸　　[酶-顺乌头酸]复合物　　异柠檬酸

(3) 异柠檬酸氧化脱羧:由异柠檬酸脱氢酶(isocitrate dehydrogenase)催化异柠檬酸脱氢生成 $NADH+H^+$ 和不稳定的中间产物草酰琥珀酸,后者与酶结合能快速脱羧形成 α-酮戊二酸(α-ketoglutarate)和 CO_2,此反应在生理条件下不可逆,为循环中的第一次氧化脱羧。需 NAD^+ 的异柠檬酸脱氢酶是三羧酸循环的第二个关键酶,该酶活性受 ADP 变构激活,而 ATP 和 NADH 是其变构抑制剂。

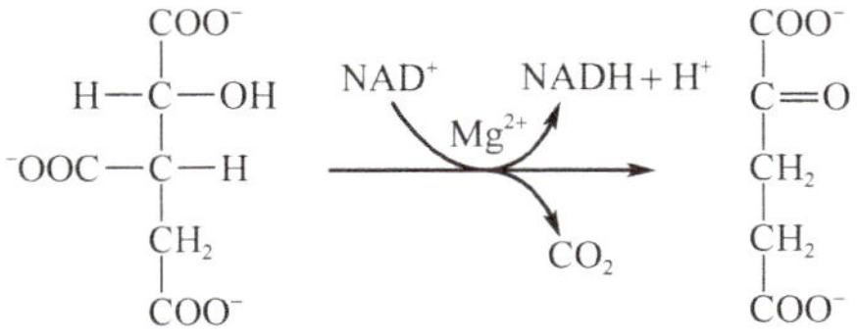

异柠檬酸　　α-酮戊二酸

(4) α-酮戊二酸氧化脱羧:催化 α-酮戊二酸氧化脱羧生成琥珀酰 CoA(succinyl-CoA)的酶是 α-酮戊二酸脱氢酶复合体(α-ketoglutarate dehydrogenase complex),该酶复合体的组成和作用机理与丙酮酸脱氢酶复合体相似,氧化产生的能量一部分储存于琥珀酰 CoA 的高能硫酯键中,也是不可逆反应。α-酮戊二酸脱氢酶复合体是三羧酸循环中第三个关键酶,受 ATP、GTP、NADH 和琥珀酰 CoA 抑制,但不受磷酸化/去磷酸化的调控。

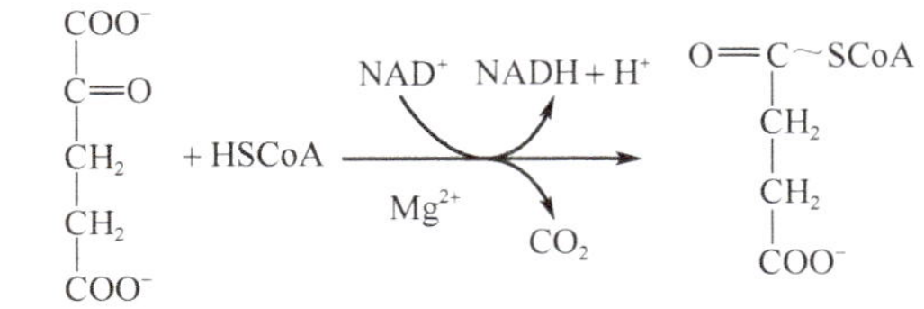

α-酮戊二酸　　琥珀酰CoA

(5) 底物水平磷酸化:在 GDP、无机磷酸和 Mg^{2+} 参与下,由琥珀酸硫激酶(succinate thiokinase)催化琥珀酰 CoA 的高能硫酯键水解生成琥珀酸(succinate),并将能量转移给 GDP 磷酸化生成 GTP,后者在二磷酸核苷激酶催化下,可将高能磷酸键再转移给 ADP 生成 ATP。这是三羧酸循环中唯一以底物水平磷酸化方式生成 ATP 的步骤。

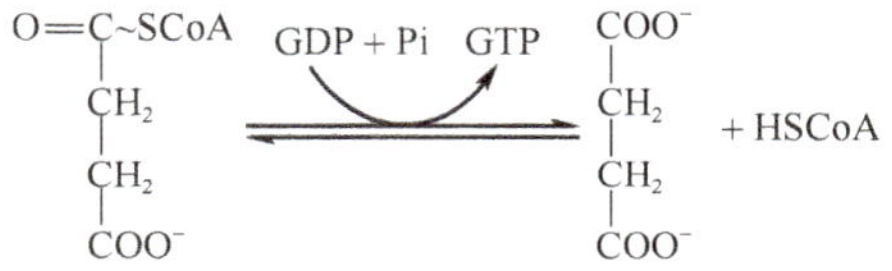

琥珀酰CoA　　琥珀酸

(6) 琥珀酸氧化脱氢:在琥珀酸脱氢酶(succinate dehydrogenase)催化下,琥珀酸脱氢氧化为延胡索酸(fumarate)。该酶结合在线粒体内膜上,而其他三羧酸循环的酶则都存在于线粒体基质中,酶的组成包括铁硫中心和共价结合的 FAD,来自琥珀酸的氢和电子通过 FAD 和铁硫中心进入电子传递链到 O_2。该酶还具有立体异构特异性,仅催化琥珀酸氧化生成反丁烯二酸(延胡索酸)而不生成顺丁烯二酸(马来酸),后者对机体有毒性。丙二酸是琥珀酸的类似物,是琥珀酸脱氢酶强有力的竞争性抑制物,可以阻断三羧酸循环。

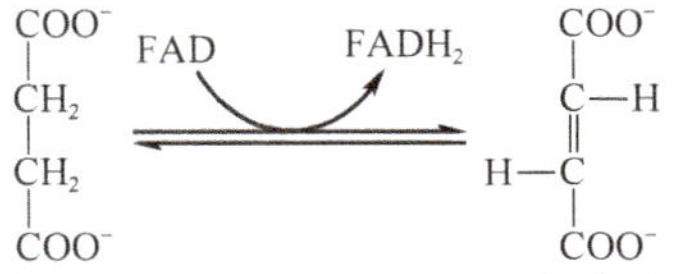

琥珀酸　　延胡索酸

(7) 延胡索酸的水化:延胡索酸在延胡索酸酶(fumarase)催化下,加水生成苹果酸(malate)。延胡索酸酶亦具有立体异构特异性,催化延胡索酸分子上加水时,H^+ 和 OH^- 以反式加成,因此只形成 L-型苹果酸。

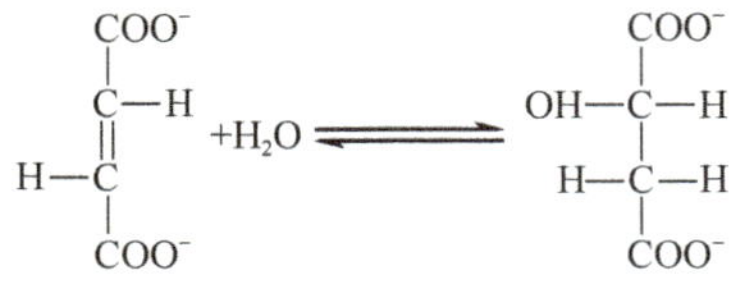

延胡索酸　　苹果酸

(8) 苹果酸脱氢：在 L-苹果酸脱氢酶(L-malate dehydrogenase)的催化下，苹果酸脱氢生成草酰乙酸和 NADH+H^+，草酰乙酸又可进入第二次三羧酸循环。

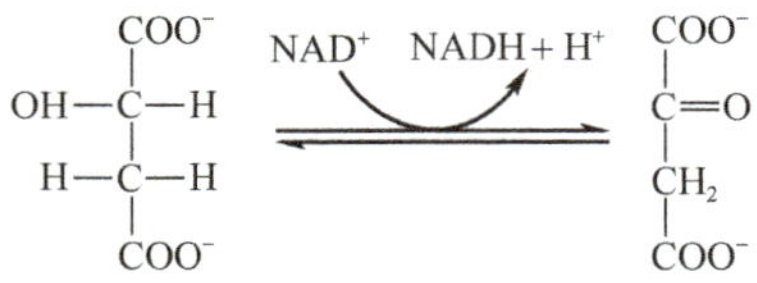

苹果酸　　草酰乙酸

三羧酸循环的反应过程归纳如图 5-5 所示。

2. 三羧酸循环的特点 三羧酸循环是生物体内的一个极其重要的代谢途径，其主要特点如下：

(1) 三羧酸循环是在细胞的线粒体内进行的一系列循环反应过程，每循环一次的净结果是氧化了 1 分子乙酰 CoA：从乙酰 CoA 与草酰乙酸缩合为柠檬酸开始，到草酰乙酸的再生，使 2 碳的乙酰基氧化为 2 分子 CO_2。但用^{14}C 标记乙酰 CoA 的研究表明，第一周循环中并无^{14}C 出现于 CO_2 中，说明 CO_2 的碳原子系来自草酰乙酸而不是来自乙酰 CoA，这是由于反应过程中碳原子的置换所致。

(2) 每轮循环有两次氧化脱羧反应生成 2 分子 CO_2：这种通过脱羧反应生成 CO_2 的方式，是机体产生 CO_2 的普遍规律。这与体外燃烧生成 CO_2 的方式截然不同。

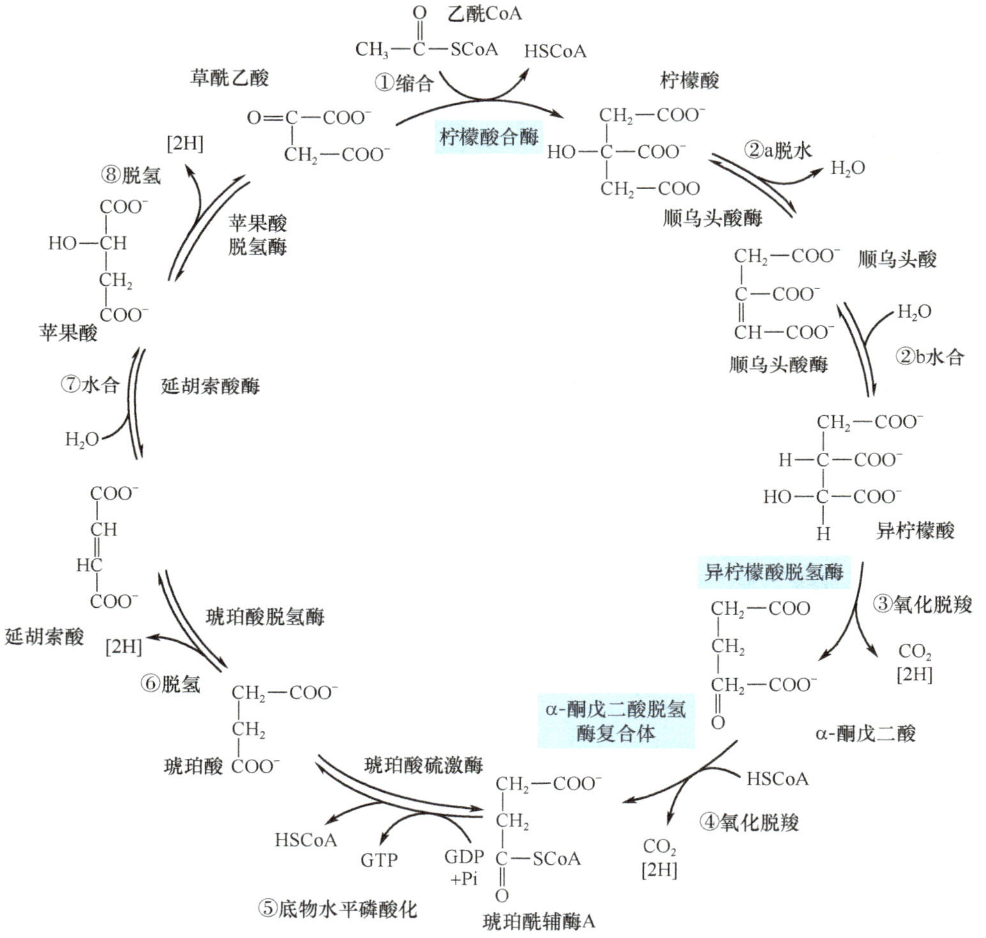

图 5-5　三羧酸循环

(3) 每轮循环有 4 次脱氢反应：其中，除琥珀酸脱下的氢由 FAD 接受外，其余 3 次脱氢均由 NAD^+接受。每分子 NADH+H^+经电子传递链氧化磷酸化可产生 2.5 分子 ATP；而每分子 $FADH_2$经另一种电子传递链氧化磷酸化则生成 1.5 分子 ATP(详见第 6 章)。因此，1 分子乙酰 CoA 进入三羧酸循环氧化分解，经脱氢反应及电子传递链氧化磷酸化可产生 9 分子 ATP，再加上琥珀酰 CoA 底物水平磷酸化产生的 1 分子 ATP，总共可生成 10 分子 ATP。

(4) 三羧酸循环有 3 步不可逆反应：即由柠檬酸合酶、异柠檬酸脱氢酶和 α-酮戊二酸脱氢酶复合体三个关键酶所催化的反应，故三羧酸循环不可逆行。其中异柠檬酸脱氢酶是主要的限速酶。

(5) 三羧酸循环的中间代谢物本身并无量的变化：理论上讲循环的中间产物在反应前后并无量的变化，相当于催化剂可重复利用而不被消耗。但实际上循环中的某些成分经常由于参与体内其他代谢途径而被移去而使三羧酸循环受到影响，所以必须通过多种途径不断加以补充，这种作用称为"回补反应"(anaplerotic reaction)。其中以草酰乙酸的补充最为重要，因为它是三羧酸循环的关键物质。草酰乙酸主要由丙酮酸的羧化反应进行补充，因此糖的供应及代谢情况直接影响着乙酰 CoA 进入三羧酸循环的速度。通过回补反应不仅可使循环中的某些中间代谢物不断得到补充和更新，从而保证三羧酸循环的正常运转；而且也可与多种物质代谢过程彼此联系起来。

二、糖有氧氧化的生理意义

(一) 糖有氧氧化是机体获取能量的主要途径

1mol 葡萄糖经有氧氧化彻底分解可净生成 30 或 32mol ATP(见表 5-2)，而经无氧分解仅为 2mol ATP。因此维持体内糖有氧氧化的正常进行对维持正常生命活动具有极其重要的意义。在一般生理条件下，许多组织细胞皆从糖的有氧氧化获得能量。

表 5-2 葡萄糖有氧氧化生成的 ATP

阶 段	反 应	辅 酶	生成 ATP 数
第一阶段	葡萄糖→6-磷酸葡萄糖		-1
	6-磷酸葡萄糖→1,6-二磷酸果糖		-1
	2×3-磷酸甘油醛→2×1,3-二磷酸甘油酸	NADH(胞质)	2×2.5*(或 2×1.5*)
	2×1,3-二磷酸甘油酸→2×3-磷酸甘油酸		2×1
	2×磷酸烯醇式丙酮酸→2×丙酮酸		2×1
第二阶段	2×丙酮酸→2×乙酰辅酶 A	NADH(线粒体基质)	2×2.5
第三阶段	2×异柠檬酸→2×α-酮戊二酸	NADH(线粒体基质)	2×2.5
	2×α-酮戊二酸→2×琥珀酰辅酶 A	NADH	2×2.5
	2×琥珀酰辅酶 A→2×琥珀酸		2×1
	2×琥珀酸→2×延胡索酸	$FADH_2$	2×1.5
	2×苹果酸→2×草酰乙酸	NADH	2×2.5
净生成			32(或 30)

* 胞液中的 $NADH+H^+$ 进入线粒体内氧化，依进入后脱氢方式不同所生成的 ATP 数不同

(二) 三羧酸循环是体内三大营养物质代谢的总枢纽

三羧酸循环的起始物乙酰辅酶 A，不但是糖氧化分解产物，它也可来自脂肪的甘油、脂肪酸和来自蛋白质的某些氨基酸代谢，因此三羧酸循环实际上是三种主要有机物在体内氧化供能的共同通路。不仅如此，三羧酸循环还是体内三大营养物质互相转变的重要联系枢纽。

三、糖有氧氧化的调节

糖有氧氧化是机体获得能量的主要方式，故机体对有氧氧化的调节是基于能量的需求。在有氧氧化的三个阶段中，糖酵解途径的调节前面已述，这里主要叙述丙酮酸脱氢酶复合体的调节及三羧酸循环的调节。

(一) 丙酮酸脱氢酶复合体的调节

可以通过变构效应和共价修饰两种方式进行快速调节。丙酮酸脱氢酶复合体的反应产物乙酰 CoA 及 $NADH+H^+$ 对酶有反馈抑制作用，当乙酰 CoA / HSCoA 比例升高时，酶活性被抑制。NADH / NAD^+ 比例升高也有同样的作用。这两种情况见于饥饿、大量脂酸被动员利用时，所以这时糖的有氧氧化被抑制，大多数组织器官利用脂酸作为能量来源以确保脑等对葡萄糖的需要。ATP 对丙酮酸脱氢酶复合体有抑制作用，AMP

则能激活之。丙酮酸脱氢酶复合体可被丙酮酸脱氢酶激酶磷酸化。当其丝氨酸被磷酸化后，酶蛋白变构而失去活性，丙酮酸脱氢酶磷酸酶则使其去磷酸而恢复活性。乙酰 CoA 和 $NADH+H^+$ 除对酶有直接抑制作用外，还可间接通过增强丙酮酸脱氢酶激酶的活性而使其失活。胰岛素可促进丙酮酸脱氢酶的脱磷酸化作用，使其从无活性向有活性转变（图 5-6）。

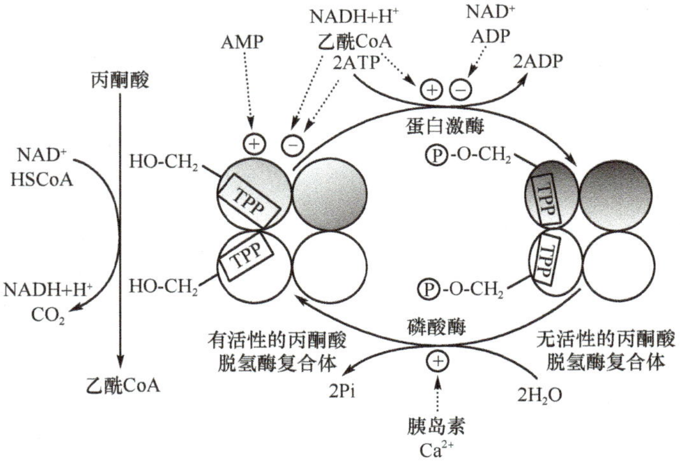

图 5-6　丙酮酸脱氢酶复合体的调节

（二）三羧酸循环的速率和流量的调控

三羧酸循环中有三个不可逆反应，分别由柠檬酸合酶、异柠檬酸脱氢酶和 α-酮戊二酸脱氢酶复合体催化。其中异柠檬酸脱氢酶和 α-酮戊二酸脱氢酶复合体被认为是主要的调节点，两者在 $NADH/NAD^+$、ATP/ADP 比率高时被反馈抑制。ADP 还是异柠檬酸脱氢酶的变构激活剂。另外，当线粒体内 Ca^{2+} 浓度升高时，Ca^{2+} 不仅可与异柠檬酸脱氢酶和 α-酮戊二酸脱氢酶结合，降低其对底物的 K_m 而使酶激活；也可激活丙酮酸脱氢酶复合体，从而推动三羧酸循环和有氧氧化的进行（图 5-7）。

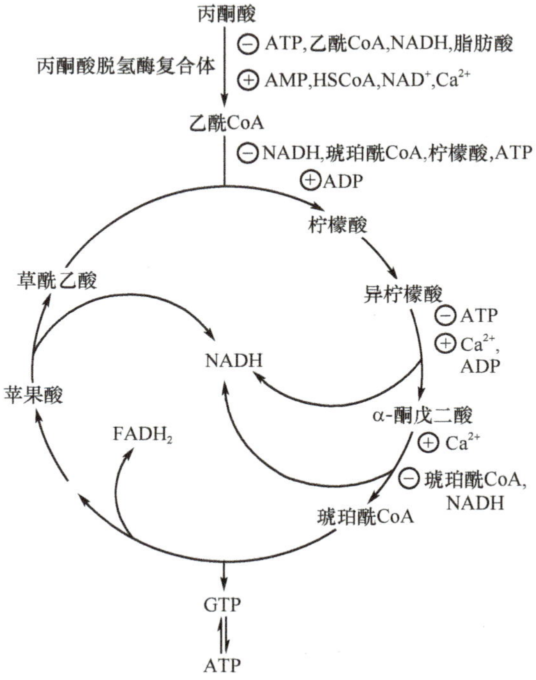

图 5-7　三羧酸循环的调节

四、巴斯德效应

法国科学家 Pasteur 发现酵母菌在无氧条件下能使糖生醇发酵。若将其移至有氧环境时，生醇发酵则被抑制。糖有氧氧化抑制糖酵解的作用称为巴斯德效应（Pasteur effect）。动物肌肉组织中也存在此种效应。研究发现，无氧条件下除丙酮酸不能进入三羧酸循环彻底氧化而还原为乳酸外，通过糖酵解途径消耗的葡萄糖量约为有氧时的 7 倍。缺氧时进入糖酵解途径分解的葡萄糖增加是由于此时氧化磷酸化受阻，ADP 与无机磷酸不能合成 ATP，致使 ADP/ATP 比值升高而激活糖酵解途径关键酶 PFK-1 及 PK 的结果。由于 $NADH+H^+$ 可进入线粒体内氧化，于是丙酮酸就进行有氧氧化而不生成乳酸，因此有氧氧化可抑制糖酵解。

笔记栏

第三节　磷酸戊糖途径

体内除糖酵解和糖的有氧氧化为糖分解代谢的主要途径外，在肝脏、脂肪组织、泌乳期乳腺、肾上腺皮质、性腺、骨髓和红细胞等尚有磷酸戊糖途径(phosphopentose pathway),也称为磷酸己糖旁路(hexose monophosphate shunt)。磷酸戊糖途径以6-磷酸葡萄糖为起始物,直接氧化脱羧生成磷酸戊糖,再经异构反应及中间代谢物分子之间的基团转移(转酮醇基、转醛醇基)反应,最终生成6-磷酸果糖和3-磷酸甘油醛。该途径的主要特点是能生成磷酸核糖、CO_2和NADPH+H^+,而不生成ATP。

一、磷酸戊糖途径的反应过程

磷酸戊糖途径在细胞液中进行,全过程分为不可逆的氧化反应阶段和可逆的非氧化反应阶段。在氧化阶段,6-磷酸葡萄糖经氧化脱羧生成NADPH+H^+, CO_2和5-磷酸核糖;在非氧化阶段,3分子5-磷酸核酮糖经系列基团转移反应最终生成2分子6-磷酸果糖和1分子3-磷酸甘油醛,它们可转变为6-磷酸葡萄糖继续进行磷酸戊糖途径,也可以进行糖有氧氧化或糖酵解。

(一)氧化反应阶段

1. 6-磷酸葡萄糖氧化脱羧　由6-磷酸葡萄糖脱氢酶(glucose-6-phosphate dehydrogenase, G6PD)催化6-磷酸葡萄糖脱氢氧化生成6-磷酸葡萄糖酸内酯,再在内酯酶作用下加水生成6-磷酸葡萄糖酸(6-phosphogluconate),后者在6-磷酸葡萄糖酸脱氢酶(6-phosphogluconate dehydrogenase)催化下,经过脱氢伴脱羧反应而生成5-磷酸核酮糖(ribulose-5-phosphate)及CO_2。上述两个脱氢酶的辅酶均为$NADP^+$,6-磷酸葡萄糖脱氢酶是该途径的限速酶,上述反应不可逆。

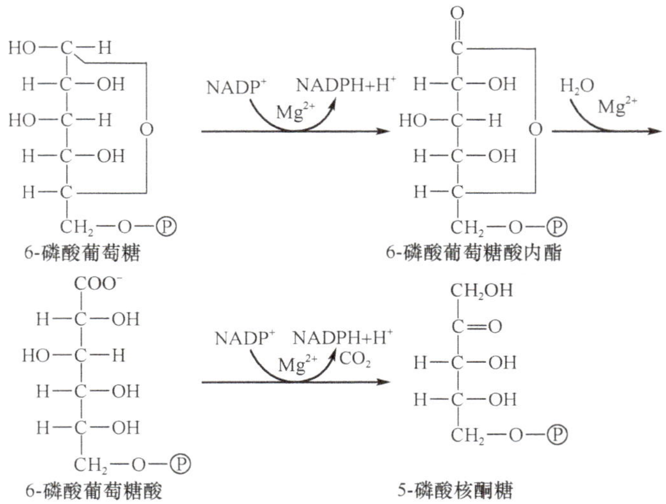

2. 异构化反应　5-磷酸核酮糖可分别由磷酸戊糖异构酶(phosphopentose isomerase)和磷酸戊糖差向异构酶(phosphopentose epimerase)催化转变为5-磷酸核糖(ribose-5-phosphate)和5-磷酸木酮糖。

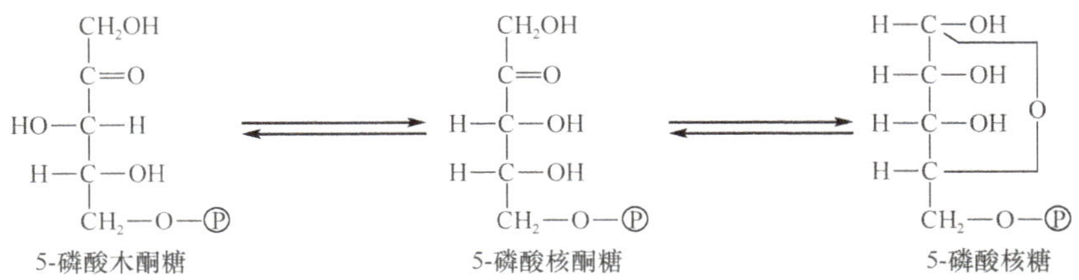

(二)非氧化反应阶段

氧化阶段生成的磷酸戊糖主要用于合成核苷酸,而NADPH则用于多种物质的合成代谢。由于细胞内合成代谢消耗的NADPH远比核糖需要量大,因此产生核糖的剩余。非氧化反应阶段则通过一系列可逆的基团转移反应将核糖转变成6-磷酸果糖和3-磷酸甘油醛而再利用。有2种特殊的酶分别催化2碳和3碳基团的转移。首先在转酮醇酶催化下,将5-磷酸木酮糖分子中的酮醇基(2碳单位)转移至5-磷酸核糖的醛基碳原子上,从而生成7碳的7-磷酸景天庚酮糖和3-磷酸甘油醛。7-磷酸景天庚酮糖又在转醛醇酶催化下将醛醇基(3碳单位)转移至3-磷酸甘油醛的醛基碳原子上,生成6-磷酸果糖和4碳的4-磷酸赤藓糖。4-磷酸赤藓糖进一步与另一分子5-磷酸木酮糖进行转酮醇基反应,生成6-磷酸果糖和3-磷酸甘油醛。磷酸戊糖途径的全部反应见图5-8。

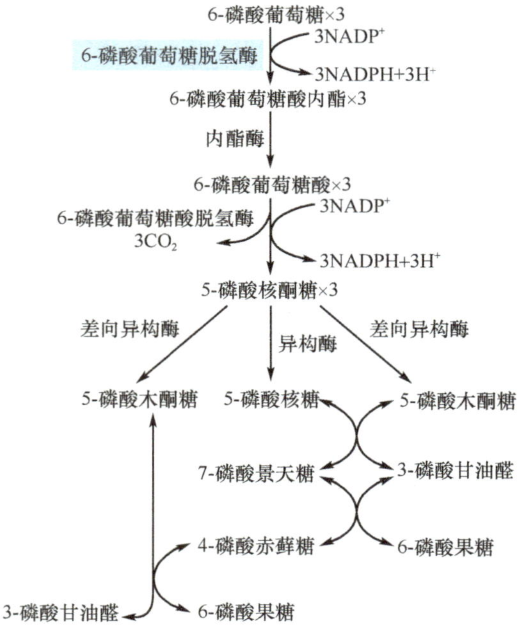

图5-8 磷酸戊糖途径

二、磷酸戊糖途径的调节

6-磷酸葡萄糖脱氢酶是磷酸戊糖途径的限速酶,其活性决定6-磷酸葡萄糖进入此途径的流量。因此磷酸戊糖途径的调节点主要是6-磷酸葡萄糖脱氢酶,该酶活性的快速调节主要受NADPH/NADP$^+$比值的影响。NADPH对6-磷酸葡萄糖脱氢酶有强烈的抑制作用。因此,磷酸戊糖途径的流量取决于NADPH+H$^+$的需求。若细胞对NADPH+H$^+$的需要量多于对5-磷酸核糖的需要量时,则过多的磷酸戊糖可经该途径的基团转移反应变为磷酸己糖进行代谢;若5-磷酸核糖需要量增加时,6-磷酸果糖可以转变为5-磷酸核糖以供机体之需。

三、磷酸戊糖途径的生理意义

磷酸戊糖途径的主要意义是产生5-磷酸核糖和NADPH+H$^+$。

(一)磷酸核糖是体内合成核苷酸和核酸的必要原料

体内的核糖并不完全依靠从食物中摄取,而是通过磷酸戊糖途径生成。葡萄糖既可经6-磷酸葡萄糖脱氢、脱羧的氧化反应生成磷酸核糖,也可通过糖酵解途径的中间代谢物3-磷酸甘油醛和6-磷酸果糖经前述基团转移反应而生成磷酸核糖。通过此条代谢途径,还能将体内戊糖和己糖的代谢互相联系起来。人类主要通过氧化反应生成核糖。肌组织内缺乏6-磷酸葡萄糖脱氢酶,磷酸核糖靠基团转移反应生成。

(二)NADPH+H$^+$具有多方面重要生理功用

1. 作为供氢体参与多种代谢反应 脂肪酸、胆固醇、类固醇激素等合成所需的氢原子均是由NADPH+H$^+$供给的。因此磷酸戊糖途径在合成脂肪及固醇类化合物的肝、肾上腺、性腺等组织中特别旺盛。

2. 维持谷胱甘肽的还原状态 NADPH+H$^+$对维持还原型谷胱甘肽(GSH)的正常含量起重要作用,NADPH+H$^+$是体内谷胱甘肽还原酶的辅酶,谷胱甘肽还原酶可催化细胞中氧化型谷胱甘肽(GSSG)还原为还原型谷胱甘肽:

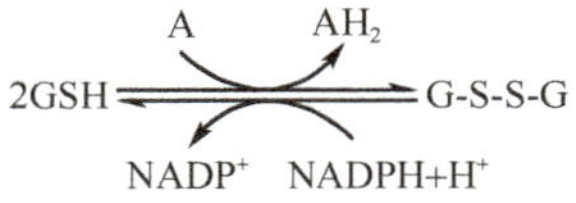

GSH具有抗氧化作用,可保护血红蛋白、酶和膜蛋白上的巯基免受过氧化物的氧化作用,维持这些蛋白质的还原型巯基,这对于保护红细胞的正常功能和寿命具有重要意义。遗传性缺乏6-磷酸葡萄糖脱氢酶患者,其磷酸戊糖途径不能正常进行,NADPH+H$^+$缺乏或不足,致GSH生成量减少,患者红细胞易破坏而发生溶血。如在某些具有氧化作用的外源性物质(如蚕豆、抗疟药、磺胺药等)的作用下,可诱发急性溶血性贫血。其中典型的是食用蚕豆后引起溶血,故称为蚕豆病。

3. 参与肝脏的生物转化作用 肝细胞内质网含有以NADPH+H$^+$为供氢体的加单氧酶系,该酶系与体内多种类固醇化合物的代谢和药物、毒物的生物转化作用有关(详见第15章)。

第四节 糖原的合成与分解

糖原是以葡萄糖为基本单位聚合而成的带分支的大分子多糖,其直链部分的葡萄糖基之间以α-1,4-糖苷键相连,其分支处的葡萄糖基则以α-1,6-

糖苷键相连,整个糖原分子呈树枝状。每个糖原分子只有一个末端葡萄糖残基保留有半缩醛羟基而具有还原性,称为还原性末端,其他的末端葡萄糖残基不具还原性,故称为非还原性末端。糖原在体内的合成与分解反应均从非还原端开始。糖原是动物体内糖的储存形式,主要存在于肝和肌肉中,但肝糖原(liver glycogen)和肌糖原(muscle glycogen)生理意义有很大不同。肌糖原主要供肌收缩的急需,肝糖原则是血糖的重要来源。

一、糖原的合成代谢

由单糖(主要是葡萄糖)合成糖原的过程称为糖原合成(glycogenesis)。反应主要在肝脏、肌肉组织的细胞液中进行,需消耗 ATP 和 UTP。反应过程包括:

(一)葡萄糖的活化

1. 磷酸化反应　糖原合成时,进入肝或肌肉中的葡萄糖首先在己糖激酶(肝内为葡萄糖激酶)的作用下磷酸化生成6-磷酸葡萄糖。同糖酵解的起始反应。

2. 异构反应　6-磷酸葡萄糖在磷酸葡萄糖变位酶(phosphoglucomutase)催化下,磷酸基从 C_6 位移至 C_1 位而转变为1-磷酸葡萄糖,反应可逆。葡萄糖合入糖原分子时要形成 α-1,4-糖苷键,故磷酸基的移位是为葡萄糖与糖原分子连接作准备。

3. 尿苷二磷酸葡萄糖(uridine diphosphate glucose, UDPG)的生成　由尿苷二磷酸葡萄糖焦磷酸化酶(UDP-glucose pyrophosphorylase)催化1-磷酸葡萄糖与 UTP 反应生成 UDPG 和焦磷酸:

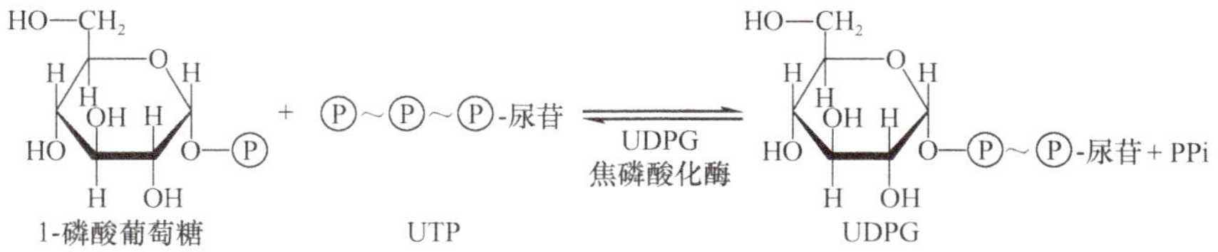

由于焦磷酸迅速被焦磷酸酶水解为2分子无机磷酸(Pi),使反应不断向合成糖原方向进行。UDPG 可看作体内的“活性葡萄糖”,在体内充当葡萄糖供体。

(二)糖链的延长

游离状态的葡萄糖不能作为 UDPG 中葡萄糖基的受体,因此糖原合成过程中必须有糖原引物(glycogen primer)存在。糖原引物是指细胞内原有的较小的糖原分子。在糖原合酶(glycogen synthase)催化下,UDPG 与糖原引物反应,将 UDPG 中的葡萄糖基的 C_1 以 α-1,4 糖苷键连接到糖原引物的非还原端,从而生成比原来多一个葡萄糖基的糖原。此反应不断进行,可使糖原分子的糖链不断延长。糖原合酶是糖原合成的限速酶。

$$\text{UDPG}+(\text{葡萄糖})_n \xrightarrow[\text{糖原合酶}]{} (\text{葡萄糖})_{n+1}+\text{UDP}$$

(三)分支的形成

糖原合酶的作用只能使糖链不断延长,而不能形成新分支。当糖链长度达到12~18个葡萄糖基时,由分支酶(branching enzyme)将末端约6~7个葡萄糖基组成的一段糖链转移到邻近的糖链上,以 α-1,6-糖苷键相连而形成新的分支(图5-9)。新的分支点与邻近的分支点至少距离4个葡萄糖基。分支的不断形成不仅可增加糖原的水溶性,更重要的是可增加非还原端的数目,有利于糖原的合成及分解代谢。

从葡萄糖合成糖原是耗能的过程。葡萄糖磷酸化时消耗1分子 ATP,UDPG 的生成再消耗1分子 UTP(UDP+ATP→UTP+ADP)。因此,糖原合成时每增加1个葡萄糖基需消耗2分子 ATP。

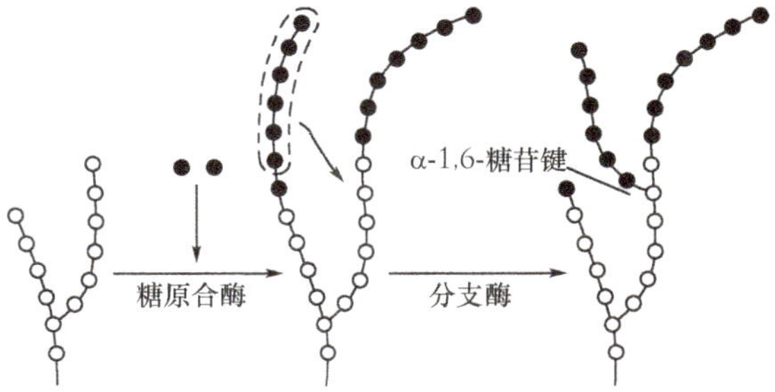

图5-9　糖原分支的形成

二、糖原的分解代谢

糖原分解(glycogenolysis)习惯上是指肝糖原分解为葡萄糖。反应也在胞液中进行,但并不是糖原合成的逆反应(图5-10)。其反应过程包括:

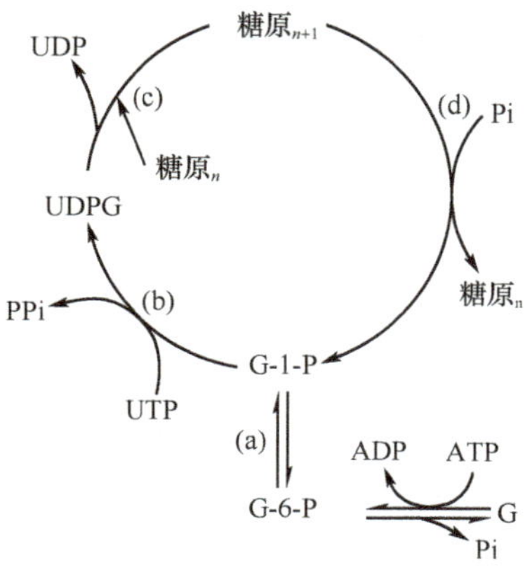

图 5-10 糖原的合成与分解

(a)磷酸葡萄糖变位酶;(b)UDPG焦磷酸化酶;(c)糖原合酶;(d)磷酸化酶

(一)直链部分的水解

1. 糖原磷酸解 由磷酸化酶(phosphorylase)催化糖原非还原端葡萄糖基的α-1,4-糖苷键水解的同时磷酸化生成1-磷酸葡萄糖,反应所需的磷酸基团由无机磷酸提供。此反应自由能变动较小,故反应可逆。但由于胞液中无机磷酸盐的浓度约为1-磷酸葡萄糖的100倍,所以实际上反应只能向糖原分解的方向进行。磷酸化酶是糖原分解过程的限速酶。

2. 异构反应 1-磷酸葡萄糖转变为6-磷酸葡萄糖,由磷酸葡萄糖变位酶催化,反应可逆。

3. 6-磷酸葡萄糖水解为葡萄糖 肝和肾中含有葡萄糖-6-磷酸酶(glucose-6-phosphatase),可使6-磷酸葡萄糖水解成葡萄糖释放入血,而肌肉中缺乏此酶,因此肝和肾糖原可补充血糖,肌糖原却不能转变为葡萄糖,只能进行糖酵解或有氧氧化。

$$\text{6-磷酸葡萄糖} + H_2O \xrightarrow[\text{葡萄糖-6-磷酸酶}]{} \text{葡萄糖} + Pi$$

(二)分支的水解

当糖原分支上的糖链被磷酸化分解至剩下4个葡萄糖基时,由于位阻效应,磷酸化酶不能继续发挥其作用,此时由α-1,4-寡糖基转移酶(α-1,4-glucan transferase)催化糖原分支末端的3个葡萄糖基转移到邻近糖链的末端,以α-1,4-糖苷键相连。在α-1,6-葡萄糖苷酶(α-1,6-glucosidase)作用下,将已暴露出的分支点处的α-1,6-糖苷键水解,生成游离的葡萄糖,使糖原分子脱去分支(图5-11)。目前认为α-1,4-寡糖基转移酶及α-1,6-葡萄糖苷酶是同一酶的两种活性,合称脱支酶(debranching enzyme)。在磷酸化酶和脱支酶的反复协调作用下,糖原可迅速地磷酸解和水解。

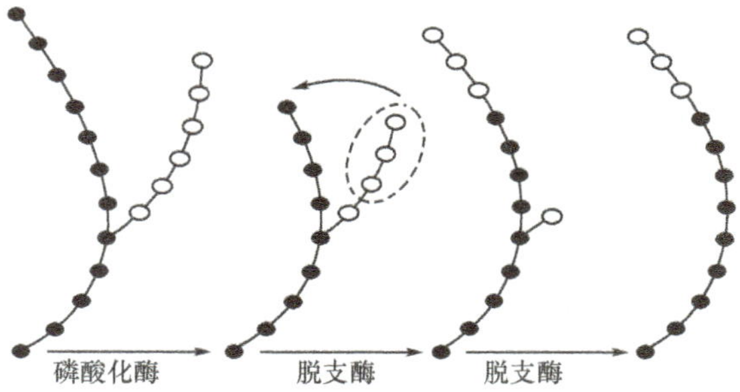

图 5-11 糖原分支的水解

三、糖原合成与分解的调节

糖原的合成与分解过程是根据机体代谢的需要进行调节的,当机体缺少供能物质时,糖原分解加强。当供能物质充足时,能量可以以糖原形式贮存起来。糖原合成与分解代谢的调节点是糖原合酶和磷酸化酶,其活性决定不同途径的代谢速率,从而影响糖原代谢的方向。糖原合酶和磷酸化酶的快速调节有共价修饰和变构调节两种方式。

(一)共价修饰调节

1. 磷酸化酶 该酶有磷酸化和去磷酸化两种形式,当磷酸化酶的14位丝氨酸残基被磷酸化时,活性很低的磷酸化酶(称为磷酸化酶b)就转变为活性很强的磷酸化酶(称为磷酸化酶a)。反应由磷酸化酶b激酶(phosphorylase b kinase)催化。磷酸化酶b激酶也有磷酸化和去磷酸化两种形式,去磷酸化的磷酸化酶b激酶没有活性。在依赖cAMP的蛋白激酶(cAMP-dependent protein kinase,简称蛋白激酶A)催化下可转变为磷酸型的活性磷酸化酶b激酶。另一方面,磷蛋白磷酸酶-1则可使磷酸化酶a和磷酸化酶b激酶去磷酸而失去活性。

2. 糖原合酶 糖原合酶亦分为a、b两种形式,糖原合酶a有活性,磷酸化变成糖原合酶b后即失去活性。催化糖原合酶磷酸化的也是依赖cAMP的蛋白激酶。磷蛋白磷酸酶-1催化其去磷酸化。

体内肾上腺素和胰高血糖素等激素可通过cAMP连锁酶促反应逐级放大,构成一个调节糖原合成与分解的控制系统(图5-12),其中肾上腺素主要影响肌糖原的代谢,肝糖原的代谢主要受胰高血糖素影响。如血糖浓度下降和剧烈活动时，肾上腺素和胰高血糖素分泌增加，这两种激素与肝或肌肉等组织细胞膜受体结合，由G蛋白介导活化腺苷酸环化酶，使cAMP生成增加，cAMP又使cAMP依赖蛋白激酶活化。活化的蛋白激酶一方面使有活性的糖原合成酶a磷酸化为无活性的糖原合成酶b；另一面使无活性的磷酸化酶b激酶磷酸化为有活性的磷酸化酶b激酶，活化的磷酸化酶b激酶进一步使无活性的糖原磷酸化酶b磷酸化转变为有活性的糖原磷酸化酶a，最终结果是抑制糖原生成，促进糖原分解，使肝糖原分解为葡萄糖释放入血，使血糖浓度升高，肌糖原分解用于肌肉收缩。

磷酸化酶a、糖原合酶b以及磷酸化酶b激酶的去磷酸均由磷蛋白磷酸酶-1催化。磷蛋白磷酸酶-1的活性也受到精细的调节。细胞内有一种蛋白质，称为磷蛋白磷酸酶抑制剂，当它与磷蛋白磷酸酶-1结合时可抑制磷蛋白磷酸酶-1的活性。磷蛋白磷酸酶抑制剂分子内的苏氨酸残基可以磷酸化，此磷酸化过程也由依赖cAMP的蛋白激酶催化，只有磷酸化的磷蛋白磷酸酶抑制剂具有抑制作用。因此，依赖cAMP的蛋白激酶活性升高时，不仅可促进磷酸化酶b磷酸化生成磷酸化酶a，又可通过磷蛋白磷酸酶抑制物的激活而抑制磷蛋白磷酸酶-1对磷酸化酶a的去磷酸作用，使磷酸化酶激活并保持其活性。

（二）变构调节

磷酸化酶和糖原合酶也可受变构效应剂的变构调节。如葡萄糖是磷酸化酶的变构抑制剂，当血糖升高，葡萄糖进入肝细胞，与磷酸化酶a的变构调节部位结合，引起构象改变，使其易于受磷蛋白磷酸酶-1作用去磷酸化而失活。由于肌糖原不能补充血糖，仅为肌肉活动提供能量，故肌肉内磷酸化酶的变构效应物主要是AMP、ATP及6-磷酸葡萄糖。AMP是磷酸化酶的变构激活剂，而ATP和6-磷酸葡萄糖则为磷酸化酶的变构抑制剂；6-磷酸葡萄糖还是糖原合酶的变构激活剂，即肌糖原的合成与分解主要受细胞内能量状态的控制。此外Ca^{2+}的升高可激活磷酸化酶b激酶进而激活磷酸化酶，促进糖原分解。

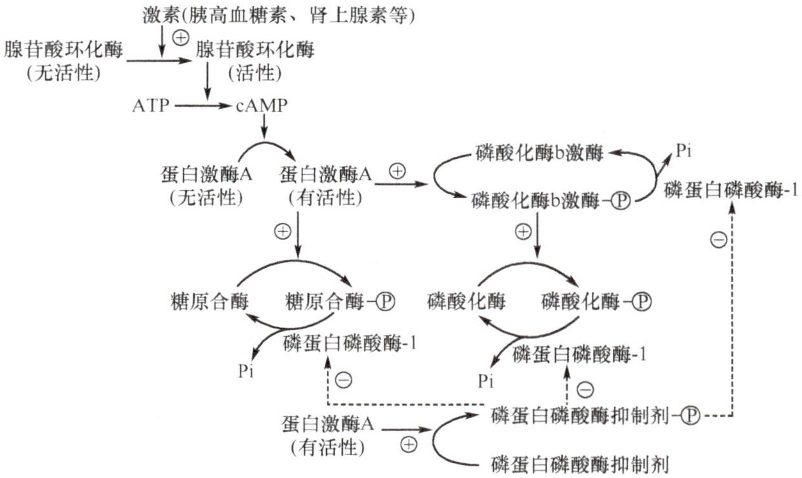

图5-12 糖原合成与分解的共价修饰调节

第五节 糖 异 生

体内糖原的储备有限，正常成人每小时可由肝释出葡萄糖210mg/kg体重，如没有补充十多小时肝糖原即被耗尽，但在禁食甚至长期饥饿下机体仍能保持血糖处于正常范围，除了周围组织减少对葡萄糖的利用外，主要是依赖肝将氨基酸、乳酸等转变为葡萄糖来补充血糖。由非糖化合物（如乳酸、丙酮酸、甘油、生糖氨基酸等）转变为葡萄糖或糖原的过程称为糖异生（gluconeogenesis）。机体内进行糖异生补充血糖的主要器官是肝，肾在正常情况下糖异生能力只有肝的1/10，长期饥饿时肾糖异生能力则可以大为增强。

一、糖异生途径

从丙酮酸生成葡萄糖的反应过程称为糖异生途径，糖异生途径基本上是糖酵解途径的逆过程（图5-13）。糖酵解途径中多数反应可逆，但由已糖激酶、磷酸果糖激酶-1 和丙酮酸激酶三个关键酶所催化的三个反应过程都有相当大的能量变化：己糖激酶（包括葡萄糖激酶）及磷酸果糖激酶-1 所催化的反应均需消耗 ATP；而丙酮酸激酶所催化的反应则是使磷酸烯醇式丙酮酸转移分子内的能量和磷酸基团与 ADP 结合而生成 ATP，这些反应逆行时就需要吸收相等量的能量，因此构成"能障"（energy barrier）难以逆行。在糖异生途径中，这种"能障"必须借助于另外的酶促反应加以克服。这种由不同的酶催化两个单向反应使两种底物互变的循环称为底物循环（substrate cycle）。催化三个不可逆反应的酶正是糖异生途径的关键酶。

（一）丙酮酸生成磷酸烯醇式丙酮酸（丙酮酸羧化支路）

丙酮酸激酶所催化的反应逆过程是由两步反应完成，第一步是丙酮酸羧化酶（pyruvate carboxylase）催化丙酮酸生成草酰乙酸，该酶位于细胞线粒体内，辅酶是生物素，反应需 ATP 和 CO_2 参与；第二步是磷酸烯醇式丙酮酸羧激酶（phosphoenolpyruvate carboxykinase）催化草酰乙酸生成磷酸烯醇式丙酮酸，反应需 GTP 参与并放出 CO_2。这个过程共消耗两个高能键（一个来自 ATP，另一个来自 GTP），而由磷酸烯醇式丙酮酸分解为丙酮酸只生成 1 个 ATP。

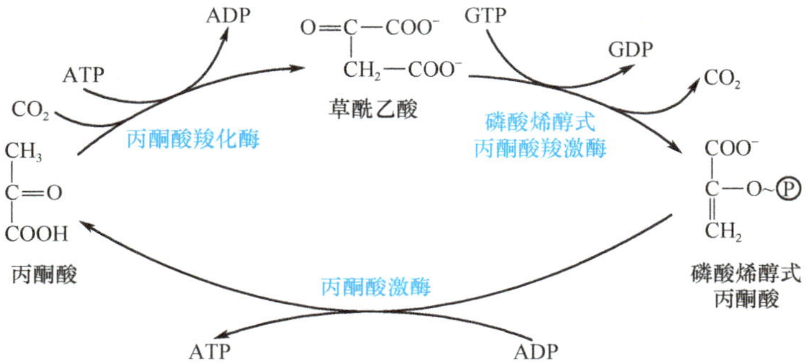

由于丙酮酸羧化酶仅存在于线粒体内，胞液中的丙酮酸必须进入线粒体，才能羧化生成草酰乙酸，而磷酸烯醇式丙酮酸羧激酶在线粒体和胞液中都存在，因此草酰乙酸可在线粒体中直接转变为磷酸烯醇式丙酮酸再进入胞液中，也可在胞液中被转变为磷酸烯醇式丙酮酸。但是，草酰乙酸不能通过线粒体膜，要进入胞液可通过两种方式转运：一种是经苹果酸脱氢酶作用，将其还原成苹果酸，然后通过线粒体膜进入胞液，再由胞液中的苹果酸脱氢酶将苹果酸脱氢氧化为草酰乙酸而进入糖异生反应途径。可见以苹果酸代替草酰乙酸透过线粒体膜不仅解决了糖异生所需要的碳单位，同时又从线粒体内带出一对氢，以使 1,3-二磷酸甘油酸还原为 3-磷酸甘油醛，从而保证了糖异生顺利进行。另一种方式是经天冬氨酸转氨酶作用转变为天冬氨酸逸出线粒体，进入胞液后天冬氨酸再经胞液中天冬氨酸转氨酶催化而重新生成草酰乙酸（图 5-13）。

实验表明，以丙酮酸或能转变为丙酮酸的某些生糖氨基酸作为原料生糖时，以苹果酸通过线粒体方式进行糖异生；而以乳酸为原料异生成糖时，乳酸脱氢生成丙酮酸的同时，胞液中内 NAD^+ 还原成 NADH，可以满足需要，故常在线粒体内生成草酰乙酸后，再变成天冬氨酸而出线粒体内膜进入胞质；另外草酰乙酸可与乙酰 CoA 缩合生成柠檬酸后逸出线粒体。

（二）1,6-二磷酸果糖生成 6-磷酸果糖

1,6-二磷酸果糖生成 6-磷酸果糖是由果糖双磷酸酶-1（fructose bisphosphatase-1）催化的水解反应。

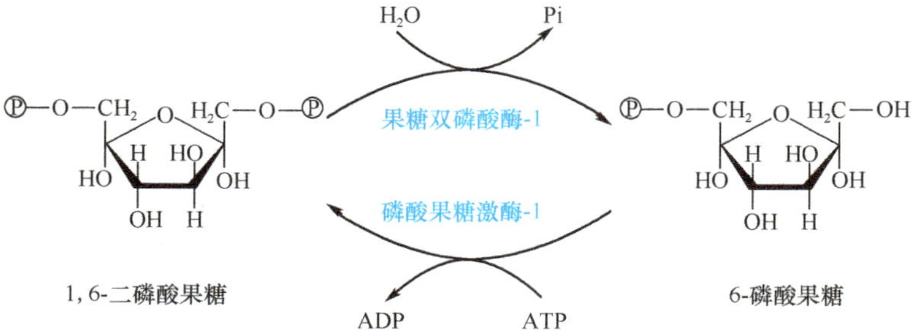

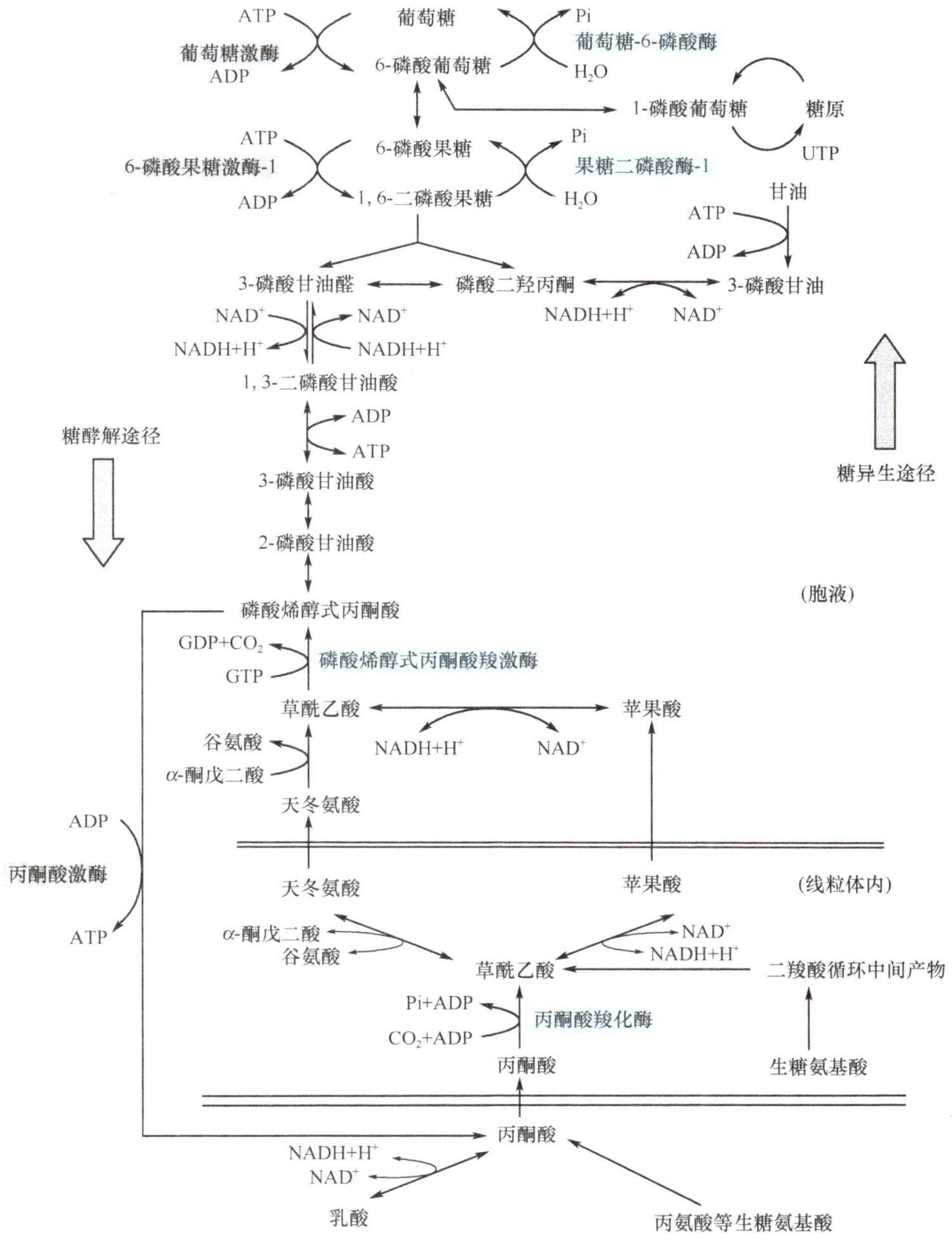

图 5-13 糖异生途径

(三) 6-磷酸葡萄糖生成葡萄糖

6-磷酸葡萄糖生成葡萄糖由葡萄糖 6-磷酸酶催化，同肝糖原分解最后一步。

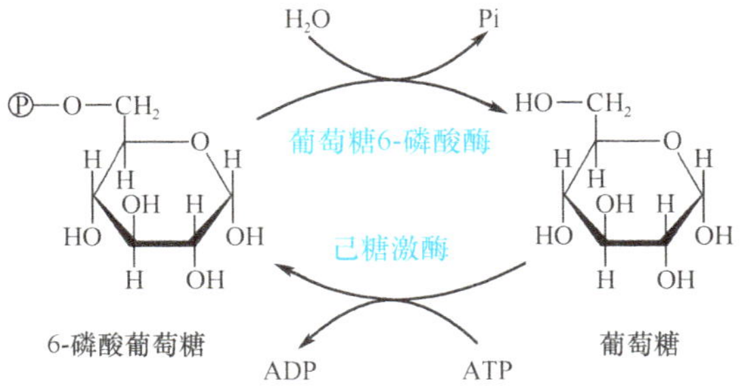

二、糖异生的调节

糖异生途径与糖酵解途径是方向相反的两条代谢途径。要进行有效的糖异生，即从丙酮酸生成葡萄糖的过程，就必需抑制糖酵解途径，以防止葡萄糖重新分解为丙酮酸，反之亦然。这种协调主要依赖于下述两个底物循环。

(一) 6-磷酸果糖与1,6-双磷酸果糖之间的互变

这种底物循环在细胞内如不加调节，净结果是

消耗了 ATP 而又不能推进代谢。实际上在细胞内催化这两个反应的酶——磷酸果糖激酶-1（PFK-1）和果糖双磷酸酶-1 活性常呈相反的变化。F-2,6-BP和 AMP 激活 PFK-1 的同时，抑制果糖双磷酸酶-1 的作用，使反应向糖酵解方向进行，同时抑制了糖异生。胰高血糖素通过 cAMP 和依赖 cAMP 的蛋白激酶，使磷酸果糖激酶-2 和果糖双磷酸酶-2 磷酸化（详见本章第一节，图 5-2），二者经磷酸化后结果是灭活激酶部位却活化磷酸酶部位，使得肝细胞内 F-2,6-BP 水平降低，而 F-6-P 增多，从而促进糖异生并抑制糖的分解，胰岛素则有相反的作用。目前认为 F-2,6-BP 的水平是肝内调节糖的分解和糖异生反应方向的主要信号。

（二）磷酸烯醇式丙酮酸和丙酮酸之间的互变

F-1,6-BP 是丙酮酸激酶的变构激活剂，通过 F-1,6-BP 可将两个底物循环相联系和协调。乙酰 CoA 能激活丙酮酸羧化酶，对丙酮酸脱氢酶却有反馈抑制。饥饿时胰高血糖素升高使脂肪分解加速，增加血浆脂肪酸，脂肪酸氧化分解产生大量的乙酰辅酶 A，于是糖异生加强而糖酵解被抑制。胰高血糖素还通过 cAMP 和 cAMP 依赖的蛋白激酶，使丙酮酸激酶磷酸化而失活，进一步加速糖异生而抑制糖酵解。肝内丙酮酸激酶可被丙氨酸抑制，在饥饿时丙氨酸作为主要的糖异生原料，这种抑制作用有利于丙氨酸异生成糖。

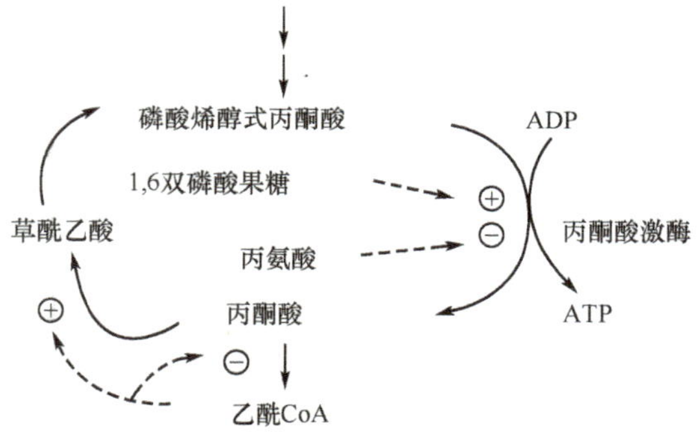

三、糖异生的生理意义

（一）保持血糖浓度恒定

糖异生作用最重要的生理意义是在空腹或饥饿状态下保持血糖浓度的相对恒定。即使禁食数周，血糖浓度仍可维持 4.0mmol/L 左右。这对于保证某些主要依靠葡萄糖供能的组织细胞（如大脑、红细胞等）的正常功能具有重要意义。处于安静状态的正常成人每天体内葡萄糖的消耗量为：大脑约 125g，肌肉约 50g，血细胞约 50g。仅这几种组织的耗糖量就多达 225g，而肝糖原不过只有 150g 左右，若只靠肝糖原维持血糖浓度，最多只可维持 12 小时，必须通过糖异生获得葡萄糖，以维持血糖浓度的恒定。

（二）补充肝糖原

糖异生是肝补充或恢复糖原的重要途径，这在饥饿后进食更为重要。肝灌注和肝细胞培养实验表明：只有当葡萄糖浓度达 12.0mmol/L 以上时，才观察到肝细胞摄取葡萄糖。这么高的浓度在体内是很难达到的，即使在消化吸收的时期，门静脉内葡萄糖浓度也只达 8.0mmol/L。分析原因认为主要是葡萄糖激酶的 K_m 值太高导致肝摄取葡萄糖能力低。当在灌注液中加入一些可异生成糖原的甘油、谷氨酸、丙酮酸、乳酸后，则肝糖原迅速增加。同位素示踪研究表明摄入的葡萄糖相当一部分先分解成丙酮酸、乳酸等三碳化合物，然后再异生成糖原。这既解释了肝摄取葡萄糖的能力低但仍可以合成糖原，又可解释为什么进食 2~3 小时内肝仍要保持较高的糖异生活性。合成糖原的这条途径称为三碳途径，也有学者称之为间接途径。相应的葡萄糖经 UDPG 合成糖原的过程称为直接途径。

（三）调节酸碱平衡

长期禁食后肾糖异生作用增强，原因可能是饥饿导致的代谢性酸中毒造成的。此时体液 pH 降低，促进肾小管中磷酸烯醇式丙酮酸羧激酶的合成，从而使糖异生作用增强。另外，当肾中 α-酮戊二酸因异生成糖而减少时，可促进谷氨酰胺脱氨生成谷氨酸的脱氨反应，肾小管细胞将 NH_3 分泌入管腔中，与原尿中 H^+ 结合，降低原尿中 H^+ 的浓度，有利于排氢保钠作用的进行，对于防止酸中毒有重要作用。

（四）有利于体内乳酸的利用

在缺氧情况下（如剧烈运动、呼吸或循环衰竭等），肌肉中糖酵解增强生成大量乳酸，通过细胞膜弥散入血并运送至肝，通过糖异生作用合成肝糖原或葡萄糖，葡萄糖再释入血液被肌肉摄取，如此构成一个循环，称为乳酸循环（lactate cycle），也称为 Cori 循环（图 5-14）。乳酸循环的形成是由于肝和肌组织中酶的特点所致。肝内糖异生，含有葡萄糖-6-磷酸酶可水解 6-磷酸葡

笔记栏

萄糖释出葡萄糖；而肌组织除了糖异生活性低外，没有葡萄糖-6-磷酸酶，因此肌中生成的乳酸既不能异生成糖，更不能释出葡萄糖。该循环的生理意义在于：对体内乳酸的再利用，防止发生乳酸中毒；促进肝糖原的不断更新。乳酸循环是耗能的过程，2 分子乳酸异生成葡萄糖需消耗 6 分子 ATP。

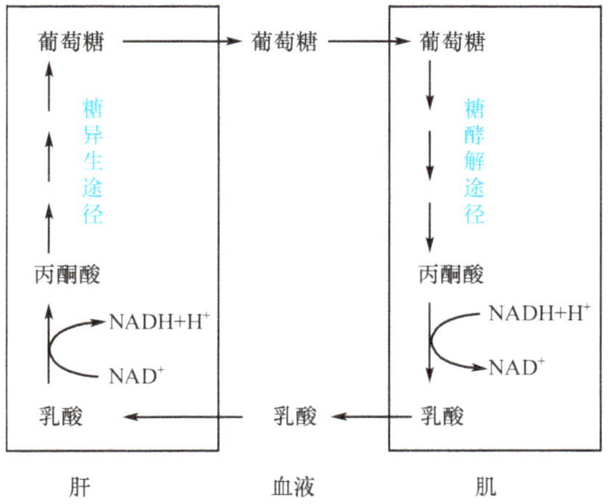

图 5-14 乳酸循环

第六节 血糖及其调节

血糖（blood sugar）指血液中的葡萄糖，是糖在体内的运输形式。正常人在安静空腹（停食 12～14 小时）状态下，血糖浓度相对恒定，维持在 3.89～6.11mmol/L。在进食后，由于大量葡萄糖吸收入血，血糖升高，但一般在 2 小时后又可恢复到正常范围。在轻度饥饿初期，血糖可以稍低于正常，但在短期内，即使不进食物，血糖也可恢复并维持在正常水平。这对保证人体各组织器官特别是脑组织的正常功能活动极为重要。脑组织主要依靠糖有氧氧化供能，所以脑组织在血糖低于正常值的 1/3～1/2 时，即可引起功能障碍，在动物甚至引起死亡。

一、血糖的来源和去路

血糖的来源有：①食物中的糖类经消化吸收入血，这是血糖的主要来源。②储存的肝糖原分解为葡萄糖入血，这是空腹时血糖的直接来源。③饥饿状态下由非糖物质在肝、肾中通过糖异生作用转变为葡萄糖以补充血糖。

血糖的去路有：①葡萄糖在各组织细胞中氧化分解供能，这是血糖的主要去路。②在肝脏、肌肉、肾脏等组织中合成糖原储存。③转变为非糖物质如脂肪、多种有机酸和非必需氨基酸等。④转变为其他糖类及其衍生物，如核糖、脱氧核糖、氨基糖、唾液酸、葡萄糖醛酸等。⑤血糖浓度若高于 8.9mmol/L，超过肾小管重吸收葡萄糖的能力（称为肾糖阈，renal threshold for glucose）时，尿中可出现葡萄糖（称为尿糖，urine glucose）。正常人血糖虽然经肾小球滤过，但全部都被肾小管重吸收，故常规检查尿糖为阴性。血糖从尿中排出不是一种正常的去路（图 5-15）。

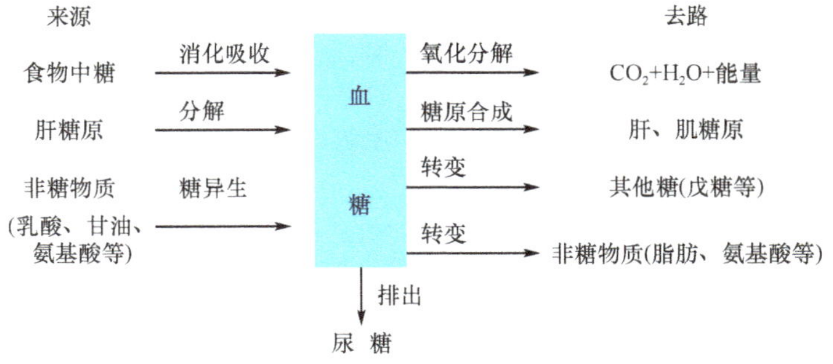

图 5-15 血糖的来源和去路

二、血糖水平的调节

血糖浓度之所以能维持在相对恒定的范围内，是由于体内具有高效率的调节血糖浓度的机制，能有效地调节血糖的来源和去路，使之处于动态平衡状态。血糖浓度的相对恒定实际上是体内各组织器官中糖酵解、糖有氧氧化、糖原合成和分解以及糖异生作用等各条糖代谢途径相互协同的结果。肝脏是调节血糖浓度的主要器官。此外，高等动物体内还有激素，对于协调体内各个器官、各种营养物质的代谢起重要的作用。

（一）肝脏的调节作用

肝脏对血糖浓度的变化极为敏感，进食后血

糖浓度升高，由肠道吸收入血的葡萄糖，经门静脉进入肝，促进肝细胞合成糖原，故不致有过多的葡萄糖进入体循环。饥饿时血糖浓度偏低，肝脏可通过肝糖原分解和糖异生两个过程将葡萄糖释放入血液，以补充血糖。除肝脏外，肌肉等外周组织摄取和利用葡萄糖的速度对血糖浓度也有一定影响。

（二）激素对血糖浓度的调节作用

体内激素对血糖浓度以及糖代谢有重要调节作用，其中最重要的是胰岛素和胰高血糖素。肾上腺素主要是在机体应激状态下发挥作用，肾上腺皮质激素、生长素等都可影响血糖水平，但在生理性调节中仅居次要地位。

1. 胰岛素 胰岛素（insulin）是体内唯一的降低血糖的激素，也是唯一可同时促进体内糖原、脂肪、蛋白质合成的激素。胰岛素的分泌受血糖浓度的控制，血糖浓度升高立即引起胰岛素分泌，血糖浓度降低，胰岛素分泌即减少。胰岛素降血糖是多方面作用的结果：①促进肌肉、脂肪组织等的细胞膜载体将葡萄糖转运入细胞内；②通过增强磷酸二酯酶的活性而降低细胞内cAMP水平，从而使糖原合酶活性增强而磷酸化酶活性降低，加速糖原合成、抑制糖原分解；③通过激活丙酮酸脱氢酶，加速丙酮酸氧化为乙酰CoA，从而加快糖有氧氧化；④抑制磷酸烯醇式丙酮酸羧激酶的合成并促进氨基酸进入肌肉组织用以合成蛋白质，使肝内糖异生作用减少；⑤抑制脂肪组织中对激素敏感的脂肪酶，后者决定脂肪动员的速率。脂肪动员生成的大量脂肪酸运送到肝、肌肉、心肌可抑制这些组织氧化葡萄糖。因此，胰岛素减少脂肪动员，可促进上述组织利用葡萄糖。

2. 胰高血糖素 胰高血糖素（glucagon）是体内主要的升高血糖的激素。血糖浓度降低或血中氨基酸升高可刺激胰高血糖素分泌。其作用机制有：①通过肝细胞膜受体激活依赖cAMP的蛋白激酶，从而抑制糖原合酶和激活磷酸化酶，迅速使肝糖原分解，血糖升高；②抑制肝中的磷酸果糖激酶-2，使2，6-二磷酸果糖生成减少，激活果糖双磷酸酶-2，促进2，6-双磷酸果糖水解，结果降低了细胞内2，6-二磷酸果糖水平，后者是6-磷酸果糖激酶-1的最强变构激活剂，又是果糖二磷酸酶-1的抑制剂，因而抑制糖酵解，促进糖异生；③诱导肝中磷酸烯醇式丙酮酸羧激酶的合成，抑制丙酮酸激酶，促进糖异生作用；④促进肝细胞摄取氨基酸，为糖异生作用提供原料；⑤激活脂肪组织中激素敏感脂肪酶而加速脂肪动员，脂肪酸可抑制周围组织摄取葡萄糖从而间接地升高血糖浓度。

3. 糖皮质激素 肾上腺皮质所分泌的皮质醇等对体内糖、氨基酸和脂类代谢的作用较强，对水和无机盐代谢的影响很弱，故称为糖皮质激素（glucocorticoid）或糖皮质类固醇。糖皮质激素可引起血糖升高，肝糖原增加。其作用机理有两方面：①促进肌肉组织中蛋白质分解生成氨基酸转移到肝进行糖异生。此时糖异生途径的关键酶，磷酸烯醇式丙酮酸羧激酶的合成增强。②抑制丙酮酸脱氢酶的活性，使肝外组织摄取和利用葡萄糖减少，间接使血糖浓度升高。

4. 肾上腺素 肾上腺素（adrenalin）是强有力的升高血糖的激素。动物注射肾上腺素后，血糖浓度迅速升高，并可持续数小时，同时血中乳酸含量也升高。其作用机制为：①通过cAMP激活蛋白激酶，由蛋白激酶再激活磷酸化酶而加速糖原分解。肝脏中肝糖原直接分解为血糖，而肌肉中肌糖原则分解为乳酸，乳酸再经乳酸循环间接地升高血糖浓度。②肾上腺素与肝细胞膜受体结合，通过依赖cAMP的蛋白激酶系统的作用，抑制磷酸果糖激酶-1活性并增强果糖双磷酸酶-1活性，因此可抑制糖酵解而增强糖异生作用。肾上腺素调节血糖的水平主要在应激状态下发挥作用。

从上述激素对血糖水平的调节作用可以看出，血糖水平的相对恒定，不仅是体内糖、脂肪、氨基酸代谢协调的结果，也是肝脏、肌肉、脂肪组织等各器官代谢协调的结果。

三、血糖水平异常

（一）高血糖与糖尿病

临床上将空腹血糖浓度高于7.2mmol/L称为高血糖（hyperglycemia）。高血糖由多种原因引起。其中生理性高血糖与糖尿是指在生理情况下，如情绪激动时交感神经兴奋或一次性大量摄入葡萄糖等均可使血糖浓度暂时性升高，当血糖浓度超过肾糖阈时则可出现糖尿，分别称为情感性和饮食性糖尿。病理性高血糖和糖尿则常见于内分泌机能紊乱，其中以糖尿病（diabetes mellitus）最多见。糖尿病是因胰岛素相对或绝对缺乏；胰岛素受体数目减少或与胰岛素的亲和

笔记栏

力降低而致病的。临床上糖尿病分为胰岛素依赖型(1型)和非胰岛素依赖型(2型),我国糖尿病以成人多发的2型糖尿病为主。

1. 糖尿病病人代谢异常 主要表现在以下四方面:①糖代谢紊乱——高血糖和糖尿;②脂类代谢紊乱——高脂血症、酮症酸中毒;③体重减轻和生长迟缓;④微血管病变、神经病变等并发症。

糖尿病时血糖升高,这是因为胰岛素/胰高血糖素比值降低,肝的糖酵解、糖原合成及生脂作用等途径不易启动,使血糖的去路受阻。同时肝糖原分解和糖异生加强,血糖来源增加。糖尿病人空腹时出现高血糖,主要是因为糖异生作用增强。一般糖异生的速度主要依赖于胰岛素与胰高血糖素、皮质醇、儿茶酚胺等激素之间的平衡,其中胰高血糖素的作用最重要。由于胰岛素/胰高血糖素比值降低,血糖的去路受阻,而糖异生作用却不断进行,肝失去了缓冲血糖水平的能力,因此造成饱食后高血糖难以调控。病人体内蛋白质降解为糖异生提供了大量原料,进一步促进糖异生作用,结果是病人在饥饿状态下,血糖浓度仍持续升高。

从实验糖尿病动物研究认为体内糖代谢紊乱首先是葡萄糖转运受阻,同时糖异生作用加强,以及由乙酰CoA合成脂肪下降。糖尿病动物除脑组织外,较少利用葡萄糖的氧化作为能源。这样造成细胞内能量供应不足,患者常有饥饿感而多食;多食又进一步使血糖来源增多,使血糖含量更加升高,血糖含量超过肾糖阈时,葡萄糖通过肾从尿中大量排出而出现糖尿,随着糖的大量排出,必然带走大量水分,因而引起多尿;体内因失水过多,血液浓缩,渗透压增高,引起口渴,因而多饮;由于糖氧化供能发生障碍,导致体内脂肪及蛋白质分解加强,使身体逐渐消瘦,体重减轻。因此有糖尿病的所谓"三多一少"(多食、多饮、多尿及体重减少)的症状。另外,胰岛素缺乏使糖氧化分解减少造成的能量缺乏可引起脂肪大量动员,进而导致脂代谢紊乱,严重的还出现酮血症及酸中毒(详见第7章)。

2. 糖尿病的生物化学检测

(1)血糖的测定:血糖的测定是糖尿病生物化学检测中最常用的方法之一,糖尿病患者均有不同程度的血糖升高。测血糖时,一般采用空腹血样本。正常人空腹血浆葡萄糖浓度的参考范围为3.89~6.11mmol/L。若空腹静脉血糖浓度大于7.8mmol/L,且有临床症状可诊断为糖尿病。若小于6.0 mmol/L,则可排除糖尿病;若在6.0~7.8mmol/L之间,应复查并做进一步检查。

(2)糖耐量试验(glucose tolerance test,GTT):临床上常用口服的糖耐量试验来诊断病人有无糖代谢异常,被试者清晨空腹静脉采血测定血糖浓度,然后一次服用100克葡萄糖,服糖后的1/2、1、2小时(必要时可在3小时)各测血糖一次,以测定血糖的时间为横坐标(空腹时为0时),血糖浓度为纵坐标,绘制糖耐量曲线。正常人服糖后1/2~1小时达到高峰,然后逐渐降低,一般在2小时左右恢复正常值,糖尿病患者空腹血糖高于正常值,服糖后血糖浓度急剧升高,2小时时后仍可高于正常(图5-16)。

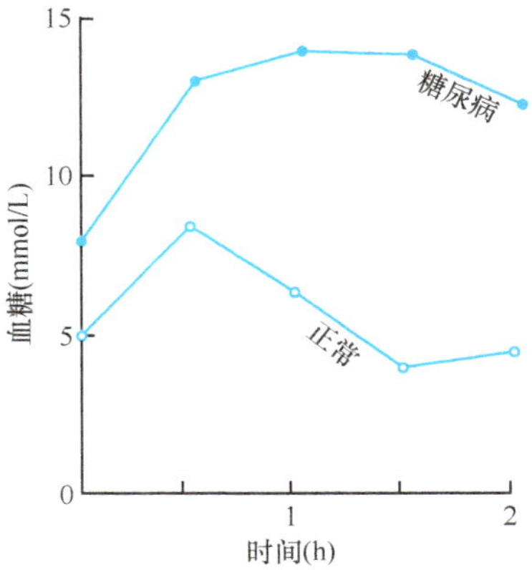

图5-16 糖耐量试验曲线

(二)低血糖

空腹血糖浓度低于2.8mmol/L时为低血糖(hypoglycemia)。低血糖时可出现饥饿感,四肢无力以及交感神经兴奋而发生的面色苍白、心慌、出冷汗等症状。血糖是大脑能量的主要来源,脑细胞对血糖浓度降低尤为敏感,即使轻度低血糖就可以发生头昏、倦怠,重者甚至昏迷和死亡。

引起低血糖的原因有:①糖摄入不足或吸收不良;②组织细胞对糖的消耗量过多;③严重肝脏疾病;④临床治疗时使用胰岛素过量;⑤胰岛B细胞功能亢进,胰岛A细胞功能低下,肾上腺皮质机能低下等。

小 结

糖的主要功能是氧化供能,但也可作为人体组织结构的成分。

糖的分解代谢途径主要有糖酵解,有氧氧化和磷酸戊糖途径。葡萄糖或糖原在

笔记栏

缺氧情况下分解生成乳酸和 ATP 的过程称为糖酵解。酵解在胞液中进行，葡萄糖先活化并裂解转变为两分子磷酸丙糖，然后经 3-磷酸甘油醛逐步氧化产能并转变为乳酸。调节糖酵解的关键酶是磷酸果糖激酶-1、丙酮酸激酶和己糖激酶（肝中为葡萄糖激酶）。糖酵解的生理意义是提供部分急需的能量；某些组织生理情况下的供能选择。1 分子葡萄糖（或糖原）经酵解可净生成 2 分子（或 3 分子）ATP。

葡萄糖或糖原在有氧条件下，彻底氧化生成 CO_2、H_2O 并产生大量能量的过程，称为糖的有氧氧化。它是体内糖氧化供能的主要方式，在胞液和线粒体中进行。包括三个阶段：第一阶段为葡萄糖循酵解途径分解为丙酮酸，在胞液中进行；第二阶段为丙酮酸进入线粒体，在关键酶丙酮酸脱氢酶复合体催化下氧化脱羧生成乙酰 CoA；第三阶段是乙酰 CoA 进入三羧酸循环彻底氧化成 CO_2 和 H_2O。1 分子乙酰 CoA 经三羧酸循环运转一周，经 2 次脱羧，4 次脱氢，一次底物水平磷酸化，消耗 1 个乙酰基，产生 10 分子 ATP。三羧酸循环是糖、脂、蛋白质彻底氧化的共同途径，又是三者相互转变相互联系的枢纽。1 分子葡萄糖完全氧化可产生 30 或 32 分子 ATP。糖有氧氧化的关键酶除了与糖酵解相同的 3 个酶外，还有异柠檬酸脱氢酶，丙酮酸脱氢酶复合体、柠檬酸合酶和 α-酮戊二酸脱氢酶复合体。ATP/AMP、$NADH/NAD^+$ 比值通过变构效应调节有氧氧化速率。胰岛素、Ca^{2+} 可促进糖氧化分解。

磷酸戊糖途径在胞液中进行，限速酶是 6-磷酸葡萄糖脱氢酶。如先天缺乏此酶，可患蚕豆病。磷酸戊糖途径的主要生理意义是提供 NADPH 和磷酸核糖。

由单糖（主要是葡萄糖）合成糖原的过程称为糖原合成，糖原是体内糖的储存形式，每增加一个葡萄糖单位需消耗 2 分子 ATP。肝糖原分解为葡萄糖的过程称为糖原分解，因为肌肉内缺乏葡萄糖-6-磷酸酶，故肌糖原不能直接分解为葡萄糖。糖原合成与分解的限速酶分别为糖原合酶和磷酸化酶，二者均通过激素介导的蛋白激酶 A 使酶磷酸化，通过共价修饰和变构效应调节酶活性。

非糖物质（乳酸、甘油、生糖氨基酸等）转变为葡萄糖或糖原的过程称为糖异生。肝是糖异生的主要场所，其次是肾脏。糖异生的途径不全是糖酵解的逆行。酵解中三个关键酶催化的不可逆反应分别由糖异生的四个关键酶：丙酮酸羧化酶、磷酸烯醇式丙酮酸羧激酶、果糖双磷酸酶和葡萄糖-6-磷酸酶催化。糖异生最主要的生理意义是在饥饿时维持血糖浓度的相对恒定。

血液中葡萄糖称为血糖。除供血液本身利用（如红细胞酵解）外，血糖是供应其他组织利用葡萄糖的运输形式。某些组织如神经系统，完全依赖葡萄糖氧化供能，血糖供应不足时就出现神经症状，因此维持血糖浓度恒定甚为重要。血糖浓度之所以能维持在相对恒定的范围内，是由于体内具有高效率的调节血糖浓度的机制，能有效地调节血糖的来源和去路，使之处于动态平衡状态。肝脏是调节血糖浓度的主要器官。此外激素对于协调体内各个器官、各种营养物质的代谢起重要的作用。

（杨映雪　李红林）

笔记栏

第 6 章　氧化磷酸化

物质在生物体内的氧化分解过程称为生物氧化(biological oxidation)，主要指糖、脂肪、蛋白质等在体内分解逐步释放能量，最终生成水和二氧化碳的过程。此过程在活细胞内进行，表现为消耗 O_2 产生 CO_2，故又称细胞呼吸 (cellular respiration)。生物氧化在细胞线粒体内外均可进行，两者的氧化过程不同。线粒体内的生物氧化伴有 ATP 的生成，是主要的生物氧化体系。非线粒体氧化体系如微粒体、过氧化物酶体等的氧化没有 ATP 生成，主要与代谢物、毒物的生物转化有关。

生物氧化中物质的氧化方式有加氧、脱氢、失电子，与体外氧化(燃烧)的化学本质、耗氧量、最终产物(CO_2，H_2O)、释放的总能量均相同。但二者进行的方式和过程却大不相同，生物氧化在细胞内温和的环境中(体温，pH 接近中性)、在一系列酶的催化下进行，物质中的能量逐步释放，捕获的能量部分以 ATP 的形式储存以供生命活动之需；生物氧化过程中广泛的加水脱氢反应使物质间接获得氧，并增加脱氢的机会；生物氧化中生成的水是有机物脱下的氢经一系列的传递反应与氧结合生成，CO_2 由有机酸脱羧产生。体外氧化产生的 CO_2、H_2O 由物质中的碳、氢和氧直接结合生成，能量以光能、热能形式突然释放。

不同物质生物氧化的过程不同，但有相同的规律。营养物质彻底氧化分解大致可分为三个阶段：第一阶段：糖原、脂肪、蛋白质等被分解成小分子的构成单位：葡萄糖、脂肪酸和甘油、氨基酸。这个阶段释出的能量很少且全部以热能的形式释放。第二阶段：构成单位经过不同的反应过程分解为共同的中间代谢物乙酰 CoA，伴随少量的能量和还原当量($NADH+H^+$，$FADH_2$)产生。本阶段释出总能量的 1/3，部分以 ATP 的形式储存。第三阶段：乙酰 CoA 经三羧酸循环和氧化磷酸化最终氧化为水和二氧化碳并释放出大量能量，伴 ATP 生成。三羧酸循环和氧化磷酸化是三大营养物质分解代谢的最后共同通路，三羧酸循环直接产生的能量极少，主要为氧化磷酸化提供氢原子。第二、三阶段脱下的氢、电子经呼吸链传递与氧结合生成水，释放的能量推动 ADP 磷酸化生成 ATP，称为氧化磷酸化。此阶段释出物质的大部分能量，部分生成 ATP 以化学能的形式储存，剩余能量以热能形式释放，氧化磷酸化是细胞 ATP 最主要的来源(图 6-1)。三羧酸循环和氧化磷酸化均在线粒体内进行，属线粒体氧化体系，因此线粒体是生物体从食物中获取能量并转化为可使用形式的主要细胞器，本章主要介绍第三阶段氧化磷酸化的内容。

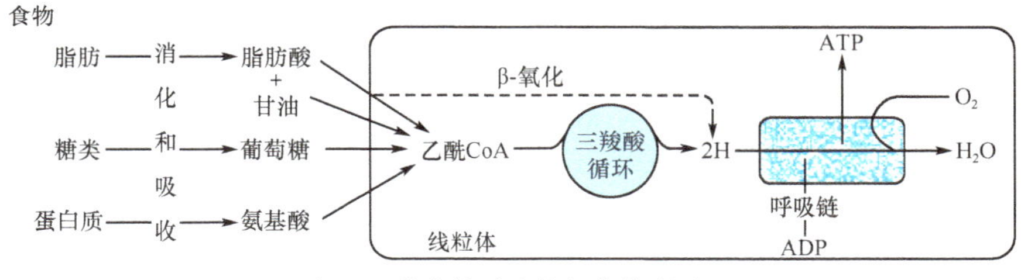

图 6-1　营养物质生物氧化代谢过程

第一节　线粒体氧化呼吸链

线粒体内的生物氧化依赖于内膜上多种酶和辅酶的作用，这些酶和辅酶组成具有电子传递功能的酶复合体，按一定顺序排列在线粒体内膜上，传递氢、电子。代谢物脱下的 2H($2H^+$+2e)通过酶复合体催化的连锁反应逐步传递，最终与氧结合生成水，此过程与细胞摄取氧的呼吸有关，所以将此传递链称为呼吸链(respiratory chain)。呼吸链中不论递氢体还是电子传递体都起着传递电子的作用，又称电子传递链(electron transfer chain)。

一、呼吸链的组成

呼吸链由四种具有电子传递功能的蛋白复合体(complex)组成(表 6-1),每个复合体又含有几个电子载体。复合体Ⅰ、Ⅲ、Ⅳ镶嵌在线粒体内膜中,复合体Ⅱ位于内膜内侧,这些复合体由两个小的电子传递体(泛醌和细胞色素 *c*)连接起来,电子可沿这些复合体有序地传递。

表 6-1 人线粒体呼吸链复合体

复合体	酶名称	多肽链数	辅基
复合体Ⅰ	NADH-泛醌还原酶	39	FMN, Fe-S
复合体Ⅱ	琥珀酸-泛醌还原酶	4	FAD, Fe-S
复合体Ⅲ	泛醌-细胞色素 *c* 还原酶	10	铁卟啉, Fe-S
复合体Ⅳ	细胞色素 *c* 氧化酶	13	铁卟啉,Cu

下面以复合体为基础叙述电子传递过程。

(一)复合体Ⅰ,NADH-泛醌还原酶

复合体Ⅰ含有以黄素单核苷酸(FMN)为辅基的黄素蛋白(flavoproteins,FP)和以铁硫中心(iron-sulfur cluster, Fe-S)为辅基的铁硫蛋白(iron-sulfur protein),呈"L"形镶嵌在线粒体内膜中,其 NADH 结合面朝向线粒体基质。复合体Ⅰ的功能是将 $NADH+H^+$ 的两个质子和两个电子经 FMN 和一系列的 Fe-S 传递到泛醌,同时复合体Ⅰ有质子泵的功能,可将质子从线粒体基质转移至膜间隙。

NADH→[FMN, Fe-S]→CoQ

复合体Ⅰ的电子传递

1. 尼克酰胺腺嘌呤二核苷酸(NAD^+,又称辅酶Ⅰ,coenzymeⅠ,CoⅠ)和**尼克酰胺腺嘌呤二核苷酸磷酸**($NADP^+$,又称辅酶Ⅱ,coenzymeⅡ,CoⅡ) 是尼克酰胺脱氢酶的辅酶,分子中含尼克酰胺(维生素 PP),其结构如图 6-2。

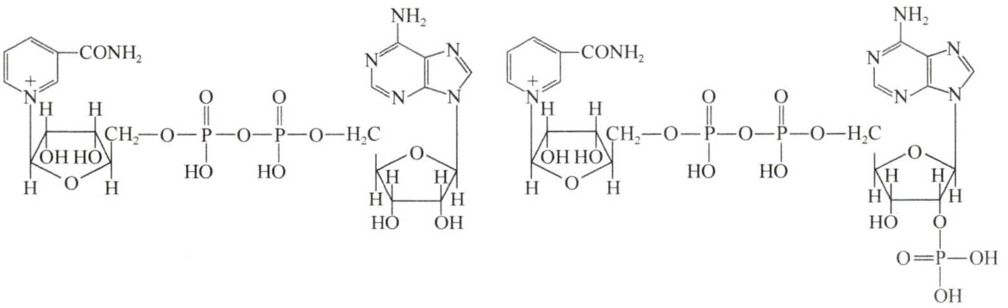

图 6-2 NAD^+ 和 $NADP^+$ 的结构

NAD^+ 和 $NADP^+$ 是不需氧脱氢酶的辅酶,可接受代谢物脱下的 2H,其分子中吡啶环上的氮能可逆地接受和脱去电子,与氮对位的碳性质活泼,能可逆地进行加氢脱氢反应。反应时,$NAD^+/NADP^+$ 只能接受一个氢原子和一个电子(书写为 $NADH+H^+$/ $NADPH+H^+$),另一个 H^+ 游离在介质中(图 6-3)。线粒体基质中生成的 $NADH+H^+$ 可直接交给复合体Ⅰ进入呼吸链传递产能。$NADPH+H^+$ 主要为合成代谢或羟化反应提供氢,一般不氧化产能。

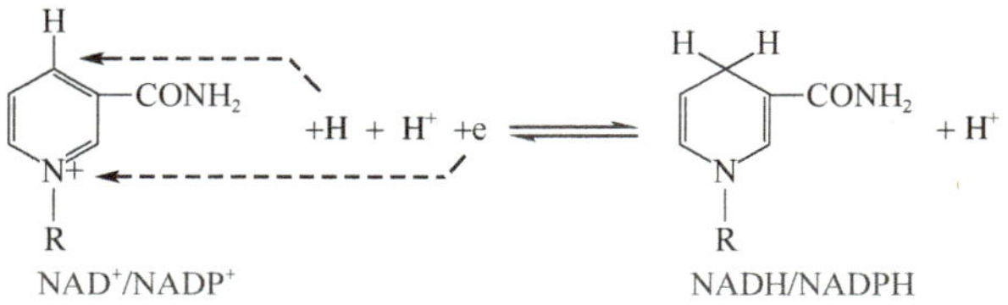

R代表NAD⁺中除尼克酰胺以外的其他部分

图 6-3 $NAD(P)^+$ 的作用机制

2. 黄素蛋白(FP) FP 是不需氧脱氢酶,其辅基有两种:黄素单核苷酸(FMN)和黄素腺嘌呤二核苷酸(FAD),两者均含核黄素(维生素 B_2)。多数 FP 参与呼吸链组成,复合体Ⅰ(NADH 脱氢酶)中 FP 的辅基是 FMN,复合体Ⅱ(琥珀酸脱氢酶)中 FP 的辅基是 FAD,结构见图 6-4。

笔记栏

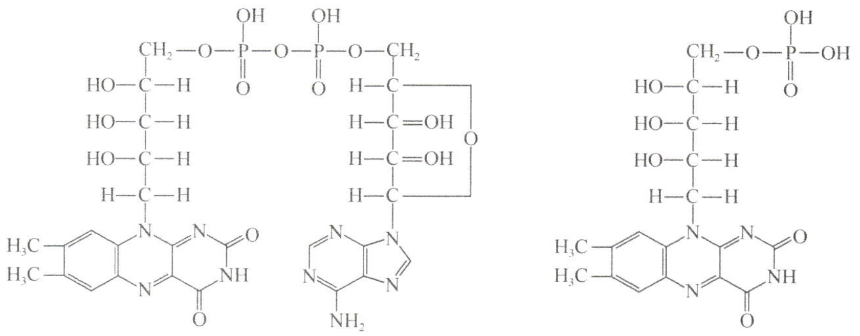

FAD的结构　　　　FMN的结构

图 6-4 FAD 和 FMN 的结构

FMN 或 FAD 分子中的异咯嗪环部分能进行可逆的加氢和脱氢反应，FP 催化代谢物脱下的氢，由辅基 FMN 或 FAD 的异咯嗪环上的 1 位和 10 位 2 个氮原子接受。FMN 或 FAD 是双递氢体和电子传递体，反应时可接受两个氢原子和两个电子转变成还原态的 $FMNH_2$ 或 $FADH_2$（图 6-5）。

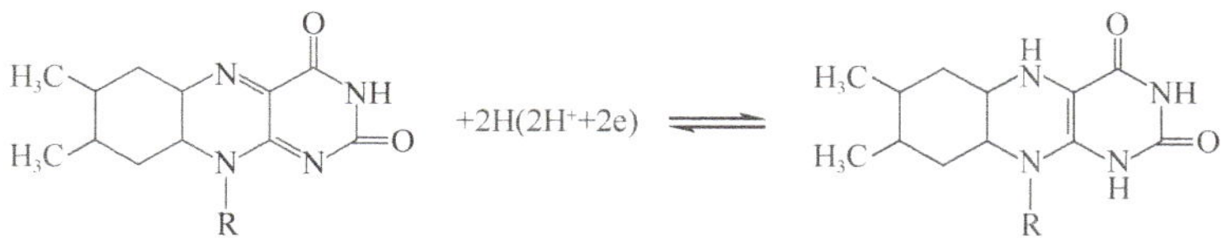

FAD(或FMN)　　　　FAD · H_2(或FMN · H_2)

图 6-5 FAD 和 FMN 的作用机制

3. 铁硫蛋白 铁硫蛋白的辅基为铁硫中心（Fe-S），Fe-S 含有等数目的铁原子和硫原子，铁分别与无机硫原子及蛋白质多肽链上半胱氨酸残基的硫原子配位连接。呼吸链酶复合体中主要有两种结构的 Fe-S：2Fe-2S，4Fe-4S（图 6-6）。

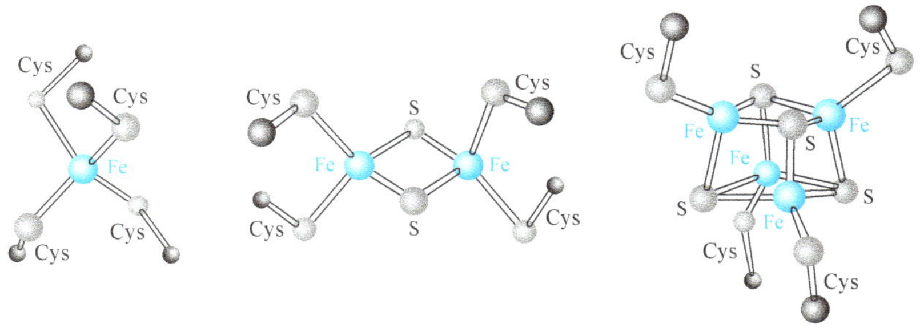

A　　　B　　　C

图 6-6 铁硫中心的结构

A. 单个铁与半胱氨酸硫相连；B. 2Fe-2S；C. 4Fe-4S

Fe-S 为单电子传递体，铁原子能可逆地结合电子，氧化型 Fe^{3+} 接受电子还原，通过 $Fe^{3+}+e \longleftrightarrow Fe^{2+}$ 反应每次传递一个电子。

（二）复合体Ⅱ，琥珀酸-泛醌还原酶

复合体Ⅱ含有以 FAD 为辅基的黄素蛋白、铁硫蛋白，琥珀酸脱氢酶是复合体的一部分。复合体Ⅱ的功能是从琥珀酸接受电子传递给泛醌，电子传递顺序从 FAD 经铁硫中心传递到泛醌，复合体Ⅱ催化反应释放的自由能很少，没有质子向膜间隙转移。

琥珀酸→[FAD，Fe-S]→CoQ

复合体Ⅱ的电子传递

（三）泛醌（ubiquinone）

泛醌又称辅酶 Q（CoQ），是一种广泛存在于生物界的脂溶性醌类化合物。分子结构中有多个异戊二烯（isoprene）单位连接形成的较长侧链，因侧链的疏水作用，能在线粒体内膜中迅速

笔记栏

扩散，并极易从膜中分离，不包含在各酶复合体中。不同生物来源的泛醌所含异戊二烯单位的数目不同，人的 CoQ 侧链由 10 个异戊二烯单位组成，用 CoQ_{10}（Q_{10}）表示。

CoQ 的醌型结构可接受一个电子和一个质子还原成半醌型，再接受一个电子和一个质子还原成二氢泛醌（QH_2，氢醌型），后者可脱去电子和质子被可逆氧化为泛醌（图 6-7）。Q 可同时传递氢和电子，因在内膜中的可移动性，主要功能是在各复合体间穿梭传递氢和电子，在呼吸链中 CoQ 接受复合体 Ⅰ/Ⅱ 传递的两个质子和两个电子，将质子释入线粒体基质中，电子传递给复合体Ⅲ。

复合体 Ⅰ/Ⅱ → CoQ → 复合体Ⅲ

CoQ 的电子传递

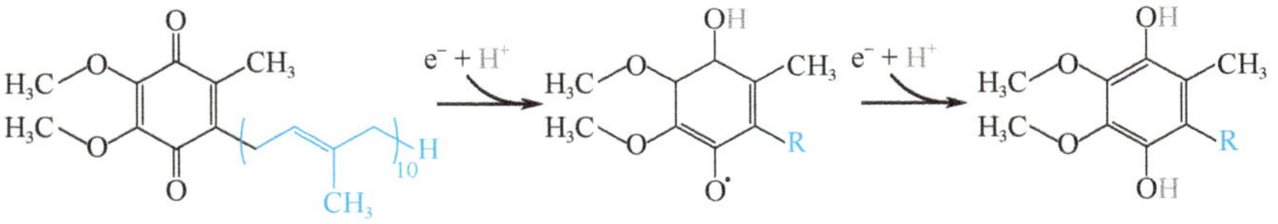

Q 醌型或氧化型　　QH· 半醌型　　QH_2 氢醌型或还原型

图 6-7　泛醌的结构和递氢反应

（四）复合体Ⅲ，泛醌-细胞色素 *c* 还原酶

细胞色素（cytochromes，Cyt）是一类以铁卟啉为辅基的电子传递蛋白，铁原子处于卟啉环的中心，可进行 $Fe^{3+}+e \longleftrightarrow Fe^{2+}$ 反应传递电子，属单电子传递体。细胞色素因具有特殊的吸收光谱而呈色，大部分存在于线粒体中，根据不同的吸收光谱可分为三类，细胞色素 *a*、*b*、*c*，每一类又因最大吸收峰的微小差别再分为几种亚类。呼吸链中的细胞色素主要有 Cyt *b*、Cyt *c*、Cyt c_1、Cyt *a*、Cyt a_3，多与线粒体内膜结合紧密，只有 Cyt *c* 与内膜疏松结合。各种细胞色素的主要差别在于铁卟啉辅基的侧链以及铁卟啉与蛋白质部分的连接方式。Cyt *b*、Cyt *c* 的铁卟啉都是铁-原卟啉Ⅸ，与血红素相同，但 Cyt *c* 中铁卟啉环上的乙烯侧链与蛋白质部分的半胱氨酸残基相连接。Cyt *a* 的铁卟啉环中有一个甲基被甲酰基取代，一个乙烯基侧链被多聚异戊烯长链取代（图 6-8）。

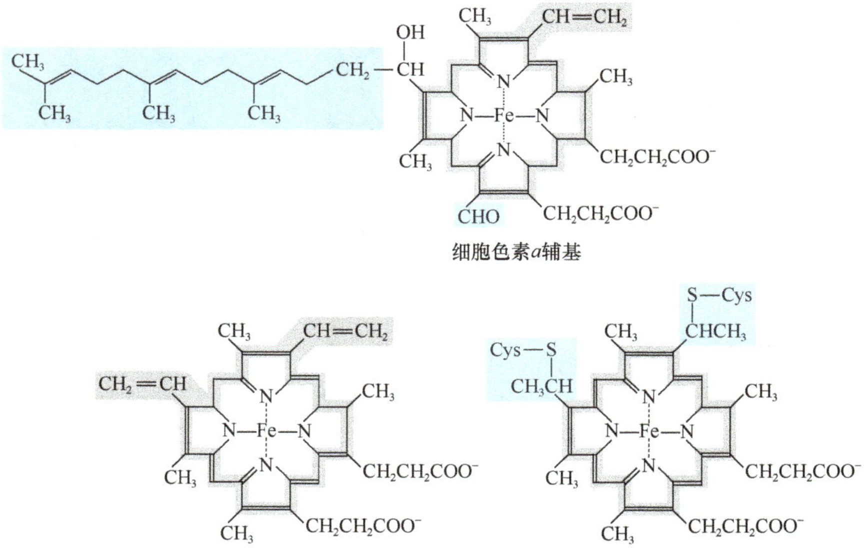

细胞色素*a*辅基　细胞色素*b*辅基　细胞色素*c*辅基

图 6-8　细胞色素辅基

复合体Ⅲ含有 Cyt *b*（b_{562}，b_{566}）、Cyt c_1 和一种铁硫蛋白，其作用是将电子从泛醌传递给细胞色素 *c*。复合体Ⅲ也具有质子泵的功能，传递电子的同时可将质子从线粒体基质转移到膜间隙中。

笔记栏

QH_2 → b_{562}, b_{566}, Fe-S, c_1 → Cyt *c*

复合体Ⅲ的电子传递

（五）细胞色素 *c*

Cyt *c* 为外周膜蛋白，呈水溶性，松弛的结合在线粒体内膜的胞质侧，极易与内膜分离，不包含在各复合体中。它和泛醌一样可以自由扩散，因此可以沿着内膜的外表面移动交替与复合体Ⅲ的 Cyt c_1、复合体Ⅳ接触，通过 Fe^{3+} 和 Fe^{2+} 价态间的循环将电子从复合体Ⅲ传递到复合体Ⅳ。

（六）复合体Ⅳ，细胞色素 *c* 氧化酶

复合体Ⅳ包括 Cyt *a* 及 Cyt a_3，两者紧密结合很难分离，又称为 Cyt aa_3。Cyt aa_3 中含有 2 个铁卟啉辅基（Cyt *a*，Cyt a_3）和铜原子（Cu_A，Cu_B），Cyt *a* 与 Cu_A、Cyt a_3 与 Cu_B 组成两组传递电子的功能单元，Cu_B 与 Cyt a_3 配合形成的 a_3-Cu_B 功能单元称为双核中心，铜原子通过 $Cu^+ \longleftrightarrow Cu^{2+}+e$ 的可逆反应在 *a* 和 a_3 间传递电子。Cyt *c* 将电子传递给 Cu_A，Cyt *a* 从 Cu_A 接受电子后，即传递给 a_3 和 Cu_B，O_2 在双核中心接受电子还原与 H^+ 结合生成 H_2O（图 6-9），同时引起质子由线粒体基质向膜间隙移动。

还原型 Cyt *c* → Cu_A → *a* → a_3-Cu_B → O_2

复合体Ⅳ的电子传递

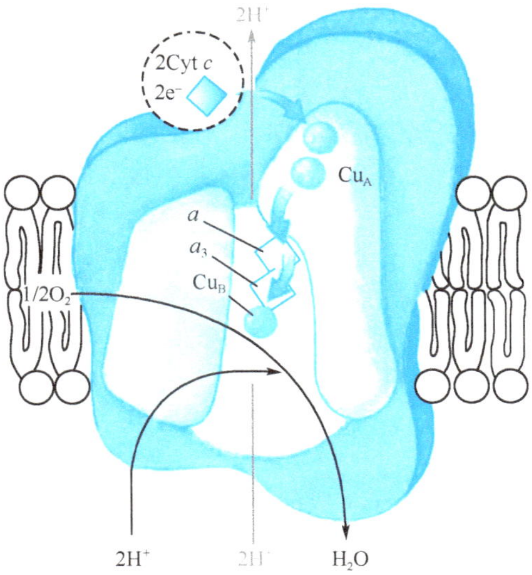

图 6-9　复合体Ⅳ的电子传递过程

二、呼吸链组分的排列顺序

呼吸链组分的排列顺序主要由以下的实验结果确定：

（一）根据呼吸链各组分的标准氧化还原电位，由低到高排列

氧化-还原电位（E^{o}）低的组分容易失去电子，还原性强处于呼吸链的前面，氧化-还原电位高的组分容易得到电子，氧化性强处于呼吸链的后面。呼吸链中 NAD^+/NADH 的 $E^{o\prime}$ 最小，O_2/H_2O 的 $E^{o\prime}$ 最大，表明电子的传递方向是从 NAD^+ 到分子氧（表 6-2）。

表 6-2　呼吸链中各氧化还原对的标准氧化还原电位

氧化还原对	$E^{o\prime}$(V)	氧化还原对	$E^{o\prime}$(V)
$NAD^+/NADH+H^+$	−0.32	Cyt c_1 Fe^{3+}/Fe^{2+}	0.22
$FMN/FMNH_2$	−0.30	Cyt *c* Fe^{3+}/Fe^{2+}	0.25
$FAD/FADH_2$	−0.06	Cyt *a* Fe^{3+}/Fe^{2+}	0.29
$Q_{10}/Q_{10}H_2$	0.04	Cyt a_3 Fe^{3+}/Fe^{2+}	0.55
Cyt *b* Fe^{3+}/Fe^{2+}	0.07	$1/2O_2/H_2O$	0.82

注：$E^{o\prime}$ 为 pH7.0，25℃，1mol/L 反应物浓度条件下，和标准氢电极构成的化学电池的测定值

（二）在体外将呼吸链进行拆开和重组，鉴定它们的组成与排列

另外，还可利用呼吸链特异的抑制剂和各组分特征性的吸收光谱分析呼吸链的排列顺序。

根据实验结果分析呼吸链各组分的排列顺序，可知上述四个复合体的电子传递顺序为：由复合体Ⅰ或复合体Ⅱ开始，经泛醌到复合体Ⅲ，再经 Cyt *c* 到复合体Ⅳ，最后复合体Ⅳ利用电子催化氧与质子结合成水。复合体Ⅰ、Ⅲ、Ⅳ具有质子泵的功能，电子通过呼吸链传递的同时伴有质子从线粒体基质流向膜间隙，产生跨膜质子电化学梯度贮存能量，促使 ATP 的生成（图 6-10）。

三、线粒体内的呼吸链

目前认为线粒体内的氧化呼吸链有两条，一条是电子从 NADH 开始传递到 H_2O 生成，称为 NADH 氧化呼吸链，另一条从 $FADH_2$ 开始传递到 H_2O 生成，称为琥珀酸氧化呼吸链。

（一）NADH 氧化呼吸链

生物氧化过程中大多数脱氢酶的辅酶是 NAD^+，NADH 氧化呼吸链是细胞内最主要的呼吸链。NAD^+ 接受代谢物脱下的 2H（$2H^+$ + 2e）生成 $NADH+H^+$，经复合体Ⅰ FMN 传递给泛醌生成 QH_2，QH_2 中的 2H 解离成 $2H^+$ 和 2e，

笔记栏

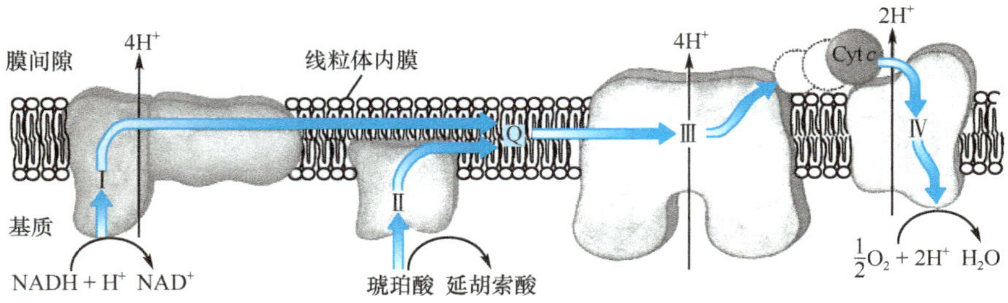

图 6-10 呼吸链四个复合体传递顺序示意图

$2H^+$游离于膜间隙中，2e 则由 Cyt *b* 接受，沿着 $b\rightarrow c_1\rightarrow c\rightarrow aa_3\rightarrow O_2$ 的顺序逐步传递，最后 Cyt aa_3 将 2 个电子传递给氧原子生成 O^{2-}，与基质中的 $2H^+$结合生成 H_2O。传递过程中释放的能量可驱动 ADP 生成 2.5 分子 ATP。其组成顺序如下：

NADH→复合体Ⅰ→Q→复合体Ⅲ→Cyt *c*→复合体Ⅳ→O_2

（二）琥珀酸氧化呼吸链（又称 $FADH_2$氧化呼吸链）

琥珀酸脱氢酶、α-磷酸甘油脱氢酶及脂酰 CoA 脱氢酶等的辅基是 FAD，催化底物脱下 2H 直接由复合体Ⅱ FAD 接受还原生成 $FADH_2$，传递给泛醌形成二氢泛醌，以后的传递过程与 NADH 氧化呼吸链相同。每 2H 通过此呼吸链可产生 1.5 分子 ATP。其组成如下：

$FADH_2$→复合体Ⅱ→Q→复合体Ⅲ→Cyt *c*→复合体Ⅳ→O_2

第二节 氧化磷酸化

一、ATP 的生成方式

ATP 是生物界普遍使用的供能物质，有“通用货币”之称。体内的 ATP 有两种生成方式：氧化磷酸化和底物水平磷酸化。

（一）底物水平磷酸化

代谢物氧化分解过程中，底物的脱氢或脱水引起分子内能量重新分布形成高能键，随后高能键直接将能量转移至 ADP（或 GDP）生成 ATP（或 GTP），这种 ADP（或 GDP）磷酸化作用与底物的脱氢作用直接偶联生成 ATP（或 GTP）的反应称为底物水平磷酸化。目前已知体内有三个底物水平磷酸化反应：

1，3-二磷酸甘油酸+ADP ⟶3-磷酸甘油酸+ATP

磷酸烯醇式丙酮酸+ADP ⟶烯醇式丙酮酸+ATP

琥珀酰 CoA+H_3PO_4+GDP ⟶琥珀酸+ COA-SH+GTP

（二）氧化磷酸化

在生物氧化过程中，代谢物氧化脱下的氢经呼吸链传递与氧结合生成水（氧化），同时释放的能量推动 ATP 合酶催化 ADP 磷酸化生成为 ATP，代谢物脱下的氢，经呼吸链传递电子释放能量，紧密偶联驱动 ADP 磷酸化反应，故称为氧化磷酸化（图 6-11）。它是体内生成 ATP 的最主要方式。

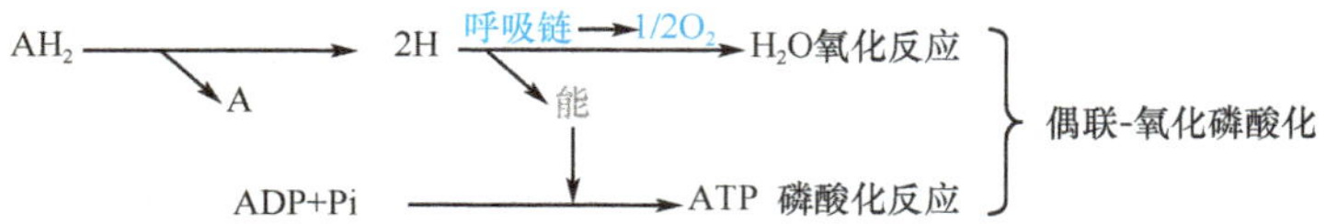

图 6-11 氧化磷酸化

1. 氧化磷酸化的偶联部位　根据下述实验数据可大致确定氧化磷酸化的偶联部位，即 ATP 产生的部位。

（1）P/O 比值：P/O 比值测定是研究氧化磷酸化最常用的方法，氧化磷酸化过程中，无机磷原子消耗的摩尔数与氧原子消耗的摩尔数之比称 P/O 比值。由于无机磷酸用于 ADP 磷酸化生成 ATP，因此 P/O 比值可反映物质氧化时每消耗 1 摩尔氧原子生成的 ATP 数。在离体线粒体内，通过测定不同物质氧化时的 P/O 比值可大致推导出氧化磷酸化的偶联部位。丙酮酸氧化时的 P/O 比值接近 3，已知丙酮酸脱下的 2H 通过 NADH 呼吸链氧化，说明该呼吸链存在 3 个 ATP 生成部位。而琥珀酸氧化脱下的 2H 通过琥珀酸氧化呼吸链氧化，测得 P/O 比值约为 2，说明该呼吸链存在 2 个 ATP 生成部位。由于前者从 NADH 传递给泛醌，而后者经 FAD 传递给泛醌，这表明在 NADH 至泛醌之间存在一个偶联部位。抗坏血酸和还原型 Cyt *c* 氧化时的 P/O 比值都接近 1，推测 Cyt *c* 和 O_2之间应存在 ATP 生成部位。而另一 ATP 生成部位在泛醌和 Cyt *c* 之间。因此，NADH 氧化呼吸链存在三个偶联部位，琥珀酸氧化呼吸链只有两个偶联部位。

（2）自由能变化：经测定呼吸链中有 3 个部位存在较大的氧化还原电位差，NAD^+到 Q 段的电位差约 0.36V，Q 到 Cyt *c* 的电位差为 0.19V，Cyt aa_3到分子氧的电位差为 0.55V。pH7.0 时标准自由能变化（$\Delta G^{\circ\prime}$）与电位变化（$\Delta E^{\circ\prime}$）之间存在以下关系：

$$\Delta G^{\circ\prime} = -nF\Delta E^{\circ\prime}$$

n=传递电子数；F 为法拉第常数[96.5kJ/(mol·V)]。通过计算，它们相应的 $\Delta G^{0\prime}$分别约为 -69.5 kJ/mol、-36.7kJ/mol、-112kJ/mol，生成 1 mol ATP 需要能量约 30.5 kJ，可见以上三处足够提供合成 ATP 所需的能量，ATP 的偶联部位应该位于复合体Ⅰ、Ⅲ、Ⅳ（图 6-12）。

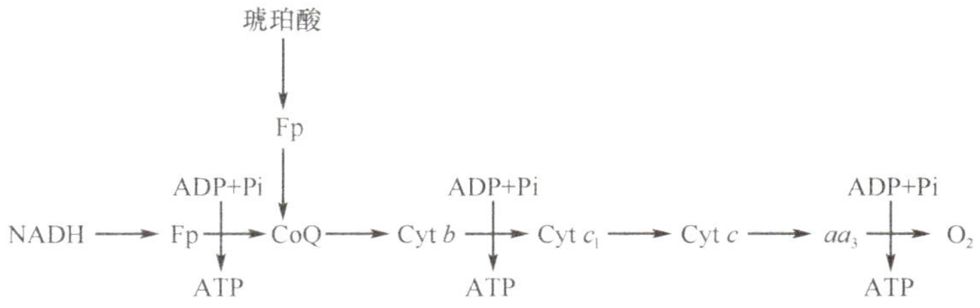

图 6-12 ATP 偶联部位

由于复合体Ⅰ、Ⅲ、Ⅳ是产生 ATP 的偶联部位，普遍认为代谢物脱下的一对氢，经 NADH 呼吸链传递可生成 3 分子 ATP，经琥珀酸氧化呼吸链传递只能生成 2 分子 ATP，但是近年来一些实验证实，两者产生的 ATP 分子数分别为 2.5 和 1.5。

2. 氧化磷酸化偶联机制

（1）化学渗透假说（chemiosmotic hypothesis）：氧化磷酸化偶联机制有三种假设，化学偶联假说，构象偶联假说，化学渗透假说。化学渗透假说由英国生物化学家 Peter Mitchell 1961 年提出，目前得到普遍的承认。许多实验结果表明化学渗透假说确实是氧化磷酸化进行的方式，其基本要点是：电子经呼吸链传递释放的能量可驱动 H^+从线粒体内膜的基质侧转移到胞质侧（膜间隙），由于线粒体内膜对物质的转运有选择性，不允许质子自由回流，因此形成跨内膜的质子电化学梯度，用以贮存能量，当质子顺浓度梯度回流时，蕴含的能量驱动 ADP 和 Pi 生成 ATP（图 6-13）。

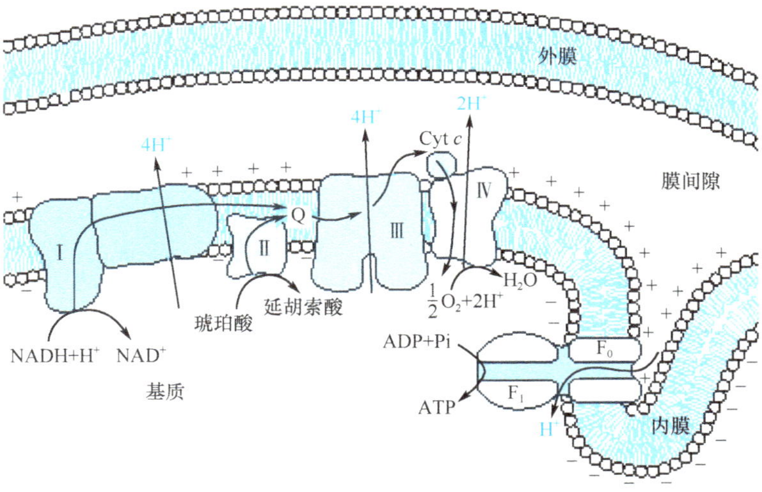

图 6-13 化学渗透假说示意

在电子传递链中，递氢体和电子传递体交替排列，其中 3 个阶段有较大的自由能变化，足够将 H^+从线粒体基质内泵出，实验结果证实，复合体Ⅰ、Ⅲ、Ⅳ确有质子泵的作用。呼吸链每传递 2 个电子，复合体Ⅰ、Ⅲ、Ⅳ分别向膜间隙泵出 $4H^+$、$4H^+$、$2H^+$。

（2）ATP 合酶（ATP synthase）：分离线粒体内膜得到 4 种呼吸链复合体时还可得到复

合体V，即ATP合酶，可催化ADP生成ATP。ATP合酶由亲水性的F_1和疏水性的F_0两部分组成。F_1在线粒体内膜的基质侧形成颗粒状突起，主要由5种亚基组成，以$\alpha_3\beta_3\gamma\delta\varepsilon$形式存在，功能是催化ATP生成，$F_1$的催化部位在β亚基中，但β亚基必须与α亚基结合才有活性，$\alpha_3\beta_3$亚基间隔排列形成六聚体，构成ATP合酶的催化中心。动物细胞线粒体F_1还含有寡霉素敏感蛋白（OSCP）。F_0镶嵌在线粒体内膜中，它由疏水的a、b_2、$c_{9\sim12}$亚基组成，9~12个c亚基形成对称的跨膜环状结构（c环），a亚基位于环外侧，与c亚基之间形成跨内膜质子通道。F_1与F_0间中心部位由γ ε亚基相连，外侧由b和δ亚基相连。γ亚基与$\alpha_3\beta_3$结合较松而和F_0结合紧密，部分γ亚基（不对称结构）插入$\alpha_3\beta_3$六聚体中央，通过旋转改变α和β亚基的构象（图6-14）。

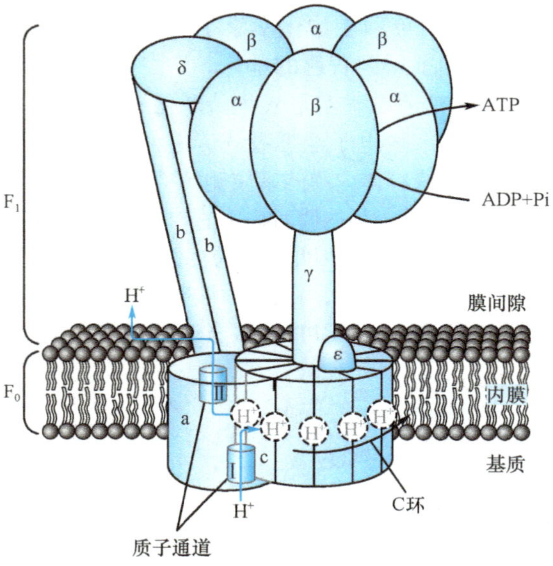

图6-14 ATP合酶结构模式图

当c环在质子电化学梯度的驱动下旋转时，H^+顺浓度梯度经F_0a c亚基间的质子通道回流，由于c环与γ亚基紧密相连，c环旋转会带动γ亚基在$\alpha_3\beta_3$中央相对转动，使3个β亚基的构象发生改变。1979年P. Boyer提出了ATP合成的结合变构机制，β亚基有三种独立的状态：紧密状态T，ATP的生成部位，与ATP紧密连接；松弛状态L，与ADP及无机磷酸结合；开放状态O，释放出ATP。当ADP和Pi结合到L态β亚基，质子回流引起的构象变化使L状态转换为T状态，ATP生成，同时相邻的β亚基由T状态转换为O状态，使生成的ATP释出，第三个β亚基又由O状态转换为L状态，使ADP结合上来，用以进行下一轮的ATP合成（图6-15）。目前认为每4个H^+回流可生成1分子ATP。

二、影响氧化磷酸化的因素

（一）抑制剂

机体生命活动所需的大部分能量（ATP）由氧化磷酸化提供，抑制氧化磷酸化会对机体造成严重后果，氧化磷酸化的抑制剂有三类。

1. 呼吸链抑制剂 此类抑制剂能阻断呼吸链中某些部位的电子传递，使代谢物脱下的氢氧化受阻，继而磷酸化也无法进行，ATP不能生成。例如，鱼藤酮（rotenone）、粉蝶霉素A（piericidin A）及异戊巴比妥（amobarbital）等可与复合体Ⅰ中的铁硫蛋白结合阻断电子传递。萎锈灵（carboxin）、噻吩甲酰三氟丙酮（thenoyl trifluoroacetone，TTFA）、丙二酸（malonate）是复合体Ⅱ的抑制剂。抗霉素A（antimycin A）、二巯丙醇（dimercaptopropanol，BAL）抑制复合体Ⅲ中Cyt *b*与Cyt c_1间的电子传递。CO、CN^-、N_3^-及H_2S抑制细胞色素c氧化酶，使电子不能传给氧（图6-16）。

这类抑制剂阻断电子的传递使细胞不能利用氧，细胞内呼吸停止，ATP不能生成，相关的生命活动停止，严重时机体迅速死亡。苦杏仁、白果以及一些工业粉尘中含有氰化物，大量误食和吸入会引起中毒，煤炭、天然气燃烧不完全可释放大量的CO，通风不良大量吸入也会造成CO中毒。

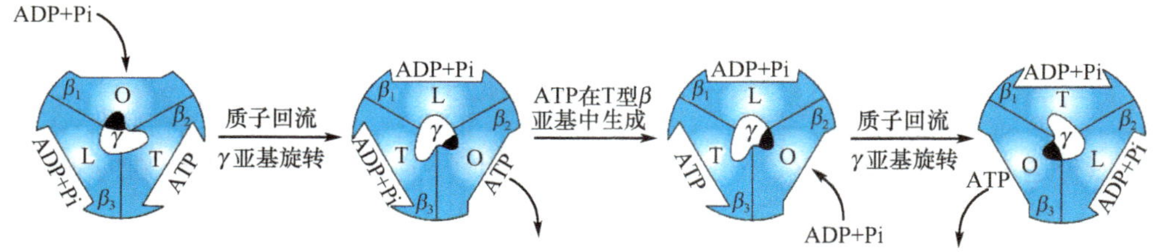

图6-15 ATP合酶的作用机制

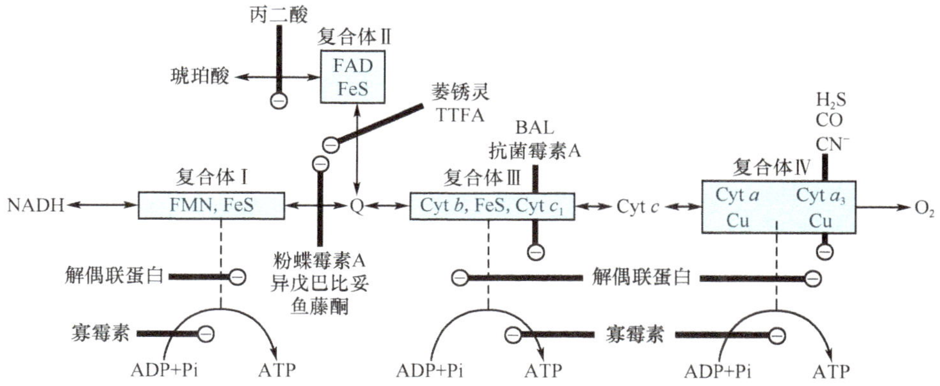

图 6-16　呼吸链抑制剂的作用部位

2. 解偶联剂(uncoupler)　解偶联剂的作用机制是电子传递过程中泵出的 H^+ 不经 ATP 合酶的 F_0 回流,而是通过内膜中其他途径返回基质,从而破坏内膜两侧的质子电化学梯度,使储存的能量以热能形式释放而不生成 ATP。解偶联剂使氧化与磷酸化偶联过程分离,但不影响电子的传递,氢原子经呼吸链可以氧化但 ADP 不能磷酸化生成 ATP。脂溶性物质二硝基苯酚(dinitrophenol,DNP)是一种解偶联剂,在线粒体内膜中可自由移动往返运输 H^+,当其在胞质侧时结合膜间隙中的 H^+,运输至基质侧释出,从而破坏质子电化学梯度。新生儿、一些哺乳动物体内存在棕色脂肪组织,该组织含有丰富的线粒体,内膜中有一种解偶联蛋白(uncoupling Protein,UCP),由 2 个 32kDa 亚基组成,在内膜上形成质子通道,H^+ 可经此通道返回线粒体基质中,同时释放热能,因此棕色脂肪组织是产热御寒组织,新生儿体温调节机制不完善,主要通过体内大量的棕色脂肪组织产热维持体温。早产儿、低体重儿体内棕色脂肪组织缺乏,保暖措施不当时难以维持正常体温,使皮下脂肪凝固易患新生儿硬肿症。动物冬眠也主要通过棕色脂肪组织产热维持体温。某些细菌、病毒感染人体时,可产生解偶联剂使体内的能量较多的以热能形式散发导致体温升高,出现发热的症状。

3. 氧化磷酸化抑制剂　这类抑制剂对电子传递及 ADP 磷酸化均有抑制作用。例如:寡霉素(oligomycin)和寡霉素敏感蛋白(OSCP)结合可阻止质子从 F_0 质子通道回流,抑制 ATP 生成,同时由于线粒体内膜两侧质子电化学梯度增高影响呼吸链向膜间隙泵出质子,电子传递也被抑制。

(二) ADP 的调节作用

正常机体呼吸链的电子传递与 ATP 的合成紧密偶联,即 ATP 的合成必须有呼吸链的电子传递保证质子梯度,同时必须有 ADP 磷酸化生成 ATP 才能推动电子的传递。氧化磷酸化的速率主要受 ADP 的调节,实际速度由 ADP 的提供情况决定,ADP 具有关键的调节作用。离体线粒体实验证明,只加入底物,线粒体的耗氧量变化不大,加入 ADP 时,线粒体的耗氧量和速度上升,电子沿呼吸链传递,直至全部 ADP 转变成 ATP,氧的利用速度随之下降,这一过程称为呼吸控制。这种控制机制可保证 ATP 的生成速度适应生理需要,只有当机体需要 ATP 时,电子才会沿呼吸链传递,如果机体的 ATP 水平很高,ADP 不足则使氧化磷酸化速度减慢,反之,则 ADP 浓度增高,转运入线粒体后使氧化磷酸化速度加快。因此,ADP 或 ADP/ATP 比率是调节氧化磷酸化的重要因素。

(三) 甲状腺激素

甲状腺激素(T_3)是调节氧化磷酸化的重要激素。目前认为甲状腺激素可诱导细胞膜上 Na^+,K^+-ATP 酶的生成,使 ATP 分解为 ADP 和 Pi 的速度加快,ADP 增多可促进氧化磷酸化,使 ATP 的合成增加。同时,甲状腺激素使解偶联蛋白基因的表达上调,物质代谢释出的能量以热能散发的比例增加,因而甲状腺激素引起机体耗氧和产热均增加,基础代谢率提高。甲状腺功能亢进的病人甲状腺激素分泌增多,常表现为基础代谢率增高,喜冷怕热,易出汗等症状。

三、ATP

电子传递过程中释放的能量约 40% 生成 ATP,用于满足生命活动的需求,ATP 在能量的捕获、转移、储存和直接利用过程中起核心作用。

笔记栏

(一) ATP 与高能磷酸化合物

在体外标准状态(PH7.0,25℃)下水解时释出自由能大于 20kJ/mol 的化合物称高能化合物。有一类特殊的有机磷酸化合物(多为酸酐类),如 ATP、ADP、磷酸肌酸、1,3-二磷酸甘油酸等,其磷酸酯键水解时释放的能量约为 30～60kJ/mol,称为高能磷酸化合物,其所含的磷酸键称为高能磷酸键(energy-rich phosphate bond),以～P 表示。实际上高能磷酸键水解时释放的自由能是化合物整个分子释放的能量,并不存在键能特别高的化学键,但为了叙述方便,目前仍被采用。体内还存在其他一些高能化合物,如高能硫酯化合物乙酰 CoA、琥珀酰 CoA 等。几种常见的高能化合物及其水解时能量的释放情况见表 6-3。

表 6-3 几种常见的高能化合物

化合物	释放能量(pH7.0,25℃)	
	kJ/mol	kcal/mol
磷酸肌酸	-43.1	-10.3
磷酸烯醇式丙酮酸	-61.9	-14.8
1,3-二磷酸甘油酸	-49.3	-11.8
ATP,GTP,UTP,CTP	-30.5	-7.3
乙酰 CoA	-31.5	-7.5

ATP 是生物体内最重要的高能化合物,ATP 的 β、γ 磷酸键水解时释放的能量都约为 30.5kJ/mol,均属高能磷酸键,均可水解利用,最常见的是末端磷酸键的水解供能或转移。

(二) ATP 的转换、储存和利用

ATP 是生命活动所需能量的直接供给者,糖、脂类等物质的分解代谢产生的能量大多转化成 ATP 的形式被利用。

1. 代谢物的磷酸化或活化 代谢过程中底物的磷酸化或活化需要能量,大多直接或间接地由 ATP 磷酸酐键水解供能,常伴有 ATP 末端磷酸基的转移。如:

ATP+6-磷酸果糖$\longrightarrow$1,6-二磷酸果糖+ADP

ATP+脂肪酸+HSCoA $\longrightarrow$脂肪酰 CoA+AMP+PPi

2. 参与糖、脂类及蛋白质的生物合成过程 糖、脂、蛋白质的生物合成均需 ATP 供能,除直接水解供能外,糖原、磷脂、蛋白质合成中需要的 UTP、CTP、GTP 一般不能直接从物质氧化过程产生,它们的生成和补充都依赖于 ATP,由核苷二磷酸激酶催化各种二磷酸核苷从 ATP 获得～P 生成:

ATP+UDP $\longrightarrow$ADP+UTP

ATP+CDP $\longrightarrow$ADP+CTP

ATP+GDP $\longrightarrow$ADP+GTP

3. 转变为磷酸肌酸储存能量 磷酸肌酸(creatine phosphate,CP)存在于骨骼肌、心肌和脑中。当体内 ATP 充足时,肌酸在肌酸激酶(creatine kinase,CK)的催化下,由 ATP 提供～P 生成磷酸肌酸。磷酸肌酸是肌肉和脑中能量的一种贮存形式,但不能直接供能。当肌肉剧烈收缩大量消耗能量而体内 ATP 不足时,磷酸肌酸必须先将～P 转移给 ADP 生成 ATP,再为生理活动提供能量。

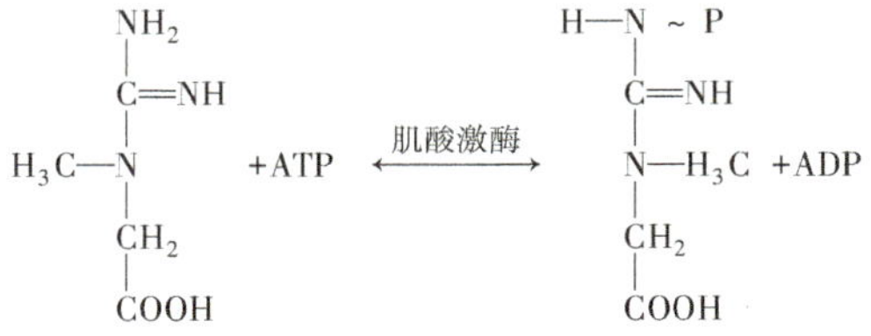

肌酸 磷酸肌酸

由上述可见,生物体内能量的储存和利用都以 ATP 为中心(图 6-17)。

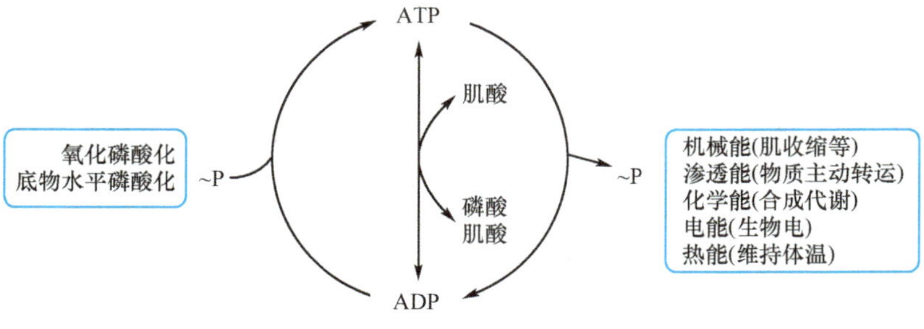

图 6-17 ATP 的生成和利用

四、通过线粒体内膜的物质转运

线粒体内膜和外膜将基质和胞质隔开，线粒体外膜对物质的通透性较高，大多数小分子化合物和离子可以自由通过进入膜间隙。内膜则依赖不同的跨膜转运蛋白（transporter）对各种物质进行严格的选择性转运，以保证生物氧化的顺利进行（表 6-4）。

表 6-4　线粒体内膜的主要转运蛋白

转运蛋白	功能	
	胞质	线粒体基质
α-酮戊二酸转运蛋白	苹果酸	α-酮戊二酸
酸性氨基酸转运蛋白	谷氨酸	天冬氨酸
腺苷酸转运蛋白	ADP^{3-}	ATP^{4-}
磷酸盐转运蛋白	$H_2PO_4^-+H^+$	
丙酮酸转运蛋白	丙酮酸	OH^-
三羧酸转运蛋白	苹果酸	柠檬酸
碱性氨基酸转运蛋白	鸟氨酸	瓜氨酸
肉碱转运蛋白	脂酰肉碱	肉碱

（一）胞质中 NADH 的氧化

线粒体内生成的 NADH 可直接进入呼吸链氧化，但由于线粒体内膜对物质的选择性转运，NADH 不能自由穿过内膜进入线粒体。而某些代谢物的脱氢反应只能在胞液中进行，如糖酵解过程中 3-磷酸甘油醛的脱氢，生成的 NADH 必须通过膜的穿梭作用进入线粒体进行氧化。膜的穿梭作用主要有 α-磷酸甘油穿梭（α-glycerophosphate shuttle）和苹果酸-天冬氨酸穿梭（malate-asparate shuttle）。

1. α-磷酸甘油穿梭　该穿梭作用主要存在于脑和骨骼肌中。胞液中的 NADH 在磷酸甘油脱氢酶催化下，使磷酸二羟丙酮还原成 α-磷酸甘油，α-磷酸甘油扩散穿过线粒体外膜，由线粒体内膜近胞质侧的磷酸甘油脱氢酶（辅基为 FAD）催化生成磷酸二羟丙酮和 $FADH_2$，磷酸二羟丙酮穿出线粒体进行下一次穿梭，$FADH_2$ 则进入琥珀酸氧化呼吸链氧化生成 1.5 分子 ATP（图 6-18）。因此，脑和骨骼肌内糖分解过程 3-磷酸甘油醛脱氢产生的 $NADH+H^+$ 通过 α-磷酸甘油穿梭进入线粒体，1 分子葡萄糖彻底氧化可生成 30 分子 ATP。

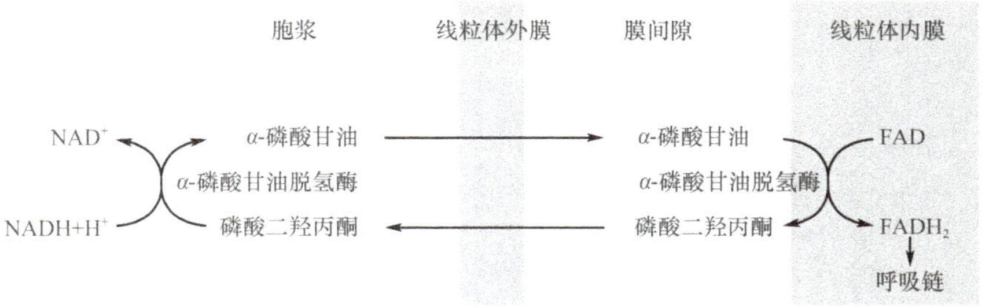

图 6-18　α-磷酸甘油穿梭

2. 苹果酸-天冬氨酸穿梭　又称苹果酸穿梭，主要存在于心肌和肝组织中。胞质中的 NADH 在苹果酸脱氢酶的作用下，使草酰乙酸还原成苹果酸，后者通过线粒体内膜上的 α-酮戊二酸转运蛋白进入线粒体，在基质中苹果酸脱氢酶（辅酶为 NAD^+）的作用下重新生成草酰乙酸和 NADH。NADH 进入 NADH 氧化呼吸链氧化生成 2.5 分子 ATP。基质中的草酰乙酸不易穿过内膜，需经谷草转氨酶的作用生成天冬氨酸由酸性氨基酸转运蛋白转运出线粒体，天冬氨酸在胞质中通过转氨基作用再转变成草酰乙酸继续进行穿梭（图 6-19）。因此，肝和心肌组织糖分解过程中 3-磷酸甘油醛脱氢产生的 $NADH+H^+$ 通过苹果酸-天冬氨酸穿梭进入线粒体，1 分子葡萄糖彻底氧化可生成 32 分子 ATP。

（二）ATP 与 ADP 的转运

ATP、ADP 和 Pi 都不能自由通过线粒体内膜，必须依赖载体转运。腺苷酸载体（adenine nucleotide transporter）又称腺苷酸转运蛋白，是由 2 个 3.0 kDa 亚基组成的二聚体，ADP 与 ATP 经该转运蛋白反向转运。伴随 ADP 进入线粒体基质，胞质中的 $H_2PO_4^-$ 经磷酸盐转运蛋白与 H^+ 同向转运到线粒体内（图 6-20）。上述转运的速

笔记栏

率受胞质和线粒体内 ADP、ATP 水平的影响。当胞质内游离 ADP 水平升高时，ADP 进入线粒体内，而 ATP 则自线粒体转运至胞质，结果线粒体基质内 ADP/ATP 比率升高，促进氧化磷酸化。

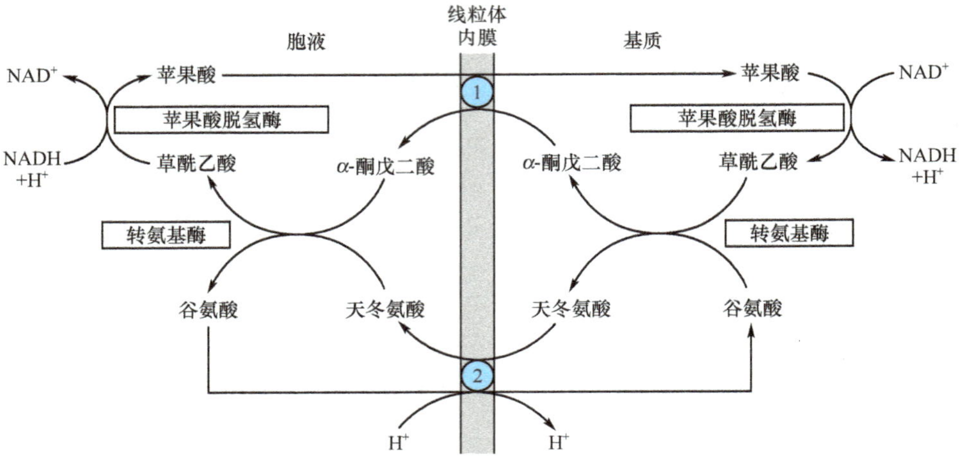

图 6-19 苹果酸-天冬氨酸穿梭
①α-酮戊二酸转运蛋白;②酸性氨基酸转运蛋白

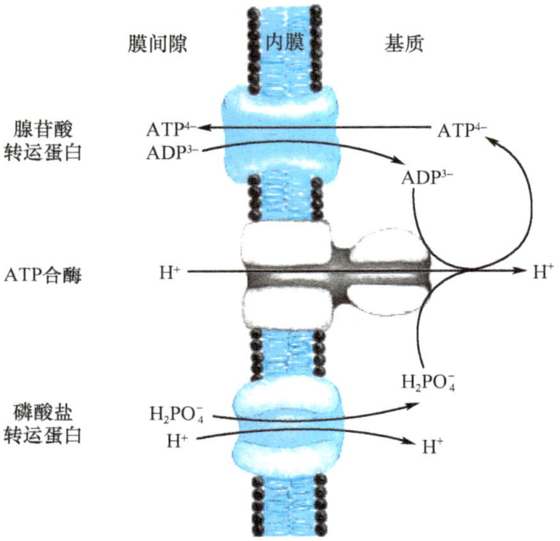

图 6-20 ATP、ADP、Pi 的转运

第三节 氧化磷酸化与医学

一、影响氧化磷酸化的疾病

（一）氧化磷酸化抑制剂引起的疾病

抑制剂引起的疾病最常见的是氰化物和 CO 中毒，中毒后细胞生物氧化受阻，ATP 不能生成，造成严重后果。氰化物可与复合体Ⅳ中的氧化型 Cyt a_3结合，阻断电子由 Cyt a 到 a_3-Cu_B 中心的传递，氰化物中毒患者应及时采取解毒措施，临床上一般采用亚硝酸钠-硫代硫酸钠法，亚硝酸钠促进高铁血红蛋白迅速生成，把细胞色素氧化酶从氰化-细胞色素氧化酶中置换出来，使其恢复活性；硫代硫酸钠则与残余的 CN^- 生成无毒的硫氰酸盐排出体外。CO 与复合体Ⅳ中的还原型 Cyt a_3(Fe^{2+})结合，阻断电子传递给氧，C O 与 Fe^{2+} 的亲和力极高，一旦结合可严重阻断电子的传递，迅速引起细胞窒息，如抢救不及时极易死亡，CO 中毒病人必须迅速纠正缺氧状态，采用高压氧治疗，预防迟发脑病等并发症的发生。

（二）线粒体病

氧化磷酸化生成的 ATP 为机体各种生命活动提供能量，因此线粒体是人类能量的动力工厂，许多疾病的发生都与线粒体的功能缺陷相关，如线粒体病、老年性痴呆、心肌病、衰老等。线粒体病指主要因线粒体 DNA（mitochondrial DNA，mtDNA）的遗传缺损或损伤引起代谢酶缺陷，ATP 合成减少所致的一组疾病。mtDNA 存在于线粒体内，为裸露的环状双螺旋结构，缺乏蛋白质的保护和损伤修复系统，容易受到本身氧化磷酸化过程产生的氧自由基的损伤发生突变，其突变率是核 DNA 的 10～20 倍。mtDNA 可表达构成呼吸链酶复合体的 13 条多肽链以及线粒体蛋白质合成所需的 22 个 tRNA 和 2 个 rRNA，与氧化磷酸化密切相关。因此，mtDNA 突变主要影响氧化磷酸化的功能，ATP 生成障碍导致细胞功能减退甚至死亡而致病。由于氧化磷酸化为各器官组织供能，线粒体病常累及多系统，临床表现也复杂多样，如失明、肌无力、痴呆、乳酸中毒、非胰岛素依赖性糖尿病、卒中样发作、脑功能障碍等，出现的症状取决于 mtDNA 突变的严重程度（部位和数量）及各器官对 ATP 的需求，耗能较多的组织器官先出现功能障碍，最常受影响的是骨骼肌、脑及心肌。线粒体病目前无特殊疗法，主要是补充氧化磷酸化的辅助因子，可给予 ATP、辅酶 Q_{10} 和大量 B 族维生素等治疗。

由于线粒体病的发生发展与 mtDNA 病变的严重程度有关，随着年龄增长，个体 mtDNA 的损伤突变日益加重，很多线粒体病的症状到老年时才出现。

二、氧化磷酸化机制在医学中的应用

（一）氧化磷酸化机制可用于疾病的研究

氧化磷酸化是生物体内最重要的供能机制，其功能障碍与许多疾病关系密切，氧化磷酸化机制可用于疾病的研究。如前所述，棕色脂肪组织线粒体内膜中含有解偶联蛋白（UCP），使氧化和磷酸化过程脱离，释放能量主要以热能的形式散发，近年在其他组织中也发现了与棕色脂肪组织 UCP 氨基酸序列相似的 UCP，这些组织特别是骨骼肌中存在的 UCP 可能与能量消耗及肥胖密切相关，是研究肥胖以及制造减肥药的新靶点。

（二）能量制剂的应用

临床上常用的能量制剂有两大类：一类是含葡萄糖的能量合剂，最初是葡萄糖-胰岛素-钾合剂，现在普遍加入 ATP、辅酶 A、肌苷、维生素 B_6 等混合使用。另一类是含脂肪酸的能量制剂如脂肪乳等。还有些能量制剂则含葡萄糖和脂肪酸双重能源。能量制剂可以迅速有效的为机体提供优质能源，提高能量供应，促进糖、脂、蛋白质等的代谢，有利于重要器官功能的恢复，主要用于肝硬化、肾炎、心衰等危重病人的严重应激状态及围手术期病人的营养支持，提高患者对疾病或手术的承受能力，还可增加食欲，增强体质，阻止疾病的恶化，缩短病程，因此在临床治疗中得到普遍的应用。现在很多医生主张在使用能量制剂时加入 ATP 和呼吸链组分如细胞色素 *c* 等，能源物质进入体内最终都产生 ATP 供能，ATP 是体内能量代谢的中心，生命活动能量的直接提供者，直接输入理论上可以快速高效的补充能量，但外源性 ATP 难以穿过细胞膜进入细胞内，因此疗效还需进一步确认。细胞色素 *c* 是呼吸链的重要组分，可促进氧化磷酸化、补充能量，明显的改善组织缺氧，但由于是蛋白质，过敏体质可引发过敏反应甚至过敏性休克，使用前应做皮试，对其过敏者禁用。

小　结

糖、脂肪、蛋白质等营养物质在生物体内氧化分解成水和二氧化碳并逐步释放能量的过程称为生物氧化。生物氧化主要在线粒体内进行，部分能量可使 ADP 磷酸化生成 ATP，生物体中能量的捕获、转移、储存和直接利用过程中都以 ATP 为核心。

氧化磷酸化是体内生成 ATP 的主要方式，指营养物质分解途径产生的氢、电子经呼吸链传递的氧化释能与 ADP 磷酸化生成 ATP 偶联的过程。线粒体内膜上四种具有电子传递功能的酶复合体（复合体Ⅰ、Ⅱ、Ⅲ、Ⅳ）和两个小的电子传递体（泛醌和细胞色素 *c*）按一定顺序排列形成呼吸链，代谢物脱下的氢通过呼吸链逐步传递，最终与氧结合生成水，并释放能量生成 ATP。线粒体内有两条氧化呼吸链：NADH 氧化呼吸链和琥珀酸氧化呼吸链。

笔记栏

复合体Ⅰ、Ⅲ、Ⅳ有质子泵的功能，利用电子传递释放的能量可驱动H^+从线粒体内膜的基质侧转移到膜间隙，形成跨内膜的质子电化学梯度贮存能量，当质子顺浓度梯度回流时，释出的能量驱动ATP合酶催化ADP和Pi生成ATP。氧化磷酸化受多种因素影响，常见的抑制剂有呼吸链抑制剂、解偶联剂、氧化磷酸化抑制剂，与临床疾病的发生密切相关。同时，氧化磷酸化受ADP和甲状腺激素的调控。

线粒体内膜则依赖不同的跨膜转运蛋白对各种物质进行严格的选择性转运，以保证生物氧化的顺利进行，NADH不能自由穿过内膜进入线粒体，必须通过α-磷酸甘油穿梭和苹果酸-天冬氨酸穿梭进入线粒体才能进行彻底氧化。

（陈瑾歆　李红林）

笔记栏

第 7 章 脂类代谢

脂类(lipids)是生物体内的重要有机大分子物质,包括脂肪(fat)、类脂(lipoid)及其衍生物。脂类的分布范围广,其化学结构有很大差异,生理功能各不相同,但都具有不溶于水而溶于有机溶剂(如乙醚、氯仿、丙酮等)的共同特性。

第一节 脂类概述

一、脂类的分布及功能

脂类是脂肪和类脂的总称。脂肪即三脂酰甘油或称三酰甘油(triacylglycerol,TG),由一分子甘油(glycerol)和三分子脂肪酸(fatty acid,FA)构成,三酰甘油所含的三个脂酸可以相同或不同,可以为饱和脂酸或不饱和脂酸。人体三酰甘油中有50%的脂酸为不饱和脂酸。正常人体内脂肪约占体重的10%~20%,占人体脂类的95%,广泛分布于体内各种组织细胞中,但绝大多数集中分布于皮下及脏器周围组织中,是体内重要的能源储备,故又称为储脂(depot fat)或脂库。体内脂肪含量很大程度上受机体的营养状况和活动状况的影响而增减,故又称为可变脂。贮存能量和供给能量是脂肪最重要的生理功能。人体活动所需能量的20%~30%由三酰甘油氧化分解提供。1克三酰甘油在体内完全氧化分解可释放能量38.9kJ(9.3kcal),比氧化同等重量的糖或蛋白质所释放的能量高出一倍多。此外,脂肪组织还可起到保持体温,保护内脏器官的作用。

类脂包括磷脂(phospholipid,PL)、糖脂(glycolipid)、胆固醇(cholesterol,C)和胆固醇酯(cholesterol ester,CE)等。磷脂是含有磷酸的脂类,包括由甘油构成的甘油磷脂(phosphoglycerides)和由鞘氨醇构成的鞘磷脂(sphingomyelin)。糖脂是含有糖基的脂类。类脂约占人体脂类的5%,广泛分布于体内各组织细胞,是组织细胞的基本组成部分,又称基本脂。类脂在体内的含量相对稳定,较少因机体的营养状况和活动状况而改变,故又称固定脂。类脂是生物膜的主要组成成分,构成疏水性的“屏障”(barrier),分隔细胞水溶性成分和细胞器,维持细胞正常结构与功能。此外,类脂还可转变成多种重要生理活性物质,如磷脂中包含的花生四烯酸可转化生成前列腺素、白三烯和血栓素等发挥特殊生理功能;胆固醇可转化生成胆汁酸盐、维生素 D_3 以及类固醇激素,对于调节机体脂类物质的吸收(尤其是脂溶性维生素的吸收)以及调节物质代谢等均起着重要作用。

二、脂酸的分类和命名

脂类分子中大多含有脂肪酸,简称脂酸,各种脂酸在结构上的区别主要是碳链长短、饱和度以及双键位置不同,从而导致生物学功能及某些理化性质各异。如按碳链长度不同可将脂酸分为短链脂酸(≤10C)、中链脂酸(12~18C)、长链脂酸(≥20C);按饱和程度不同分为饱和脂酸、单不饱和脂酸及多不饱和脂酸,含有2个或2个以上双键的不饱和脂酸即称为多不饱和脂酸(polyunsaturated fatty acid)。机体内脂酸的来源有二:一是自身合成,二是从食物中摄取。人体自身能够合成饱和及单不饱和脂肪酸,称为非必需脂肪酸(nonessential fatty acids);人体自身不能合成,必须从食物中摄取以满足正常生理需要的某些多不饱和脂肪酸,称为必需脂肪酸(essential fatty acids),在高等植物和寒带生活的动物体内含量较多。

脂酸的命名分为习惯命名法和系统命名法两种。饱和脂酸的系统命名遵循有机酸命名的原则,即根据包括羧基碳原子在内的最长碳链作为主链碳原子数称为某烷酸,并从羧基碳原子开始编号;不饱和脂酸的系统命名有 Δ 和 ω 两种编码体系。Δ 编码体系从脂酸的羧基碳原子起计算碳原子的顺序,标示双键的位置;ω 编码体系从脂酸的甲基碳原子起计算碳原子的顺序,标示双键的位置(表7-1)。

笔记栏

表 7-1 常见脂酸

习惯名	系统名	碳原子数	双键数	双键位置 Δ系	双键位置 ω系	族
月桂酸	十二烷酸	12	0			
肉豆蔻酸	十四烷酸	14	0			
软脂酸	十六烷酸	16	0			
硬脂酸	十八烷酸	18	0			
软油酸	十六碳一烯酸	16	1	9	7	ω-7
油酸	十八碳一烯酸	18	1	9	9	ω-9
亚油酸	十八碳二烯酸	18	2	9,12	6,9	ω-6
α-亚麻酸	十八碳三烯酸	18	3	9,12,15	3,6,9	ω-3
γ-亚麻酸	十八碳三烯酸	18	3	6,9,12	6,9,12	ω-6
花生四烯酸	廿碳四烯酸	20	4	5,8,11,14	6,9,12,15	ω-6
timnodonic	廿碳五烯酸(EPA)	20	5	5,8,11,14,17	3,6,9,12,15	ω-3
clupanodonic	廿二碳五烯酸(DPA)	22	5	7,10,13,16,19	3,6,9,12,15	ω-3
cervonic	廿二碳六烯酸(DHA)	22	6	4,7,10,13,16,19	3,6,9,12,15,18	ω-3

哺乳动物体内的多不饱和脂酸均由相应的母体脂酸衍生而来。动物只能合成 ω-9 及 ω-7 系多不饱和脂酸如油酸(18：1,ω-9)和软油酸(16：1,ω-7),不能合成 ω-6 及 ω-3 系多不饱和脂酸。因为在哺乳动物体内缺乏 ω-6 及 ω-3 脂酸去饱和酶系,使得含有 ω-6 和(或)ω-3 双键的脂酸如亚油酸、亚麻酸、花生四烯酸等均成为人体正常生长发育必不可少的必需脂酸。

三、脂类的消化和吸收

膳食中的脂类物质以脂肪为主,约占 90%,此外还有少量磷脂及胆固醇等。由于脂类不溶于水,其消化吸收具有以下特点:①小肠上段是脂类物质的主要消化场所,十二指肠下段及空肠上段是脂类物质消化产物的主要吸收场所;②脂类物质的消化吸收需要胆汁酸盐帮助乳化与分散;③需要多种消化酶协同作用帮助脂类物质的消化;④消化产物经被动扩散方式吸收进入肠黏膜细胞;⑤被吸收的消化产物经单酰甘油途径在小肠黏膜细胞中重新合成三酰甘油;⑥被吸收的脂类物质在血液中的运输需要载脂蛋白(apolipoprotein,apo)帮助。脂类物质消化吸收的具体过程如下(图 7-1)。

胆汁酸盐是较强的乳化剂,可与进入肠腔的三酰甘油、胆固醇等脂类物质混合,形成分散而细小的乳化微团(micelles),从而大大提高了脂类物质的溶解度,增加了消化酶类与脂质间的接触面积,有利于脂肪和类脂的消化吸收。

胰腺分泌入十二指肠的脂类消化酶类有:胰脂酶(pancreatic lipase)、磷脂酶 A_2、胆固醇酯酶及辅脂酶(colipase)。胰脂酶特异性催化三酰甘油的 1 位与 3 位酯键水解,生成 1 分子 2-单酰甘油(monoacylglycerol,MG)和 2 分子脂酸。磷脂酶 A_2催化磷脂的 2 位酯键水解,生成脂酸及溶血磷脂。胆固醇酯酶催化胆固醇酯水解,生成脂酸与游离胆固醇。辅脂酶本身不具脂肪酶活性,分子量约 10000Da,以酶原形式分泌。随胰液进入十二指肠的辅脂酶原,在胰脂酶的作用下从 N 端切下一个五肽而被激活。激活的辅脂酶具有与脂肪及胰脂酶结合的结构域,分别通过氢键与胰脂酶结合、通过疏水键与脂肪结合,在胰脂酶与脂肪之间起桥梁作用。胰脂酶的催化活性一方面依赖于胆汁酸盐,同时又受胆汁酸盐的抑制。辅脂酶的存在可以解除胆汁酸盐对胰脂酶的抑制作用,增加胰脂酶活性,促进脂肪水解。

$$\text{食物中的脂类}\xrightarrow{\text{乳化}}\text{微团}\xrightarrow{\text{消化酶}}\text{产物}$$

$$\text{三酰甘油}+H_2O\xrightarrow{\text{胰脂酶、辅脂酶}}\text{2-单酰甘油}+2\text{ 脂酸}$$

$$\text{磷脂}+H_2O\xrightarrow{\text{磷脂酶 }A_2}\text{溶血磷脂}+\text{脂酸}$$

$$\text{胆固醇酯}+H_2O\xrightarrow{\text{胆固醇酯酶}}\text{胆固醇}+\text{脂酸}$$

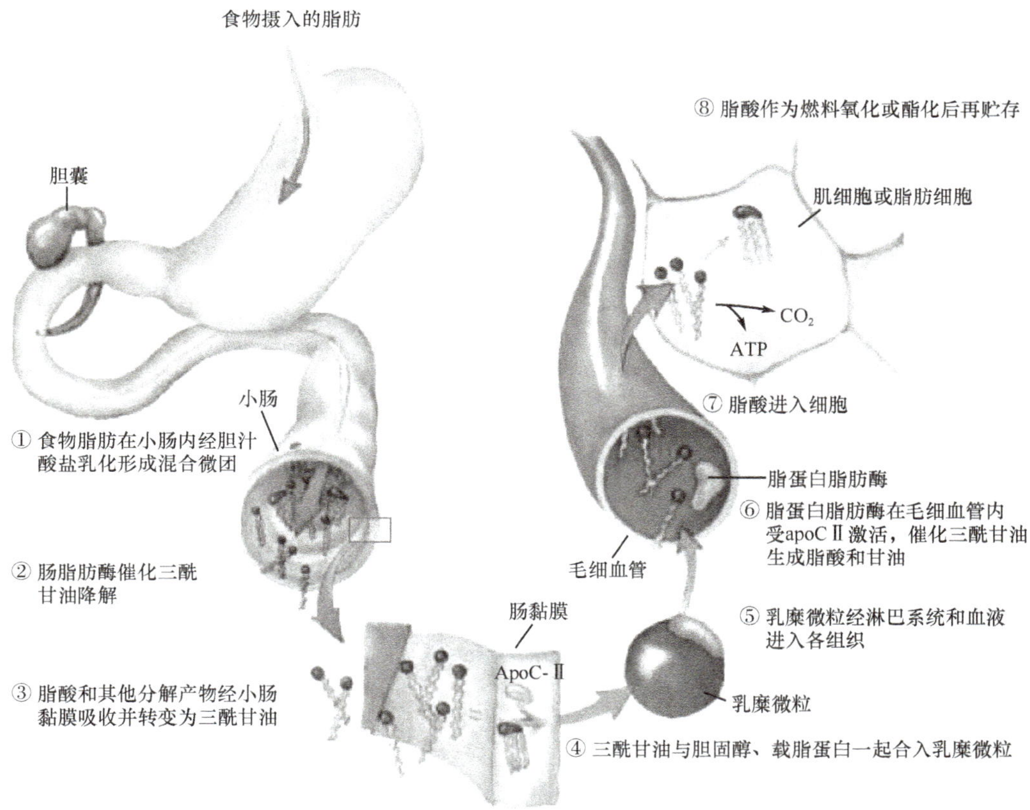

图 7-1 脂类的消化与吸收

成人口腔没有脂类消化酶类，胃中有少量脂肪酶，但因胃液 pH 偏低，脂肪酶的活性极低。因此，食物中的脂类物质主要在小肠上段经胰脂酶、辅脂酶、磷脂酶 A_2 及胆固醇酯酶的协同作用下，水解成 2-单酰甘油、溶血磷脂（lysophospholipids）、胆固醇及脂酸等消化产物，并进一步与胆汁酸盐乳化成体积更小、极性更大的混合微团（mixed micelles）。后者在十二指肠下段及空肠上段，经被动扩散透过小肠黏膜细胞表面的水屏障进入小肠黏膜细胞内。被摄入的长链脂酸、单酰甘油等消化产物，在光面内质网经单酰甘油途径（monoacylglycerol pathway）被脂酰 CoA 转移酶（acyl-CoA transferase）改造成新的三酰甘油（图 7-2），后者与粗面内质网合成的多种载脂蛋白（如 apo B48、apo C、apo AⅠ、apo AⅣ）以及磷脂和胆固醇结合组装成乳糜微粒（chylomicrons，CM），经淋巴进入血液循环。中、短链脂酸构成的三酰甘油经胆汁酸盐乳化后可被肠黏膜细胞直接摄入，在细胞内降解成甘油和脂酸，经门静脉进入血液循环。

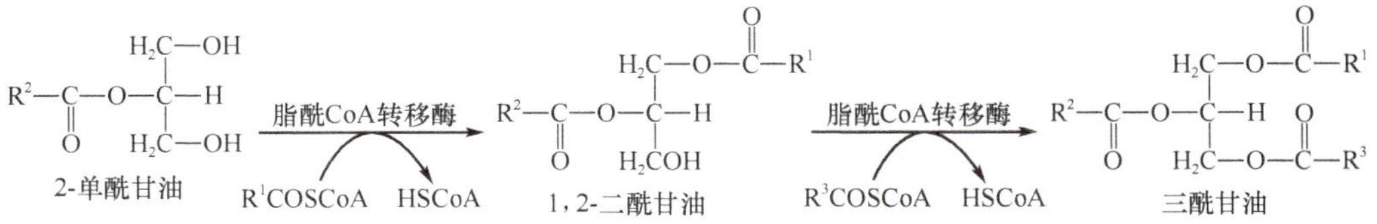

图 7-2 单酰甘油途径合成三酰甘油

第二节 三酰甘油的代谢

三酰甘油是体内主要的供能物质之一。一方面，机体不断地利用食物脂类的消化吸收产物和糖分解代谢的中间产物来合成脂肪进行储存；另一方面，机体又经常地分解原有的脂肪以提供生命活动所需的部分能量或转变为其他的物质。也就是说，体内的脂肪不断地进行着合成与分解的代谢更新。

一、三酰甘油的分解代谢

（一）脂肪动员

储存在脂肪组织中的三酰甘油在脂肪酶作用下逐步分解成脂酸和甘油，释放入血供其他组织氧化利用的过程，称为脂肪动员（fat mobilization）或脂动员。催化脂肪水解的脂肪酶有三酰甘油脂肪酶、二酰甘油脂肪酶及单酰甘油脂肪酶，其中三酰甘油脂肪酶是脂动员的限速酶，因其活性受多种激素的调控，故又称为激素敏感脂肪酶（hormone sensitive lipase，HSL）。不同激素对HSL的影响不同，凡是能提高HSL的活性，促进脂动员的激素，称为脂解激素（lipolytic hormones）；凡是能降低HSL的活性，抑制脂动员的激素，称为抗脂解激素（antilipolytic hormones）。胰高血糖素、肾上腺素和去甲肾上腺素等为脂解激素，它们可与脂肪细胞膜受体结合，激活腺苷酸环化酶，通过促进细胞内cAMP的合成，进而激活cAMP依赖蛋白激酶，使HSL磷酸化而活化，从而促进三酰甘油水解生成二酰甘油和脂酸。胰岛素、前列腺素和烟酸等为抗脂解激素，通过抑制HSL的活性，减少脂动员（图7-3）。

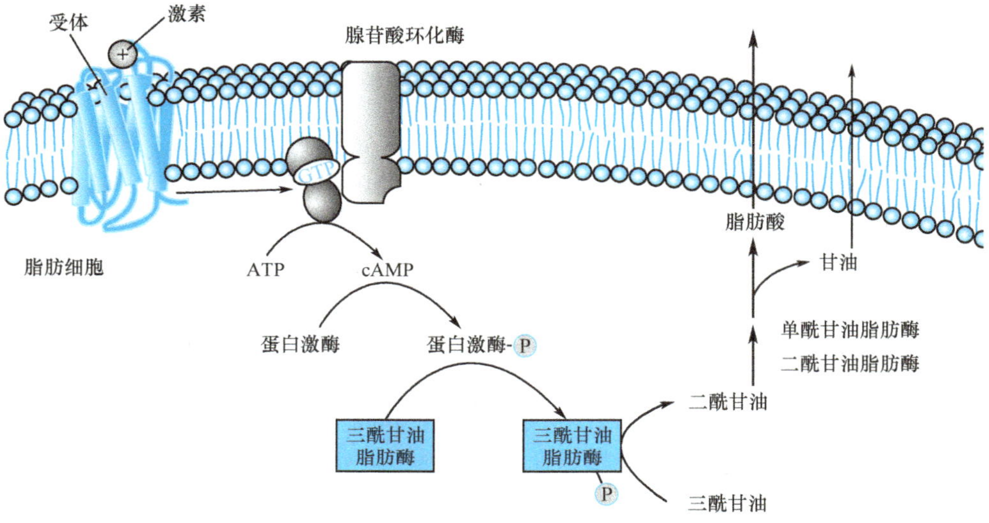

图7-3 脂肪动员

（二）甘油的代谢

脂肪动员产生的甘油及食物脂类消化吸收来的甘油经血液运输，可被肝、肾、肠摄取利用，肝细胞利用甘油的能力很强。甘油首先被甘油激酶催化转化为3-磷酸甘油，然后可沿下列三个方向继续代谢：①继续氧化分解；②异生成糖；③参与三酰甘油及磷脂的合成（又称甘油的再利用）。脂肪组织和骨骼肌缺乏甘油激酶，不能利用甘油。

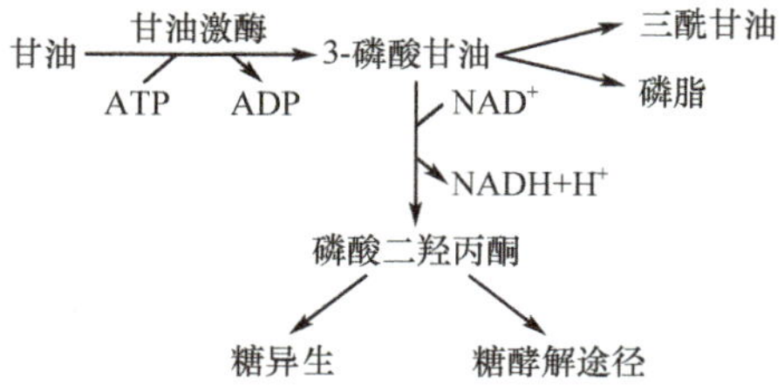

（三）脂酸的分解代谢

脂酸的分解代谢是脂肪分解代谢的核心，也是脂肪分解代谢中最复杂和产能最多的部分。

1. 脂酸的β-氧化 脂动员生成的脂酸释放入血，与清蛋白结合形成脂酸-清蛋白，随血液循环运输至心、肝、骨骼肌及全身各组织利用，但脑、神经组织及成熟红细胞等不能直接利用脂酸。肝和肌肉是脂酸β-氧化最活跃的组织。脂酸是人体重要的能源物质，有多种氧化分解方式，其中β-氧化（β-oxidation）是最主要的氧化分解形式。脂酸在供氧充足的情况下，彻底氧化为CO_2和H_2O，并释放大量能量供组织细胞利用，因其氧化首先发生在β-碳原子上，故叫β-氧化。脂酸的β-氧化大致可以划分为活化-转移-氧化三个阶段。

(1) 脂酸的活化：脂酸的活化指在细胞液中，脂酸经脂酰 CoA 合成酶（acyl-CoA synthetase）催化，生成脂酰 CoA 的过程。

$$脂酸 + HSCoA \xrightarrow[Mg^{2+}\quad ATP \searrow \; \nearrow AMP + PPi]{脂酰CoA合成酶} 脂酰CoA$$

活化生成的脂酰 CoA 极性增强，易溶于水；分子中含高能硫酯键，代谢活性增强；与酶的亲和力提高，反应速度加快。同时，反应生成的焦磷酸在细胞内迅速被焦磷酸酶水解成 2 分子无机磷酸，阻止了逆向反应的进行。因此，活化 1 分子脂酸实际上消耗了 1 分子 ATP 的两个高能磷酸键，相当于消耗了 2 分子 ATP。

(2) 脂酰 CoA 进入线粒体：脂酸的活化在胞液中进行，脂酸 β-氧化酶系分布在线粒体基质中，必须将活化的脂酰 CoA 转运到线粒体中才能进行 β-氧化。但长链脂酰 CoA 不能自由通过线粒体内膜，需要载体肉毒碱或称肉碱（carnitine，即 L-3-羟-4-三甲氨基丁酸）的帮助才能进入线粒体基质进行代谢。在线粒体内膜的外侧及内侧分别有肉碱脂酰转移酶Ⅰ（carnitine acyl transferase-Ⅰ，CAT-Ⅰ）和肉碱脂酰转移酶Ⅱ（carnitine acyl transferase-Ⅱ，CAT-Ⅱ），两者为同工酶。位于内膜外侧的 CAT-Ⅰ催化长链脂酰 CoA 脱去辅酶 A 将脂酰基转移至肉碱的 3-羟基上生成脂酰肉碱；后者经线粒体内膜上肉碱-脂酰肉碱转位酶（carnitine- fatty acyl carnitine transposase）转运到内膜内侧；最后，脂酰肉碱在 CAT-Ⅱ的催化下，与辅酶 A 进行脂酰基的交换，释放出肉碱生成脂酰 CoA，在线粒体基质中作为 β-氧化酶系的底物（图 7-4）。一般 10 个碳原子以下的活化脂肪酸不用经此途径转运，而直接通过线粒体内膜进行氧化。

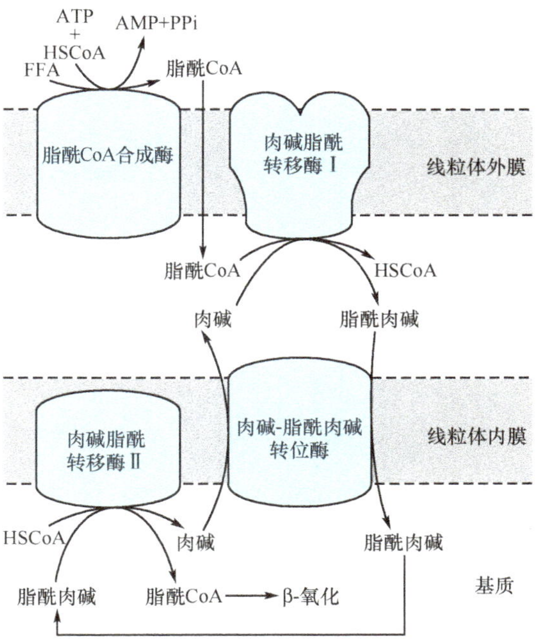

图 7-4 肉碱转移脂酰辅酶 A 进入线粒体的机制

此转移过程是脂酸氧化的限速步骤，CAT-Ⅰ是限速酶，受丙二酰 CoA 抑制。胰岛素可通过诱导乙酰 CoA 羧化酶的合成使丙二酰 CoA 浓度增加，进而抑制 CAT-Ⅰ。在某些生理及病理情况下，如饥饿、高脂低糖膳食及糖尿病等，胰岛素分泌减少，机体糖氧化利用降低，CAT-Ⅰ的活性增高，长链脂酸进入线粒体氧化加快，为机体提供能量供应。饮食后，体内丙二酰 CoA 合成及脂肪合成增加，前者抑制 CAT-Ⅰ的活性，体内脂酸氧化减少。

(3) 脂酰 CoA 的 β-氧化：1904 年，F. Knoop 设计了一个极富创造性的实验：用不被机体分解的苯基标记脂酸的 ω 甲基，以此标记脂酸饲养犬，按时检测尿中代谢产物。结果发现，不论脂酸碳链长短，若饲喂带标记的奇数碳脂酸，尿液代谢物中均有苯甲酸；若饲喂带标记的偶数碳脂酸，尿液代谢物中均有苯乙酸。据此，F. Knoop 认为：脂酸在体内的氧化分解首先是从羧基端 β-碳原子开始的，碳链逐次断裂，每次断下一个 2 碳单位，即乙酰 CoA。这就是著名的 β-氧化假说。后来，经酶学和同位素示踪技术证明：脂酰 CoA 在线粒体基质中经脂酸 β-氧化多酶复合体的催化，首先从羧基端 β-碳原子开始氧化，经过"脱氢-加水-再脱氢-硫解"四步连续反应，每循环一次生成 1 分子乙酰 CoA 和 1 分子少两个碳原子的新的脂酰 CoA。

其反应过程为：①脱氢：脂酰 CoA 在脂酰 CoA 脱氢酶催化下，在脂酰 CoA 的 α 和 β 碳原子上各脱去 1 个氢原子，生成反式 Δ^2-烯脂酰 CoA。脱下的 2 个氢由辅基 FAD 接受，生成 $FADH_2$。②加水：在 Δ^2-烯酰 CoA 水化酶催化下，反式 Δ^2-烯脂酰 CoA 加 1 分子 H_2O 生成L-β-羟脂酰 CoA。③再脱氢：在 β-羟脂酰 CoA 脱氢酶催化下，L-β-羟脂酰 CoA 脱氢生成 β-酮脂酰 CoA，脱下的 2 个氢由辅酶 NAD^+接受生成 NADH $+H^+$。④硫解（thiolysis）：在 β-酮脂酰 CoA 硫解酶（thiolase）催化下，β-酮脂酰 CoA 在 α 和 β 碳原子之间断链，加上 1 分子辅酶 A 生成乙酰 CoA 和 1 分子少两个碳原子的脂酰 CoA。后者再次经脱氢-加水-再脱氢-硫解四步反应反复进行 β-

笔记栏

氧化，最终将脂酰 CoA 全部氧化分解成乙酰 CoA（图 7-5）。可见，每完成一次 β-氧化过程，生成一分子 $FADH_2$，一分子 $NADH+H^+$，一分子乙酰 CoA。

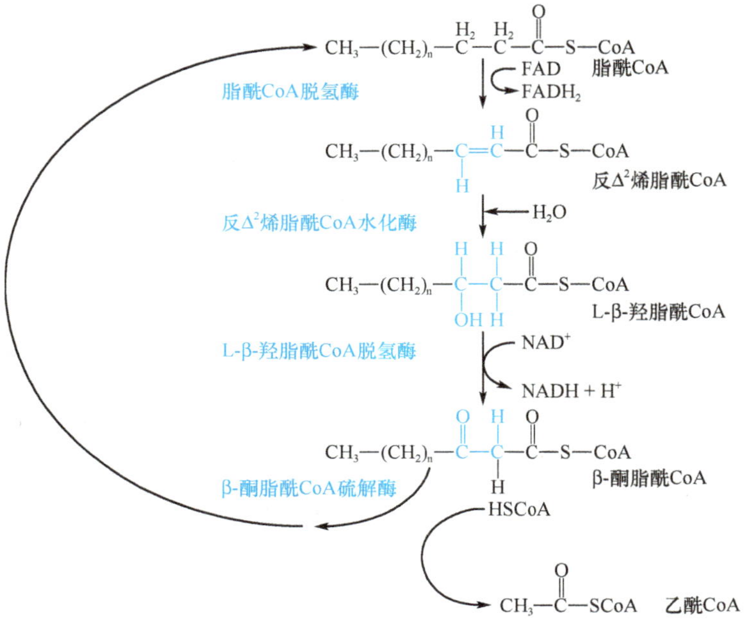

图 7-5 脂酸 β-氧化

（4）脂酸 β-氧化的能量生成及生理意义：从脂肪酸 β-氧化产生的乙酰 CoA 与来自糖代谢中丙酮酸氧化脱羧生成的乙酰 CoA 均需经三羧酸循环被彻底氧化生成 CO_2 及 H_2O，同时释放出能量供机体利用。脂酸 β-氧化是体内脂酸分解的主要途径，可为机体提供大量能量供应。现以十八碳的硬脂酸为例，说明其能量的生成。1 分子硬脂酸需进行 8 次 β-氧化、生成 8 分子 $FADH_2$、8 分子 $NADH+H^+$ 及 9 分子乙酰 CoA，总反应式如下：

$$CH_3(CH_2)_{16}COSCoA + 8NAD^+ + 8HSCoA + 8H_2O \rightarrow$$
$$9CH_3COSCoA + 8FADH_2 + 8NADH + 8H^+$$

硬脂酸的 β-氧化产物经三羧酸循环及呼吸链彻底氧化，8 分子 $FADH_2$ 生成 $8\times1.5ATP=12$ 分子 ATP，8 分子 $NADH+H^+$ 生成 $8\times2.5ATP=20$ 分子 ATP，9 分子乙酰 CoA 生成 $9\times10ATP=90$ 分子 ATP。因此，1 分子硬脂酸彻底氧化成 CO_2 和 H_2O，总共可以生成 $12+20+90=122$ 分子 ATP。由于活化 1 分子硬脂酸需要消耗 2 分子 ATP，所以 1 分子硬脂酸完全氧化可净生成 120 分子 ATP。与葡萄糖氧化相比较，1 分子葡萄糖彻底氧化生成 30 分子 ATP，3 分子葡萄糖所含碳原子数与 1 分子硬脂酸相等，前者可产生 90 分子 ATP，后者产生 120 分子 ATP。可见，在碳原子数相同的情况下，脂酸氧化能够为机体提供更多的能量。

此外，脂酸 β-氧化也是脂酸的改造过程。人体所需脂酸碳链的长短不同，通过 β-氧化可将长链脂酸改造成长度适宜的脂酸，供机体所用。脂酸 β-氧化过程中生成的乙酰 CoA 是一种十分重要的中间化合物，既可以进入三羧酸循环彻底氧化供能，也可用于合成多种重要化合物如酮体、胆固醇和类固醇化合物等。

2. 脂酸的特殊氧化形式

（1）奇数碳脂酸的氧化：人体内和膳食中含有少量奇数碳原子的脂酸，经过连续多次 β-氧化后，除生成乙酰 CoA 外还生成 1 分子丙酰 CoA。某些氨基酸如异亮氨酸、蛋氨酸和苏氨酸等，在其分解代谢过程中也有丙酰 CoA 生成。丙酰 CoA 的氧化与乙酰 CoA 的氧化不同，首先经过丙酰 CoA 羧化酶催化生成甲基丙二酸单酰 CoA，然后在甲基丙二酸单酰 CoA 变位酶的作用下经过分子内重排转变成琥珀酰 CoA，后者或进入三羧酸循环氧化分解或经草酰乙酸异生成糖（图 7-6）。

（2）不饱和脂酸的氧化：人体内约有 1/2 以上的脂酸是不饱和脂酸，食物中也含有不饱和脂酸。天然不饱和脂酸的双键均为顺式构型，而脂酸 β-氧化酶系只能氧化反式不饱和脂酸。因此，不饱和脂酸在线粒体中的氧化需要特异性烯

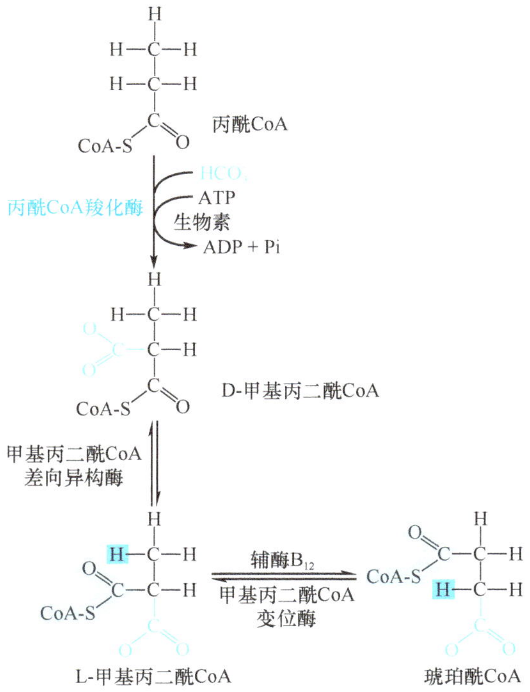

图 7-6　丙酰 CoA 的氧化

脂酰 CoA 顺反异构酶(cis-trans isomerase)帮助，将顺式烯脂酰 CoA 转变成反式构型的烯脂酰 CoA。其余氧化过程与 β-氧化过程相同(图 7-7)。由于不饱和脂酸的还原程度较饱和脂酸低，彻底氧化成 CO_2 和 H_2O 时产生的 ATP 比相同碳原子数的饱和脂酸少。

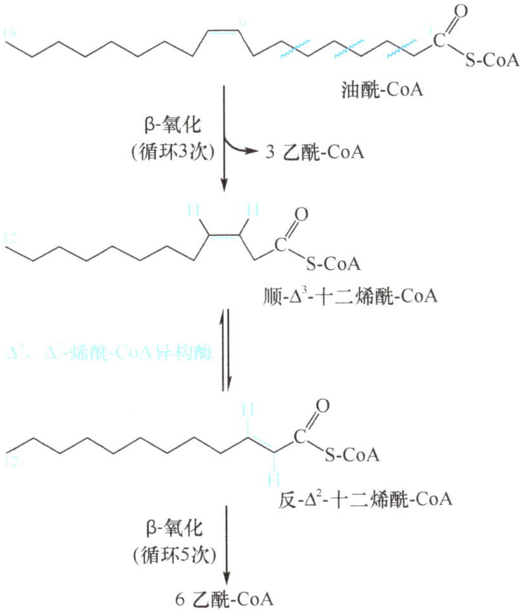

图 7-7　不饱和脂酸的氧化

3. 酮体的生成与利用　酮体(ketone bodies)是脂酸在肝脏分解代谢时产生的正常中间代谢产物，包括乙酰乙酸(acetoacetic acid)、β-羟丁酸(β-hydroxybutyric acid)和丙酮(acetone)。一方面，肝细胞中分布着活性较高的酮体合成酶系，脂酸在肝线粒体进行 β-氧化又产生大量的乙酰 CoA，因而在酮体合成酶系的催化下使乙酰 CoA 转变成酮体。另一方面，肝细胞缺乏酮体利用酶系，因此肝中生成的酮体必须通过细胞膜进入血液循环，运往肝外组织利用。这就形成了"肝内生酮、肝外用酮"的酮体代谢的特点。

(1) 酮体的生成：酮体的生物合成以乙酰 CoA 为原料，在乙酰乙酰 CoA 硫解酶、β-羟-β-甲基戊二酸单酰 CoA(hydroxymethyl glutaryl-CoA, HMG-CoA)合成酶与裂解酶的催化下，以 NADH $+H^+$ 为供氢体，经过以下三步反应生成：①乙酰乙酰 CoA 的生成：2 分子乙酰 CoA 在乙酰乙酰 CoA 硫解酶的催化下，缩合成 1 分子乙酰乙酰 CoA，释放出 1 分子 HSCoA。②HMG-CoA 的生成：乙酰乙酰 CoA 在关键酶 **HMG-CoA 合成酶**催化下，再与 1 分子乙酰 CoA 缩合生成 HMG-CoA，释放出 1 分子 HSCoA。③酮体的生成：在裂解酶催化下，HMG-CoA 分解成 1 分子乙酰乙酸和 1 分子乙酰 CoA；乙酰乙酸在 β-羟丁酸脱氢酶催化下，加氢还原生成 β-羟丁酸，该酶的活性决定于线粒体中[NADH]/[NAD^+]的比值；少量乙酰乙酸或自发脱羧或在酶催化下脱羧生成丙酮(图 7-8)。

(2) 酮体的利用：在脑、心、肾和骨骼肌等肝外细胞线粒体中，酮体利用酶类的活性很强，能够将酮体氧化分解成 CO_2 和 H_2O，同时释放大量能量供这些组织利用。因此，肝外组织是利用酮体最主要的场所。酮体利用的酶类主要有琥珀酰 CoA 转硫酶(succinyl CoA thiophorase)、乙酰乙酸硫激酶(acetoacetic acid thiokinase)、乙酰乙酸硫解酶(acetoacetic acid thiolase)及 β-羟丁酸脱氢酶等。肝细胞中没有琥珀酰 CoA 转硫酶和乙酰乙酸硫激酶，所以肝细胞不能利用酮体。酮体的氧化过程包括：

1) 乙酰乙酸的活化：乙酰乙酸的活化有两条途径：一是在 ATP 和 HSCoA 参与下，乙酰乙酸经乙酰乙酸硫激酶催化，直接活化生成乙酰乙酰 CoA；二是在琥珀酰 CoA 转硫酶的作用下，乙酰乙酸与琥珀酰 CoA 进行高能硫酯键的交换，生成乙酰乙酰 CoA 和琥珀酸。催化乙酰乙酸活化的两个酶都分布于脑、心、肾和骨骼肌等肝外组织细胞的线粒体中。

笔记栏

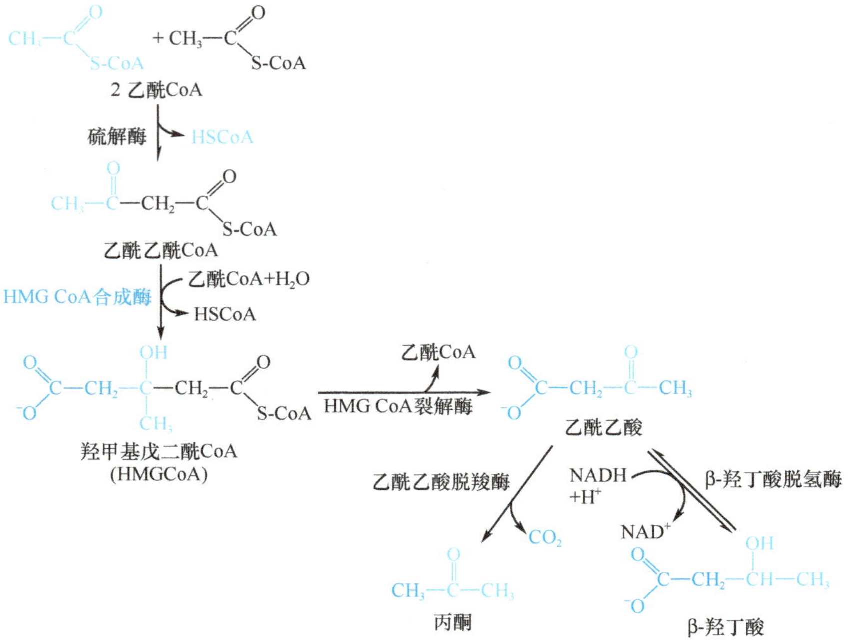

图 7-8 酮体的生成

2）乙酰 CoA 的生成：乙酰乙酰 CoA 在硫解酶的催化下，生成 2 分子乙酰 CoA，然后进入三羧酸循环彻底氧化（图 7-9）。

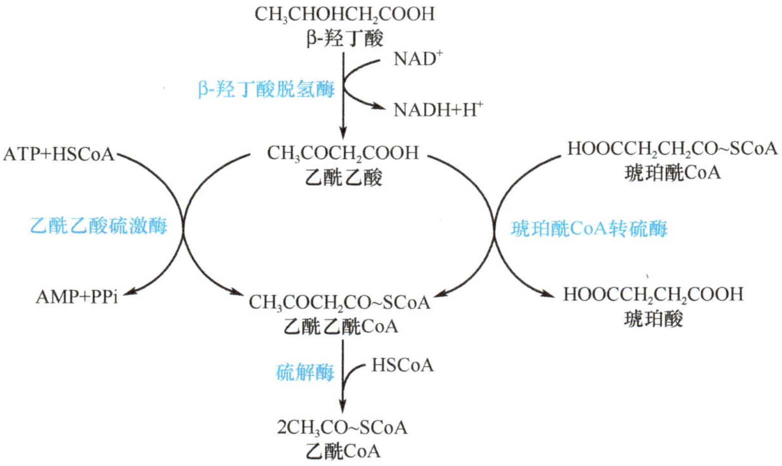

图 7-9 酮体的利用

3）丙酮的呼出：丙酮产生量少、挥发性强，主要通过肺部的呼吸作用排出体外。部分丙酮也可在多种酶催化下转变成丙酮酸或乳酸再异生成糖或彻底氧化。

（3）酮体生成的意义：酮体分子小、溶于水，易于运输、便于利用，能够透过血脑屏障、毛细血管壁及线粒体内膜，是肝脏向肌肉、脑组织等肝外组织输出优质能源的一种形式。在生理条件下，肝脏的酮体合成能力往往低于肝外组织的用酮能力，血液中的酮体水平很低，常维持在 0.03～0.5mmol/L 之间。血液中酮体含量升高常见于饥饿、妊娠中毒症、糖尿病，以及过多摄入高脂低糖膳食。在饥饿或糖供不足时，脂酸被大量动员，生成乙酰 CoA 氧化供能，以减少葡萄糖和蛋白质的消耗，维持血糖浓度的恒定。但脂酸不能透过血脑屏障，故脑组织不能直接利用脂酸。肝脏可以将脂酸分解转化成酮体，以替代葡萄糖能源为脑组织提供能量保障，确保大脑功能正常。

严重糖尿病等糖代谢异常的情况下，葡萄糖

得不到有效利用,脂酸被转化成大量酮体。若肝脏生成酮体的能力超过肝外组织对酮体的利用能力,就会引起血液酮体含量升高,造成酮血症(ketonemia),当酮体经肾小球的滤过量超过肾小管的重吸收能力,则出现酮尿症(ketonuria),由于乙酰乙酸和β-羟丁酸的酸性较强,严重时可导致酮症酸中毒。

(4)酮体生成的调节

1)饱食和饥饿的影响:饱食后,胰岛素分泌增加,脂解作用抑制,脂肪动员减少,进入肝的脂酸减少,CAT-Ⅰ活性减弱,因而酮体生成减少。饥饿时,胰高血糖素等脂解激素分泌增多,脂肪动员加强,血中游离脂酸浓度升高而使肝摄取游离脂酸增多,有利于β-氧化及酮体生成。

2)丙二酰CoA对生酮作用的调节:糖代谢旺盛时,产生的乙酰CoA和柠檬酸通过别构激活乙酰CoA羧化酶,促进丙二酰CoA的生物合成。后者竞争性抑制CAT-Ⅰ,阻止长链脂酰CoA进入线粒体进行β-氧化,故酮体生成减少。

二、脂酸的合成代谢

人体内的脂酸根据来源不同,分为外源性脂酸和内源性脂酸。外源性脂酸来源于食物,可被机体加工改造后加以利用。内源性脂酸由机体自身合成,主要利用糖代谢的中间产物转变为脂酸,进而用于合成三酰甘油贮存能量。脂酸的合成过程并非β-氧化的简单逆行,已证实脂肪酸合成与氧化分解发生在不同的亚细胞部位,由不同的酶催化,循不同的途径进行。

脂酸的合成体系有胞液体系、内质网体系和线粒体体系,胞液体系中合成的脂酸以十六碳的软脂酸(palmitoleic acid)为主,然后将其运至内质网或线粒体中进行碳链的加长,或再经进一步的加工生成不饱和的脂肪酸。

(一)软脂酸的生成

1. 合成部位 机体的多种组织如肝、肾、脑、肺、乳腺、小肠及脂肪组织等的胞液中都含有脂肪酸合成酶复合体,均能合成脂酸,其中以肝合成能力最强,约比脂肪组织大8~9倍。

2. 合成原料 乙酰CoA是脂酸合成的主要原料,凡是在代谢中能够产生乙酰CoA的物质均可作为脂酸的合成物质,但其主要来自糖的分解代谢。脂酸合成酶系分布于细胞液中,脂酸合成的直接原料乙酰CoA分布于线粒体中。所以,需要一个穿梭系统将线粒体中的乙酰CoA转运至胞液中,这一过程由柠檬酸-丙酮酸循环(citrate pyruvate cycle)来完成。其具体过程是:首先在线粒体内,乙酰CoA与草酰乙酸经柠檬酸合酶催化缩合生成柠檬酸,再由线粒体内膜上相应载体协助进入胞液。在胞液内存在的柠檬酸裂解酶可使柠檬酸裂解产生乙酰CoA及草酰乙酸,前者即可用于合成脂肪酸,后者可返回线粒体补充合成柠檬酸时的消耗。但草酰乙酸也不能自由通过线粒体内膜,故必需先经苹果酸脱氢酶催化,还原成苹果酸再经线粒体内膜上的载体转运入线粒体,经氧化后补充草酰乙酸。也可在胞液中苹果酸酶(malic enzyme)作用下,氧化脱羧生成丙酮酸,同时伴有NADPH的生成。丙酮酸可经内膜载体被转运入线粒体内,可再羧化转变为草酰乙酸,又可参与乙酰CoA的转运(图7-10)。

经柠檬酸-丙酮酸循环每进行一次,可使一分子乙酰CoA由线粒体进入胞液,同时消耗两分子ATP,还为机体提供了NADPH以补充合成反应的需要。此循环不仅提供了脂肪酸合成的原料,还是又一条除磷酸戊路途径外提供还原物质NADPH的途径。

脂酸的生物合成除需要原料乙酰CoA外,还需要ATP、NADPH+H^+、HCO_3^-及Mn^{2+}等辅助原料。

3. 合成过程 体内合成的脂肪酸分子的所有碳原子均来源于乙酰CoA,但在合成过程中直接参与合成反应的仅有一分子是乙酰CoA,其他均需先羧化生成丙二酸单酰辅酶A,简称丙二酰CoA(malonyl-CoA)后才能进入合成脂肪酸的途径,即丙二酰CoA是合成并延长脂肪酸碳链的直接前体或供碳分子。

(1)乙酰CoA羧化成丙二酰CoA:这是脂酸生物合成的限速反应,由乙酰CoA羧化酶(acetyl CoA carboxylase)催化。该酶存在于胞液中,以生物素为辅基,Mn^{2+}为激活剂,催化乙酰CoA转变成丙二酰CoA,反应如下:

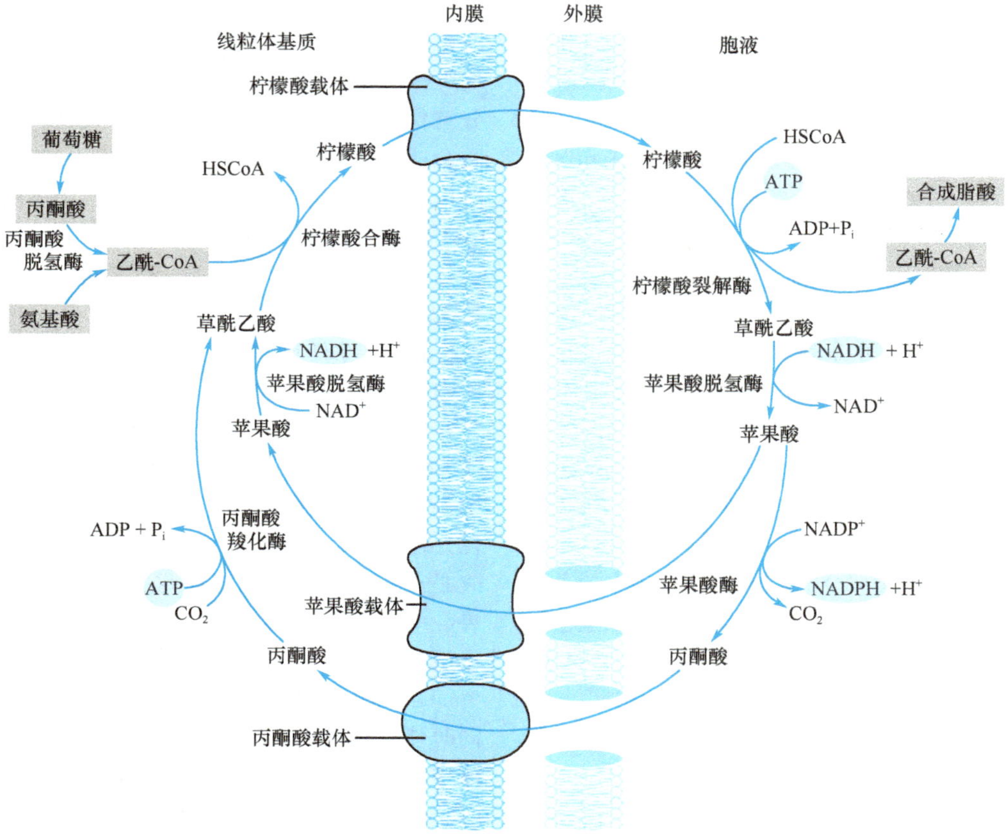

图 7-10 柠檬酸-丙酮酸循环

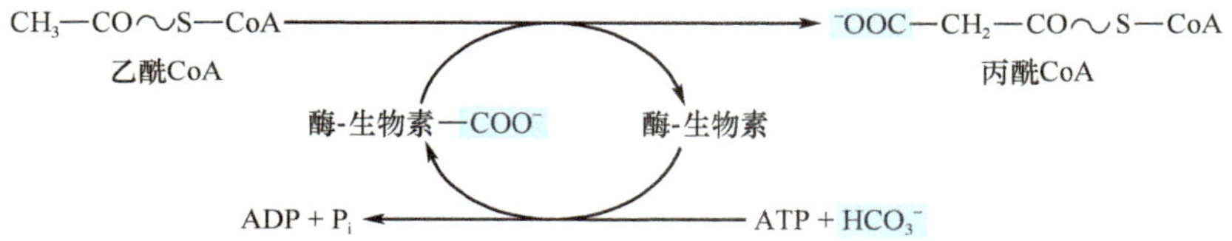

乙酰 CoA 羧化酶是一种变构酶，有两种存在形式和两种调节方式，即单体与多聚体，变构调节与共价修饰调节。单体形式的乙酰 CoA 羧化酶分子量约为 4 万，无活性；多聚体形式的乙酰 CoA 羧化酶分子量约为 60 万～80 万，通常由 10～20 个单体组成，有活性。酶的活性型与无活性型间的相互转变受多种物质的变构调节，柠檬酸、异柠檬酸使乙酰 CoA 羧化酶从无活性的单体转变成有活性的多聚体；软脂酰 CoA 及长链脂酰 CoA 则使其从有活性的多聚体转变成无活性的单体。乙酰 CoA 羧化酶还可以被一种 AMP（而不是 cAMP）依赖性蛋白激酶磷酸化而失活，脱去磷酸基后酶又恢复活性。胰高血糖素及肾上腺素可激活蛋白激酶使乙酰 CoA 羧化酶磷酸化丧失催化功能；胰岛素可通过激活磷蛋白磷酸酶使磷酸型乙酰 CoA 羧化酶脱去磷酸基而活化。

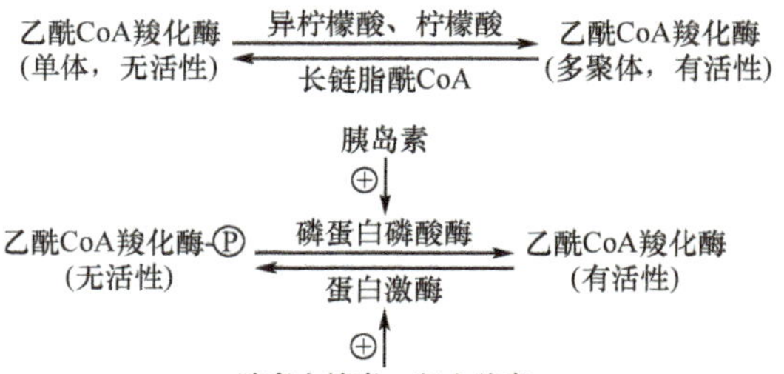

（2）脂酸合成酶系与脂酸的合成：进化程度不同的生物，脂酸合成酶系的组成和结构不同。在大肠埃希菌中，脂酸合成酶系是一个由乙酰基转移酶、丙二酰基转移酶、β-酮脂酰合成酶、β-酮脂酰还原酶、β-羟脂酰脱水酶（水合酶）、Δ^2-烯脂酰还原酶及长链脂酰硫酯酶等 7 种不同功能的酶与酰基载体蛋白（acyl carrier protein，ACP）聚合形成的多酶复合体，脂酸合成的各步反应均以酰基载体蛋白为核心，接上

笔记栏

代谢中间物不断反应以延长脂肪酸的碳链。但在哺乳动物体内，催化脂肪酸合成的 7 个酶是在同一条多肽链上，属于多功能酶。它由一个基因编码，并由 2 个相同的亚基头尾相连聚合为二聚体而具有活性，如二聚体解聚则酶活性丧失。二聚体的每个亚基均含有 7 种酶的结构域和一个 ACP 结构域(图 7-11A)。无论高等生物或是低等生物，脂酸合成酶系中的 ACP 均以 4′-磷酸泛酰氨基乙硫醇(4′-phosphopantetheine)为辅基，辅基的 4′-磷酸与 ACP 的丝氨酸残基通过酯键相连接(图 7-11B)；辅基的末端巯基可与脂酰基结合形成硫酯键，用 E_2-泛-SH 表示。酶系中的 β-酮脂酰合成酶分子中含有半胱氨酸残基，其半胱氨酸残基中的巯基也能携带脂酰基，用 E_1-半胱-SH 表示。多功能酶的生成，使脂肪酸合成的中间代谢物不会弥散开，而是从多功能酶上的一个酶活性中心转到下一个酶的活性中心，并由酰基载体传递，从而稳定地提高了脂肪酸合成的效率。

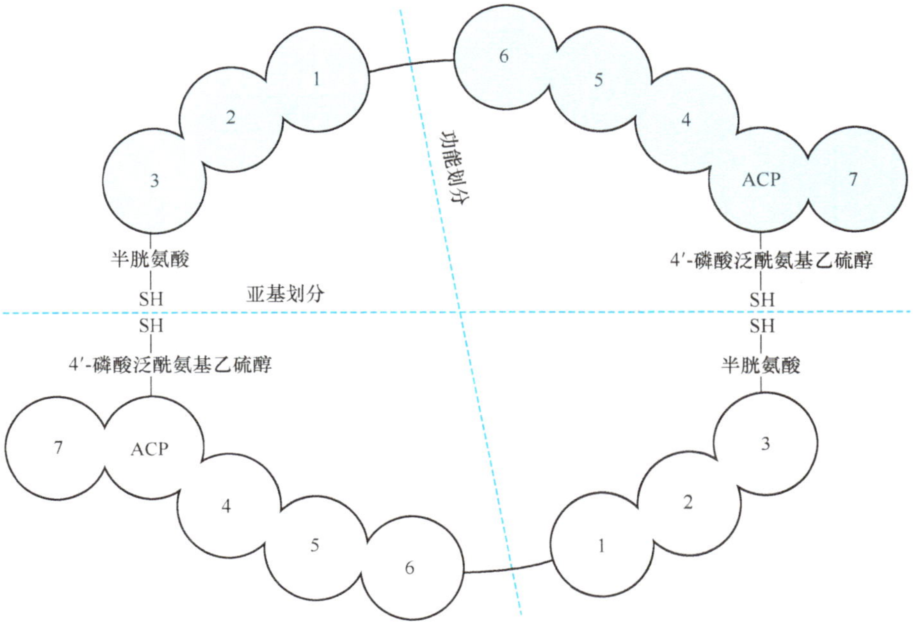

图 7-11A 哺乳动物脂酸合成酶二聚体

1：乙酰转移酶；2：丙二酰基转移酶；3：β-酮脂酰合成酶；4：β-酮脂酰还原酶；5：烯脂酰还原酶；6：水合酶；7：硫酯酶

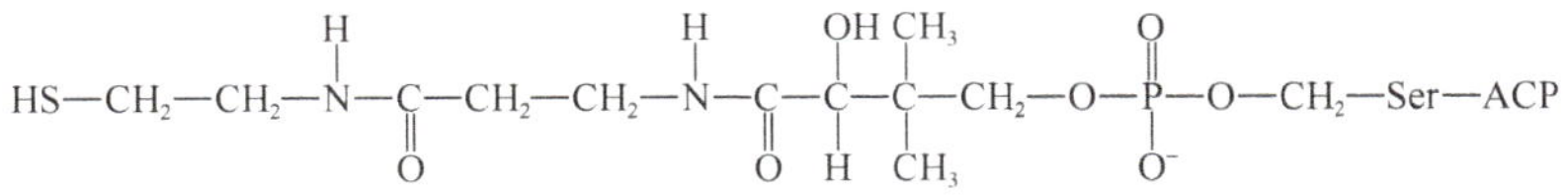

图 7-11B ACP 与辅基

软脂酸的合成实际上是一个重复循环的过程，由 1 分子乙酰 CoA 与 7 分子丙二酰 CoA 经过酰基转移，接下来就是“缩合-加氢-脱水-再加氢”的重复循环过程，每循环一次碳链延长两个碳原子，共进行 7 次循环，最后硫解生成 1 分子十六碳的软脂酸。具体过程为：①乙酰基的转移：在乙酰基转移酶的催化下，乙酰 CoA 分子中乙酰基先转移到脂肪酸合成酶系的 ACP 辅基的巯基上，再转移至 β-酮脂酰合成酶分子中半胱氨酸残基巯基上，形成 E_1-半胱-乙酰基。②丙二酰基的转移：在丙二酰转移酶催化下，丙二酰基转移到脂肪酸合成酶系 ACP 辅基的巯基上，形成 E_2-泛-丙二酰基与 E_1-半胱-乙酰基的酶复合物。③缩合：在 β-酮脂酰合成酶的催化下，E_1-半胱-乙酰基上的乙酰基转移到丙二酰基的第二个碳原子上，并脱去羧基，生成 β-酮脂酰基(乙酰乙酰-S-ACP)，连接在 ACP 巯基上。④加氢：在 β-酮脂酰还原酶的催化下，以 NADPH+H^+ 为供氢体，乙酰乙酰-ACP 被加氢还原生成 α，β-羟丁酰 ACP。⑤脱水：在 β-羟脂酰脱水酶的催化下，α，β-羟丁酰 ACP 分子中 β 位的羟基与 α 位的氢脱水，生成 α，β-丁烯酰 ACP。⑥再加氢：在 Δ^2-烯脂酰还原酶的催化下，α，β-丁烯酰 ACP 加氢还原生成丁酰

笔记栏

ACP,完成第一轮循环。如此,经过②~⑥反应的 7 次循环,消耗 1 分子乙酰 CoA、7 分子丙二酰 CoA、7 分子 ATP 和 14 分子 NADPH+H$^+$,即生成 1 分子软脂酰 ACP。⑦硫解:在长链脂酰硫酯酶的催化下,软脂酰-ACP 的硫酯键水解断裂,将软脂酸从酶复合体中释放出来。软脂酸的具体合成过程见图 7-12,总反应式如下:

$$CH_3COSCoA + 7HOOCCH_2COSCoA + 14NADPH + 14H^+ \rightarrow CH_3(CH_2)_{14}COOH + 7CO_2 + 6H_2O + 8HSCoA + 14NADP^+$$

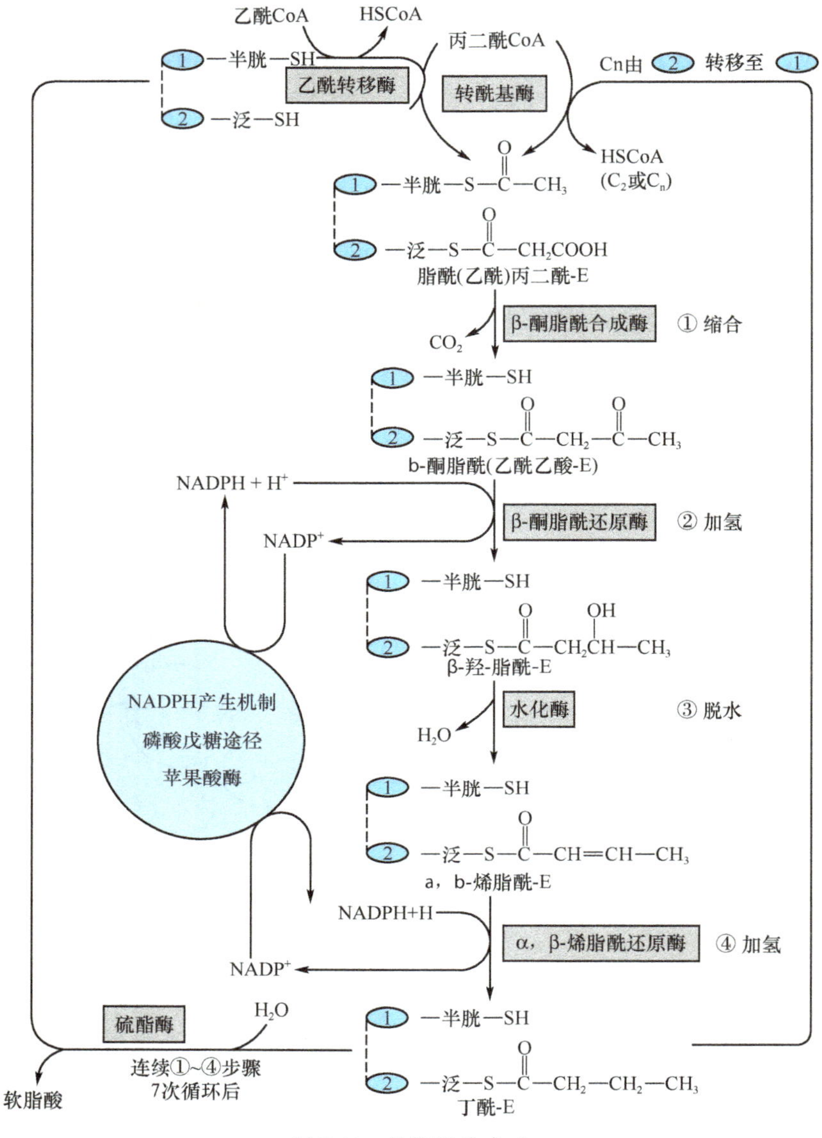

图 7-12　软脂酸的合成

由此可见,脂酸合成过程不是脂酸 β-氧化的逆过程,两者在组织与细胞定位、转移载体、酰基载体、限速酶、供氢体与受氢体、底物与产物以及激活剂与抑制剂等方面均不相同(表 7-2)。

表 7-2　脂酸合成与分解比较

	合成	分解
反应最活跃时期	高糖膳食后	饥饿
刺激激素	胰岛素/胰高血糖素比值↑	胰岛素/胰高血糖素比值↓
主要组织定位	肝脏为主	肌肉、肝脏
亚细胞定位	胞液	线粒体为主
酰基转运机制	柠檬酸-丙酮酸循环(线粒体到胞液)	肉碱穿梭(胞液到线粒体)
酰基载体	酰基载体蛋白, HSCoA	HSCoA

续表

	合成	分解
氧化还原辅因子	$NADPH+H^+$	NAD^+、FAD
底物/产物	乙酰 CoA /脂酰 CoA	脂酰 CoA /乙酰 CoA
关键酶	乙酰 CoA 羧化酶	肉碱脂酰转移酶 I
激活剂	柠檬酸、异柠檬酸、胰岛素、高糖低脂膳食	饥饿、高脂低糖膳食
抑制剂	长链脂酰 CoA、胰高血糖素、肾上腺素、高脂低糖膳食	丙二酰 CoA、胰岛素、饱食

(二)软脂酸的加工改造

维持人体组织细胞的正常结构与生理功能,需要碳链长短不等、饱和度不同的多种脂酸。除必需脂酸依赖食物供应外,人体所需的其他脂酸均可自身合成。它们均以软脂酸为母体,分别在线粒体、内质网等不同的亚细胞结构中进行碳链长短和饱和度的加工改造。

1. 碳链长度的加工改造 脂酸碳链的缩短在线粒体由β-氧化酶系催化完成,每经过一次β-氧化循环就可以减少两个碳原子。脂肪酸碳链的延长可由两个酶体系催化完成。一个是内质网脂肪酸碳链延长酶体系,一个是线粒体酶体系。①在内质网中,软脂酸以丙二酰 CoA 为二碳单位的供体,由 $NADPH+H^+$ 供氢,经缩合、加氢、脱水、再加氢等反应延长碳链,与胞液中脂肪酸合成过程基本相同,但酰基载体不是 ACP 而是 HSCoA。除脑组织外,内质网碳链延长系统一般以合成 18 碳的硬脂酸为主。脑组织因含有其他酶,可将碳链最多延长至 24 碳,作为某些脂类的组成成分,如脑中的脑苷脂(属鞘糖脂),其脂肪酸主要为 24 碳脂酸。②在线粒体内,软脂酸以乙酰 CoA 为二碳单位供体、$NADPH+H^+$ 为供氢体,经过与乙酰 CoA 缩合、加氢、脱水、再加氢等步骤使碳链逐步延长,其过程类似于脂酸β-氧化的逆行反应,仅烯脂酰 CoA 还原酶的辅酶为 $NADPH+H^+$ 与β-氧化过程不同。线粒体碳链延长系统一般可将脂酸碳链延长至 24 碳或 26 碳,但仍以 18 碳的硬脂酸最多。

2. 饱和度的加工改造 人和动物组织中的不饱和脂酸主要有软油酸(16:1,Δ^9)、油酸(18:1,Δ^9)、亚油酸(18:2,$\Delta^{9,12}$)、亚麻酸(18:3,$\Delta^{9,12,15}$)及花生四烯酸(20:4,$\Delta^{5,8,11,14}$)等。最普通的单不饱和脂酸是软油酸和油酸,它们分别由软脂酸和硬脂酸活化后经 Δ^9 去饱和酶(desaturase)催化脱氢而成。去饱和酶分布于滑面内质网,属混合功能氧化酶。脂酸的去饱和过程是一个脱氢过程,需要有线粒体外电子传递系统参与,电子传递系统包括黄素蛋白(细胞色素 b_5 还原酶)和细胞色素 b_5。分子氧作为电子受体参与反应,但不反映在被氧化的产物中(图 7-13)。

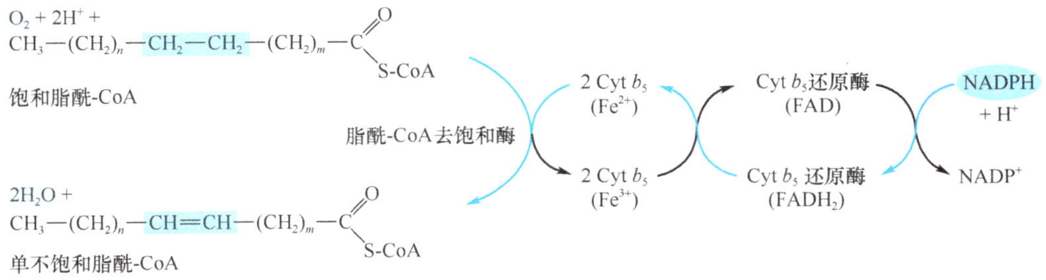

图 7-13 动物组织脂酸去饱和作用的电子传递过程

人和动物体内质网上镶嵌有 Δ^4、Δ^5、Δ^8 及 Δ^9 去饱和酶,缺乏 Δ^9 以上的去饱和酶。因而,自身不能合成亚油酸(linoleate)、亚麻酸(linolenate)及花生四烯酸(arachidonate)等多不饱和脂酸。植物组织中含有 Δ^{10}、Δ^{12}、Δ^{15} 去饱和酶,能够合成上述多不饱和脂酸。

(三)脂酸合成的调节

乙酰 CoA 羧化酶催化的反应是脂肪酸合成的限速步骤,很多因素都可影响此酶活性,从而使脂肪酸合成速度改变。

1. 代谢物的调节 在高脂膳食后，或因饥饿导致脂肪动员加强时，细胞内软脂酰 CoA 增多，可反馈抑制乙酰 CoA 羧化酶，从而抑制体内脂肪酸合成；而进食糖类，糖代谢加强时，由糖氧化及磷酸戊糖途径提供的乙酰 CoA 和 NADPH 增多，这些合成脂肪酸的原料的增多有利于脂肪酸的合成。此外，糖氧化加强的结果，使细胞内 ATP 增多，进而抑制异柠檬酸脱氢酶，造成异柠檬酸和柠檬酸堆积，在线粒体内膜的相应载体协助下，由线粒体转入胞液，可以变构激活乙酰 CoA 羧化酶，同时本身也可裂解释放乙酰 CoA，增加脂肪酸合成的原料，使脂肪酸合成增加。

2. 激素的调节 胰岛素、胰高血糖素、肾上腺素及生长素等均参与对脂肪酸合成的调节。胰岛素能诱导乙酰 CoA 羧化酶、脂肪酸合成酶及柠檬酸裂解酶的合成，从而促进脂肪酸的合成。此外，还可通过促进乙酰 CoA 羧化酶的去磷酸化而使酶活性增强，也使脂肪酸合成加速；胰高血糖素等可通过增加蛋白激酶 A 活性使乙酰 CoA 羧化酶磷酸化而降低活性，从而抑制脂肪酸的合成。此外，胰高血糖素也抑制三酰甘油合成，从而增加长链脂酰 CoA 对乙酰 CoA 羧化酶的反馈抑制，亦使脂肪酸合成被抑制。肾上腺素，生长素也能抑制乙酰 CoA 羧化酶，从而抑制脂肪酸合成。

三、三酰甘油的合成代谢

（一）合成部位

三酰甘油（即脂肪）是机体储存能量的重要形式及含量最多的脂类物质。人体大部分组织都可以合成脂肪，但以肝脏、脂肪组织和小肠为主。主要合成场所为胞液，关键酶脂酰 CoA 转移酶位于内质网膜的胞液面，催化脂酰基的转移。

肝脏主要以糖代谢中间产物为原料，通过二酰甘油途径（diacylglycerol pathway）合成脂肪，其合成能力最强。但肝脏合成的脂肪不能储存，需以极低密度脂蛋白（very low density lipoproteins，VLDL）形式通过血液运输到肝外组织利用或储存。若因肝功能障碍、营养不良（如胆碱缺乏）、中毒（如长期酒精中毒）等原因，肝脏合成脂蛋白的能力下降，不能有效地将脂肪运送到肝外而在肝细胞内堆积，最终可形成脂肪肝（hepar adiposum）。

脂肪组织既能合成脂肪，又能储存脂肪。既可以利用葡萄糖为原料经二酰甘油途径合成脂肪，也可以利用乳糜微粒和极低密度脂蛋白等血浆脂蛋白运输来的脂酸为原料经单酰甘油途径合成脂肪。与肝脏不同，脂肪细胞合成的脂肪可以就地储存。当机体需要能量时，储存在脂肪细胞中的脂肪被动员分解为甘油和脂酸，通过血液循环运输到肝、心、肌等组织利用。

小肠主要以外源性脂类物质的部分降解产物为原料通过单酰甘油途径（monoacylglycerol pathway）合成脂肪，除少部分就地储存外，绝大多数以乳糜微粒形式分泌入血。

（二）合成原料

人体合成三酰甘油所需的甘油及脂肪酸主要由葡萄糖代谢提供。甘油和脂酸在合成前需分别活化为 3-磷酸甘油和脂酰 CoA。在脂肪合成过程中需要脂酰 CoA 合成酶和脂酰 CoA 转移酶，分别催化脂酸活化和脂酰基的转移。

（三）合成过程

1. 单酰甘油途径 该途径的主要特点是：①利用食物脂类物质的消化降解产物为原料，以单酰甘油为起始物，与 2 分子脂酰 CoA 在脂酰 CoA 转移酶的催化下生成三酰甘油；②该途径是小肠黏膜细胞合成三酰甘油的主要途径（详见本章第一节，图 7-2）。

2. 二酰甘油途径 又称磷脂酸途径（phosphatidic acid pathway），其主要特点是：①利用糖酵解途径的中间产物转变为 3-磷酸甘油与脂酰 CoA 并酯化为三酰甘油，即由磷酸二羟丙酮在甘油磷酸脱氢酶催化下，加氢还原生成 3-磷酸甘油；3-磷酸甘油再由脂酰 CoA 转移酶催化与 2 分子脂酰 CoA 反应生成甘油酯类的共同前体磷脂酸（phosphatidic acid，PA）；后者在磷脂酸磷酸酶的作用下，水解脱去磷酸生成 1，2-二酰甘油，最后在脂酰 CoA 转移酶催化下，加上 1 分子脂酰基生成三酰甘油（图 7-14）；②脂肪细胞和肝细胞主要通过此途径合成脂肪。

肝、肾等细胞能利用游离甘油，经甘油激酶催化生成 3-磷酸甘油用于脂肪的合成。脂肪组织缺乏甘油激酶，不能利用游离甘油合成脂肪。

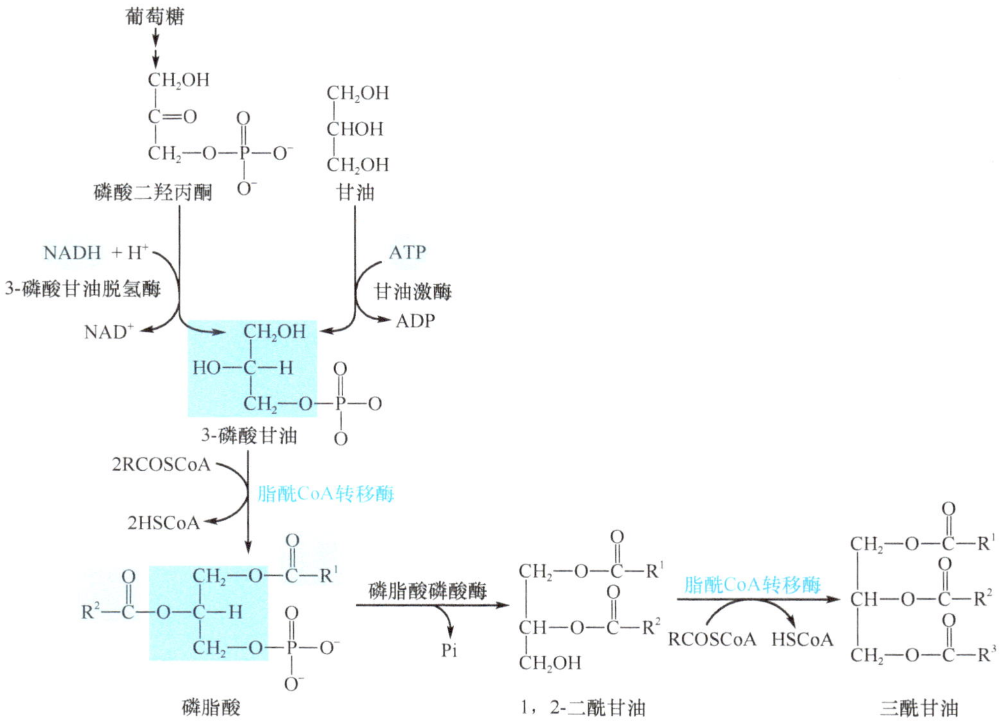

图 7-14 二酰甘油途径合成三酰甘油

三酰甘油的合成速度受多种激素的影响：胰岛素促进糖转变为脂肪，胰高血糖素、肾上腺皮质激素等则抑制三酰甘油的生物合成。

第三节 磷脂的代谢

一、磷脂的分类、结构与功能

磷脂是指一类含有磷酸的脂类，机体中主要有两大类磷脂：甘油磷脂和鞘磷脂。含有甘油的磷脂称为甘油磷脂，含有鞘氨醇的磷脂称为鞘磷脂。其共同特点是：具有由磷酸相连的取代基团（含氮碱或醇类）构成的亲水头和由脂肪酸链构成的疏水尾。在生物膜中磷脂的亲水头位于膜表面，而疏水尾位于膜内侧。

甘油磷脂是机体含量最多的一类磷脂，其基本结构是磷脂酸和与磷酸相连的取代基团（X），即由 1 分子甘油、2 分子脂酸、1 分子磷酸及 1 分子含氮的 X 取代基团组成。通常在甘油 C_1 位上多为饱和脂酸，C_2 位上多为不饱和脂酸。

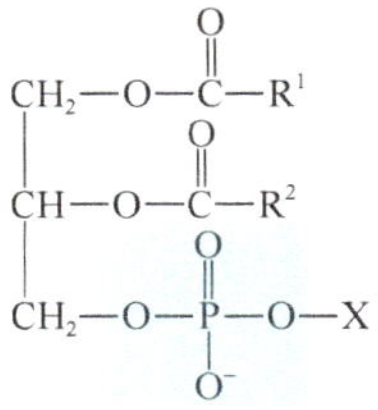

甘油磷脂由于取代基团不同又可以分为许多类（表 7-3），当 X 取代基团为 H 时，即为最简单的甘油磷脂——磷脂酸；X 为胆碱（bilineurine）时，即为磷脂酰胆碱（phosphatidyl choline，PC，又名卵磷脂）；X 为乙醇胺（cholamine）时，即为磷脂酰乙醇胺（phosphatidyl ethanolamine，PE，又名脑磷脂）。

含有鞘氨醇（sphingosine）或二氢鞘氨醇（dihydrosphingosine）的脂类称为鞘脂（sphingolipid，SL）。鞘氨醇是脂肪族（16C~20C）氨基二元醇，分子中含有一疏水性长链脂肪烃尾巴和 2 个羟基及 1 个氨基构成的极性头部。

鞘脂的组成特点是：不含甘油而含鞘氨醇，一分子脂酸以酰胺键与鞘氨醇的氨基相连，鞘脂的末端羟基常为极性基团（X）如磷酸胆碱或糖基所取代。按照取代基团 X 的不同，可分为鞘磷脂和鞘糖脂两种。鞘磷脂含磷酸，末端羟基取代基团 X 为磷酸胆碱或磷酸乙醇胺；鞘糖脂（glycosphingolipid）含糖，末端羟基取代基团 X 为单糖基或寡糖链，通过 β-糖苷键与其末端羟基相连。

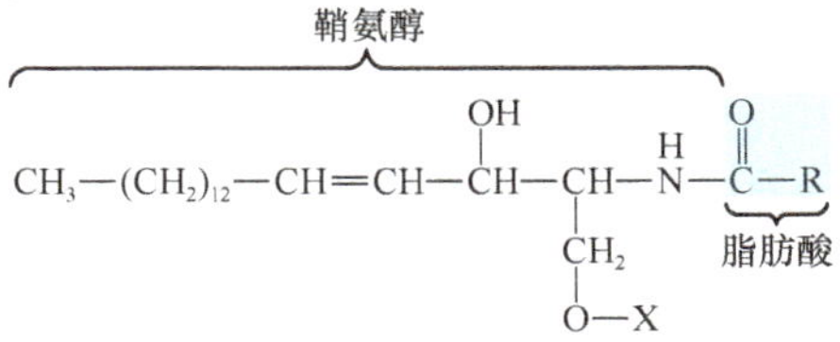

表 7-3 机体中重要甘油磷脂的类型

X-OH	X 取代基	甘油磷脂的名称
水	—H	磷脂酸
胆碱	$—CH_2—CH_2—\overset{+}{N}(CH_3)_3$	磷脂酰胆碱(卵磷脂)
乙醇胺	$—CH_2—CH_2—\overset{+}{N}H_3$	磷脂酰乙醇胺(脑磷脂)
丝氨酸	$—CH_2—CH(COO^-)—\overset{+}{N}H_3$	磷脂酰丝氨酸
甘油	$—CH_2—CH(OH)—CH_2—OH$	磷脂酰甘油
磷脂酰甘油	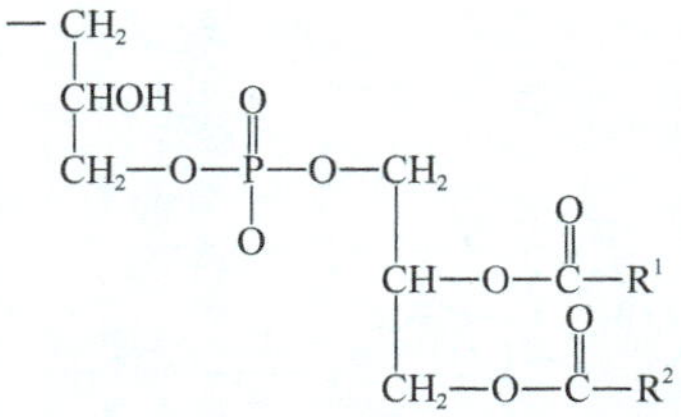	二磷脂酰甘油(心磷脂)
4,5-二磷酸肌醇	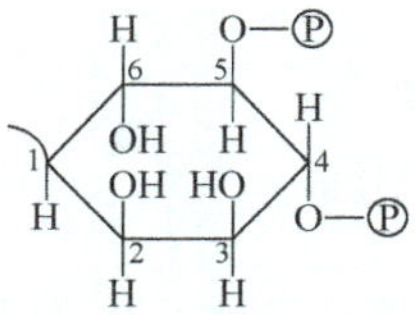	4,5-二磷酸磷脂酰肌醇

磷脂是生物膜系统如细胞膜、核膜、线粒体膜等的重要结构成分，对维持细胞和细胞器的正常形态与功能起着重要作用。磷脂还参与细胞膜对蛋白质的识别和信号传导，如一磷酸磷脂酰肌醇与去甲肾上腺素的受体有很强的结合力，对去甲肾上腺素的激素信息传递具有一定的影响。磷脂还是血浆脂蛋白的重要组成成分，具有稳定血浆脂蛋白、帮助脂类物质运输的功能。下面以甘油磷脂为主介绍磷脂在体内的代谢情况。

二、甘油磷脂的合成代谢

(一) 合成部位

全身各组织细胞内质网都分布有磷脂合成酶系，均能合成甘油磷脂，但以肝、肾及肠等组织最活跃，肝脏的合成能力最强。

(二) 合成原料

甘油磷脂的生物合成以脂酸、甘油、磷酸盐、胆碱、丝氨酸、肌醇等为原料。甘油和脂酸主要来自糖代谢，多不饱和脂酸主要从植物油中摄取，胆碱和乙醇胺既可从食物中获取亦可由丝氨酸转变生成。甘油磷脂的合成还需 ATP 供能，CTP 为合成 CDP-乙醇胺、CDP-胆碱及 CDP-二酰甘油等活化中间物所必需(图 7-15)。

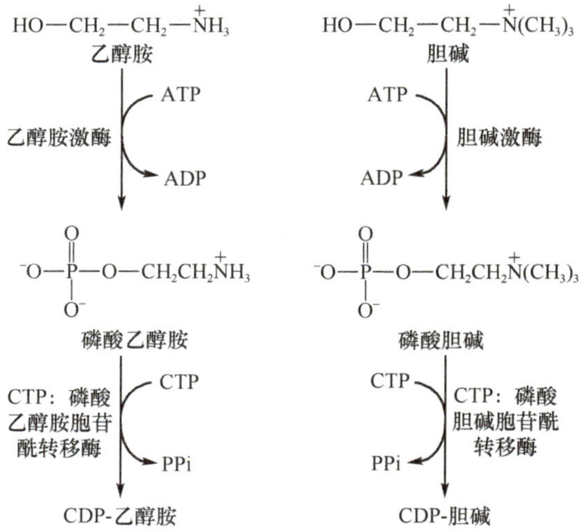

图 7-15 CDP-乙醇胺和 CDP-胆碱的合成

（三）合成过程

甘油磷脂的生物合成有两条途径，即二酰甘油途径与CDP-二酰甘油途径，而磷脂酸是这两条途径的共同前体（详见本章第二节，图7-14）。

1. 二酰甘油合成途径 这条合成途径以二酰甘油为重要中间产物，CDP-胆碱与CDP-乙醇胺分别为胆碱和乙醇胺供体，卵磷脂和脑磷脂为主要产物。这两类磷脂在体内含量最多，占组织及血液中磷脂的75%以上。合成过程是：磷脂酸经磷脂酸磷酸酶水解生成1,2-二酰甘油，作为CDP-胆碱或CDP-乙醇胺的受体参与磷脂的合成（图7-16）。

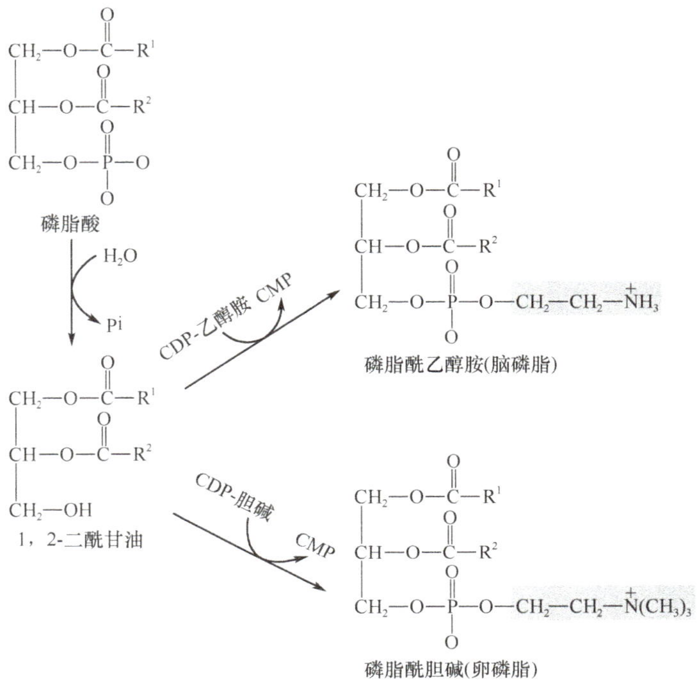

图7-16 二酰甘油途径合成磷脂

2. CDP-二酰甘油合成途径 这条合成途径以CDP-二酰甘油为重要中间产物，磷脂酰丝氨酸（phosphatidyl serine，PS）、磷脂酰肌醇（phosphatidyl inositol，PI）及二磷脂酰甘油（心磷脂）为主要产物。在合成过程中，磷脂酸不必被磷酸酶水解，本身即为合成这类磷脂的前体；丝氨酸、肌醇及磷脂酰甘油等也不必先与CDP结合，而是在相应合成酶催化下，直接与CDP-二酰甘油反应生成磷脂酰丝氨酸、磷脂酰肌醇及心磷脂（图7-17）。

Ⅱ型肺泡上皮细胞能合成二软脂酰胆碱，其1,2位均为软脂酰基，这种特殊磷脂酰胆碱是较强的乳化剂，能降低肺泡表面张力，有利于肺每次呼气时肺泡内总是保留一定量的残气，使肺泡在呼气时不致萎缩。

三、甘油磷脂的降解

生物体内能够水解甘油磷脂的酶类称为磷脂酶（phospholipase），根据其水解酯键的特异部位不同分为磷脂酶A_1、A_2、B、C和D等几种主要类型（图7-18），可将甘油磷脂完全水解成甘油、磷酸、脂肪酸和含氮碱。

磷脂酶A_1广泛分布于动物细胞溶酶体中，蛇毒及某些微生物中亦有。特异性水解甘油磷脂分子中C_1位酯键，产物一般为饱和脂酸和溶血磷脂2。磷脂酶A_2广泛分布于动物细胞膜及线粒体膜上，以Ca^{2+}为激活剂，特异性水解甘油磷脂分子中第C_2位酯键，产物一般为多不饱和脂酸及溶血磷脂1。磷脂酶A_1及A_2水解产生的溶血磷脂是一类很强的表面活性物质，能使细胞膜破坏，引起溶血或细胞坏死。人胰腺细胞含有大量磷脂酶A_2原，急性胰腺炎时，胰腺细胞中的磷脂酶A_2原被脱氧胆酸或胰蛋白酶激活，作用于细胞膜和线粒体膜上的磷脂酰胆碱，产生大量的溶血磷脂，引起胰腺细胞膜及线粒体膜结构溶解、破坏，这与急性胰腺炎病变的发病机制有关。

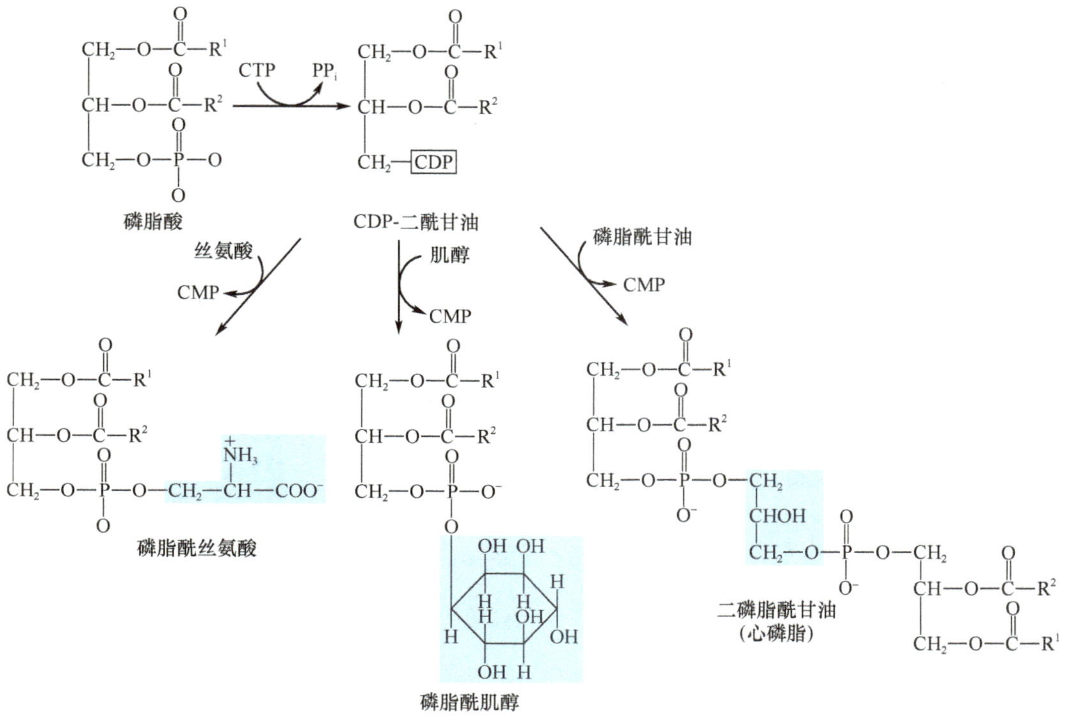

图 7-17 CDP-DG 途径合成磷脂

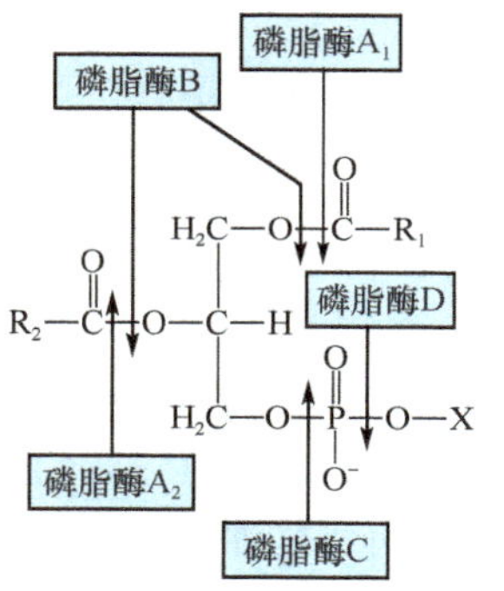

图 7-18 磷脂酶对磷脂的水解

磷脂酶 B 能水解溶血磷脂 C_1或 C_2位上酯键而使其失去溶解细胞的作用，其中磷脂酶 B_1(又称溶血磷脂酶 1)水解溶血磷脂 1 的 C_1位上酯键，磷脂酶 B_2(又称溶血磷脂酶 2)水解溶血磷脂 2 的 C_2位上酯键，产物为脂酸、甘油磷酸胆碱或甘油磷酸乙醇胺。

磷脂酶 C 存在于细胞膜及某些细菌中，催化甘油磷脂的 C_3位膦酸酯键水解，产物为磷酸胆碱或磷酸乙醇胺及余下作用物分子中的其他组分。

磷脂酶 D 主要分布于植物及动物脑组织细胞中，催化磷脂分子中磷酸与取代基团(如胆碱、乙醇胺等)间的酯键断裂，释放出取代基团。

笔记栏

第四节 胆固醇的代谢

一、胆固醇的结构、分布和功能

胆固醇是类固醇家族的重要成员，具有环戊烷多氢菲烃核结构，在 C_3位含有 1 个羟基，因最早从动物胆石中分离而得名胆固醇。胆固醇及其衍生物不溶于水、易溶于有机溶剂，在人体内主要以游离胆固醇及胆固醇酯(CE)的形式存在，其结构式如下：

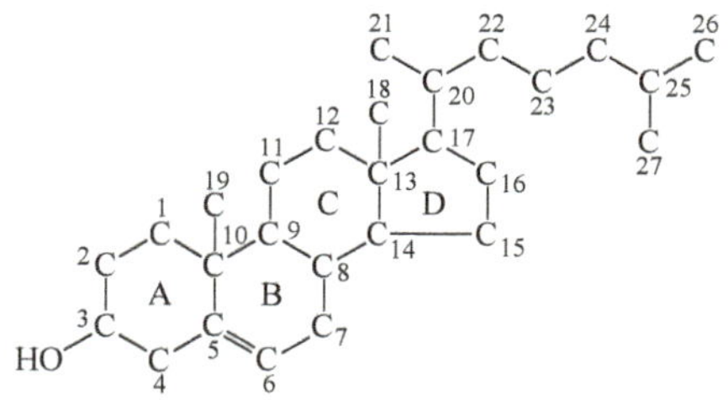

胆固醇广泛存在于全身各组织中，其中约 1/4 分布在脑及神经组织中，占脑组织总重量的 2% 左右。肝、肾及肠等内脏以及皮肤、脂肪组织亦含较多的胆固醇，每 100g 组织中约含 200～500mg，以肝组织含量最高，肌肉较少。肾上腺、卵巢等组织胆固醇含量可高达 1%～5%，但总量很少。

机体内的胆固醇具有多种重要生理功能，主要表现在以下四个方面：①构成细胞膜：胆固醇是构成细胞膜的重要组成成分，对维持生物膜的流动性和正常功能具有重要作用。②转变成胆汁酸盐：胆固醇可以在肝中转变成胆汁酸盐，帮助脂类物质的乳化、消化与吸收。③合成类固醇激素：胆固醇是合成皮质醇、醛固酮、睾酮、雌二醇以及维生素D等类固醇激素的前体物质，这些激素在调节机体内各种物质代谢，维持人体正常生理功能方面具有重要的功能。④调节脂蛋白代谢：胆固醇还参与脂蛋白组成，引起血浆脂蛋白关键酶活性的改变，调节血浆脂蛋白代谢。当胆固醇代谢发生障碍，可引起血浆胆固醇增高，以及脑血管、冠状动脉和周围血管病变，导致动脉粥样硬化的产生。因此，探索和研究胆固醇代谢与这些疾病间的关系，已成为当今医学研究瞩目的重要问题。

二、胆固醇的合成代谢

人体胆固醇的来源有二：一是自身合成，二是从食物中摄取。正常成人每天膳食中约含胆固醇300～500mg，主要来自动物内脏、蛋黄、奶油及肉类。食物中的胆固醇被吸收后，在肠黏膜细胞中与细胞自身合成的胆固醇、三酰甘油等共同参入乳糜微粒，释放入血，循环入肝。然后，在肝中代谢与转化。影响胆固醇吸收的因素很多，胆汁酸盐分泌的多少是主要因素，因为胆固醇的吸收需要胆汁酸盐的乳化。食物中的纤维素、果胶、植物固醇等能降低胆固醇的吸收。

（一）合成部位

除成年动物脑组织及成熟红细胞外，几乎全身各种组织均能合成胆固醇，但肝的合成能力最强，小肠合成能力次之。肝合成的胆固醇一部分在肝内代谢和利用，一部分参与脂蛋白组成，随血液循环向肝外组织输出。胆固醇合成的亚细胞定位在胞液及滑面内质网膜，因为胆固醇合成酶系分布在这两个亚细胞部位。

（二）合成原料

胆固醇的生物合成以乙酰CoA为直接原料，以$NADPH+H^+$供氢，以ATP供能。乙酰CoA来自葡萄糖、脂酸及某些氨基酸在线粒体内的分解代谢，其中以葡萄糖为主。与脂酸合成类似，由于乙酰CoA不能通过线粒体内膜，需要经过柠檬酸-丙酮酸循环从线粒体内转移至胞液，才能作为合成胆固醇的原料。$NADPH+H^+$是胆固醇合成所需还原性氢的供体，主要来自磷酸戊糖途径。ATP是胆固醇合成的能量保证，大多来自线粒体中糖的有氧氧化。每合成1分子胆固醇需18分子乙酰CoA，36分子ATP及16分子$NADPH+H^+$。

（三）合成基本过程

胆固醇合成过程比较复杂，有近30步反应，整个过程可分为3个阶段。

1. 甲羟戊酸的生成 由乙酰CoA转变成甲羟戊酸（mevalonic acid，MVA）是胆固醇合成的第一个阶段，包含3步反应，分别由乙酰CoA硫解酶、HMG-CoA合酶及HMG-CoA还原酶三个酶催化，其中**HMG-CoA还原酶**为限速酶，全部反应都在胞液中进行。首先，3分子乙酰CoA在硫解酶及HMG-CoA合酶催化下，经过两次缩合生成HMG-CoA，反应过程与酮体生成机制相同。然后，HMG-CoA在内质网HMG-CoA还原酶作用下，消耗2分子$NADPH+H^+$生成MVA（图7-19）。

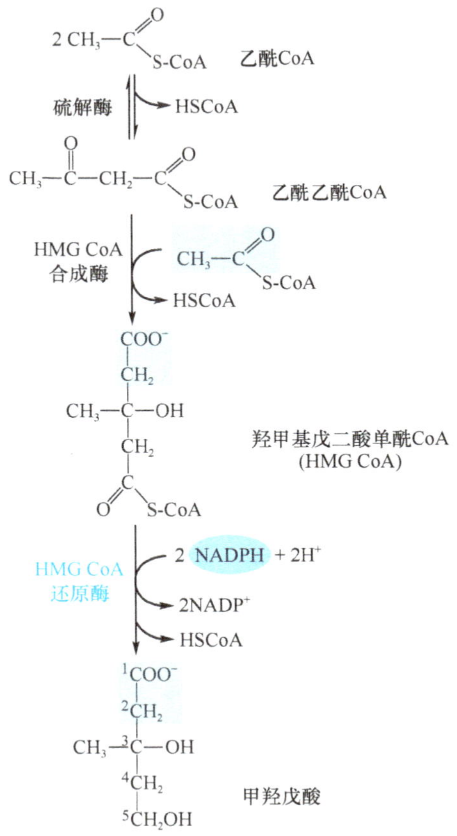

图7-19 甲羟戊酸的生成

2. 鲨烯的生成 从 MVA 转变成鲨烯经过 7 步酶促反应,需要大量 ATP 供能,还需NADPH+H^+供氢。胞液中的 MVA(C_6)在一系列酶的催化下,经过两次磷酸化、一次脱羧及一次异构反应生成性质活泼的异戊烯焦磷酸(isopentenyl pyrophosphate, IPP, C_5)和二甲基丙烯焦磷酸(dimethylallyl pyrophosphate, DPP, C_5)。然后,1 分子二甲基丙烯焦磷酸与 2 分子异戊烯焦磷酸缩合生成焦磷酸法尼酯(farnesyl pyrophosphate, FPP, C_{15})。2 分子焦磷酸法尼酯在内质网鲨烯合酶的作用下,经再次缩合,最后加氢还原生成多烯烃——鲨烯(squalene, C_{30})。

3. 胆固醇的生成 鲨烯为 30 碳多烯烃,具有与固醇母核相近似的结构。鲨烯与胞液中的固醇载体蛋白(sterol carrier protein, SGP)结合进入内质网,经鲨烯单加氧酶与环化酶的催化,先氧化后环化生成羊毛固醇(lanosterol)。后者再经氧化、脱羧,还原等约 20 步反应,脱去 3 个羧基(以 CO_2形式)生成 27C 的胆固醇(图 7-20)。

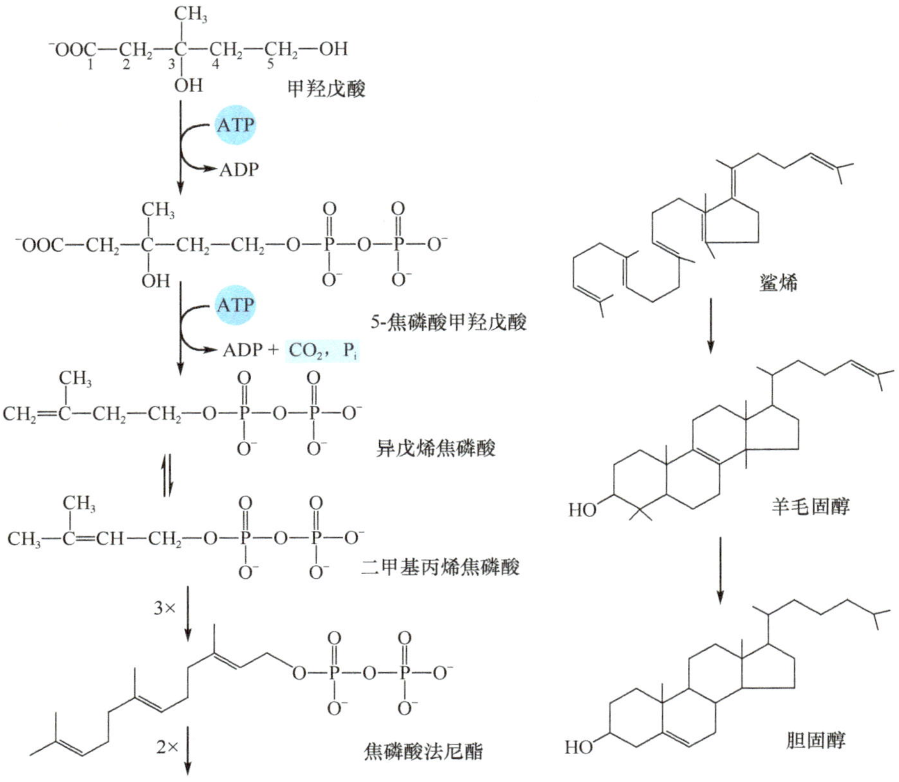

图 7-20 胆固醇的生成

(四) 胆固醇的酯化

血液中与细胞内的胆固醇均可以接受脂酰基生成胆固醇酯,催化胆固醇酯化的酶有两种:**卵磷脂胆固醇脂酰转移酶**(lecithin cholesterol acyl transferase, LCAT)与**脂酰 CoA 胆固醇脂酰转移酶**(acyl-coenzyme A cholesterol acyltransferase, ACAT),前者催化血液中的胆固醇酯化,后者催化细胞内的胆固醇酯化。

1. 卵磷脂胆固醇脂酰转移酶 LCAT 由肝细胞合成,常与 HDL 结合在一起,在血液中发挥催化作用。它的主要功能是催化 HDL 中的卵磷脂 C_2 位上的不饱和脂酸转移到胆固醇的 C_3 位羟基上,生成胆固醇酯和溶血卵磷脂。

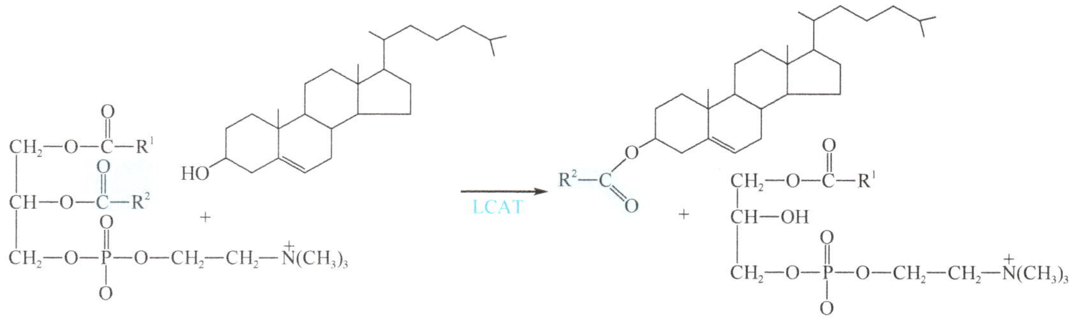

2. 脂酰 CoA-胆固醇脂酰转移酶 ACAT 在细胞内主要催化脂酰 CoA 分子中的脂酰基与游离胆固醇分子中的 C_3-OH 酯化生成胆固醇酯。

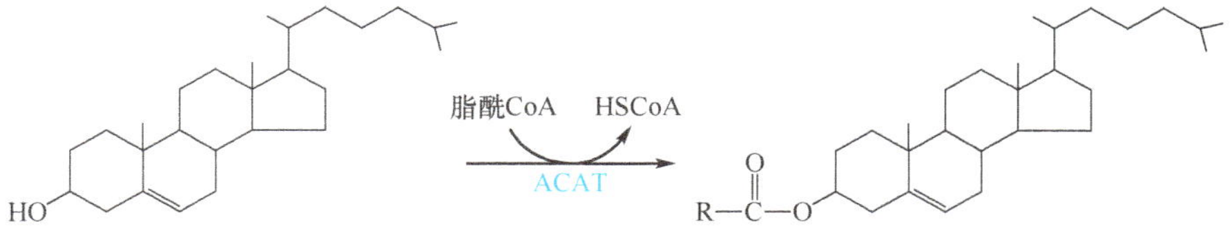

(五) 胆固醇合成的调节

胆固醇的合成过程历经 30 余步反应，经多种酶催化，其中 HMG-CoA 还原酶为限速酶。因此，对胆固醇合成的调节，主要体现在各种因素对 HMG-CoA 还原酶的活性及合成的影响，从而达到调节胆固醇合成的目的。

1. 饮食调节 饥饿与禁食对胆固醇合成的影响体现在三个方面：①使 HMG-CoA 还原酶合成减少；②酶活性降低；③乙酰 CoA、ATP、$NADPH+H^+$等合成所需原辅材料不足，从而抑制胆固醇的合成。相反，摄入高糖及高饱和脂肪膳食，HMG-CoA 还原酶活性增加，胆固醇合成也增加。此外，食物中的胆固醇及一些衍生物能够反馈抑制 HMG-CoA 还原酶的合成与活性，从而引起胆固醇的合成量下降，但小肠黏膜细胞中的胆固醇合成不受影响。

2. 激素调节 在胞液中，HMG-CoA 还原酶经 cAMP 活化的蛋白激酶作用磷酸化而失活，而经磷蛋白磷酸酶作用使之脱去磷酸基而恢复活性。胰高血糖素通过 cAMP 活化的蛋白激酶使 HMG- CoA 还原酶磷酸化失活，从而抑制胆固醇合成。胰岛素一方面通过激活磷酸酶，促进 HMG-CoA 还原酶脱磷酸恢复活性；另一方面通过诱导 HMG-CoA 还原酶的合成，从而促进胆固醇合成。甲状腺素具有促进 HMG-CoA 还原酶的合成与促进胆固醇转变为胆汁酸的双向作用，但其促进胆固醇转化的作用强于前者，因此当甲状腺功能亢进时，患者血清胆固醇含量反而下降。

三、胆固醇的转化

人体内没有降解胆固醇母核——环戊烷多氢菲的酶类，使其不能彻底氧化分解为 CO_2 和 H_2O，而是经氧化、还原转变成含环戊烷多氢菲母核的其他化合物，其中大部分进一步参与体内代谢，或直接或经转化后排出体外（图 7-21）。

(一) 胆固醇转化为胆汁酸

胆固醇的主要代谢去路是在肝中转化为胆汁酸（bile acid），经肠道排出体外。正常成人每天约合成胆固醇 1.0～1.5g，其中约 0.4～0.6g 在肝内转变为胆汁酸，随胆汁排入肠道，参与脂类的消化吸收。

(二) 胆固醇转化为类固醇激素和维生素 D_3

在肾上腺、性腺等组织中，以胆固醇为原料合成各种类固醇激素，如肾上腺皮质激素[皮质醇（corticosteroid）、醛固酮（aldosterone）等]、雌激素[孕酮（progesterone）、雌二醇（estradiol）等]及雄激素睾酮（testosterone）等参与机体代谢调节。

皮肤中的胆固醇经酶促氧化生成 7-脱氢胆固醇，再经紫外线照射可以形成 Vit-D_3。后者在肝细胞微粒体中经 25-羟化酶催化生成 25-羟-维生素 D_3，经血液循环转运至肾线粒体中，再经 1α-羟化酶催化生成具有生理活性的 1,25-二羟维生素 D_3[1,25-$(OH)_2$-D_3]。

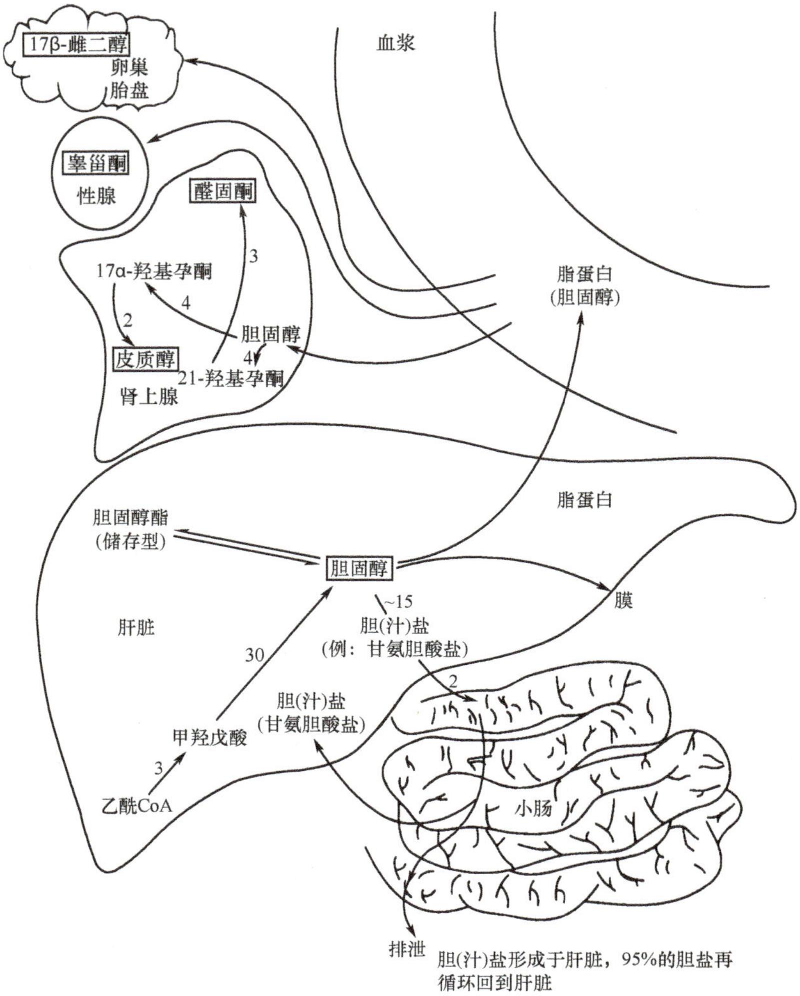

图 7-21　胆固醇的代谢与转化

第五节　血浆脂蛋白代谢

一、血　　脂

血浆中含有的脂类统称为血脂，包括三酰甘油、磷脂、胆固醇及其酯和游离脂肪酸(free fatty acid, FFA)。游离脂酸在血浆中与清蛋白结合为复合物而运输。

血脂的主要来源有：①肠道中食物脂类的消化吸收；②由肝脏、脂肪细胞及其他组织合成后释放入血；③储存脂肪动员入血。血脂的主要去路是：①进入脂肪组织储存；②氧化供能；③构成生物膜；④转变为其他物质。

血脂总量并不多，只占体内总脂的极少部分，但血脂在脂类的运输和代谢上起着重要作用。血脂经血液转运于体内各组织之间，因此血脂的含量常可以反映体内各组织器官的脂类代谢情况，对血脂的检测有利于对某些疾病的诊断。人群中血脂水平受年龄、性别、遗传以及代谢等因素的影响，因职业、生活方式、饮食习惯、劳动类型不同而异。因此，各地区正常人血脂参考值也不尽相同。空腹状态下个体血脂水平相对稳定，临床血脂检测常在进食后 12 小时左右抽取空腹血进行化验，这样才能可靠地反映血脂水平。正常人空腹血脂水平见表 7-4。

表 7-4　正常成人空腹血脂的组成及含量

组成	血浆含量		空腹时主要来源
	mg/dl	mmol/L	
总脂	400～700(500)		
三酰甘油	10～150(100)	0.11～1.69(1.13)	肝
总胆固醇	100～250(200)	2.59～6.47(5.17)	肝
胆固醇酯	70～200(145)	1.18～5.17(3.75)	
游离胆固醇	40～70(55)	1.03～1.81(1.42)	
总磷脂	150～250(200)	48.44～80.73(64.58)	肝
卵磷脂	50～200(100)	16.1～64.6(32.3)	肝
神经磷脂	50～130(70)	16.1～42.0(22.6)	肝
脑磷脂	15～35(20)	4.8～13.0(6.4)	肝
游离脂酸	5～20(15)		脂肪组织

注:括号内为均值

二、血浆脂蛋白的分类、组成及结构

脂类难溶于水,故血浆中的脂类不能游离存在,而与血浆蛋白质结合成水溶性的复合物——脂蛋白(lipoprotein,LP)的形式存在和运输,并参加脂类代谢。

(一) 血浆脂蛋白的分类

血液中的脂蛋白存在多种形式,其脂类和蛋白质的组成有很大差异。根据脂蛋白所带电荷不同,可用电泳法将其分为 α-脂蛋白、前 β-脂蛋白、β-脂蛋白,以及在原点不移动的 CM。根据脂蛋白的密度差异可用超速离心法将其分离,由于蛋白质的密度比脂类大,故脂蛋白中蛋白质含量越高,脂类含量越低,其密度越大;反之,其密度越小。将血浆放在一定密度的盐溶液中,进行超速离心,可将脂蛋白分为四类,即乳糜微粒(CM)、极低密度脂蛋白(VLDL)、低密度脂蛋白(low density lipoprotein,LDL)和高密度脂蛋白(high density lipoprotein,HDL);分别相当于电泳分离中的 CM、前 β-脂蛋白、β-脂蛋白和 α-脂蛋白(图 7-22)。除上述几类脂蛋白以外,还有一种中间密度脂蛋白(intermediate density lipoprotein,IDL)其密度介于 VLDL 与 LDL 之间,IDL 是 VLDL 代谢的中间产物。HDL 按密度大小又分为 HDL_1、HDL_2、HDL_3。HDL_1 仅在高胆固醇膳食诱导后才在血中出现。正常人血浆中含 HDL_2、HDL_3。

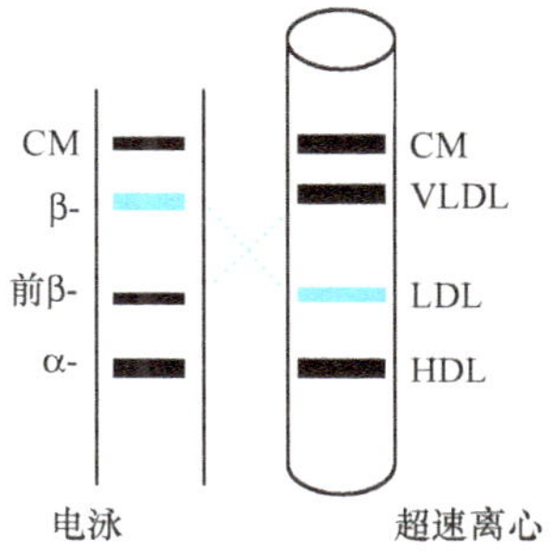

图 7-22　血浆脂蛋白分类

(二) 血浆脂蛋白的组成、结构及功能

血浆脂蛋白主要由蛋白质、三酰甘油、磷脂、胆固醇及其酯共同组成,但不同的脂蛋白的蛋白质和脂类的组成比例及含量各不相同,因此各种脂蛋白的功能亦不相同(表 7-5)。①CM 含三酰甘油最多(80%～95%),含蛋白质最少(1%),颗粒最大而密度最小(<0.95)。②VLDL 含三酰甘油仅次于 CM(达 50%～70%),含蛋白质多于 CM(达 10%),颗粒小于 CM 而密度大于 CM(达 1.006)。③LDL 是含胆固醇及胆固醇酯最多的脂蛋白,含量约达 50%;LDL 中蛋白质含量达 20%～25%,明显高于 CM 及 VLDL。④HDL 是含蛋白质最多的脂蛋白(50%),颗粒最小、密度最高(达 1.063～1.210),分子中的脂类主要是胆固醇及磷脂,所含三酰甘油很少(仅 5%)。

表 7-5 血浆脂蛋白的分类、性质、组成及功能

分类	密度法 电泳法	乳糜微粒	极低密度脂蛋白 前β-脂蛋白	低密度脂蛋白 β-脂蛋白	高密度脂蛋白 α-脂蛋白
性质	密度	<0.95	0.95~1.006	1.006~1.063	1.063~1.210
	电泳位置	原点	α_2-球蛋白	β-球蛋白	α_1-球蛋白
	颗粒直径 mm	80~500	25~80	20~25	7.5~10
	蛋白质	0.5~2	5~10	20~25	50
组成(%)	脂类	98~99	90~95	75~80	50
	三酰甘油	80~95	50~70	10	5
	磷脂	5~7	15	20	25
	总胆固醇	1~4	15	45~50	20
	游离胆固醇	1~2	5~7	8	5
	酯化胆固醇	3	10~12	40~42	15~17
载脂蛋白组成(%)	apo AⅠ	7	<1	-	65~70
	apo AⅡ	5	-	-	20~25
	apo AⅣ	10	-	-	-
	apo B100	-	20~60	95	-
	apo B48	9	-	-	-
	apo CⅠ	11	3	-	6
	apo CⅡ	15	6	微量	1
	apo CⅢ0-2	41	40	-	4
	apo E	微量	7~15	<5	2
	apo D	-	-	-	3
合成部位		小肠黏膜细胞	肝细胞	血浆	肝、肠、血浆
功能		转运外源性三酰甘油及胆固醇	转运内源性三酰甘油及胆固醇	转运内源性胆固醇	逆向转运胆固醇

脂蛋白中与脂类结合的蛋白质称为载脂蛋白(apoprotein,apo),载脂蛋白在肝脏和小肠黏膜细胞中合成。目前已发现了十几种载脂蛋白,结构与功能研究比较清楚的有 apo A、apo B、apo C、apo D 与 apo E 五类。每一类载脂蛋白又可分为不同的亚类,如 apo A 又分为 apo AⅠ、apo AⅡ和 apo AⅣ;apo B 分为 apo B100 和 apo B48;apo C 分为 apo CⅠ、apo CⅡ和 apo CⅢ。载脂蛋白在分子结构上具有一定特点,apo 的氨基酸排列顺序中,每间隔 2~3 个氨基酸残基,通常出现一个带极性侧链的氨基酸残基。当这种多肽链形成 α-螺旋时,极性氨基酸残基集中在 α-螺旋一侧形成极性(亲水)侧面,非极性氨基酸残基集中在另一侧形成非极性(疏水)侧面,即形成所谓双性 α-螺旋结构,表现出两面性,分子的一侧极性较强可与水溶剂及磷脂或胆固醇极性区结合,构成脂蛋白的亲水面;分子的另一侧极性较低可与非极性的脂类结合,构成脂蛋白的疏水核心区。这种双性 α-螺旋结构在 apo 结合和转运脂类以及构成和稳定脂蛋白结构上起重要作用。不同的血浆脂蛋白中包含一种或多种载脂蛋白。载脂蛋白的主要功能是稳定血浆脂蛋白结构,作为脂类的运输载体。除此以外有些载脂蛋白还可作为血浆脂蛋白代谢关键酶的激活剂:如 apo AⅠ激活 LCAT,apo CⅡ可激活脂蛋白脂肪酶(lipoproteinlipase,LPL),apo AⅡ激活肝脂肪酶(hepatic lipase,HL)有些载脂蛋白还可作为细胞膜受体的配体,如 apo B48,apo E 参与肝细胞对 CM 的识别,apo B100 可被各种组织细胞表面 LDL 受体所识别等(表 7-6)。

表 7-6 血浆脂蛋白的载脂蛋白

载脂蛋白	分子量	氨基酸组成数	所在脂蛋白	合成部位	生理功能
apo AⅠ	28 300	243	HDL	小肠、肝	激活 LCAT,识别 LDL 受体
apo AⅡ	17 000	154	HDL	小肠、肝	稳定 HDL 结构,激活 HL
apo AⅣ	46 000	371	CM	小肠	辅助激活 LPL
apo B100	512 723	4 536	LDL,VLDL	肝	识别 LDL 受体
apo B48	240 000	2 152	CM	小肠	促成 CM 生成
apo CⅠ	6630	57	VLDL,HDL,CM	小肠	激活 LCAT
apo CⅡ	8840	79	VLDL,HDL,CM	肝	激活 LPL
apo CⅢ	8760	79	VLDL	肝	抑制 LPL,抑制肝 apo E 受体
apo D	22 100	167	HDL	未确定	促进 CE 的转移
apo E	33 000	249	VLDL,CM,HDL	肝	识别 LDL 受体

各种血浆脂蛋白的基本结构相似,除新生的 HDL 为圆盘状外,脂蛋白一般为球状颗粒,具有极性(亲水)的表面和非极性(疏水)的核心。脂蛋白都是以疏水的三酰甘油和胆固醇酯构成核心;由具有双性 α-螺旋结构的载脂蛋白和磷脂分子及胆固醇组成表面极性单层结构(2nm 厚),它们的疏水基团与核心相连,其亲水基团朝向外面,从而使脂蛋白分子既能够稳定,又增加了脂蛋白颗粒的亲水性,使脂蛋白得以在血液中运输(图 7-23)。

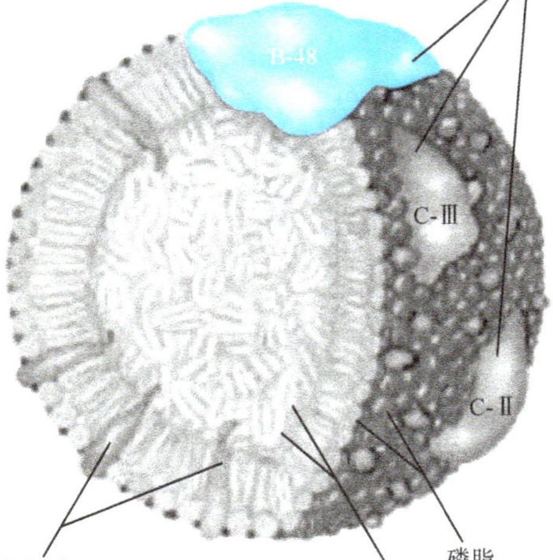

图 7-23 血浆脂蛋白结构示意

三、血浆脂蛋白代谢

(一) 乳糜微粒(CM)

CM 是在小肠黏膜细胞中生成的,食物中的脂类在细胞滑面内质网上经再酯化后与粗面内质网上合成的载脂蛋白构成新生的(nascent)CM(包括 TG、CE 和 PL 以及 apo B48、AⅠ、AⅣ、AⅡ),经高尔基复合体分泌到细胞外,进入淋巴循环最终进入血液。新生 CM 入血后,接受来自 HDL 的 apo C 和 apo E,同时失去部分apo A,被修饰成为成熟的 CM。成熟分子上的 apoC Ⅱ可激活 **LPL** 催化 CM 中三酰甘油水解为甘油和脂酸。LPL 存在于心、肌肉和脂肪组织的毛细血管内皮细胞外表面上。脂酸可被上述组织摄取利用,甘油可进入肝脏用于糖异生。通过 LPL 的作用,CM 中的三酰甘油大部分被水解利用,同时 apo A、apo C、胆固醇(C)和磷脂转移到 HDL 上,CM 逐渐变小,成为以含胆固醇、apo B48 和 apo E 为主的 CM 残余颗粒(remnant)。肝细胞膜上的 apo E 受体可识别 CM 残余颗粒,将其吞噬入肝细胞,与细胞溶酶体融合,载脂蛋白被水解为氨基酸,胆固醇酯分解为胆固醇和脂酸,进而可被肝脏利用或分解,完成最终代谢(图7-24)。因此,CM 代谢的主要功能就是将外源性三酰甘油转运至心、肌肉和脂肪组织及肝组织利用,同时将食物中外源性胆固醇转运至肝脏进行转化。正常人 CM 在血浆中的半寿期为5~15 分钟,故空腹血中不含 CM。

(二) 极低密度脂蛋白(VLDL)

肝脏是合成与分泌 VLDL 的主要器官,小肠黏膜细胞也能合成少量 VLDL。肝细胞可利用糖,也可利用食物及脂肪动员获得的脂肪酸合成三酰甘油,与肝细胞合成的 apo B100、apo E、磷脂、胆固醇及其酯等共同形成新生的 VLDL。VLDL 分泌入血后,接受来自 HDL 的

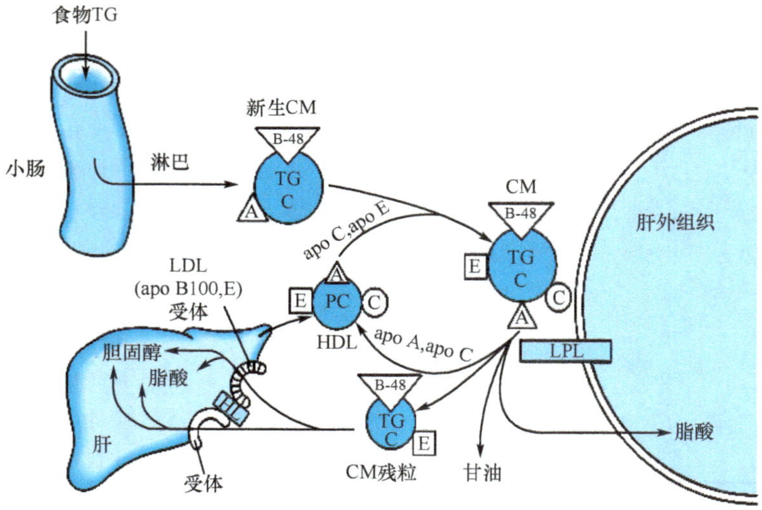

图 7-24 乳糜微粒代谢示意图

apo C 和 apo E，由 apo CⅡ激活 **LPL**，催化三酰甘油水解，产物被肝外组织摄取利用。同时 VLDL 与 HDL 之间进行物质交换，在胆固醇酯转移蛋白(cholesteryl ester transfer protein，CETP)协助下，将 HDL 的 CE 转至 VLDL，VLDL 的 apo C、磷脂、胆固醇等转移至 HDL，其颗粒逐渐变小，密度不断增加，CE、apo B100 和 apo E 相对含量增多，VLDL 便逐渐转变为 IDL。IDL 有两条去路：一是通过肝细胞膜上的 apo E 受体介导被摄取利用，二是进一步被 LPL 及 HL 水解后转变为 LDL(图 7-25)。因此，VLDL 是体内转运内源性三酰甘油的主要方式。VLDL 在血浆中的半衰期为 6~12 小时。

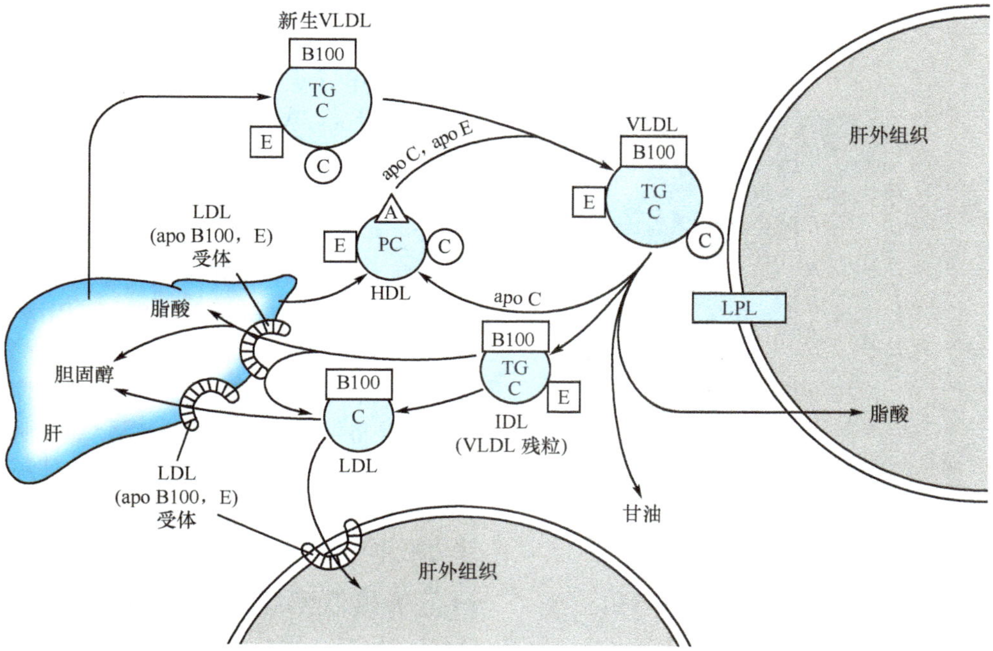

图 7-25 VLDL 代谢示意图

(三)低密度脂蛋白(LDL)

LDL 在血浆中由 VLDL 转变而来，LDL 中主要脂类是胆固醇及胆固醇酯，载脂蛋白为 apo B100、apo E。LDL 降解主要通过 **LDL 受体途径**，其中约 50% 是依赖肝脏的 LDL 受体途径降解。LDL 受体分布于肝及肝外组织细胞表面，能特异识别与结合含 apo B100 或 apo E 的脂蛋白,故又称 apo B、E 受体。血浆 LDL 通过受体介导,内吞入细胞内与溶酶体融合,胆固醇酯水解为游离胆固醇及脂酸。这种游离胆固醇除参与细胞生物膜的构成之外,还对细胞内胆固醇的代谢具有重要调节作用:①通过抑制 HMG-CoA 还原酶活性,减少细胞内胆固醇的合成;②激活 ACAT 使胆固醇生成胆固醇酯在胞内储存;③抑制 LDL 受体蛋白基因的转录,减少 LDL 受体蛋白的合成,降低细胞对 LDL 的摄取;④游离胆固醇为细胞膜摄取,可用以构成细胞膜的重要成分;在肾上腺,卵巢等细胞中则用以合成类固醇激素(图 7-26)。除上述有受体介导的 LDL 代谢途径外,血浆中的 LDL 还可被单核-吞噬细胞系统中的巨噬细胞清除,经此途径代谢的 LDL 约占每日 LDL 降解总量的 1/3。因此,LDL 代谢的功能是将肝脏合成的内源性胆固醇运到肝外组织,保证组织细胞对胆固醇的需求。LDL 在血浆中的半寿期为 2~4 天。

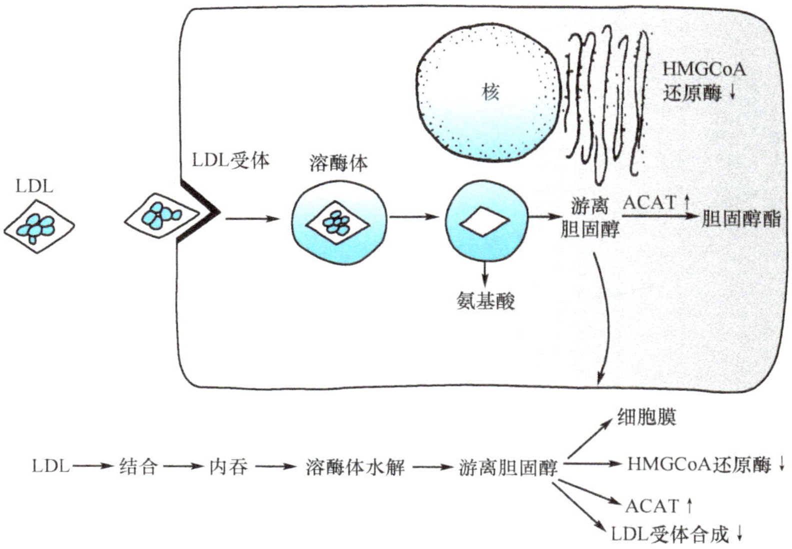

图 7-26 LDL 受体途径代谢示意图

(四)高密度脂蛋白(HDL)

HDL 在肝脏和小肠中生成,以肝为主。肝细胞合成的 HDL 中载脂蛋白含量较多,包括 apo A、apo C、apo D 和 apo E 等,脂类以磷脂为主。小肠黏膜细胞合成的新生 HDL 除脂质外仅含 apo A,入血后再获得 apo C、apo E。刚从肝脏或小肠分泌出来的 HDL 呈脂双层圆盘状,几乎不含胆固醇,是外周细胞游离胆固醇的最好接受体。新生的 HDL 一方面可作为载脂蛋白供体将 apo C 和 apo E 等转移到新生的 CM 和 VLDL 上,同时在 CM 和 VLDL 代谢过程中再将载脂蛋白运回到 HDL 上,不断与 CM 和 VLDL 进行载脂蛋白的交换。另一方面 HDL 可摄取血中肝外细胞释放的游离胆固醇并转变成胆固醇酯运至肝脏代谢,这种将胆固醇从肝外组织向肝脏转运的过程称为胆固醇的逆向转运(reverse cholesterol transport)。肝分泌入血的 LCAT 可催化卵磷脂 2 位脂酸(通常是亚油酸)转移到游离胆固醇使之生成胆固醇酯,卵磷脂则转变成溶血卵磷脂,此过程消耗的卵磷脂及游离胆固醇不断从肝外细胞、CM 及 VLDL 得到补充。apo AⅠ是 LCAT 的激活剂。在 LCAT 作用下,生成的 CE 及进入 HDL 内核的 CE 逐渐增多,使脂双层的盘状 HDL 逐步膨胀为脂单层的球状 HDL,同时其表面的 apo C 及 apo E 转移到 CM 及 VLDL 上,结果使新生 HDL 转变为成熟的密度较高的 HDL_3。随着 LCAT 的反复作用,胆固醇酯继续增多,血浆中胆固醇酯转运蛋白(CETP)能迅速将 CE 由 HDL 转移至 VLDL,后者随即转变成 LDL。酯化的胆固醇有 80% 转移至 VLDL 和 LDL,20% 进入 HDL 内核。而 TG 又由 VLDL 转移至 HDL,同时 HDL 再接受 CM 及 VLDL 水解过程中释放出的磷脂, apo AⅠ、apo AⅡ 等转变为密度较小、颗粒较大的 HDL_2。HDL_2 在 HL 作用下,其中磷脂及三酰甘油水解,胆固醇含量又相对增加,HDL_2 即转变为 HDL_3。

胆固醇逆向转运的最终步骤发生在肝脏,肝细胞膜上除存在 HDL 受体和 LDL 受体外,还存在特异性的 apo E 受体,经过受体介导将 HDL 吞

笔记栏

入胞内代谢，最后将其排出体外（图 7-27）。HDL 在血浆的半寿期为 3～5 天。

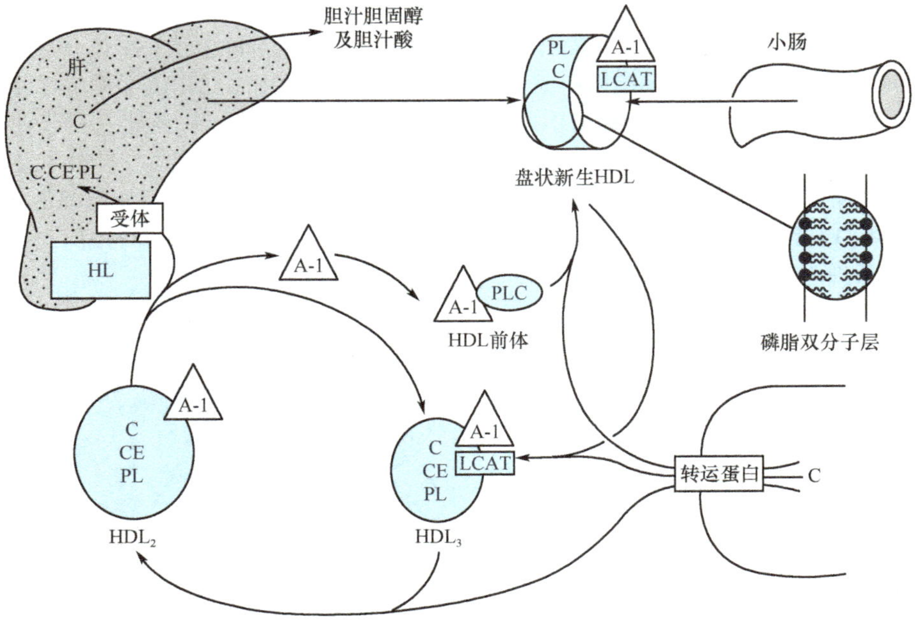

图 7-27 HDL 代谢示意图

综上，HDL 除了将肝外组织包括动脉壁的胆固醇转变成胆固醇酯运到肝脏进行分解代谢并排出以外，HDL 还是 apo CⅡ、E 的储存库，与血浆 CM、VLDL 的降解有密切关系。当 CM 及 VLDL 形成进入血液后，需从 HDL 获得 apo CⅡ激活 LPL，如缺乏 apo CⅡ，则 LPL 活性降低，CM、VLDL 的脂解作用减弱，致使血中 HDL_2 降低。故血中 HDL_2 浓度与冠状动脉粥样硬化的发生率呈负相关，被认为是抗动脉粥样硬化的脂蛋白。

四、血浆脂蛋白代谢异常

脂蛋白代谢紊乱必然会使血浆某种脂蛋白水平升高或降低，最常见的是高脂蛋白血症（hyperlipoproteinemia），由于高脂蛋白血症与动脉粥样硬化有密切关系，所以临床上受到普遍重视。

（一）高脂蛋白血症的分类

脂类代谢异常可引起血脂水平改变，若血脂浓度高于正常值上限即可称为高脂血症（hyperlipoidemia）。由于血脂在血中以脂蛋白形式存在和转运，高脂血症实际上表现为高脂蛋白血症。世界卫生组织（WHO）于 1970 年建议将高脂蛋白血症分为六型，其判断标准见表 7-7。

表 7-7 高脂蛋白血症的类型

分型	脂蛋白变化	血脂变化
Ⅰ	乳糜微粒增高	三酰甘油↑↑↑，胆固醇↑
Ⅱa	低密度脂蛋白增加	胆固醇↑↑
Ⅱb	低密度及极低密度脂蛋白同时增加	胆固醇↑↑，三酰甘油↑↑
Ⅲ	中密度脂蛋白增加（电泳出现宽 β 带）	胆固醇↑↑，三酰甘油↑↑
Ⅳ	极低密度脂蛋白增加	三酰甘油↑↑
Ⅴ	极低密度脂蛋白及乳糜微粒同时增加	三酰甘油↑↑↑，胆固醇↑

（二）生化机制

笔记栏

高脂血症分为原发性和继发性两大类。原发性高脂血症属遗传性缺陷，常有家族史；继发性高脂血症是指继发于其他疾病（如糖尿病、肾病、甲状腺功能减退等）的高脂血症。从生化观点看，原发性脂蛋白代谢紊乱是在蛋白质水平上的缺陷，包括载脂蛋白、酶和受体缺陷。载脂蛋白缺陷最常见的是 apo E 变异，可导致Ⅲ型高脂蛋白血症；酶缺陷是指与脂蛋白代谢有密切联系的 LCAT 和 LPL 缺陷，后者出现Ⅰ型高脂蛋白血症。受体缺陷最重要的例子为家族性高胆固醇血症（familial hypercholesterolemia），即Ⅱa 型高脂蛋白血症。Brown 和 Goldstein 对 LDL 受体进行了深入研究，证实 LDL 受体缺陷是家族性高胆固醇血症发病的重要原因。LDL 受体缺陷可经常染色体隐性遗传。LDL 受体基因至少存在 10 种突变型，可分为四类：受体阴性突变、受体前体加工缺陷型突变、结合缺陷型突变和内吞缺陷型突变。纯合子突变者细胞膜上 LDL 受体完全缺乏，引起 LDL 代谢异常；杂合型突变者，细胞膜上 LDL 受体数目减半，同样可引起 LDL 代谢异常。

继发性高脂蛋白血症比原发性高脂蛋白血症多见，成人约 3% ~ 5% 有继发性高脂蛋白血症。常见于糖尿病、肝胆疾病、肾病等。摄入过量糖、酗酒或长期服用某些药物，也可引起继发性高脂蛋白血症。

（三）临床联系

动脉粥样硬化主要是由于血浆中胆固醇含量过高，沉积于大、中动脉内膜上，形成粥样斑块，引起局部坏死，结缔组织增生，血管壁纤维化和钙化等病理改变，使血管管腔狭窄。冠状动脉若发生这种变化，常引起心肌缺血，称为冠心病，甚至发生心肌梗死。

血浆中 LDL 及 VLDL 增高的患者，冠心病的发病率显著升高，近年来的研究表明：HDL 的水平与冠心病的发病率呈负相关，因为 HDL 能将外周细胞过多的胆固醇转变为胆固醇酯，并将其转运到肝脏，氧化成胆汁酸或促使其直接由胆道排出。因此 HDL 含量较高者，冠心病发病率较低；缺乏 HDL 的人，即使胆固醇含量不高也易发生动脉粥样硬化。总之，血浆 LDL 和 VLDL 含量的升高和 HDL 含量的降低是导致动脉粥样硬化的关键因素。降低 LDL 和 VLDL 的水平和提高 HDL 的水平是防治动脉粥样硬化、冠心病的基本原则。

小　结

脂类化合物是生物体内一大类重要的有机化合物，它们有一个共同的物理性质，就是不溶于水，但能溶解于非极性有机溶剂（如苯、乙醚、氯仿、丙酮、酒精等）中。脂类是人体重要的营养素，包括脂肪（三酰甘油）和类脂两大类。脂肪的主要功能是储能和供能。类脂包括磷脂、糖脂、胆固醇及胆固醇酯等，类脂是生物膜的重要组分，参与细胞识别及信息传递，胆固醇等是体内多种生理活性物质的前体。

脂肪是机体储存能量的主要形式，机体经常不断地合成脂肪。肝、脂肪组织及小肠是脂肪合成的主要场所，其中肝脏的合成能力最强。脂肪合成的直接原料是甘油（α-磷酸甘油）和脂酸（脂酰 CoA），肝脏是体内脂酸合成的重要场所。机体利用来源于糖的乙酰 CoA（碳源）及 NADPH（氢源）先合成软脂酸（十六碳饱和酸），再转变为多种不同碳链长度的、不同饱和度的脂酸，但亚油酸、亚麻酸和花生四烯酸三种高度不饱和脂酸必须由食物提供，称为人体必需脂肪酸。

脂肪被脂肪酶水解为甘油和脂酸。甘油主要在肝脏被利用。脂酸则主要在肝、肌、心等组织以 β-氧化的方式分解，此过程释放大量能量并以 ATP 的形式供机体利用。肝中脂酸经 β-氧化生成的乙酰 CoA 还可用于合成酮体并运至肝外组织氧化利用。酮体是脂酸在肝内不完全氧化生成的中间产物，是肝向肝外组织输出能源的一种方式。血糖充足时糖是脑组织的主要能源，血糖供应不足时，脑组织逐渐加大氧化酮体供能。酮体生成过多可在血中积存，严重时可引起酮症酸中毒。

体内的磷脂主要是甘油磷脂。机体利用甘油、脂酸、磷酸盐、胆碱及乙醇胺等合成甘油磷脂。甘油磷脂在多种磷脂酶催化下发生水解、再进一步代谢。

胆固醇是膜结构重要组分，以及合成类固醇的原料。胆固醇除由食物供应外，主要是体内合成，肝脏为合成胆固醇的主要器官。体内合成胆固醇的主要原料是来源于葡萄糖分解的乙酰 CoA 及 NADPH。其合成过程分三个阶段：①MVA 合成；②鲨烯合成；③胆固醇生成三大阶段。HMG-CoA 还原酶是胆固醇合成的限速酶，受胞内胆固醇的反馈抑制。胆固醇不能彻底氧化分解提供能量，但可转化生成胆汁酸、维生素 D_3 及类固醇激素等生理活性物质。胆固醇在肝脏转变成胆汁酸或直接排出。

血脂是血浆中各种脂类物质的总称。血脂不溶于水，在血浆中以血浆脂蛋白的形式存在和转运。血浆脂蛋白是血浆中脂类(三酰甘油、磷脂、胆固醇及其酯)与载脂蛋白结合生成的复合物。用电泳法可将血浆脂蛋白分为 α、β、前 β 及 CM 四类；用超速离心法可分为 HDL、LDL、VLDL 及 CM 四类。CM 主要功能是转运外源性三酰甘油及胆固醇；VLDL 主要转运肝脏合成的内源性三酰甘油；LDL 主要将肝脏合成的内源性胆固醇运输至肝外组织；HDL 则主要参与胆固醇的逆向转运(从肝外至肝内)。体内脂类代谢的异常可导致高脂血症，而高脂血症与临床心血管疾病的发生关系密切。

（杨映雪　李红林）

第 8 章 氨基酸代谢

氨基酸是蛋白质的基本构成单位，主要来源于食物蛋白质的消化吸收和组织自身蛋白质的分解。蛋白质在机体内需分解为氨基酸再进一步代谢，因此氨基酸代谢是蛋白质分解代谢的中心内容。氨基酸代谢包括合成代谢和分解代谢，本章主要讨论氨基酸的分解代谢和转换。

第一节 氮平衡与必需氨基酸

蛋白质是细胞的主要成分，生命的物质基础，一切生命活动都需要蛋白质的参与。蛋白质可维持细胞、组织的生长、更新和修复；可参与催化（酶）、免疫（抗原及抗体）、运动（肌肉）、物质转运（载体）、凝血（凝血系统）、代谢等多种重要的生理活动；同时也是能源物质，蛋白质降解后生成的 α-酮酸可氧化供能，人体每日 18% 能量由蛋白质提供。因此，提供足够食物蛋白质对机体进行正常代谢和各种生命活动十分重要，特别是对生长发育期的儿童和康复期的病人，摄入足量、优质的蛋白质尤为重要。

一、氮 平 衡

氮平衡（nitrogen balance）是描述机体蛋白质代谢状况的指标，指机体摄入食物的含氮量（摄入氮）与排泄物（尿与粪）中的含氮量（排出氮）之间的对比关系。蛋白质的含氮量平均约为 16%，食物中的含氮物质绝大部分是蛋白质，测定含氮量可以估算出食物中蛋白质的含量。因此氮平衡测定基本上可以反映体内蛋白质的代谢概况。

1.氮的总平衡 摄入氮 = 排出氮，反映正常成人的蛋白质代谢情况，即每日蛋白质合成与分解的量平衡。

2.氮的正平衡 摄入氮 > 排出氮，指蛋白质的合成多于分解，部分摄入的氮用于合成体内蛋白质。儿童、孕妇及恢复期病人属于此种情况。

3.氮的负平衡 摄入氮 < 排出氮，蛋白质的分解多于合成，多见于蛋白质的摄入量不足如饥饿、长期营养不良或消耗性疾病患者。

二、蛋白质的营养价值

（一）蛋白质的生理需要量

正常成年人即使完全不进食蛋白质，每日仍有约 20g 蛋白质会分解。由于食物蛋白质不可能全部被利用，故成人每日最低需要摄入蛋白质 30～50g 才能保持总氮平衡。我国营养学会推荐成人每日蛋白质需要量为 80 克左右。

（二）蛋白质的营养价值

1. 营养必需氨基酸（essential amino acid） 组成人体蛋白质的天然氨基酸有 20 种，人体需要但自身不能合成，必须由食物供应的氨基酸称为营养必需氨基酸。共有 8 种：缬氨酸、异亮氨酸、亮氨酸、苏氨酸、甲硫氨酸、赖氨酸、苯丙氨酸和色氨酸。半胱氨酸和酪氨酸在体内能分别由蛋氨酸和苯丙氨酸合成，如果膳食中能够直接提供这两种氨基酸，则人体对蛋氨酸和苯丙氨酸的需要减少 30% 和 50%，所以半胱氨酸和酪氨酸是半必需氨基酸，其余的氨基酸在人体可自身合成，不一定需要食物供应，称为非必需氨基酸（non-essential amino acid）。

2. 蛋白质的营养价值 衡量蛋白质营养价值的标准是含必需氨基酸的种类、数量和比例。动物性蛋白质所含氨基酸的种类和比例与人体需要相近，故营养价值高。

3. 食物蛋白质的互补作用 几种营养价值较低的蛋白质混合食用时，其所含必需氨基酸可以互相补充而提高食物蛋白质的营养价值，称为蛋白质的互补作用。例如，谷类蛋白质含赖氨酸较少而色氨酸较多，豆类蛋白质含赖氨酸较多而色氨酸较少，两者混合食用即可提高营养价值。

第二节 蛋白质的消化、吸收与腐败

一、蛋白质的消化

人体氨基酸主要来源于食物蛋白质的消化、

笔记栏

吸收。蛋白质经一系列酶促水解生成氨基酸及小分子肽的过程称为消化。一般说来，食物蛋白质需经消化水解为氨基酸及小肽后才能被机体吸收利用，但有时某些抗原、毒素蛋白可少量通过黏膜细胞进入体内，产生过敏、毒性反应。唾液中不含水解蛋白质的酶，因此不能分解蛋白质，食物蛋白质的消化自胃开始，主要在小肠中进行。

（一）胃中的消化

胃黏膜主细胞可分泌胃蛋白酶原（pepsinogen），胃蛋白酶原经胃酸作用或胃蛋白酶（pepsin）的自身激活（autocatalysis）水解掉N端的一段氨基酸残基激活，生成有活性的胃蛋白酶。胃蛋白酶属内肽酶，对肽键的特异性较差，作用的最适pH为1.5~2.5，在胃液的酸性环境中该酶活性较高，酸性条件还能使蛋白质变性，有利于消化。胃蛋白酶还具有凝乳作用，使乳汁中的酪蛋白和Ca^{2+}凝聚成乳块，这对乳儿较为重要，使乳汁在胃中停留时间延长，有利于蛋白质的充分消化。由于食物在胃中停留的时间较短，蛋白质在胃中的消化不完全，产物主要为多肽和少量氨基酸。

（二）小肠中的消化

小肠是蛋白质消化的主要场所，蛋白质经胃消化进入肠道后，在胰及肠黏膜细胞分泌的多种蛋白酶及肽酶的共同作用下，进一步水解成为氨基酸。

小肠中蛋白质的消化主要靠胰酶来完成，根据作用部位的不同，胰酶可分为内肽酶（endopeptidase）和外肽酶（exopeptidase）两大类。内肽酶如胰蛋白酶（trypsin）、糜蛋白酶（chymotrypsin）及弹性蛋白酶（elastase）等可以特异地水解蛋白质内部的一些肽键。这些酶对不同氨基酸组成的肽键有一定的专一性，例如胰蛋白酶主要水解由赖氨酸和精氨酸等碱性氨基酸残基的羧基组成的肽键。外肽酶主要有氨基肽酶、羧基肽酶A（carboxypeptidase A）和羧基肽酶B（carboxypeptidase B），羧基肽酶能特异的水解肽链末端的肽键，它们自肽链的羧基末端开始，每次水解掉一个氨基酸残基，对不同氨基酸组成的肽键也有一定专一性。蛋白质在胰酶的协同作用下，最终产物仅有1/3为游离氨基酸，其余2/3为寡肽（图8-1）。寡肽的水解主要在小肠黏膜细胞内进行，小肠黏膜细胞的刷状缘及胞液中存在着一些寡肽酶（oligopeptidase），例如氨基肽酶（aminopeptidase）及二肽酶（dipeptidase）等。氨基肽酶从肽链的氨基末端逐个水解出氨基酸，最后生成二肽，再经二肽酶水解，最终生成氨基酸。通过各种蛋白水解酶的协同作用，蛋白质消化的效率很高，食物蛋白质的95%可被完全水解。但是，一些纤维状蛋白质只能部分被水解。

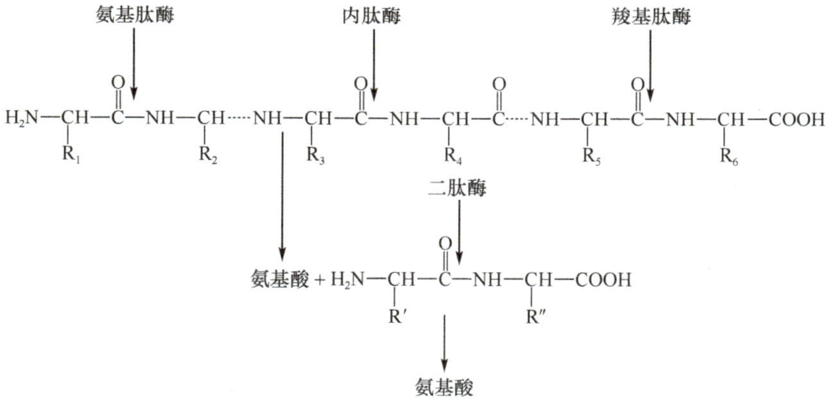

图8-1 胰蛋白酶的水解作用

胰腺细胞分泌的各种蛋白酶均以无活性的酶原形式分泌到十二指肠，由肠激酶（enterokinase）迅速激活成为有活性的蛋白水解酶。由于胰液中各种蛋白水解酶最初均以酶原形式存在，且胰蛋白酶的自身激活作用较弱，同时胰液中还存在着胰蛋白酶抑制剂，故能保护胰腺组织免受蛋白酶的自身消化。

二、氨基酸的吸收

氨基酸的吸收机制目前尚未完全阐明，一般认为是需要载体的耗能的主动吸收过程。氨基酸的吸收主要在小肠中进行，主要有以下两种方式。

（一）耗能需钠的载体转运

肠黏膜细胞膜上有转运氨基酸的载体蛋白，能与氨基酸及 Na^+ 形成三联体，将氨基酸及 Na^+ 转运入细胞，氨基酸入血转运到全身各处，Na^+ 则借钠泵排出细胞外，并消耗 ATP，此过程与葡萄糖的载体吸收系统类似。不同结构的氨基酸所需的转运载体也不相同，现已知人体内至少有 4 种类型的载体：中性氨基酸载体、碱性氨基酸载体、酸性氨基酸载体、亚氨基酸与甘氨酸载体。其中，中性氨基酸载体是主要载体。

上述氨基酸的主动转运不仅存在于小肠黏膜细胞，肌肉细胞、肾小管细胞膜上可能存在类似作用，这对于细胞聚集氨基酸具有重要意义。

（二）γ-谷氨酰基循环对氨基酸的转运作用

除载体转运吸收机制外，20 世纪 60 年代 Meister 提出了氨基酸吸收的 γ-谷氨酰基循环（γ-glutamyl cycle）机制，认为氨基酸向细胞内的转运过程通过谷胱甘肽起作用，反应过程首先是谷胱甘肽对氨基酸转运，其次是谷胱甘肽的再合成，构成一个循环（图 8-2）。催化反应的酶存在于小肠黏膜细胞、肾小管细胞和脑组织中，其中 γ-谷氨酰基转移酶位于细胞膜上，是关键酶，其余的酶均在细胞液中。

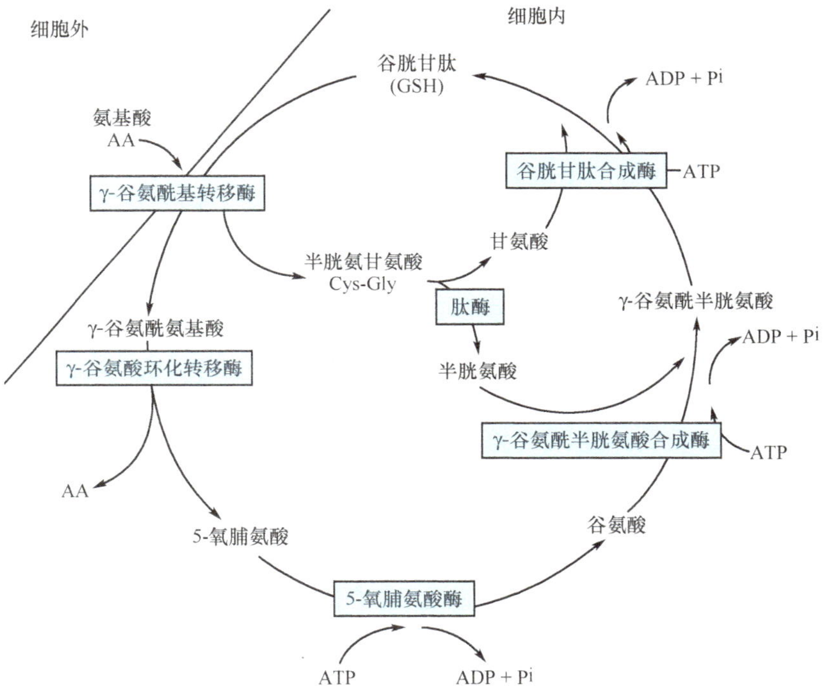

图 8-2 γ-谷氨酰基循环

三、蛋白质的腐败作用

食物蛋白质在消化过程中，一小部分不被消化的蛋白质和未被吸收的蛋白质消化产物，在大肠下段受肠道细菌（主要是大肠埃希菌）作用分解的过程，称为蛋白质的腐败作用（putrefaction）。腐败作用的产物大多数对人体有害，如胺类、酚类、吲哚及硫化氢等，但也可产生少量脂肪酸及维生素等可被机体利用的物质。

（一）胺类的生成

肠道细菌的蛋白酶使蛋白质水解成氨基酸，再经氨基酸脱羧基作用，产生胺类（amines）。例如，赖氨酸脱羧基生成尸胺，组氨酸脱羧基生成组胺，色氨酸脱羧基生成色胺，酪氨酸脱羧基生成酪胺，苯丙氨酸脱羧基生成苯乙胺等。

酪胺和苯乙胺若不能在肝内分解则容易进入脑组织，在 β-羟化酶的作用下生成 β-羟酪胺和苯乙醇胺。它们的化学结构与儿茶酚胺类似,但不能传递神经冲动,称为假神经递质。假神经递质可竞争性干扰正常神经递质儿茶酚胺,使大脑发生异常抑制,临床上肝性脑病的症状可能与此有关。

(二)氨的生成

未被吸收的氨基酸在肠道细菌作用下脱氨基生成氨(ammonia),这是肠道氨的主要来源;另外血液中尿素渗入肠道,受肠菌尿素酶的水解也可生成氨。这些氨可被吸收进入血液,在肝中合成尿素。降低肠道的 pH,可减少氨的吸收。

(三)其他有害物质的生成

除了胺类和氨以外,腐败作用还可产生一些其他有害物质,例如苯酚、吲哚及硫化氢等。正常情况下,这些有害物质大部分随粪便排出,只有小部分吸收经肝的代谢转变解毒,一般不会发生中毒现象。

第三节 氨基酸的一般代谢

食物蛋白质经消化吸收的氨基酸(外源性氨基酸)与体内组织蛋白降解产生的氨基酸以及体内合成非必需氨基酸(后两者称内源性氨基酸)混在一起,分布于体内各处参与代谢,称为氨基酸代谢库(metabolic pool)。氨基酸在体内分布不均匀,肌肉中的氨基酸占总代谢库的 50% 以上,肝约占 10%,肾约占 4%,由于肝、肾体积较小,所含游离氨基酸的实际浓度很高,因此氨基酸代谢十分旺盛。氨基酸在体内不能储存,大部分在肝脏分解,但支链氨基酸的分解主要在骨骼肌中进行。氨基酸的来源和去路维持动态平衡,肌肉和肝在维持血浆氨基酸浓度的相对稳定中起着重要作用。

氨基酸具有共同的结构通式,有共同的代谢途径,但不同的氨基酸结构也存在差异,因此存在个别的代谢方式。体内氨基酸代谢的概况见图 8-3。本节介绍氨基酸的一般代谢途径:脱氨基作用及由此而产生的 α-酮酸的代谢。

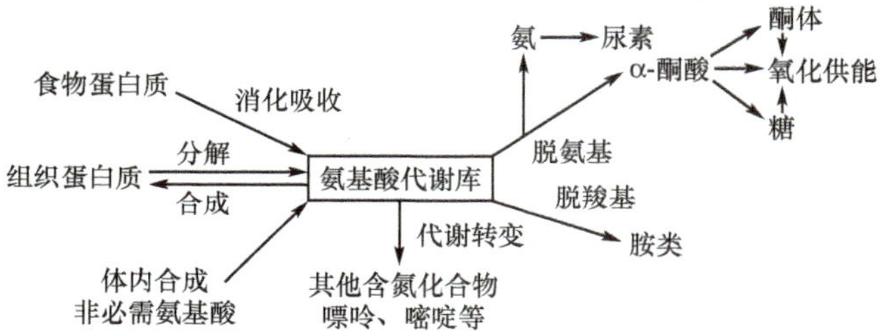

图 8-3 氨基酸代谢概况

一、体内蛋白质的转换更新

人体内蛋白质处于不断降解与合成的动态平衡,即蛋白质的转换更新(protein turnover)。成人每天约有体内蛋白质总量的 1% ~ 2% 被更新,其中主要是肌肉蛋白质。不同蛋白质的降解速率差异很大,短则数秒,长则数月甚至更长。蛋白质的寿命常用半寿期(half-life)$T_{1/2}$表示,指蛋白质浓度减少到原浓度一半所需的时间。例如,人血浆蛋白质的 $T_{1/2}$约为 10 天,肝中大部分蛋白质的 $T_{1/2}$为 1 ~ 8 天。许多关键性调节酶蛋白的 $T_{1/2}$均很短,如胆固醇合成调节酶 HMG-CoA 还原酶的 $T_{1/2}$为 0.5~2 小时。

体内蛋白质更新的重要生理意义在于:一是某些调节蛋白质的转换速度可直接影响物质代谢过程及其生理功能,二是通过更新可清除异常或受损伤的蛋白质。

体内蛋白质的降解是由一系列蛋白酶(protease)和肽酶(peptidase)完成的。真核细胞中蛋白质的降解主要有两条途径:一条是不依赖 ATP 的降解途径,在溶酶体内进行,主要降解细胞外来源的蛋白质、膜蛋白和细胞内长寿蛋白质。另一条是依赖 ATP 的泛素(ubiquitin)降解途径,在蛋白酶体(proteasome)进行,主要降解异常蛋白和短寿命的蛋白质,这一过程在不含溶酶体的红细胞中尤为重要。泛素是一种含 76 个氨基酸残基的多肽链,因普遍存在于真核细胞中而得名,其一级结构高度保守,如酵母泛素与人体泛素比较,只有 3 个氨基酸的差异。泛素介导的蛋白质降解是一个极为复杂的过程,由泛素化和蛋白酶体共同作用完成。它主要分两个阶段:首先由泛素与底物蛋白质共价结合,使蛋白质被标记,即泛素化(ubiquitination)；然后是蛋白酶体特异识别泛素化的蛋白质并将其降解。泛素对蛋白质的标记作用没有底物特异性。

蛋白质降解的泛素化包括由泛素活化酶(E_1)、泛素结合酶(E_2)和泛素蛋白连接酶(E_3)三种酶共同参与的三个反应。首先E_1使泛素激活，消耗一分子ATP，接着激活的泛素分子转移到E_2的巯基上，然后E_3与连接有泛素的E_2相互作用形成复合物，将E_2上活化的泛素分子转移到底物蛋白上，与肽链上的赖氨酸残基共价连接(图8-4)。通过E_2与E_3的多次作用，底物蛋白分子加上若干个泛素分子，最后被蛋白酶体识别并被多次切割，最终降解成3～22个氨基酸残基组成的小肽。因此，哺乳动物细胞内蛋白质的降解首先是要被降解的底物蛋白分子内部的一个赖氨酸被一串泛素分子所修饰，然后被修饰的底物蛋白进入一个由30多个亚基组成的蛋白酶复合体中，被切割成短肽。

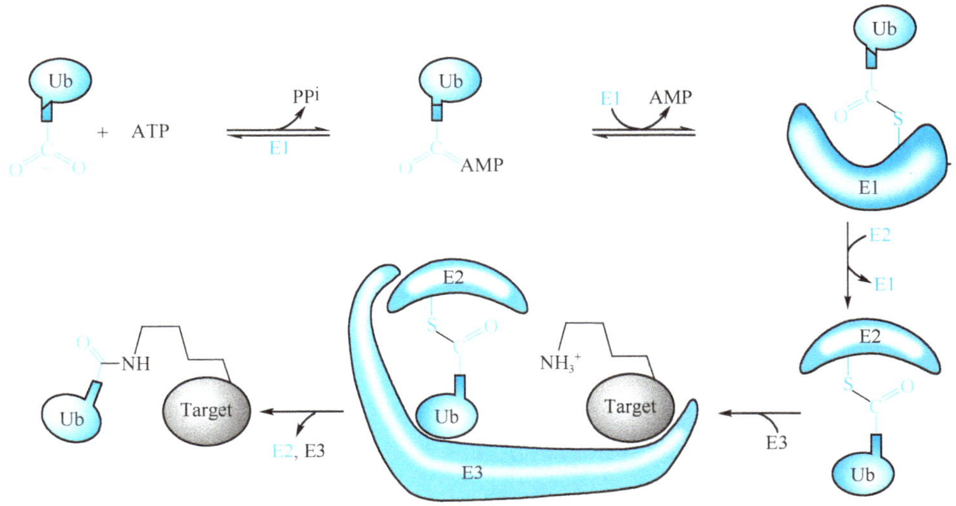

图 8-4 蛋白质降解的泛素化反应

Ub：泛素；E1：泛素活化酶；E2：泛素结合酶；E3：泛素蛋白连接酶

蛋白酶体是一个26S的蛋白复合物，含有一个20S的核心颗粒(core particle，CP)和两个19S的调节颗粒(regulatory particle，RP)。CP是由四个堆积的七元环组成的圆柱体，上下端的两个环各含有七个α亚基，是RP的结合部位，还可发挥“门”的作用，阻止蛋白质不受调控地进入CP的内部。中间的两个环各含七个β亚基，β亚基含有蛋白酶活性位点，可催化不同的蛋白质水解。RP由18个亚基组成，两个RP分别位于CP圆柱体的两端，形成CP圆柱体的盖子，可以识别连接在蛋白质上的多泛素链标签使蛋白质定位于CP，并启动降解过程(图8-5)。

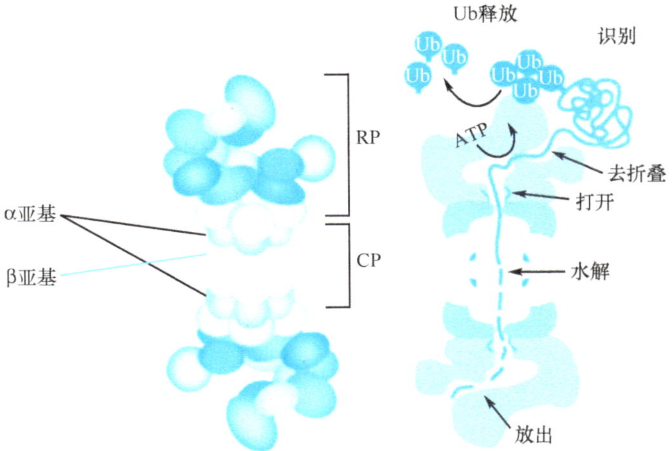

图 8-5 蛋白酶体

二、氨基酸的脱氨基作用

脱氨基作用是氨基酸分解代谢的最主要反应，在体内大多数组织中均可进行。氨基酸可以通过多种方式脱去氨基，例如转氨基、氧化脱氨基、联合脱氨基及非氧化脱氨基等，其中联合脱氨基最为重要。

（一）转氨基作用（transamination）

1. 定义 在转氨酶（transaminase）的作用下，某一氨基酸去掉 α-氨基生成相应的 α-酮酸（α-ketoacid），而另一种 α-酮酸得到此氨基生成相应的氨基酸的过程。转氨酶又称氨基转移酶（aminotransferase），广泛分布于体内各组织中。体内存在着多种转氨酶，不同氨基酸与 α-酮酸之间的转氨基作用只能由特异的转氨酶催化。反应如下：

除甘氨酸、赖氨酸、脯氨酸及羟脯氨酸外，体内大多数氨基酸可以参与转氨基作用。

2.转氨基作用的机制 所有转氨酶的辅酶都是磷酸吡哆醛或磷酸吡哆胺（维生素 B_6 的磷酸酯），它与酶活性中心赖氨酸的 ε-氨基结合。在转氨基过程中，磷酸吡哆醛先从氨基酸接受氨基转变成磷酸吡哆胺，氨基酸转变成相应的 α-酮酸，磷酸吡哆胺进一步将氨基转移给另一种 α-酮酸而生成相应的氨基酸，磷酸吡哆胺又变回磷酸吡哆醛。磷酸吡哆醛与磷酸吡哆胺的这种相互转变在转氨基作用中起着传递氨基的作用。反应如下：

$$\text{氨基酸+磷酸吡哆醛} \underset{+H_2O}{\overset{-H_2O}{\rightleftharpoons}} \text{Schiff 碱}$$

$$\updownarrow \text{分子重排}$$

$$\alpha\text{-酮酸+磷酸吡哆胺} \underset{+H_2O}{\overset{-H_2O}{\rightleftharpoons}} \text{Schiff 碱异构体}$$

转氨基反应不需能且完全可逆，平衡常数接近 1。因此，转氨基作用不仅是体内多数氨基酸脱氨基的重要方式，也是机体合成非必需氨基酸的重要途径。但通过此种方式并未产生游离氨。

3. 重要的转氨酶 在各种转氨酶中，丙氨酸氨基转移酶（alanine transaminase，ALT）（俗名谷丙转氨酶，glutamic pyruvic transaminase，GPT）和天冬氨酸氨基转移酶（aspartate transaminase，AST）（俗名谷草转氨酶，glutamic oxaloacetic transaminase，GOT）最为重要，它们在各组织中含量不等（表 8-1），心和肝的活性最高。

$$\text{谷氨酸+丙酮酸} \overset{ALT}{\rightleftharpoons} \alpha\text{-酮戊二酸+丙氨酸}$$

$$\text{谷氨酸+草酰乙酸} \overset{AST}{\rightleftharpoons} \alpha\text{-酮戊二酸+天冬氨酸}$$

正常情况下，ALT、AST 主要存在于细胞内，血清中的活性很低。当细胞膜通透性增高或细胞坏死破裂时，转氨酶大量释放入血，血清中转氨酶活性明显升高。临床上常以此作为疾病诊断和预后的指标之一。

表 8-1 正常成人各组织中 AST 及 ALT 活性（单位/克湿组织）

组织	AST	ALT	组织	AST	ALT
心	156 000	7 100	胰腺	28 000	2 100
肝	142 000	44 000	脾	14 000	1 000
骨骼肌	99 000	4 800	肺	10 000	700
肾	91 000	19 000	血清	20	16

例如，急性肝炎患者血清 ALT 活性显著升高；心肌梗死患者血清中 AST 明显上升。在新药研究中，涉及肝脏疾病治疗的药物或在肝脏解毒的药物，通常以转氨酶活性作为重要的观测指标。

（二）氧化脱氨基作用

氧化脱氨作用（oxidative deamination）指氨基酸在酶的作用下氧化脱氨，生成游离氨和 α-酮酸的反应。催化氨基酸氧化脱氨的酶有两类：氨基酸氧化酶和 L-谷氨酸脱氢酶（L-glutamate dehydrogenase）。氨基酸氧化酶在体内分布不广，活性不高，催化的反应是脱氨基作用的次要途径。L-谷氨酸脱氢酶是一种既能利用 NAD^+ 又能利用 $NADP^+$ 为辅酶的不需氧脱氢酶，普遍存在于肝、肾、脑等组织中，活性和特异性很强，能专一地催化 *L*-谷氨酸氧化脱氨生成 α-酮戊二酸，*L*-谷氨酸是哺乳动物组织内唯一能以较高速率进行氧化脱氨反应的氨基酸。

笔记栏

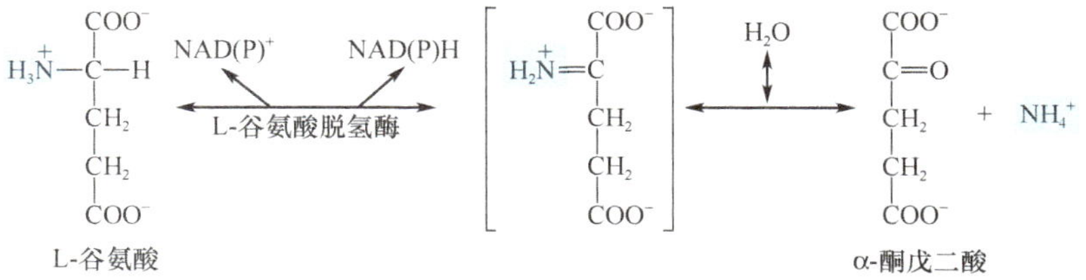

以上反应可逆，可根据机体的状态决定反应的方向，一般情况下，反应偏向于谷氨酸的合成，但是当谷氨酸浓度高而 NH_3 浓度低时，则有利于 α-酮戊二酸的生成。谷氨酸脱氢酶是由 6 个相同亚基聚合而成的一种变构酶。ATP 和 GTP 是此酶的变构抑制剂，ADP 和 GDP 是变构激活剂。当体内 GTP 和 ATP 不足时，L-谷氨酸脱氢酶被激活，使谷氨酸氧化脱氨加速进行，α-酮戊二酸生成增多，进入三羧酸循环和氧化磷酸化分解供能，这对机体的能量代谢起重要的调节作用。

（三）联合脱氨基作用

转氨基作用只有氨基的转移，没有真正的脱氨基。氧化脱氨基有游离氨基产生，但只有谷氨酸等少数氨基酸才能进行。体内大部分氨基酸通过联合脱氨基作用脱氨，转氨基作用和氧化脱氨基作用结合脱下游离氨基的过程称为联合脱氨基作用，是氨基酸最重要的脱氨基方式。目前已知有两条反应途径：

1.转氨基和谷氨酸氧化脱氨基作用结合的途径　这种途径主要在肝、肾中进行。其过程是：氨基酸首先与 α-酮戊二酸在转氨基作用下生成 α-酮酸和谷氨酸，谷氨酸再经 L-谷氨酸脱氢酶催化脱去氨基重新生成 α-酮戊二酸继续参加转氨基作用（图 8-6）。生成的游离氨基虽然由谷氨酸直接脱下，但从全过程看，本质上来源于最初转氨基的氨基酸。联合脱氨基作用的全过程是可逆的，其逆反应也是体内合成非必需氨基酸的主要途径。

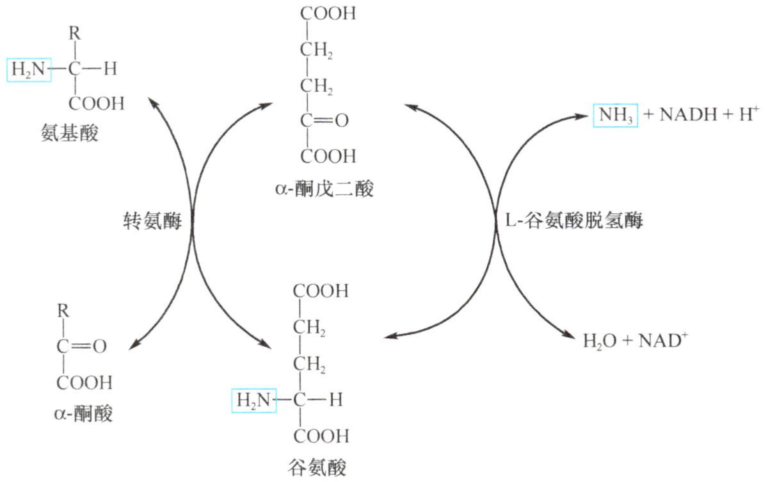

图 8-6　联合脱氨基作用

2. 嘌呤核苷酸循环　骨骼肌和心肌中 L-谷氨酸脱氢酶的活性很低，存在着另一种联合脱氨基反应，嘌呤核苷酸循环（purine nucleotide cycle）（图 8-7）。此循环中，氨基酸首先通过两次连续的转氨基作用将氨基转移给草酰乙酸生成天冬氨酸；天冬氨酸再与次黄嘌呤核苷酸（IMP）缩合生成腺苷酸代琥珀酸，后者裂解为延胡索酸和腺嘌呤核苷酸（AMP），最后 AMP 在腺苷酸脱氨酶（此酶在肌组织中活性较强）催化下脱去氨基重新生成 IMP 继续参加循环，最终完成氨基酸的脱氨基作用。

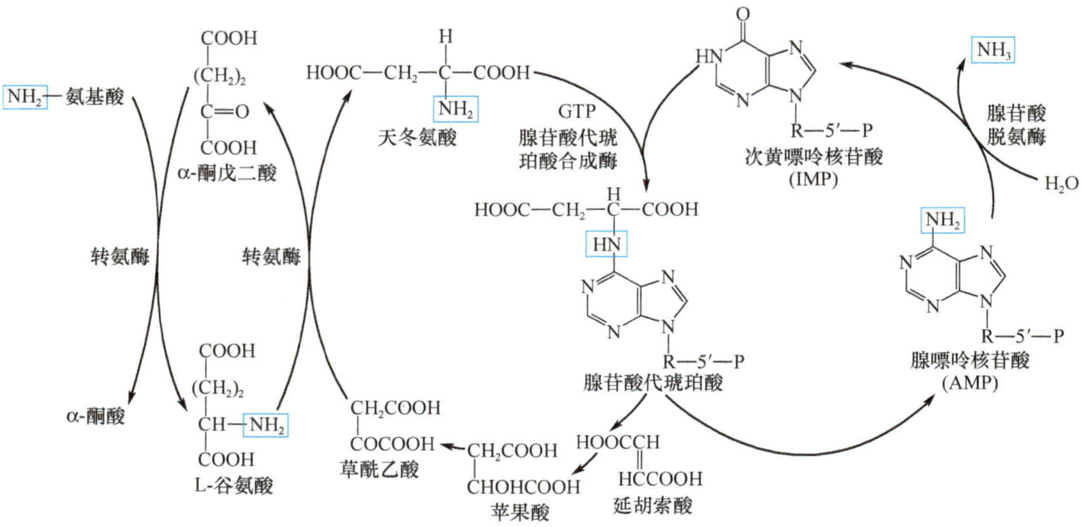

图 8-7 嘌呤核苷酸循环

三、α-酮酸的代谢

氨基酸脱氨基后生成的α-酮酸可以进一步代谢，主要有三条代谢途径：

（一）氨基化生成非必需氨基酸

体内的一些非必需氨基酸可通过相应的α-酮酸经转氨基作用生成。例如，丙酮酸、草酰乙酸、α-酮戊二酸经氨基化可分别转变成丙氨酸、天冬氨酸、谷氨酸。

（二）转变成糖及脂类化合物

各种氨基酸脱氨基后产生的α-酮酸结构差异很大，其代谢途径也不尽相同。但代谢过程的中间产物不外是乙酰CoA、丙酮酸或三羧酸循环的中间物，如琥珀酸单酰CoA、草酰乙酸及α-酮戊二酸（五碳化合物）等。α-酮酸通过这些中间代谢物进入糖或脂肪（酮体）的代谢途径。

实验证明，大多数氨基酸在体内可以转变成糖，称为生糖氨基酸（glucogenic amino acid）；亮氨酸和赖氨酸在体内能转变成酮体，称为生酮氨基酸（ketogenic amino acid）；还有5种氨基酸既能转变成糖又能转变成酮体，称为生糖兼生酮氨基酸（glucogenic and ketogenic amino acid）（表8-2）。

表 8-2 氨基酸生糖及生酮性质的分类

类别	氨基酸
生糖氨基酸	甘氨酸、丝氨酸、缬氨酸、组氨酸、精氨酸、半胱氨酸、脯氨酸、丙氨酸、谷氨酸、谷氨酰胺、天冬氨酸、天冬酰胺、蛋氨酸
生酮氨基酸	亮氨酸、赖氨酸
生糖兼生酮氨基酸	异亮氨酸、苯丙氨酸、酪氨酸、苏氨酸、色氨酸

（三）氧化供能

α-酮酸可转变成乙酰CoA、丙酮酸等中间产物进入三羧酸循环和呼吸链彻底氧化释放能量，供生命活动的需要。可见氨基酸也属于能源物质，但氨基酸产能的比例取决于机体的代谢状态，一般成人每天约18%的能量来自氨基酸氧化，此作用多被糖和脂肪代替，如果进食过量蛋白质食物，处于饥饿或未控制性糖尿病状态氨基酸氧化供能比例会提高。

由此可见，氨基酸代谢与糖、脂代谢密切相关。氨基酸可转变成糖与脂肪，糖也可以转变成脂肪及部分非必需氨基酸的碳架。三羧酸循环是物质代谢的总枢纽，通过它糖、脂肪及氨基酸可完全氧化，也可彼此相互转变，构成一个完整的代谢体系（图8-8）。

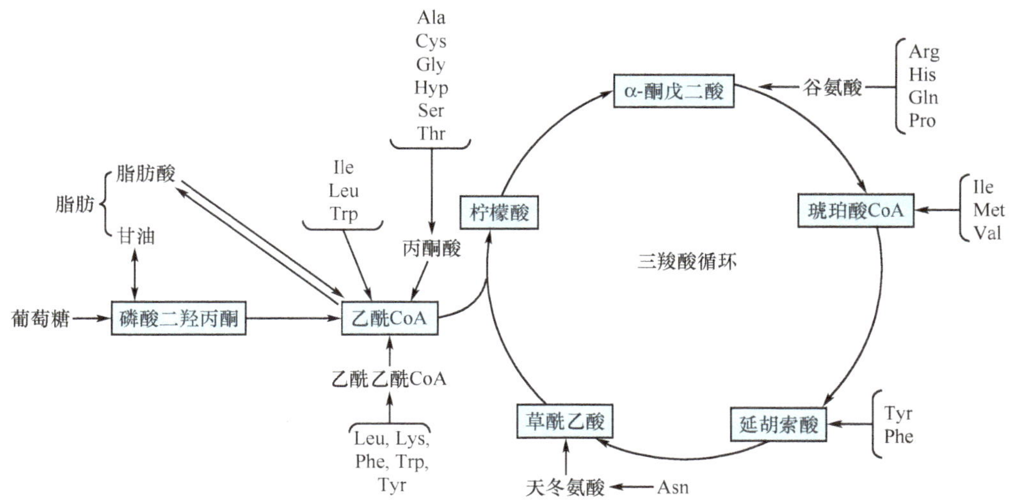

图 8-8　糖、脂肪、氨基酸代谢途径间的相互联系

第四节　氨的代谢

氨基酸脱下的氨和消化吸收的氨进入血液形成血氨。氨具有毒性，脑组织对氨的作用尤为敏感。体内的氨主要在肝合成尿素而解毒。因此，除门静脉血液外，体内血氨的浓度很低，正常人血氨的浓度一般为 47～65μmol/L。严重肝病患者尿素合成功能降低，血氨增高，引起脑功能紊乱，常与肝性脑病的发病有关。

一、体内氨的来源和去路

(一) 体内氨的三个主要来源

1.氨基酸及胺分解产生的氨　氨基酸脱氨基作用产生的氨是体内氨的主要来源，胺类物质如多巴胺、肾上腺素以及嘌呤和嘧啶也可分解产氨。

2. 肠道吸收的氨　肠道每天产氨约 4g，蛋白质的腐败作用以及渗入肠道的尿素在细菌尿素酶(urease)的作用下都可产生氨，生成的氨主要在结肠经门静脉吸收入血，是血氨的一个重要来源，因此门静脉血氨的水平高于全身其他组织。NH_3 比 NH_4^+ 更易穿过细胞膜被吸收，NH_3 和 NH_4^+ 的互变受肠道 pH 影响，酸性环境下 NH_3 易转变为 NH_4^+ 排出，碱性环境下 NH_4^+ 转变成 NH_3 吸收入血。故临床上对高血氨患者禁止用碱性肥皂水灌肠，采用弱酸性透析液作结肠透析以减少肠道氨的吸收。

3.肾小管上皮细胞分泌的氨　谷氨酰胺在肾小管上皮细胞中的谷氨酰胺酶催化下水解成谷氨酸和 NH_3，生成的氨分泌到肾小管腔中与原尿中的 H^+ 结合成 NH_4^+，以铵盐的形式由尿排出体外，这对调节机体的酸碱平衡起着重要作用。尿液呈碱性会妨碍氨的分泌，部分氨被重吸收入血，成为血氨的另一个来源，酸性尿则利于肾小管细胞中的氨扩散入尿排出体外。因此临床上治疗肝硬化产生腹水病人不宜用碱性利尿药，以防血氨的升高。

(二) 氨的四个主要去路

1. 在肝脏合成尿素　氨在肝细胞中通过鸟氨酸循环转变成尿素(见后)，经肾脏排出体外，这是体内氨的主要去路。

2. 合成非必需氨基酸或其他含氮物　氨可与 α-酮酸氨基化合成非必需氨基酸，也可参与合成嘌呤、嘧啶等其他含氮物质。

3.转变成谷氨酰胺　脑组织产生的氨可在谷氨酰胺合成酶的催化下与谷氨酸生成无毒的谷氨酰胺储存或运输。

4. 肾小管泌氨　氨转变成谷氨酰胺后部分可运输到肾脏，在肾小管上皮细胞中水解释放 NH_3，分泌到肾小管腔中与原尿中的 H^+ 结合，以铵盐的形式排出体外。

二、氨的转运

氨可以自由扩散进出细胞膜，血氨增高易进入脑组织，对中枢神经系统产生毒性作用，导致脑功能障碍。各组织中产生的氨主要以无毒的丙氨酸及谷氨酰胺两种形式运输到肝脏和肾脏，

笔记栏

合成尿素或形成铵盐排出体外。

(一) 丙氨酸-葡萄糖循环

肌肉中的氨基酸经转氨基作用将氨基转给丙酮酸生成丙氨酸,丙氨酸由血液运到肝,在肝中通过联合脱氨基作用生成丙酮酸并释放出氨,氨合成尿素排出体外,丙酮酸经糖异生途径异生成葡萄糖,葡萄糖进入血液运送到肌肉,经糖酵解转变成丙酮酸并释放能量,丙酮酸可再接受氨基生成丙氨酸。这种由丙氨酸和葡萄糖反复地在肌肉和肝之间进行氨的转运途径称为丙氨酸-葡萄糖循环(alanine-glucose cycle)(图 8-9)。该循环主要在肌肉和肝脏间进行,循环既可使肌肉中产生的氨以无毒的丙氨酸形式运输到肝解毒,又为肝糖异生提供了优质的原料丙氨酸,同时肝组织还可为肌肉活动提供能量葡萄糖。

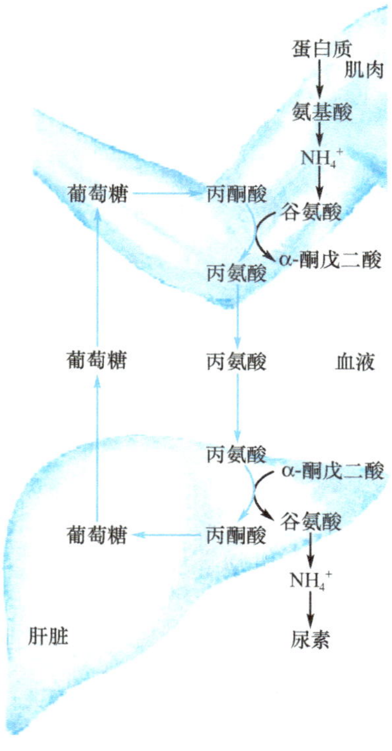

图 8-9 丙氨酸-葡萄糖循环

(二) 谷氨酰胺的运氨作用

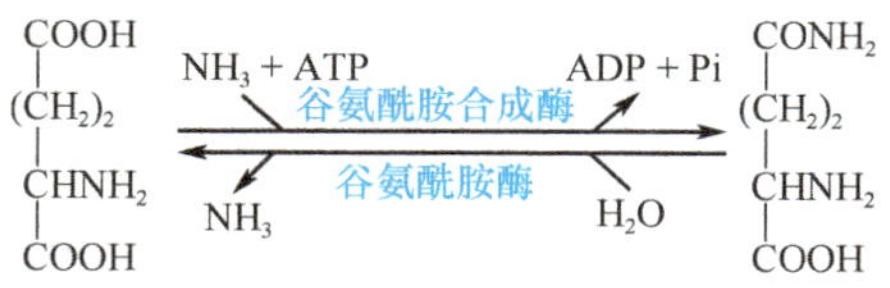

在脑、肌肉等组织中存在谷氨酰胺合成酶(glutamine synthetase),可催化氨与谷氨酸生成谷氨酰胺,此反应不可逆,需要 ATP 参与。谷氨酰胺水溶性强,中性无毒,可经血液输送到肝或肾,由谷氨酰胺酶(glutaminase)水解成谷氨酸与氨,氨在肝中生成尿素解毒,在肾脏则与原尿中 H^+结合形成铵盐随尿排出。可见,谷氨酰胺是另一种转运氨的形式,可以认为它既是氨的解毒产物,也是氨的储存及运输形式。特别是在脑组织对氨的固定、运输及解毒的过程中起重要作用。临床上对氨中毒的病人可服用或输入谷氨酸盐使氨生成谷氨酰胺,以降低氨的浓度。另外,谷氨酰胺可提供酰胺基使天冬氨酸转变为天冬酰胺。正常细胞可以合成足够天冬酰胺供蛋白质合成的需要,但白血病细胞基本不能合成天冬酰胺,需要其他组织供给,临床上常用天冬酰胺酶降低血中天冬酰胺浓度,达到治疗白血病的目的。

三、尿素的生成

正常人体内的氨 80% ~ 90% 在肝脏合成尿素而解毒,只有少部分在肾以铵盐形式由尿排出。可见合成尿素排出体外是氨的最主要去路。肝是合成尿素的最主要器官,实验证明将犬的肝切除,血液及尿中尿素含量明显降低。而临床上急性肝坏死患者血及尿中几乎不含尿素而氨基酸含量增多。因此,尿素主要在肝脏中合成,肾、脑等其他组织也可合成少量尿素。

(一) 尿素合成的鸟氨酸循环学说

1932 年德国学者 Hans Krebs 和 Kurt Henseleit 研究发现:将大鼠肝的薄切片在有氧条件下加铵盐保温数小时后,铵盐的含量减少,而同时尿素增多。如果加入鸟氨酸、瓜氨酸或精氨酸,可加速尿素的合成。根据上述三种氨基酸的结构推断,它们在代谢上可能有一定联系,即鸟氨酸可能是瓜氨酸的前体,瓜氨酸又是精氨酸的前体。进一步实验发现,当大量鸟氨酸与肝切片及 NH$_4^+$ 一起保温时,的确有瓜氨酸的积聚。此外,早已证实高水平的精氨酸酶存在于所有可以合成尿素的生物体的肝脏中,此酶可催化精氨酸水解生成鸟氨酸及尿素。基于以上的实验现象,Krebs 、Henseleit 提出了鸟氨酸循环假说(Ornithine cycle):首先鸟氨酸与氨及 CO_2结合生成瓜氨酸;然后瓜氨酸再接受 1 分子氨而生成精氨酸;最后精氨酸水解产生尿素和新的鸟氨酸,重新生成的鸟氨酸进入下一轮循环(图8-10)。因循环的产物是尿素,又称尿素循环(urea cycle)或 Krebs-Henseleit 循环。后来的同位素标记实验也证实尿素通过鸟氨酸循环合成。

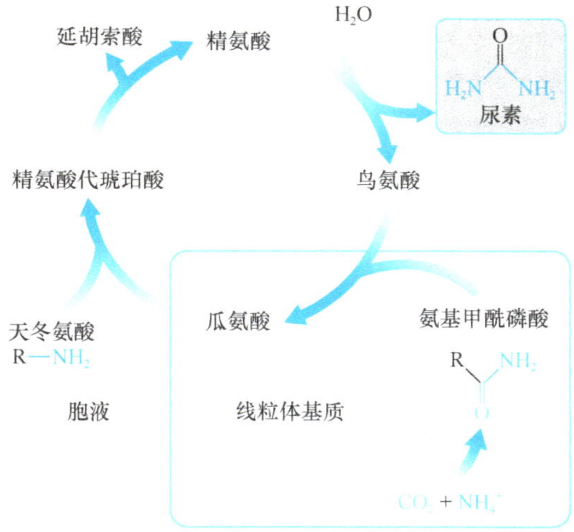

图 8-10　鸟氨酸循环

总的看来，鸟氨酸循环的本质是 2 分子氨与 1 分子 CO_2结合生成 1 分子尿素及 1 分子水，鸟氨酸所起的作用与三羧酸循环中草酰乙酸所起的作用类似。尿素是中性、无毒、水溶性很强的物质，由血液运输至肾，从尿中排出。

（二）鸟氨酸循环的详细步骤

鸟氨酸循环过程比较复杂，详细过程及在细胞中的定位见图 8-11，大致可分为五步，前两步发生在线粒体中，其余三步在胞液中进行。

1. 氨基甲酰磷酸的合成　在 Mg^{2+}、ATP 及 *N*-乙酰谷氨酸(*N*-acetyl glutamatic acid, AGA)存在时，氨与 CO_2在氨基甲酰磷酸合成酶Ⅰ(carbamoyl phosphate synthetase Ⅰ, CPS -Ⅰ)的催化下，合成氨基甲酰磷酸，此反应不可逆，需消耗 2 分子 ATP。氨基甲酰磷酸是高能化合物，性质活泼，在酶的催化下易与鸟氨酸反应生成瓜氨酸。

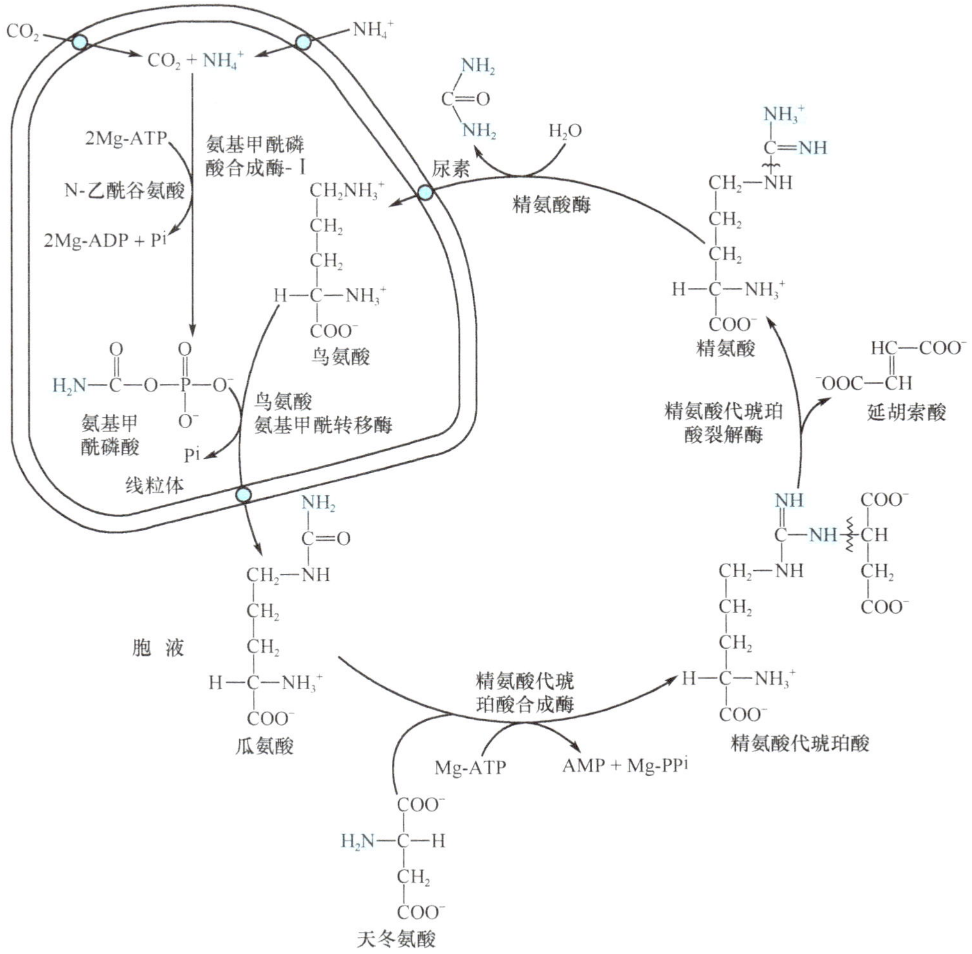

图 8-11　尿素生成的中间步骤

CPS-Ⅰ是一种变构酶，存在于肝细胞线粒体内，AGA是其变构激活剂。CPS-Ⅰ只有在AGA存在时才能被激活，人体组织细胞质中还存在CPS-Ⅱ，可催化嘧啶的生物合成（见核苷酸代谢）。

2. 瓜氨酸的合成 在鸟氨酸氨基甲酰转移酶（ornithine carbamoyl transferase，OCT）催化下，氨基甲酰磷酸上的氨基甲酰部分转移到鸟氨酸上生成瓜氨酸。OCT存在于肝细胞的线粒体中，催化瓜氨酸在线粒体基质中合成，反应不可逆。

3. 精氨酸代琥珀酸的合成 瓜氨酸在线粒体内合成后，通过内膜上的载体转运到线粒体外，在胞液中精氨酸代琥珀酸合成酶（argininosuccinate synthetase）的催化下，与天冬氨酸反应生成精氨酸代琥珀酸。此反应由ATP水解为AMP和PPi供能，消耗了ATP中的2个高能键，反应不可逆。

4. 精氨酸的合成 精氨酸代琥珀酸裂解酶（argininosuccinase）催化精氨酸代琥珀酸裂解成精氨酸及延胡索酸，原天冬氨酸的一个氮原子留在精氨酸上。

在上述反应中，天冬氨酸起着供给氨基的作用，天冬氨酸可由草酰乙酸与谷氨酸经转氨基作用生成，而谷氨酸的氨基又可来自体内多种氨基酸。可见，其他氨基酸的氨基也可通过天冬氨酸的形式参与尿素合成。

5. 精氨酸水解生成尿素 精氨酸酶催化精氨酸水解生成尿素和鸟氨酸，反应在胞液中进行。重新生成的鸟氨酸可通过线粒体内膜上载体的转运进入线粒体参与新一轮尿素循环。尿素作为代谢终产物主要通过肾脏排出体外，目前尚未发现尿素在体内有什么其他的生理功能。

尿素合成的总反应为：

$$2NH_3+CO_2+3ATP+3H_2O \longrightarrow \begin{matrix} NH_2 \\ | \\ C{=}O \\ | \\ NH_2 \end{matrix} + 2ADP + AMP + 4Pi$$

每循环一次，消耗1分子CO_2，2分子NH_3，3分子ATP（4个高能磷酸键），产生1分子尿素。尿素分子中的2个氮原子，1个来自氨，另1个则来自天冬氨酸，天冬氨酸又可由其他氨基酸通过转氨基作用生成。可见，尿素分子中2个氮原子的来源虽然不同，但都直接或间接来自各种氨基酸。

肝通过鸟氨酸循环将有毒的氨转变成无毒的尿素排出体外，这是肝的重要生理功能之一。

（三）尿素合成的调节

尿素在肝脏正常的合成可保证及时、充分地解除氨毒，尿素合成的速度受膳食蛋白质和两个重要酶的调节。

1. 食物蛋白质的影响 高蛋白膳食时蛋白质分解吸收增多，体内产氨增加，尿素的合成速度加快，尿素可占排出氮的90%；反之，低蛋白质膳食时尿素合成速度减慢，尿素排出量可低至含氮物排泄量的60%。

2. CPS-Ⅰ的调节 氨基甲酰磷酸的生成是尿素合成的一个重要步骤，AGA是CPS-Ⅰ的变构激动剂，AGA由乙酰辅酶A和谷氨酸通过AGA合成酶催化而生成，精氨酸是AGA合成酶的激活剂，精氨酸浓度增高时，尿素生成量增加。临床上可采用精氨酸治疗高血氨症患者，促进尿素的合成。

3.精氨酸代琥珀合成酶的调节 参与尿素合成的酶中精氨酸代琥珀合成酶的活性最低，是尿素合成的限速酶，可调节尿素的合成速度。

第五节 个别氨基酸的代谢

除了共有的分解代谢途径外，氨基酸侧链（R基团）的不同使有些氨基酸还有其特殊的代谢途径，可生成具有重要生理功能的生物活性物质。本节主要介绍几类重要的氨基酸的代谢途径。

一、氨基酸的脱羧基作用

部分氨基酸可进行脱羧基作用（decarboxylation）生成相应的胺类物质。催化脱羧反应的是氨基酸脱羧酶（decarboxyase），辅酶是磷酸吡哆醛。脱羧酶的专一性很强，不同氨基酸的脱羧基作用由不同的脱羧酶催化。

下面列举几种氨基酸脱羧基产生的重要胺类物质。

（一）γ-氨基丁酸

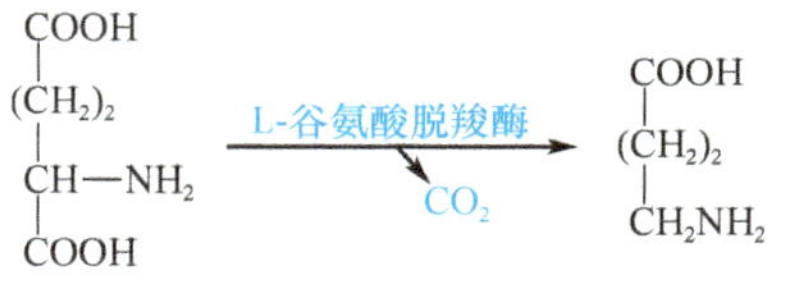

L-谷氨酸　　γ-氨基丁酸

谷氨酸在谷氨酸脱羧酶催化下脱羧基生成γ-氨基丁酸（γ-aminobutyric acid，GABA），谷氨酸脱羧酶在脑、肾组织中活性很高，所以脑组织 GABA 的含量较高。GABA 是抑制性神经递质，主要抑制突触传导，对中枢神经有抑制作用。临床上对妊娠呕吐和小儿搐搦患者常用维生素 B_6治疗，可增加 GABA 生成，防止中枢神经过度兴奋。

（二）组胺

组氨酸脱羧基生成组胺（histamine）。组胺在体内分布广泛，主要存在于乳腺、肺、肝、肌肉及胃黏膜的肥大细胞和嗜碱性细胞中，当机体发生抗原抗体反应或接触某些物质和物理刺激时，组胺从细胞中释放，与靶细胞中的特异受体结合，产生一系列生理反应。组胺是一种强烈的血管舒张剂，可使全身的小动脉和小静脉扩张，引起血压下降甚至休克；可增加毛细血管的通透性，引起皮肤红肿、瘙痒、斑块，可增加心肌的收缩力，使心率加快；可使支气管、胃肠、子宫的平滑肌收缩，引起支气管、喉痉挛或哮喘；组胺还可刺激胃蛋白酶及胃酸的分泌，常被作为研究胃活动的物质。组胺在过敏反应、创伤性休克或炎症病变时大量释放。

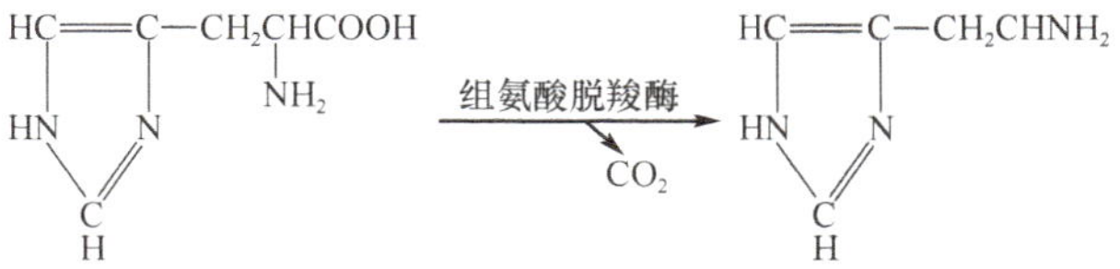

L-组氨酸　　　　组胺

（三）5-羟色胺

色氨酸先经色氨酸羟化酶催化生成 5-羟色氨酸，然后脱羧生成 5-羟色胺（5-hydroxytryptamine，5-HT）。

5-羟色胺在脑内是一种抑制性神经递质，直接影响神经的传导，与睡眠、体温的调节有关，现已知中枢神经系统有 5-羟色胺能神经元。在外周组织，5-羟色胺存在于胃肠、血小板及乳腺细胞中，是一种强烈的血管收缩剂，但能扩张骨骼肌血管。

5-羟色胺经单胺氧化酶作用可以生成 5-羟色醛，进一步氧化成 5-羟吲哚乙酸。恶性肿瘤和嗜银细胞瘤细胞可产生大量的 5-羟色胺，因此患者尿中 5-羟吲哚乙酸排出量明显升高。

$$\text{色氨酸} \xrightarrow{\text{色氨酸羟化酶}} \text{5-羟色氨酸} \xrightarrow{\text{5-羟色氨酸脱羧酶}} \text{5-羟色胺}$$

（四）多胺

某些氨基酸经脱羧基作用可以产生多胺（polyamines）。例如，鸟氨酸脱羧酶（orinithine decarboxylase）催化鸟氨酸脱羧生成腐胺再转变成精脒（spermidine）和精胺（spermine）。反应如下：

$$\text{L-鸟氨酸} \xrightarrow[-CO_2]{\text{鸟氨酸脱羧酶}} \text{腐胺}$$

$$\text{S-腺苷甲硫氨酸(SAM)} \xrightarrow[-CO_2]{\text{SAM 脱羧酶}} \text{脱羧基 SAM}$$

$$\text{腐胺+脱羧基 SAM} \xrightarrow[\text{-腺苷-S-}CH_3]{\text{丙胺转移酶}} \text{精脒}$$

$$\text{精脒+脱羧基 SAM} \xrightarrow[\text{-腺苷-S-}CH_3]{\text{丙胺转移酶}} \text{精胺}$$

腐胺、精脒和精胺统称为多胺，鸟氨酸脱羧酶是多胺合成的限速酶。精脒与精胺是调节细胞生长的重要物质。凡生长旺盛的组织，如胚胎、再生肝、生长激素作用的细胞及癌瘤组织等，多胺的含量和鸟氨酸脱羧酶的活性都较高。多胺促进细胞增殖的机制可能与稳定核酸和细胞结构，促进核酸和蛋白质的合成有关。临床上把测定病人血或尿中多胺的含量作为疾病辅助诊断和病情变化的一个重要指标。

胺类在体内含量不高，但多有重要的生理功能，如在体内堆积会引起神经和心血管系统的功能紊乱。正常人体内广泛存在着多种胺氧化酶，可催化胺氧化成醛、氨和 H_2O_2。H_2O_2被酶分解成水，醛可再氧化成酸，酸最终氧化生成 H_2O 和 CO_2或随尿排出体外。

二、一碳单位的代谢

某些氨基酸在分解代谢中可产生含有一个碳原子的有机基团，称为一碳单位（one carbon unit）。体内重要的一碳单位有：甲基（$-CH_3$，methyl）、甲烯基（$-CH_2-$，methylene）、甲炔基（$-CH=$，methenyl）、甲酰基（$-CHO$，formyl）及亚氨甲基（$-CH=NH$，formimino）等。HCO_3^-、CO_2不属于一碳单位。

（一）一碳单位代谢需要四氢叶酸参与

一碳单位在体内不能游离存在，需与四氢叶酸（tetrahydrofolic acid，FH_4或 THFA）结合才能转运和参加代谢。哺乳类动物体内，四氢叶酸可

笔记栏

由叶酸经二氢叶酸还原酶的催化，通过两步还原反应而生成。四氢叶酸的结构与生成反应如下：

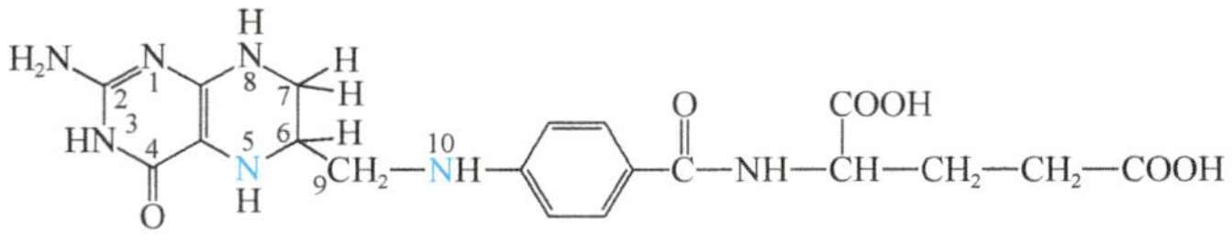

5，6，7，8-四氢叶酸(FH_4)

$$叶酸 \xrightarrow[NADPH(H^+)\quad NADP^+]{二氢叶酸还原酶} 二氢叶酸 \xrightarrow[NADPH(H^+)\quad NADP^+]{二氢叶酸还原酶} 四氢叶酸$$

一碳单位通常结合在 FH_4 分子的 N^5、N^{10} 位上。四氢叶酸携带一碳单位的形式如下：

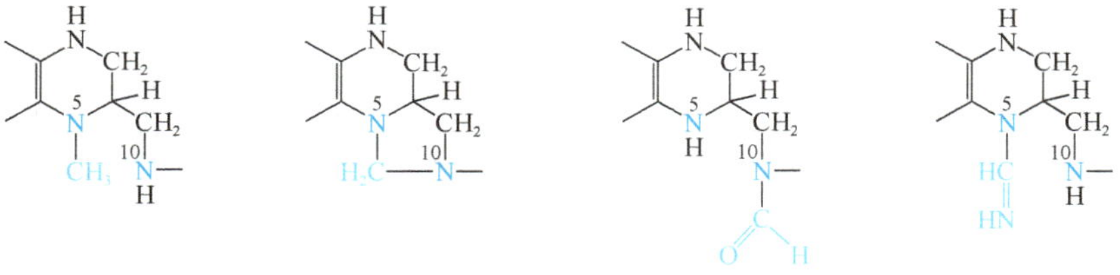

N^5-甲基四氢叶酸 ($N^5—CH_3—FH_4$)　N^5，N^{10}-甲烯四氢叶酸 (N^5，$N^{10}—CH_2—FH_4$)　N^{10}-甲酰四氢叶酸 ($N^{10}—CHO—FH_4$)　N^5-亚氨甲基四氢叶酸 ($N^5—CH{=}NH—FH_4$)

（二）一碳单位的生成与互变

一碳单位主要来自丝氨酸、甘氨酸、组氨酸及色氨酸的分解代谢，四氢叶酸是一碳单位代谢中转移酶的辅酶。

$$丝氨酸 + FH_4 \xrightarrow[-H_2O]{羟甲基转移酶} N^5，N^{10}—CH_2—FH_4 + 甘氨酸$$

$$甘氨酸 + FH_4 \xrightarrow[NAD^+\quad NADH+H^+]{甘氨酸裂解酶} N^5，N^{10}—CH_2—FH_4 + CO_2 + NH_3$$

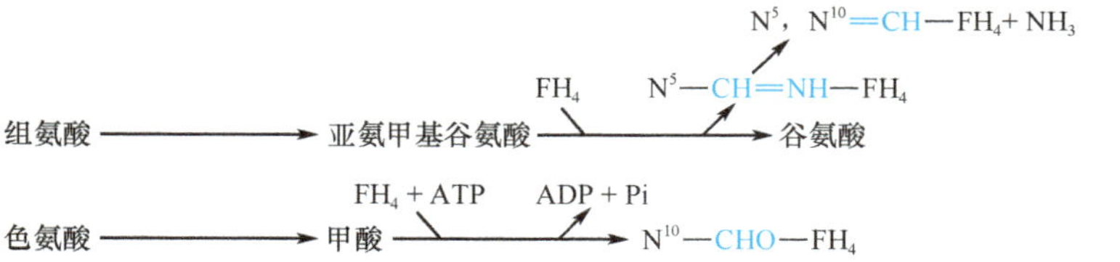

不同形式一碳单位在适当条件下以通过氧化还原反应彼此转变(图 8-12)。但在这些反应中，N^5-甲基四氢叶酸的生成基本是不可逆的。

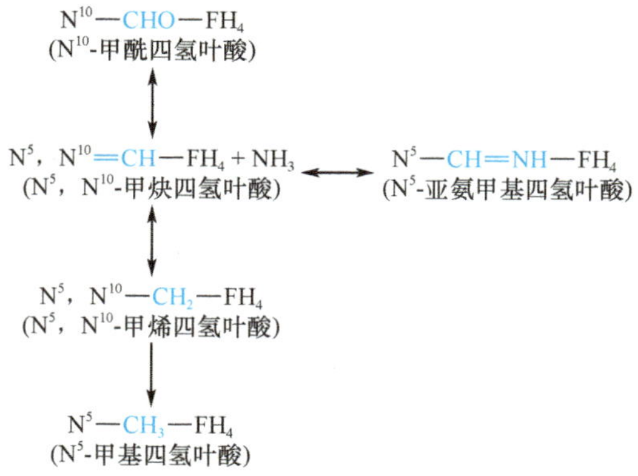

图 8-12　各种不同形式一碳单位的转换

（三）一碳单位的生理功能

一碳单位的主要生理功能是为嘌呤、嘧啶的合成提供原料，如 $N^{10}—CHO—FH_4$、N^5，$N^{10}=CH—FH_4$ 分别提供嘌呤合成时 C_2 与 C_8 的来源；N^5，$N^{10}—CH_2—FH_4$ 提供胸苷酸(dTMP)合成时甲基的来源。因此，一碳单位在核酸的生物合成中占有重要地位，将氨基酸与核酸代谢密切联系起来。另外，N^5-CH_3-FH_4 通过与 S-腺苷蛋氨酸之间的代谢联系，通过 SAM 提供甲基参与体内许多物质的甲基化过程，例如肾上腺素、胆碱、胆酸等物质的合成。

三、含硫氨基酸的代谢

含硫氨基酸包括甲硫氨酸、半胱氨酸和胱氨

酸。这三种氨基酸的代谢相互联系，甲硫氨酸可以转变为半胱氨酸和胱氨酸，半胱氨酸和胱氨酸也可以互变，但后二者不能转变为甲硫氨酸，所以甲硫氨酸是必需氨基酸。

（一）甲硫氨酸的代谢

1. 甲硫氨酸与转甲基作用　甲硫氨酸分子中含有 S-甲基，可提供甲基参与甲基化反应，但甲硫氨酸必须先与 ATP 作用，生成 S-腺苷甲硫氨酸（SAM）才能参加转甲基作用。反应由甲硫氨酸腺苷转移酶催化。SAM 被称为活性甲硫氨酸，分子中的甲基称为活性甲基。在甲基转移酶（methyl transferase）的作用下，SAM 可将甲基转移至另一种物质（甲基受体），合成多种重要的生物活性物质如肾上腺素、肌酸、肉毒碱等。据统计，体内约有 50 多种物质需要 SAM 提供甲基进行甲基化（包括 DNA 与 RNA 的甲基化）。甲基化作用（methylation）是体内具有广泛生理意义的重要代谢反应。SAM 是体内甲基最重要的直接供体。

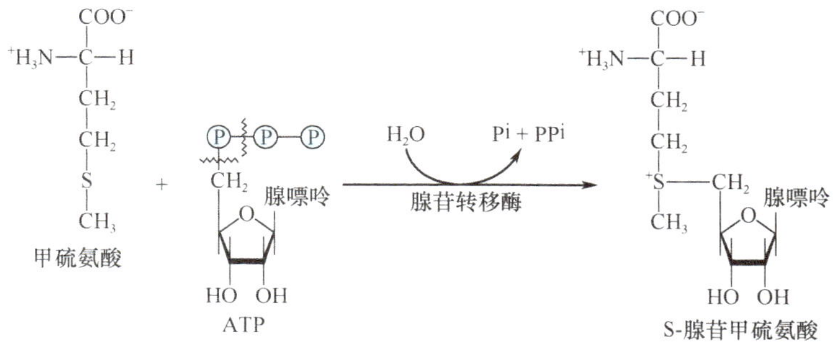

2. 甲硫氨酸循环　甲硫氨酸活化生成 SAM，SAM 去甲基后变成 S-腺苷同型半胱氨酸，再进一步脱去腺苷生成同型半胱氨酸（homocysteine），同型半胱氨酸可接受 N^5-甲基四氢叶酸提供的甲基重新生成甲硫氨酸，形成一个循环过程，称为甲硫氨酸循环（methionine cycle）（图 8-13）。其生理意义是通过循环 $N^5—CH_3—FH_4$ 间接提供甲基进行体内广泛的甲基化反应，减少甲硫氨酸的消耗。因此，$N^5—CH_3—FH_4$ 可看作体内甲基的间接供体，同时 $N^5—CH_3—FH_4$ 提供甲基后 FH_4 可再生参加一碳单位的代谢。

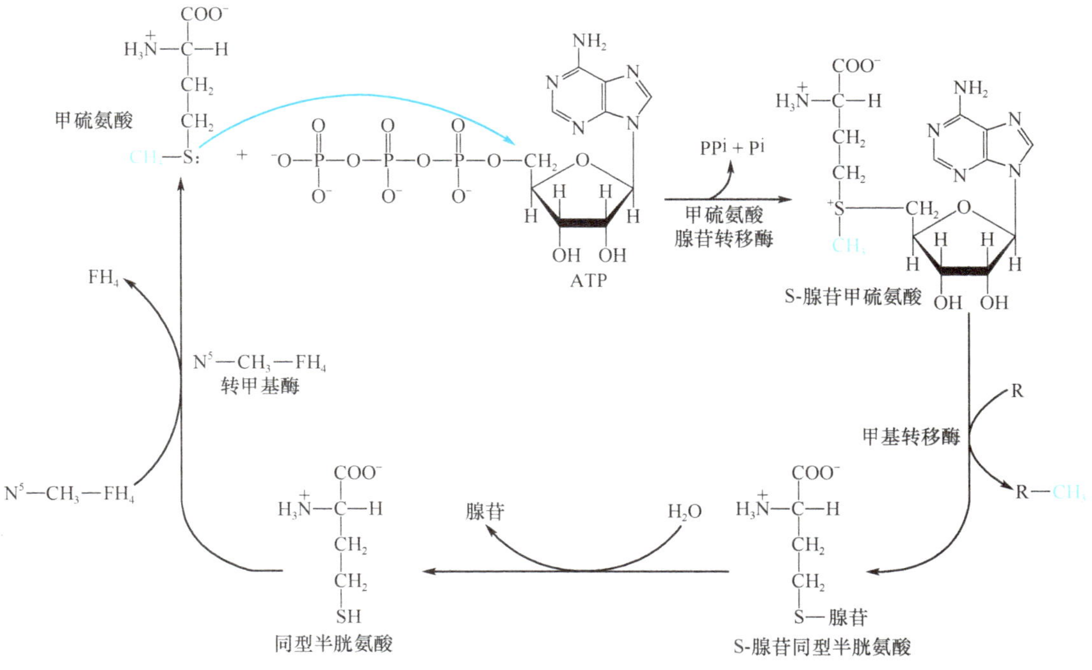

图 8-13　甲硫氨酸循环

$N^5—CH_3—FH_4$为同型半胱氨酸提供甲基再生成甲硫氨酸的反应是目前已知体内唯一利用$N^5—CH_3—FH_4$的反应。催化反应的是N^5—甲基四氢叶酸转甲基酶,又称甲硫氨酸合成酶,维生素B_{12}为其辅酶。维生素B_{12}缺乏时,$N^5—CH_3—FH_4$上的甲基不能转移,既不利于甲硫氨酸的生成,也影响四氢叶酸的再利用,进而影响核酸的合成,细胞分裂速度减慢。因此,维生素B_{12}不足时会出现巨幼红细胞性贫血。

3. 肌酸的合成 以甘氨酸为骨架,由精氨酸提供脒基,S -腺苷甲硫氨酸供给甲基可合成肌酸(creatine)(图8-14)。体内ATP充足时,肌酸激酶(creatine kinase,CK)催化ATP的高能磷酸基转移到肌酸分子中生成磷酸肌酸(creatine phosphate),磷酸肌酸是肌肉能量储存、利用的重要化合物。肝和肾脏是合成肌酸的主要器官,磷酸肌酸在心肌、骨骼肌及大脑中含量丰富。

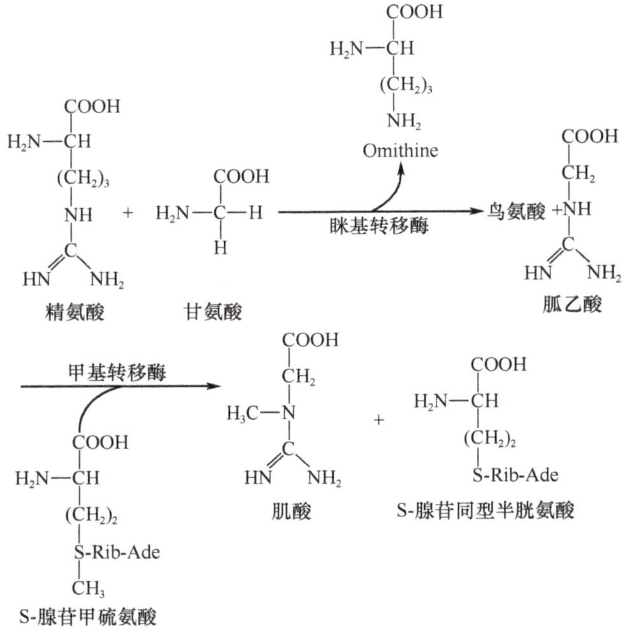

图8-14 肌酸的合成

CK由两种亚基组成:M亚基(肌型)与B亚基(脑型),构成三种同工酶形式:MM型、MB型及BB型。它们在体内各组织中的分布不同,MM型主要在骨骼肌,MB型主要在心肌,BB型主要在脑。心肌梗死时,血中MB型肌酸激酶活性增高,可作为辅助诊断的指标之一。

肌酸和磷酸肌酸的代谢终产物是肌酸酐(creatinine),肌酸酐不能再利用随尿排出。正常成人每日尿中肌酸酐的排出量恒定,肾功能障碍时,肌酸酐排泄受阻,血中肌酸酐浓度升高,临床上将血肌酸酐浓度作为肾功能测定的指标之一。

(二)半胱氨酸与胱氨酸的代谢

1. 半胱氨酸与胱氨酸的互变 半胱氨酸含有巯基(-SH),胱氨酸含有二硫键(-S—S-),二者可以通过氧化还原反应相互转变。

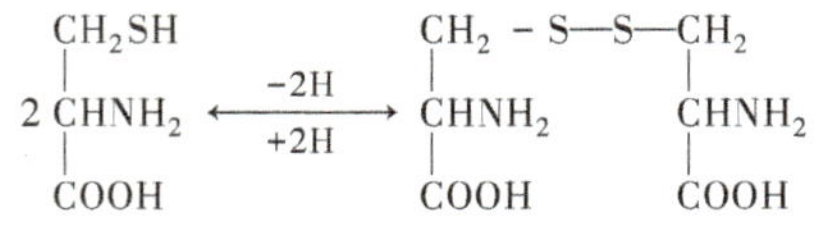

半胱氨酸　　　　胱氨酸

两个半胱氨酸之间形成的二硫键对维持蛋白质分子构象的稳定有重要作用。同时,体内许多重要的酶如乳酸脱氢酶等,其活性基团与分子中半胱氨酸残基上巯基密切相关,称巯基酶,一些毒物可与酶分子中的巯基结合,抑制酶的活性。

2. 牛磺酸(taurine)的生成 体内牛磺酸主要由半胱氨酸代谢转变而来。半胱氨酸首先氧化成磺酸丙氨酸,再脱去羧基生成牛磺酸。此外,活性硫酸根转移也可产生牛磺酸。

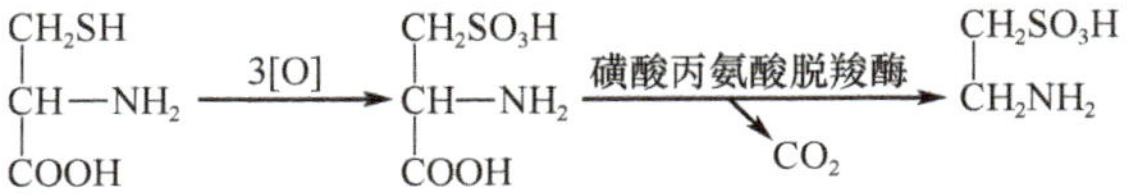

牛磺酸具有广泛的生物学功能:是结合型胆汁酸牛磺胆酸的组成成分之一;可维持正常的视觉和视网膜结构;促进婴幼儿脑细胞和功能的发育,提高神经传导和视觉功能,是婴幼儿的必需营养素等。

3. 硫酸根的代谢 半胱氨酸是体内硫酸根的主要来源。可通过氧化脱氨基作用脱去巯基和氨基，生成丙酮酸、NH_3 和 H_2S，后者再经氧化而生成 H_2SO_4，一部分硫酸根以无机盐形式随尿排出，另一部分则经 ATP 活化成活性硫酸根，3′-磷酸腺苷-5′-磷酸硫酸（3′-phosphoadenosine-5′-phospho-sulfate，PAPS），反应过程如下：

$$ATP+SO_4^{2-} \xrightarrow{-PPi} AMP\text{-}SO_3^- \xrightarrow{+ATP} 3\text{-}PO_3H_2\text{-}AMP\text{-}SO_3^- + ADP$$

腺苷-5′-磷酸硫酸　　　　PAPS

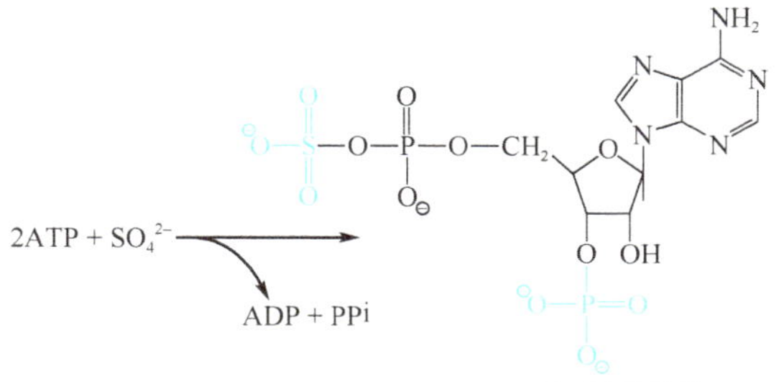

PAPS的结构

PAPS 的性质比较活泼，可提供硫酸根参与硫酸角质素、硫酸软骨素等分子中硫酸化氨基糖的合成，进而与蛋白质结合形成蛋白聚糖。在肝生物转化中，类固醇激素、酚类等物质可和硫酸根形成硫酸酯灭活随尿排出体外。

四、芳香族氨基酸的代谢

芳香族氨基酸包括苯丙氨酸、酪氨酸和色氨酸。苯丙氨酸与酪氨酸的结构和代谢过程都相似，苯丙氨酸可转变成酪氨酸，所以合并在一起叙述。

（一）苯丙氨酸和酪氨酸的代谢

1. 苯丙氨酸的代谢和苯丙酮尿症 正常情况下，苯丙氨酸的主要代谢途径是羟化生成酪氨酸，再进一步代谢，催化反应的酯是苯丙氨酸羟化酶（phenylalanine hydroxylase），反应不可逆，因而酪氨酸不能转变为苯丙氨酸（图 8-15）。

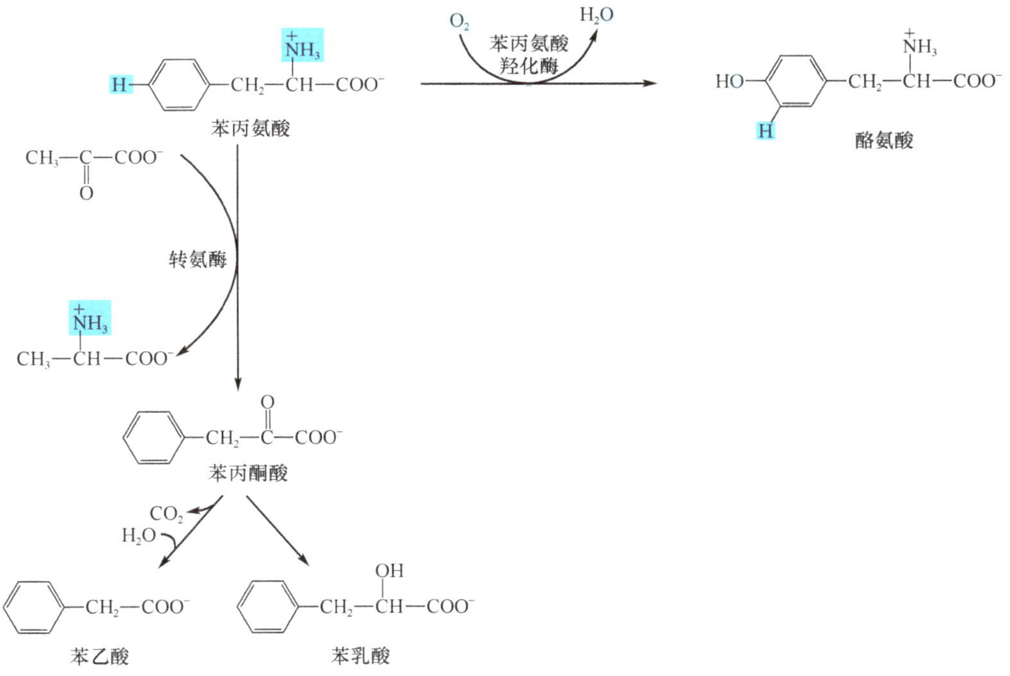

图 8-15 苯丙氨酸的代谢

除主要转变成酪氨酸外，少量苯丙氨酸可经转氨基作用生成苯丙酮酸。苯丙氨酸羟化酶遗传缺陷的患者，苯丙氨酸不能正常羟化生成酪氨酸，大量经转氨基作用生成苯丙酮酸，进一步转变成苯乙酸等衍生物由尿排出，尿中出现大量苯丙酮酸等代谢产物，称为苯丙酮尿症（phenyl ketonuria, PKU)。PKU患者多为儿童,苯丙酮尿症堆积对中枢神经系统有毒性,患儿出现智力发育障碍,智力低下为本病最突出的表现。本病为少数可治的遗传性代谢病,治疗原则是早发现,提供低苯丙氨酸的膳食。我国已经开展新生儿的PKU筛查,做到早诊断,早治疗。PKU的根治方法是基因治疗。

2. 酪氨酸代谢与儿茶酚胺的合成 酪氨酸的进一步代谢与某些神经递质、激素及黑色素的合成有关。酪氨酸经酪氨酸羟化酶催化生成3,4-二羟苯丙氨酸(dopa,多巴),多巴在多巴脱羧酶的作用下转变成多巴胺(dopamine)。多巴胺是脑中的一种神经递质,帕金森病(Parkinson disease)患者,多巴胺生成减少。在肾上腺髓质中,多巴胺侧链的β碳原子可再羟化生成去甲肾上腺素(norepinephrine),后者由S-腺苷甲硫氨酸提供甲基,甲基化转变成肾上腺素(epinephrine)(图8-16)。多巴胺、去甲肾上腺素、肾上腺素统称为儿茶酚胺(catecholamine)。

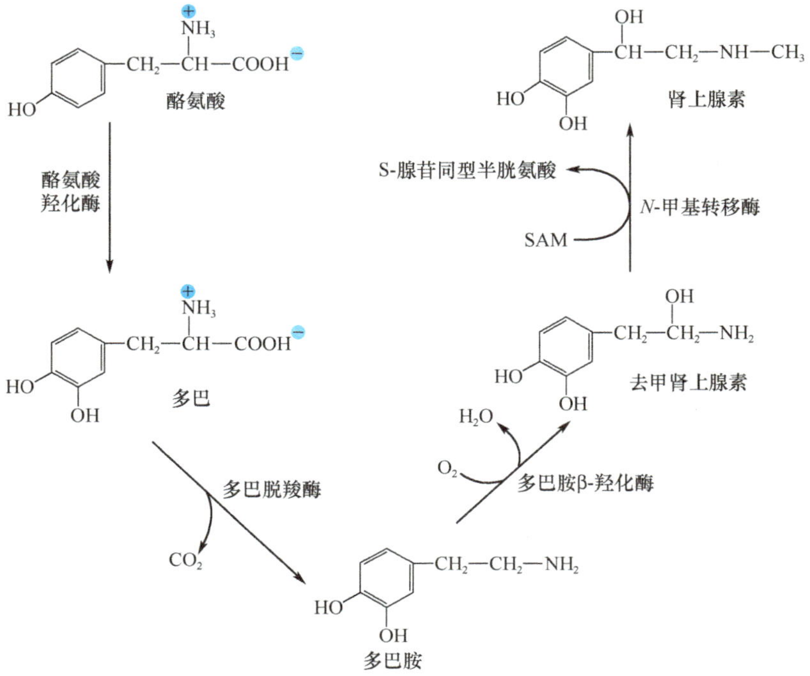

图8-16 儿茶酚胺的合成

酪氨酸代谢的另一条途径是合成黑色素(melanin)。黑色素细胞中的酪氨酸在酪氨酸酶的催化下羟化生成多巴,后者经氧化、脱羧等反应转变成吲哚-5,6-醌,聚合为黑色素。先天性缺乏酪氨酸酶的病人,黑色素合成障碍导致皮肤、毛发发白,称为白化病(albinism)。患者对阳光敏感,易患皮肤癌。

除上述代谢途径外,酪氨酸还可在酪氨酸转氨酶的催化下,生成对羟苯丙酮酸,后者经尿黑酸等中间产物进一步转变成延胡索酸和乙酰乙酸,二者分别参与糖和脂肪酸代谢。因此,苯丙氨酸和酪氨酸是生糖兼生酮氨基酸。如果缺少尿黑酸氧化酶,尿黑酸不能氧化分解随尿排出,使尿呈黑色,称尿黑酸症,此病也是先天性代谢酶缺陷症,但预后较好。

(二)色氨酸的代谢

色氨酸除生成5-羟色胺外(见脱羧基作用),在肝中色氨酸在色氨酸加氧酶催化下生成一碳单位和一些酸性中间代谢物,最终分解成丙酮酸与乙酰乙酰辅酶A,色氨酸也是生糖兼生酮氨基酸。此外,色氨酸分解还可产生烟酸,这是体内合成维生素的特例,但其合成量甚少,不能满足机体的需要。

综上可见,各种氨基酸除了参与蛋白质的合成外,还可以转变成其他多种含氮的生理活性物质。表8-3列举了这些重要的化合物。

表 8-3 氨基酸衍生的重要含氮化合物

化合物	生理功能	氨基酸前体
嘌呤碱	含氮碱基、核酸成分	天冬氨酸、谷氨酰胺、甘氨酸
嘧啶碱	含氮碱基、核酸成分	天冬氨酸
卟啉化合物	血红素、细胞色素	甘氨酸
肌酸、磷酸肌酸	能量储存	甘氨酸、精氨酸、甲硫氨酸
烟酸	维生素	色氨酸
多巴胺、肾上腺素、去甲肾上腺素	神经递质	苯丙氨酸、酪氨酸
甲状腺素	激素	酪氨酸
黑色素	皮肤色素	苯丙氨酸、酪氨酸
5-羟色胺	血管收缩剂、神经递质	色氨酸
组胺	血管舒张剂	组氨酸
γ-氨基丁酸	神经递质	谷氨酸
精胺、精脒	细胞增殖促进剂	甲硫氨酸、精(鸟)氨酸

第六节 氨基酸代谢与医学

氨基酸的分解代谢主要在肝脏中进行，因此，肝功能损伤或代谢酶的遗传缺陷，都会引起氨基酸代谢异常导致相应的疾病。

一、高血氨症与肝性脑病

当肝功能严重损伤时，尿素合成障碍血氨浓度增加，出现高血氨症（hyperammonemia），严重的高血氨可诱发肝性脑病，临床上以意识障碍和昏迷为主要表现，肝性脑病的发病机制非常复杂，氨中毒学说受到普遍支持。当血氨浓度超过了肝脏对氨的解毒能力时，大量氨扩散进入脑组织，脑组织主要靠合成谷氨酰胺的方式解氨毒，氨与脑中的α-酮戊二酸结合生成谷氨酸，谷氨酸进一步与氨结合生成谷氨酰胺。此过程需要 ATP 供能，同时消耗大量的α-酮戊二酸和谷氨酸，α-酮戊二酸不断的消耗又不能从谷氨酸及时补充，因此脑细胞中的α-酮戊二酸浓度降低，导致三羧酸循环速率降低，ATP 生成减少，脑组织能量供应不足出现功能障碍。同时，高血氨时酸性氨基酸谷氨酸、谷氨酰胺的堆积使脑组织渗透压增加可引起脑水肿，而且酸性氨基酸可直接引起脑损伤和功能障碍。肝性脑病的另一种发病机制可能与肝脏疾病引起的氨基酸代谢异常有关，肝功能障碍时氨基酸代谢以及蛋白质腐败产生吸收入血的胺类（amines）如酪胺、苯乙胺等不能在肝内被分解，进入脑组织经β-羟化形成β-羟酪胺和苯乙醇胺，它们与儿茶酚胺结构类似但不能传递神经冲动，称假神经递质，可引起大脑的异常抑制诱发肝性脑病。而且，肝功能损伤使芳香族氨基酸分解受到影响，芳香族氨基酸进入脑组织，也可促进假神经递质生成。

肝性脑病的防治的关键是限制蛋白质的摄入量、降低血氨浓度和防止氨进入脑组织，临床上常采取服用酸性利尿剂、酸性盐水灌肠、静脉滴注或口服谷氨酸盐、精氨酸等降血氨药物等措施降低患者的血氨浓度。

二、一碳单位代谢与疾病

一碳单位的主要生理功能是为嘌呤、嘧啶的合成提供原料，如 N^{10}—CHO—FH_4、N^5，N^{10} = CH—FH_4分别提供嘌呤合成时 C_2与 C_8的来源；N^5，N^{10}—CH_2—FH_4提供胸苷酸（dTMP）合成时甲基的来源。一碳单位代谢的辅酶是 FH_4，叶酸和 VB_{12}缺乏影响 FH_4的合成和再利用，组织中游离的 FH_4减少，一碳单位代谢障碍，使核酸、蛋白质合成障碍，细胞分裂、增殖受阻，导致巨幼红细胞贫血等疾病。此外，磺胺药及某些抗恶性肿瘤药（甲氨蝶呤等）也是通过干扰细菌及恶性肿瘤细胞的叶酸、四氢叶酸合成，进而影响一碳单位与核酸的代谢，使细菌、肿瘤细胞增殖受阻，达到抗菌和抑癌的目的。

三、氨基酸代谢异常与遗传代谢疾病

各种氨基酸的分解代谢都是在酶的催化下进行，与氨基酸代谢异常相关的遗传代谢病多为酶的遗传性缺陷，如尿素合成酶任何一个受阻都可导致高血氨症；先天性缺乏酪氨酸酶的人易患白化病；尿黑酸氧化酶遗传缺陷引起尿黑酸症等。组氨酸血症（histidinemia）是组氨酸酶缺陷引起的氨基酸代谢障碍病，是一种常见的常染色体隐性遗传病。半数以上患儿临床表现为智力发育不全、情绪障碍、学习困难，3/4有语言障碍，少数可有抽搐、共济失调。患者血、尿中组氨酸浓度增高，尿中除组氨酸外，还排出咪唑丙酮酸等组氨酸中间代谢物，使尿三氯化铁反应阳性。低组氨酸饮食对本病有一定的疗效。

同型半胱氨酸是甲硫氨酸代谢的中间产物。近年的研究认为同型半胱氨酸血症可能是动脉粥样硬化和冠心病的独立危险因子。体内的同型半胱氨酸主要通过两条途径代谢，约一半通过甲基化途径重新合成甲硫氨酸，另一半则通过转硫途径生成半胱氨酸，这一途径需要依赖维生素B_6的胱硫醚 β 合成酶催化，此酶的遗传缺陷可诱发高同型半胱氨酸血症、同型胱氨酸尿症（homocystinuria），为常染色体隐性遗传，患儿体内同型半胱氨酸不能代谢为胱硫醚，引起同型半胱氨酸堆积，并从尿中排出。本病主要临床表现为精神迟钝、惊厥、视网膜剥离、骨骼畸形、闭塞性血管疾病等，约半数患者20岁前死亡。约半数以上患儿胱硫醚合成酶有部分活性，对大剂量维生素B_6治疗有效。

小　结

氨基酸是蛋白质的基本构成单位，组成人体蛋白质的氨基酸有20种，主要来源于食物蛋白质的消化吸收。不同蛋白质所含氨基酸的种类、数量不同，人体自身不能合成，必须由食物供应的氨基酸称为必需氨基酸，人体内需要的必需氨基酸有8种。外源性氨基酸和内源性氨基酸组成氨基酸代谢库，共同参与代谢。

脱氨基作用是氨基酸分解代谢的主要反应，有转氨基、氧化脱氨基、联合脱氨基等多种方式，转氨基作用和氧化脱氨基作用结合脱下游离氨基的过程称为联合脱氨基作用，是氨基酸最重要的脱氨基方式。氨基酸脱氨基后生成的α-酮酸可合成氨基酸，也可转变成糖及脂类化合物。氨基酸、糖、脂代谢密切联系。

氨基酸脱下的氨和消化吸收的氨进入血液形成血氨，氨具有毒性，主要以无毒的丙氨酸及谷氨酰胺两种形式运输到肝脏和肾脏，80%～90%的氨在肝脏合成尿素解毒，少部分在肾以铵盐形式由尿排出。当肝功能严重损伤时，尿素合成障碍，血氨浓度升高，产生高血氨症。

部分氨基酸可进行脱羧基作用生成相应的胺类物质。胺类在体内含量不高，但多有重要的生理功能。某些氨基酸经历特殊的代谢途径，产生具有生物活性的分子或化学基团，例如一碳单位、活性甲基、PAPS、儿茶酚胺等，具有重要的生物学意义。

（陈瑾歆　李红林）

第 9 章　核苷酸代谢

核苷酸(nucleotides)是核酸的基本组成单位。在人体内核苷酸分布十分广泛,具有多种生物学功能:①构成核酸的基本单位,这是其最主要的功能;②在物质代谢中作为能量载体(能量的储存,转移和利用),如三磷酸核苷酸,尤其是ATP,是细胞的主要能量形式;③参与代谢和生理调节。许多代谢过程受到体内 ATP、ADP 或 AMP 水平的调节,cAMP(或 cGMP)则在多种含氮激素发挥调节作用中充当第二信使;④组成辅酶。如腺苷酸是 NAD^+、$NADP^+$、FMN、FAD 及 HSCoA 等的组成成分;⑤活化中间代谢物。例如 UDPG、SAM,氨基酸等。

食物中的核酸多以核蛋白的形式存在,核蛋白经胃酸作用,分解成蛋白质和核酸(RNA 和 DNA)。核酸经核酸酶、核苷酸酶及核苷酶的作用,可逐级水解成核苷酸、核苷、戊糖、磷酸和碱基(图 9-1)。这些产物均可被吸收,磷酸和戊糖可再被利用,碱基除小部分可再被利用外,大部分被分解而排出体外。

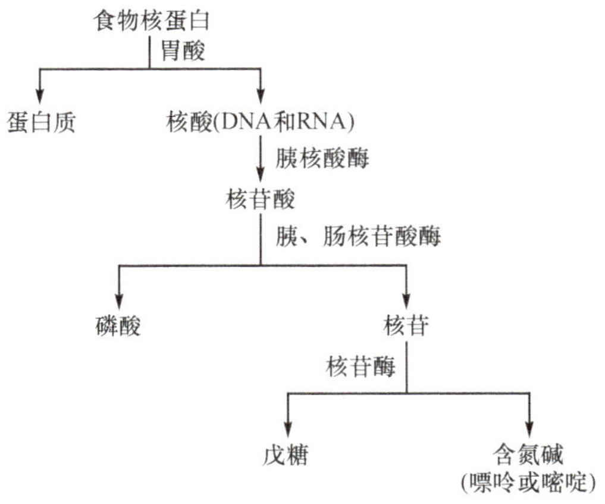

图 9-1　核酸的酶促降解

核酸的酶促分解产物均可以在小肠上部被吸收,由门静脉进入肝脏,未能完全降解的核苷酸及核苷也能够被直接吸收然后再进行分解或直接用于核酸的生物合成。

与氨基酸不同,核苷酸不是营养的必需物质。人体内的核苷酸主要由机体自身合成。本章的重点是介绍嘌呤核苷酸和嘧啶核苷酸合成和分解的过程。

第一节　核苷酸的合成代谢

一、嘌呤核苷酸的合成代谢

体内嘌呤核苷酸的合成可分为从头合成和补救合成两条途径:①以氨基酸,一碳单位,CO_2和磷酸核糖等简单物质为原料,经过一系列酶促反应,合成嘌呤核苷酸,称为从头合成途径(de novo synthesis);②以体内游离的嘌呤或嘌呤核苷为原料,经过简单的反应,合成嘌呤核苷酸,称为补救合成(或重新利用)途径(salvage pathway)。能进行从头合成的器官主要是肝,其次是小肠黏膜和胸腺。脑、骨髓等缺乏从头合成的酶系,只能进行补救合成。

(一)嘌呤核苷酸的从头合成

1. 原料　几乎所有生物体(某些细菌除外)都能合成嘌呤碱。同位素示踪实验证明嘌呤环是由一些简单化合物合成的,如图 9-2 所示,甘氨酸提供 C-4、C-5 及 N-7;谷氨酰胺提供 N-3、N-9;甲酰四氢叶酸提供 C-2, C-8;CO_2 提供 C-6。

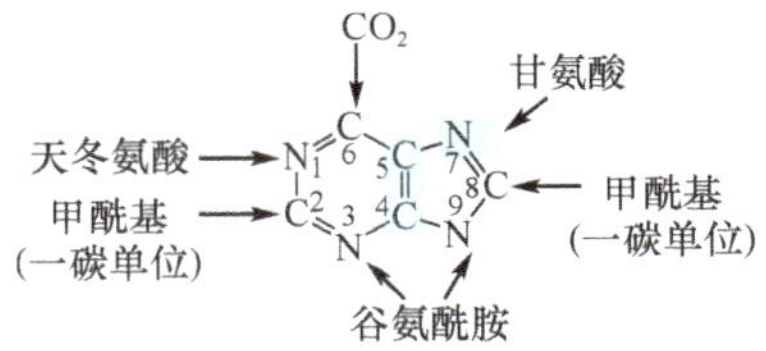

图 9-2　嘌呤环合成的原料来源

2. 过程　体内嘌呤核苷酸的从头合成主要在胞液中进行,是在磷酸核糖的基础上逐步合成嘌呤核苷酸。可分为三个阶段:①5-磷酸核糖的活化;②十步反应合成次黄嘌呤核苷酸(inosine monophosphate,IMP);③IMP 转变成腺嘌呤核苷酸(AMP)和鸟嘌呤核苷酸(GMP)。

(1)5-磷酸核糖的活化:5-磷酸核糖由磷酸戊糖焦磷酸激酶催化,消耗 1 分子 ATP,生成 5-磷酸核糖-α-焦磷酸(PRPP)(图 9-3)。PRPP 不仅在嘌呤核苷酸的从头合成时必需,在嘌呤核

笔记栏

苷酸的补救合成、嘧啶核苷酸的从头合成和补救合成时都是必需的。

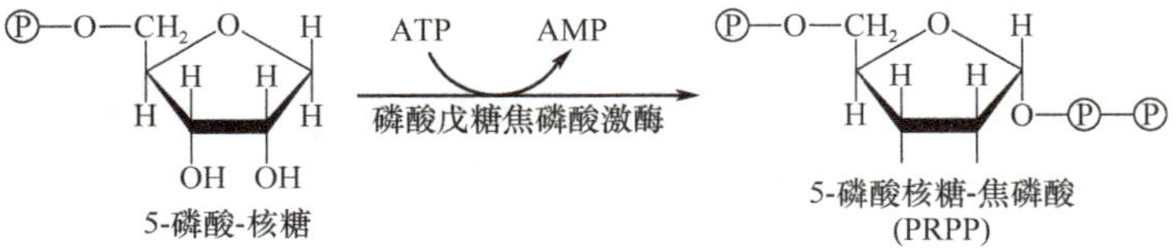

图 9-3 5-磷酸核糖的活化

(2) 次黄嘌呤核苷酸(IMP)的合成:在PRPP的基础上,经过10步反应合成次黄嘌呤核苷酸(图 9-4):①由谷氨酰胺-PRPP-酰胺转移酶(glutamine-PRPP amidotransferase)催化,谷氨酰胺提供酰胺基取代PRPP的焦磷酸基团,形成β-5-磷酸核糖胺(β-5-phosphoribosylamine, PRA),此步反应是嘌呤合成的限速步骤。酰胺转移酶为限速酶,受嘌呤核苷酸的反馈抑制。②由甘氨酰胺核苷酸合成酶(GAR synthetase)催化,ATP水解供能,甘氨酸与PRA生成甘氨酰胺核苷酸(glycinamide ribonucleotide, GAR)。此步反应为可逆反应。③由 N^5,N^{10}-甲炔-FH_4提供

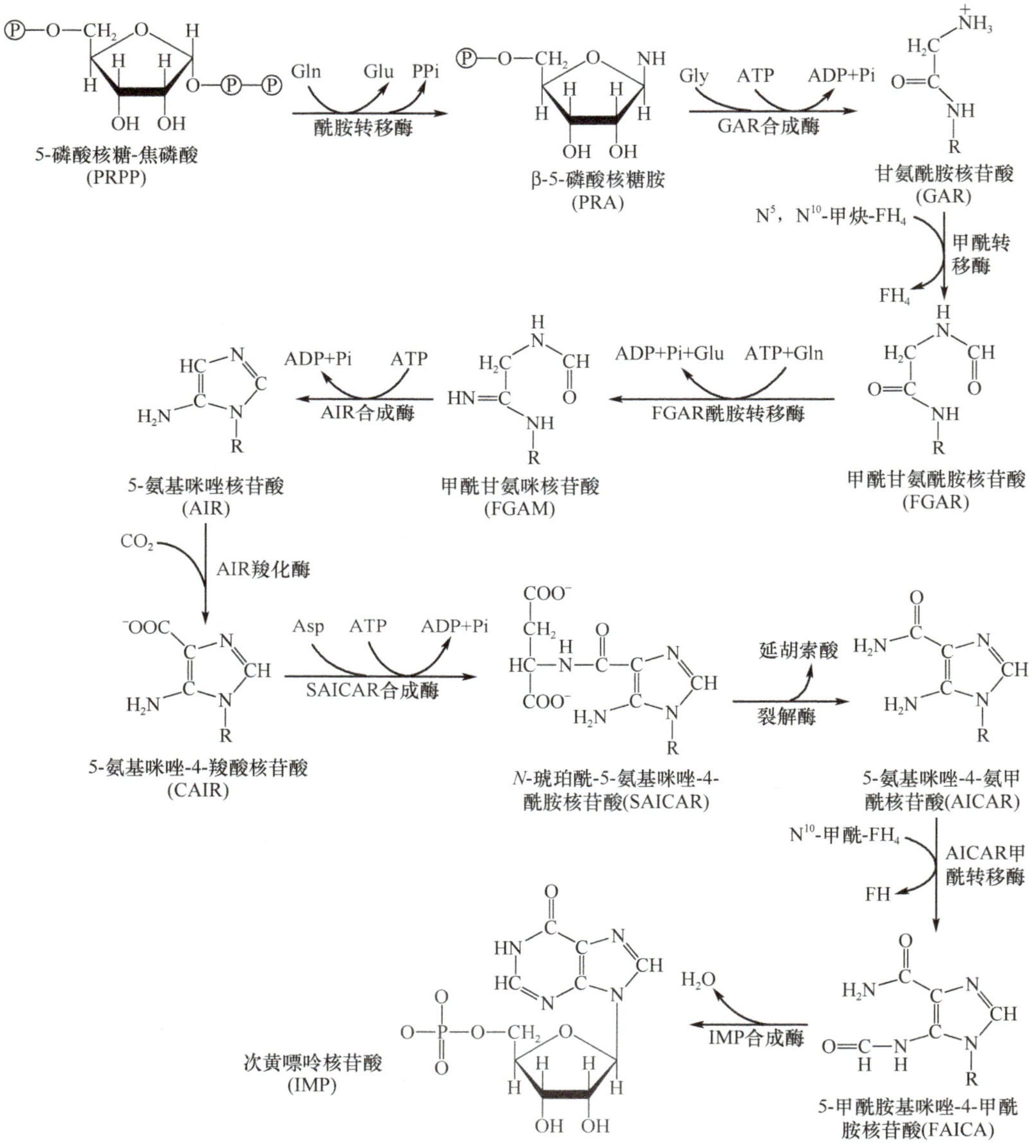

图 9-4 次黄嘌呤核苷酸的合成

甲酰基，GAR甲酰转移酶(GAR transformylase)催化，GAR的α-氨基甲酰化生成甲酰甘氨酰胺核苷酸(formylglycinamide ribonucleotide，FGAR)。④谷氨酰胺提供酰胺基，由FGAR酰胺转移酶催化，ATP水解供能，FGAR生成甲酰甘氨咪核苷酸(formylglycinamidine ribonucleotide，FGAM)。⑤FGAM脱水环化成为5-氨基咪唑核苷酸(5-aminoimidazole ribonucleotide，AIR)。⑥由AIR羧化酶(AIRcarboxylase)催化生成5-氨基咪唑-4-羧酸核苷酸(carboxyamino-imidazole ribonucleotide，CAIR)。⑦由天门冬氨酸与AIR缩合，生成N-琥珀酰-5-氨基咪唑-4-酰胺核苷酸(SAICAR)。⑧去除延胡索酸：在SAICAR裂解酶催化下SAICAR脱去延胡索酸生成5-氨基咪唑-4-氨甲酰核苷酸(AICAR)。⑦、⑧两步反应与尿素循环中精氨酸生成鸟氨酸的反应相似。⑨AICAR甲酰转移酶催化，AICAR甲酰化生成5-甲酰胺基咪唑-4-氨甲酰核苷酸(5-formylamino-imidazole-4-carboxamide ribonucleotide，FAICAR)。⑩FAICAR脱水环化生成IMP。上述反应都由相应的酶催化，并且有不少步骤消耗ATP。

(3) AMP和GMP的合成：AMP和GMP均以IMP为中间体，由IMP转变成AMP和GMP的过程(如图9-5)。AMP与GMP之间不能直接转换，但AMP可在腺苷酸脱氨酶催化下脱去氨基，生成IMP，然后再利用IMP合成GMP。

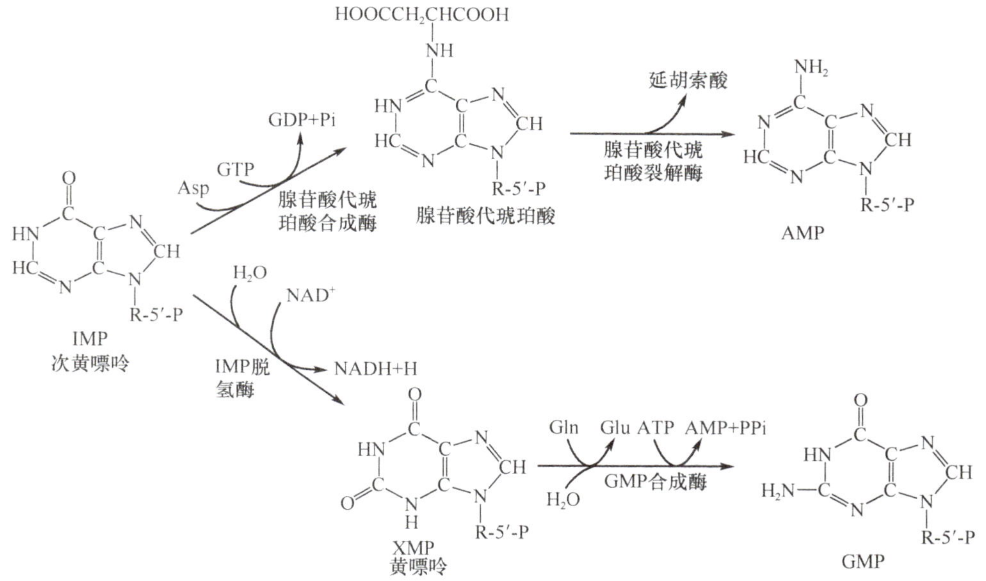

图9-5 由IMP合成AMP和GMP

核酸合成的原料是核苷三磷酸的形式。AMP和GMP在激酶的作用下经过两步磷酸化反应分别生成ATP和GTP。

$$AMP+ATP \xrightarrow{腺苷酸激酶} 2ADP$$

$$GMP+ATP \xrightarrow{乌苷酸激酶} GDP+ADP$$

$$GDP+ATP \overset{乌苷酸激酶}{\rightleftharpoons} GTP+ADP$$

(二) 嘌呤核苷酸的补救合成

嘌呤核苷酸从头合成酶系在哺乳动物的某些组织(脑、骨髓)中不存在，细胞只能直接利用细胞内或饮食中核酸分解代谢产生的嘌呤碱或嘌呤核苷重新合成嘌呤核苷酸，称为补救合成。补救合成途径比从头合成简单得多，消耗ATP少。有两种酶参与嘌呤核苷酸的补救合成：腺嘌呤磷酸核糖转移酶(adenine phosphoribosyl transferase，APRT)和次黄腺嘌呤-鸟嘌呤磷酸核糖转移酶(hypoxanthine-guanine phosphoribosyl transferase，HGPRT)，补救合成途径存在以下两种途径，以PRPP提供磷酸核糖的第一条途径较为重要。

1. 嘌呤碱与PRPP直接合成嘌呤核苷酸

$$次黄嘌呤+PRPP \xrightarrow{HGPRT} 次黄嘌呤核苷酸+PPi$$

$$鸟嘌呤+PRPP \xrightarrow{HGPRT} 鸟嘌呤核苷酸+PPi$$

$$腺嘌呤+PRPP \xrightarrow{APRT} 腺嘌呤核苷酸+PPi$$

2. 由核苷磷酸化酶的催化，腺嘌呤与1-磷酸核糖作用生成腺苷，再经腺苷激酶作用生成腺苷酸。

笔记栏

$$\text{腺嘌呤+1-磷酸核糖}\xrightarrow{\text{核苷磷酸化酶}}\text{腺苷+Pi}$$

$$\text{腺苷+ATP}\xrightarrow{\text{腺苷激酶}}\text{腺苷酸+ADP}$$

嘌呤核苷酸补救合成途径的生理意义在于：①减少从头合成时 ATP 和原料(某些氨基酸)的消耗；②是某些组织器官(脑、骨髓等)必不可少的合成途径。例如，由于基因缺陷而导致HGPRT完全缺失的患儿，智力发育受阻，表现为自毁容貌征或称 Lesch-Nyhan 综合征(见第三节)。

(三) 嘌呤核苷酸从头合成的调节

从头合成是体内合成嘌呤核苷酸的主要途径。但此过程要消耗氨基酸及能量。机体合成的嘌呤核苷酸要既满足合成核酸的需要，同时又不会大量过剩。在大多数细胞中，分别调节 IMP、ATP 和 GTP 的合成，不仅调节嘌呤核苷酸的总量，而且使 ATP 和 GTP 的水平保持相对平衡(图 9-6)。

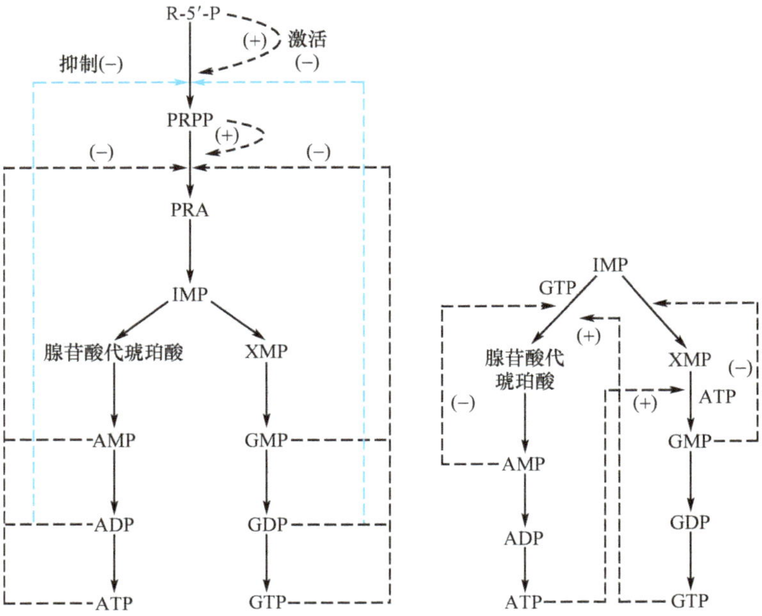

图 9-6　嘌呤核苷酸从头合成的调节

IMP 途径的调节主要在合成的前两步反应，即催化 PRPP 和 PRA 的生成。核糖磷酸焦磷酸激酶受 ADP 和 GDP 的反馈抑制。磷酸核糖酰胺转移酶受到 ATP、ADP、AMP 及 GTP、GDP、GMP 的反馈抑制。因此，IMP 的生成速率受腺嘌呤和鸟嘌呤核苷酸的独立和协同调节。此外，PRPP 可变构激活磷酸核糖酰胺转移酶。

第二水平的调节作用于 IMP 向 AMP 和 GMP 转变过程。GMP 反馈抑制 IMP 向 XMP 转变，AMP 则反馈抑制 IMP 转变为腺苷酸代琥珀酸，从而防止生成过多 AMP 和 GMP；GTP 促进 IMP 向 AMP 转变，而 ATP 则可促进 GMP 的生成，这样使腺嘌呤和鸟嘌呤核苷酸的水平保持相对平衡，以满足核酸合成的需要。

二、嘧啶核苷酸的合成

与嘌呤核苷酸合成一样，嘧啶核苷酸合成也有两条途径：即从头合成和补救合成。

(一) 嘧啶核苷酸的从头合成途径

1. 原料　同位素示踪实验证明构成嘧啶环的 N-1、C-4、C-5 及 C-6 均由天冬氨酸提供，C-2 和 N-3 来源于氨基甲酰磷酸(图 9-7)。

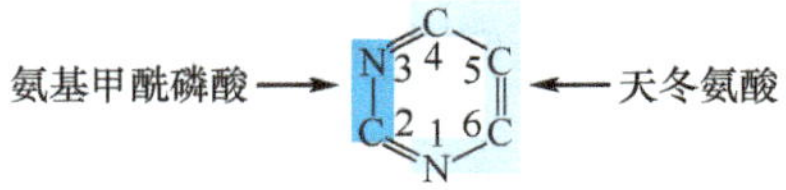

图 9-7　嘧啶环合成的原料来源

2. 过程　嘧啶核苷酸的从头合成主要在肝细胞胞液进行，与嘌呤核苷酸的合成不同，嘧啶核苷酸是先合成嘧啶环，然后再与磷酸核糖连接生成核苷酸（图9-8）。

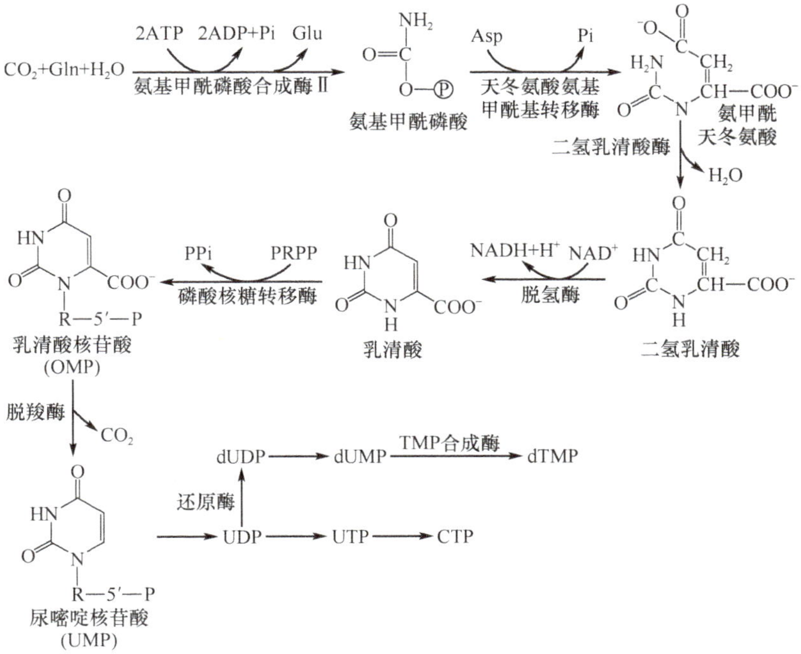

图9-8　嘧啶核苷酸的合成

（1）尿嘧啶核苷酸的从头合成：①谷氨酰胺和CO_2合成氨基甲酰磷酸，催化反应的氨基甲酰磷酸合成酶Ⅱ（carbamoyl phosphate synthetase Ⅱ，CPSⅡ）位于肝细胞的胞液中。而合成尿素的氨基甲酰磷酸是在肝线粒体中的氨基甲酰磷酸合成酶Ⅰ催化下合成的，受AGA变构激活，其底物为CO_2和氨。氨基甲酰磷酸合成酶Ⅰ和氨基甲酰磷酸合成酶Ⅱ作用的区别见表9-1。②氨基甲酰磷酸转氨甲酰基给天冬氨酸，缩合生成氨甲酰天冬氨酸，催化此反应的酶是天冬氨酸氨基甲酰转移酶（aspartate transcarbamoylase，ATCase）。此反应为嘧啶从头合成的限速步骤，受产物的反馈抑制，由氨基甲酰磷酸水解供能，不消耗ATP。③氨甲酰天冬氨酸在二氢乳清酸酶催化下脱水环化生成具有嘧啶环的二氢乳清酸。④二氢乳清酸脱氢酶催化二氢乳清酸脱氢生成乳清酸（orotic acid）。此酶位于线粒体内膜的外侧面，嘧啶合成中的其余5种酶均存在于胞液中。⑤由乳清酸磷酸核糖转移酶催化PRPP中的磷酸核糖转移给乳清酸而生成乳清酸核苷酸（OMP），由PRPP水解供能。OMP进一步脱羧生成尿苷酸。

表9-1　氨基甲酰磷酸合成酶Ⅰ，Ⅱ的区别

	CPS-Ⅰ	CPS-Ⅱ
分布	肝细胞线粒体中	胞液（所有细胞）
氮源	氨	谷氨酰胺
变构激活剂	N-乙酰谷氨酸	无
功能	尿素合成	嘧啶合成

（2）胞嘧啶核苷酸的生成：UMP先经一磷酸尿苷激酶和二磷酸尿苷激酶催化转变成UTP，然后在三磷酸胞苷合成酶催化下由谷氨酰胺提供氨基而生成CTP。

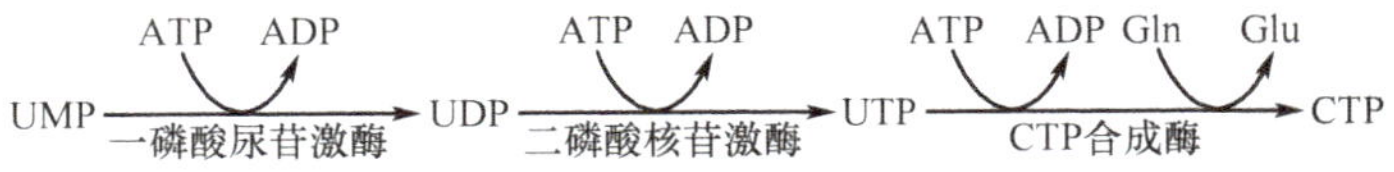

（二）嘧啶核苷酸补救合成途径

外源性或体内核苷酸降解的嘧啶碱在嘧啶磷酸核糖转移酶的催化下生成嘧啶核苷酸，该酶能够利用尿嘧啶、胸腺嘧啶和乳清酸作为底物，但不能利用胞嘧啶。

$$\text{嘧啶}+\text{PRPP}\xrightarrow{\text{嘧啶磷酸核糖转移酶}}\text{嘧啶核苷酸}+\text{PPi}$$

$$\text{嘧啶核苷}+\text{ATP}\xrightarrow{\text{核苷激酶}}\text{嘧啶核苷酸}+\text{ADP}$$

（三）嘧啶核苷酸从头合成的调节

嘧啶核苷酸从头合成的调节是由合成产物对 3 个酶的负反馈调节来实现的（图 9-9）：①UMP对氨基甲酰磷酸合成酶Ⅱ的抑制作用；②CTP 和 UMP 对天冬氨酸转氨基甲酰酶的抑制作用；③由于 PRPP 合成酶是嘧啶与嘌呤两类核苷酸合成过程中共同需要的酶，它可同时接受嘧啶核苷酸及嘌呤核苷酸的反馈抑制；此外 UMP 对 OMP 脱羧酶也有反馈作用。

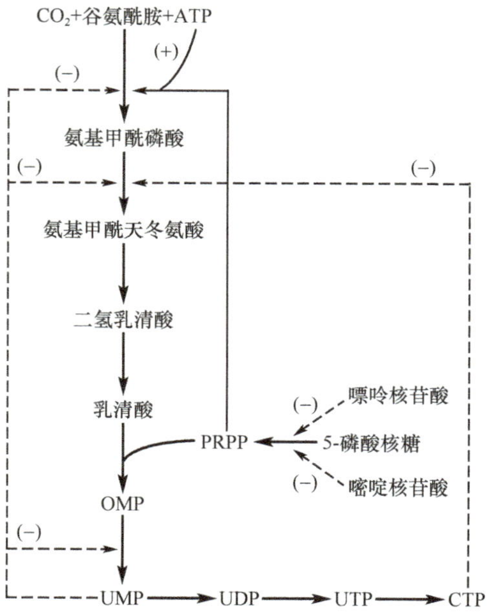

图 9-9 嘧啶核苷酸从头合成的调节

各种嘧啶核苷可以在相应的核苷激酶的催化下，与 ATP 作用生成嘧啶核苷酸和 ADP。如脱氧胸苷可通过胸苷激酶作用生成 dTMP，此酶在正常肝中活性很低，再生肝中升高，恶性肿瘤中明显升高并与恶性程度有关。

三、脱氧核苷酸的合成

（一）二磷酸脱氧核糖核苷的生成

脱氧核苷酸是在二磷酸核苷（NDP，N 代表 A、G、U、C 等碱基）的水平上，通过相应的核糖核苷酸的直接还原生成，即由 NADPH + H^+ 提供氢，取代其核糖分子中 C-2 的羟基而生成水，催化此反应的酶是核糖核苷酸还原酶（ribonucleotide reductase，RR），见图 9-10 。

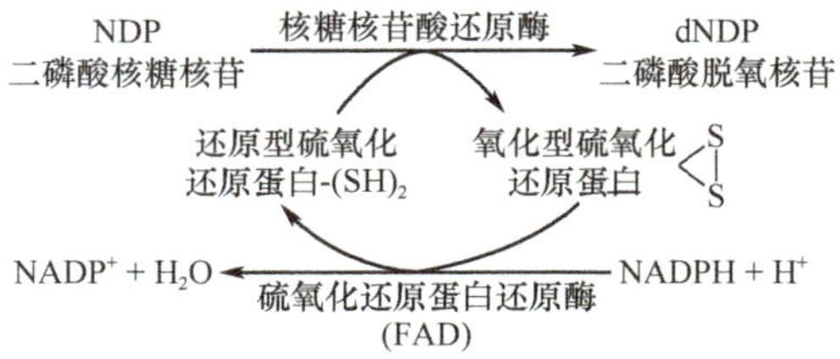

图 9-10 二磷酸脱氧核糖核苷的生成

（二）脱氧胸腺嘧啶核苷酸的合成

dTMP 是由 dUMP 甲基化而成的。催化此反应的酶是胸腺嘧啶核苷酸合酶（TMP 合酶）。甲基由 N^5,N^{10}-甲烯 FH_4提供（图 9-11）。

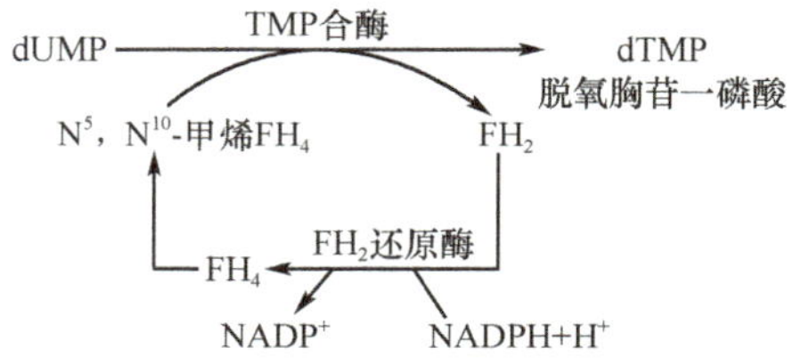

图 9-11 脱氧胸腺嘧啶核苷酸的合成

dUMP 来自两个途径：①dUDP 水解；②dCMP 脱氨。

DNA 合成的底物为四种 dNTP，一磷酸或二磷酸脱氧核苷可由激酶催化和 ATP 供能而形成三磷酸脱氧核苷。

$$\text{dNDP}+\text{ATP}\xrightarrow{\text{激酶}}\text{dNTP}+\text{ADP}$$

第二节 核苷酸的分解代谢

一、嘌呤核苷酸的分解代谢

嘌呤核苷酸在核苷酸酶的催化下转变为嘌呤核苷，嘌呤核苷在嘌呤核苷磷酸化酶（purine nucleotide phosphorylase，PNP）的催化下转变为嘌呤及 1-磷酸核糖。嘌呤核苷及嘌呤既可以进入补救合成途径又可进一步水解，最终转化生成尿酸（图 9-12），随尿排出体外。体内嘌呤核苷酸的分解代谢主要在肝脏、小肠及肾脏中进行，在这些脏器中黄嘌呤氧化酶的活性较强。

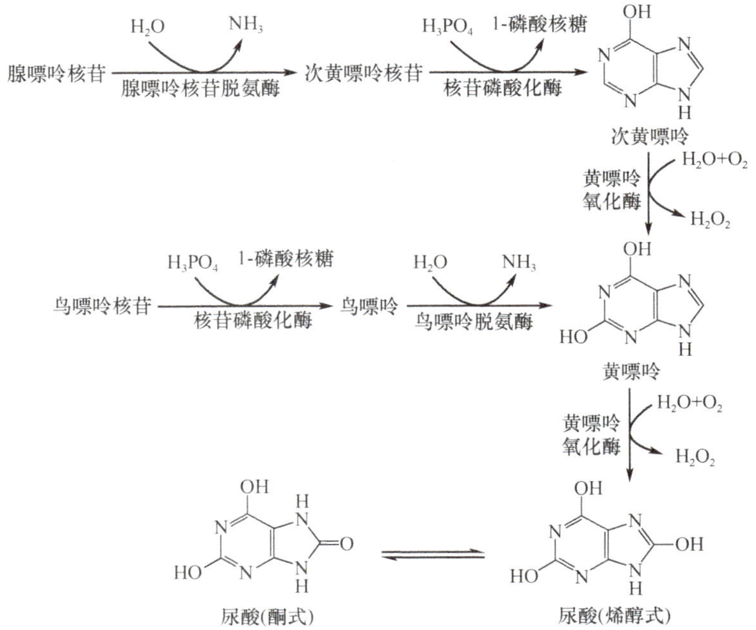

图 9-12 嘌呤核苷酸的分解代谢

二、嘧啶核苷酸的分解

嘧啶核苷酸的分解可先脱去磷酸及核糖，余下的嘧啶碱进一步开环分解，最终产物为 NH_3、CO_2、β-丙氨酸及 β-氨基异丁酸(图 9-13)。

β-丙氨酸和 β-氨基异丁酸可进入三羧酸循环而被彻底氧化，部分 β-氨基异丁酸亦可随尿排出体外。

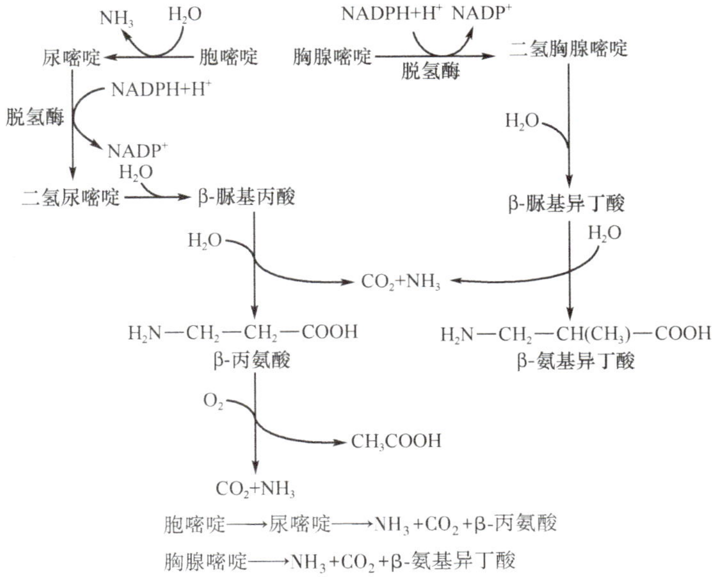

图 9-13 嘧啶核苷酸的分解代谢

嘧啶核苷酸分解与嘌呤核苷酸分解最大的不同是嘧啶环的裂解破环，最后生成 β-氨基酸。

食入含 DNA 丰富的食物，经放射线治疗或化学治疗的癌症病人，以及白血病患者，尿中 β-氨基异丁酸排出量增多，这是细胞及核酸破坏，嘧啶核苷酸分解增加所致。

第三节 核苷酸代谢与医学的联系

一、嘌呤核苷酸的代谢异常及抗代谢物

(一) 嘌呤核苷酸的代谢异常

1. Lesch-Nyhan 综合征 由于基因缺陷导致次黄嘌呤-鸟嘌呤磷酸核糖转移酶(HGPRT)活性严重不足或完全缺乏,嘌呤核苷酸补救合成途径障碍,这是一种X染色体连锁的隐性遗传病,称为Lesch-Nyhan综合征或称自毁容貌征,患儿在二三岁时即开始出现症状,如尿酸过量生成、智力迟钝、毁容,这种患儿很少活到成年。现在科学家正研究将有功能的HGPRT基因,借助基因工程的方法转移至患者的细胞中,以达到基因治疗的目的。

2. 严重联合免疫缺陷症(severe combined immunodeficiency, SCID) AMP在腺苷酸脱氨酶(adenosine deaminase, ADA)作用下生成IMP,腺苷脱氨酶基因缺陷是一种常染色体隐性遗传病,由于基因突变造成酶活性下降或消失,常导致AMP, dAMP和dATP蓄积,dATP是核糖核苷酸还原酶的变构抑制剂,能减少dGDP, dCDP和dTTP合成,DNA合成从而受阻。正常情况下淋巴细胞中腺苷酸脱氨酶活性较高,ADA基因缺陷,可导致细胞免疫和体液免疫反应均下降,造成严重损害,甚至死亡,即严重联合免疫缺陷症。ADA基因突变引起的SCID是第一个进行基因治疗的疾病,即在体外将正常的ADA基因转导患者的淋巴细胞,再回输体内。

3. 次黄苷嘌呤核苷磷酸化酶(purine nucleoside phosphorylase, PNP)基因缺陷,导致T细胞免疫缺陷 次黄苷经嘌呤核苷磷酸化酶(PNP)催化生成次黄嘌呤和1-磷酸核糖。PNP基因缺陷是一种罕见的常染色体隐性遗传病。患儿体内PNP不能发挥正常作用,最终DNA合成不足,影响胸腺细胞增殖,导致T细胞免疫缺陷。

4. 痛风症(gout) 嘌呤核苷酸的分解代谢的终产物为尿酸,后者经肾脏排泄。正常人血浆中尿酸含量约0.12~0.36mmol/L(2~6mg/dl)。主要以尿酸及其钠盐的形式存在,尿酸及其钠盐均难溶于水。当体内核酸大量分解(白血病、恶性肿瘤等)或食入高嘌呤食物或肾脏疾病尿酸排泄障碍时,血中尿酸水平升高,当浓度超过0.48mmol/L(8mg/dl)时,尿酸盐将过饱合而形成结晶,沉积于关节、软组织、软骨及肾脏等处,而导致关节炎、尿路结石及肾疾患,引起疼痛及功能障碍。痛风症多见于成年男性,其发病机理尚未阐明,可能与嘌呤核苷酸代谢酶的先天性缺陷有关。**治疗原则**:用促进尿酸排泄的药物,或用抑制尿酸形成的药物。临床上常用别嘌呤醇(allopurinol)治疗痛风症。别嘌呤醇与次黄嘌呤结构类似,故可抑制黄嘌呤氧化酶,从而抑制尿酸的生成(图9-14)。

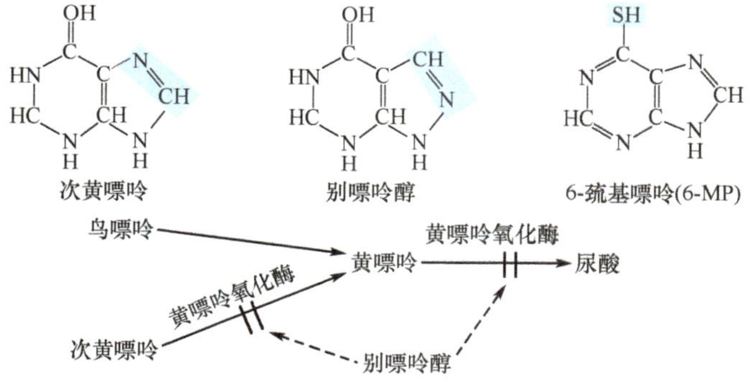

图9-14 痛风症的治疗机制

(二) 嘌呤核苷酸的抗代谢物

有些人工合成或天然存在的化合物,其结构与生物体内的一些必需的代谢物很相似,将其引入生物体后,与体内的必需代谢物会发生特异性的拮抗作用,从而影响生物体中的正常代谢,这些化合物为抗代谢物。

核苷酸的抗代谢物是一些碱基、氨基酸或叶酸等的类似物(表9-2),它们以多种方式干扰或阻断核苷酸的合成代谢,从而进一步阻止核酸及蛋白质的生物合成,大部分抗代谢物具有抗肿瘤作用。

表 9-2　嘌呤核苷酸的抗代谢物

嘌呤类似物	氨基酸类似物	叶酸类似物
6-巯基嘌呤	氮杂丝氨酸	氨蝶呤
6-巯基鸟嘌呤	谷氨酰胺等	氨甲蝶呤等
8-氮杂鸟嘌呤等		

1. 嘌呤类似物 6-巯基嘌呤(6-MP)　为嘌呤类衍生物,化学结构与次黄嘌呤相似,因而能竞争性地抑制次黄嘌呤的转变过程。它还可在体内生成 6-巯基嘌呤核苷酸,从而阻断嘌呤核苷酸的从头合成和补救合成。临床用于治疗白血病,也可作为免疫抑制剂。

2. 氨基酸类似物抑制嘌呤核苷酸的合成　氨基酸类似物有氮杂丝氨酸及 6-重氮-5-氧正亮氨酸等。它们的化学结构与谷氨酰胺相似,在嘌呤核苷酸合成中抑制 PRPP 酰胺转移酶和 N-甲酰甘氨咪核苷酸合成酶,从而抑制嘌呤核苷酸的合成。

$H_2NCOCH_2CH_2CHNH_2COOH$　　谷氨酰胺

$N^+NCH_2COOCH_2CHNH_2COOH$

氮杂丝氨酸(重氮乙酰丝氨酸)

$N^+NCH_2COCH_2CH_2CHNH_2COOH$

6-重氮 5-氧正亮氨酸

3. 叶酸类似物(二氢叶酸还原酶抑制剂)　常见的叶酸类似物有氨基蝶呤及甲氨蝶呤(methotrexate, MTX)。它们能竞争性抑制二氢叶酸还原酶,使叶酸不能还原成二氢叶酸及四氢叶酸。因此,嘌呤分子中来自一碳单位的 C_2 和 C_8 均得不到供应,从而抑制嘌呤核苷酸的合成。甲氨蝶呤在临床上用于白血病以及恶性肿瘤的治疗。

二、嘧啶核苷酸的代谢异常及抗代谢物

(一) 嘧啶核苷酸的代谢异常

乳清酸尿症(orotic aciduria)是一种罕见的常染色体隐性遗传病。因缺乏嘧啶核苷酸从头合成的酶而致此病。分 2 种类型:①缺乏乳清酸磷酸核糖转移酶和乳清酸核苷酸脱羧酶,以致乳清酸积存过多。临床特征是生长停滞,严重贫血以及尿中有大量乳清酸;②只缺乏乳清酸核苷酸脱羧酶,尿中主要出现乳清酸核苷酸,也有一定量的乳清酸出现。两类患儿均易发生感染。临床用尿嘧啶或胞嘧啶治疗。尿嘧啶经磷酸化可生成 UMP、UTP,进而反馈抑制乳清酸的合成以达到治疗的目的。

(二) 嘧啶核苷酸的抗代谢物

1. 嘧啶类似物　5-氟尿嘧啶的结构与胸腺嘧啶相似。在体内可转变成三磷酸氟尿嘧啶核苷酸(5-Flurouracil ,5-FU)。FdUMP 与 dUMP 结构类似,是核苷酸合成酶的抑制剂,可阻断 dTMP 或 TMP 的合成;FUTP 可代替 UTP 参入 RNA 分子,异常核苷酸的参入则可破坏 RNA 的结构与功能。

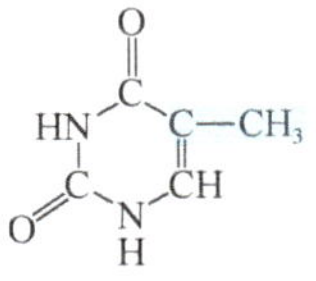

胸腺嘧啶

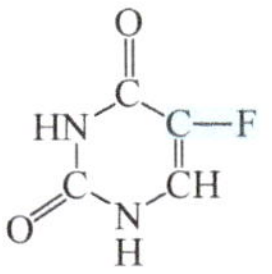

5-氟尿嘧啶

2. 嘧啶核苷酸类似物　阿糖胞苷和环胞苷是改变了核糖结构的嘧啶核苷类似物。能影响肿瘤细胞 DNA 的生物合成。如阿糖胞苷在体内经脱氧胞苷激酶催化转变为而或三磷酸胞苷(Ara-CTP),后者可抑制 DNA 聚合酶的活性,阻碍 DNA 的合成。

3. 氨基酸类似物　由于氮杂丝氨酸结构和谷氨酰胺相似,在嘧啶核苷酸的合成中能抑制氨基甲酰磷酸合成酶Ⅱ和 CTP 合成酶,从而干扰嘧啶核苷酸的合成代谢。

4. 叶酸类似物　与嘌呤抗代谢物类似。

三、核苷类抗病毒药物

(一) 在艾滋病(acquired immune deficiency syndrome, AIDS)治疗中的应用

对艾滋病病毒(human immunodeficiency virus, HIV)的抗病毒治疗研究经历了多个阶段,80 年代首先开始使用单一核苷类逆转录酶抑制剂齐多夫定(azidothymidine, AZT ,3′-叠氮-3′-脱氧胸苷)进行抗 HIV 治疗。齐多夫定为天然胸腺嘧啶核苷的合成类似物,其 3′-羟基(-OH)被叠氮基($-N_3$)取代。

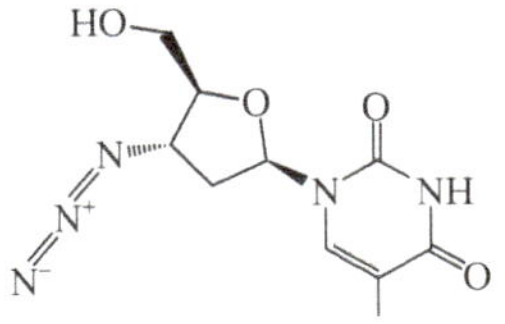

齐多夫定结构式

在细胞内,齐多夫定在酶的作用下转化为其

活性代谢物齐多夫定 5′-三磷酸酯(AztTP)。AztTP 通过竞争性利用天然底物脱氧胸苷 5′-三磷酸酯(dTTP)和嵌入病毒 DNA 来抑制 HIV 逆转录酶。嵌入的核苷类似物中 3′-羟基的缺失,可阻断使 DNA 链延长所必需的 5′-3′磷酸二酯键的形成,从而使病毒 DNA 合成终止,使病毒复制得到一定抑制,但几乎 100% 的服药者在治疗 12 周都出现病毒反弹。随后研究发现两种核苷类逆转录酶抑制剂的联合应用增强了抗病毒作用,但仍有很高的耐药性,因而不能获得持续的抗病毒治疗效果。90 年代先后研发了非核苷类逆转录酶抑制剂(nonnucleoside reverse transcriptase inhibitor,NNRTI)及蛋白酶抑制剂(protease inhibitor, PIs),并经过数年的实践证明,最行之有效的是 3 种或以上的药物联合应用。1996 年后这种合理且有效的联合用药被称之为高效抗逆转录病毒治疗(highly active antiretroviral therapy,HAART),俗称鸡尾酒疗法。

(二)在乙肝治疗中的应用

乙型病毒性肝炎是由乙型肝炎病毒(hepatitis B virus ,HBV)引起的,通过血液传播的肝炎目前,临床上用于治疗乙肝的核苷类抗病毒药物主要有如下几个:拉米夫定(lamivudine),阿德福韦(adefovir),泰诺福韦(tenofovir),依曲西他平(emtricitabine),L-脱氧胸腺嘧啶(telbivudine)等,其中,阿德福韦、泰诺福韦是嘌呤核苷类似物。拉米夫定、依曲西他平、L-脱氧胸腺嘧啶是嘧啶核苷类似物。拉米夫定作为一种新的核苷类抗病毒药物,自 1991 年问世以来,已在世界范围内广泛用于乙型肝炎治疗。拉米夫定可在 HBV 感染细胞和正常细胞内代谢生成拉米夫定三磷酸盐,它是拉米夫定的活性形式,既是 HBV-DNA 聚合酶的抑制剂,亦是此聚合酶的底物。拉米夫定三磷酸盐掺入到病毒 DNA 链中,阻断病毒 DNA 的合成。拉米夫定三磷酸盐不干扰正常细胞脱氧核苷的代谢,它对哺乳动物 DNA 聚合酶 α 和 β 的抑制作用微弱,对哺乳动物细胞 DNA 含量几乎无影响。对大多数乙型肝炎患者的血清 HBV- DNA 检测结果表明,拉米夫定能迅速抑制 HBV 复制,其抑制作用持续于整个治疗过程。同时使血清转氨酶降至正常,长期应用可显著改善肝脏坏死炎症性改变并减轻或阻止肝脏纤维化的进展。

小 结

核苷酸主要的作用是作为合成核酸分子的原料。除此,还参与能量代谢、代谢调节等过程。体内的核苷酸主要由机体细胞自身合成。食物来源的嘌呤和嘧啶极少被机体利用。

体内嘌呤核苷酸的合成有两条途径:从头合成和补救合成。从头合成的原料是磷酸核糖、氨基酸、一碳单位及 CO_2 等简单物质,在 PRPP 的基础上经过一系列酶促反应,逐步形成嘌呤环。首先生成 IMP,进而分别转变成 AMP 和 GMP。从头合成过程受到精确地反馈调节。补救合成实际上是现成嘌呤或嘌呤核苷的重新利用,虽然合成含量极少,但也有重要的生理意义。

机体也可以从头合成嘧啶核苷酸,但不同的是先合成嘧啶环,再磷酸核糖化而生成核苷酸。嘧啶核苷酸的从头合成也受反馈调控。

体内的脱氧核糖核苷酸是由各自相应的核糖核苷酸在二磷酸水平上还原而成的。核糖核苷酸还原酶催化此反应。四氢叶酸携带的一碳单位是合成胸苷酸过程中甲基的必要来源。

根据嘌呤和嘧啶核苷酸的合成过程,可以设计多种抗代谢物,包括嘌呤、嘧啶类似物,叶酸类似物,氨基酸类似物等。抗代谢物在抗肿瘤治疗中有重要作用。

嘌呤在体内分解代谢的终产物是尿酸,黄嘌呤氧化酶是这个代谢过程的重要酶。痛风症主要是由于嘌呤代谢异常,尿酸生成过多而引起的。嘧啶分解后产生的 β 氨基酸可随尿排出或进一步代谢。

(唐 珍 李红林)

笔记栏

第 10 章 DNA的生物合成（复制）

DNA 的生物合成又称为 DNA 复制，是以亲代 DNA 为模板，按照碱基配对的基本规律合成子代 DNA 的过程。双向等速的半保留复制是主要的复制方式，生物界绝大多数生物体都采用这种复制形式，但也有极少数低等生物，以及动物的线粒体和植物的叶绿体，采用其他复制方式。复制的化学本质是酶催化下的核苷酸聚合，碱基配对和反向互补的 DNA 双螺旋结构是其能顺利进行的分子基础。复制体系包括模板、底物、酶及蛋白质因子。复制体系不仅负责分裂细胞中基因组的复制，还参与 DNA 的损伤与修复。复制过程在细胞核内完成，为了便于理解，将其分为起始、延伸和终止三个阶段。

第一节 复制的基本规律

复制有三大基本规律，它们是半保留复制、双向复制和半不连续复制。半保留复制使得子代细胞获得一份与亲代 DNA 完全一致的遗传物质，复制具有高保真性。生物基因组庞大，无论是线状的真核生物染色体还是环状的原核生物 DNA，都采用双向复制。复制时模板 DNA 的解链方向与一条子链的合成方向相同，而与另一条子链的合成方向相反，从而导致了复制的半不连续性。

一、半保留复制（semi-conservative replication）

DNA 复制时，亲代 DNA 双链解开生成单链作为模板，按照碱基配对的基本规律合成子代 DNA，在生成的两个子代 DNA 分子中，一条链完全来源于母链，另一条链为新合成的子链，这就是半保留复制（图 10-1）。

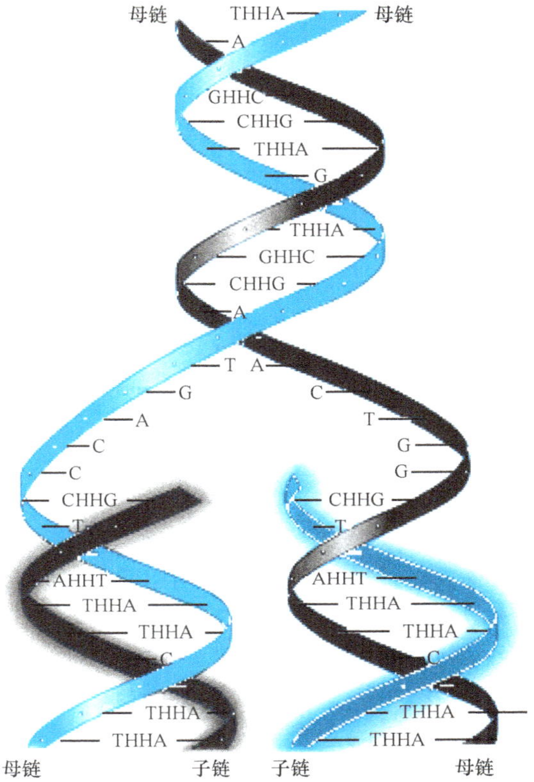

图 10-1 半保留复制

DNA 的复制理论上有全保留（conservative）、半保留（semiconservative）和混合式（dispersive）三种可能的方式，Messelson 和 Stahl 的实验结果支持半保留复制方式，其他两种方式被否定。

早在 1953 年，James Watson 和 Francis Crick 共同发表 DNA 的双螺旋结构模型时，就推测 DNA 的复制可能是采用半保留复制形式。这在 1958 年被两个年轻的美国科学家 Matthew Meselson 和 Franklin Stahl 用实验证实。他们将大肠埃希菌接种于含 $^{15}NH_4Cl$ 的培养液中培养若干代取样作为 0 代，0 代的 DNA 全部为含 ^{15}N 的“重链”DNA。然后将 0 代大肠埃希菌转接于 $^{14}NH_4Cl$ 培养液培养，每隔 20 分钟取样分别作为子 1 代，子 2 代等，依次类推。提取 0 代、子 1 代和子 2 代的 DNA 进行密度梯度离心，结果 0 代 DNA 出现在离心管的下部，子 1 代 DNA 出现在离心管中部，子 2 代 DNA 出现在离心管的中部和上部。实验结果说明：0 代的 DNA 双链全部由 ^{15}N 的重链构成；子 1 代的 DNA 双链中一股是 ^{15}N 的重链，一股是 ^{14}N 的轻链；子 2 代中出现两种密度的 DNA 分子，其中一种是重链+轻链，另一种全部由 ^{14}N 的轻链构成，见图 10-2。

笔记栏

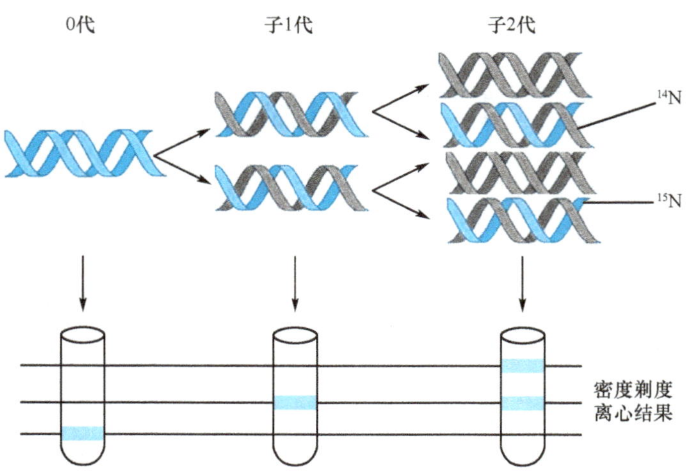

图 10-2 半保留复制的实验证明

二、双向复制(bidirectional replication)

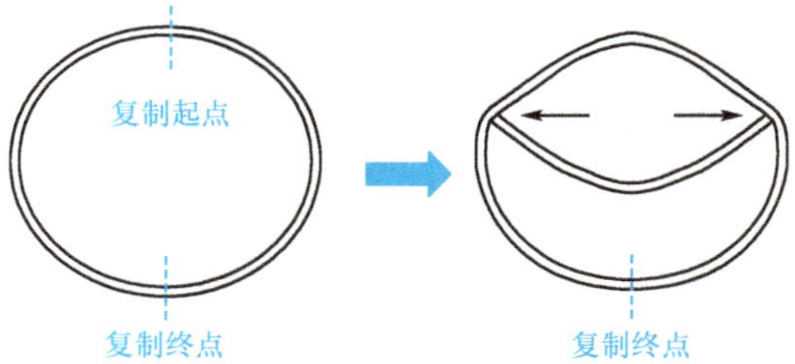

图 10-3 原核生物 DNA 双向复制

DNA 复制是从基因组特定的位点开始,又在特定的位点终止,开始位点称为复制起点,终止位点称为复制终点。复制时从复制起点向两个方向解链,形成两个延伸方向相反的复制叉,称为双向复制。

原核生物(prokaryote)的基因组为环状双链 DNA,只有一个复制起点和一个复制终点(terminus),为单复制子复制,复制从起点开始向两个方向合成,至终点汇合(图 10-3)。复制子是独立完成复制的功能单位,包括复制起始点到两边的复制终止点之间的 DNA 区域。

真核生物(eukaryote)的基因组由线状双链 DNA 组成,庞大而复杂,因此复制时有多个起始点开始,又有多个终止位点,是多复制子复制(图 10-4)。复制过程中,模板链解开所形成的 Y 字形结构,称为复制叉(replication fork),见图 10-5 。

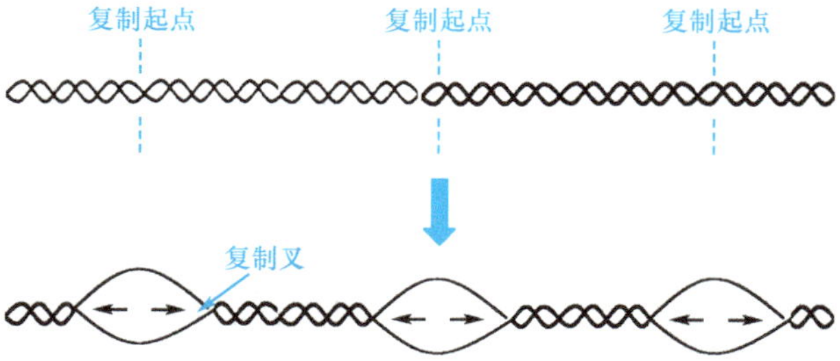

图 10-4 真核生物 DNA 多复制子复制

三、半不连续复制(semi discontinuous replication)

DNA 为反向平行的双螺旋结构,复制时双螺旋解开,分别作为模板合成子链,在复制叉移动的方向上,一条子链按 5′→3′生长,另一条子链按 3′→5′生长,这两条生长方向相反的子链是在同一个 DNA 聚合酶的催化下合成的。奇怪的是,目前已知的所有 DNA 聚合酶的合成方向都是 5′→3′,又怎么能同时合成两个延伸方向相反的子链呢? 1968 年,日本科学家冈崎采用电子显微镜及放射自显影技术研究 DNA 的生物合成时,发现了复制的半不连续性,揭开这个谜团。

笔记栏

半不连续复制是指在两条子链的合成中,延伸方向与解链方向一致的子链顺着 5′→3′方向连续合成,称为领头链(leading strand);延伸方向与解链方向相反的子链先反向合成小片段,然后再连接起来,小片段的聚合方向也是 5′→3′,符合聚合酶的聚合方向,但整个子链的生长方向却是 3′→5′,这股不连续复制的链称为随从链(lagging strand)(图 10-5)。随从链上的小片段以发现者冈崎的名字命名,称为冈崎片段。

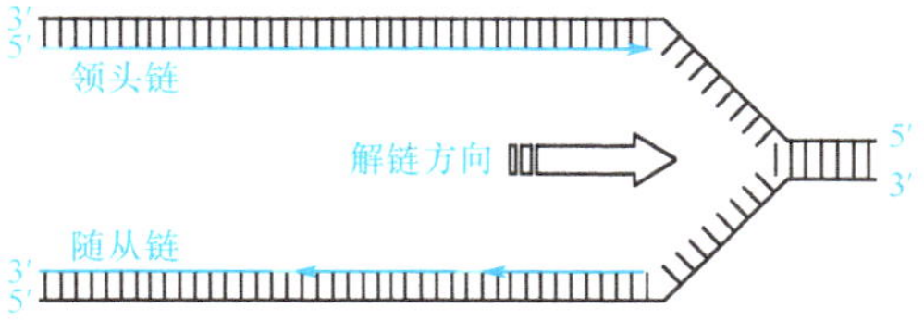

图 10-5　复制叉的半不连续复制

第二节　复制的基本条件

复制是在多种酶参与下的核苷酸聚合过程。复制体系包括:①模板(解开成单链的 DNA 母链);②底物(dATP、dGTP、dCTP 和 dTTP);③酶和蛋白质因子(DNA 聚合酶、解旋酶、单链结合蛋白、拓扑异构酶、引物酶和连接酶);④RNA引物。

一、复制的化学反应

核苷酸与核苷酸之间生成 3′,5′-磷酸二酯键而逐一聚合,是复制的基本化学反应。正在生长的子链沿 5′→3′方向延伸,3′末端具有游离的—OH,新掺入的 dNTP 水解释放一分子焦磷酸(PPi),以其 α-磷酸基团与游离的 3′-OH 脱水缩合生成 3′,5′-磷酸二酯键(图 10-6)。

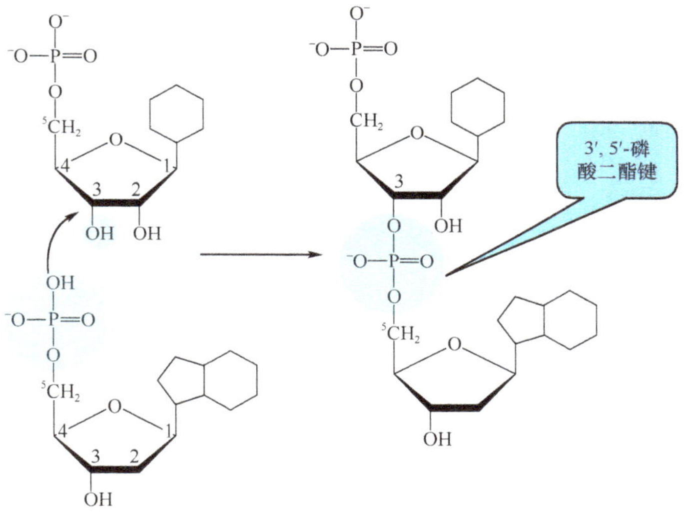

图 10-6　脱氧核苷酸聚合生成 3′,5′-磷酸二酯键

二、参与复制反应的酶类

(一) DNA 聚合酶(DNA polymerase)

DNA 聚合酶是以 dNTP(dATP、dGTP、dTTP 和 dCTP)为底物,催化 DNA 沿 5′→3′方向合成的一类酶。全称是依赖 DNA 的 DNA 聚合酶(DNA-dependent DNA polymerase)。

1.原核生物 DNA 聚合酶　原核生物 DNA 聚合酶有三种:DNA-pol Ⅰ、DNA-pol Ⅱ 和 DNA-pol Ⅲ,均有 5′→3′聚合酶活性和 3′→5′外切酶活性,其不同点见表 10-1。

原核生物 DNA-pol Ⅰ 是第一个被发现的 DNA 聚合酶,由 928 个氨基酸构成的单体酶。在细胞中 DNA-pol Ⅰ 的聚合活性不高,每秒钟平均能聚合 20 个核苷酸左右,其主要功能是切除随从链上的 RNA 引物(5′→3′外切酶活性),填补引物切除后留下的空缺(5′→3′聚合酶活性),以及对复制中发生的错误进行校正(3′→5′外切酶活性)。DNA-pol Ⅰ 在分子生物学研究中非常有用,但是 5′→3′外切酶活性常常影响到它的应用范围,于是研究者们采用枯草杆菌蛋白酶消化,去除 N 端具有 5′→3′外切酶活性的结构域,剩下 C 端 604 个氨基酸残基称为 Klenow 片段。

表 10-1 原核生物 DNA 聚合酶

	DNA-pol Ⅰ	DNA-pol Ⅱ	DNA-pol Ⅲ
功能	切除引物 填补引物空缺 损伤修复	应急状态下复制	复制的主要酶
基因突变后致死性	致死	不致死	致死
分子数/细胞	400	?	20
37℃转换率(核苷酸数/分钟)	600	30	30 000
5′→3′外切酶活性	有	无	无
3′→5′外切酶活性	有	有	有

Klenow 片段具有 5′→3′聚合酶活性和 3′→5′外切酶活性，是实验室 DNA 合成和序列分析的常用工具酶(图 10-7)。

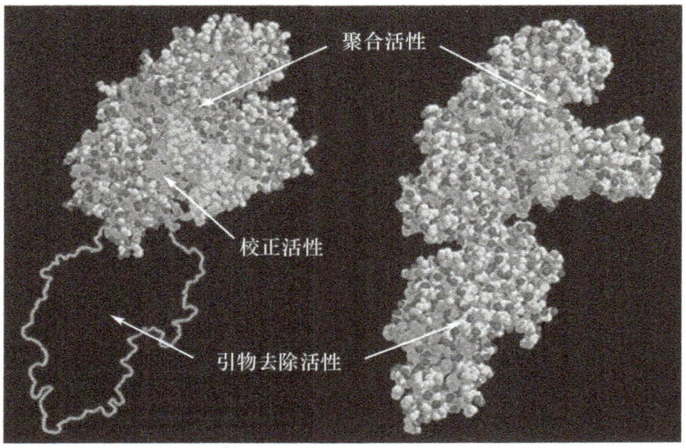

图 10-7 Klenow 片段(左)和 DNA-pol Ⅰ(右)的功能域

DNA-pol Ⅱ在原核细胞中的功能尚不十分清楚。一些研究表明，缺失 DNA-pol Ⅱ的细菌仍然能够进行 DNA 的复制和生长，以及在 DNA 损伤积累较多的细菌中 DNA-pol Ⅱ被诱导合成，进行挽救式的低保真度复制。推测 DNA-pol Ⅱ的功能可能是在 DNA 大范围损伤的情况下进行应急性修复。

DNA-pol Ⅲ的聚合能力远远大于 DNA-pol Ⅰ和 DNA-pol Ⅱ，每秒钟可聚合多达 1500 个核苷酸，在原核细胞中它是真正起复制作用的酶。DNA-pol Ⅲ是由 10 种亚基组成的二聚体(图 10-8)，分别负责领头链和随后链的合成。α、ε 和 θ 组成核心酶，α 亚基具有 5′→3′聚合酶活性，ε 亚基具有校正活性(3′→5′外切酶活性)，θ 亚基

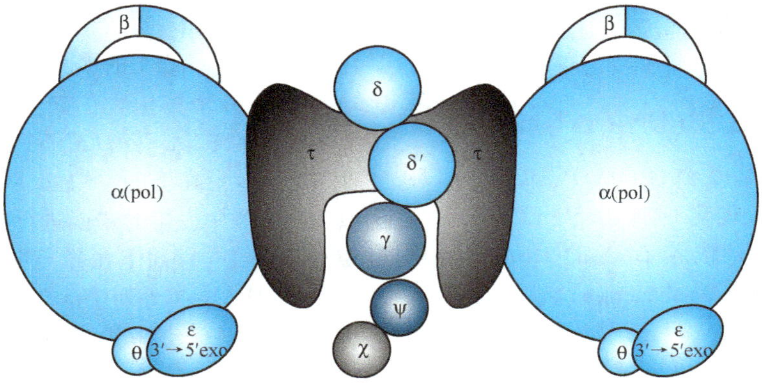

图 10-8 大肠埃希菌 DNA Pol Ⅲ的结构

促进 ε 亚基的校正功能。环状的 β 亚基套在 DNA 链上沿模板滑动,把整个酶复合体和 DNA 链连接在一起。其余的亚基统称为 γ 复合物,在全酶的组装上发挥作用。

2.真核生物 DNA 聚合酶 真核生物 DNA 聚合酶有 5 种,分别是 DNA-polα、DNA-polβ、DNA-polγ、DNA-polδ 和 DNA-polε。DNA-polα 具有引物酶活性,在真核细胞 DNA 复制中合成引物。DNA-polβ 与原核生物 DNA-pol Ⅱ类似,在应急状态下对损伤 DNA 进行低保真度的复制。DNA-polγ 存在于线粒体中,是线粒体 DNA 进行复制的聚合酶。DNA-polδ 是复制中起主要作用的聚合酶,相当于原核生物的 DNA-pol Ⅲ。它还具有解旋酶活性,这意味着在漫长的进化历程中,解旋酶与主要聚合酶联合,以提高 DNA 复制的效率和协调性。DNA-polε 与原核生物的 DNA-pol Ⅰ类似,在复制中起填补引物空缺、校正和修复作用,但不具有引物去除活性。已发现的所有真核生物 DNA 聚合酶都不具有引物去除功能(5′→3′外切酶活性),引物的去除由其他酶完成。另外,在高等生物中是否还有单独的引物酶和解旋酶存在,目前还未能确定。

(二) 解旋酶(helicase)

半保留复制时,亲代 DNA 双螺旋链解开作为模板,按照碱基配对规律合成子链。使 DNA 双螺旋链解开为单链的酶称为解旋酶,该酶作用的本质是打断碱基之间的氢键,因此需消耗 ATP。解旋酶在细胞中存在多种,如在大肠埃希菌中已发现 14 种,人类细胞中已发现 24 种。在细胞内解旋酶除参与 DNA 复制外,在转录、修复、重组以及 RNA 拼接、核糖体组装等过程中也起关键作用。

(三) 单链结合蛋白(single stranded DNA binding protein, SSB)

解旋酶将双螺旋 DNA 局部解开为单链后,两条单链 DNA 具有自动恢复为双螺旋的趋势,同时单链 DNA 在细胞内也会受到核酸酶的攻击而降解。单链结合蛋白的作用是维持模板 DNA 处于单链状态并免受核酸酶攻击。在复制的过程中,随着复制叉的前移,单链结合蛋白不断地在单链 DNA 模板上结合和脱离,反复使用。大肠埃希菌的单链结合蛋白为同源四聚体,单体由 177 个氨基酸残基组成。单链结合蛋白结合单链 DNA 的跨度约为 32 个核苷酸。

(四) 引物酶(primase)

与 RNA 聚合酶不同,DNA 聚合酶不具有从头聚合核苷酸的能力,必需一个 RNA 引物(也可以是 DNA)为它提供一个 3′-OH 末端,在这个 3′-OH 末端的基础上催化 3′,5′-磷酸二酯键的形成,依次进行聚合反应。在原核细胞中,RNA 引物由引物酶合成,真核细胞则由 DNA-polα 合成。引物的合成也是以模板 DNA 为指导,按照碱基配对规律进行,因此引物酶是一种依赖 DNA 的 RNA 聚合酶。无论是领头链还是随从链都需要引物,但 RNA 引物并不存在于成熟的 DNA 分子中,因此在复制过程中,它们被不断地去掉,然后代之以 DNA。

(五) 拓扑异构酶(topoisomerase)

DNA 不复制时呈适度盘绕的双螺旋结构,双螺旋链再进一步盘绕折叠成致密的超级结构。然而,一旦复制开始,双螺旋链就要被解旋酶局部拉开,这就会产生一个问题:复制区域后面的两个子链分子因旋转数不够而变成负超螺旋,复制区域前面的双螺旋链因过度旋转(正超螺旋)而缠绕打结(图 10-9)。拓扑异构酶的发现成功地解决了这个问题,拓扑异构酶的功能是将处于超螺旋的 DNA 单链或双链切开,使断端自由旋转以释放超螺旋,然后连接起来。其化学本质是 3′,5′-磷酸二酯键的断裂和重新形成。

拓扑异构酶广泛存在于原核及真核生物中,分为Ⅰ型和Ⅱ型。Ⅰ型拓扑异构酶的作用是断开双链中的一股,使超螺旋的 DNA 松弛后重新连接起来。Ⅱ型拓扑异构酶能将双链中的两股链都断开,将断端绕过与其缠结的 DNA 链,理顺后重新连接起来。

(六) 连接酶(ligase)

复制中前导链是连续合成的,而随后链是先合成冈崎片段,然后再将这些片段的引物切除、填补并连接起来。冈崎片段的连接由连接酶完成,连接酶催化的化学反应是将缺口处的 3′-OH 末端和 5′-P 末端连接生成 3′,5′-磷酸二酯键,反应需要消耗 ATP。连接酶能够催化双链中的单链缺口闭合连接,但不能将单独存在的 DNA 单链或 RNA 单链连接起来。

连接酶不仅仅在复制中连接冈崎片段,在 DNA 修复、重组和剪接中也起缝合缺口的作用。另外,它也是基因工程中的重要工具酶。

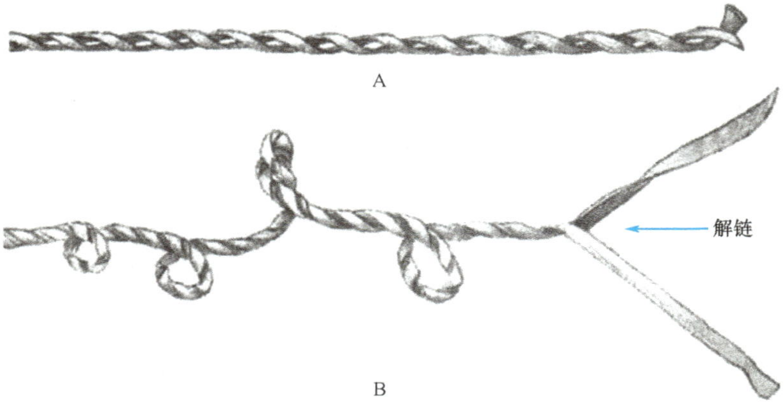

图 10-9　DNA 超螺旋的形成

A. 松弛的 DNA 双螺旋；B. DNA 解链时前方形成正超螺旋

第三节　复制的基本过程

复制过程在原核生物和真核生物中存在较大的差异。原核细胞不存在核膜包围的细胞核，其 DNA 复制在细胞质中进行。原核细胞的基因组为环状 DNA，只有一个复制起点和一个复制终点，从起点开始进行双向复制，至终点汇合。真核细胞 DNA 存在于细胞核中，复制也在细胞核中进行，真核基因组为庞大的线性 DNA，含有若干个复制起点和终点，为多复制子复制，这些复制子按一定的先后顺序启动复制，最终将各个部分连接起来。

一、原核生物的复制过程

（一）复制的起始

原核生物环状的 DNA 上只有一个复制起始位点（*oriC*），在大肠埃希菌中，这个起始位点是跨度为 245bp 的富含 A/T 的序列。复制启动时，首先是起始点识别因子（DnaA 蛋白）辨认结合起始位点，之后在 DnaC 蛋白的协助下，解旋酶（DnaB 蛋白）在起始位点开始解链。当解链到一定的程度时，引物酶（DnaG 蛋白）在适当的位置合成引物。由解旋酶、引物酶和 DnaC 蛋白等 7 种蛋白质在复制起始区域形成的复合体称为引发体（Primosome）。

引发体一旦形成，保护单链模板的单链结合蛋白和释放超螺旋的拓扑异构酶也加入进来。最后结合上来的是 DNA Pol-Ⅲ，它的到来表示起始完成，可以进行链的延长了。

（二）复制的延长

延长是指在 DNA Pol Ⅲ的催化下，从引物提供的 3′-OH 开始，将四种脱氧核苷酸逐个地添加到子链上，其化学本质是 3′，5′-磷酸二酯键的不断生成。每一个新掺入的脱氧核苷酸以其 5′-P 与上一个脱氧核苷酸的 3′-OH 形成酯键，这就导致子链的延伸方向始终是 5′-P 末端到 3′-OH 末端，即5′→3′方向合成。原核生物中，DNA 复制延长的速度约为 500bp/s，为真核生物的 10 倍。

两条子链是在同一个 DNA 聚合酶的催化下进行的，领头链连续合成，随从链不连续合成。随从链作 360°旋转后，其生长点与领头链一致，分别处于 DNA Pol Ⅲ两个对称的催化中心（图 10-10）。当随从链上的冈崎片段延长到前一个冈崎片段的引物时，由 DNA-pol Ⅰ 沿 5′→3′切除引物，并填补引物空缺，最后由连接酶连接形成完整的 DNA 链。

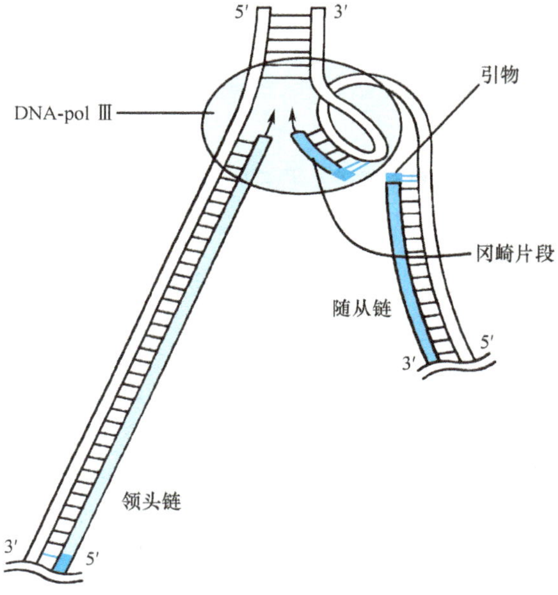

图 10-10　同一复制叉上领头链和随从链的延长

(三) 复制的终止

原核生物环状的基因组 DNA 上都有一个固定的复制终止位点(*ter*),它是一段特殊的 DNA 序列,负责 DNA 复制的终止。在大肠埃希菌中,终止位点跨度约 350bp。大多数原核生物中,起始位点和终止位点刚好将环状 DNA 分为两个半圆,但也有些生物两个方向复制是不等速的,起始点和终止点并不把基因组分为两个等份。

在大肠埃希菌中,由 Tus(terminator utilization substance)蛋白识别并结合终止位点,形成 Tus-*ter* 复合物。Tus-*ter* 复合物具有抑制和解除解旋酶活性的功能,从而阻止复制叉的前进。当两个方向运行而来的复制叉遭遇到 Tus-*ter* 复合物后,同时停止前进,复制因此终止。

二、真核生物的复制过程

真核生物 DNA 的复制发生在分裂细胞的 S 期(synthesis phase)。真核基因组为若干线状双链 DNA 分子构成,DNA 与蛋白质一起盘曲折叠成染色体。每个 DNA 分子上有上千个复制子,复制时这些复制子并不是同时启动,而有时序性。通常是转录活性较高的常染色质先复制,转录活性低甚至不转录的异染色质后复制。真核生物复制过程非常复杂,许多细节尚未完全明了。

(一) 复制的起始

与原核生物的复制起始点相比,真核生物的复制起始序列较短。酵母细胞的 DNA 复制起始点为富含 A/T 的长约 11bp 的核心序列,称为自主复制序列。在酵母基因组上每隔数千个碱基对就有一个自主复制序列,可以启动基因组的多点复制。如果将这段序列克隆入原核生物的质粒载体,也可以使重组质粒在酵母细胞完成复制。

复制启动时,首先由起始识别复合物(origin recognition complex, ORC)识别并结合复制起点。功能上 ORC 与原核生物的 DnaA 蛋白相似,为 6 个相关亚基组成的复合体。ORC 与起始序列的识别结合是复制前起始复合物(preinitiation complex, preIC)组装的平台。

复制前起始复合物的组装过程如图 10-11,首先是 ORC 识别复制起点,随后 CDC6 蛋白和 CDT1 蛋白结合上来,这两种蛋白能促进具有解旋酶活性的 MCM 蛋白(minichromosome maintenance protein)大量聚集,形成前复制复合物(pre-replication complex, preRC)。随后一系列复制因子包括 CDC45、SLD2-3、DPB11、GINS 和 MCM10 的加入以及 DNA 聚合酶 α、δ 的结合形成复制前起始复合物。复制前起始复合物的形成标志着 DNA 复制的开始。

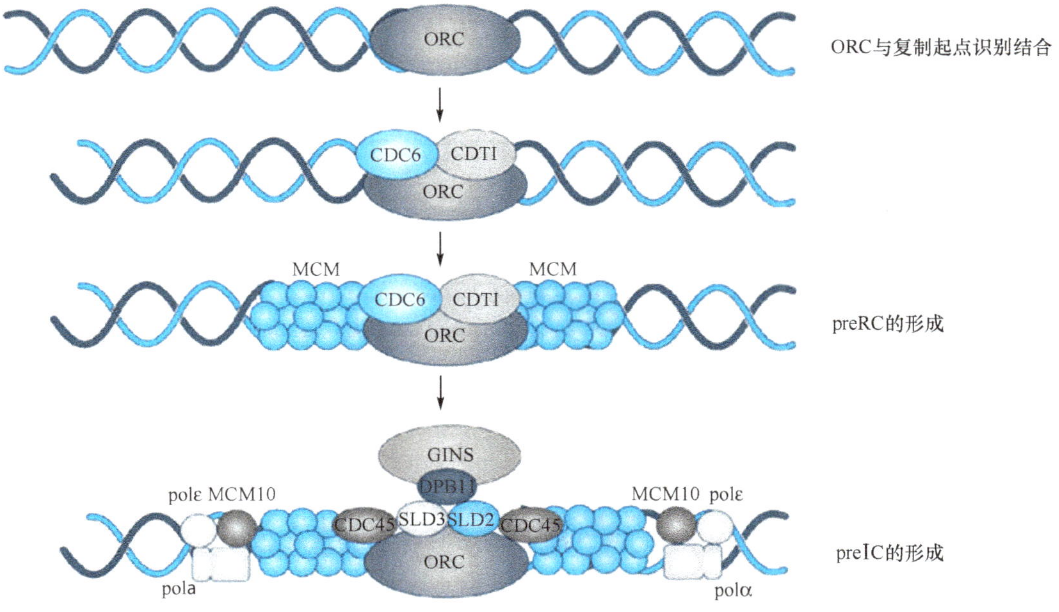

图 10-11 复制前起始复合物(preIC)的组装过程

（二）复制的延长

参与真核生物复制延长的 DNA 聚合酶主要是 DNA-polα 和 DNA-polδ。DNA-polα 兼有引物酶和 DNA 聚合酶两种活性，在领头链和随从链的复制中合成引物。合成的引物除 RNA 外，还包括小片段的 DNA。但 DNA-polα 没有 3′→5′外切酶活性，合成引物时不具有校读功能。DNA-polδ 是参与领头链和随从链复制延长的主要酶，它的聚合能力和对模板的亲和力都比 DNA-polα 高，同时还具有校读功能。引物生成后，DNA-polδ 取代 DNA-polα 在引物的 3′-OH 末端连续合成领头链和随从链。DNA-polδ 的功能发挥需要一种称为增殖细胞核抗原（proliferating cell nuclear antigen，PCNA）的细胞周期因子辅助。

与原核生物的复制一样，领头链的一个引物和随从链的多个引物也需要不断地被除去，这由核内的 RNA 酶和 DNA 核酸外切酶来完成。引物切除后留下的空缺由 DNA-polε 来填补，最后由连接酶连接形成完整的 DNA 子链。

真核 DNA 与组蛋白构成核小体，复制时核小体与组蛋白如何分开，后来又如何组装起来？现在也未完全清楚。研究表明，原有组蛋白大部分可重新组装至新 DNA 链上，同时也合成大量的组蛋白以满足核小体的再装配。真核生物复制延长的速率较原核生物慢，约 50bp/s，但真核生物是多复制子复制，总体速度是不慢的。

（三）复制的终止

真核生物基因组为线性 DNA 分子，复制中每个复制叉领头链只需 5′-末端一个引物，就可连续完成整条链的复制；随从链需若干个中间引物和一个 5′-末端引物。这些引物被除去后，中间引物留下的空隙可以通过延长冈崎片段而直接填补起来，问题是两个 5′-末端引物留下的空隙该如何填补？因为 DNA 聚合酶的聚合作用是需要引物的，而这个空隙的 5′端没有可用的引物，同时也不具有合成引物的模板。如果这两个末端空隙得不到填补，单链末端就会被 DNase 酶解，细胞 DNA 可能面临复制一次就缩短一些的问题，这就是困惑科学家们多年的末端复制问题（end-replication problem）（图 10-12）。

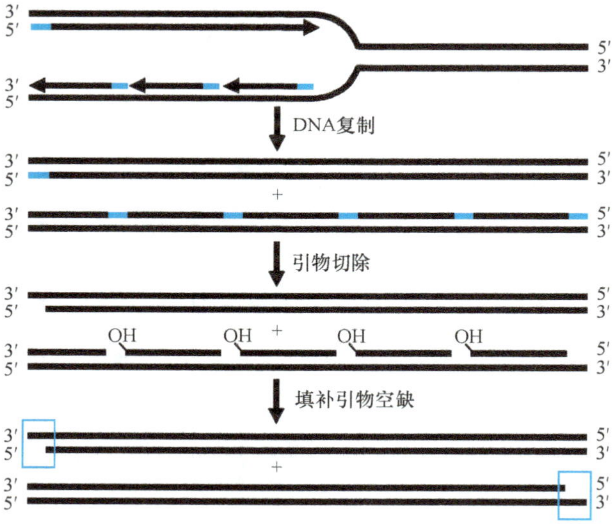

图 10-12　线性 DNA 的末端复制问题

DNA 末端随复制缩短的现象在某些低等生物中确实可以观察到，但只是少数特例，事实上染色体虽经多次复制，却不会越来越短，因为在真核生物染色体的末端有一特殊的结构——端粒。形态学上，染色体末端膨大成粒状，像两顶帽子一样盖在染色体两端，因而得名。化学组成上端粒是由 DNA 和蛋白质结合而成，端粒 DNA 为串联重复序列，如人的端粒 DNA 重复序列是 $(TTAGGG)_n$，$n \geq 1000$。在某些情况下，染色体发生断裂，断裂端可能发生融合或被 DNA 酶降解。但是，正常染色体不会整体性相互融合，也不会在末端出现遗传信息的丢失。可见，染色体末端的端粒在维持染色体结构的稳定性和 DNA 复制的完整性方面具有重要的作用。

复制中倾向于缩短的端粒 DNA 由端粒酶（telomerase）合成并维持。端粒酶是一种 RNA-

蛋白质复合物,RNA 序列与端粒 DNA 序列互补,可作为端粒区重复序列补充延长的模板,蛋白质部分具有逆转录酶活性,能以 RNA 为模板合成端粒 DNA。端粒酶在 DNA 聚合酶的协同下,通过一种称为爬行模型(inchworm model)(图 10-13)的机制将子链 DNA 5′-末端补充完整。

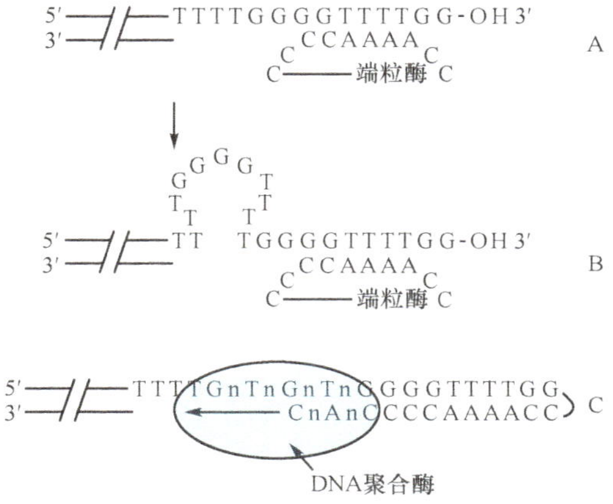

图 10-13　端粒酶催化作用的爬行模型

A. 端粒酶辨认和结合母链;B. 反转录延长母链及反折;C. DNA 聚合酶复制子链

三、复制过程的保真性(fidelity)

DNA 复制具有高度的保真性。在细菌中,大约每添加 10^9~10^{10}个核苷酸才产生一个错误。如此高度准确的复制体系主要基于三种机制:严格遵守碱基配对规律、即时校读功能和 DNA 错配修复系统。

复制中依赖模板序列,严格按照 A/T 或 G/C 配对添加新的核苷酸,平均而言,大约每添加 10^4~10^5个核苷酸会出现一个错配。一旦出现错配,DNA 聚合酶的即时校读功能(3′→5′的核酸外切酶活性)会发挥作用,沿 3′→5′的方向把错误添加的核苷酸除去,然后继续沿 5′→3′聚合,这种机制将出错率降到每添加 10^6~10^7个核苷酸才出现一个错误。如果出现即时校读功能也未能纠正的错误,DNA 错配修复系统会进行修复,在复制叉的后面,错配修复系统会对新合成链进行检查,一旦发现错配碱基,就会以模板为基准加以修复(见本章第五节)。通过这三种机制,最终将复制的出错率降到每添加 10^9~10^{10}个核苷酸才出现一个错误。

第四节　其他复制方式

生物界绝大多数生物都是采用前面所述的双向等速的半保留复制,但也存在少数特殊的复制形式,主要包括逆转录、滚环复制和 D 环复制。

一、逆转录(reverse transcription)

1970 年 Howard Temin 和 David Baltimore 发现逆转录酶和逆转录现象,逆转录是劳氏肉瘤病毒、人类免疫缺陷病毒等逆转录病毒的复制形式。逆转录病毒的基因组是 RNA 而不是 DNA,它们复制时以 RNA 为模板合成双链 DNA,称为互补 DNA(complementary DNA,cDNA),cDNA 可以整合入宿主基因组,然后利用宿主细胞的转录系统转录产生病毒基因组 RNA。逆转录的信息流向(RNA→DNA)与转录(DNA→RNA)相反,故而得名。cDNA 携带了病毒基因组的全套遗传信息,又称为原病毒,可长期潜伏于宿主基因组内,随宿主细胞的传代而传代。

逆转录过程的完成依赖于病毒自身所携带的逆转录酶。逆转录酶有三种酶活性:依赖 RNA 的 DNA 聚合酶活性、核酶活性和依赖 DNA 的 DNA 聚合酶活性。逆转录过程分四步进行(图 10-14)。第一步,逆转录酶以病毒基因组 RNA 为模板合成 DNA,产生 RNA/DNA 杂化双链;第二步,杂化双链中的 RNA 被逆转录酶中的核酶活性水解,产生单链 DNA;第三步,逆转录酶以单链 DNA 为模板合成双链 DNA;第四步,由整合酶(integrase)催化,将双链 DNA 经特定位点整合入宿主基因组。逆转录酶催化的聚合反应也按 5′→3′方向延长,并需要引物,研究发现,逆转录中的引物为病毒自身所携带的 tRNA。

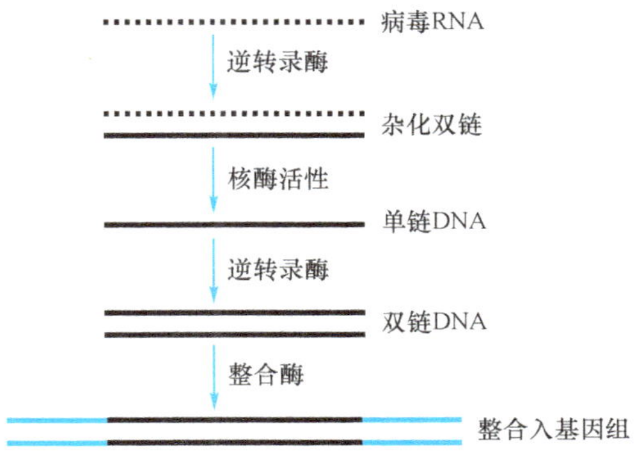

图 10-14　逆转录病毒在细胞内的复制方式

逆转录的发现丰富了中心法则,拓展了病毒致癌理论。对逆转录病毒的研究,拓展了 20 世纪初已注意到的病毒致癌理论。

二、滚环复制(rolling circle replication)

滚环复制主要存在于噬菌体中。例如,大肠埃希菌噬菌体 φX174 的基因组为单链环状 DNA(+链),入侵细胞后,在引物酶和 DNA pol Ⅲ的作用下合成互补链(-链),产生双链环状 DNA,称为复制型 DNA。滚环复制时,复制型 DNA 的正链被噬菌体编码的具有核酸内切酶活性的 A 蛋白在特定位点切割产生切口(nick),形成 3′-OH 末端,DNA pol Ⅲ以 3′-OH 为引物延长合成新的正链,先前的正链从 5′-P 末端逐步甩出。被甩出的正链受到单链结合蛋白的保护而不被降解。当链延伸到切口处时,A 蛋白再次在同一位点切割并将甩出的正链连接成环,产生一个子代基因组和一个复制型 DNA(图 10-15)。复制每滚动一次,就产生一个单链环状基因组,并可包装入子代噬菌体。滚环复制的特点:不需要合成引物,单向连续复制。

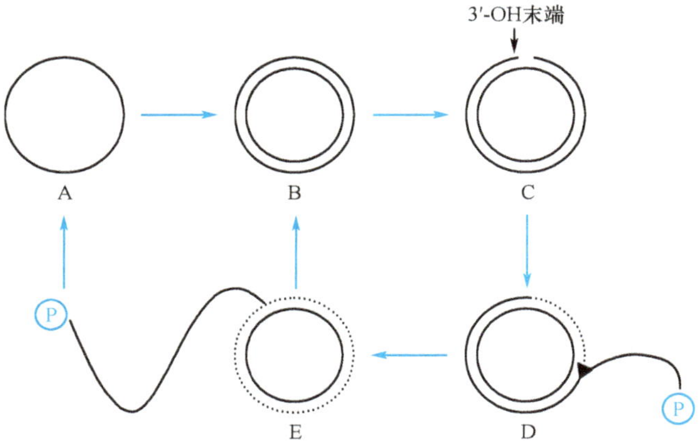

图 10-15 滚环复制示意图

A. 噬菌体基因组;B. 复制型 DNA;C. A 蛋白切割产生切口;D. DNA 聚合酶以切口处的 3′-OH 为引物合成正链;E. 滚动完毕,被甩出的正链重新闭合生成子代噬菌体基因组,新合成的正链与先前的负链又构成了复制型 DNA,并可进行下一轮滚环复制

三、D 环复制(D-loop replication)

D 环复制是线粒体 DNA 的复制形式。线粒体 DNA 为环状双链 DNA 分子,复制时双链局部展开,首先在内环复制起始位点上合成引物,由 DNA-polγ 延伸,此时外环并不开始复制。当内环延伸到一定程度的时候,暴露出外环的复制起始点,开始合成外环的反向引物,并以外环为模板反方向延伸(图 10-16)。复制中呈字母“D”形状而得名。D 环复制的特点是:需要引物,两条链的复制起始在时间和空间位置上不同。

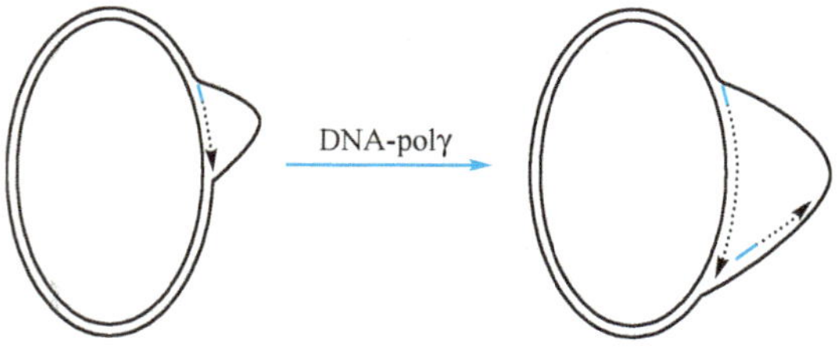

图 10-16 D 环复制

A. 第一个引物在第一个起始点上合成;B. 延长至第二个起始点,合成第二个引物

线粒体 DNA 于 20 世纪 60 年代初发现。人类线粒体 DNA 上存在 37 个基因,除 22 个 tRNA 和 2 个 rRNA 基因外,还编码 13 种蛋白质,这些蛋白质参与线粒体的生物氧化和氧化磷酸化。不过线粒体内存在的绝大多数蛋白质还是由核基因编码的,因此,线粒体是半自主性细胞器。

第五节 DNA 损伤与修复

DNA 损伤(DNA damage)是指基因组 DNA 分子结构或序列的改变,也称为 DNA 突变(DNA mutation)。环境因子及细胞内的正常代谢过程都可引起 DNA 损伤,一个人类细胞基因组每天遭受的损伤次数可达 100 万次。但相对于庞大的基因组,损伤的 DNA 也仅占到总 DNA 的 0.000165%。一旦 DNA 发生损伤,修复系统就会被激活。一般说来,DNA 的修复是高效率而且是准确的,会将突变 DNA 恢复到天然状态,但也存在修复失败,致使 DNA 的分子结构或序列发生改变,相关基因失活或被激活,从而影响细胞正常功能的发挥或导致癌变。

一、引发突变的因素

引发 DNA 突变的因素主要包括物理因素和化学因素。在没有诱发因素时,DNA 也会发生自发突变,自发突变频率大约在 10^{-9} 左右,主要来源于 DNA 的复制错误,转座子的转座,细胞代谢中产生的活性氧对 DNA 的攻击等。

(一) 物理因素

物理因素包括紫外线(UV)、X 射线、α、β 和 γ 射线等。其中紫外线对 DNA 的损伤研究得较为清楚,当 DNA 受到紫外线照射时,易使同一条 DNA 链上相邻的嘧啶碱基共价结合,形成嘧啶二聚体(图 10-17),从而影响复制和转录。T 与 T 之间,T 与 C 之间,C 与 C 之间都可以形成嘧啶二聚体,其中 T 与 T 形成的胸苷酸二聚体是最主要的损伤方式。

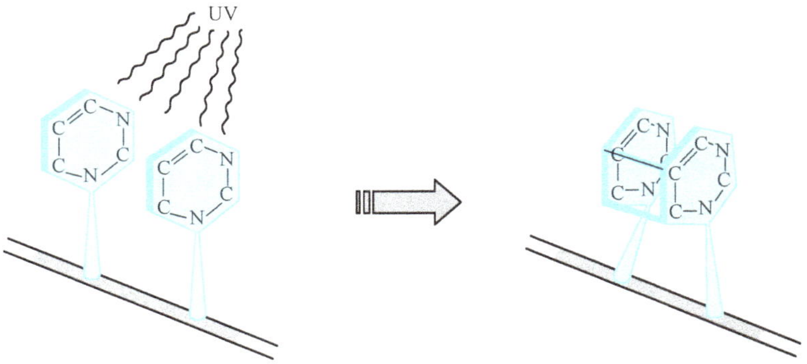

图 10-17　嘧啶二聚体的形成

X 射线、α、β 和 γ 射线等可使 DNA 分子中的脱氧核糖与磷酸之间的共价键断裂,也可以使配对碱基之间的氢键断裂,还可以使相邻的嘧啶碱基以共价键连成二聚体。

(二) 化学因素

化学因素是指一些化学诱变剂,大多数是致癌物,从化工原料、化工产品和副产品、工业排放物、农药、食品防腐剂、食品添加剂、汽车尾气中检出的致突变化合物已有 6 万多种,而且还以每年上千新品种的速度增加。

二、突变的类型

突变的类型包括错配、插入或缺失、重排三种基本类型。

(一) 错配

错配由点突变引起。错配是指 DNA 上的碱基被其他类型的碱基所置换,又称为点突变(point mutation)。点突变分为转换(transition)和颠换(transversion)两类,转换是指同种类型的碱基之间的替换,即嘌呤代替嘌呤,嘧啶代替嘧啶。颠换是指不同种类的碱基之间的替换,即嘌呤代替嘧啶,嘧啶代替嘌呤。颠换通常比转换造成的后果更为严重,因为颠换常常导致遗传密码所编码的氨基酸理化性质发生较大的变化,从而引起蛋白质空间结构的破坏。如镰状细胞贫血就是一种颠换,编码血红蛋白 β 链第 6 位氨基酸的遗传密码由 A→T,使相应的氨基酸从谷氨酸→缬氨酸,谷氨酸属于亲水性的酸性氨基酸,缬氨酸属于疏水性氨基酸,因此这种变化对血红蛋白的功能影响较大,也使红细胞由双凹面的圆盘状变为镰刀形(图 10-18),载氧功能严重下降,这样的病人一般生存期只有 40~50 岁。

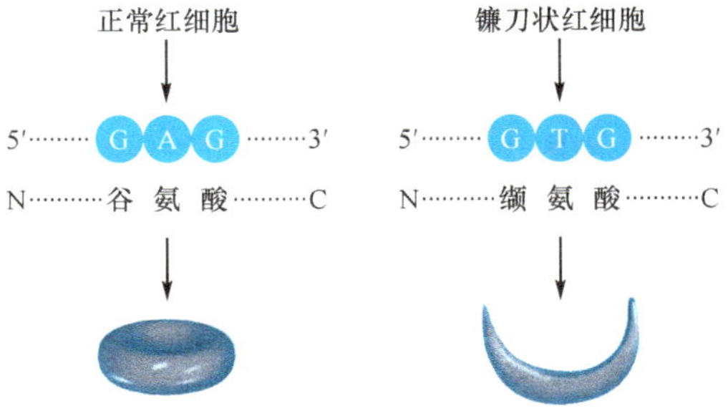

图 10-18　镰状细胞贫血为点突变所致

(二) 插入或缺失

DNA 序列上的核苷酸插入或缺失会导致框

移突变(frameshift mutation)(图 10-19)。在 DNA 上每三个连续的核苷酸决定一种氨基酸,如果是 3n 以外的核苷酸缺失或插入会导致蛋白质翻译时读码框的错位,使翻译出的蛋白质氨基酸序列发生很大的变化而不具有活性。

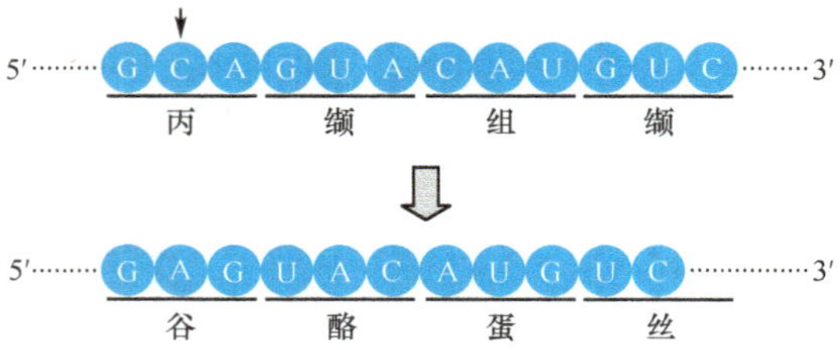

图 10-19 核苷酸缺失引起框移突变

(三)重排

重排是指 DNA 分子内发生的较大片段的交换,但不涉及遗传物质的丢失与增加。重排可以发生在一条染色体的内部也可以发生在两条染色体之间。

三、突变的意义

(一)突变是遗传性疾病的发病基础

如果突变存在于一些关键的蛋白质基因或调控序列上往往会引发疾病,并且会代代相传。现今最详细的内科学记载了 4000 余种疾病,其中 1/3 以上属遗传性疾病或具有遗传倾向的疾病,如血友病是凝血因子基因的突变,地中海贫血是血红蛋白基因突变等。有遗传倾向的疾病包括高血压、糖尿病、溃疡病、肿瘤等,这些疾病均是变异的基因与环境因素共同作用的结果。

(二)突变是生物进化和分化的分子基础

从漫长的生物发展史来看,生物进化是基因突变和自然选择共同作用的结果。没有突变就没有进化,进化的过程就是突变的不断发生所造成的。就一个短暂历史时期而言,人类可能未亲眼见到某一物种的自然演变而只见到长时期突变积累的结果。在同一物种中每一个个体都是独特的,这也是突变所造成的,只是目前还未能认识到其发生发展的真正原因,因而称为自发突变。

(三)突变造成 DNA 多态性

这类突变没有可觉察的表型改变,对物种的生存和繁衍也不会造成较大的影响,因而广泛存在于基因组。突变主要分布于基因组非编码序列或非调控序列、内含子、蛋白质非功能区段上的编码序列以及简并密码子第三位碱基上。在同一物种不同个体之间的这些位点差异构成 DNA 多态性(DNA polymorphism)。DNA 多态性可用于法医学中的个体识别、亲子鉴定、器官移植的配型以及个体对某些疾病的易感性分析等。常见的 DNA 多态性分析技术包括限制性片段长度多态性(restriction fragment length polymorphism, RFLP)、随机引物扩增多态性(random amplified polymorphic DNA, RAPD)等。

(四)致死性突变可造成个体或细胞的死亡

突变发生在对生命过程至关重要的基因上,可导致个体或细胞的死亡。人们常利用这些特性来消灭有害的病原体,比如紫外线照射杀菌就是使微生物的遗传物质 DNA 形成嘧啶二聚体而杀死细菌。

四、损伤的修复

DNA 损伤与修复是细胞内 DNA 复制中并存的过程,DNA 修复使已发生分子改变的 DNA 恢复为原有的天然状态。若一个细胞累积了大量的 DNA 损伤,或者不再能有效地对它的 DNA 损伤进行修复,就会进入三种可能的状态:不可逆转的衰老状态、细胞凋亡和癌变。生物在进化过程中建立和发展了多种 DNA 修复系统,主要类型有直接修复、切除修复、重组修复和 SOS 修复。

DNA 的修复效率受很多因素影响,包括细胞类型、细胞年龄和细胞外环境。DNA 损伤修复能力对于维持基因组的完整性和生理功能的正常发挥是至关重要的,许多已发现的与物种寿命有关的基因都跟损伤修复有关。

(一)直接修复(direct repair)

这种修复系统使突变的核苷酸或碱基直接发生逆转,恢复为天然状态,在基因组的修复中发挥的作用相对较小。其中研究得比较清楚的是光修复,光修复由光修复酶催化完成。300～500nm 波长的光照射可使细胞光修复酶活化,将 DNA 中因紫外线照射而形成的嘧啶二聚体分解为原来的非聚合状态。光修复酶普遍存在于各种生物,人体细胞中也有发现。

(二)切除修复(excision repair)

切除修复是细胞内最重要和最有效的修复方式。在一系列修复酶的作用下,DNA 分子中受损伤的部位被切除,然后以另一条完整的链为模板,由 DNA 聚合酶填补被切除的空隙,最后由连接酶连接起来。切除修复包括三种:碱基切除修复、核苷酸切除修复和错配切除修复。

1. 碱基切除修复 如果只有单个碱基的修饰,如碱基的脱氨基或烷基化,采用碱基切除修复方式进行。在大肠埃希菌中,DNA 糖苷酶能够识别和切除修饰碱基产生无碱基位点(abasic site, AP),接着由 AP 核酸内切酶水解去除 AP 位点及周围的核苷酸,留下的空隙由 DNA 聚合酶Ⅰ填补,最后由 DNA 连接酶连接形成完整的链(图 10-20)。

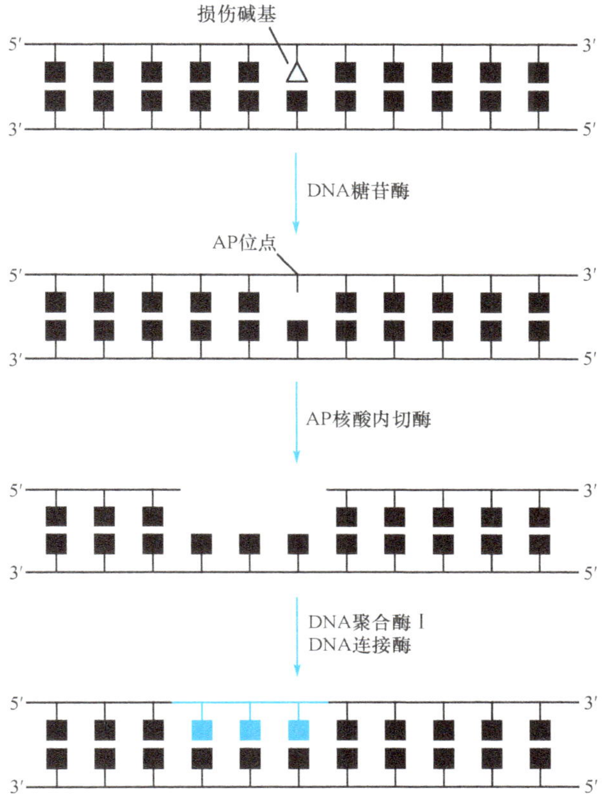

图 10-20 DNA 的碱基切除修复

2. 核苷酸切除修复 如果 DNA 的损伤面较大,引起 DNA 双螺旋结构变形,则需要以核苷酸切除方式修复。在大肠埃希菌中,蛋白质 UvrA、UvrB 和 UvrC 负责识别和切除损伤的核苷酸,留下的空隙由 DNA 聚合酶Ⅰ填补,最后由 DNA 连接酶连接形成完整的链(图 10-21)。

3. 错配切除修复 在 DNA 复制过程中,如果即时校读系统也未能纠正的碱基错误匹配,那就必须依赖错配修复系统进行修复。要修复错配的碱基,修复体系必须首先知道哪一条链是模板链,哪一条链是新合成链,然后根据模板链的序列来更正新合成链的序列。在大肠埃希菌中,通过一种特殊的甲基化酶 Dam(dam methylase; Dam)来达到目的,甲基化酶在复制叉的后面跟踪新链的合成,同时对模板链上(5′)GATC 这一短序列中所有的腺嘌呤甲基化,而新合成链不甲基化,如此模板链就可和子链链区分开来了。GATC 位点至错配位点的距离可以达到 1000 个碱基对,因此错配修复是高耗能的过程。

大肠埃希菌中,首先由蛋白 MutS 结合错配碱基对,然后 MutL 蛋白加入进来并激活与 GATC 短序列结合的 MutH 蛋白,MutH 蛋白激活后就可从 GATC 位点处切断未甲基化的子链。接着,从切割位点到错配位点之间的 DNA 片段被核酸外切酶除去,此过程需要解旋酶Ⅱ和单链结合蛋白参与。如果切割发生在错配碱基的 3′端,水解由核酸外切酶Ⅰ完成,该酶沿单链从 3′→5′方向水解;如果切割位点在错配碱基的 5′端,水解由核酸外切酶Ⅶ完成。核酸外切酶水解后留下的空隙由 DNA 聚合酶Ⅲ填补,最后由 DNA 连接酶连接形成完整的链(图 10-22)。

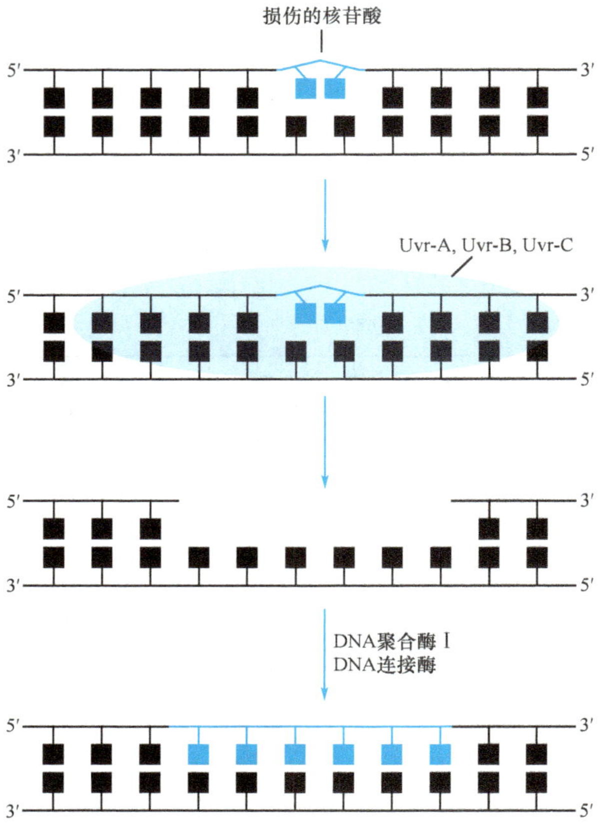

图 10-21　DNA 损伤的核苷酸切除修复

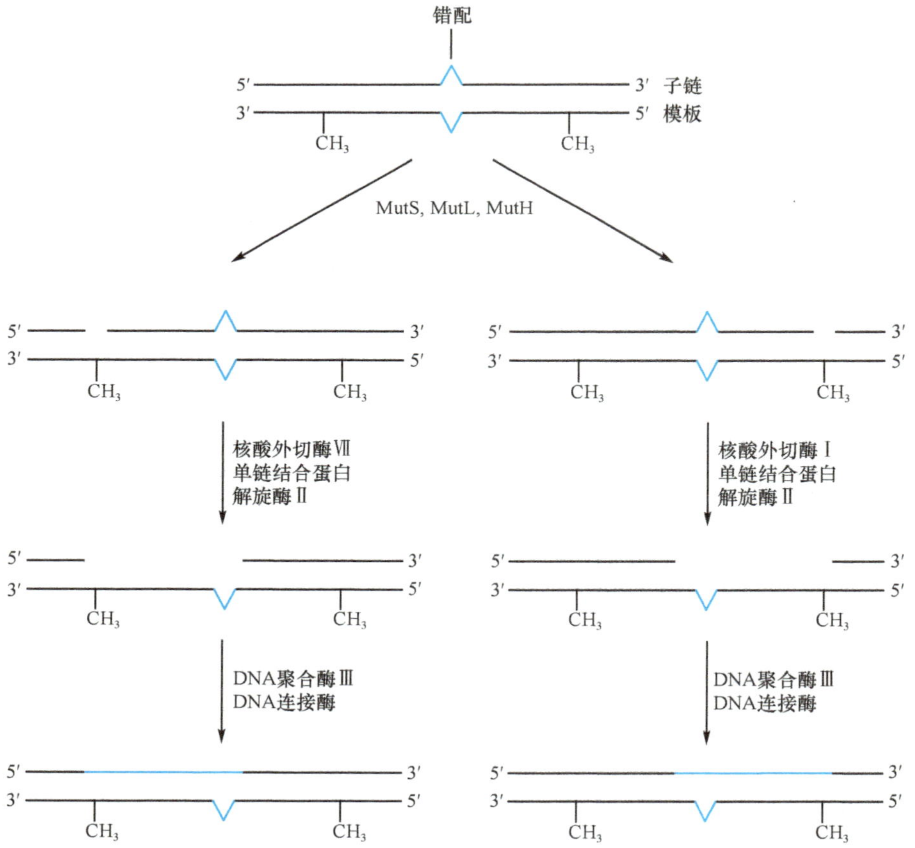

图 10-22　DNA 错配切除修复

真核生物中的错配修复机制跟大肠埃希菌相似。MutS 和 MutL 的同功能蛋白质已经在酵母、哺乳动物及其他真核生物中发现,但在真核生物中,修复系统如何区别模板链和子链还不甚清楚。

(三) 重组修复(recombination repair)

如果损伤的 DNA 来不及修复就进行复制,必然会在子链留下一个缺口,这种损伤以重组方式修复。重组修复依赖同源性重组机制,大肠埃希菌中,由 DNA-PolⅢ进行子链的合成,有损伤的区域不能作为模板,跳过不复制,在子链留下缺口。这种遗传信息有缺损的子代 DNA 分子可通过重组修复而加以弥补,重组蛋白 RecA 的核酸内切酶活性将另一股正常母链上对应核苷酸片段切下,移至子链缺口处并连接。DNA 聚合酶Ⅰ填补正常母链上产生的空隙(图 10-23)。重组修复仅是对有缺口的子链进行修复,并不会修复模板链原有的损伤,但是随着 DNA 复制的继续,损伤的 DNA 链会被逐渐稀释。

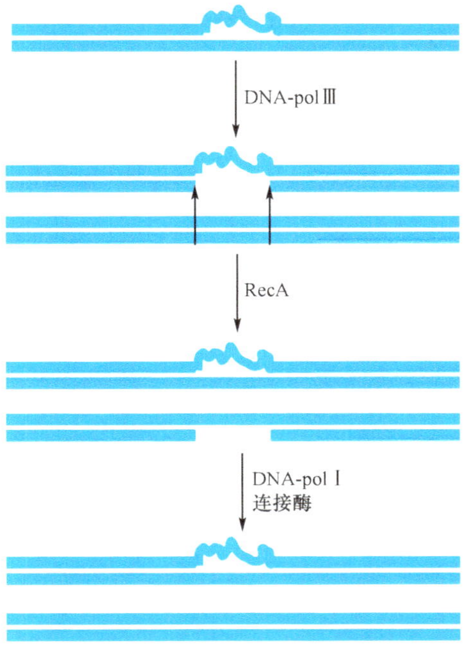

图 10-23　重组修复

(四) SOS 修复系统(SOS repair system)

SOS 是国际海难求救信号,用在这里表示这种修复系统是在复制遇到紧急情况而启动的一种应急机制。当 DNA 大范围损伤而使复制无法进行下去并危及到细胞生存时,SOS 修复系统采用一种不顾及复制错误,促使细胞完成复制,然后将错就错地修复,最后保全生命的策略,是一种差错倾向修复(error prone repair)。正常情况下,SOS 修复系统被 LexA 抑制子(LexA repressor)所抑制,当 DNA 损伤较为严重时,参与复制的 DNA 聚合酶不断受阻,并在复制叉后留下大量的单链 DNA。单链 DNA 会激活 RecA 蛋白,RecA 蛋白使 LexA 抑制子失活,从而激活 SOS 修复系统,使 DNA 复制低保真度地完成复制。同时切除修复系统被激活,抑制细胞分裂以争取时间完成修复。SOS 修复避免了细胞的死亡,带来了较高的突变频率。研究表明,细胞癌变及细菌抗药性等可能与 SOS 修复有关。

小　结

DNA 的生物合成又称为 DNA 复制,是以亲代 DNA 为模板,按照碱基配对的基本规律合成子代 DNA 的过程。复制使遗传信息代代相传,生命得以延续。复制有三大基本规律,它们是半保留复制、双向复制和半不连续复制。半保留复制使得子代细胞获得一份与亲代 DNA 完全一致的遗传物质,具有高保真性。生物基因组庞大,无论是线状的真核生物染色体还是环状的原核生物 DNA,都采用双向复制。复制中领头链连续合成,随从链先合成冈崎片段,然后再连接起来形成连续的子链,这就是复制的半不连续性。

复制以 dNTP 为原料,在 DNA-pol 催化下核苷酸与核苷酸之间生成磷酸二酯键而逐一聚合,原核生物有 DNA-polⅠ、DNA-polⅡ和 DNA-polⅢ三种 DNA 聚合酶;真核生物有 DNA-polα、DNA-polβ、DNA-polγ、DNA-polδ 和 DNA-polε 五种 DNA 聚合酶。不论是原核还是真核生物,其 DNA 聚合酶的聚合方向都是 5′→3′。复制体系除了 dNTP 和 DNA 聚合酶外,还包括其他酶和蛋白质因子。

复制过程在原核及真核生物中都可分为起始、延伸和终止三个阶段。原核生物的复制起始首先由解旋酶和引物酶等在复制起始点上形成引物体,然后 DNA PolⅢ才结合上来起始复制。复制的延长由引物或延长中的子链提供 3′-OH,供 dNTP 掺入生成磷酸二酯键,因此子链总是从 5′端向 3′端延伸的。原核生物环状 DNA 是包含一个复制起点和一个复制终点的单复制子，复制从起点开始双向进行，至终点汇合而终止复制。真核生物DNA的复制发生在细胞周期的S期，过程较原核生物复杂，涉及核小体的解聚和再形成，末端染色体的复制等问题。

生物界绝大多数生物都是采用半保留方式复制，但也有少数生物采用其他特殊的复制形式，主要包括逆转录病毒的逆转录、噬菌体等低等生物的滚环复制和线粒体DNA的D环复制。

DNA突变是导致生物进化和分化的原动力，也是导致遗传性疾病的重要因素。DNA突变包括错配、插入或缺失、重排三种基本类型，其中错配会导致个别氨基酸的改变，插入或缺失会导致框移突变。引发突变的因素有物理因素和化学因素之分，物理因素通常是一些物理射线。在现代社会中化学因素是引起突变的主要原因，各种致突变的化合物已发现6万多种。细胞内存在各种修复系统，使损伤的DNA得以复原，主要的修复方式有直接修复、切除修复、重组修复和SOS修复。

（宋永燕　朱彦雨）

笔记栏

第 11 章 RNA的生物合成（转录）

生物体以 DNA 为模板合成 RNA 的过程称为转录(Transcription),意思是把 DNA 的碱基序列转抄成 RNA。DNA 上的遗传信息是决定蛋白质氨基酸序列的原始模板,mRNA 是合成蛋白质的直接模板。通过 RNA 的生物合成,遗传信息从染色体的储存状态转送至胞质,从功能上衔接 DNA 和蛋白质这两种生物大分子。

转录所产生的 RNA 主要有三种:信使 RNA(mRNA)、核糖体 RNA(rRNA)和转运 RNA(tRNA),这三种 RNA 均参与蛋白质的生物合成。除此之外,真核细胞内还有核内小 RNA(snRNA)、细胞质小 RNA(scRNA)、核仁小 RNA(snoRNA)和微小 RNA(micro RNA, miRNA)等,这些 RNA 参与了 mRNA 及 rRNA 的加工成熟和基因表达调控等过程。

转录和复制一样,都是酶催化下的核苷酸聚合反应;聚合方向都按 5′→3′方向进行;核苷酸之间都生成 3′,5′-磷酸二酯键。但也存在一系列不同点(表 11-1)。

表 11-1 复制与转录的区别

	复制	转录
模板	两股链	一股链
原料	dNTP	NTP
酶	DNA 聚合酶	RNA 聚合酶
引物	需要	不需要
配对	A-T,G-C	A-U,T-A,G-C
产物	子代双链 DNA	RNA(mRNA,rRNA,tRNA 等)

第一节 原核生物的转录

一、转录模板

为保留物种的全部遗传信息,基因组 DNA 全长均需复制。但转录不一样,在整个基因组中,按细胞不同的发育时序、生存条件和生理需要,只有少部分的基因发生转录。能转录出 RNA 的 DNA 区段,称为结构基因。DNA 分子双链结构中用于转录生成 RNA 的链称为模板链,所转录出的 RNA 与另一条 DNA 链相比,除在 T 的位置上换成了 U 外,其他完全一样,因此在细胞中真正编码蛋白质氨基酸序列的就是这条与模板链互补的 DNA 链,这条链称为编码链(图 11-1)。文献刊出的 DNA 序列,为避免繁琐和便于查对遗传密码,一般只写出编码链。

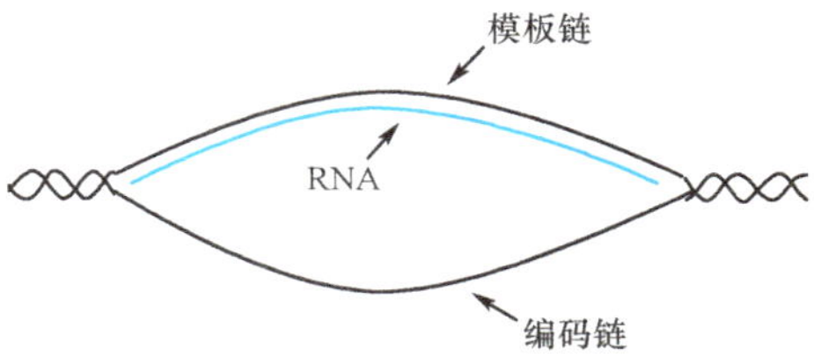

图 11-1 模板链与编码链

对一个特定的基因,只选择双链中的一条链进行转录称不对称转录。但对所有基因来说,并不是只分布在双链中的一条链上,两条链都有分布,都可以作为模板进行转录(图 11-2)。

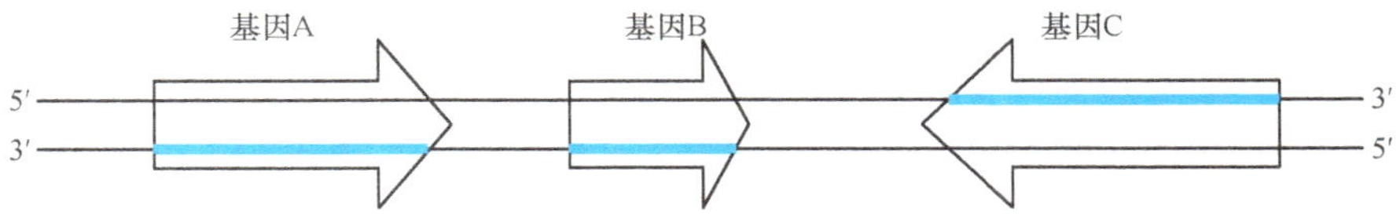

图 11-2 不对称转录(箭头示转录方向,蓝色线条示模板链)

笔记栏

二、RNA 聚合酶

原核生物 RNA 聚合酶仅有一种,负责所有 RNA 的转录。1960 年,原核生物 RNA 聚合酶同时被四个独立的研究团队所发现,这种酶在 DNA 模板的指导下,以四种核苷三磷酸(ATP、UPT、CTP 和 GTP)为底物催化合成 RNA,酶的活性依赖 Mg^{2+} 存在。该酶也称为依赖 DNA 的 RNA 聚合酶。

目前研究得比较清楚的是大肠埃希菌的 RNA 聚合酶,由六个亚基($\alpha_2\beta\beta'\omega\sigma$)组成的多聚体蛋白质(图 11-3),其分子量约 460kD。σ 亚基与其他部分的结合不是十分紧密,它易与 $\alpha_2\beta\beta'\omega$ 分离。各亚基及功能见表 11-2。

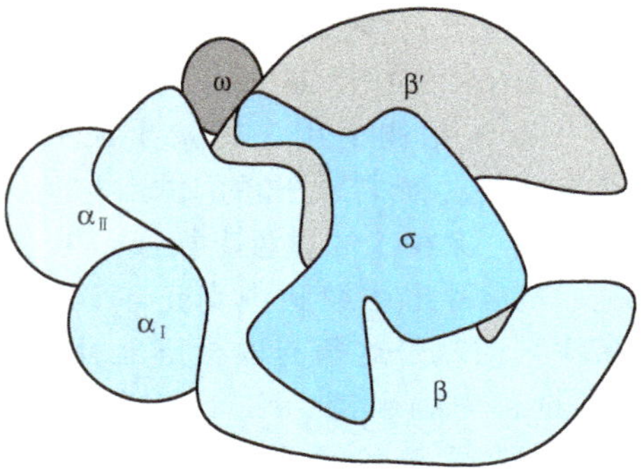

图 11-3 大肠埃希菌的 RNA 聚合酶

表 11-2 大肠埃希菌 RNA 聚合酶各亚基及功能

亚基	分子量	功能
α	40 000	参与聚合酶的组装,与调控因子相互作用
β	155 000	催化 RNA 合成(链的启动和延伸)
β′	160 000	结合 DNA 模板
ω	9 000	稳定 β′亚基对 DNA 的结合
σ	32 000~92 000	识别启动子

$\alpha_2\beta\beta'\omega\sigma$ 称为全酶,转录的启动是需要全酶的。但研究发现,启动后进入延长阶段酶复合体上已没有 σ 亚基,同时发现在试管内没有 σ 亚基的部分($\alpha_2\beta\beta'\omega$)已能够催化 NTP 按模板的指导合成 RNA,但没有固定的起始位点,这充分说明 σ 亚基的功能是辨认结合转录起始点。因 $\alpha_2\beta\beta'\omega$ 参与转录的整个过程,称为核心酶。

多年以来,科学家们对 ω 亚基非常好奇,一直找不到该亚基在全酶中的功能所在。现在发现,它的功能可能是同时结合 β′亚基的 N-末端和 C-末端,以稳定 β′亚基对 DNA 的结合。

笔记栏

三、模板和酶的辨认结合

跟 DNA 复制一样,转录也有固定的起始位点。起始位点中开始转录的第一个核苷酸,标以+1,以此为中心,通往转录方向称下游,用正数表示,+2、+3、+4 等;反方向为上游,用负数表示,-1、-2、-3 等。转录生成的第一个核苷酸在绝大多数情况下为嘌呤核苷酸,通常是 GTP,也就是说 GTP 是 RNA 链中 5′端第一个核苷酸。与之相对应,在 DNA 模板链上起始转录的核苷酸(+1)是嘧啶核苷酸,又以 C 最常见。

识别和结合转录起始位点的是全酶中的 σ 亚基(又称 σ 因子)。转录起始位点又称为启动子,启动子是位于结构基因上游的一段跨度为 40~60bp 的区域。在大肠埃希菌中,同一种 RNA 聚合酶要负责所有基因的转录,也就是说 σ 亚基要能够识别所有转录单位的启动子,但是,在不同的生长时期,基因的表达是不相同的。这就意味着 σ 亚基在细胞内不止一种,目前发现,σ 亚基至少有 5 种(σ^{70}、σ^{54} 和 σ^{32} 等),它们分别在不同的生长条件下识别不同的启动子,转录出不同的基因产物,以适应生长需要。

比较来源于不同原核细胞的启动子序列,并分析每一位置所在碱基的出现频率,发现在绝大多数启动子中都存在两个相对保守的序列,这两个保守序列的中心分别位于转录起始点上游-10和-35 的位置,因此命名为-10 区和-35 区。-10 区的最大一致性序列是 TATAAT(编码链),是 1975 年由澳大利亚科学家 David Pribnow 首先发现的,因此又称为 pribnow 框。该区是 RNA 聚合酶的结合位点,富含 A-T 对,A-T 对之间只有两个氢键,而 G-C 之间存在三个氢键,所以该区域相对容易解链,有利于转录起始。注意,不要将-10 区称为 TATA 框,TATA 框仅针对真核生物启动子而言。-35 区的最大一致序列是 TTGACA,是 σ 亚基的识别位点,RNA 聚合酶先识别这一区域并与之结合,然后再与结合位点相互作用。该区域是启动子强弱的决定因素。

除了-10 区和-35 区的序列会影响转录外,两区之间的距离也是至关重要的。绝大多数原核生物两区之间的距离是 16~18bp,这个距离适宜 RNA 聚合酶与识别位点和结合位点的相互作用,便于起始转录。但是,-10 区和-35 区之间的碱基序列对转录却没有太大的影响。

综合上述,RNA 聚合酶全酶依靠转录单位上游的启动子组件来辨认结合模板上的转录起始位点。启动子组件一般由转录起始点、-10 区、-35 区以及-10 区与-35 区之间的距离组成(图 11-4)。

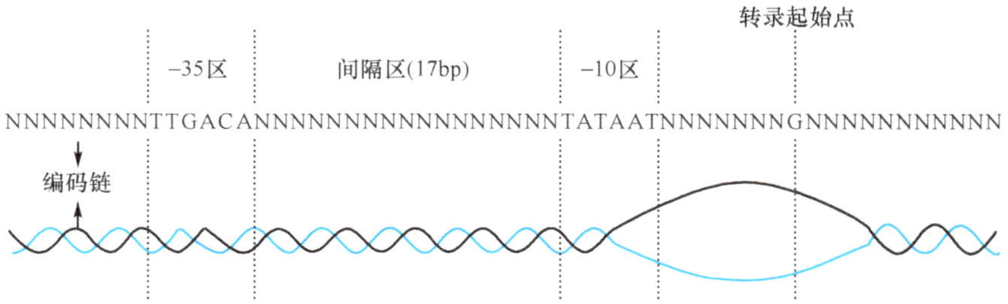

图 11-4　原核生物启动子的结构

四、转录过程

转录全过程分为起始、延伸和终止三个阶段(图 11-5)。起始阶段:RNA 聚合酶在 σ 亚基的协助下结合到结构基因的启动子区域,随后该区域发生解链,暴露出模板链。在 RNA 聚合酶不向前移动的情况下,合成最初的 9 个核苷酸的 RNA 片段,这是因为 RNA 聚合酶的活性中心最多可以容纳 9 个核苷酸(nucleotide,nt)组成的 RNA 片段。延长阶段:并不是所有的转录起始都会直接过渡到转录延长并完成转录,很多情况下转录起始形成的 RNA 片段(≤9nt)会从模板上脱落导致转录流产,这跟启动子的强弱有关。一旦成功地合成了最初的 9 个核苷酸,并在 RNA 片段的 3′端继续添加新的核苷酸时,酶就会离开启动子向下游移动,并释放 σ 亚基,由核心酶继续聚合,转录进入延长阶段。终止阶段:转录遇到终止序列,RNA 聚合酶终止延长,酶与模板分离,RNA 释放。终止有依赖和非依赖 ρ 因子两种方式。

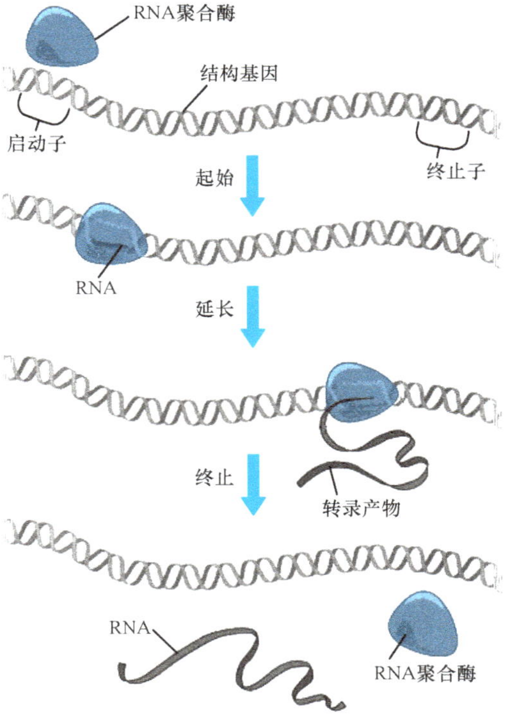

图 11-5　原核生物转录全过程

(一) 转录起始

转录起始可分为三步:二元闭合复合物的形成、二元闭合复合物转变为二元开放复合物以及三元起始复合物的形成(图 11-6)。

笔记栏

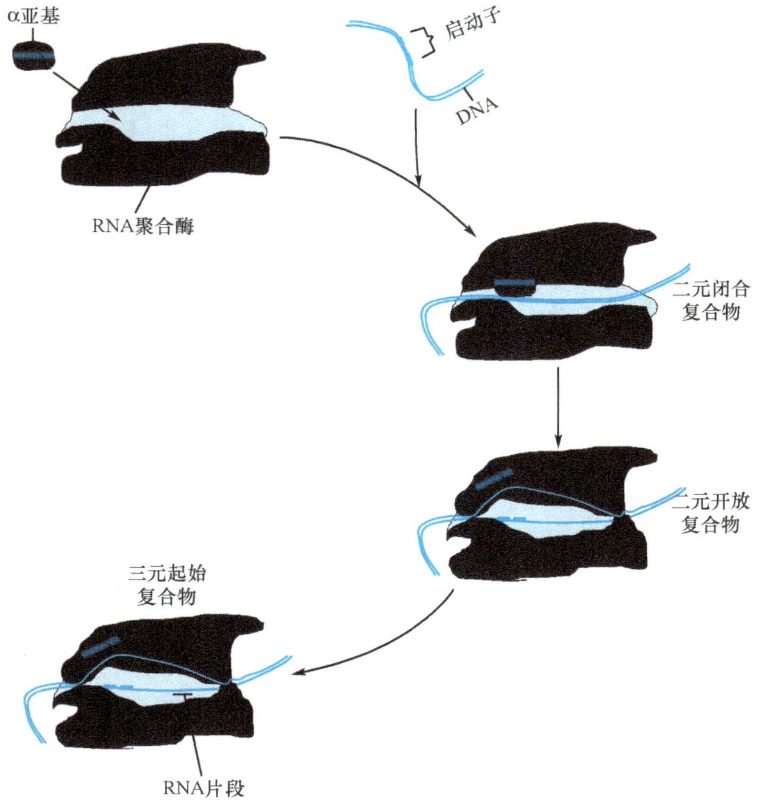

图 11-6 转录起始过程

1. 二元闭合复合物的形成 RNA 聚合酶与 DNA 接触,生成非特异性、松散、不稳定的复合物在模板上滑动。当酶移动到转录基因的启动子区域时,σ 亚基对-35 区的识别作用使酶停顿下来,形成闭合的酶-启动子二元复合物(closed binary complex)。"闭合"是指 DNA 并没有解链。二元闭合复合物与启动子的结合仍然是松弛的,而且是可逆的结合,它可以再次离开,并不发动转录。复合物结合在 DNA 模板上,从-55 到+20 覆盖了约 75bp 的 DNA 序列。

2. 二元开放复合物的形成 聚合酶的另一端与-10 区紧密结合,启动子活化,DNA 开始在-10 区向下游解链暴露出模板链,闭合的二元复合物转变为开放的二元复合物(open binary complex)。闭合型复合物转变为开放型复合物的成功率和快慢跟启动子的强弱有关,对于强启动子来说,这种转变是迅速且不可逆的。

3. 三元起始复合物的形成 在模板链的指导下,头两个 NTP 进入直接生成磷酸二酯键,此过程不需要引物,这是区别于 DNA 复制的一个重要特点。第一个三磷酸核苷酸(GTP 或 ATP)的 3′-OH 与第二个 NTP 的 α-磷酸基团连接成磷酸二酯键,生成 5′pppGpN-OH3′,这一结构也可理解为四磷酸二核苷酸,它是 mRNA 加工形成帽子结构的基础。对于 mRNA 之外的其他 RNA,这一结构在转录起始和延长中一直保留,直到 RNA 转录完成。

全酶在启动子处保持不动,继续添加新的核苷酸,直到完成最初一小段 RNA(9nt)的合成。RNA 聚合酶全酶、DNA 模板和 RNA 片段(2~9nt)构成的复合物称为三元起始复合物(ternary initiation complex)。一旦 RNA 片段越过 9 个核苷酸继续延长,酶就会释放 σ 亚基,发生构象改变,离开启动子区域向下游移动,进入转录延长阶段。

三元起始复合物[5′-RNA pol($\alpha_2\beta\beta'\omega\sigma$)-DNA-pppGpN$_{2\sim9}$OH-3′]并不是全都会顺利地过渡到延长阶段。在许多情况下,小片段 RNA 的合成会中止,释放 2~9 个核苷酸组成的片段,然后又回到转录起始点重新开始,这称为流产式起始(abortive initiation)。流产式起始的发生率跟启动子的强弱有关,强启动子的发生率低,弱启动子发生率高。

(二) 转录延长

σ 亚基从三元起始复合物上脱落后,核心酶

笔记栏

的构象随之发生改变,并沿着模板链的 3′→5′方向滑行。实验证明,σ 亚基若不脱落,RNA 聚合酶则停留在启动子区,转录不继续进行。脱落后的 σ 亚基可再与其他核心酶形成另一个全酶,反复使用。由于核心酶与模板的结合是非特异性的,而且比较松弛,所以有利于核心酶向下游滑行。关于核心酶在模板链上的前进方式,传统的观点是很单调的过程,即酶沿 DNA 向前滑行一个碱基,RNA 链也就延长一个核苷酸,但实际情况比这复杂得多。

延伸时核心酶在 DNA 上的移动与其用"滑行"来形容,不如用"爬行"更为准确,因为它的前进很像某些软体动物如蚯蚓或菜青虫的爬行方式。核心酶以缓慢收缩和突然伸展的方式在 DNA 上爬行,先是酶的前端保持不动,后端缓慢收缩,后端每向前收缩 1bp,RNA 的 3′端就加上一个核苷酸,当加到 8~9 个核苷酸时,前端突然向前一下子移行 8~9bp。核心酶可以覆盖约 36bp 的 DNA 区域,后端缓慢收缩到 27~28bp,然后前端突然向前伸展 8~9bp,酶又恢复到 36bp 长。

与复制相似,正在生长的 RNA 链 3′端有游离的羟基,与新掺入的核苷三磷酸的 α-磷酸基团脱水缩合生成磷酸二酯键,释放一分子焦磷酸,RNA 链随之也增加一个核苷酸残基。在模板链的指导下,聚合反应按 5′→3′方向延长,有三种碱基配对方式:A=U、T=A 和 G≡C。与复制不同的是,遇到模板有 A 时,转录产物加入的是 U 而不是 T。

在核心酶所覆盖的 36bp 的 DNA 区段上,有 16~18bp 解链形成转录泡。其中模板链位于酶的活性中心,按照碱基配对的原则,合成 RNA 生成 RNA/DNA 杂化双链。RNA3′端不断生长形成新的杂化链,5′端又不断脱离模板向外伸展。杂化双链的长度一般为 8bp,这受酶活性中心所能容纳的最大 RNA 片段所限制(图 11-7)。

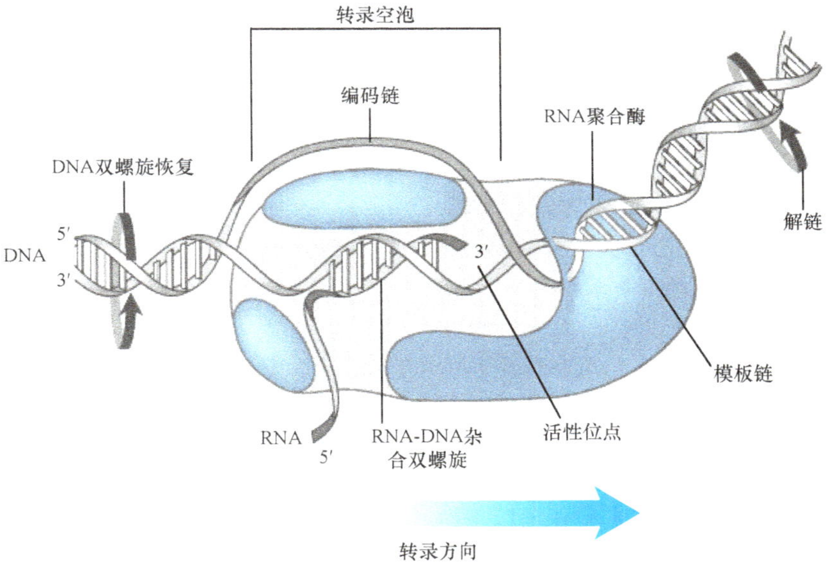

图 11-7 原核生物的转录延伸过程和转录泡

伸出转录泡的 RNA 链,其最远端是最早生成的 pppGpN-。转录产物从 5′端向 3′端方向延长,但就核心酶的移动方向来说,它是沿着模板链的 3′→5′,或沿着编码链的 5′→3′前进。在电子显微镜下观察原核生物的转录,可看到羽毛状的图形(图 11-8)。这种形状说明,在同一 DNA 模板上,有多个转录同时在进行。从右至左,RNA 聚合酶越往前移,转录生成的 mRNA 链越长。在 mRNA 链上观察到的黑点是多聚核糖体,即一条 mRNA 链上有多个核糖体正在进行下一步的翻译工序。可见,转录尚未完成,翻译已在进行。在原核生物中,不存在核膜包围的细胞核,转录和翻译都在细胞质中进行,转录延长时蛋白质的翻译也同时进行,这是区别于真核生物的一个重要特征。

笔记栏

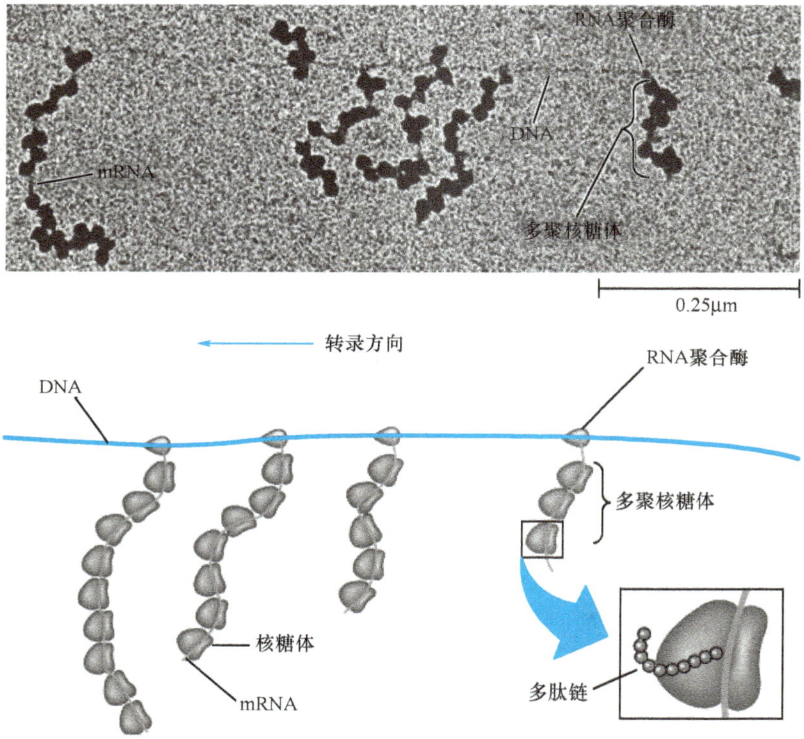

图 11-8 电子显微镜下原核生物的转录现象

（三）转录终止

原核生物转录终止处 DNA 上有特殊序列存在，称为终止子。当核心酶滑行到结构基因的终止子时，就在 DNA 模板上停顿下来不再前进，然后整个转录体系解体，转录终止。终止包括 RNA 链延长停止、新合成 RNA 链的释放及核心酶从 DNA 上解离等过程。在原核细胞中存在两类不同的终止子：ρ 因子非依赖型终止子和 ρ 因子依赖型终止子。ρ 因子非依赖型终止子属于强终止子，在体外实验中，无需其他任何因子的帮助核心酶就可在 DNA 的某些特殊位点终止转录，这些位点被称为内源性终止子（intrinsic terminator）。ρ 因子依赖型终止子（Rho-dependent terminator）属于弱终止子，终止时需要一种被称为 ρ 因子的同源六聚体蛋白质的辅助才能完成。

1. 非依赖 ρ 因子的转录终止 ρ 因子非依赖型终止子由特殊的碱基序列所组成，转录出 RNA 后，产物 RNA 可自动形成发夹结构来终止转录。终止子序列中，邻近终止点的是一段多聚 A 组成的序列子，所以转录产物的 3′端为多聚 U。在多聚 A 序列上游紧接着是一个富含 G/C 碱基对的反向重复序列（5′ GCCCGCN_7 GCGGGC3′），其间有 7 个碱基对构成的间隔序列，由这段 DNA 转录产生的 RNA 产物会自动形成一个茎环结构，环由间隔序列构成，茎由二重对称区形成。

茎环结构和多聚 A/U 配对决定了转录的终止。茎环结构中二重对称区的配对全是 G≡C配对，氢键作用力大（就配对的稳定性来说，G≡C>A=T>A=U），因而二重对称区的后一半序列一旦合成，就有跟前一半序列配对形成茎环结构的趋势，从而产生一种把 RNA 产物从酶的活性位点拉下来的作用力。同时茎环结构也会干扰核心酶继续前进，转录放慢甚至停顿。随后转录出的多聚 U，它跟模板上的多聚 A 之间形成 A-U 杂合双链，这种杂合双链十分不稳定，氢键和碱基堆积力都很弱，在茎环结构所产生的拉力的作用下极易被破坏，从而使 RNA 脱离模板和核心酶，转录终止（图 11-9）。

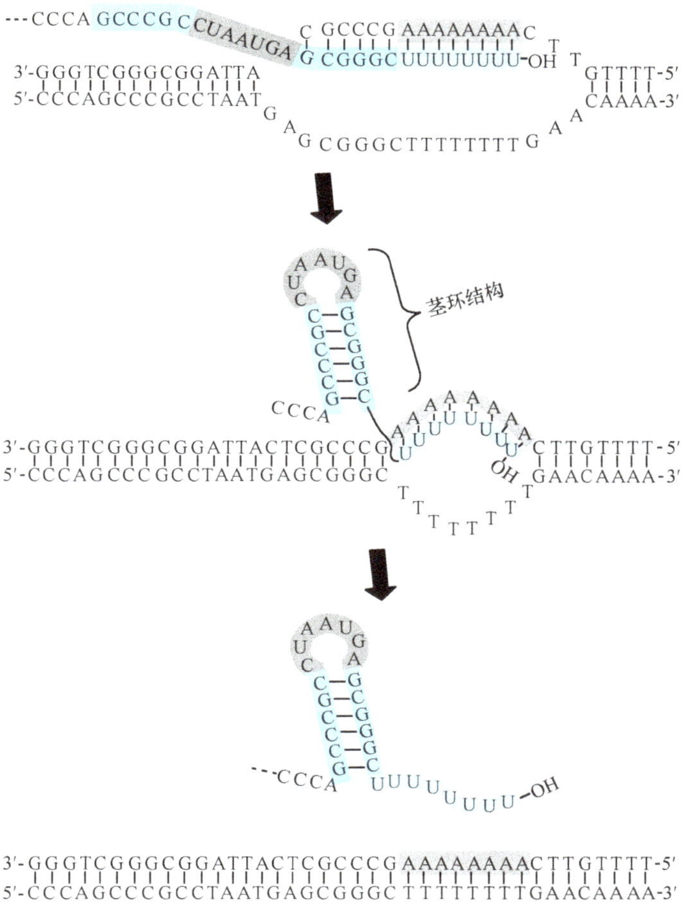

图 11-9　非依赖 ρ 因子的转录终止

2. 依赖 ρ 因子的转录终止　科学家们在研究体外转录时发现,有的结构基因在试管内转录并不会自行终止,RNA 聚合酶只是暂停在终止子上,很快又恢复了 RNA 的合成,这样合成的 RNA 要长于细胞内的转录产物。根据这一线索,美国科学家 J. Roberts 于 1969 年在大肠埃希菌中发现了能辅助原核细胞转录终止的蛋白质,命名为 ρ 因子。当向体外转录体系中加入该蛋白质后,越过终止子继续转录的现象不复存在。

ρ 因子是由 6 个相同亚基组成的多聚体蛋白质,亚基分子量为 46kD,它能结合 RNA,并可在单链 RNA 上滑动。但游离的 ρ 因子需要识别特殊的核苷酸序列才能与 RNA 结合,研究发现这段序列位于终止子之前的一个不连续区域,长 50~90nt,其共同特点是富含胞嘧啶(C),鸟嘌呤(G)缺乏。如果这段序列在转录产物 5′端缺失,即使转录体系中含有 ρ 因子转录也不能在正确的位点终止。ρ 因子具有 ATP 酶活性和解旋酶活性,在终止反应中以 ATP 供能,使 RNA-DNA 杂合双链解开,释放转录产物,终止转录。

ρ 因子依赖型终止过程如图 11-10 所示:在转录还在进行时,ρ 因子便识别并结合上 RNA 链 5′端的特殊序列,之后沿 RNA 链向 3′端滑行,跟踪聚合酶。依赖于 ρ 因子的转录终止中,转录产物 RNA 同样会形成茎环结构,但在茎中 G/C 含量相对较少,茎环易于打开,形成时对下游的转录产生的拉力较小,同时在其 3′端也没有多聚 U,因此这类终止子靠自身的结构不能终止转录,但可以导致 RNA 聚合酶转录暂停。聚合酶一旦停下来,ρ 因子就有机会赶上,进入终止区。ρ 因子通过直接作用于 RNA-DNA 杂合双链和间接作用于 RNA 聚合酶来释放 RNA,一方面,依靠其解旋酶活性,使 RNA-DNA 杂合双链分开,ATP 水解供能;另一方面,与聚合酶接触,使其构象改变,释放 RNA 和模板链。

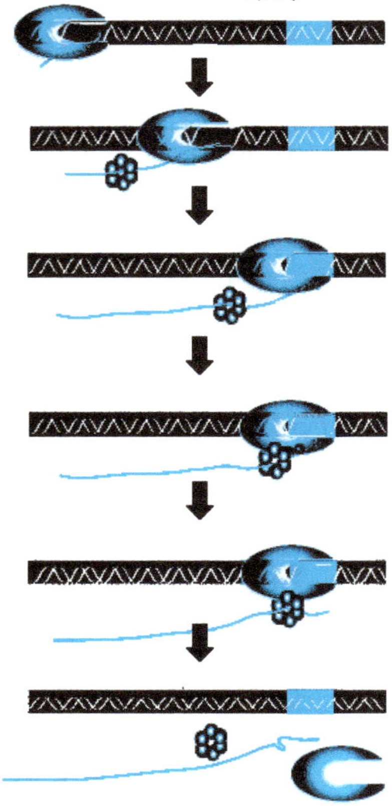

图 11-10　依赖 ρ 因子的转录终止

第二节　真核生物的转录特点

真核生物的转录过程比原核生物复杂。真核生物的转录和翻译分别在细胞核和细胞质进行,转录完成后还要对 mRNA 进行一系列加工才能成为翻译模板。真核生物和原核生物的 RNA 聚合酶种类不同,结合模板的特性也不一样,原核生物 RNA 聚合酶可直接结合 DNA 模板,而真核生物 RNA 聚合酶需与辅助因子结合后才结合模板。原核生物常常是多个结构基因一起转录生成多顺反子,调控也相对简单,多以操纵子模型进行;真核生物的转录单位一般仅有一个结构基因,为单顺反子转录,涉及相关基因的协同表达,调控更为复杂。

一、真核生物的转录与翻译在时间和空间上分开

原核细胞没有核膜包围的细胞核,遗传物质 DNA 存在于细胞质中,基因转录的时候,还不等转录结束就立即进行翻译,转录与翻译相偶联(图 11-11A)。真核细胞中,DNA 存在于细胞核,转录也在细胞核中进行,而蛋白质合成却在细胞质。这就导致转录与翻译在时间和空间上分隔开,先在细胞核中进行转录,转录完成并加工为成熟的 mRNA,然后通过核孔复合体运输到细胞质进行翻译(图 11-11B)。

二、真核生物有三种 RNA 聚合酶

原核生物中只有一种 RNA 聚合酶($\alpha_2\beta\beta'\omega\sigma$),催化合成所有的 RNA。在真核生物中则有 3 种不同的 RNA 聚合酶,它们是 RNA 聚合酶Ⅰ(RNA polⅠ)、RNA 聚合酶Ⅱ(RNA polⅡ)和 RNA 聚合酶Ⅲ(RNA polⅢ),分别催化不同类型的 RNA 的合成。这三种聚合酶都由两个不同的大亚基和若干个小亚基组成,都包含与原核 RNA 聚合酶核心酶($\alpha_2\beta\beta'\omega$)同源的亚基。在两个大亚基中,最大亚基与原核 β′亚基相似,第二大亚基与原核 β 亚基相似。

RNA 聚合酶 Ⅰ 存在于核仁(nucleolus)当中,催化合成 rRNA 的前体——45S rRNA,再切割加工成 5.8SrRNA、18SrRNA 和 28SrRNA。除

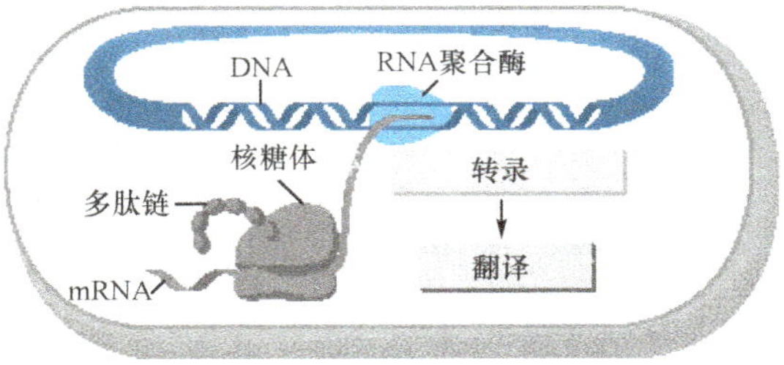

A

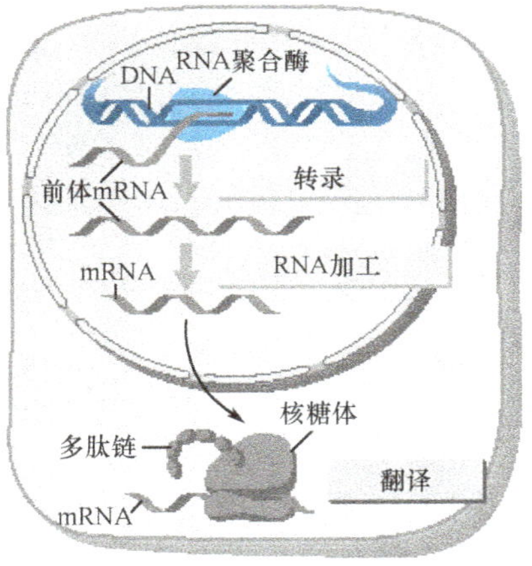

B

图 11-11　原核生物与真核生物的转录与翻译

A:原核生物的转录与翻译相偶联;B:真核生物的转录与翻译具有时空性差异

这三种 rRNA 外,真核细胞中还有一种 5SrRNA,由 RNA 聚合酶Ⅲ转录。rRNA 的转录在核仁中进行。rDNA 为中度重复基因簇,几百个拷贝首尾相连聚集在一起,以襻环的形式伸入核仁之中,用作 RNA 聚合酶Ⅰ的转录模板。因为转录模板和转录区域都很集中,所以 RNA 聚合酶Ⅰ的转录速度是三种聚合酶中最快的。

RNA 聚合酶Ⅱ存在于核质当中,催化合成 mRNA 前体(pre-mRNA),再剪接加工为成熟的 mRNA。mRNA 前体在细胞核内含量高、种类多,其长度变化范围大(2Kb~14Kb)且稳定性差,因此又称为核内不均一 RNA(hnRNA)。另外,大部分核内小 RNA(snRNA)和微小 RNA(miRNA)也由 RNA 聚合酶Ⅱ转录合成。snRNA是 RNA 剪接体的组成成分,RNA 剪接体在 mRNA 的成熟过程中发挥重要作用。miRNA参与基因的表达调控。在三种 RNA 聚合酶中,RNA 聚合酶Ⅱ的研究最为充分,它是由 12 个亚基组成的复合体,分子量 550kD,转录的时候需要大量的转录因子来识别,并结合启动子和起始转录。

RNA 聚合酶Ⅱ的最大亚基的羧基端,存在着 7 个氨基酸构成的重复序列(Tyr-Ser-Pro-Thr-Ser-Pro-Ser),称为羧基末端结构域(carboxyl-terminal domain, CTD)。所有真核生物的 RNA 聚合酶Ⅱ都具有羧基末端结构域,只是重复序列的重复次数不同,如酵母细胞中有 27 个重复,哺乳动物有 52 个重复。羧基末端结构域对于维持 RNA 聚合酶Ⅱ的转录活性是必需的,若部分或全部羧基末端结构域的重复单位丢失,则细胞不能存活。羧基末端结构域中有多个磷酸化位点,这些位点的磷酸化与去磷酸化对转录调控有重要作用。体外实验显示,基因转录起始时羧基末端结构域中的许多 Ser 和 Tyr 残基去磷酸化,一旦聚合酶离开启动子进入延长阶段时,这些位点又被磷酸化。

RNA 聚合酶Ⅲ存在于核质当中,催化 5SrRNA、全部 tRNA 和部分 snRNA 的合成。它所催化的产物似乎都是 200 个核苷酸以下的小分子 RNA,如 5SrRNA 含 120 个核苷酸,tRNA 含 70~100 个核苷酸,snRNA 含 100~200 个核苷酸。U6 是最小的 snRNA,约 100 个核苷酸,就是由 RNA 聚合酶Ⅲ转录。RNA 聚合酶Ⅲ的另一特点是所识别的部分启动子位于起始点下游,称为内部启动子(internal promoter)。5SrRNA 和 tRNA 基因的启动子是内部启动子,5SrRNA 基因的启动子位于起始点下游 55~80bp 处。snRNA 基因的启动子与其他启动子类似,位于起始位点上游。

三、真核生物的转录产物为单顺反子

除个别基因外,原核生物绝大多数基因按功能相关性成簇地密集于染色体上,并受共同的调控序列和调控因子所控制,构成一个完整的转录单位,称为操纵子。乳糖操纵子是目前研究得比较清楚的操纵子之一,它含有三个与乳糖分解代谢密切相关的结构基因(β-半乳糖苷酶基因、透酶基因和乙酰基转移酶基因)和一组调控序列(启动子和操纵基因)。原核操纵子通常含有2~6 个结构基因,这些结构基因在同一启动序列的控制下转录,产生多顺反子 mRNA。

所谓顺反子就是结构基因,为决定一条多肽链合成的功能单位,约 1000bp。1955 年,美国分子生物学家 Benzer 通过对噬菌体 T4 的某些基因的深入研究,揭示了基因内部的精细结构,提出了基因的顺反子概念。他把野生型位点称为顺式,突变型位点称为反式,在遗传学中,顺式和反式结构的表型效应是不同的。基因是由若干

笔记栏

个野生型位点和若干个突变型位点组成的,因此一个基因就是一个顺反子,多顺反子为多个基因组成,单顺反子为单个基因组成。

与原核生物不同,真核生物转录产物为单顺反子,即一个转录单位生成一个 mRNA 分子,经翻译生成一条多肽链。而许多真核蛋白质由几条不同的多肽链组成,因此在真核细胞中存在多个基因协同表达的问题。

四、真核生物 RNA 聚合酶不能独立转录 RNA

原核生物 RNA 聚合酶全酶不需要其他蛋白质因子辅助,可以直接结合启动子起始转录。真核生物 RNA 聚合酶则不能,它的转录首先需要众多的转录因子去识别结合上游启动子元件,然后聚合酶通过与这些蛋白质因子的相互作用来启动转录事件。能直接或间接辨认结合转录上游区段 DNA 的蛋白质因子统称为反式作用因子。反式作用因子中,能直接或间接结合 RNA 聚合酶的,则称为转录因子(transcription factor, TF)。相应于 RNA 聚合酶Ⅰ、RNA 聚合酶Ⅱ和 RNA 聚合酶Ⅲ的转录因子,分别称为 TFⅠ、TFⅡ和 TFⅢ。TFⅡ研究得比较清楚,包括 TFⅡA、TFⅡB、TFⅡD、TFⅡE、TFⅡF 和 TFⅡH,它们参与所有 mRNA 的转录,称为通用转录因子(general transcription factor)。转录起始阶段,通用转录因子首先对上游启动子元件识别结合,然后 RNA 聚合酶Ⅱ才会结合上来,就是说 RNA 聚合酶Ⅱ并不直接识别它们的启动子序列,而是由转录因子来介导。当全部转录因子与 RNA 聚合酶Ⅱ一齐组装到启动子上后,就形成了转录前起始复合物(pre-initiation complex, PIC)。

真核生物的上游启动子元件比原核生物更加复杂。就 RNA 聚合酶Ⅱ的转录来说,在上游至少有三个保守区域与转录的起始有关。其一是核心启动子元件:TATA 框,其位置在转录起始点上游约-25bp 处,是转录因子 TFⅡD 识别结合的位点;其二是启动子近端元件,如 CAAT 框,GC 框,其位置在上游约-100~-40bp 处;其三是启动子远端元件,如增强子,其位置比较灵活,可位于上游,也可位于下游,还可位于结构基因内部,但距转录起始点的位置较远,在 100~50 000bp之间,甚至更远。这些存在于基因旁侧并能影响基因表达的 DNA 保守序列,称为顺式作用元件。顺式作用元件参与基因的表达调控,本身不编码任何蛋白质,仅仅提供一个与反式作用因子相互作用的位点。

五、真核生物转录产物需要加工

原核及真核生物的 rRNA 和 tRNA 转录后都需要加工,但对于 mRNA 就不同,原核生物的 mRNA 一旦合成就可以作为模板进行翻译,即从 DNA→mRNA→蛋白质同时进行,没有对 mRNA 进行任何形式的加工修饰。真核生物的初始转录物要经过复杂的加工才能成为具有功能的成熟的 mRNA,加工主要在细胞核中进行。

第三节 真核生物转录后加工

一、真核生物 rRNA 转录后的加工

真核生物的 rRNA 包括 5S、5.8S、18S 和 28S 四种,5SrRNA 是核糖体大亚基的一个组分,原核生物和真核生物都有 5SrRNA,而且结构相似。真核生物的 5SrRNA 基因与其他三种 rRNA 基因不在基因组同一位点,它是由核仁以外的染色质基因转录的,然后运输到核仁内参与核糖体的装配。

5SrRNA 基因长度为 120bp,由几百个拷贝串联成簇排列,属于丰富基因簇,每两个重复单位之间有间隔序列,间隔序列不被转录。研究发现,5SrRNA 基因初始转录物的 5′端与成熟的 5SrRNA 的 5′端完全相同,3′端在一些生物中含有多余的核苷酸,加工时被切除。因此 5SrRNA 基因转录后只需进行简单的加工,或者根本不需要加工。

5.8S、18S 和 28SrRNA 是串联在一起形成一个转录本,转录本也有几百个拷贝串联排列成基因簇,在真核细胞中这样的基因簇有 5 个,分布在 13、14、15、21 和 22 号染色体上,共同构成核仁组织区。相邻转录本之间有间隔序列,这些间隔序列绝大部分不被转录。3 种 rRNA 基因之间也有间隔序列,与 rRNA 基因共同转录生成 45SrRNA 前体,在随后的加工中被去除。加工过程中,18SrRNA 首先被切下,与 33 种蛋白质装配成核糖体小亚基,余下的部分再剪切成 5.8S 及 28S 的 rRNA,两者以氢键维系在一起,并以这种

结构装配入成熟的核糖体大亚基(图 11-12)。装配在核仁中进行,然后通过核孔将核糖体输送到细胞质。

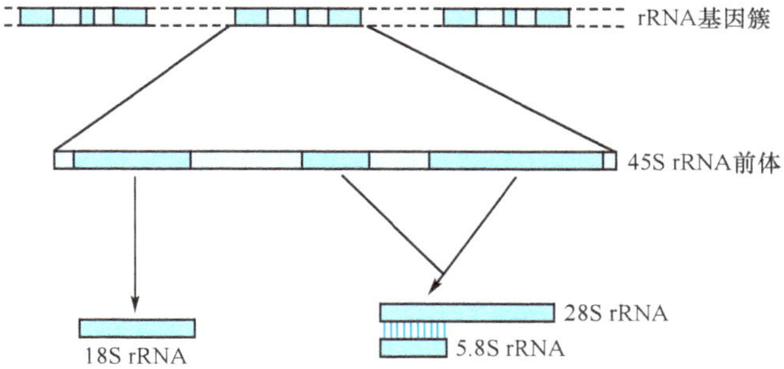

图 11-12　真核生物 rRNA 的转录后加工

二、真核生物 tRNA 转录后的加工

真核生物细胞有 40～50 种不同的 tRNA 分子,编码这些 tRNA 的基因大多成簇存在。tRNA 基因由 RNA 聚合酶Ⅲ转录,初级转录产物是约 100 个核苷酸构成的 tRNA 前体,经过一系列加工,成为 70～80 个核苷酸构成的成熟 tRNA。

tRNA 的加工涉及四个方面:①切除 5′-端附加序列。RNase P 催化 5′-端一段核苷酸的切除;②切除 3′-端附加序列并加上 CCA。核酸外切酶(RNase D)从 3′端逐个切去附加序列,再由 tRNA 核苷酸转移酶加上 CCA,CCA-OH 为携带氨基酸所必需;③切除内含子。内含子一般位于前体 tRNA 的反密码环,前体 tRNA 分子必须折叠成特殊的二级结构,剪接反应才能发生;④碱基修饰。通过修饰酶的作用,部分碱基修饰成为稀有碱基,如嘌呤甲基化生成甲基嘌呤,尿嘧啶还原为二氢尿嘧啶(DHU),尿嘧啶核苷转变为假尿嘧啶核苷,腺嘌呤核苷酸(AMP)脱氨成为次黄嘌呤核苷酸(IMP)等。真核生物tRNA加工过程如图 11-13 所示。

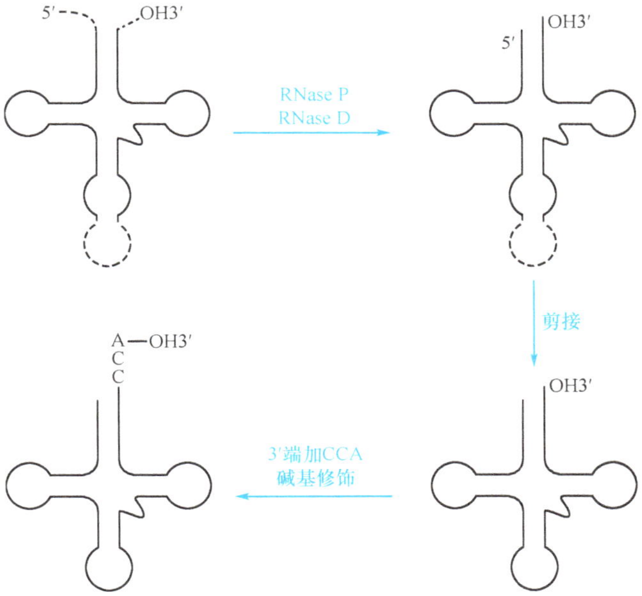

图 11-13　真核生物 tRNA 加工过程

三、真核生物 mRNA 的转录后加工

真核生物 mRNA 由 RNA 聚合酶Ⅱ催化转录后,需进行首、尾修饰,以及对 mRNA 进行剪接。

(一) 5′-端引入帽子结构

当 RNA 聚合酶Ⅱ催化新生 mRNA 延长大约 25～30 个核苷酸时,加帽酶和甲基转移酶就共同

笔记栏

作用在5′-端形成帽子结构(图11-14),这说明帽子结构是最先进行的mRNA加工过程。帽子结构具有保护新生mRNA免遭核酸酶攻击,与帽结合蛋白结合参与mRNA向胞质的转运,参与mRNA和核糖体的识别结合等生理功能。

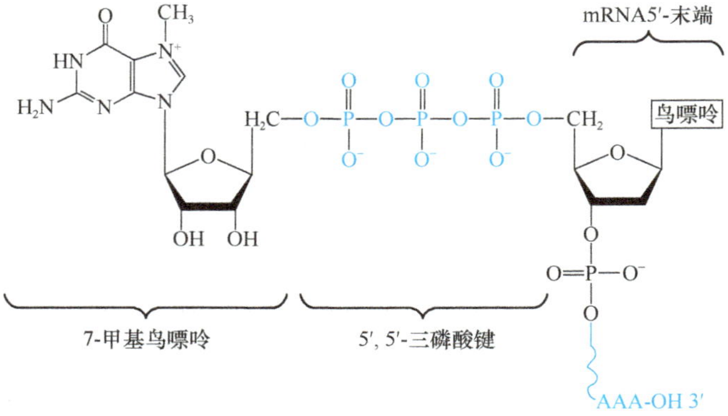

图11-14　真核mRNA的帽子结构

帽子结构是在新生mRNA 5′-端的四磷酸二核苷酸(5′pppGpN-)结构基础上形成的。加帽酶(capping enzyme)与RNA聚合酶Ⅱ最大亚基羧基末端结构域(CTD)结合在一起,由两个亚基组成,一个亚基的作用是去除新生mRNA 5′-末端的鸟嘌呤核苷三磷酸的γ-磷酸基团,另一个亚基的作用是将一个GTP分子中的GMP部分与已去掉γ-磷酸的mRNA 5′-端结合,形成5′,5′-三磷酸结构。然后由S-腺苷甲硫氨酸提供甲基,甲基转移酶催化新加上去的GMP中鸟嘌呤的N_7甲基化和原新生mRNA的近5′端几个核苷酸的核糖2′-O甲基化,这两步甲基化反应由不同的甲基转移酶催化。

(二) 3′-端引入多聚腺苷酸尾巴

真核生物中,除组蛋白的mRNA没有poly A尾外,其他所有的mRNA 3′-端均有poly A尾,长度为80~250nt。但模板链序列中并不存在poly T序列,因此mRNA的poly A尾是转录后加工形成的。研究表明,poly A尾的形成是先由核酸外切酶去掉前体mRNA 3′-末端的一些核苷酸,然后多聚腺苷酸聚合酶从切口处依次聚合形成的。poly A对于维持mRNA的稳定性和翻译活性所必需,其长度随mRNA的寿命而缩短,随着poly A的缩短,翻译活性也下降。

(三) 去除内含子,拼接外显子

1. 断裂基因　核内转录生成的初级转录产物(hnRNA),与其加工成熟后相比分子量往往大几倍,甚至数十倍。序列分析表明,成熟mRNA来源于hnRNA,但去掉了其中相当大的中间片段。通过核酸杂交实验证明,hnRNA和DNA模板链可以完全配对,但成熟mRNA与模板DNA杂交时只是部分配对,中间出现相当多的单链呈鼓泡状突出。基于上述实验结果,20世纪70年代提出了断裂基因的概念:真核生物结构基因,由若干个编码区和非编码区互相间隔组成,去除非编码区再连接后,可作为模板翻译出具有完整功能的蛋白质,这样的基因称为断裂基因。绝大多数脊椎动物的蛋白质编码基因都是断裂基因,只有为数不多的基因,如组蛋白基因不存在非编码序列。有些低等真核生物的蛋白质编码基因也缺乏非编码序列,如酿酒酵母的许多基因就没有非编码序列。

断裂基因中的编码序列称为外显子(exon),非编码序列称为内含子(intron)。因tRNA和rRNA在成熟过程中也涉及中间部分序列的去除,所以外显子和内含子应定义为:在断裂基因及其初级转录产物上出现,并表达为成熟RNA的核酸序列;内含子是在初级转录物中以隔断外显子的方式出现而后在加工过程中被除去的核酸序列。

第一个被详细阐述的断裂基因是鸡卵清蛋白基因,由8个外显子和7个内含子组成,全长7.7kb。图11-15所示为成熟mRNA与模板DNA的杂交结果,外显子部分能与mRNA完全配对,内含子呈鼓泡状突出。

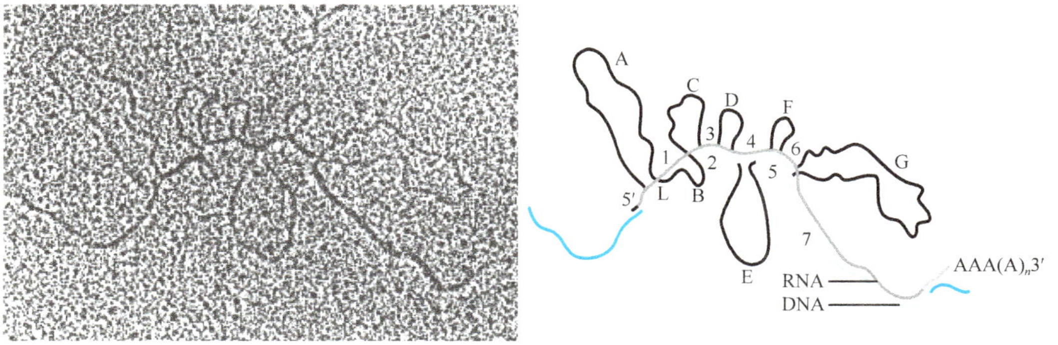

A　　　　B

图 11-15　卵清蛋白基因

A:卵清蛋白成熟 mRNA 与模板 DNA 杂交的电镜照片;B:英文字母(ABCDEFG)代表 7 个内含子,L(前导序列)和阿拉伯数字(1234567)代表 8 个外显子

2. 剪接体(spliceosome)　前体 mRNA 内含子的去除以及外显子的拼接称为 mRNA 的剪接(mRNA splicing)。mRNA 的剪接由剪接体完成,剪接体是一种超大分子复合体,主要由 5 种 snRNA 和大约 50 种蛋白质装配而成的小核 RNA-蛋白质复合体。剪接体在 mRNA 上的装配非常复杂,涉及 RNA-RNA、RNA-蛋白质和蛋白质-蛋白质等几方面的相互作用。参与剪接的 snRNA 包括 U_1、U_2、U_4、U_5 和 U_6,因这类 RNA 分子富含尿嘧啶(U)而得名。U_3存在于核仁,不参与内含子的剪接。

3. mRNA 的剪接　剪接体如何准确地识别剪接位点?研究发现,内含子的两端具有特征性的保守序列,大多数内含子都以 GU 为 5′端的起始,而其 3′端则以 AG 结束,即所谓剪接中的 GU-AG 规则。此后还发现,内含子近 3′端的嘌呤存在甲基化现象(^mG)以及离 3′端剪切点20~50bp 范围内有一个 A 是不变的,称为分支点腺苷酸,在剪接反应中发挥重要作用。

剪接时内含子区段弯曲成套索状,称为套索 RNA(lariat RNA),使相邻的两个外显子相互靠近而利于剪接。剪接机制是二次转酯反应,第一次转酯反应是内含子中的分支点 A 的 2′-OH 攻击 5′端剪接点的磷酸二酯键,与 G 形成 2′,5′-磷酸二酯键,产生游离的外显子 3′-OH 末端;第二次转酯反应是游离外显子的 3′-OH 去攻击内含子 3′端剪接点的磷酸二酯键,与下一个外显子的第一个核苷酸形成 3′,5′-磷酸二酯键,内含子以套索状释放。至此,2 个外显子相连,内含子被切除(图 11-16)。

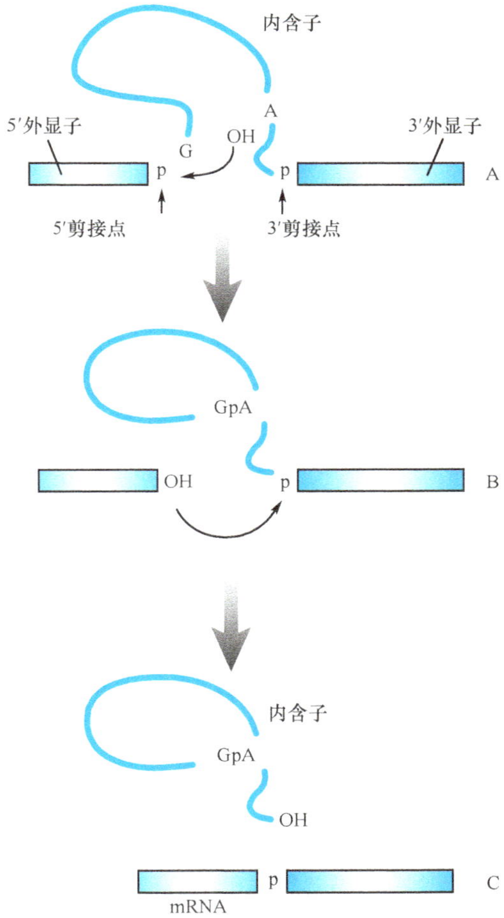

图 11-16　剪接过程的二次转酯反应

A:第一次转酯反应;B:第二次转酯反应;C:内含子释放,外显子拼接起来

(四) mRNA 的选择性剪接

2003 年 4 月 14 日,国际人类基因组测序组织正式对外宣布人类基因组测序工作完成。此前科学家们估计人类基因总数在 10 万个左右,但随着测序的进行,基因数目越来越少,到现在,基因数目锁定在 2 万~2.5 万。而人体中的蛋白

笔记栏

质数目估计大约有 40 万种，这就必然存在一个基因产生多种蛋白质的现象。一个基因表达产生多种蛋白质的机制有：mRNA 选择性剪接、DNA 重组和 RNA 编辑。mRNA 选择性剪接是增加蛋白质种类的主要方式，在人类，超过 80% 的基因存在选择性剪接。

选择性剪接是指一个 mRNA 前体通过不同的剪接方式产生不同的 mRNA，翻译产生多种蛋白质异构体的过程。真核生物存在多种选择性剪接方式，其中最常见的是外显子跳跃（exon skipping），在这种模式中，一个特定的外显子在不同组织或不同发育阶段会被删除或保留，从而产生不同种类的蛋白质（图 11-17）。例如，同一种前体 mRNA 在大鼠甲状腺产生降钙素，而在大鼠脑产生降钙素-基因相关肽，就是 mRNA 加工中选择不同的外显子组合所致。

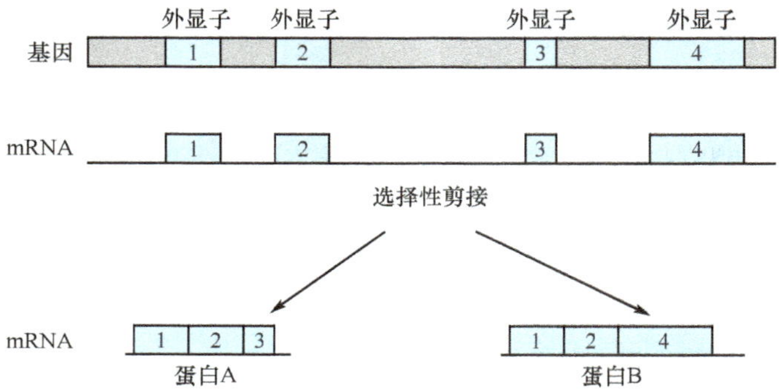

图 11-17　mRNA 的选择性剪接

（五）mRNA 编辑

mRNA 编辑同选择性剪接一样，可以使相同的 mRNA 前体产生不同种类的蛋白质。但是，选择性剪接只是将不同的核苷酸片段（外显子或内含子）组合在一起，不涉及核苷酸的改变。mRNA 编辑是在生成 mRNA 分子后，通过添加、去除或置换核苷酸，从而改变来自 DNA 模板的遗传信息，翻译生成不同于模板 DNA 所规定的氨基酸序列。

首次报道 mRNA 编辑加工的是荷兰科学家 R. Benne，他在研究锥虫线粒体细胞色素氧化酶的 mRNA 时发现，成熟的 mRNA 中有 4 个 U，但对应的编码序列中并没有 4 个 T，这显然是通过 mRNA 编辑所插入的核苷酸。

另一个例子是载脂蛋白 B 基因，人体中有两种载脂蛋白 B，一种是载脂蛋白 B_{100}（513kD），由肝细胞合成，构成极低密度脂蛋白（VLDL）；另一种是载脂蛋白 B_{48}（250kD），由小肠黏膜细胞合成，构成乳糜微粒（CM）。这两种载脂蛋白系同一基因的不同加工产物，加工方式为 mRNA 编辑。加工后两者 N 端相同，但 C 端 B_{48} 缺少 LDL 受体结合域，该结合域能与 LDL 受体结合，从而参与胆固醇的转运。小肠黏膜细胞中有一种胞嘧啶核苷脱氨酶，它作用于 apo B 基因的 mRNA，使第 6666 位 C 发生脱氨基变成 U，从而使 Gln 的密码子（CAA）变成终止密码子（UAA），使翻译提前终止，因此 apo B_{48} 实际上就是 apo B_{100} 氨基端的那部分肽链（图 11-18）。B_{48} 占 B_{100} 分子量的 48%，故而得名。该编辑过程发生在核内，与加多聚腺苷酸尾巴同时发生。

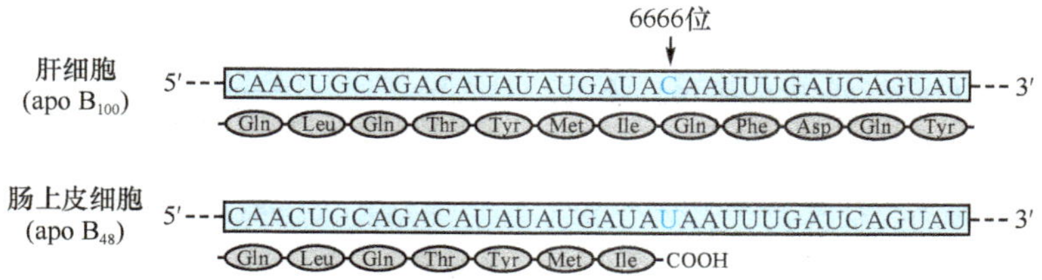

图 11-18　载脂蛋白 B 基因 mRNA 的编辑

四、内含子的自剪接与核酶(ribozyme)

并不是所有的内含子都由剪接体切除,有些内含子,如一些 tRNA 和 rRNA 的内含子,能在不需要其他任何蛋白质因子的参与下自身完成剪接反应,称为自剪接。因进行自剪接的内含子具有催化功能,本质上是一种核酶。

1982 年,美国科学家 T. Cech 和他的同事在研究四膜虫(Tetrahymena)的 rRNA 剪接中,发现在反应体系中没有任何蛋白质的情况下,rRNA 准确地去除了内含子。随后在其他单细胞生物体、线粒体、叶绿体的 rRNA 前体,一些噬菌体的 mRNA 前体以及细菌 tRNA 前体中也发现了这类自剪接的内含子。自剪接内含子的剪接机制与前面介绍的二次转酯反应相似,首先是以游离的鸟嘌呤核苷或鸟嘌呤核苷酸的 3′-OH 去攻击内含子 5′-端磷酸酯键,产生的游离外显子 3′-OH 再去攻击内含子 3′-端磷酸酯键。不同之处是剪接体参与的剪接是以分支点 A 的 2′-OH 发动攻击的,分支点 A 存在于内含子中,而自剪接中的鸟嘌呤核苷或鸟嘌呤核苷酸是游离的,不是内含子的组成部分。

小 结

RNA 聚合酶以 DNA 为模板,以 NTP 为原料催化合成与模板互补的 RNA 的过程称为转录。在 DNA 双链中,直接指导 RNA 合成的链称为模板链,另一条链称为编码链,模板链与 RNA 的序列互补,编码链与 RNA 的序列除 T 换成了 U 外一致。RNA 聚合酶的聚合方向与复制一样,也按 5′→3′的方向进行。原核生物 RNA 聚合酶仅有一种,负责所有 RNA 的转录,全酶形式是 $\alpha_2\beta\beta'\omega\sigma$,其中 σ 亚基识别启动子,核心酶 $\alpha_2\beta\beta'\omega$ 延长 RNA。转录分为起始、延伸和终止三个阶段,起始是模板和酶辨认结合,形成三元起始复合物。终止有 ρ 因子非依赖型终止和 ρ 因子依赖型终止两种方式。

真核生物的转录过程比原核生物复杂。真核生物的转录和翻译分别在细胞核和细胞质进行,转录完成后还要对 mRNA 进行一系列加工才能成为翻译模板。真核生物有三种 RNA 聚合酶,RNA 聚合酶Ⅰ催化合成 rRNA 的前体;RNA 聚合酶Ⅱ催化合成 mRNA 前体;RNA 聚合酶Ⅲ催化合成 5SrRNA、全部 tRNA 和部分 snRNA。真核生物的转录产物为单顺反子,仅编码一个蛋白质,而原核转录产物为多顺反子,编码多个蛋白质。与原核生物不一样,真核生物 RNA 聚合酶的转录需要众多的转录因子辅助,转录因子首先识别结合启动子元件,然后聚合酶通过与这些转录因子的相互作用来启动转录事件。

真核生物的 rRNA、tRNA 和 mRNA 转录后都需要加工。rRNA 包括 5S、5.8S、18S 和 28S 四种,5SrRNA 基因转录后只需进行简单的加工,或者根本不需要加工。5.8S、18S 和 28SrRNA 是串联在一起的转录本,共同转录生成 45SrRNA 前体,通过剪除间隔序列,生成三种 rRNA。tRNA 的加工涉及 5′-端附加序列的切除、3′-端附加序列的切除并加上 CCA、内含子切除和碱基修饰等四个方面。真核生物 mRNA 的转录后加工包括首、尾修饰,去除内含子和拼接外显子等过程。首部修饰即在 5′-端引入 7-甲基鸟嘌呤核苷残基的帽子结构,尾部修饰是在 3′-端断裂并加上多聚腺苷酸尾巴。绝大多数脊椎动物的蛋白质编码基因都是由外显子和内含子组成的断裂基因,内含子的切除由剪接体完成,剪接体是一种由 snRNA 和蛋白质构成的超大分子复合体,剪接机制是二次转酯反应。有些 mRNA 的加工还涉及选择性剪接和 RNA 编辑,才能作为翻译的模板。

(宋永燕 朱彦雨)

第 12 章 蛋白质的生物合成(翻译)

蛋白质生物合成(protein biosynthesis)是指DNA结构基因中储存的遗传信息,通过转录生成mRNA,再指导多肽链合成的过程。该过程的本质是将mRNA分子中A、G、C、U四种核苷酸序列编码的遗传信息转换成蛋白质一级结构中20种氨基酸的排列顺序,这个过程将"核苷酸语言"转换成"氨基酸语言",因此蛋白质的生物合成也称为翻译(translation)。

第一节 蛋白质合成体系

蛋白质的生物合成体系包括:原料氨基酸,模板mRNA,转运工具tRNA,装配机核糖体(rRNA和核糖体蛋白质构成),多种蛋白质因子,酶类以及ATP、GTP等供能物质与必要的无机离子等。

一、mRNA是蛋白质合成的模板

mRNA分子含有从DNA转录出来的遗传信息,是蛋白质合成的模板。mRNA包括5′-非翻译区(5′-untranslated region,5′-UTR)、开放阅读框架区(open reading frame,ORF)和3′-非翻译区(3′-untranslated region,3′-UTR)。

(一)遗传密码及其特点

在mRNA阅读框架内,每相邻3个核苷酸组成1个三联体的遗传密码(genetic coden),编码一种氨基酸。mRNA分子由A、G、C、U四种核苷酸组成,而每个密码子含有3个核苷酸,所以四种核苷酸可组合成64(4^3)个三联体的遗传密码(表12-1)。其中,UAA、UAG、UGA这3组密码不编码任何氨基酸,只作为肽链合成的终止信号,为终止密码(termination coden);其余61组密码编码蛋白质的20种氨基酸,称为有意义密码(sense coden);AUG既编码甲硫氨酸,又可作为肽链合成的起始信号,称为起始密码(initiation coden)。

表12-1 通用遗传密码表

第一碱基(5′)	第二碱基				第三碱基(3′)
	U	C	A	G	
U	苯丙氨酸 UUU	丝氨酸 UCU	酪氨酸 UAU	半胱氨酸 UGU	U
	苯丙氨酸 UUC	丝氨酸 UCC	酪氨酸 UAC	半胱氨酸 UGC	C
	亮氨酸 UUA	丝氨酸 UCA	终止密码 UAA	终止密码 UGA	A
	亮氨酸 UUG	丝氨酸 UCG	终止密码 UAG	色氨酸 UGG	G
C	亮氨酸 CUU	脯氨酸 CCU	组氨酸 CAU	精氨酸 CGU	U
	亮氨酸 CUC	脯氨酸 CCC	组氨酸 CAC	精氨酸 CGC	C
	亮氨酸 CUA	脯氨酸 CCA	谷氨酰胺 CAA	精氨酸 CGA	A
	亮氨酸 CUG	脯氨酸 CCG	谷氨酰胺 CAG	精氨酸 CGG	G
A	异亮氨酸 AUU	苏氨酸 ACU	天冬酰胺 AAU	丝氨酸 AGU	U
	异亮氨酸 AUC	苏氨酸 ACC	天冬酰胺 AAC	丝氨酸 AGC	C
	异亮氨酸 AUA	苏氨酸 ACA	赖氨酸 AAA	精氨酸 AGA	A
	甲硫氨酸 AUG	苏氨酸 ACG	赖氨酸 AAG	精氨酸 AGG	G
G	缬氨酸 GUU	丙氨酸 GCU	天冬氨酸 GAU	甘氨酸 GGU	U
	缬氨酸 GUC	丙氨酸 GCC	天冬氨酸 GAC	甘氨酸 GGC	C
	缬氨酸 GUA	丙氨酸 GCA	谷氨酸 GAA	甘氨酸 GGA	A
	缬氨酸 GUG	丙氨酸 GCG	谷氨酸 GAG	甘氨酸 GGG	G

笔记栏

遗传密码具有如下特点：

1. 方向性(directionality)　mRNA 分子中遗传密码阅读方向是从 5′到 3′，也就是说起始密码子总是位于 mRNA 开放阅读框的 5′末端，而终止密码子在 mRNA 的 3′末端。

2. 连续性(commalessness)　mRNA 分子中各个三联体密码连续排列，翻译时从 5′端特定起始点开始，每 3 个碱基为一组向 3′方向连续阅读，无间隔，无重叠。如果 mRNA 阅读框架内插入或缺失一个或两个碱基，则可引起框移突变(frameshift mutation)，使下游翻译出的氨基酸序列完全改变(图 12-1)。

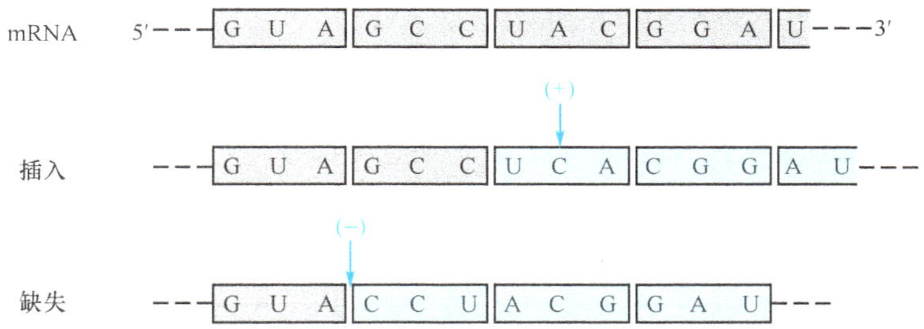

图 12-1　阅读框密码子的连续性及插入/缺失后果

3. 简并性(degeneracy)　除甲硫氨酸和色氨酸只对应 1 个密码子外，其他氨基酸都有 2、3、4 或 6 个密码子编码，这称为遗传密码的简并性。比较编码同一氨基酸的几组三联体密码可发现：mRNA 密码的第一、二位碱基多相同，而第三位碱基可以不同，即密码的特异性是由前 2 位碱基决定的，如甘氨酸的密码是 GGU、GGC、GGA、GGG，第三位碱基的突变并不影响所翻译氨基酸的种类，这种突变类型称为同义突变(synonymous mutation)。

4. 摆动性(wobble)　翻译过程中，mRNA 的密码与 tRNA 的反密码之间配对时，有时会出现不严格遵从碱基配对规律的情况，称为摆动配对。摆动配对常见于密码子的第三位碱基与反密码子的第一位碱基间(表 12-2)。摆动配对的意义在于：①使密码子与反密码子的相互识别具有灵活性，这可使一种 tRNA 能识别 mRNA 的 1～3 种简并性密码；②摆动配对的碱基间形成的是特异、低键能的氢键连接，有利于翻译时 tRNA 迅速与密码分离。

表 12-2　密码子与反密码子配对的摆动现象

tRNA 反密码子第 1 位碱基	I	U	G	A	C
mRNA 密码子第 3 位碱基	U,C,A	A,G	U,C	U	G

5. 通用性(universality)　蛋白质生物合成的整套遗传密码，基本上通用于生物界所有物种。但近年研究发现，动物的线粒体和植物的叶绿体中有自己独立的密码系统，与通用密码子有一定差别。如在通用密码中 AUA 编码异亮氨酸，而在线粒体内破译为甲硫氨酸。

(二) 模板的某些特异序列

原核生物 5′-非翻译区有一些特异序列，供核糖体识别翻译起始点：①起始密码子 AUG 上游约 10 个碱基左右的位置，通常含有一段 4～9bp 的嘌呤序列，称为 Shine-Dalgarno 序列(简称 SD 序列)，它与小亚基 16S-rRNA 3′端的一段富含嘧啶的短序列互补，从而使 mRNA 与小亚基结合。因此，SD 序列又称为核糖体结合位点(ribosomal binding site，RBS)。②mRNA 上紧接 SD 序列之后的一小段核苷酸序列，又可被核糖体小亚基蛋白 rpS-1 辨认结合(图 12-2)。

真核生物的翻译起始需依赖 5′端帽子和 3′-poly(A)尾序列结构，另外在起始密码子上游也有一段适当序列供核糖体识别、确立翻译起始点，最适序列为 GCC(A/G)CCAUGG(下划线标

图 12-2　原核生物 mRNA 与核糖体小亚基的辨认结合

注为起始密码子),这种确立过程采取的是一种扫描机制,具体见下一节。

二、核糖体是蛋白质合成的场所

核糖体也称核蛋白体。核糖体由大、小两个亚基组成,每个亚基都由多种核糖体蛋白质(ribosomal protein,rp)和 rRNA 组成。rp 多是参与蛋白质生物合成过程的酶和蛋白质因子。rRNA 分子含有很多局部双螺旋结构区,可折叠形成复杂三维构象作为亚基结构骨架,使各种 rp 附着结合,装配成完整亚基。

原核生物核糖体至少有六个功能部位:①容纳 mRNA 的部位;②结合氨基酰 tRNA 的氨基酰位(aminoacyl site,A 位);③结合肽酰 tRNA 的肽酰位(peptidyl site,P 位);④tRNA 排出位(exit site,E 位);⑤肽酰基转移酶所在的部位;⑥转位酶位点。A 位和 P 位横跨核糖体的两个亚基,E 位主要是大亚基成分。真核生物核糖体结构与原核相似,但组分更复杂(表 12-3)。

表 12-3 核糖体的组成

	原核生物			真核生物		
	核糖体	小亚基	大亚基	核糖体	小亚基	大亚基
S 值	70S	30S	50S	80S	40S	60S
rRNA		16SrRNA	23SrRNA 5SrRNA		18SrRNA	28SrRNA 5. 8SRNA 5SrRNA
蛋白质		21 种	36 种		33 种	49 种

三、tRNA 是转运氨基酸的工具

氨基酸与遗传密码之间通过 tRNA 相互识别,tRNA 分子与蛋白质合成有关的位点至少有 4 个:①3′端的 CCA 氨基酸结合位点;②氨基酰 tRNA 合成酶识别位点;③核糖体识别位点;④密码子识别部位(即反密码子位点)。原核细胞中约有 30~40 种不同的tRNA分子,而真核生物中有 50 种甚至更多,因此一种氨基酸可以和 2~6 种 tRNA 特异地结合,装载同一氨基酸的所有 tRNA 称为同工接受体(isoacceptor)。

(一) 氨基酰-tRNA 合成酶与氨基酸的活化

1. 氨基酰-tRNA 合成酶(aminoacyl-tRNA synthetase) 氨基酰-tRNA 合成酶对氨基酸与 tRNA 分子的正确结合起着主要作用。氨基酰-tRNA 合成酶对底物氨基酸和 tRNA 都有高度特异性,通过分子中相分隔的活性部位既能识别特异的氨基酸,又能辨认携带该种氨基酸的特异 tRNA 分子,催化二者相互结合。与同一氨基酸结合的 tRNA 均被相同的氨基酰-tRNA 合成酶所催化,因此只需 20 种氨基酰-tRNA 合成酶就能催化氨基酸以酯键连接到各自特异的 tRNA 分子上,可见该酶对 tRNA 的选择性较对氨基酸的选择性稍低。

此外,氨基酰-tRNA 合成酶还具有校正活性(proofreading activity),也称编辑活性(editing activity),即酯酶的活性。它能把错配的氨基酸水解下来,再换上与反密码子相对应的氨基酸。

2. 氨基酸活化 即指氨基酸的 α-羧基与 tRNA的 3′末端 CCA—OH 以酯键连接形成氨基酰-tRNA 的过程,这一反应由氨基酰-tRNA 合成酶催化完成,并分两步进行。第一步是氨基酰-tRNA 合成酶识别它所催化的氨基酸及另一底物 ATP,催化氨基酸的羧基与 AMP 上磷酸之间形成一个酯键,生成氨基酰-AMP 的中间复合物,同时释放出一分子 PPi。第二步是氨基酰-AMP 的中间复合物与 tRNA 作用生成氨基酰-tRNA,并重新释放出 AMP(图 12-3)。每活化一分子氨基酸需要消耗 2 个高能磷酸键。总反应式为:

$$\text{氨基酸+tRNA+ATP} \longrightarrow \text{氨基酰-tRNA+AMP+PPi}$$

(二) 氨基酰-tRNA 的表示方法

如用三字母缩写代表氨基酸,各种氨基酰-tRNA 可以如下方法表示,如 Asp-$tRNA^{Asp}$,Ser-$tRNA^{Ser}$,Gly-$tRNA^{Gly}$ 等。

笔记栏

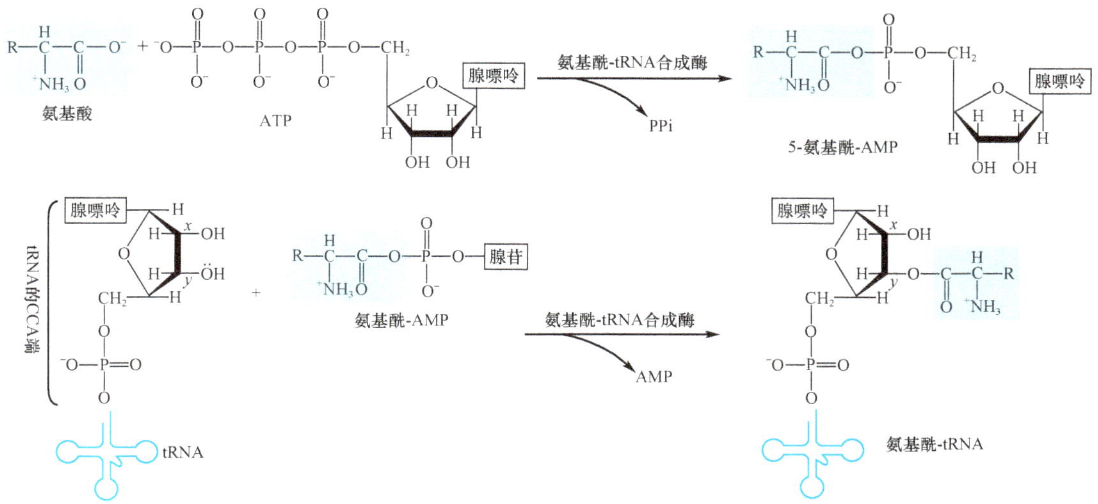

图 12-3　氨基酸的活化

分两步,上图:氨基酸 + ATP $\xrightarrow{\text{氨基酰-tRNA 合成酶}}$ 氨基酰-AMP + PPi

下图:氨基酰-AMP + tRNA $\xrightarrow{\text{氨基酰-tRNA 合成酶}}$ 氨基酰-tRNA+AMP

密码子 AUG 可编码甲硫氨酸(Met),同时作为起始密码。在真核生物中甲硫氨酸的氨基酰-tRNA 分为两种:起始 Met-$tRNAi^{Met}$(initiator-tRNA)和延长 Met-$tRNAe^{Met}$(elongation-tRNA)。

原核生物的起始密码只能辨认甲酰化的甲硫氨酸,即 N-甲酰甲硫氨酸(N-formyl methionine,fMet),因此起始位点的甲酰化甲硫氨酰 tRNA 表示为 fMet-$tRNAi^{fMet}$。N-甲酰甲硫氨酸中的甲酰基从 N^{10}-甲酰四氢叶酸(THFA)转移到甲硫氨酸的 α-氨基上,由转甲酰基酶催化。

第二节　蛋白质生物合成过程

为便于叙述,翻译过程被人为的分为起始(initiation)、延长(elongation)和终止(termination)三个阶段。多肽链从 N 端向 C 端不断延长,直到终止密码前一位三联体,翻译出肽链的 C 端氨基酸。在此,我们重点讲述原核生物的翻译,真核生物的翻译过程与原核生物相似,但顺序不同,所需的成分也有区别。

一、翻译的起始

翻译的起始阶段是指 mRNA、起始氨基酰-tRNA 分别与核糖体结合而形成翻译起始复合物(translational initiation complex)的过程。参与这一过程的多种蛋白质因子称为起始因子(initiation factor,IF)。原核生物有三种起始因子,即 IF-1、IF-2 和 IF-3(表 12-4)。真核生物拥有更多的起始因子,为了区别原核生物,真核起始因子被称为 eIF(eukaryotic initiation factor)。

表 12-4　原核生物翻译的重要起始因子及生物学功能

起始因子		生物功能
原核生物	IF-1	占据 A 位防止结合其他氨基酰-tRNA,并阻止大小亚基的结合
	IF-2	是 GTP 连接蛋白,促进起始 fMet-$tRNAi^{fMet}$ 与 30S 小亚基结合
	IF-3	结合 30S 小亚基,使之与 50S 大亚基分开;提高 P 位对起始 tRNA 的特异性
真核生物	eIF-1	参与协助识别起始密码子
	eIF-2	单体 GTP 结合蛋白,促进起始 Met-$tRNAi^{Met}$ 与 40S 小亚基结合
	eIF-2B	鸟苷酸交换因子(GEF),将 eIF-2 上的 GDP 交换成 GTP
	eIF-3	最先与 40S 小亚基结合,促进大小亚基分离
	eIF-4A	eIF-4F 复合物成分,有解旋酶活性,有利用 mRNA 扫描
	eIF-4B	结合 mRNA,促进 mRNA 扫描定位起始 AUG
	eIF-4E	eIF-4F 复合物成分,结合 mRNA 的 5′端帽子结构

续表

起始因子	生物功能
eIF-4G	eIF-4F 复合物成分,连接 eIF-4E、eIF-3 和 PABP 等组分
eIF-5	水解 GTP,促进各种起始因子从核糖体释放,进而结合大亚基
eIF-6	促进无活性的 80S 核糖体解聚生成 40S 小亚基和 60S 大亚基

(一) 原核生物的翻译起始过程

原核生物中,翻译起始需要:①核糖体大、小亚基;②mRNA;③fMet-tRNAi^{fMet};④起始因子 IF-1、IF-2 和 IF-3;⑤GTP。

1. 核糖体大小亚基分离 翻译开始时,IF-3、IF-1 与小亚基结合,促进大小亚基分离。

2. mRNA 与核糖体小亚基定位结合 小亚基从 mRNA 的多个密码子 AUG 中,识别真正的起始密码子 AUG,与 mRNA 结合,并使 AUG 对应核糖体的 P 位。这种识别依赖于一些特异序列,见前一节模板 mRNA 的特点中。

3. 起始 fMet-tRNAi^{fMet} 与核糖体结合 IF-2 首先与 GTP 结合,再结合 fMet-tRNAi^{fMet}。在 IF-2 的帮助下,fMet-tRNAi^{fMet} 识别对应核糖体 P 位的 mRNA 起始密码 AUG,并与之结合。起始时 IF-1 结合在 A 位,阻止氨基酰-tRNA 的进入,还可能阻止 30S 小亚基与 50S 大亚基的结合。

4. 核糖体大亚基的结合 当上述结合了 mRNA、fMet-tRNAi^{fMet} 的小亚基再与 50S 大亚基结合生成完整核糖体时,GTP 被 IF-2 水解释能,促使 3 种 IF 释放,形成由完整核糖体、mRNA、起始氨基酰-tRNA 组成的翻译起始复合物(图 12-4)。

此时,fMet-tRNAi^{fMet} 占据 P 位,而 A 位留空,并对应 mRNA 上 AUG 后的第二组三联体密码,准备下一个氨基酰-tRNA 的进入。

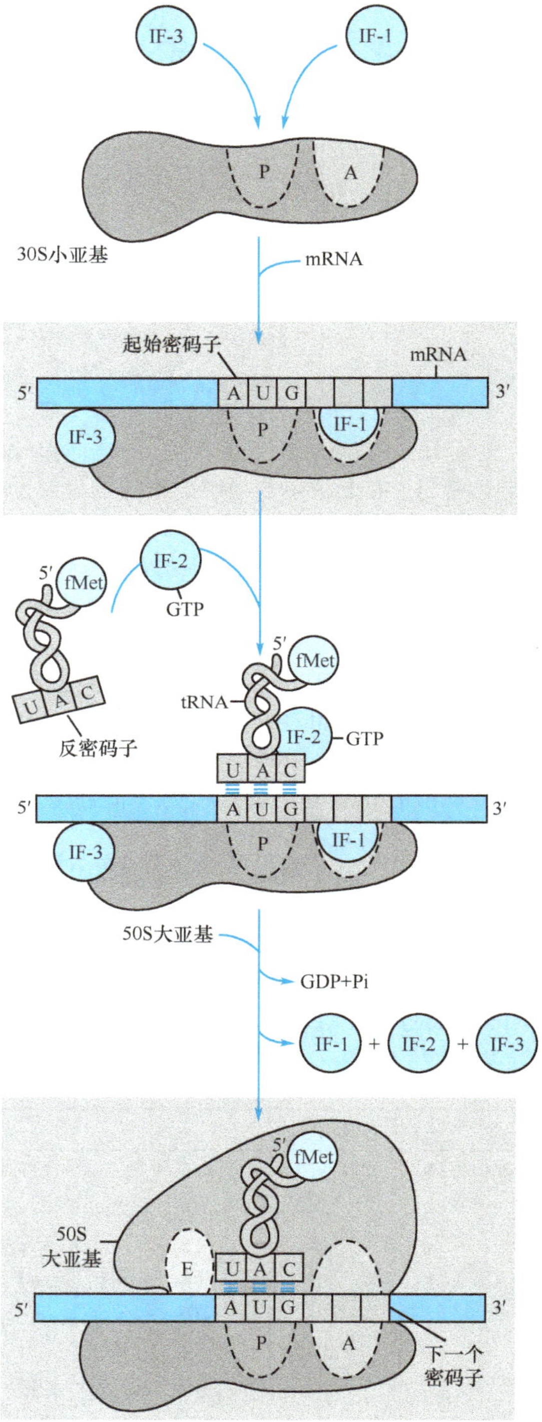

图 12-4 原核生物翻译起始复合物形成

(二) 真核生物的翻译起始过程

真核生物的翻译起始过程与原核生物相似,但顺序不同,所需的成分也有区别:

(1) 真核生物翻译起始因子更多,功能更为复杂,目前已发现 12 种起始相关因子,但只知道部分因子的功能(表 12-4)。

(2) 翻译起始复合物各部分的结合顺序不同:真核生物的核糖体小亚基首先与 eIF-2、Met-tRNAi^{Met}结合,形成 43S 的前起始复合物,再与 mRNA 结合。

(3) 核糖体小亚基在 mRNA 上定位方式不

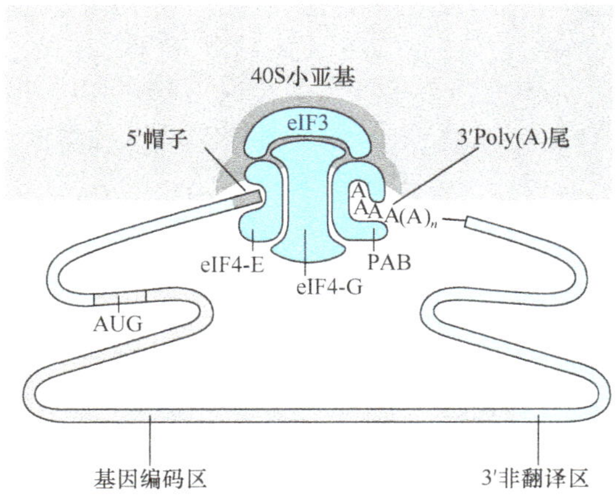

图 12-5　真核生物核糖体小亚基在 mRNA 上的定位及翻译起始复合物

同:mRNA 的 3′端与 polyA 结合蛋白(polyA binding protein,PABP)结合,而 mRNA 的 5′端与 eIF-4F 复合物结合。eIF-4F 复合物包括 eIF-4E、eIF-4A 和 eIF-4G 等组分。其中 eIF-4E(也称帽结合蛋白)结合 mRNA 5′端帽子;eIF-4A 具有解旋酶活性;eIF-4G 像"脚手架",连接复合物其他组分以及 PABP,eIF-3 与核糖体小亚基。这样将 mRNA 的首尾和上述 43S 的前起始复合物结合起来(图 12-5)。

(4) 核糖体小亚基确定起始密码子的机制不同:小亚基沿 mRNA 扫描查找起始点,即上述复合物形成后,通过消耗 ATP 供能,eIF-4A 解旋打开引导区的双链,小亚基从 mRNA 的 5′端向 3′端移动,直到找到起始 AUG 与 Met-tRNAi^{Met}的反密码配对。当遇到 AUG 密码子,且在其上下游具有合适的序列时,核糖体移动停止,AUG 作为起始密码子被识别。最适序列为 GCC(A/G)CCAUGG(下划线标注为起始密码子),在 AUG 附近的-3 位 A 或 G 和+4 位 G 导致 43S 复合物通过遗漏扫描机制忽略下一个 AUG,而最终使小亚基与 mRNA 准确定位结合形成 48S 复合物(图 12-6)。

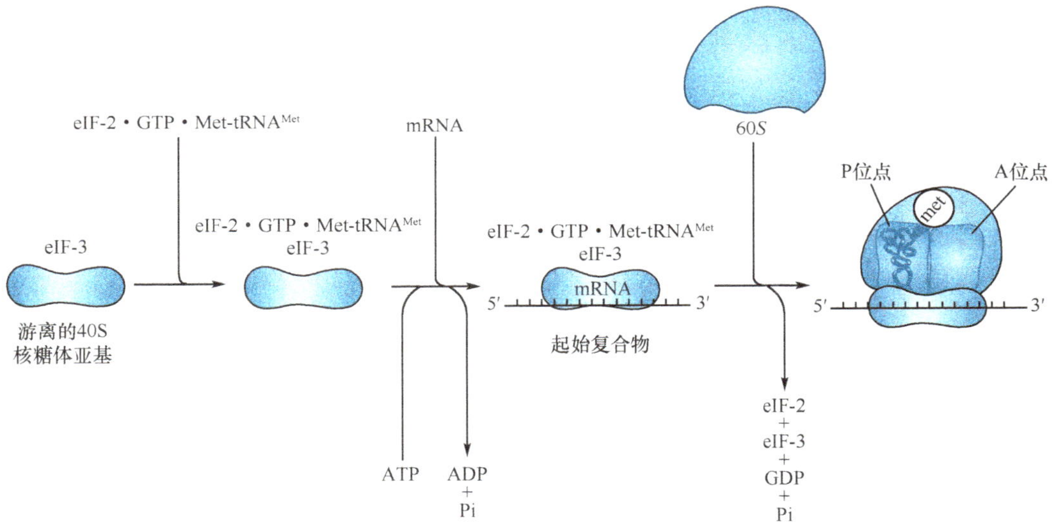

图 12-6　真核生物翻译起始复合物形成过程

二、肽链的延长

肽链的延长是指在 mRNA 密码序列的指导下,依次添加氨基酸从 N 端向 C 端延伸肽链的过程。原核生物肽链延长需要的蛋白因子称为延长因子(elongation factor,EF),真核生物的延长因子称为 eEF(eukaryotic elongation factor,eEF)(表 12-5)。

表 12-5　肽链合成的延长因子

原核 EF	eEF(EF 同源物)	生物功能
EF-Tu	eEF-1α	结合 GTP,携带氨基酰-tRNA 进入 A 位
EF-Ts	eEF-1βγ	GTP 交换蛋白,使 GDP 交换成 GTP
EF-G	eEF-2	单体G 蛋白,具有 GTPase 活性,水解 GTP,发挥转位酶作用,促进肽酰-tRNA 由 A 位移至 P 位

由于肽链延长的过程是在核糖体上连续循环进行的，故称为核糖体循环（ribosomal cycle）。每次循环分三个阶段：进位（entrance）、成肽（peptide bond formation）和转位（translocation）。循环一次，肽链增加一个氨基酸残基，直至肽链合成终止。真核生物肽链延长过程和原核基本相似，只是反应体系和因子组成不同。

（一）进位

进位就是与mRNA密码子所对应的氨基酰-tRNA进入核糖体的A位，又称注册（registration），这一过程在原核细胞需要延长因子EF-T的参与。

EF-T由EF-Tu和EF-Ts两个亚基构成，其中EF-Tu为单体G蛋白，其活性受鸟苷酸状态的调节，EF-Tu-GTP为活性状态，而EF-Tu-GDP无活性；EF-Ts是GTP交换蛋白，可将EF-Tu上的GDP交换成GTP。进位时，活性的EF-Tu-GTP与氨基酰-tRNA结合，并将其带入核糖体A位，使密码子与反密码子配对结合。然后，EF-Tu使GTP水解释能，驱动EF-Tu-GDP从核糖体释出，既而EF-Ts将GDP置换出去，与EF-Tu结合重新形成EF-Tu-Ts二聚体，进入新一轮循环，继续催化下一个氨基酰-tRNA进位（图12-7）。

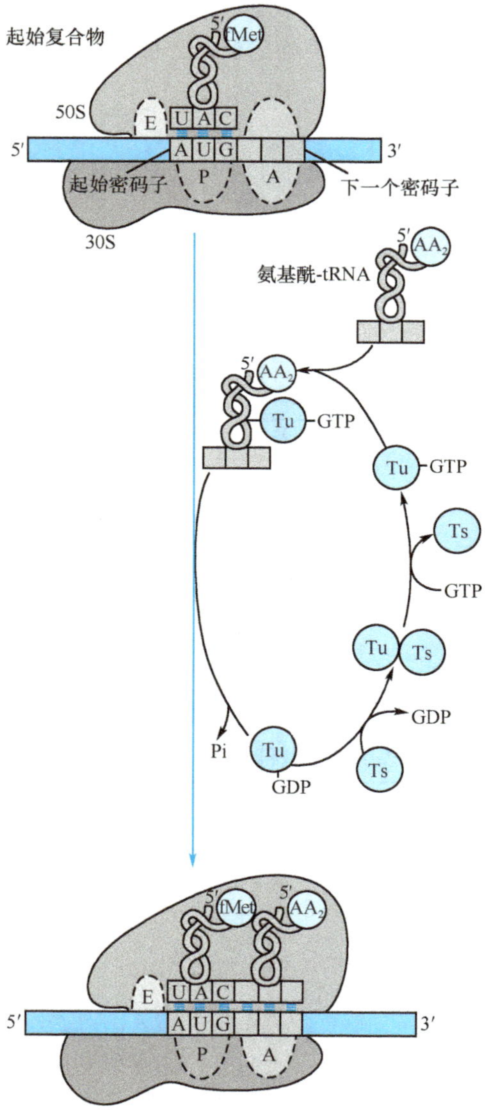

图12-7 原核生物翻译延长第一步：进位

在真核生物中，eEF-1α因子负责将氨基酰-tRNA带到核糖体A位，并同样需要GTP高能键的断裂。GTP水解后，活性的再生需要eEF-1βγ因子（与EF-Ts同源）的参与。

（二）成肽

成肽就是转肽酶（peptidyl transferase）催化肽键形成的过程。进位后，核糖体的A位和P位各结合了一个氨基酰-tRNA，在转肽酶的催化下，P位上tRNA所携带的氨基酸的α-羧基与A位上氨基酸的α-氨基形成肽键，此过程为成肽反应，在A位上进行，无需能量供应（图12-8）。

（三）转位

第一个肽键形成以后，二肽酰-tRNA占据核糖体A位，空载的tRNA留在P位。要装配添加下一个氨基酸，就必须让核糖体的A位空出来，使下一个密码子进入，因此需要转位。转位即指核糖体向mRNA的3′端移动一个密码的距离，P位的空载tRNA进入E位并由此排出，A位上的二肽酰-tRNA移至P位，A位空出并对应下一组三联体密码（图12-9）；真核细胞核糖体没有E位，转位时卸载的tRNA直接从P位释放。转位后，进行第二轮循环，进位—成肽—转位，这样每循环一次，肽链将增加一个氨基酸残基，不断从N端向C端延长。

在原核生物，转位依赖于延长因子EF-G和GTP。EF-G有转位酶（translocase）活性，可结合并水解1分子GTP，促进核糖体向mRNA的3′端移动。真核生物与EF-G同源的是eEF-2因子，它们功能接近，都是依赖GTP水解的转位酶。

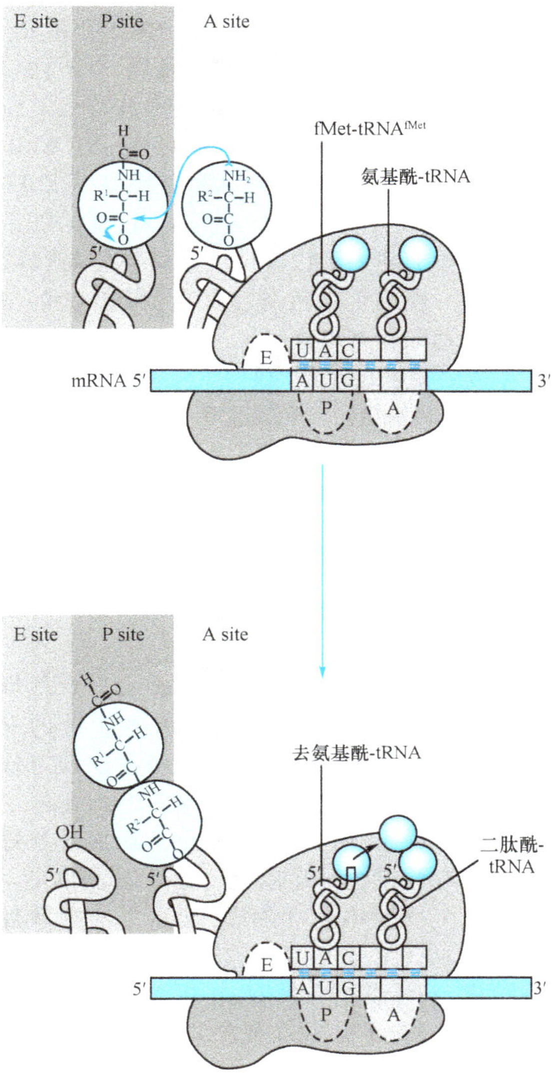

图 12-8　原核生物翻译延长第二步：成肽

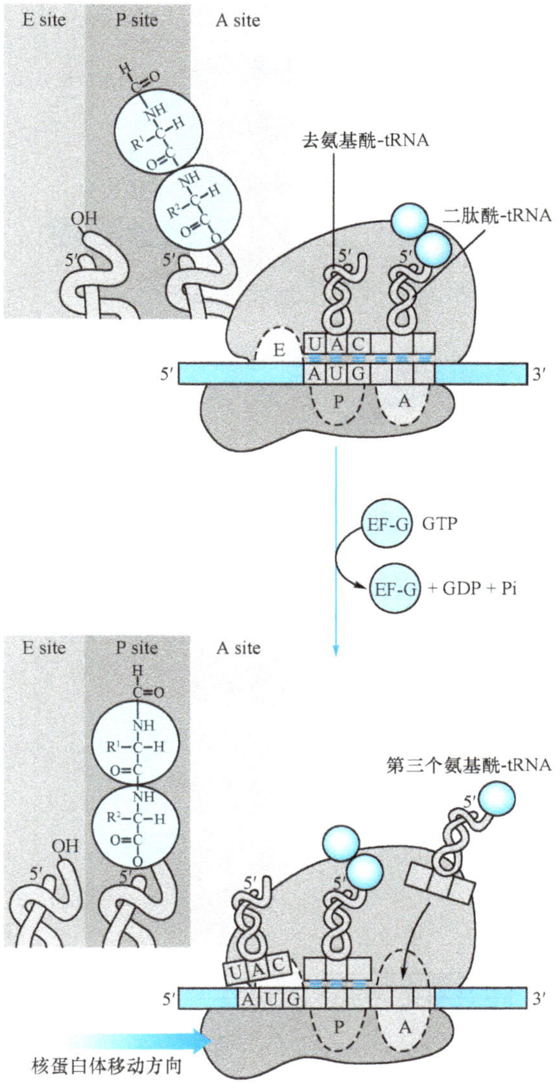

图 12-9　原核生物翻译延长第三步：转位

三、翻译的终止

翻译的终止(termination)包括三个部分：①mRNA 上终止密码子的识别；②肽链从肽酰-tRNA 中释出；③mRNA、核糖体大小亚基分离。

终止密码子不能被任何一种 tRNA 的反密码子所识别，它们是被蛋白因子直接识别的。终止过程需要的蛋白质因子称为终止因子(termination factor)，又称释放因子(release factor，RF)。原核生物有三种 RF，即 RF-1、RF-2 和 RF-3，真核生物有两种，其生物功能见表 12-6。

表 12-6　原核与真核生物翻译终止因子及功能

	起始因子	生物功能
原核生物	RF-1	特异识别终止密码 UAA、UAG
	RF-2	识别 UAA、UGA
	RF-3	具有 GTP 酶活性，可结合并水解 1 分子 GTP，促进 RF-1 和 RF-2 与核糖体的结合
真核生物	eRF-1	能识别三种终止密码子
	eRF-3	携带一个随后水解的 GTP，促进 eRF-1 与核糖体的结合

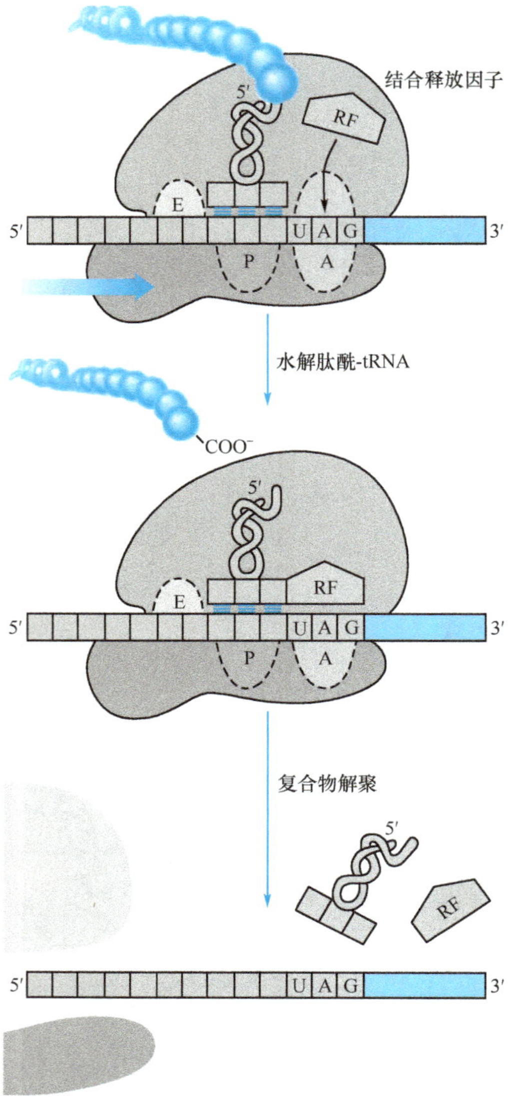

图 12-10 翻译的终止过程

对于原核生物，mRNA 的终止密码进入核糖体 A 位时，释放因子 RF-1 或 RF-2 可在 RF-3-GTP 的帮助下识别结合终止密码，并激活核糖体水解肽酰-tRNA 的酯键，把多肽链从 P 位肽酰-tRNA 上释放出来。继而促使 mRNA、tRNA 及 RF 从核糖体脱离，紧接着在 IF-3 和 IF-1 的作用下，核糖体大小亚基解离，开始新一轮核糖体循环（图 12-10）。真核生物翻译终止过程与原核生物相似，eRF-1 在 eRF-3 的帮助下识别三种终止密码子，激发终止反应。

以上叙述的是单个核糖体合成肽链的情况。实际上为提高蛋白质合成速率，mRNA 上会附着有许多核糖体同时翻译，这种多个核糖体与 mRNA 的聚合物称为多聚核糖体（polyribosome 或 polysome）。当一个核糖体与 mRNA 结合并开始翻译，沿 mRNA 向 3′端移动一定距离（约 80 个核苷酸）后，第二、三个核糖体相继结合到 mRNA 的翻译起始位点。

这样在一条 mRNA 上常结合有多个核糖体，呈串珠状排列，同时进行多条肽链的合成。原核生物 mRNA 转录后不需加工即可作为模板，转录和翻译偶联进行。因此在电子显微镜下看到，原核 DNA 分子上连接着长短不一正在转录的 mRNA 分子，每条 mRNA 再附着多个核糖体进行翻译，显示为羽毛状现象。与原核细胞不同，真核细胞的转录发生在核内，翻译发生在细胞质，因此只能观察到一个mRNA分子上附着有多个核糖体，为单个多聚核糖体（图 12-11）。

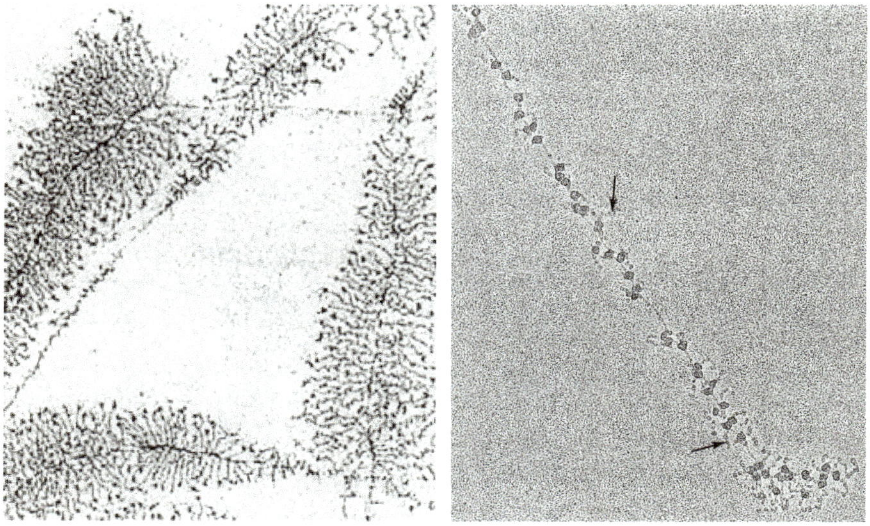

图 12-11 多聚核糖体（左为原核生物，右为真核生物）

蛋白质生物合成是耗能过程。首先每分子氨基酸活化生成氨基酰-tRNA 消耗 2 个高能磷酸键;其次在肽链延长阶段,进位和转位各消耗 1 个高能磷酸键;因此肽链每增加 1 个肽键要消耗 4 个高能磷酸键。为了保持蛋白质生物合成的高度保真性,任何错误的氨基酸连接都需要消耗能量水解清除,因此每增加一个肽键实际消耗可能多于 4 个高能磷酸键。另外,翻译的全过程也依靠翻译因子与 GTP 的结合与水解释放能量来驱动。所以蛋白质的合成是一个昂贵的过程。据估计,在快速成长的细菌中,多至 90% 的 ATP 是用来合成蛋白质的。

第三节　蛋白质合成后加工与输送

从核糖体释放出的新生多肽链一般不具备蛋白质生物活性,必须经过分子折叠及不同的加工修饰过程才转变为具有天然功能构象(native conformation)的成熟蛋白,该过程称为翻译后加工(post-translation processing)。主要包括多肽链折叠为天然的三维构象、肽链一级结构的修饰、肽链空间结构的修饰等。另外,在核糖体上合成的蛋白质还需要靶向输送到特定细胞部位,发挥各自的生物学功能。

一、新生肽链的折叠

蛋白质折叠(folding)的信息全部储存于肽链自身的氨基酸序列中,即蛋白质的空间构象由一级结构决定。蛋白质分子的折叠过程实际就是大量非共价键形成的过程。虽然从热力学角度来看,蛋白质多肽链折叠成天然空间构象是一种释放自由能的自发过程。然而,除了核糖核酸酶可自动折叠,细胞中大多数天然蛋白质折叠都需要其他酶和蛋白质的协助,主要包括如下几种大分子。

(一)分子伴侣(molecular chaperone)

分子伴侣是细胞中一类保守蛋白质,其作用体现在两方面:①刚合成的蛋白质以未折叠的形式存在,其中的疏水性片段容易相互作用而自发折叠,分子伴侣能有效地封闭蛋白质的疏水表面,防止错误折叠的发生。②对已经发生错误折叠的蛋白质,分子伴侣可以识别并帮助其恢复正确的折叠。分子伴侣还能识别变性的蛋白质,避免或消除蛋白变性后因疏水基团暴露而发生的不可逆聚集,并且帮助其复性,或介导其降解。但必须注意,分子伴侣并未加快折叠反应速度,与其说是促进蛋白质正确折叠,还不如说是防止蛋白质错误折叠或是消除不正确折叠,增加功能性蛋白质折叠产率。

细胞内的分子伴侣至少有两大家族:

1. 热休克蛋白 70(heat shock protein,HSP 70)家族　热休克蛋白通过热激作用诱导而发现的。在高温条件下,HSP 被诱导而表达增加,以尽量减少热变性对蛋白质的损害。HSP 70 家族包括 HSP 70、HSP 40 和 GrpE 三种成员,广泛存在于各种生物。

典型的 HSP 70 具有两个结构域:N-端的结构域是 ATP 酶活性,C-端结构域可与底物多肽结合。热休克蛋白的作用是结合保护待折叠多肽片段,再释放该片段进行折叠,形成 HSP 70 和多肽片段依次结合、解离的循环。HSP 70 等协同作用可与待折叠多肽片段的 7~8 个疏水残基结合,保持肽链成伸展状态,避免肽链内、肽链间疏水基团相互作用引起的错误折叠和聚集,再通过水解 ATP 释放此肽段,以利于肽链进行正确折叠。HSP 70 的这种作用与另外两种蛋白质(HSP 40 和 GrpE)的调节有关。具体机制如下:HSP 40 结合待折叠多肽片段,并将多肽导向 HSP 70-ATP 复合物,产生 HSP 40-HSP 70-ATP-多肽复合物。HSP 70 与 HSP 40 的相互作用立即激活了 HSP 70 的 ATP 酶活性,使 ATP 水解释放能量,产生稳定的 HSP 40-HSP 70-ADP-多肽复合物。GrpE 是核苷酸交换因子,与 HSP 40 作用后将 ADP 取代,使复合物变为不稳定而迅速解离,释出 HSP 40、HSP 70 和多肽链片段。接着 ATP 与 HSP 70 再结合,继续进行下一轮循环,所以蛋白质的折叠是经过多次结合与解离的循环过程完成的(图 12-12)。

2. 伴侣素或分子伴素(chaperonins)　即热休克蛋白 HSP 60 家族,但并非都是热休克蛋白,主要包括 HSP 60 和 HSP 10 两种蛋白,其在大肠埃希菌的同源物分别为 GroEL 和 GroES。HSP 60 家族的主要作用是为非自发性折叠蛋白质提供能折叠形成天然空间构象的微环境。

在大肠埃希菌内,GroEL 是由 14 个相同亚基组成的反向堆积在一起的两个七聚体环构成,每环中间形成桶状空腔,每个空腔能结合 1 分子底物蛋白。每个亚基都含有一个 ATP 或 ADP 的结合位点,实际上组成环的亚基就是 ATP 酶。GroES 为同亚基 7 聚体,可作为“盖子”瞬时封闭 GroEL 复合物的一端。封闭复合物空腔提供了能完成该肽链折叠的微环境。伴随 ATP 水解释能，GroEL 复合物构象周期性改变，引起 GroES“盖子”解离和折叠后肽链释放。重复以上过程，直到蛋白质全部折叠形成天然空间构象（图 12-13）。

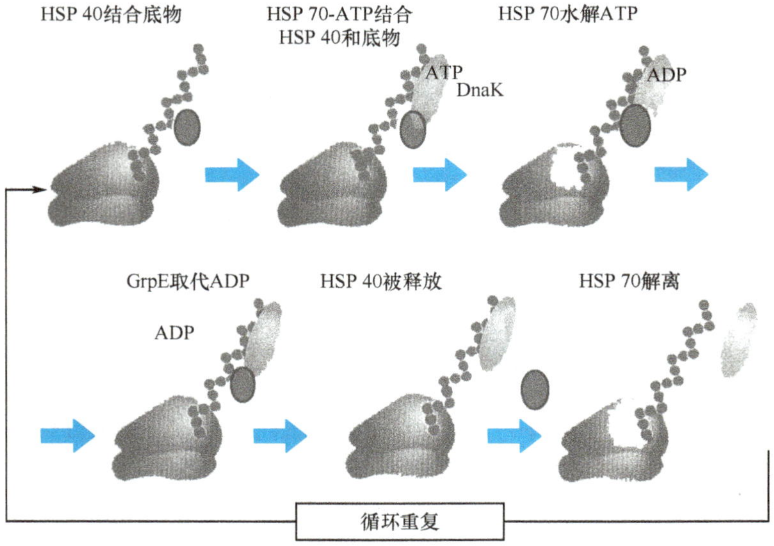

图 12-12　HSP 40-HSP 70-ATP-多肽复合物的循环

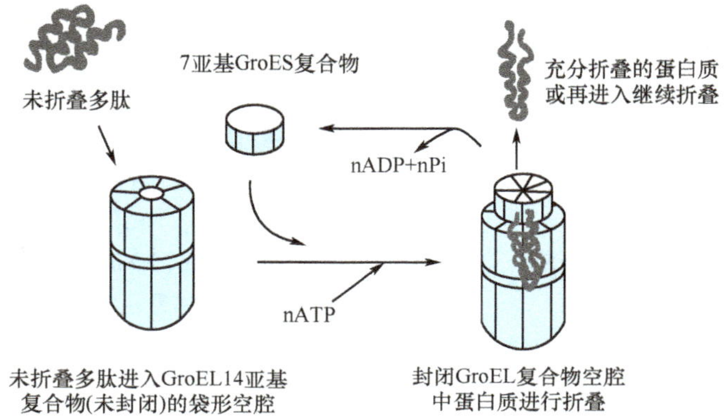

图 12-13　GroEL/GroES 系统促进蛋白质折叠过程

（二）蛋白质二硫键异构酶（protein disulfide isomerase，PDI）

多肽链的几个半胱氨酸间可能出现错配二硫键，影响蛋白质正确折叠。二硫键异构酶在内质网腔活性很高，可在较大区段肽链中催化错配二硫键断裂并形成正确二硫键连接，最终使蛋白质形成热力学最稳定的天然构象。

（三）肽-脯氨酰顺反异构酶（peptide prolyl cis-trans isomerase，PPI）

脯氨酸为亚氨基酸，多肽链中肽酰-脯氨酸间形成的肽键有顺反异构体，空间构象明显差别。天然蛋白质多肽链中肽酰-脯氨酸间肽键绝大部分是反式构型，仅 6% 为顺式构型。肽-脯氨酰顺反异构酶可促进上述顺反两种异构体之间的转换，在肽链合成需形成顺式构型时，可使多肽在各脯氨酸弯折处形成准确折叠。

二、一级结构的修饰

（一）肽链 N-端 Met 或 fMet 的切除

在蛋白质合成过程中，真核生物 N-末端第一个氨基酸总是甲硫氨酸，原核生物则是 α-氨基甲酰化的甲硫氨酸。但天然蛋白质并非如此，细胞内有脱甲酰基酶或氨基肽酶可以除去 N-甲酰基、N-端甲硫氨酸或 N-端一段序列。这种修饰可在肽链合成中或合成后发生。

(二) 特定氨基酸的共价修饰

肽链合成后,氨基酸残基的共价修饰主要包括磷酸化、甲基化、乙酰化、羟基化、羧基化等,这些修饰对于维持蛋白质的正常生物学功能是必需的。如某些信号蛋白分子的丝氨酸、苏氨酸或酪氨酸残基被磷酸化修饰参与细胞信息传递过程;某些凝血因子中谷氨酸残基的 γ-羧基化,使凝血因子侧链产生负电基团结合 Ca^{2+};组蛋白分子的精氨酸可进行乙酰化修饰,从而改变染色质的结构影响基因表达;胶原蛋白前体的赖氨酸、脯氨酸残基发生羟基化,对成熟胶原形成链间共价交联结构是必需的。

(三) 二硫键的形成

两个半胱氨酸的氧化可生成二硫键维系蛋白质的空间构象。如核糖核酸酶合成后,肽链中 8 个半胱氨酸残基构成了 4 对二硫键,此 4 对二硫键对它的酶活性是必需的。二硫键也可以在链间形成,使蛋白质分子的亚单位聚合。

(四) 多蛋白的加工

真核生物 mRNA 的某些翻译产物为大分子多肽前体,经不同的切割加工,可产生一个以上功能不同的蛋白质或多肽,此类原始肽链称为多蛋白(polyprotein)。例如鸦片促黑皮质素原(pro-opio melano cortin, POMC)经不同的水解加工可生成多种不同的肽类激素(图12-14)。

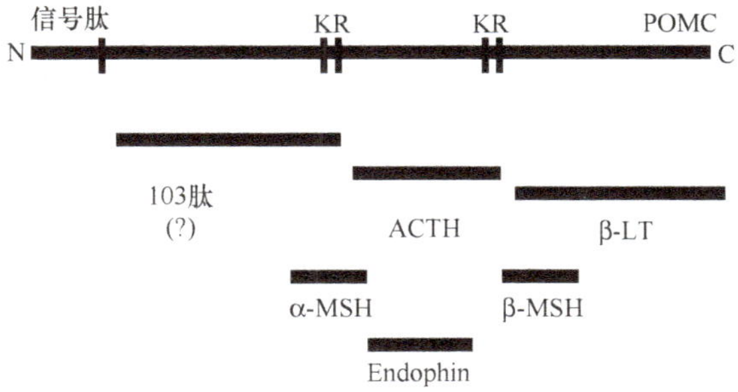

图 12-14　鸦片促黑皮质素原的水解加工

(五) 蛋白质前体中不必要肽段的切除

无活性的酶原转变为有活性的酶,常需要去掉一部分肽链,如胰蛋白酶原需要水解生成胰蛋白酶。此外,发现某些新生蛋白质含有部分间隔顺序等待剪切,其意义类似于 hnRNA 中的内含子,此片段称为内蛋白子(intein)。

三、空间结构的修饰

(一) 亚基聚合

具有四级结构的蛋白质由两条以上的肽链通过非共价聚合,形成寡聚体(oligomer)。蛋白质各个亚基相互聚合所需的信息仍储存在肽链的氨基酸序列之中,而且这种聚合过程往往有一定顺序,前一步骤常可促进后一步骤的进行,如血红蛋白分子 $\alpha_2\beta_2$ 亚基的聚合。又如质膜镶嵌蛋白、跨膜蛋白也多为寡聚体,虽各亚基自有独立功能,但又必须互相依存,才能够发挥作用。

(二) 辅基连接

对于结合蛋白来讲,如糖蛋白、脂蛋白、色蛋白、金属蛋白、及各种带辅基的酶类等,其非蛋白部分(辅基)都是合成后连接上去的,这类蛋白只有结合了相应辅基才有活性。

(三) 脂肪酰化

某些蛋白质,如 Ras 蛋白、G 蛋白等,翻译后需要在肽链特定位点共价连接一个、多个疏水性强的脂链,包括脂肪酸链、多异戊二酸等。这些蛋白通过脂链嵌入疏水膜脂双层,定位成为特殊质膜内在蛋白,才成为具有生物功能的蛋白质。

四、蛋白质的靶向输送

真核生物蛋白质合成后,常常需要经过复杂机制,定向输送到最终发挥生物功能的靶器官和靶细胞,这种过程称为蛋白质的靶向输送(protein targeting)。

根据细胞中存在的不同空间障碍,合成的蛋白质通过三种不同方式进行运输定位。①核孔运输:有膜障碍,但是膜上有孔,如细胞核,胞质溶胶中合成的蛋白质需要穿过核孔进入细胞核。②跨膜运输:有完全封闭的膜障碍,如线粒体、叶绿体、内质网、高尔基体等,胞质溶胶中合成的蛋白质通过跨膜机制进行运输,需要膜上运输蛋白(protein translocators)的帮助。③小泡运输:蛋白质从内质网转运到高尔基体以及从高尔基体转运到溶酶体、分泌泡、细胞质膜、细胞外等则是由小泡介导的,这种小泡称为运输小泡(transport vesicles)。

细胞内蛋白质的合成有两个不同的位点：游离核糖体与膜结合核糖体，这就涉及何时运输的两种情况：①翻译运转同步，见图 12-15A，通常在内质网膜结合核糖体上合成的蛋白，边翻译边进入内质网，然后通过运输小泡介导，转运到高尔基体，再分送到溶酶体、分泌泡、细胞质膜或细胞外，如细胞分泌蛋白、膜整合蛋白、滞留在内膜系统（内质网、高尔基复合体、内体、溶酶体和小泡等）的可溶性蛋白；②翻译后运转，见图 12-15B，在细胞质游离核糖体上合成的蛋白，从核糖体释放后才发生运转，如预定滞留在细胞质基质中的蛋白、质膜内表面的外周蛋白、核蛋白以及掺入到其他细胞器（线粒体、过氧化物酶体、叶绿体）的蛋白等。

所有靶向输送的蛋白质结构中均存在分选信号，主要为 N-末端特异氨基酸序列，可引导蛋白质转移到细胞的适当靶部位，这类序列称为信号序列（signal sequence），是决定蛋白靶向输送特性的最重要元件，靶向不同的蛋白质各有特异的信号序列或成分。对于大多数蛋白，在输送到靶部位后，信号序列被切掉。下面重点讨论分泌蛋白、线粒体蛋白及核蛋白的靶向输送过程。

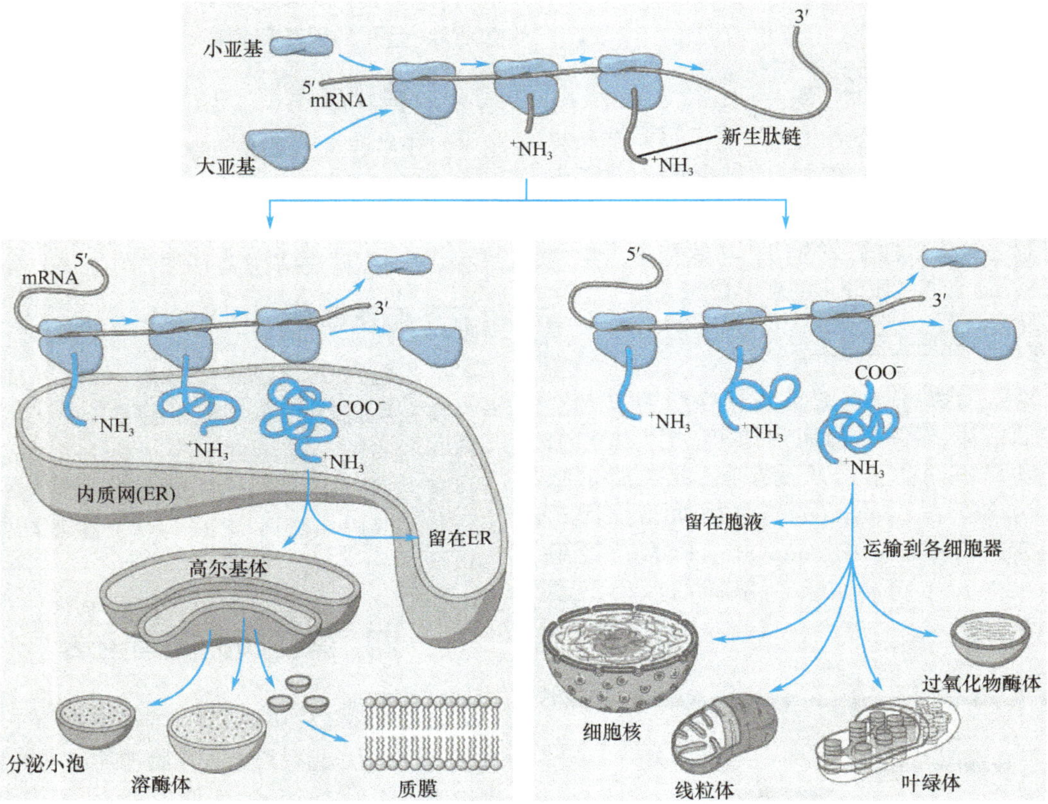

图 12-15 蛋白质靶向输送的两种机制

A：翻译运转同步；B：翻译后运转

（一）分泌蛋白的靶向输送

各种新生分泌蛋白的 N-端都有保守的氨基酸序列称为信号肽（signal peptide），长度一般在 13～36 个氨基酸残基之间。有如下三个特点：①N-端常常有 1 个或几个带正电荷的碱性氨基酸残基，如赖氨酸、精氨酸；②中间为 10～15 个残基构成的疏水核心区，主要含疏水中性氨基酸，如亮氨酸、异亮氨酸等；③C 端多以侧链较短的甘氨酸、丙氨酸结尾，紧接着是被信号肽酶（signal peptidase）裂解的位点（图 12-16）。

人生长激素	MATG SR T SLLLAFGLLCLPWLQEGSA | FRT
人胰岛素原	MALWMRLLPLLALLALWGPDPAAA | FVN
鼠抗体H链	MKVLSLLYLLTAIPH I MS | DVQ

图 12-16 □碱性氨基酸；□疏水氨基酸；蓝线标注处为剪切位点

分泌蛋白的输送过程是这些蛋白质在翻译

起始便开始输送,由 N-端的特异信号序列引导进入内质网,然后再由内质网包装转移到高尔基体,并在此分选投送,或分泌出细胞,或被送到其他细胞器。详细而言:①蛋白质在游离的核糖体上合成。②在翻译早期,信号序列便出现,因为它在 N-端,最先被合成。③信号序列在核糖体上合成后,信号肽识别颗粒(signal recognition particles,SRP)结合上来。④当核糖体合成出 N-端包括信号肽在内的约 70 个氨基酸残基时,SRP 结合 GTP 并暂时终止肽链延伸,从而保证翻译起始复合物有足够的时间找到内质网膜。SRP 引导核糖体-多肽-SRP 复合物,识别结合 ER 膜上的 SRP 受体,与此同时,核糖体大亚基与核糖体受体结合,锚定 ER 膜上,诱导肽转位复合物(peptide translocation complex)开放形成跨 ER 膜通道,新生肽链 N-端信号肽即插入此孔道,肽链边合成边进入内质网腔。⑤通过水解 GTP 使 SRP 解离再循环利用,多肽链开始继续延长。⑥依赖于 ATP 供能,多肽链不断合成并输送进入内质网腔。⑦通常在多肽链合成约 80% 以上时,信号肽酶将信号肽段切下,肽链本身继续增长,直至合成终止。⑧蛋白质合成结束,核糖体等各种成分解聚并恢复到翻译起始前的状态,再循环利用(图 12-17)。

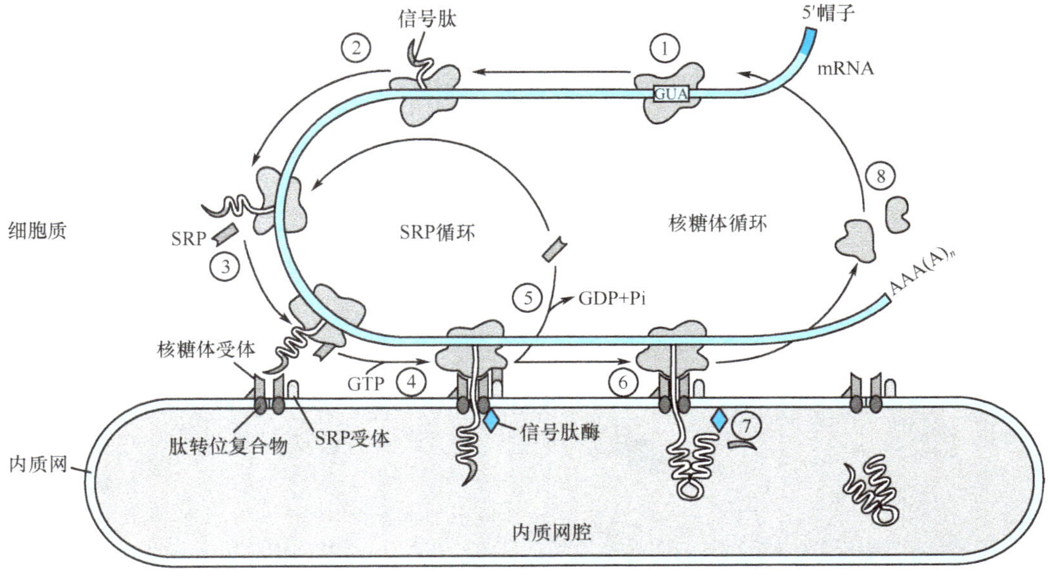

图 12-17　信号肽引导分泌性蛋白质进入内质网过程

分泌蛋白进入内质网后,再通过运输小泡输送到高尔基体,并在此继续加工后储于分泌小泡,最后将分泌蛋白排出胞外。

(二) 线粒体蛋白的跨膜转运

线粒体蛋白的输送属于翻译后运转,90% 以上的线粒体蛋白前体从核糖体释放后输入线粒体,其中大部分定位基质,其他定位内、外膜或膜间隙。线粒体蛋白 N-端都有相应信号序列,称为前导肽。

线粒体基质蛋白翻译后运转过程:①前体蛋白在胞液游离核糖体上合成,并释放到细胞液中;②细胞液中的分子伴侣 HSP 70 与前体蛋白结合,并水解 ATP 提供能量,使蛋白质解聚,保持未折叠状态便于通过线粒体外膜;③前体蛋白通过前导肽识别、结合线粒体外膜的受体;④再转运、穿过由线粒体外膜转运体(Tom)和内膜转运体(Tim)共同组成的跨内、外膜蛋白通道,进入线粒体基质;⑤前导肽被线粒体基质中的线粒体肽酶(mitochondrial peptidase,MPP)切除,然后蛋白质分子自发地或在分子伴侣帮助下折叠形成有天然构象的功能蛋白(图 12-18)。

(三) 核定位蛋白的运转机制

细胞核蛋白的输送也属于翻译后运转。所有细胞核中的蛋白,包括组蛋白及复制、转录、基因表达调控相关的酶和蛋白因子等都是在胞液游离核糖体上合成,再通过核孔复合体进入细胞核。

细胞核蛋白的多肽链都含有一个核定位序列(nuclear localization sequence,NLS)。与其他信号序列不同,NLS 可位于核蛋白的任何部位,不一定在 N-末端,而且 NLS 在蛋白质进核后不被切除。因此,在真核细胞有丝分裂结束核膜重建时,胞液中具有 NLS 的细胞核蛋白可被重新导入核内。

一些核孔附近的蛋白质因子构成核孔复合体，在核质和胞质间循环，帮助蛋白质向核内输送，包括核输入因子(nuclear importin)α、β组成的异二聚体，可作为胞核蛋白受体，一种具有GTP酶活性的Ran蛋白。核蛋白转运过程如下：①核蛋白在胞液游离核糖体上合成，并释放到细胞液中；②核输入因子通过NLS识别蛋白质，α亚基与NLS结合形成复合物，将蛋白质导向核孔复合体；③依靠Ran蛋白水解GTP释能，将核蛋白-输入因子复合物跨核孔转运入核基质；④转位中，输入因子β和α先后从复合物中解离，胞核蛋白定位于细胞核内。输入因子α、β移出核孔再循环利用(图12-19)。

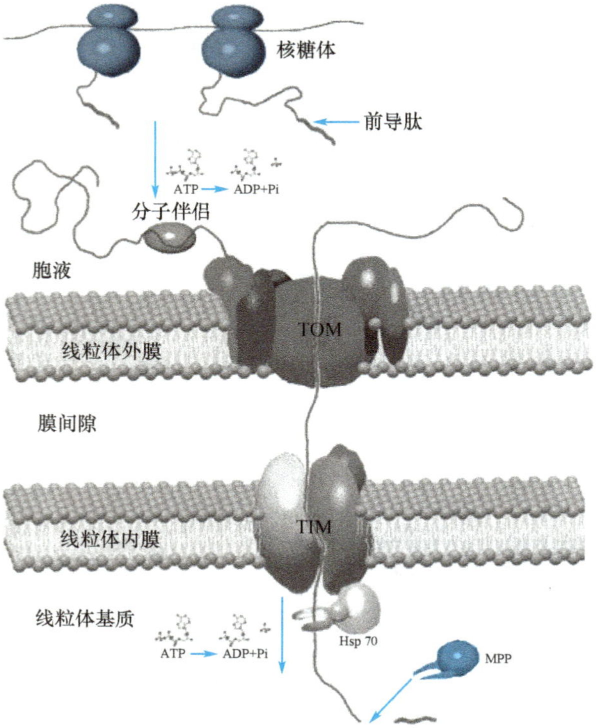

图12-18　真核线粒体蛋白的靶向输送

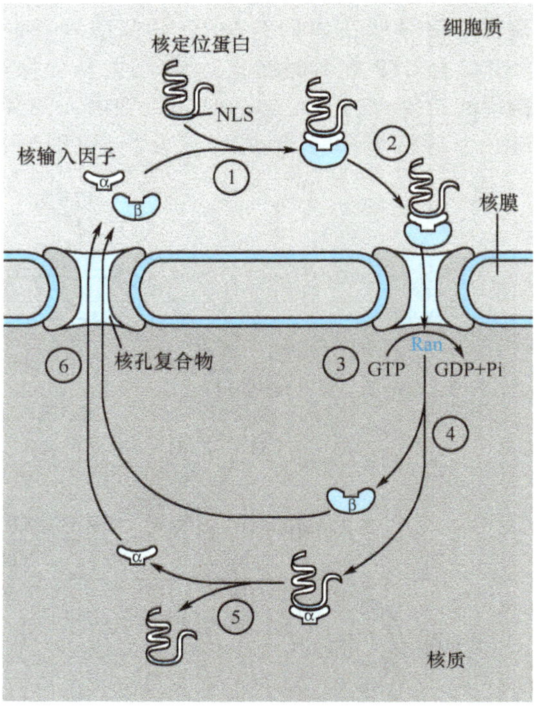

图12-19　细胞核蛋白的靶向输送

第四节　蛋白质生物合成的干扰和抑制

蛋白质生物合成的阻断剂很多，其作用部位也各有不同，或作用于翻译过程，直接影响蛋白质的生物合成(如多数抗生素)，或作用于复制(如多数抗肿瘤药物)、转录过程，对蛋白质的生物合成间接产生影响。各种阻断剂的作用对象亦有所不同，如链霉素、氯霉素等主要作用于细菌，故可用作抗菌药物；细菌毒素与植物毒素等作用于哺乳类动物，通过抑制蛋白质合成而致病。下面重点讨论某些干扰和抑制翻译过程的毒素、抗生素和某些其他生物活性物质的作用。

一、毒素类蛋白质合成阻断剂

抑制人体蛋白质合成的毒素，常见者为细菌毒素与植物毒素。细菌毒素有多种，如白喉毒素、绿脓毒素、志贺氏毒素等，它们多在肽链延长阶段抑制蛋白质的合成。

(一) 白喉毒素

白喉毒素(diphtheria toxin，DT)是白喉杆菌产生的毒蛋白，它对人体及其他哺乳动物的毒性极强。白喉毒素由A、B两个亚基组成。A亚基起催化作用，B亚基帮助A亚基进入细胞。B亚基可与细胞表面的特异受体结合，结合后使毒素A、B两亚基之间的二硫键还原，A亚基即释出进入细胞。进入胞质的A亚基可使辅酶Ⅰ(NAD^+)与真核生物延长因子eEF-2产生反应，造成eEF-2失活，抑制蛋白质的合成(图12-20)。

除白喉毒素外，现知铜绿假单孢菌的外毒素A也与白喉毒素一样，以相似机制起作用。

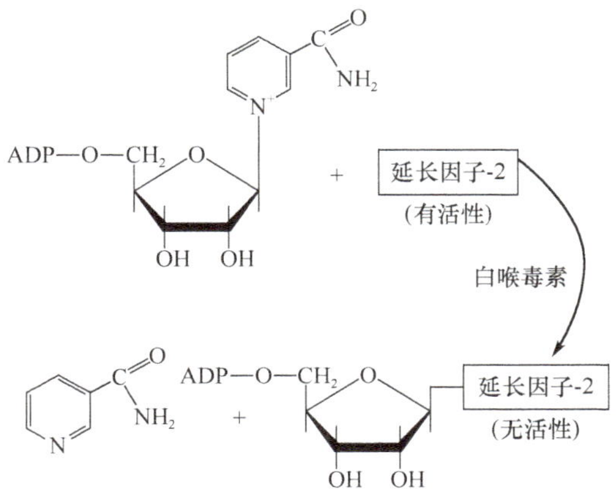

图 12-20　白喉毒素的作用机制

(二) 植物毒素

某些植物毒蛋白(foxoprotein)也是肽链合成的阻断剂。比如,南方红豆所含的红豆碱(abrin)与蓖麻籽所含的蓖麻蛋白(ricin)都可与真核生物核糖体 60S 大亚基结合,切除 28S rRNA 的 4324 位腺苷酸发生脱嘌呤基反应,引起 60S 大亚基失活,抑制肽链延长。

(三) 免疫毒素的抗肿瘤作用

由于毒素强大的细胞杀伤作用,人们想到利用其毒性进行肿瘤治疗。免疫毒素正是近年来新兴的一种肿瘤导向治疗方法,利用免疫学及分子生物学技术产生免疫毒素,可特异性的结合和攻击肿瘤细胞,而对正常组织的杀伤较小,故被形象的称为“生物导弹”。常用于构建基因重组免疫毒素的有蓖麻毒素、假单胞菌外毒素和白喉毒素。以重组白喉毒素为例,我们简述其抗肿瘤的作用机制。

如前所述,白喉毒素(diphtheria toxin,DT)起杀伤作用的是 A 亚基,B 亚基是帮助 A 亚基进入细胞,因此只需将 B 亚基换成对肿瘤细胞有特异性的单克隆抗体,就可实现定向攻击。也就是说,某些特异性受体或蛋白通常仅在肿瘤细胞表达,因此可以在重组白喉毒素时,加入针对这些受体或蛋白的抗体,帮助 A 亚基进入肿瘤细胞,造成 eEF-2 失活,从而抑制其蛋白质的合成,达到治疗作用。

二、抗生素类阻断剂

抗生素为一类微生物来源的药物,可杀灭或抑制细菌。抗生素可以通过直接阻断细菌蛋白质生物合成而起抑菌作用。某些抗生素抑制蛋白质生物合成机制见表 12-7。

表 12-7　抗生素抑制蛋白质生物合成的原理

抗生素	作用点	作用原理	应用
四环素族	原核核糖体小亚基	抑制氨基酰-tRNA 与小亚基结合	抗菌药
链霉素、卡那霉素	原核核糖体小亚基	改变构象引起读码错误、抑制起始	抗菌药
氯霉素、林可霉素	原核核糖体大亚基	抑制肽基转移酶、阻断肽链延长	抗菌药
红霉素	原核核糖体大亚基	抑制转位酶(EF-G)、妨碍转位	抗菌药
梭链孢酸(夫西地酸)	原核核糖体大亚基	与 EFG-GTP 结合,抑制肽链延长	抗菌药
放线菌酮	真核核糖体大亚基	抑制肽基转移酶、阻断肽链延长	实验研究
嘌呤霉素	真核、原核核糖体	氨基酰-tRNA 类似物,进位后引起未成熟肽链脱落	抗肿瘤药

1. 四环素(tetracyclin)族　包括土霉素、金霉素和新霉素,能与原核生物核糖体 A 位结合,妨碍氨基酰-tRNA 的进位,抑制细菌蛋白质生物合成。

2. 氯霉素(chloromycetin)　能与原核生物核糖体大亚基结合阻断翻译延长过程。高浓度时,可对真核生物线粒体蛋白质合成有抑制作用,造成对人的毒性。

3. 链霉素(streptomycin)和卡那霉素(kanamycin)　能与原核生物核糖体小亚基结合,改变其构象,引起读码错误,使毒素类细菌蛋白失活,高浓度时可抑制起始过程。结核杆菌对这两种抗生素敏感。

4. 红霉素(erythromycin)　能与原核生物核糖体 50S 大亚基结合,抑制转位酶 EF-G 活性,阻止肽酰-tRNA 从 A 位转到 P 位,翻译中断。

5. 嘌呤霉素(puromycin)　其结构与酪氨酰-tRNA(Tyr-$tRNA^{Tyr}$)相似,在翻译中可取代一些氨基酰-tRNA 进入核糖体 A 位,但延长中的肽酰-嘌呤霉素容易从核糖体脱落,中断肽链合成。嘌呤霉素对原核、真核生物翻译过程均有干扰作用，难用作抗菌药物，可试用于治疗肿瘤。

三、干扰素的作用

干扰素（interferon，IFN）是真核细胞感染病毒后分泌的一类具有抗病毒作用的蛋白质，它可抑制病毒繁殖，保护宿主细胞。干扰素分为 α（白细胞）型、β（成纤维细胞）型和 γ（淋巴细胞）型三大族类，每族类各有亚型，分别有各自的特异作用。干扰素抗病毒的作用机制有如下两点：

1. 激活一种蛋白激酶 干扰素在某些病毒等双链 RNA 存在时，能诱导 eIF-2 蛋白激酶活化。该活化的激酶使真核生物 eIF-2 磷酸化失活，从而抑制病毒蛋白质合成。

2. 间接活化核酸内切酶使 mRNA 降解 干扰素先与双链 RNA 共同作用活化 2′-5′寡聚腺苷酸合成酶，使 ATP 以 2′-5′磷酸二酯键连接，聚合为 2′-5′寡聚腺苷酸（2′-5′A）。2′-5′A 再活化一种核酸内切酶 RNase L，后者使病毒 mRNA 发生降解，阻断病毒蛋白质合成。干扰素作用机制见图 12-21。

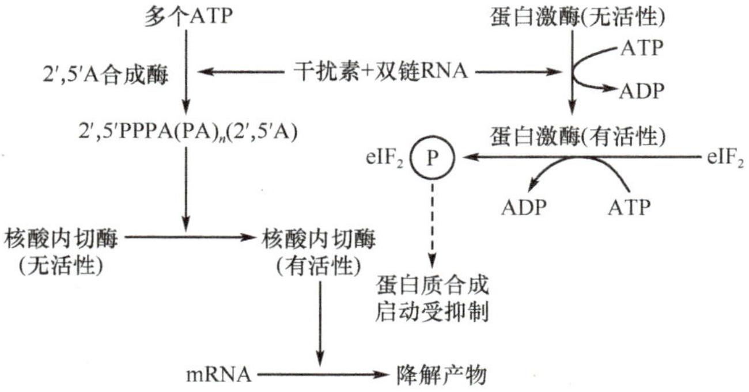

图 12-21 干扰素抗病毒作用的分子机制

干扰素除了抑制病毒蛋白质的合成外，几乎对病毒感染的所有过程均有抑制作用，如吸附、穿入、脱壳、复制、表达、颗粒包装和释放等。此外，干扰素还有调节细胞生长分化、激活免疫系统等作用，因此有十分广泛的临床应用。

小 结

翻译是遗传信息表达的重要过程，是 mRNA 携带 DNA 的遗传信息在其他 RNA 和一系列蛋白质因子的作用下，以氨基酸为原料合成蛋白质多肽链及其加工修饰、定位的过程。

mRNA 携带密码子指导蛋白质的生物合成，是蛋白质合成的模板，密码子具有方向性、连续性、通用性、简并性、摇摆性等特点；tRNA 携带转运氨基酸，识别密码子，其携带氨基酸的特异性由氨基酰-tRNA 合成酶确定；rRNA 和蛋白质一起构成核糖体，是多肽链合成的装配机。

各种底物氨基酸必须经过活化，与相应 tRNA 结合生成氨基酰-tRNA，然后通过 tRNA 的反密码子才能正确识别 mRNA 的遗传信息，翻译出正确的蛋白质多肽链。蛋白质多肽链的生物合成过程可分为起始、延长和终止三个阶段。原核细胞的起始和真核细胞的起始大致相似，但存在区别，主要表现在参与的蛋白质因子的数量和起始氨基酸的种类，各组分结合的顺序，能量的消耗，起始密码邻近序列的结构等，但它们都形成起始复合物。多肽链延长时每增加一个氨基酸残基需要重复进位、成肽、转位三个步骤，使多肽链沿 N-端向 C-端的方向合成，需延长因子协助，消耗两个高能键。当模板上出现终止密码时，在释放因子作用下多肽链释放出来，复合物解体，合成完成。

多肽链合成后或合成中需进一步加工才具有蛋白质活性，翻译后加工指无活性的新生肽链转变为有天然构象和生物功能的蛋白质，其方式包括：多肽链的折叠、切除头端氨基酸、侧链修饰、结合非蛋白组分、亚基的聚合等。热休克蛋白、伴侣素等分子伴侣家族可促进天然蛋白质折叠。蛋白质合成后需要输送到发挥其作用的靶器官或靶细胞,即靶向运输。该过程根据蛋白质 N 末端特异的信号序列进行分选,引导蛋白质转移到细胞的适当部位。

蛋白质合成的抑制剂与医学密切相关,某些抗生素和细菌毒素对蛋白质生物合成有抑制作用。

(王含彦　朱彦雨)

笔记栏

第 13 章 基因表达调控

从 DNA 到 RNA，再从 RNA 到蛋白质的过程叫基因表达（gene expression）。对这个过程的调节即为基因表达调控（regulation of gene expression or gene control）。基因调控是现代分子生物学研究的中心课题之一。因为要了解动植物生长发育规律。形态结构特征及生物学功能，就必须搞清楚基因表达调控的时间和空间概念，掌握了基因调控机制，就等于掌握了一把揭示生物学奥秘的钥匙。基因表达调控主要表现在以下几个方面：①转录水平上的调控；②转录后水平即 mRNA 加工、成熟的调控；③翻译水平上的调控；④翻译后水平的调控。基因表达调控的指挥系统有很多种，不同生物使用不同的信号来指挥基因调控。原核生物和真核生物之间存在着相当大差异。原核生物中，营养状况、环境因素对基因表达起着十分重要的作用；而真核生物尤其是高等真核生物中，激素水平、发育阶段等是基因表达调控的主要手段，营养和环境因素的影响则为次要因素。

第一节 基本概念

一、基因表达的概念

（一）基因（gene）

从分子生物学角度讲，基因则是储存 RNA 序列信息及表达这些信息所必需的全部 DNA 序列。按照这个定义，一个基因应该包括编码蛋白质多肽链或 RNA 的核酸序列、保证转录所必需的调控序列、5′端非翻译序列、内含子、3′端非翻译序列等所有的核酸序列。

cDNA（complementary DNA）即与 mRNA 互补的 DNA。在分子生物学研究中，人们习惯上也将其称为“基因”。由于它是以 mRNA 为模板通过反转录得到的，所以不含基因转录的调控序列和内含子，但含翻译调控及多肽链的编码序列。

（二）基因组

一个细胞或病毒所携带的全部遗传信息或整套基因，称为基因组（genome）。对所有原核细胞和噬菌体而言，它们的基因组就是单个的环状染色体所含的全部基因；对真核生物而言，基因组就是指一个生物体的染色体所包含的全部 DNA，又称为染色体基因组或核基因组，是真核生物的主要遗传物质基础。此外，真核细胞还有线粒体或叶绿体，分别含有线粒体 DNA 或叶绿体 DNA，称为线粒体基因组或叶绿体基因组，它们属核外遗传物质。与染色体 DNA 不同的是，线粒体 DNA 或叶绿体 DNA 是在生殖细胞融合时由一个亲本（卵细胞）细胞质提供的。

（三）基因表达

基因表达是指生物体基因组结构基因所携带的遗传信息经过转录及翻译等一系列过程，合成特定的蛋白质，进而发挥其特定生物学功能的全过程。对这个过程的调节就是基因表达调控（control of gene expression）。在一定调节机制控制下，大多数基因经历基因激活、转录及翻译等过程，产生具有特异生物学功能的蛋白质分子，进而赋予细胞或个体一定的功能或形态表型。但并非所有基因表达过程都产生蛋白质，编码 rRNA 和 tRNA 的基因转录产生 RNA 的过程也叫基因表达。

不同生物的基因组含有不同数量的基因，但表达数量是有限的。细菌细胞一般含有足够编码约 3000 种多肽的 DNA，其中约 1/3 通常在特定时间表达。相比之下，人类细胞所包含的 DNA 足可编码几亿种不同的多肽，但实际上人类基因组中的大部分 DNA 并不含编码蛋白质的遗传信息，据估计哺乳动物基因组仅含有约 30 000 个编码蛋白质的基因。根据这些数据推算，一个典型的哺乳动物细胞合成约 5000 种不同的多肽。它们中的大多数，如三羧酸循环酶系和呼吸链上的电子载体，几乎在机体的所有细胞中均可表达。同时每一种类型的细胞还表达分化状态专一的蛋白质，这些蛋白质赋予细胞功能及形

笔记栏

态上的特异性。因为真核细胞含有大量 DNA，且有大量不同蛋白质需要组装，所以真核生物的基因表达是一个非常复杂的过程，表达调控的指挥系统也在多极水平上发挥作用，人类对其了解仅仅是刚刚开始。

二、基因表达的时空特异性

所有生物的基因表达都表现为严格的时间特异性和空间特异性，简称时空性。物种愈高级，基因表达规律愈复杂、愈精细。一旦基因表达异常或失控往往导致疾病的发生与发展。

（一）时间特异性

在细胞的生长发育过程中，根据功能需要，某一特定基因的表达严格按一定的时间顺序开启或关闭，决定细胞向特定的方向分化和发育，这就是基因表达的时间特异性（temporal specificity）。多细胞生物从受精卵发育成为个体，经历很多不同的发育阶段。在每个阶段，都会有不同的基因严格按自己特定的时间顺序开启或关闭，表现为与分化、发育阶段一致的时间性。因此，多细胞生物基因表达的时间特异性又称阶段特异性（stage specificity）。

例如，人血红蛋白中珠蛋白基因的表达就表现为阶段特异性，即不同珠蛋白基因在不同发育阶段的开启和关闭。成人血红蛋白（HbA）是由两条 α 链和两条 β 链聚合而成的四聚体（$\alpha_2\beta_2$），但在人的一生中，血红蛋白的链要经过多次变化，至少涉及 6 种类似的肽链，ζ、α、ε、β、γ、δ。这 6 种肽链由两个基因簇控制表达，α 基因簇控制 ζ 和 α，β 基因簇控制 ε、β、γ 和 δ。

胚胎早期，α 基因簇表达 ζ 基因，β 基因簇表达 ε 基因，因此组成 Hb 类型为 $\zeta_2\varepsilon_2$。在 1～3 个月的胎儿中，α 基因簇的 ζ 基因逐渐关闭，而 α 基因逐渐开启，α 基因开启后终生表达；此时 β 基因簇的 ε 基因还在表达，故形成胚胎 Hb 类型为 $\alpha_2\varepsilon_2$。胚胎发育到 4～6 个月时，β 基因簇的 ε 基因逐渐关闭，而 γ 基因逐渐开启，所以形成胎儿血红蛋白（HbF）为 $\alpha_2\gamma_2$。从胎儿后期到出生，β 基因簇的 γ 基因活性逐渐下降（但不完全关闭），而 β 基因活性急剧上升，同时 δ 基因也开始活动，因此 γ 链合成减少，代之以 β 链和 δ 链。婴儿出生后约 12 周，γ 基因关闭，故出生后到成人期 Hb 主要类型为 HbA（$\alpha_2\beta_2$），约占总量的 97%，次要类型为 HbA2（$\alpha_2\delta_2$）。

（二）空间特异性

对多细胞生物而言，在个体生长发育的某一阶段，同一基因产物在不同的组织器官分布是不一样的，如肝细胞能表达葡萄糖-6-磷酸酶，肌细胞则不能表达。这种在生长、发育过程中，某种基因产物在个体按不同组织空间顺序出现的特性称为基因表达的空间特异性（spatial specificity），又称细胞或组织特异性（cell specificity /tissue specificity）。上述人类珠蛋白基因的表达不但具有阶段特异性，还表现为红系组织特异性，即在卵黄囊、肝、脾与骨髓的红系细胞表达；而肌细胞则不能表达血红蛋白，但大量表达肌红蛋白。

三、基因表达的方式

在同一基因组内，不同的基因对内、外环境信号刺激的反应不同，因此基因表达的方式或调节类型存在很大差异。

（一）基本表达

基因组中有些基因在一个生物个体的几乎所有细胞中持续表达，通常被称为管家基因（housekeeping gene）。它们较少受环境因素影响，而且在个体各个生长阶段的几乎所有组织中都持续表达。这类基因表达称为基本表达或组成性表达（constitutive gene expression）。例如，微管蛋白基因、糖酵解酶系基因、三羧酸循环酶系等。组成性表达一般只受启动子或启动子与 RNA 聚合酶相互作用的影响，而不受其他机制的调节。

（二）诱导和阻遏表达

与管家基因不同，另有一些基因表达很容易受环境因素的影响。在特定环境信号刺激下，相应的基因可被激活，基因表达产物增加，这种基因称为可诱导基因。

可诱导基因在特定环境中表达增强的过程，称为诱导（induction）。例如大肠埃希菌在含有葡萄糖的培养基中不能合成利用乳糖的酶系，当其被转移到只含有乳糖的培养基后逐渐表达了利用乳糖的酶系，使细菌可以利用乳糖作为碳源进行生长。如果基因对环境信号应答是被抑制，这种基因称为可阻遏基因。可阻遏基因表达产物水平降低的过程称为阻遏（repression）。例

笔记栏

如，当培养基中色氨酸供应充足时，细菌体内色氨酸合成酶系编码基因的表达就会被抑制。诱导和阻遏是同一事物的两种表现形式，是生物体适应环境的基本途径。

（三）协调表达

在生物体内，一个代谢途径通常是由一系列化学反应组成的，需要多种酶参与；此外，还需要很多其他蛋白质参与作用物在细胞内、外区间的转运。这些酶及转运蛋白等编码基因被统一调节，使参与同一代谢途径的所有蛋白质分子比例适当，以确保代谢途径有条不紊地进行。在一定机制控制下，功能相关的一组基因，协调一致，共同表达，即为协调表达（coordinate expression）。这种调节方式称为协调调节（coordinate regulation）。

四、基因表达调控的生物学意义

（一）适应环境、维持生长和增殖

生物体调节基因表达、适应环境是普遍存在的。原核生物中，营养状况和环境因素对基因表达起着举足轻重的影响，所以原核基因表达调控就是为适应环境、维持生长和细胞分裂。高等生物也存在适应性表达方式，如经常饮酒者体内醇氧化酶活性较高即与相应基因表达水平升高有关。总之，生物体所处的内、外环境是在不断变化的，所有生物的所有活细胞都必须对内、外环境的变化作出适当反应，以使生物体能更好地适应变化着的环境状态。生物体这种适应环境的能力总是与某种或某些蛋白质分子的功能有关。细胞内某种功能蛋白质分子的有或无、多或少的变化则由编码这些蛋白质分子的基因表达与否、表达水平高低等状况决定。因此，通过一定的程序调控基因表达，可使生物体表达出合适的蛋白质分子，以便更好地适应环境，维持其生长和增殖。

（二）维持个体发育与分化

细胞分化是多细胞有机体发育的基础与核心，细胞分化的关键在于特异性蛋白质的合成，而特异性蛋白质合成的实质在于基因选择性表达。在多细胞个体生长、发育的不同阶段，细胞中的蛋白质分子种类和含量变化很大；即使在同一生长发育阶段，不同组织器官内蛋白质分子分布也存在很大差异，这些差异正是导致细胞形态、结构和功能差异的关键所在。例如，鸡的输卵管细胞合成卵清蛋白，成红细胞合成β珠蛋白，胰岛细胞合成胰岛素等，这些细胞都是在个体发育过程中逐渐产生的。高等哺乳类动物各种组织、器官的发育、分化都是由一些特定基因控制的，当某种基因缺陷或表达异常时，则会出现相应组织或器官的发育异常。

第二节　基因表达调控的基本原理

一、基因表达调控的多层次和复杂性

基因表达调控是在多级水平上进行的复杂事件。包括：DNA水平的调控、转录水平的调控、转录后加工、mRNA运输及降解、翻译过程、翻译后加工及蛋白质降解等均为基因表达调控的控制点。在这些水平当中，有四个相对重要的调控点：①DNA水平的调控，即基因结构的活化，表现为组蛋白乙酰化、DNA去甲基化及对核酸酶敏感等。研究表明，DNA只有碱基暴露后才能与RNA聚合酶有效结合，启动转录。另外，基因组DNA的部分扩增、基因重排及基因丢失等均可影响基因表达。②转录水平的调控，是最有效的调节环节，也是基因表达调控最重要、最复杂的一个层次。转录水平的调控通常涉及特异的蛋白质与转录起始点5′上游附近DNA的相互作用，对转录产生正调控或负调控。③转录后加工及转运。在真核细胞，初始转录产物需经转录后加工修饰才能成为有功能的成熟RNA，并由细胞核转运至细胞质，对这些转录后过程的控制也是调节某些基因表达的重要方式。④翻译及翻译后加工。翻译是基因表达的最后一步，影响蛋白质合成的因素同样也能调节基因表达。并且，翻译后加工修饰可直接、快速地改变蛋白质的结构与功能，因此对此过程的调控是细胞对外环境变化或某些特异刺激应答时的快速反应机制。

基因表达调控可发生在遗传信息传递过程的各个环节，但发生在转录水平、尤其是转录起始水平的调控对基因表达起着至关重要的作用，是基因表达的基本控制点。下面将重点介绍基因转录起始水平的调节机制。

二、基因转录激活调节基本要素

基因表达的调控与基因的结构、性质，生物个体或细胞所处的内、外环境，以及细胞内所存在的转录调节蛋白均有关。仅就基因转录激活而言，其调节主要涉及下列基本要素。

（一）特异 DNA 序列

在基因内和基因外都有一些特异的 DNA 序列，与结构基因表达调控有关，能够被基因调控蛋白特异性识别和结合，这些特定的 DNA 序列称为顺式作用元件（cis-acting elements）。在分子遗传学中，相对同一分子或染色体而言称顺式（cis），相对不同分子或染色体而言称反式（trans）。因此顺式作用元件简言之就是指影响同一分子内基因表达活性的 DNA 序列。如图 13-1，A、B 分别代表同一 DNA 分子中的两段特异 DNA 序列。B 序列通过一定机制影响 A 序列，并通过 A 序列控制该基因转录起始的准确性及频率。A、B 序列就是调节这个基因转录活性的顺式作用元件。不同基因具有各自特异的顺式作用元件，且原核生物与真核生物有所不同。

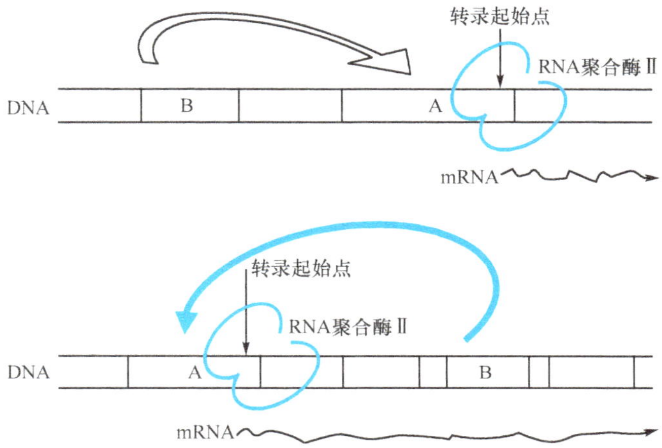

图 13-1　顺式作用元件

1. 原核生物的顺式作用元件　主要包括启动序列（promoter）、阻遏蛋白结合位点即操纵序列（operator）、正调控蛋白结合位点、增强子等。原核生物大多数基因表达调控是通过操纵子机制实现的，操纵子（operon）通常由 2 个以上的编码序列（coding sequence）与启动序列、操纵序列以及其他调节序列在基因组中成簇串联组成。见图 13-2。

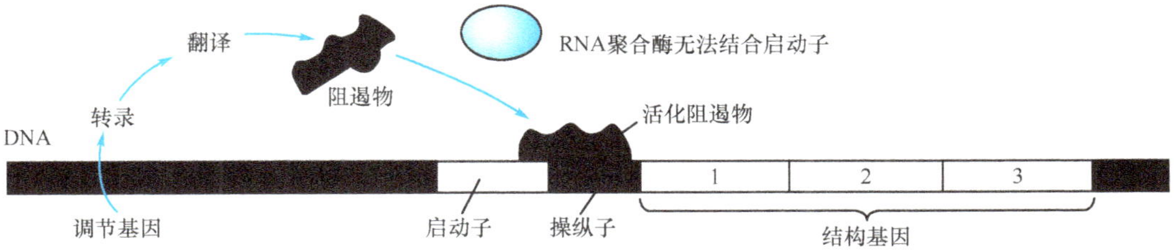

图 13-2　操纵子结构示意图

启动序列是 RNA 聚合酶特异性识别和结合的部位。启动序列有方向性，位于转录起始点上游，本身并不被转录。各种原核基因启动序列特定区域内，通常在转录起始点上游-10 及-35 区域存在一些相似序列，称为共有序列（consensus sequence）。*E. coli* 及一些细菌启动序列的共有序列在-10 区域是 TATAAT 盒，又称 Pribnow 盒（Pribnow box），在-35 区域为 TTGACA。这些共有序列中的任一碱基突变或变异都会影响 RNA 聚合酶与启动序列的结合及转录起始。因此，共有序列决定启动序列的转录活性大小。操纵序列与启动序列毗邻或接近，其 DNA 序列常与启动序列交错、重叠，是阻遏蛋白的结合位点。当操纵序列结合有阻遏蛋白时会妨碍 RNA 聚合酶与启动序列的结合，或使 RNA 聚合酶不能沿 DNA 向前移动，抑制转录，介导负性调节。有的原核生物操纵子中还有一种特异DNA序列可结合正调控蛋白(也称激活蛋白)。此时RNA聚合酶活性增强,使转录激活,介导正性调节。细菌中也存在可称为增强子的DNA元件,特定的蛋白质可与这种元件结合并激活基因转录,而这种元件的位置并不影响其功能。

2. 真核生物的顺式作用元件 真核基因组结构庞大,参与真核基因转录激活调节的DNA序列比原核更为复杂。根据功能特性,可将真核生物的顺式作用元件分为启动子(promoter)、增强子(enhancer)、沉默子(silencer)和反应元件等。与原核基因类似,在不同真核基因的顺式作用元件中也会时常发现一些共有序列,如TATA盒、CAAT盒、GC盒等。这些共有序列就是启动子的核心序列,它们是真核生物RNA聚合酶或特异转录因子的结合位点。增强子一般远离转录起始点,与调控蛋白结合后增强转录活性;沉默子则介导负性调节。反应元件是基因对某种调控信号产生反应、并通过与相应调节蛋白结合调控特定基因表达的一类特异DNA序列。

(二)调节蛋白

在原核细胞和真核细胞中,都有一种能够与顺式作用元件特异性识别、结合,并对基因表达的转录起始过程有调控作用的蛋白质,称为反式作用蛋白或反式作用因子。不同基因具有各自特异的调控蛋白,且原核生物与真核生物的作用方式不同。

1. 原核生物的调节蛋白 原核生物基因调节蛋白分为三类:特异因子、阻遏蛋白和激活蛋白,它们都是DNA结合蛋白。特异因子决定RNA聚合酶对一个或一套启动序列的特异性识别和结合能力。如σ^{70}识别TTGACA序列,而σ^{32}识别另一套启动序列,控制热休克蛋白基因的表达。阻遏蛋白可以识别、结合操纵序列,抑制基因转录,介导负性调节。阻遏蛋白主要通过抑制开放启动子复合物的形成而抑制基因转录,这种阻遏蛋白介导的负性调节机制在原核生物中普遍存在。激活蛋白可结合启动序列邻近的DNA序列,提高RNA聚合酶与启动序列的结合能力,从而增强RNA聚合酶的转录活性。分解代谢物基因激活蛋白(catabolite gene activator protein,CAP)就是一种典型的激活蛋白,对乳糖操纵子的表达至关重要。因为乳糖操纵子在没有CAP存在时,RNA聚合酶结合启动序列的作用很弱,所以基因几乎不能转录。

笔记栏

2. 真核生物的调节蛋白 真核基因调节蛋白又称转录调节因子或转录因子(transcription factors,TF)。绝大多数真核基因转录调节因子由它的编码基因表达后,通过与特异的顺式作用元件识别、结合反式激活另一基因的转录,这些因子通常是通过与增强子或上游启动子元件结合而发挥作用,其中对基因表达有激活作用的因子又称为激活蛋白。必须注意,并不是所有真核调节蛋白都起反式作用,有些基因产物可特异识别、结合自身基因的调节序列,调节自身基因的开启或关闭,这就是顺式作用(图13-3)。大多数因子是转录调节蛋白是DNA结合蛋白;还有一些不能直接结合DNA,而是通过蛋白质-蛋白质相互作用参与DNA-蛋白质复合物的形成,调节基因转录。

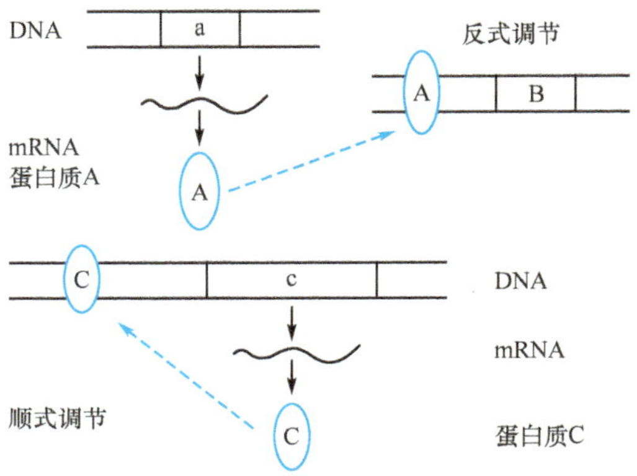

图13-3 真核基因的反式调节和顺式调节

(三)DNA-蛋白质及蛋白质-蛋白质的相互作用

DNA-蛋白质相互作用指反式作用因子与顺式作用元件之间的特异识别及结合,这种结合通常是非共价键结合。如反式作用因子DNA结合域中特定氨基酸侧链的基团(R基团)可与DNA大沟中特定碱基上的基团相互作用形成氢键。暴露于DNA大沟侧缘的胸腺嘧啶的甲基($—CH_3$)是疏水的,因而可与疏水性氨基酸残基Ala、Val、Leu、Ile等建立疏水键联系。蛋白质与特定DNA序列之间的特异性结合是由两个因素决定的:①碱基和氨基酸之间的特异性作用。这种作用一方面取决于碱基和氨基酸上的某些特异性基团,另一方面与蛋白质和DNA的空间构象有关。②使多肽链中的碱性氨基酸残基与戊糖-磷酸骨架之间能够建立电荷联系。

通常情况下,在调节蛋白质与DNA结合前,需要通过蛋白质-蛋白质相互作用形成二聚体(dimer)或多聚体(polymer)。所谓二聚化(dimerization)就是指两个分子单体(monomer)通过一定结构域结合成二聚体,它是调节蛋白结合DNA 时最常见的形式。有两个相同亚基形成的二聚体称同二聚体(homodimer),由两个不同亚基形成的二聚体称异二聚体(heterodimer)。一般来说,异二聚体比同二聚体具有更强的 DNA 结合能力。但有时由于调节蛋白结构不同,二聚化后也可能丧失结合 DNA 的能力。调节蛋白的二聚化或多聚化在原核、真核都存在。除二聚化或多聚化反应外,还有一些调节蛋白不能直接结合 DNA,而是通过蛋白质-蛋白质相互作用间接结合 DNA,调节基因转录,这在真核生物中很常见。

(四) RNA 聚合酶

最终通过 RNA 聚合酶活性体现上述特异 DNA 序列和调节蛋白对转录激活的调节。其中启动序列/启动子的结构、调节蛋白的性质对 RNA 聚合酶活性的影响最大。

1. 启动序列/启动子对 RNA 聚合酶活性的影响 原核启动序列或真核启动子是由转录起始点、RNA 聚合酶结合位点及控制转录的调节组件组成。研究表明,原核基因启动序列会影响其与 RNA 聚合酶的亲和力,而亲和力大小则直接影响转录启动的效率。例如,很多 *E. coli* 的启动序列在-10 和-35 区域有 TATAAT 和 TTGACA 共有序列,如果将一个启动序列的共有序列被置换为非共有序列,或将一启动序列的非共有序列代之以共有序列,则会得到使转录活性降低或增加两种截然不同的结果。可见,原核生物 RNA 聚合酶活性与启动序列有关。但是,真核生物 RNA 聚合酶单独存在时与启动子的亲和力极低或无亲和力,必须与基本转录因子形成复合物才能与启动子结合。因此,对真核 RNA 聚合酶活性来说,除启动子外尚与所存在的转录调节因子有关。

2. 调节蛋白对 RNA 聚合酶活性的影响 原核特异因子 σ 可以改变 RNA 聚合酶识别启动序列的特异性,这是调节蛋白影响 RNA 聚合酶活性的典型实例。当细菌发生热应激时,全酶中通常的 σ^{70} 被 σ^{32} 取代,这时 RNA 聚合酶就会改变其对常规启动序列的识别,而结合另一套启动序列,启动热休克基因的表达。

可诱导基因和可阻遏基因的表达产物浓度随环境刺激信号的不同而发生变化。这些基因何以能对环境信号做出应答呢?原来这些基因都有一个由启动序列或启动子决定的基础转录频率。一些特异调节蛋白在适当环境信号刺激下在细胞内表达,随后这些调节蛋白通过 DNA-蛋白质或蛋白质-蛋白质相互作用影响 RNA 聚合酶活性,从而使基础转录频率发生改变,出现表达水平变化。诱导剂、阻遏剂等小分子信号所引起的基因表达变化都是通过使调节蛋白分子构象改变,直接或间接调节 RNA 聚合酶活性,进而影响转录起始过程。

第三节 原核基因表达调控

原核生物对环境反应快,主要原因是其转录和翻译过程偶联进行,且 mRNA 半衰期短、降解快。原核生物基因表达调控主要在转录水平。本节主要以大肠埃希菌为例介绍原核生物基因表达调控的特点与原理。

一、原核基因转录调节特点

原核基因的表达调控主要发生在转录水平,原核基因转录调节有以下特点。

(一) σ 因子决定 RNA 聚合酶识别特异性

大肠埃希菌(*E. coli*)仅含有一种 RNA 聚合酶,核心酶($\alpha_2\beta\beta'$)参与转录延长,全酶($\alpha_2\beta\beta'\sigma$)司转录起始。其中 σ 因子含有识别启动序列的结构域,其作用就是确保 RNA 聚合酶与特异启动序列而不是其他位点的稳定结合。当 σ 因子作为独立的多肽链存在时,并不能与 DNA 结合;只有当 σ 因子与核心酶组成全酶时,其空间构象改变,才可在转录起始点上游与 DNA 发生特异性结合。由于 σ 因子的参与,RNA pol 全酶与启动序列结合的特异性大大增强,达到识别非特异性序列能力的 10^7 倍。不同的 σ 因子决定 RNA 聚合酶识别一套特定的启动序列,从而打开一套特定的基因。

(二) 操纵子机制的普遍性

大多数细菌转录单位为多顺反子,即多个功能相关的结构基因串联在一起构成一个转录单位,依赖同一调控序列对其进行转录调节,使这些相关基因实现协调表达。这样一个多顺反子转录单位与其调控序列即构成操纵子(operon),

笔记栏

如乳糖操纵子(*lac* operon)、阿拉伯糖操纵子(*ara* operon)及色氨酸操纵子(*trp* operon)等。因此,操纵子机制在原核基因转录调控中具有较普遍的意义。操纵子主要由信息区和调控区两部分构组成。信息区一般含有2~6个结构基因,有的多达20个以上。调控区位于转录起始点上游,包括与RNA聚合酶结合的启动序列、与阻遏蛋白结合的操纵序列、及一些情况下与激活蛋白结合的位点等。原核基因的协调表达就是通过调控同一启动基因的活性来实现的。

(三)阻遏蛋白与阻遏机制的普遍性

阻遏蛋白是一类在转录水平对基因表达产生负调控作用的蛋白质。在很多原核操纵子系统,特异的阻遏蛋白是控制原核启动序列活性的重要因素。当阻遏蛋白与操纵序列结合时,不能形成开放的启动子复合物,基因被阻遏(repression);相反,当特定的信号分子与阻遏蛋白结合时,使阻遏蛋白变构失活,与DNA解聚,则基因去阻遏(derepression)。原核基因表达调控普遍涉及阻遏蛋白参与的开、关调节机制。

二、原核生物转录起始调节

操纵子是原核生物基因表达调控的普遍模式,但其表达调控的开、关机制主要发生在转录起始阶段。下面就以乳糖操纵子为例介绍原核生物的转录起始调节机制。

(一)乳糖操纵子的结构

大肠埃希菌乳糖操纵子包括4类基因:①结构基因,能通过转录、翻译使细胞产生一定的酶系统和结构蛋白,这是与生物性状的发育和表型直接相关的基因。乳糖操纵子包含3个结构基因:lacZ、lacY、lacA。LacZ合成β-半乳糖苷酶,lacY合成透过酶,lacA合成乙酰基转移酶。②操纵基因O,控制结构基因的转录速度,位于结构基因的附近,本身不能转录成mRNA。③启动基因P,位于操纵基因的附近,它的作用是发出信号,mRNA合成开始,该基因也不能转录成mRNA。④调节基因i,可调节操纵基因的活动,调节基因能转录出mRNA,并合成一种蛋白,称阻遏蛋白。操纵基因、启动基因和结构基因共同组成一个单位——操纵子(operon)。

(二)乳糖操纵子的转录调控机制

1. 调节乳糖催化酶产生的操纵子就称为乳糖操纵子 其调控机制简述如下(图13-4):

(1)抑制作用:调节基因转录出mRNA,合成阻遏蛋白,因缺少乳糖,阻遏蛋白因其构象能够识别操纵基因并结合到操纵基因上,因此RNA聚合酶就不能与启动基因结合,结果结构基因不能转录出mRNA,不能翻译酶蛋白。

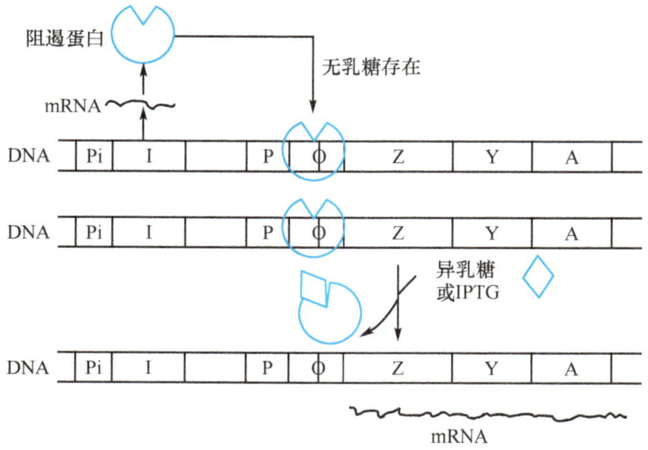

图13-4 乳糖操纵子的结构及阻遏蛋白负调控

(2)诱导作用:乳糖的存在情况下,乳糖代谢产生别乳糖(allolactose),别乳糖能和调节基因产生的阻遏蛋白结合,使阻遏蛋白改变构象,不能再和操纵基因结合,失去阻遏作用,结果RNA聚合酶便与启动基因结合,并使结构基因活化,转录出mRNA,翻译出酶蛋白。

(3)负反馈:细胞质中有了β-半乳糖苷酶后,便催化分解乳糖为半乳糖和葡萄糖。乳糖被分解后,又造成了阻遏蛋白与操纵基因结合,使结构基因关闭。

2. 乳糖操纵子的表达既有阻遏蛋白的负性调节，又存在 CAP 的正性调节（图 13-5）　CAP (catabolite gene activator protein)是同二聚体，具有与 DNA 和 cAMP 结合的结构域，CAP 与 DNA 结合的前提是先与 cAMP 结合。在大肠埃希菌中，cAMP 的浓度受葡萄糖代谢的调节。当环境没有葡萄糖时，细胞内 cAMP 浓度增高，cAMP 与 CAP 结合，这时 CAP 结合在 *lac* 操纵子 P 序列附近的 CAP 位点，增强 RNA 聚合酶转录活性，使之提高约 50 倍。当有葡萄糖存在时，cAMP 浓度降低，cAMP 与 CAP 结合受阻，CAP 则不能与 DNA 结合发挥正性调节作用，因此 *lac* 操纵子表达下降。

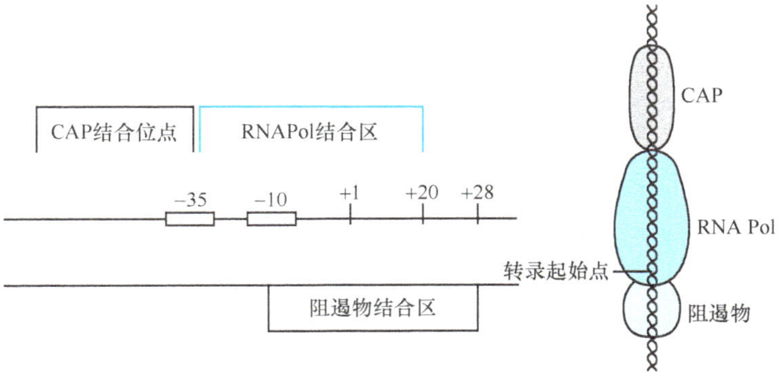

图 13-5　乳糖操纵子的 CAP 正性调节示意图

3. 协调调节　野生型 *lac* 操纵子的启动序列作用很弱，所以其转录起始是由 CAP 的正性调节和阻遏蛋白的负性调节两种机制协调合作来实现的。当阻遏蛋白封闭 O 序列时，CAP 对该系统不能发挥作用；但当阻遏蛋白与 O 序列解聚时，操纵子仍几乎无转录活性，此时必须有 CAP 的正性调节，才能有效转录。可见，两种机制相辅相成、互相协调、互相制约。

两种机制的协调作用可因葡萄糖和乳糖的存在与否分为四种情况：①有葡萄糖没有乳糖：此时阻遏蛋白与 O 序列结合，并且没有 CAP 的正调控作用，基因处于关闭状态。②葡萄糖和乳糖都有：葡萄糖降低 cAMP 浓度，阻碍 cAMP 与 CAP 结合，使 CAP 不能发挥正调控作用而抑制 *lac* 操纵子转录。这时，细菌优先利用葡萄糖。这种葡萄糖对 *lac* 操纵子的阻遏作用称为分解代谢阻遏（catabolic repression）。③葡萄糖和乳糖都没有：阻遏蛋白封闭 O 序列，CAP 的正调控无效，基因仍处于关闭状态。④有乳糖没有葡萄糖：阻遏蛋白与 O 序列解聚，且有 CAP 的正调控作用，*lac* 操纵子被打开，转录活性最强。*lac* 操纵子的调节机制如图 13-6。

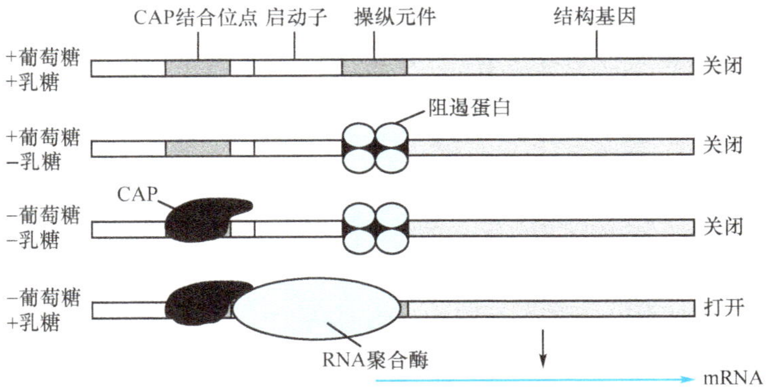

图 13-6　乳糖操纵子调控机制

三、原核生物转录终止调节

大肠埃希菌存在两种转录终止的调节方式：一种称为衰减(attenuation)，使操纵子的转录过早终止；另一种称为抗终止，即阻止转录过早终止，使下游基因得以表达。下面以色氨酸操纵子(*trp* 操纵子)为例主要介绍转录终止的衰减调节。

（一）色氨酸操纵子的结构

trp 操纵子的信息区含 *trp*E、*trp*D、*trp*C、*trp*B、*trp*A 五个结构基因，分别编码合成色氨酸所需的酶。结构基因上游是启动序列 P、操纵序列 O 和前导基因 L，三者构成调控区。调控区上游还有调节基因 R，编码阻遏蛋白（图 13-7）。

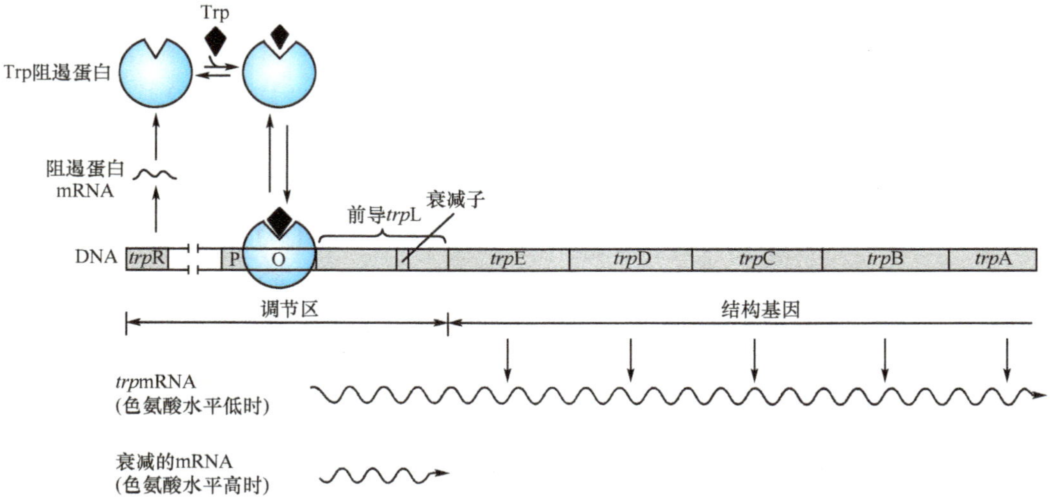

图 13-7 色氨酸操纵子的结构

（二）色氨酸操纵子的转录调控机制

色氨酸操纵子负责大肠埃希菌色氨酸的合成，其转录调控受阻遏机制和衰减机制的双重调节。

1. 阻遏蛋白的调控作用 *trp* 操纵子是一种阻遏型操纵子。当色氨酸丰富时，色氨酸与阻遏蛋白结合，引起阻遏蛋白构象变化，并使之与 O 序列结合抑制转录。当色氨酸缺乏时，阻遏蛋白不能与 O 序列结合，对转录无抑制作用（图 13-7）。

2. 色氨酸操纵子的衰减调节 与前导基因 *trp*L 有关。*trp*L 位于结构基因 *trp*E 与 O 序列之间，长度为 162bp。其中第 27～79 碱基编码 14 个氨基酸组成的前导肽，并且第 10、11 两个密码子均为色氨酸。前导基因 mRNA 可分成 4 段相互之间能配对形成局部双链的核苷酸序列，即序列 1 与 2、2 与 3、3 与 4 均可配对形成茎环结构，但只有序列 3 与 4 形成的茎环结构才能终止转录，它是典型的不依赖 ρ 因子的强终止信号，即为衰减子的核心部分。前导肽的编码基因位于序列 1 中。

衰减调节就是前导基因转录与前导肽翻译过程的偶联。当色氨酸供应充足时，核糖体很快覆盖序列 1 与 2，则序列 3、4 互补形成衰减子（attenuator），使前方的 RNA 聚合酶脱落，转录终止。当色氨酸缺乏时，序列 1 翻译受阻，序列 2、3 形成发夹结构，阻止了衰减子的形成，使转录继续进行（图 13-8）。

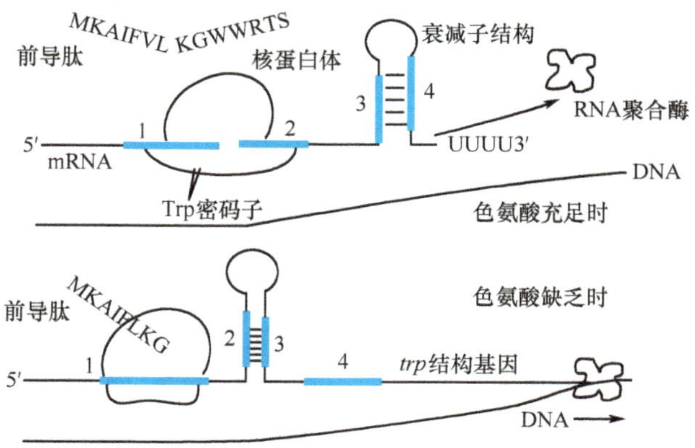

图 13-8 色氨酸操纵子的衰减调节机制

四、原核生物翻译水平调节

与转录类似，翻译一般也在起始和终止阶段受到调节，尤其是起始阶段。下面介绍几种类型的翻译水平调节。

（一）SD 序列对翻译的影响

不同基因的 SD 序列有一定差异，但小亚基 16S rRNA3′端与 SD 序列互补的序列是固定不变的。因此不同 SD 序列与 16S rRNA 结合的效率是不同的，导致翻译起始的效率不同。另外，SD 序列与起始密码子之间的距离也影响翻译的起始效率。

（二）小分子 RNA 的调控作用

某些 RNA 分子对基因表达有调节作用，称为调节 RNA。细菌中有一种反义 RNA，含有与特定 mRNA 翻译起始部位互补的序列，通过与 mRNA 杂交阻断小亚基 16S rRNA 与 SD 序列的结合，因而抑制了翻译起始。这种调节称为反义控制。

（三）释放因子 RF-2 对自身翻译的调节

RF-2 的 mRNA 不是一个连续的开放阅读框，前面 25 个氨基酸与后面 315 个氨基酸的编码区之间是一个终止密码 UGA 和一个 C（UGAC）。当有 RF-2 存在时，mRNA 翻译到 UGA 处被 RF-2 提前终止，释放不成熟的 25 肽。没有 RF-2 时，在 UGA 处不能终止，但发生阅读框移动，以 GAC 形成第 26 个密码子，继续翻译到最后终止密码子 UAG，被 RF-1 终止释放完整的 RF-2。

第四节　真核基因表达调控

由于真核基因结构与功能的复杂性，使其表达调控也是在多极水平上进行的复杂事件。真核基因表达调控可分为两大类：一是瞬时调控或称可逆性调控，它相当于原核细胞对环境变化所做出的反应，比如细胞周期中不同阶段酶活性的调节；二是发育调控或称不可逆调控，是真核基因调控的精髓，它决定了真核细胞生长、分化、发育的全部进程。

一、真核基因组结构特点

（一）真核基因组结构庞大

一个单倍体基因组的 DNA 总量称为该物种的 C 值（C value）。在真核生物中，物种进化的复杂程度与 C 值并不完全一致，称为 C 值矛盾（C value paradox）。比如一些植物和两栖类动物，它们的 DNA 含量可高达 10^{10}～10^{11} bp，而哺乳动物的基因组仅为 3×10^{9} bp，说明基因组大小与遗传复杂性之间缺乏必然联系。另外，真核基因 DNA 的量远远大于编码蛋白质所需的量。现知人类基因组约有 30 000～35 000 条基因，其编码序列仅占 1% 左右，余下那么多 DNA 有什么功能目前尚不清楚。

（二）单顺反子

与原核基因不同，真核基因转录产物为单顺反子（monocistron），即一个编码基因转录生成一个 mRNA 分子、翻译生成一条多肽链。但很多真核蛋白质是由几条不同多肽链组成的，因此在真核细胞存在多个基因协调表达的问题。

（三）重复序列

在原核、真核基因组中都有重复出现的核苷酸序列，但在真核更普遍。根据重复频率可将重复序列分为高度重复序列、中度重复序列和单拷贝序列。高度重复序列拷贝数在 10^{6} 以上，重复单位短小，也称为简单序列 DNA；中度重复序列拷贝数小于 10^{6}，多为 10^{3}～10^{4}，每个重复序列为数百至几千个碱基对大小，分布于单拷贝序列之间；单拷贝序列在整个基因组中只出现一次或很少的几次。还有一种重复序列是由两个互补序列、在同一 DNA 链上反向排列而成，称为反转重复序列（inverted repeat）。重复序列有种属特异性，基因组愈大，重复序列含量愈丰富。重复序列及基因重组均与生物进化有关。

（四）基因不连续性

不连续基因（interrupted genes）指基因的编码序列在 DNA 分子上是不连续的，被一些不编码的序列所隔开，也称为断裂基因（split genes）。即真核生物的结构基因是由若干个编码序列和非编码序列镶嵌排列而成的。编码序列称外显子（exon），非编码序列称内含子（intron）。此外，真核结构基因两侧也存在不被转录的非编码序列，往往是基因表达的调控区。

二、真核基因表达调控特点

由于真核细胞 DNA 与组蛋白结合形成具有高级结构的染色质，因此基因表达调控机制更加复杂。与原核生物相比，具有如下特点。

（一）活性染色质结构的变化

当真核基因被激活时，染色质结构主要表现如下变化。

1. 对核酸酶敏感性提高 用 DNase Ⅰ 处理各种组织的染色质时，发现处于活化状态的基因比非活化状态的 DNA 更容易被 DNase Ⅰ 所降解。研究发现，活跃表达基因所在染色质上一般含有一个或数个 DNase Ⅰ 超敏位点（hypersensitive site）。它们大多位于基因的 5′端启动区，少数在 3′侧翼区甚至可在转录区内。

2. DNA 拓扑结构变化 当基因活化时，RNA 聚合酶前方的转录区 DNA 拓扑结构为正超螺旋构象，其后面的 DNA 则为负超螺旋构象。负超螺旋构象有利于核小体结构的再形成，但正超螺旋构象不仅阻碍核小体结构形成，而且促进组蛋白 H2A-H2B 二聚体的释放，使 RNA 聚合酶有可能向前移动，进行转录。

3. DNA 碱基修饰变化 在真核 DNA 中，有 5% 的胞嘧啶被甲基化为 5-甲基胞嘧啶，这种甲基化常发生在某些基因的 CpG 序列的 5′侧翼区。由于这些 CpG 序列通常成串出现在 DNA 上，故将这段序列称为 CpG 岛。甲基化范围与基因表达程度呈反比关系，处于转录活化状态基因的 CpG 序列呈低甲基化状态。

4. 组蛋白的修饰变化 组蛋白 H3、H4 发生乙酰化、磷酸化及泛素化修饰，使核小体结构变得不稳定或松弛。如组蛋白中 Ser、Arg 乙酰化，可解除组蛋白对基因表达的抑制作用，有利于转录。

（二）正性调节占主导地位

尽管已发现某些真核基因含有负性调控元件，但并不普遍存在。绝大多数真核基因以正性调节为主，这与原核基因以负性调控为主正好相反。其原因有二：①采用正性调节更精确：真核基因组结构庞大，如果采用多种调节蛋白可提高蛋白质与 DNA 相互作用的特异性，这是因为功能上并列、相关的几种蛋白质结合位点重复发生的概率是极小的。②采用负性调节不经济：如人类基因组 3 万～4 万个基因都采用负性调节，那么每个细胞必须合成 3 万～4 万个阻遏蛋白，这显然是不经济、且无法实现的。在正性调节中，大多数基因不结合调节蛋白时没有活性，只要细胞表达一组激活蛋白，相关靶基因即可被激活。

（三）RNA 聚合酶

真核 RNA 聚合酶有三种，即 RNA pol Ⅰ、Ⅱ、Ⅲ。它们分别在不同转录因子的帮助下作用于不同的启动子，负责三种 RNA 转录，故比原核生物转录调控要精确。

（四）转录与翻译在时空上的分隔

原核细胞转录与翻译偶联进行。在真核生物中，转录在先，翻译在后；转录在细胞核，翻译在细胞质。这种时空差别使真核基因表达调控更为复杂有序。

（五）转录后加工修饰

真核基因转录初级产物的加工剪接及修饰等过程比原核生物复杂。

三、RNA pol Ⅰ 和 RNA pol Ⅲ 的转录调节

RNA pol Ⅰ 转录产物为 rRNA 前体，RNA pol Ⅲ转录产物为 tRNA 前体及 5S rRNA 等。rRNA 和 tRNA 直接参与蛋白质合成过程，因此它们的表达水平将直接影响蛋白质编码基因的表达。

（一）RNA pol Ⅰ 转录体系的调节

真核生物 rRNA 的基因为串联重复序列，不同生物重复单位长短不一，但转录产物只有一种 45S rRNA。RNA pol Ⅰ 转录功能相对单一，转录起始所需的调控序列及转录因子的种类也相对较少。

人 rRNA 前体基因的启动子只有两个元件，一个位于转录起始点附近（-45～+20bp），称核心元件（core element），它的存在足以使起始转录。另一个位于转录起始点上游-156～-107bp，称上游控制元件（upstream control element，UCE），其作用是提高转录起始效率。RNA pol Ⅰ 需两种转录因子帮助起始转录。上游结合因子

1(upstream binding factor 1,UBF1)既能与 UCE 又能与核心元件特异结合。选择性因子 1(selectivity factor 1,SL1)继 UBF1 后与两个元件结合,但无序列特异性,可能与蛋白质间的相互作用有关。上述结合完成后,RNA pol Ⅰ即与启动子结合而起始转录。

(二) RNA pol Ⅲ转录体系的调节

RNA pol Ⅲ能转录多种 RNA 的基因,这里主要讨论 tRNA 和 5S rRNA 基因的转录调节。与其他基因不同,这两类基因的结构特点是启动子位于转录起始点下游的转录区内,称内部控制区(internal control regions,ICR)。ICR 主要由 A 盒(TGGCNNAGTGG)和 B 盒(GGTTCGA NNCC)两个元件组成。

RNA pol Ⅲ催化 tRNA 基因转录起始需两种转录因子 TF Ⅲ C 和 TF Ⅲ B,二者均为多亚基结构。转录首先以 TF Ⅲ C 结合 A 盒和 B 盒开始,然后 TF Ⅲ B 结合于 A 盒上游,这一结合主要依赖 TF Ⅲ C 和 TF Ⅲ B 的相互作用。一旦 TF Ⅲ B 结合,RNA pol Ⅲ即可结合于转录起始点附近开始转录。TF Ⅲ B 结合后,TF Ⅲ C 即可脱落,对转录起始无影响。

5S rRNA 的转录起始需三种转录因子,除上述两种外尚需 TF Ⅲ A。TF Ⅲ A 首先与 ICR 结合,然后 TF Ⅲ C 结合,其余过程与 tRNA 基因的转录相同。无论是 tRNA 还是 5S rRNA 基因,真正的转录起始因子为 TF Ⅲ B。TF Ⅲ A 和 TF Ⅲ C 的作用在于协助 TF Ⅲ B,使RNA pol Ⅲ结合于转录起始点。

四、RNA pol Ⅱ转录起始的调控

RNA pol Ⅱ转录生成所有 mRNA 前体及大部分 snRNA,由 RNA pol Ⅱ调控的基因称Ⅱ类启动子基因。与 RNA pol Ⅰ和 pol Ⅲ相比,参与 RNA pol Ⅱ转录起始的顺式作用元件及转录因子要复杂得多,以满足 RNA pol Ⅱ转录成千上万种基因的需求。

(一) 顺式作用元件

根据功能特性,Ⅱ类启动子基因的顺式作用元件分为启动子、增强子、沉默子及反应元件。

1. 启动子　启动子(promoter)是指 RNA 聚合酶结合位点及周围的一组转录调控组件,每个组件含 7~20bp 的 DNA 序列。Ⅱ类启动子通常由 TATA 盒、部分上游启动子元件和一个转录起始点组成。在这些功能组件中,其核心元件是 TATA 盒,它的共有序列为 TATAAAA,通常位于转录起始点上游-25~-30bp。TATA 盒是基本转录因子 TFⅡD 的结合位点,它能控制转录起始的准确性及频率。除 TATA 盒外,GC 盒(GGGCGG)和 CAAT 盒(GCCAAT)也是很多基因常见的,它们通常位于转录起始点上游-30~-110bp 区域,故称上游启动子元件。由 TATA 盒和转录起始点即可构成最简单的启动子。典型的启动子由TATA盒及上游的 CAAT 盒和 GC 盒组成,这类启动子通常含有一个转录起始点及较高的转录活性。不典型的启动子不含 TATA 盒,这些启动子可分两类:一类为富含 GC 的启动子,常见于管家基因,这类启动子一般含数个分离的转录起始点;另一类启动子既不含 TATA 盒又没有 GC 富含区,这类启动子可有一个或多个转录起始点,大多数转录活性很低或根本没有转录活性,而是在胚胎发育、组织分化,或再生过程中受调节。

2. 增强子　所谓增强子(enhancer)是指远离转录起始点增强启动子转录活性的 DNA 序列。增强子最早发现于 SV40 早期基因的上游,有两个长 72bp 的正向重复序列。后来在病毒、植物、动物和人的正常细胞中都发现有增强子的存在。增强子有以下作用特点:①增强效应十分明显,一般能使基因转录频率增加 10~200 倍,有的可以增加上千倍。②其发挥作用的方式通常与方向、距离无关。③大多数为重复序列。增强子的一般跨度为 100~200bp,但其基本的核心组件常由 8~12bp 组成,可以有完整的或部分的回文结构。④增强效应有严格的组织和细胞特异性。⑤增强子没有基因专一性,可以在不同的基因中表现增强效应,甚至对同源和异源基因都有效。⑥增强子的活性与其在 DNA 双螺旋结构中的空间方向性有关。⑦许多增强子还受外部信号的调控。

3. 沉默子　沉默子(silencer)是 20 世纪 80 年代末才被证实的负性调控元件。当其结合特异蛋白因子时,对基因转录起阻遏作用。有时,同一 DNA 元件可以既有增强子活性又有沉默子活性,这取决于与之结合的蛋白质性质。

4. 反应元件　反应元件是基因对某种调控信号产生反应、并通过与相应调节蛋白结合调控特定基因表达的一类特异 DNA 序列。根据调控信号的不同,反应元件可有 cAMP 反应元件、激

素反应元件、金属反应元件、血清反应元件等多种。

（二）反式作用因子

反式作用因子是能直接与顺式作用元件识别与结合，调控靶基因转录效率的蛋白质。又称为转录调节因子或转录因子（transcription factors，TF），RNA polⅡ需要的转录因子很多，结构也相当复杂。

1. 转录因子的分类 按功能特性可将其分为两类。

（1）基本转录因子（general transcription factors）：是帮助 RNA polⅡ与启动子结合所必需的一组蛋白质因子。它们识别结合 TATA 盒，帮助 RNA polⅡ启动转录。基本转录因子包括 TFⅡD、TFⅡA、TFⅡB、TFⅡE、TFⅡF 及 TFⅡH，为 RNA 聚合酶Ⅱ催化所有 mRNA 转录所必需。

（2）特异转录因子（special transcription factors）：为个别基因转录所必需，决定该基因表达的时间和空间特异性。此类特异因子又分两种：①转录激活因子（transcription activators），对转录起正调控作用，它们通常是一些增强子结合蛋白（enhancer binding protein，EBP）。②转录抑制因子（transcription inhibitors），对转录起抑制作用。多数转录抑制因子是沉默子结合蛋白，但也有抑制因子不依赖 DNA 起作用，而是通过蛋白质-蛋白质相互作用进行调控。

2. 转录因子的结构 转录因子至少包括两种不同的结构域：DNA 结合域和转录激活域。此外，很多转录因子还包含一个介导蛋白质-蛋白质相互作用的结构域，最常见的是二聚化结构域。

（1）DNA 结合域：通常由 60～100 个氨基酸残基组成。常见的 DNA 结合域有①锌指（zinc finger）：锌指结构最早发现于结合 GC 盒的 SP1 转录因子，由 30 个氨基酸残基组成，其中有 2 个 Cys 和 2 个 His，4 个氨基酸残基分别位于正四面体的顶角，与四面体中心的锌离子配价结合，稳定锌指结构。在 Cys 和 His 之间有 12 个氨基酸残基，其中数个为保守的碱性残基（图 13-9）。②碱性亮氨酸拉链（basic leucine zipper，bZIP）：是指两个平行走向，以固定间隔重复出现亮氨酸的两性 α 螺旋通过疏水侧亮氨酸的相互作用形成的对称二聚体。仿佛一条拉链被拉合，与拉链紧邻的 α-螺旋富含碱性氨基酸残基，为 DNA 结合区（图 13-10）。③碱性螺旋-环-螺旋（basic helix-loop-helix，bHLH）：结构特点与 bZip 相似，只是两个 α 螺旋结构之间多了一段非螺旋连接区（环）。HLH 通过两性螺旋疏水面相互作用形成二聚体。多数 HLH 蛋白在螺旋邻近处有碱性氨基酸区域，为 DNA 结合区（图 13-11）。④螺旋-转折-螺旋（helix-turn-helix，HTH）：这一类蛋白质分子中至少有两个 α 螺旋，中间由短侧链氨基酸残基形成"转折"，近羧基端的 α 螺旋中氨基酸残基的替换会影响该蛋白质在 DNA 双螺旋大沟中的结合。

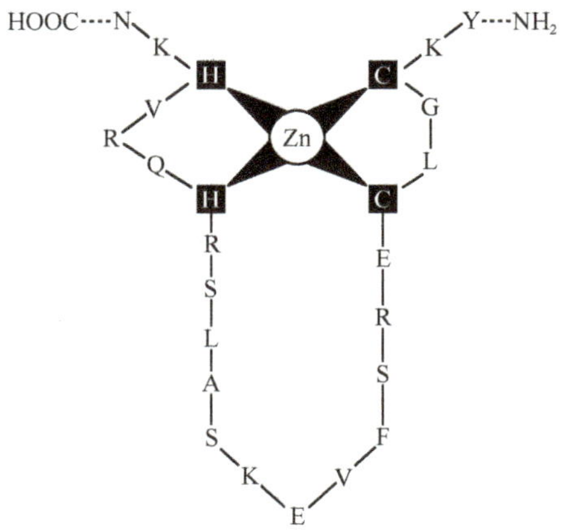

图 13-9 锌指结构

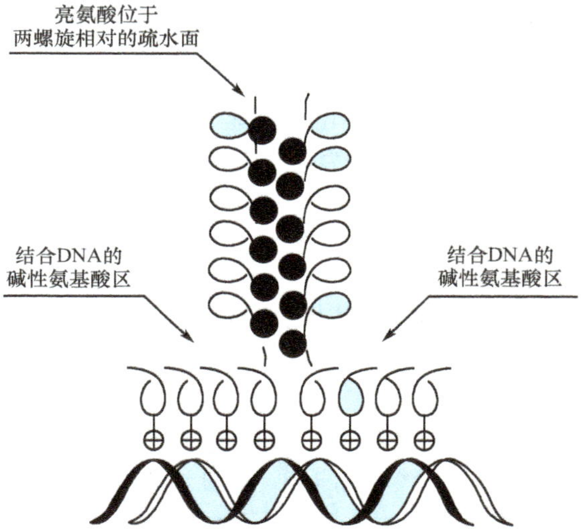

图 13-10 亮氨酸拉链

（2）转录激活域：一般由 30～100 个氨基酸组成。根据氨基酸组成特点，转录激活域分 4 种类型：①富含谷氨酰胺的结构域；②富含脯氨酸的结构域；③带负电荷的 α 螺旋结构域；④含有双性 α 螺旋和酸性氨基酸的结构域。

（3）二聚化结构域：二聚化作用与上述 bZIP 的亮氨酸拉链、bHLH 的螺旋-环-螺旋及细

笔记栏

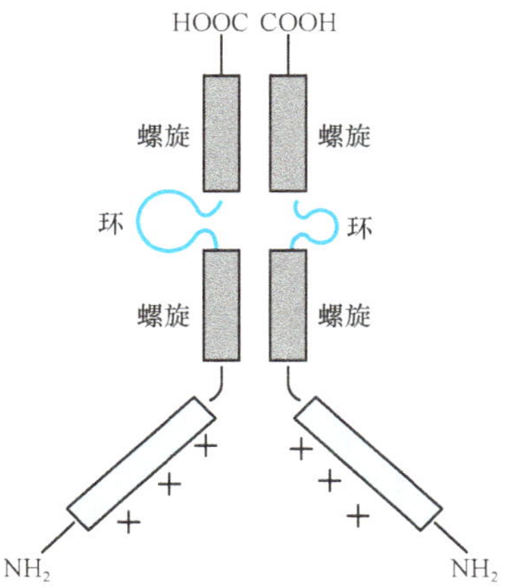

图 13-11　螺旋-环-螺旋

胞内受体等结构有关。

（三）mRNA 转录激活及其调节

真核 RNA pol Ⅱ不能单独识别结合启动子，而是先由基本转录因子 TFⅡD 中的 TBP（TATA box-binding protein）识别 TATA 盒，并在 TAF（TATA box-binding protein-associated factor）参与下形成 TFⅡD-启动子复合物。接着在 TFⅡA～TFⅡF 等基本转录因子的参与下，RNA pol Ⅱ与 TFⅡD、TFⅡB 聚合，形成一个功能性的前起始复合物 PIC（pre-initiation complex）。这种复合物尚不稳定，也不能有效启动 mRNA 转录。在迂回折叠的 DNA 构象中，已与增强子结合的转录激活因子通过 TAF 作用于 TFⅡD，形成稳定的转录起始复合物（图 13-12）。此时，RNA pol Ⅱ才能真正启动 mRNA 转录。

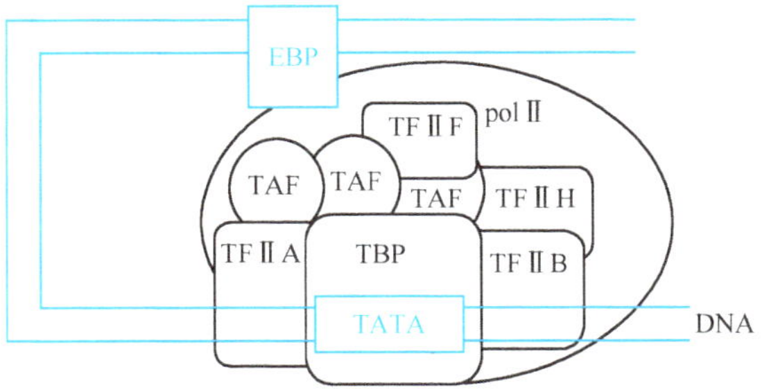

图 13-12　转录起始复合物的形成

在上述 TFⅡD-复合物中，TBP 是 RNA polⅡ转录起始前第一个与 DNA 结合的因子，也是 3 种 RNA 聚合酶转录时都需要的。TAF 种类繁多，其主要作用是将反式作用因子的转录调控结构域与基础转录复合物彼此连接，不同种类的转录激活因子可能通过特异的 TAF 参与转录水平的调控，形成“激活型”转录起始复合物。因此，TAF 是真核基因转录调控的重要辅助因子。激活因子-TAF-基本转录因子可以在基因转录的不同时期、不同阶段参与转录起始复合物组装和转录的动态过程。

真核基因转录激活调节是复杂的、多样的。不同的 DNA 元件组合可产生多种类型的转录调节方式；多种转录因子又可结合相同或不同的 DNA 元件。特异转录因子结合 DNA 前常二聚化形成二聚体复合物。组成二聚体的单体不同，二聚体结合 DNA 的能力也不同，对转录激活过程所产生的效果各异，有正性调节或负性调节之分。因此，由于基因调控元件不同，存在于细胞内的因子种类、性质及浓度不同，所发生的 DNA-蛋白质、蛋白质-蛋白质相互作用类型不同，结果将会以不同的方式调控不同基因的转录激活。

五、RNA pol Ⅱ转录终止的调节

真核 mRNA 基因转录终止机制尚不十分清楚，它不是聚合酶指导的 RNA 合成停止。RNA 链在延伸过程中受到某种 RNA 蛋白质复合物或其他未明机制的控制使聚合酶延伸复合物由模板脱离，同时配合加尾修饰。有证据表明一些真核基因及感染细胞中的病毒基因可以靠抗终止方式调节转录水平。

（一）HIV 基因抗转录终止调节

HIV 基因的有效表达需要病毒蛋白 Tat，它是一种抗终止蛋白，可使 RNA pol Ⅱ通过转录终止点，其作用方式与 λ 噬菌体的 PN 蛋白相似。Tat 与 HIV 转录产物 5′端特异 RNA 序列结合，并与宿主蛋白质、RNA pol Ⅱ相互作用，使延长中的 RNA 形成一定的二级结构，阻止 HIV 基因组转录过程的提早终止。相反在没有 Tat 存在时，HIV 基因的转录将提前终止。

（二）HSP 基因抗转录终止调节

真核细胞与原核一样，在环境温度升高时可启动一套能够提高细胞生存能力的热休克蛋白（HSP）基因的转录。在果蝇未受到热刺激时，HSP 70 基因中 RNA pol Ⅱ提前休止在+25bp 处；当热诱导 90 秒后，RNA pol Ⅱ开始向下滑动，RNA 表达明显提高。这是因为在热休克时，热休克转录因子（heat shock transcription factor，HSTF）快速地由无活性转变为有活性状态。这

笔记栏

种类型的调节对诱导基因快速表达极其适用，其他基因包括 *c-myc* 也有类似现象。

六、转录后水平的调节

mRNA 前体 hnRNA 需经历转录后加工、由胞核转至胞质等过程，方能作为蛋白质生物合成的模板。对这一系列过程的调节同样可控制基因的表达水平。

（一）5′端加帽和3′端 poly A 的调控作用

mRNA5′端帽子具有保护 mRNA 防止降解，增强 mRNA 的可翻译性，促进 mRNA 从细胞核运输到细胞质等作用。3′端 poly A 也可保护 mRNA 免于迅速降解，促进 mRNA 的翻译效率。

（二）mRNA 的选择剪接对基因表达的调控作用

真核生物约有 5% 的 pre-mRNAs 可以两种以上的形式进行剪接，称为选择剪接。

例如，凋亡调控基因 bax 编码产生的蛋白质有 α、β、γ 等几种，差异的产生来自于 mRNA 的选择剪接。α 型 mRNA 保留了全部外显子（6 个），共 192 个密码子，翻译出 192 个氨基酸；β 型 mRNA 剪接过程保留了全部外显子，但同时也保留了第 5 个内含子，共 218 个密码子；γ 型 mRNA 剪接过程删除了第二个外显子，成熟 mRNA 只保留基因中的 5 个外显子，共 151 个密码子。

（三）mRNA 运输的调控作用

mRNA 的运输是受到控制的，但机制尚不清楚。^{3}H-尿嘧啶标记实验证实，成熟 mRNA 大约只有 20% 进入胞质，留在核内的 mRNA 约在 1 小时内降解成小片段。

（四）mRNA 稳定性的调控

所有类型 RNA 分子中，mRNA 寿命最短。mRNA 稳定性是翻译水平调控的一个重要因素。真核细胞 mRNA 的稳定性常常由特异的去稳定元件的存在与否来控制。如转铁蛋白（transferrin）mRNA 的 3′端非翻译区（3′-UTR）有一些去稳定序列，除去这些序列，可使转铁蛋白 mRNA 的稳定性大大提高。

转铁蛋白 mRNA 3′端去稳定序列的附近还存在一个约由 50 个碱基构成的 AU 丰富区，并形成茎环结构，称为铁反应元件（iron-response element，IRE），可与铁反应蛋白结合。而铁反应蛋白与 IRE 的亲和力是由铁控制的。当细胞内铁离子浓度很低时，铁反应蛋白与 IRE 结合，从而抑制邻近的去稳定序列的功能，使 mRNA 稳定；当细胞内铁离子浓度升高时，铁离子与铁反应蛋白结合，后者构象变化与 IRE 解离，从而失去其对邻近去稳定序列的抑制功能，转铁蛋白 mRNA 变为不稳定。

七、翻译水平的调节

真核细胞蛋白质生物合成过程复杂，涉及众多成分。目前发现对翻译过程的一些调控点主要在起始阶段和延长阶段，尤其是起始阶段。

（一）翻译起始的调控

1. 翻译起始因子活性的调节 蛋白质合成速率的快速变化很大程度上取决于起始水平，通过磷酸化调节起始因子活性对起始阶段有重要的控制作用。如 eIF-2 活性的调节。

2. mRNA 5′-UTR（Untranslated Regions）长度对翻译的影响 研究表明，当第一个 AUG 距 5′端帽子太近时，不易被 40S 亚基识别；如在 12 个核苷酸以内时，有一半以上的 40S 亚基会滑过第一个 AUG。

3. 阻遏蛋白的调控作用 如铁结合调节蛋白对铁蛋白（ferritin）mRNA 翻译的调控。与前述转铁蛋白 mRNA3′端 IRE 不同，铁蛋白 mRNA 5′-UTR 有一个铁反应元件（IRE），但无 AU 丰富区，可结合一分子铁结合调节蛋白。当该蛋白未与铁结合时，可与铁蛋白 mRNA 的 IRE 结合，从而抑制 mRNA 的翻译；当铁与该蛋白结合时，则该蛋白与 mRNA 解离，mRNA 的翻译效率可提高 100 多倍。

（二）小分子 RNA 的调控作用

与原核基因调节一样，某些小分子 RNA 也可调节真核基因表达。反义 RNA 是一种合成的调节因子 RNA，无论在原核细胞还是真核细胞都能抑制靶 RNA 的表达。

目前发现在植物、昆虫和哺乳动物细胞中都存在一种 RNA 干扰（RNA interference，RNAi）现象，可阻遏基因表达。细胞内存在一类双链 RNA（double-stranded RNA，dsRNA），可通过一定酶切机制，转变为 22 个核苷酸的小分子干扰 RNA（small interfering RNA，siRNA），双链siRNA 参与 RNA 诱导的沉默复合物（RNA-induced silencing complex，RISC）的组成。RISC 是一种多成分核酸酶，通过 siRNA 的识别作用，可使特异 mRNA 降解，导致宿主基因沉默，阻断翻译过程。在无脊椎动物中，RNAi 已成为特异性消除靶基因表达的一项有力技术。在哺乳动物，如果 dsRNA 长于 26 个核苷酸，此技术受到限制；如果较短的 dsRNA（21～23bp）被转入哺乳动物细胞，就会引起互补 RNA 的特异降解。

小　结

从 DNA 到蛋白质的过程叫基因表达（gene expression），对这个过程的调节即为基因表达调控（regulation of gene expression or gene control）。基因调控是现代分子生物学研究的中心课题之一。基因表达有严格的规律性，即时间和空间特异性基因表达调控主要表现在以下几个方面：①转录水平上的调控；② mRNA 加工、成熟水平上的调控；③ 翻译水平上的调控；按对刺激的反应性，基因表达的方式分为：组成性表达及诱导和阻遏表达。某些基因在一个个体的几乎所有细胞中持续表达，通常被称为管家基因，管家基因在个体各个生长阶段的大多数或几乎全部组织中持续表达，或变化很小。这类基因表达被视为组成性基因表达。在特定环境信号刺激下，相应的基因被激活，基因表达产物增加，这种基因称为可诱导基因。可诱导基因在特定环境中表达增强的过程，称为诱导，如果基因对环境信号应答是被抑制，这种基因是可阻遏基因。可阻遏基因表达产物水平降低的过程称为阻遏。

基因表达调控的指挥系统有很多种，不同生物使用不同的信号来指挥基因调控。原核生物和真核生物之间存在着相当大差异。原核生物中，营养状况、环境因素对基因表达起着十分重要的作用；而真核生物尤其是高等真核生物中，激素水平、发育阶段等是基因表达调控的主要手段，营养和环境因素的影响则为次要因素。原核生物的基因表达调控虽然比真核生物简单，然而也存在着复杂的调控系统，大多数原核基因调控是通过操纵子机制实现的。

真核生物基因表达调控与原核生物有很大的差异。原核生物同一群体的每个细胞都和外界环境直接接触，它们主要通过转录调控，以开启或关闭某些基因的表达来适应环境条件（主要是营养水平的变化），故环境因子往往是调控的诱导物。而大多数真核生物，基因表达调控最明显的特征时能在特定时间和特定的细胞中激活特定的基因，从而实现“预定”的，有序的，不可逆的分化和发育过程，并使生物的组织和器官在一定的环境条件范围内保持正常的生理功能。真核生物基因表达调控据其性质可分为两大类：第一类是瞬时调控或叫可逆调控，相当于原核生物对环境条件变化所做出的反应。瞬时调控包括某种代谢底物浓度或激素水平升降时及细胞周期在不同阶段中酶活性和浓度调节。第二类是发育调节或称不可逆调控，这是真核生物基因表达调控的精髓，因为它决定了真核生物细胞分化，生长，和发育的全过程。据基因调控在同一时间中发生的先后次序，又可将其分为转录水平调控，转录后的水平调控，翻译水平调控及蛋白质加工水平的调控。

（陈　竞　朱彦雨）

第 14 章　基因重组与基因工程

当病毒感染宿主细胞时，可以将自身DNA与宿主细胞DNA通过相互作用而整合在一起；真核生物在增殖、分裂、分化的过程中，染色体之间或单个染色体内也常发生DNA片断的转移或交换，这就是自然界的DNA重组（recombinant DNA）。自然界的DNA重组不仅是基因变异和物种演变、进化的基础，同时启示人类发展基因工程技术人为的操纵DNA重组。

基因工程（gene engineering）是在分子生物学、分子遗传学等学科基础上发展起来的一门新兴的、综合性的生物学技术，其内容主要是通过类似于工程设计的方法，获得目的基因表达的产物，或者人为的改造生物的遗传性状DNA，又称为DNA重组技术。

第一节　自然界的DNA重组

自然界的DNA重组方式包括同源重组（homologous recombination）、特异位点重组（site-specific recombination）和转座重组（transpositional recombination）等类型。

一、同源重组

同源重组又称基本重组，是指通过链的断裂和再连接，在两个DNA分子的同源序列间发生单链或双链片断的交换，即同源序列间的重组。所谓同源序列不是指特异DNA序列，而是说明两分子之间序列的相同和类似性。在减数分裂时，同源染色体联会，常常发生DNA片段之间的交换重组。

同源重组需要多种酶和辅助因子，尤其是recA蛋白。recA蛋白可结合单链DNA（single stranded DNA，ssDNA），形成recA-ssDNA复合物。此复合物可与含有同源序列的靶双链DNA相互作用，将结合的ssDNA插入双链DNA的同源区，与互补链配对，而将同源链置换出来。recBCD复合物具有三种酶活性：依赖ATP的核酸外切酶、核酸内切酶以及解螺旋酶活性。特异识别CHI位点（5′GGTGGTGG3′）并在其下游切除3′端的游离单链。rucC可切开同源重组的中间体。

Robin Holliday于1964年提出同源重组的Holliday模型。该模型的要点为：①两个同源染色体DNA排列整齐；②一个DNA的一条链断裂、并与另一个DNA对应的链连接，形成Holliday中间体；③通过分支移动产生异源双链DNA；④Holliday中间体切开并修复，形成两个双链重组体。切开的方式不同，所得到的重组产物也不同。如果切开的链并非原来断裂的链（图14-1A），重组体的每条链都含有不同亲本的DNA序列，称为拼接重组体（splice recombinant）。但如切开的链与原来断裂的链是同一条（图14-1B），那么新形成的两个重组体中都各有一条链保持原有完整的亲本DNA，称为片段重组体（patch recombinant）。同源重组在原核、真核生物都有发生，目前对于*E. coli*的同源重组分子机制了解最清楚，大致过程见图14-1。

recBCD复合物使DNA产生单链切口；recA蛋白催化单链DNA对另一双链DNA的侵入，与互补链配对，而与另一条链交叉，交叉分支移动，待相交的另一链在recBCD内切酶活性的催化下断裂后，由DNA连接酶交换连接缺失的远末端，形成Holliday中间体；此中间体再经内切酶rucC切割、DNA连接酶的作用完成重组。

二、细菌的基因转移与重组

细菌通过基因重组适应外界环境的变化。如果外来基因与内在基因部分同源，此基因重组即为同源重组。细菌的基因重组包括接合、转化、转导等方式。

笔记栏

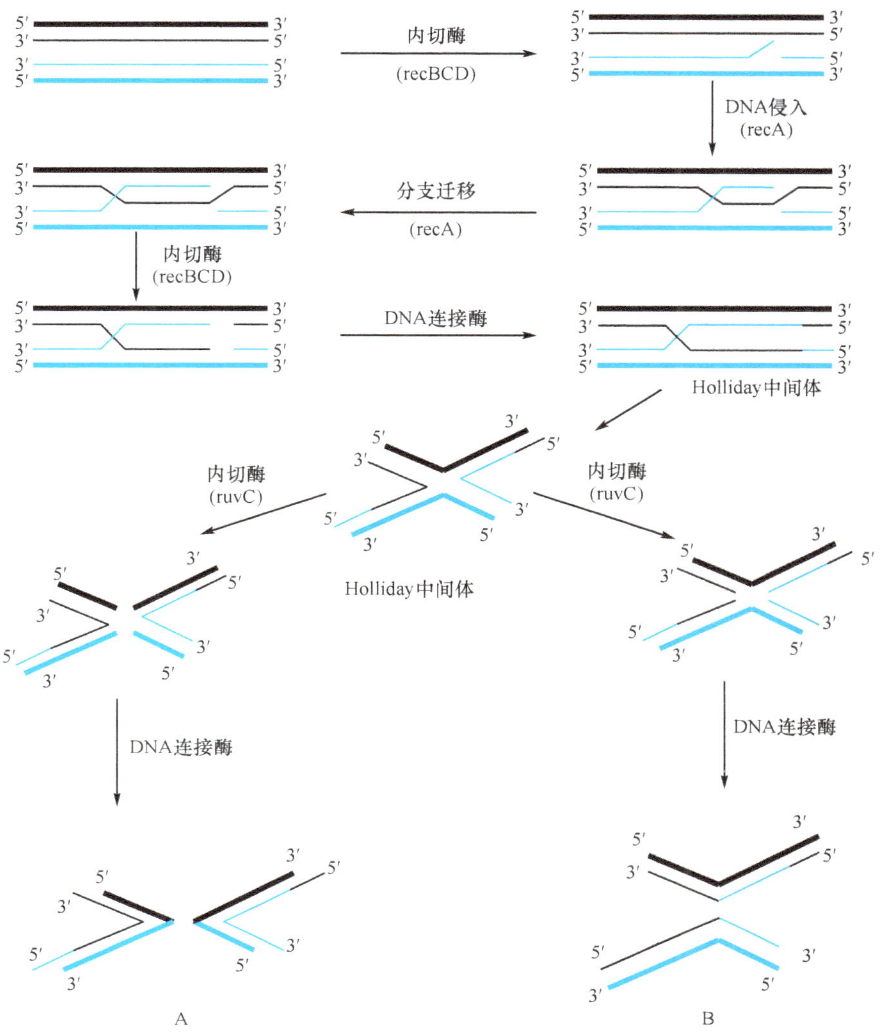

图 14-1　同源重组机制

(一) 接合作用

细菌通过菌毛直接接触，将遗传物质质粒 DNA(见本章第二节)从一个细菌传递至另一个细菌，称为接合作用(conjugation)。英国微生物遗传学家 W. 海斯和美国微生物遗传学家莱德伯格等在 1952 年各自证明大肠埃希菌细胞也有性别，这种性别与大肠埃希菌细胞中是否存在称为 F 因子的质粒有关，这种质粒又称为性因子或致育因子。具有 F 因子的细菌是染色体的供体(雄性)细菌，没有 F 因子的细菌(F^-)是染色体的受体(雌性)细菌。F 因子含有决定细菌细胞表面形成性鞭毛的基因。当细菌接合时，供体细胞通过性鞭毛与受体细胞相连接(图 14-2)，与此同时供体细菌的染色体 DNA 的一条链被酶切割，产生单链缺口，切口单链 DNA 向 F^- 细胞转移。随后在两细胞分别以单链 DNA 为模板合成互补链。单就细菌接合的生物学意义来说，它相当于高等动植物的有性生殖，但是两者之间有以下几点重要的区别：①高等生物中通过受精作用结合在一起的细胞一般只限于雌雄配子，它们通过减数分裂产生。细菌接合中的两个细胞并不是通过减数分裂产生的，它们就是一般的营养细胞；②高等生物的单倍体雌雄配子通过受精作用融合成为一个合子细胞。细菌接合过程中两个细胞只是暂时沟通而不融合；③高等动植物的合子中包含来自雌雄配子的两套染色体，细菌接合后所形成的是部分合子，这里面包含受体(雌性)细菌的完整的染色体和供体(雄性)细菌的染色体片段；④高等动植物的减数分裂过程中任何一个染色体的任何一个部分都有可能发生重组，细菌的部分合子中发生重组的部分只限于进入受体细菌的染色体片段；⑤高等动植物的基因重组通过染色体交换。细菌接合过程中的基因重组通过不同的方

笔记栏

式进行，不出现联会丝复合物和交叉。

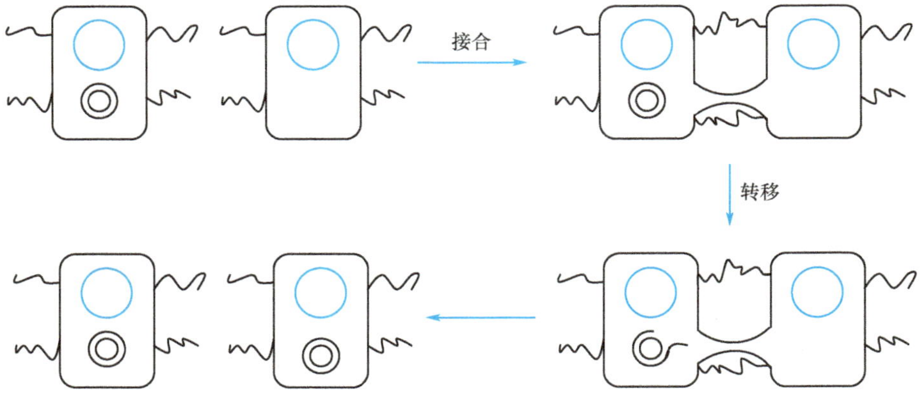

图 14-2　接合作用

（二）转化作用

转化作用（transformation）就是将供体菌DNA转移到受体菌，使受体菌获得新的遗传表型。由于较大的外源DNA不易透过细胞膜，因此自然发生转化的几率并不高。如溶菌时，裂解的DNA片段作为外源DNA被另一细菌摄取，并通过重组机制将DNA整合进基因组，受体菌就会获得新的性状（图 14-3）。

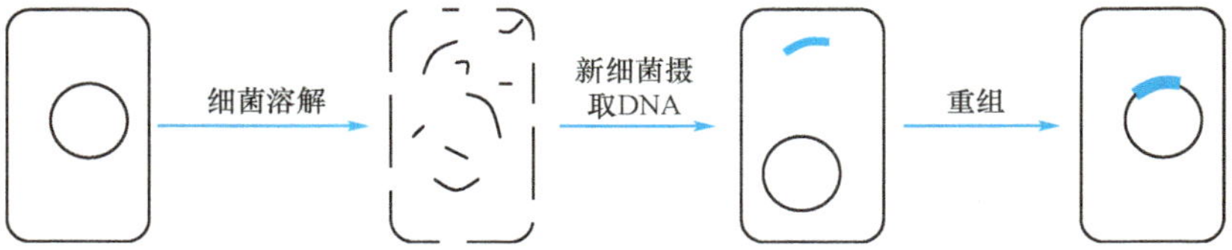

图 14-3　转化作用

（三）转导作用

当病毒从被感染的供体细胞释放出来再次感染另一受体细胞时，两个细胞之间发生DNA转移及基因重组，称为转导作用（transduction）。如P1噬菌体感染E. *coli*细胞时发生的基因转移（图 14-4）。P1感染E. *coli*细胞后进行增殖，同时P1含有降解DNA的核酸酶，使宿主的DNA发生降解，但降解速度较慢。P1噬菌体在宿主细胞内增殖的过程中由于包装过程不严格，使得约有1/100的宿主DNA片段替代噬菌体DNA，被错误的包装到新生噬菌体的头部，称为“偷渡”，细菌裂解后，一同被释放出来。当噬菌体感染新的细菌（受体）时，由于此时的噬菌体不含有P1DNA，不能继续增殖、溶菌，但原宿主细菌的DNA可能被导入受体菌，与受体菌DNA发生重组，整合进入受体菌基因组中。

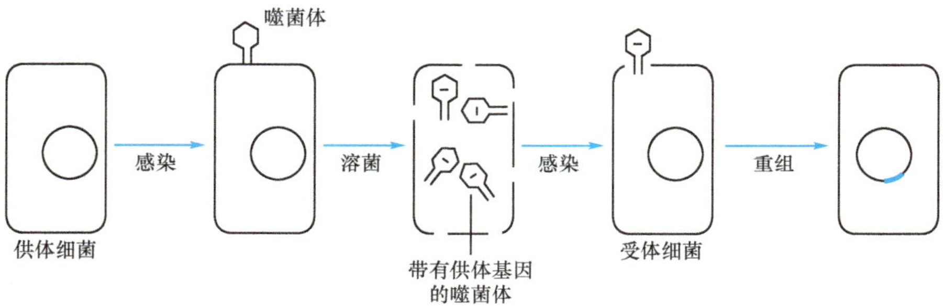

图 14-4　转导作用

三、特异位点的重组

由整合酶催化，在两个 DNA 序列的特异位点间发生的整合称为位点特异重组（site specific recombination）。这种重组的特点是重组发生在特异位点上，此位点含有短的同源序列；重组过程需蛋白的催化；重组过程涉及交错切割。例如 λ 噬菌体在 att 位点与 E. *coli* 基因组的整合。

噬菌体的重组位点 att P 与大肠埃希菌的重组位点 att B 之间有 15bp 核心序列是同源序列，λ 噬菌体的整合酶（Int）能特异的识别噬菌体 DNA 的靶位点（POP'）和宿主染色体的靶位点（BOB'）。其具体机制如下（图 14-5）：①联会，噬菌体进入 E. *coli* 细胞内自动成为环状结构，以此环状结构自身的 attP 区与 E. *coli* 的 attB 区互补联会；②酶的结合，噬菌体的整合酶 Int 对 POP′和 BOB′都有较强的亲合力，此酶还具有拓扑异构酶 I 的活性，即可以切断 DNA 再连起来。而 E. *coli* 的整合寄主因子 IHF 对 POP′有强的亲和力。Int 和 IHF 二者结合在 POP′和 BOB′ DNA 的互补处；③酶切，整合酶 Int 和 IHF 在特异识别位点切开 attB 和 attP，形成参差不齐的末端（黏末端），此步骤还需噬菌体编码的切除酶 Xis；④重接，切开后瞬间 DNA 分子发生旋转，又在整合酶作用下使黏末端连接起来。重新连接时两末端之间发生错接导致噬菌体整合到 E. *coli* 的基因组。

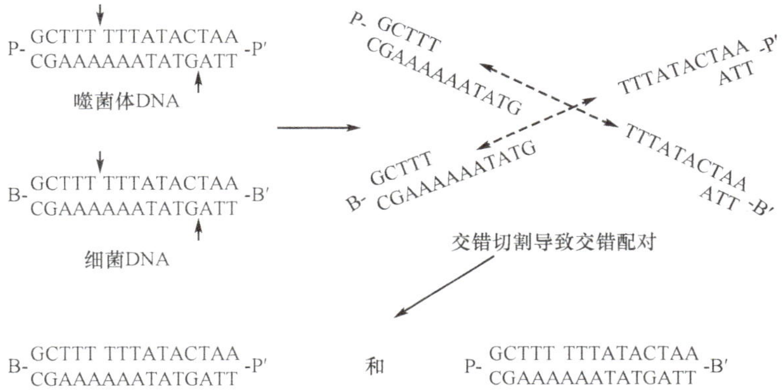

图 14-5　噬菌体重组的分子机制

四、转 座 重 组

大多数基因在基因组内的位置是固定的，但有些基因可以从一个位置移动到另一位置。这些可移动的 DNA 序列包括插入序列和转座子。由插入序列和转座子介导的基因移位或重排称为转座（transposition）。转座的确切机制尚不十分清楚，这里仅简单介绍插入序列和转座子的概念。

（一）插入序列转座

典型的插入序列（insertion sequences，IS）是长 750～1500bp 的 DNA 片段，其中包括两个分离的、由 9～41bp 构成的反向重复序列（inverted repeats，IR）及一个转座酶编码基因，后者的表达产物可引起转座。反向重复序列的侧翼连接有短的（4～12bp）、不同的正向重复序列，这是插入序列所特有的。插入序列发生的转座有两种形式：保守性转座，是插入序列从原位迁至新位；复制性转座，是插入序列复制后，其中的一个复制本迁移至新位，另一个仍保留在原位（图 14-6）。

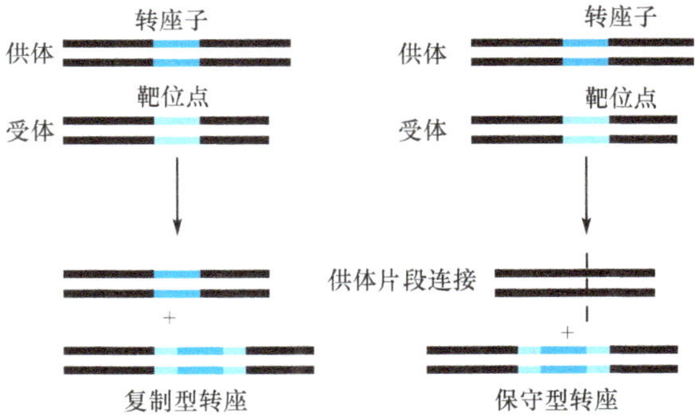

图 14-6　复制型转座与保守型转座

（二）转座子转座

转座子（transposon）就是可从一个染色体位点转移到另一位点分散的重复序列，以两个反向重复序列为侧翼序列，并含有转座酶基因；与插入序列不同的是，转座子含有抗生素抗性的基因（图 14-7）。很多转座子的侧翼序列本身就是插入序列。

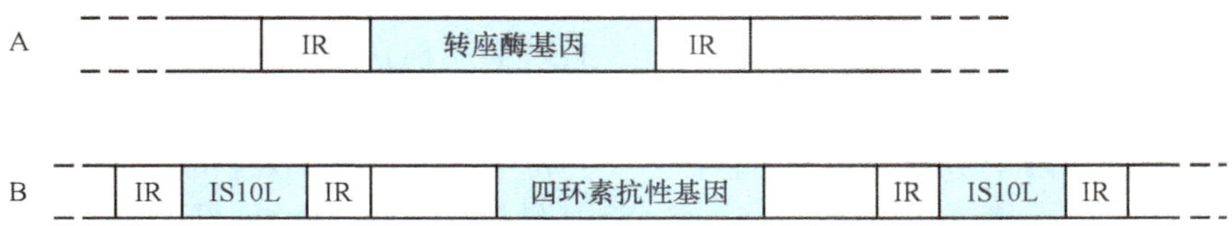

图 14-7 插入序列与转座子序列

A:插入序列;B:转座子 Tn10

第二节 DNA 重组技术的相关概念

DNA 重组技术是在体外将不同来源的特异基因或 DNA 片段插入病毒、质粒或其他载体分子,构建重组 DNA 分子,然后将重组 DNA 导入到合适的受体细胞中,随着受体细胞的繁殖,重组 DNA 分子也得到扩增和繁殖,并表达相应的产物,这种方式繁殖的 DNA 分子称之为“克隆”(即无性繁殖),因此 DNA 重组技术又称为基因克隆(DNA cloning)技术。由于早期研究是从较大的染色体分离、扩增特异性基因,因此 DNA 重组技术又称为基因克隆(gene cloning)。

一、DNA 重组技术中常用工具酶

基因的重组与分离,涉及一系列相互关联的酶促反应。已知有多种重要的酶,如对外源 DNA 和载体分子进行特异性识别和切割的限制性核酸内切酶、将 DNA 片段与载体分子连接形成重组 DNA 分子的 DNA 连接酶、及以 mRNA 为模板合成 cDNA 的反转录酶等,都在 DNA 重组技术中都有着广泛的用途。

(一) 限制性核酸内切酶

限制性核酸内切酶(restriction endonuclease, RE)是一类能够识别双链 DNA 分子中的某些特定核苷酸序列,并由此切割 DNA 双链结构的核酸内切酶,又称为限制酶(restriction enzyme)。目前已发现数千种限制性核酸内切酶,主要是从原核生物中分离纯化出来的。

限制性核酸内切酶根据其来源的微生物种属命名,通常用缩略字母表示:第一个字母来自产生该酶的细菌“属”名,用斜体大写;第二、三个字母是该细菌的“种”名,用斜体小写;第四个字母代表该细菌的“菌株”;如果同一微生物中有几种限制酶,则根据其发现和分离的先后顺序用罗马数字表示。例如,从流感嗜血菌(*Haemophilus influenzae*)Rd 株中分离的第三种酶用 *Hin*d Ⅲ表示。

目前已鉴定出三种不同类型的限制性核酸内切酶,即Ⅰ型酶、Ⅱ型酶和Ⅲ型酶。其中Ⅱ型酶因其只具有核酸内切酶活性,而且核酸内切作用又具有序列特异性,可对靶 DNA 进行精确切割,故在 DNA 重组技术中有特别广泛的用途,被誉为基因工程的“手术刀”。在基因工程操作中所说的限制酶,通常指Ⅱ型限制性核酸内切酶。

限制酶的识别位点是由 4~8 个核苷酸组成的特定碱基序列,这样的序列具有回文(palindrome)结构,两条 DNA 链的碱基序列反向重复,双重旋转对称,即顺读和倒读都一样(图 14-8)。

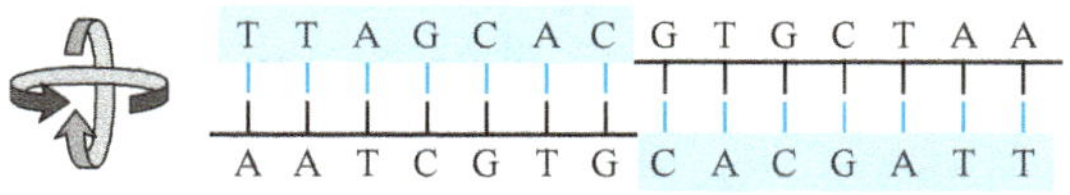

图 14-8 回文结构

图示阴影部分序列反向重复,在水平轴线和垂直轴线上(箭头所示)旋转对称

限制性内切酶切割 DNA 后可能产生两种类型的片段末端。限制酶可以在两条 DNA 链上交错切割,形成带有 2~4 个未配对核苷酸的单链突出末端,称为黏性末端(sticky end 或 cohesive end)。两个不同的 DNA 分子,经同一限制酶切割所形成的黏末端是相同的,经互补的碱基配对即可形成新的重组 DNA 分子。另外还有一些酶,如 *Pvu* Ⅱ,切割 DNA 分子形成的是没有单链突出的末端,称为平末端或钝末端(blunt end)(图 14-9)。表 14-1 列出部分限制性核酸内切酶的识别序列及切割特点。

笔记栏

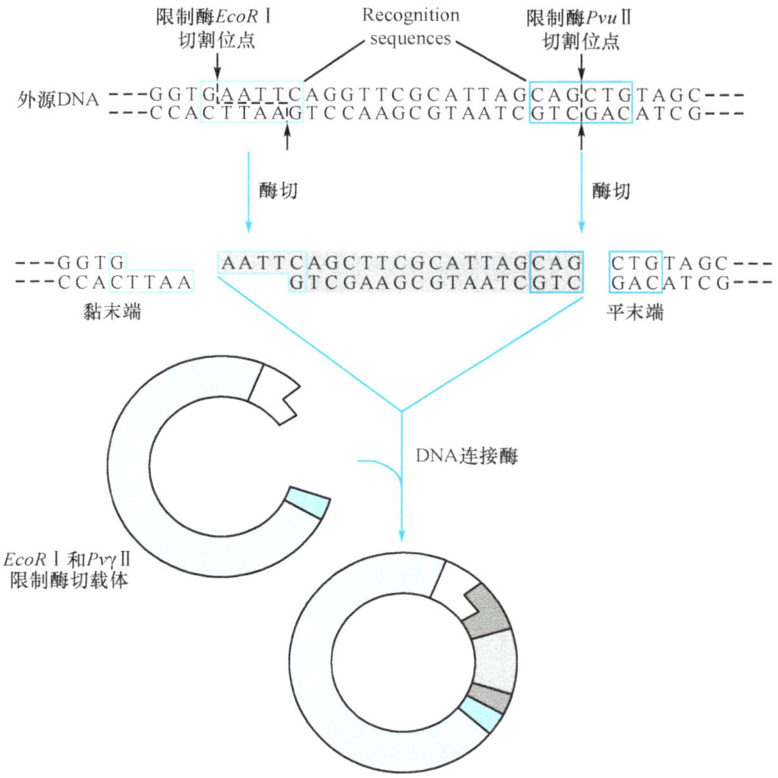

图 14-9　限制酶酶切的两种末端及产物连接

表 14-1　部分限制性核酸内切酶的特性

名称	识别序列及切割位点
*Bam*H Ⅰ	(5′)GGATCC(3′) CCTAGG
Cla Ⅰ	(5′)ATCGAT(3′) TAGCTA
Eco R Ⅰ	(5′)GAATTC(3′) CTTAAG
Eco R Ⅴ	(5′)GATATC(3′) CTATAG
Hae Ⅲ	(5′)GGCC(3′) CCGG
Hind Ⅲ	(5′)AAGCTT(3′) TTCGAA
Not Ⅰ	(5′)GCGGCCGC(3′) CGCCGGCG
Pst Ⅰ	(5′)CTGCAG(3′) GACGTC
Pvu Ⅱ	(5′)CAGCTG(3′) GTCGAC
Tth 111 Ⅰ	(5′)GACNNNGTC(3′) CTGNNNCAG

注:箭头所指为限制酶的切割位点,N 代表任何一种碱基

(二) DNA 连接酶

DNA 连接酶能催化一条 DNA 链的 3′-末端羟基与另一条 DNA 链的 5′-末端磷酸基团形成磷酸二酯键,从而使两条链连接起来。限制性核酸内切酶可以将 DNA 分子切割成不同大小的片段,而连接酶可以将不同来源的 DNA 片段组成新的重组 DNA 分子,因此连接酶是 DNA 重组技术中不可缺少的基本工具酶之一,被誉为基因工程的“缝纫针”。

DNA 连接酶可分为两类。①T4 DNA 连接酶,最早是从 T4 噬菌体感染的大肠埃希菌中发现并分离的。反应需 Mg^{2+} 作为辅助因子并由

笔记栏

ATP 提供能量。T4 DNA 连接酶连接的底物既可以是黏性末端的双链 DNA 分子，也可以催化平末端 DNA 分子连接，但对黏性末端的连接效率远高于平末端的连接效率。另外，该酶比较容易制备，因此在分子生物学研究及 DNA 重组技术中有广泛的用途。②大肠埃希菌 DNA 连接酶，该酶由大肠埃希菌 *lig* 基因编码，不能催化平末端 DNA 分子的连接，而只能催化黏性末端的 DNA 分子，利用 NAD^+ 作为能源。

（三）DNA 聚合酶

DNA 聚合酶催化以 DNA 或 RNA 为模板合成 DNA 的反应，此类酶的作用特点是：能够把脱氧核糖核苷酸连续地添加到双链 DNA 分子引物链的 3′-OH 末端，催化核苷酸的聚合作用。

1. 大肠埃希菌 DNA 聚合酶Ⅰ DNA-polⅠ由大肠埃希菌 pol A 基因编码，具有三种活性：①5′→3′聚合酶活性，催化 DNA 链从 5′→3′延伸；②5′→3′核酸外切酶活性，从游离的 5′-P 末端向 3′端水解掉单个核苷酸，因此可切除 5′引物；③3′→5′核酸外切酶活性，从 3′-OH 末端开始向 5′方向水解 DNA，并释放出单核苷酸分子，可以校正、水解错配碱基。

2. Klenow 片段 又称 Klenow 聚合酶，是 DNA polⅠ经枯草杆菌蛋白酶水解后产生的大片段，分子量为 76kDa。它具有 5′→3′聚合活性和 3′→5′核酸外切酶校读活性，但失去了 5′→3′核酸外切酶活性。在 DNA 重组技术中的主要用途有：①填补 DNA 双链的 3′隐蔽末端；②合成 cDNA 第二链；③DNA 序列分析；④随机引物末端标记 DNA 链的 3′末端，制备探针。

3. *Taq* DNA 聚合酶 *Taq* DNA 聚合酶是从一种水生栖热菌 yT1 株分离提取的，最佳反应温度 70～75℃。*Taq* DNA 聚合酶具有 5′→3′聚合酶活性和 5′→3′核酸外切酶活性，而无 3′→5′外切校读活性，Taq DNA 聚合酶的碱基错配概率为 2.1×10^{-4}。酶活性的发挥对 Mg^{2+} 浓度非常敏感，主要用于 PCR 反应和 DNA 测序反应中。

4. 逆转录酶 全称是依赖 RNA 的 DNA 聚合酶，已从多种 RNA 肿瘤病毒中分离到这种酶，该酶以 RNA 为模板合成 DNA，具有 5′→3′聚合酶活性和 3′→5′RNA 外切酶活性（RNaseH 活性）或 5′→3′外切酶活性。逆转录酶的主要用途是以 mRNA 为模板合成 cDNA。此外，还可补齐和标记 DNA 双链的 3′隐蔽末端、以单链 DNA 或 RNA 为模板制备探针。

二、DNA 重组技术中常用载体

载体（vector）是指能携带外源 DNA 分子进入受体细胞进行扩增和表达的运载工具。良好的载体应具备以下条件：①能在宿主细胞内独立复制，保证携带的外源 DNA 分子可以在受体细胞内得到扩增；②有多个单一限制性内切酶的酶切位点（即多克隆位点，multiple cloning site，MCS），可供插入外源 DNA 分子；③具有两个以上的选择性遗传标记（如对抗生素的抗性、营养缺陷型、噬菌斑形成能力及显色表型反应等），以便于重组体的筛选和鉴定；④分子量小，以容纳较大的外源 DNA 分子；⑤拷贝数高（10～200 个/细胞），易与受体细胞的染色体 DNA 分开，便于分离提纯；⑥具有较高的遗传稳定性。

根据用途不同，载体可分为克隆载体（cloning vector）和表达载体（expression vector）两类。克隆载体主要用于扩增或保存插入的外源 DNA 片段，而表达载体是为了使插入的外源 DNA 序列可转录、进而翻译成多肽链。表达型载体是在常规克隆载体的基础上衍生而来的，主要增添了与宿主细胞相适应的强启动子，以及有利于表达产物分泌、分离或纯化的元件。根据所对应的受体细胞不同可将载体分为原核细胞载体和真核细胞载体。目前人工构建多种载体，包括质粒、噬菌体、人工染色体和病毒等多种类型，下面我们分别介绍几种常用的克隆载体和表达载体。

（一）质粒载体

质粒（plasmid）是存在于细菌染色体之外的、具有自主复制能力的双链环状 DNA 分子。质粒载体一般只能接受 15kb 以下的外源 DNA 分子插入，可用于细菌、酵母、哺乳动物细胞和昆虫细胞等。

1. 质粒载体 pBR322 载体全长 4361bp，由天然质粒改造而成。pBR322 质粒的物理图谱见图 14-10，具有以下特点：①带有一个复制起始点 ori，保证质粒在大肠埃希菌中能独立的自我复制。②含有 Amp^r（氨苄青霉素抗性）和 Ter^r（四环素抗性）两个抗生素抗性基因标记。这两个抗性基因使转化了 pBR322 质粒的大肠埃希菌能在含有这些抗生素的培养基中生长，便于筛选阳性克隆。③具有多克隆位点，可用于插入外源 DNA 片段。④分子量小，全长 4361bp，能容纳

6kb 大小的外源 DNA 片段，而且易于自身 DNA 的纯化。

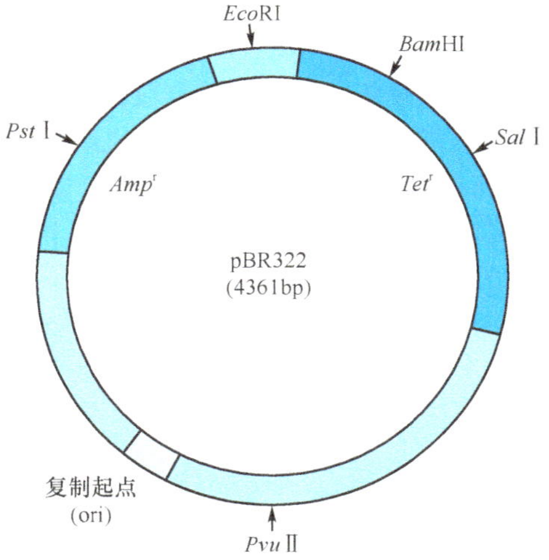

图 14-10　pBR322 质粒载体图谱

2. pUC 质粒载体系列　pUC 系列载体是在 pBR322 质粒载体的基础上改建而成的。它们保留了 pBR322 的一部分，插入了一个来自 M13 噬菌体并带有一段 MCS 的 *LacZ′* 基因。*LacZ′* 基因是来自大肠埃希菌 β-半乳糖苷酶基因（*LacZ*）的启动子及其编码 α-肽链的 DNA 序列，此结构特称为 *LacZ′* 基因。MCS 区段来自 M13 噬菌体，位于 *LacZ′* 基因中靠近 5′末端，但并不破坏该基因的功能。

pUC 载体系列大多是成对的，如 pUC8/9、pUC12/13、pUC18/19 等，成对载体的其他特性完全相同，只是 MCS 的排列方向相反，这就提供了更多的克隆策略选择机会。pUC19 质粒载体的结构和酶切图谱见图 14-11。pUC 载体系列已成为 pBR322 的替代载体，是基因重组中应用较普遍的质粒载体。

pUC 质粒载体的优点：①具有更小的分子量和更高的拷贝数。②具有双重检测特性，筛选标记直观易辨。既保留了 pBR322 的 *Amp*ʳ 基因抗性标记，又有独特的组织化学显色标记。pUC 载体中含有 LacZ′ 基因，可编码 β-半乳糖苷酶（β-Gal）氨基端的 146 个氨基酸残基形成 α-肽链，该 α-肽与宿主细胞中 *LacZ′ΔM*15 基因（α-肽缺陷型）的产物互补，产生完整的、有活性的 β-半乳糖苷酶，这种酶分解生色底物 X-gal（5-溴-4 氯-3-吲哚-β-D-半乳糖苷，人为添加进培养基中）形成蓝色菌落（图 14-12）。当外源基因插入 MCS 后，LacZ′α-肽基因的读码框被破坏，不能合成完整的 β-半乳糖苷酶分解底物 X-gal，菌落呈白色。

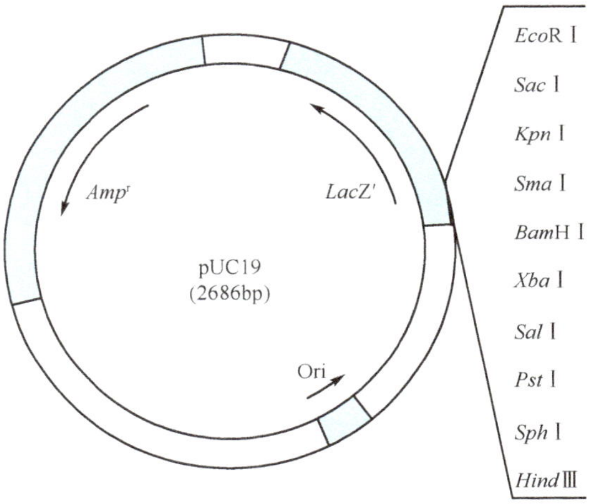

图 14-11　pUC19 质粒载体图

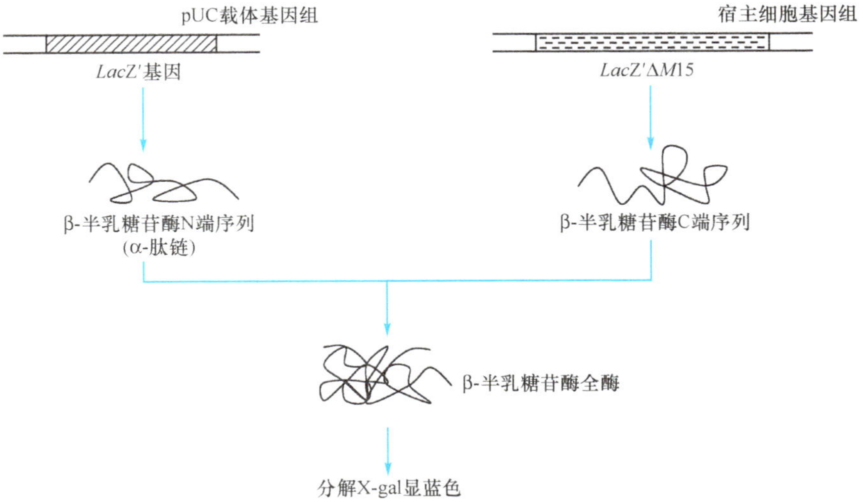

图 14-12　pUC 载体转染 α-肽缺陷型宿主菌显色原理

用这种方法可筛选阳性重组体,称为“蓝白斑”筛选。③pUC 载体系列的 MCS 与 M13mp 系列对应,因此克隆的外源 DNA 片段就可以在两类载体系列之间来回“穿梭”,使得克隆序列的测序极为方便。

3. TA 克隆载体 此类载体是专为克隆 PCR 产物而设计的,它们的共同点是在其多克隆位点两侧的 3′末端携带有未配对的 T 碱基。由于许多耐热的 DNA 聚合酶(如 *Taq*、*Tth* 等)扩增时都有在 PCR 产物 3′末端加上 A 碱基的特性,因此在连接酶的作用下可直接将 PCR 产物插入到 TA 载体中。如 pMD18-T 载体(图 14-13),由 pUC18 载体改建而成,在 pUC18 载体的多克隆位点处的 *Xba* Ⅰ和 *Sal* Ⅰ识别位点之间插入了 *EcoR* Ⅴ识别位点,用 *EcoR* Ⅴ进行酶切,使载体开环变成带有平末段的线性质粒,再在两侧的 3′端添加“T”,人为构成黏性末端,以便于连接末段已经加上 A 碱基的 PCR 产物。因此,除保留了 pUC 载体的优点外,TA 克隆载体的突出优点是能直接克隆 PCR 产物,获取、连接外源 DNA 不受酶切位点的限制。

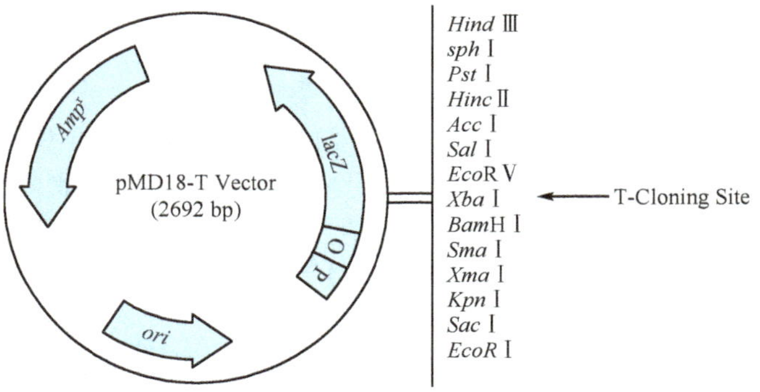

图 14-13 pMD18-T 质粒载体图谱

(二)噬菌体载体

噬菌体(bacteriophage, phage)是感染细菌的病毒,按其生活周期分为两种类型:一类为溶菌性(lytie),另一类为溶原性(lysogenic)。用做克隆载体的噬菌体有两种:λ 噬菌体和 M13 噬菌体。下面以 λ 噬菌体载体为例讲述。

野生型 λ 噬菌体为线状双链 DNA,全长 48502bp,共含有 66 个基因,两端带有 12 碱基组成的彼此完全互补的单链黏性末端,称为 cos 位点。λ 噬菌体含有 60 多个基因,其基因组可划分为三个区域:左右两侧区域包括了噬菌体完成自身生活史所需要的全部基因;中间区域不是病毒生活必需区,但包含了重组相关基因以及可以被切除掉而被外源 DNA 片段取代的区域(图 14-14)。λDNA 必须包装上蛋白质外壳后才能感染大肠埃希菌,而包装对 λDNA 的大小有严格的要求,只有相当于野生型 λDNA 基因组长度的 75% ~ 105%,才能包装成有感染性的噬菌体颗粒。

λ 噬菌体感染细菌后,既可溶菌生长,又可溶原生长。溶菌性生长是 λ 噬菌体基因组晚期基因表达,借助 cos 位点互补连接形成环状分子,大量复制噬菌体 DNA,并包装成病毒颗粒,通过裂解宿主细胞而释放出来的生长方式,这一方式可使 λ 噬菌体克隆外源 DNA 后大量复制。溶源性生长是 λ 噬菌体只表达早期基因,整合进入宿主细胞基因组中,随宿主染色体的复制而复制,在宿主细胞内只有一个噬菌体基因组 DNA 拷贝。与质粒载体相比,其突出优点是:可插入较大外源 DNA 片段(可达 23kb);噬菌体的感染效率远高于质粒载体的转化效率。

野生型 λ 噬菌体经过改造,已衍生出 100 多种克隆载体,可分为两大类:一类具有一对内切酶位点,经酶切除去基因组中噬菌体正常生长非必需的序列,由外源基因片段取代之,这种衍生物称为置换型载体(replacement vector),如 Charon 系列、EMBL 系列等;另一类为具有供外源基因片段插入的单一内切酶位点的衍生物,称插入型载体(insertion vector),如 λgt10/11。如无外源 DNA 取代或插入,仅由 λDNA 左右臂连接起来的 DNA 分子,由于太小不能被包装,这便提供了一个挑选重组 λDNA 的阳性标志。

EMBL3/4 λ 克隆载体中非必需序列两端各有一个含多个单一限制性内切酶位点的接头,但方向相反。若用两种不同的限制性内切酶切割 EMBL 载体后,即可直接与具有相同切口的外源

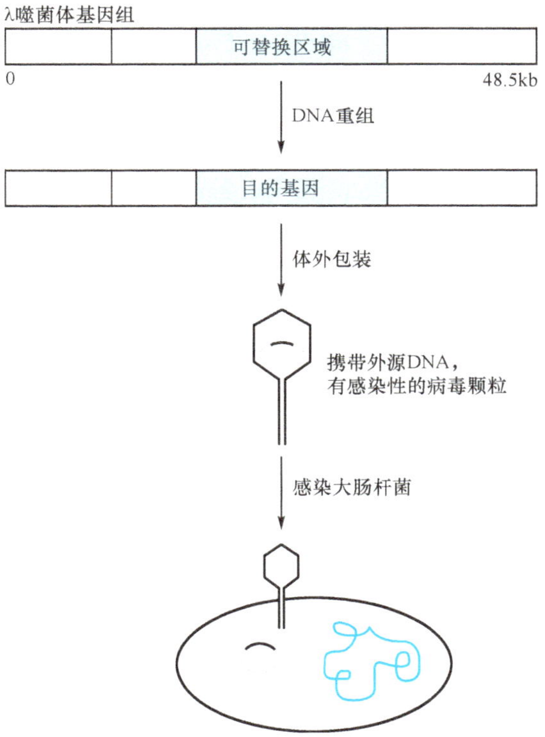

图 14-14　λ 噬菌体作为载体用于分子克隆的示意图

DNA 片段连接，重组效率很高，可容纳 9～23kb 外源片段。常用于构建基因组 DNA 文库。

λgt10/11 载体能克隆 7kb 以下的外源 DNA，适用于构建 cDNA 文库。λgt10 的外源 DNA 插入位点 *Eco*R Ⅰ 处于 λc Ⅰ 基因上，外源 DNA 插入后使 c Ⅰ 基因失活，重组噬菌体在大肠埃希菌形成透明斑点，而未重组 λgt10 c Ⅰ$^+$形成浑浊斑点，很易区分。λgt11 载体含有 *LacZ'* 基因，插入位点 *Eco*R Ⅰ 在其编码的羧基端。当插入的 cDNA 阅读框架与 *LacZ'* 基因相一致时，能产生融合蛋白，可用免疫学方法（如蛋白质印迹分析）进行检测。此外，重组的 λgt11 因 *LacZ'* 基因失活，故在 X-gal 培养基中形成白斑，而未重组的 λgt11 则形成蓝斑，便于区分筛选。

（三）其他克隆载体

1. M13 噬菌体载体　M13 是一种丝状闭环单链噬菌体，其突出特点是噬菌体基因组本身在复制时单双链 DNA 的变化。在细菌内复制时形成双链 DNA，这种复制型（replication form，RF）M13 相当于质粒，可用作基因克隆载体。当 RF 的 M13 在细菌内达到 100～200 个拷贝后，M13 只合成单链 DNA，经包装成噬菌体颗粒而分泌至细胞外。因此，可利用 RF 的 M13 作为载体插入外源 DNA，使其在细菌内产生单链 DNA，以进行 DNA 序列分析、体外定点突变和核酸杂交等。人工改造的 M13 噬菌体也含有 LacZ′基因，并具有 MCS 序列，便于插入外源 DNA 和筛选克隆子。

2. 黏粒载体　黏粒又称柯斯质粒（cos site-carrying plasmid，简写 cosmid），是由质粒和 λ 噬菌体的 cos 黏性末端构建而成。除具有质粒和 λ 噬菌体的特点外，黏粒载体的突出优点是分子小，如 pJB8 为 5.4kb，可插入大片段的外源 DNA（可达 45kb），用于分析基因组结构及基因的连锁和排列顺序。如果对黏粒载体进行改造，加上能在真核细胞生活的元件（如 SV40 复制区及启动子）及选择标记，便可作为穿梭载体在真核细胞中生存及表达。

3. 人工染色体载体　人工染色体载体是为了克隆更大的 DNA 片段以及建立真核生物染色体物理图和进行序列分析等的需要而发展起来的一类新型载体。在人类基因组计划中，还使用酵母人工染色体（yeast artificial chromosome，YAC）、细菌人工染色体（bacterial artificial chromosome）作为载体，用于大片段 DNA 的克隆，以构建物理图谱。YAC 的克隆容量为 100～2000kb，而 BAC 的克隆容量为 100～300kb。BAC 是以细菌的 F 因子（一种特殊质粒）为基础构建而成的，与 YAC 相比，具有克隆稳定、易与宿主 DNA 分离等优点。

（四）病毒载体

近年来开展的对人类遗传病和恶性肿瘤的基因治疗研究中，常常采用逆转录病毒、腺病毒、强相关病毒、EB 病毒等作为基因转移的载体，将外源基因导入受体细胞，以达到纠正遗传缺陷或杀死肿瘤细胞的目的。多数病毒载体均已质粒化，病毒载体质粒主要由病毒启动子、包装元件、选择性遗传标记以及 pBR322 的复制起始点组成。

目前常用的病毒载体有两类：整合型和游离型。整合型载体可整合到宿主细胞的染色体上，并随染色体的复制而复制，可持续表达外源基因，但存在插入诱变的危险。游离型载体并不整合到宿主染色体 DNA 上，而是游离于染色体外瞬时表达外源基因，有较好的安全性。

三、目的基因及其获得方式

目的基因（target DNA 或 interest DNA）是指

笔记栏

待研究或应用的特定基因，亦即待克隆或表达的基因，又称为**外源基因**(foreign DNA)。根据研究目的和基因来源的不同，可选用不同的方法获取目的基因。

1. 化学合成法 如果已知目的基因的核苷酸序列，或根据基因产物的氨基酸序列推导出其核苷酸序列，则可利用全自动 DNA 合成仪化学合成该目的基因。基因的化学合成对于短片段的合成效率极高。化学合成法可以改变原始的基因序列，甚至可以合成自然界不存在的基因序列。在合成过程中可以根据需要改变核苷酸的密码子，如可以将真核基因序列中不易在大肠埃希菌中利用的稀有密码子改变为大肠埃希菌偏爱的密码子，以实现真核基因在原核细胞中的高效表达。

化学合成基因具有快速、有效、不需收集基因组织来源的优点，采用化学合成方法已得到百余种基因，如抑生长素基因、胰岛素基因、生长激素基因和干扰素基因等。

2. PCR 法 如果已知目的基因的全序列或目的基因片段两侧的 DNA 序列，或者对于与已知基因序列相似的未知基因，可以采用聚合酶链反应(Polymerase Chain Reaction，PCR)从组织或细胞中获取目的基因。依据已知序列设计并合成一对引物，以染色体 DNA 或 cDNA 为模板，在耐热 DNA 聚合酶(如 *Taq* 酶)催化下，在体外大量快速地扩增目的基因片段。此法能在很短时间里，用特异性的引物将仅有几个拷贝的基因扩增合成有数百万倍的特异 DNA 序列拷贝(图 14-15)。

PCR 法是目前实验室最常用的获取目的基因的方法。它具有简便、快速、特异等优点，而且还可以根据实验需要在引物序列上设计适当的酶切位点、起始密码子或终止密码子等，或通过错配改变某些碱基序列，对基因片段进行有限的修饰。

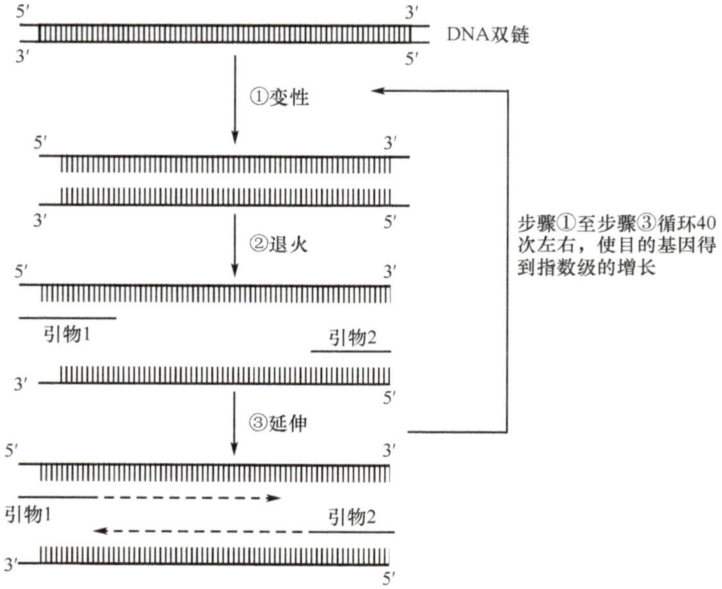

图 14-15 PCR 扩增原理

①变性：95℃打开 DNA 双链；②退火：50℃左右，有利于引物结合到 DNA 链上；③延伸：72℃，DNA 聚合酶催化引物沿 DNA 模板链延长，合成 2 条新的 DNA 双链

3. 从基因文库中筛选 大部分未知基因的获得，需要先构建**基因组文库**(genomic library)或 **cDNA 文库**(cDNA library)，扩增后再筛选获取目的基因。①基因组 DNA 文库的构建：首先分离组织或细胞基因组 DNA，利用限制性内切核酸酶将染色体 DNA 切割成基因水平的许多片段，然后与适当的克隆载体连接进行体外重组，再转入宿主菌细胞克隆增殖，使每个细菌内都携带一种重组 DNA 分子的多个拷贝。不同细菌所包含的重组 DNA 分子内可能存在不同的染色体 DNA 片段，这样生长的全部细菌所携带的各种染色体片段就代表了整个基因组。存在于转化细菌内、由克隆载体所携带的所有基因组 DNA 的集合称为基因组 DNA 文库(图 14-16)。②cDNA 文库的构建：以 mRNA 为模板，经反转录酶催化，在体外反转录成 cDNA，与适当的载体

（常用噬菌体或质粒载体）连接后转化受体菌，则每个细菌含有一段 cDNA，并能繁殖扩增，这样包含着细胞全部 mRNA 信息的cDNA克隆集合称为该组织细胞的 cDNA 文库。

基因文库构建成功后，可利用适当的筛选方法（如特异性探针杂交筛选法、PCR 法等）从中筛选出含有目的基因的克隆，再进行扩增、分离、回收，最后获取目的基因。

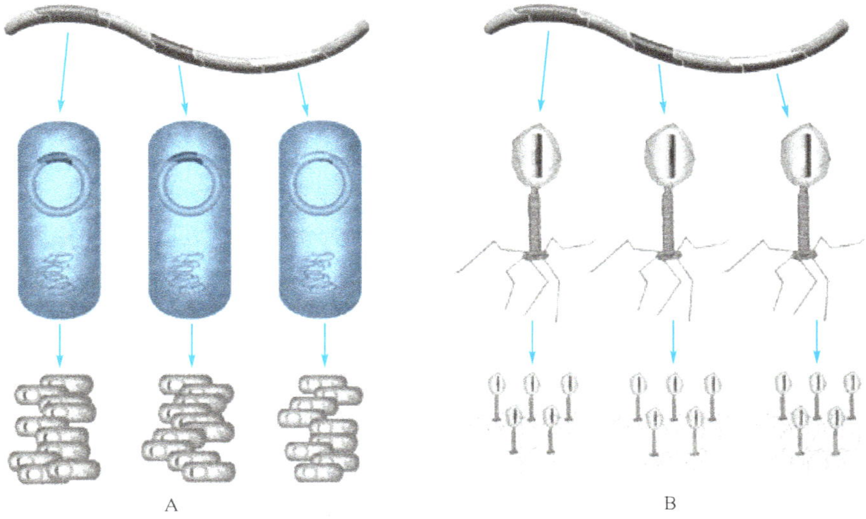

图 14-16　基因文库的构建：将总 DNA 包含的基因组各片段分别克隆在质粒（A）或噬菌体（B）载体上，便构成了该生物的基因文库

第三节　DNA 重组技术的基本原理和操作步骤

DNA 重组技术的基本过程主要包括以下步骤（图 14-17）：①获取目的基因的 DNA 片段，并选择能够自我复制并具有选择标记的载体；②将目的基因与载体重组；③将重组 DNA 分子导入受体细胞（即宿主细胞）扩增；④筛选和鉴定含重组 DNA 分子的受体细胞，并扩增；⑤将目的基因克隆到表达载体上，转移到受体细胞，实现基因表达。

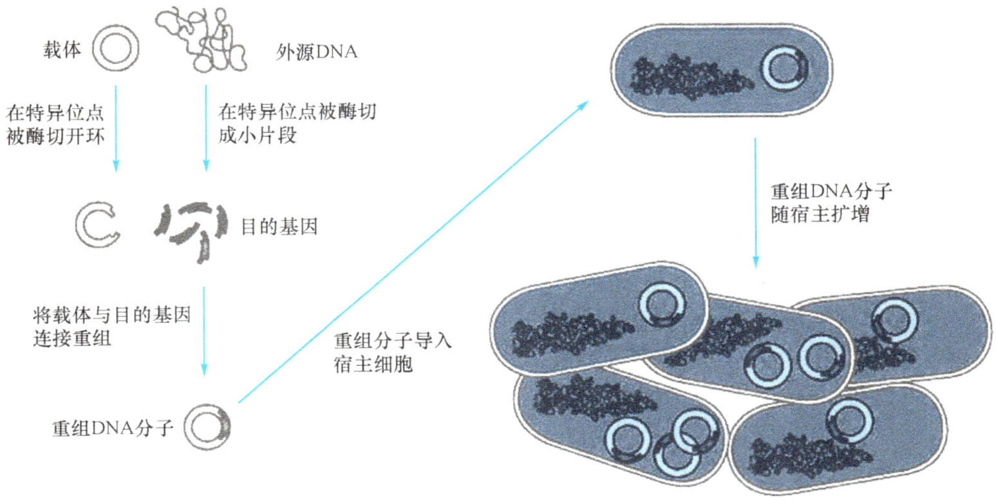

图 14-17　DNA 重组技术主要内容图示

一、目的基因的获取和载体的选择

根据研究目的或者对目的基因信息的了解程度，选择不同的方法获取目的基因。包括化学合成法，PCR 或 RT-PCR，或者构建基因文库等策略。根据目的基因的大小以及试验目的（保

笔记栏

存/扩增目的基因,或者表达目的基因),进一步确定适当的载体。具体内容见上一节。

二、目的基因与载体的体外重组

DNA 体外重组本质上是一个酶促反应过程,在 DNA 连接酶的催化作用下,将外源 DNA 分子(目的基因)与载体 DNA 分子连接成一个重组分子的过程。不同性质、来源的外源 DNA 片段与载体分子之间的连接方式各不相同。

1. 黏性末端连接 目的基因与载体分子经同一限制性核酸内切酶切割成具有相同黏性末端的 DNA 片段后,可通过黏性末端互补配对,再借助 DNA 连接酶封闭缺口,形成完整的重组 DNA 分子。这是 DNA 体外重组最普遍最方便的一种连接方式(图 14-9)。如果由两种不同的限制性内切核酸酶切割的 DNA 片段,具有相同类型的黏性末端,也可以进行连接。

2. 平末端连接 如果由相同或不同限制性内切核酸酶切割产生的 DNA 片断是平末端,DNA 连接酶也可以催化其相互连接(图 14-9)。但平末端的连接效率较低,连接要求 DNA 的浓度高,连接酶的用量比黏性末端的连接大 20~100 倍。平末端连接产生的转化中,载体自连的几率较高,而且往往在重组体中有目的基因的多聚体及双向插入等。

但平末端连接有其独特的优势:如果目的基因和载体上没有相同的限制性核酸内切酶位点供使用,那么用不同的限制酶切割后产生的黏性末端不能互补结合,此时可选用适当的酶将 DNA 分子突出的黏性末端消化平齐(如 S1 核酸酶)或补齐(如 Klenow 酶)形成平末端,再用 DNA 连接酶连接。

3. 人工接头连接 即在外源基因或载体 DNA 的两端,先接上一段人工合成的 DNA 片段(称为接头,linker),这个接头就是限制性核酸内切酶的识别位点,再用一种或两种限制性核酸内切酶将其切开,产生黏性末端以便连接。

4. 同聚物加尾连接 如果待连接的两个 DNA 片段均为平末端,或者两个 DNA 片段的连接端不是互补的黏性末端,可通过同聚物加尾法在其末端引入互补黏性末端,即利用末端脱氧核苷酸转移酶(TDT,terminal deoxynucleotidyl transferase)把互补的多聚核苷酸(poly A 与 poly T 或 poly G 与 poly C)接到两个 DNA 片段的末端,然后用 DNA 连接酶将其连接。

5. T-A 克隆 T-A 克隆策略是一种直接将 PCR 产物插入到载体中的方法。见前述 TA 克隆载体部分。

三、重组分子的导入

体外构建的重组 DNA 分子需要导入合适的受体细胞,随受体细胞的生长增殖而进行复制、扩增和表达,这样的过程即无性繁殖,也即克隆。选定的受体细胞应具备:经适当处理后易于接纳重组 DNA 分子导入;对载体的复制、扩增和表达无严格限制;不存在特异性降解外源 DNA 的酶系统;不对外源 DNA 进行修饰;而且还应该能表达由导入的重组体分子所提供的某种表型特征,这样有利于转化子细胞的筛选与鉴定。受体细胞包括原核细胞(如大肠埃希菌、芽孢杆菌及链霉菌等)和真核细胞(如酵母、哺乳动物细胞及昆虫细胞等)。根据重组分子和受体菌的特点,应选择不同的导入方法。

(一)转化(transformation)

转化是指将质粒 DNA 分子或以质粒为载体构建的重组 DNA 分子导入细菌(原核细胞)的过程。最常用的细菌是大肠埃希菌 K12 突变体菌株。该菌株在人的肠道存活率极低,而且由于丧失了限制体系,故不会使导入细胞内的未经修饰的外源 DNA 发生降解作用。

利用一定的方法处理细菌细胞,使之处于容易接受外源 DNA 分子的状态,即为感受态,此时的细菌就称为感受态细菌(competent cell)。最常用的转化方法是 $CaCl_2$ 法,即用低渗 $CaCl_2$ 溶液在 0℃条件下处理快速生长的细菌,使细菌细胞壁和膜的通透性增加,处于感受态,然后加入重组 DNA 分子或质粒 DNA 分子。此外还可采用电穿孔(electroporation)法进行转化,即利用高压脉冲,在细菌细胞表面形成暂时性的微孔,将外源 DNA 分子导入。电穿孔法也可用于将外源 DNA 分子导入真核细胞。

(二)转染(transfection)

转染是指将噬菌体、病毒或以它们为载体构建的重组 DNA 分子导入真核细胞的过程。已经接受了外源 DNA 分子的细胞称为转染细胞(transfectant)。导入细胞内的 DNA 可以被整合至宿主染色体,经筛选而获得稳定转染(stable transfection);也可以游离在真核细胞染色体外短暂地复制表达，不加选择压力而进行瞬时转染（transient transfection）。常用的转染方法包括磷酸钙转染法、二乙氨乙基（DEAE）-葡聚糖介导转染法、电穿孔转染法、脂质体转染法、显微注射法。

（三）感染（infection）

感染是指以人工改造的噬菌体或病毒为载体构建的重组体 DNA，经体外包装成具有感染性的噬菌体颗粒和病毒颗粒后，借助噬菌体或病毒的外壳蛋白将重组 DNA 注入细菌或真核细胞，使目的基因得以复制繁殖的过程。感染的效率很高，但重组体 DNA 需经过较为复杂的体外包装过程。

四、重组 DNA 分子的筛选与鉴定

完成上一步骤后，必须对受体细胞进行筛选与鉴定，证实这些细胞中确实导入了带有外源目的基因的重组载体。根据不同的载体系统、相应的宿主细胞特性、及外源 DNA 的性质，选用不同的筛选和鉴定方法。

（一）根据重组载体的遗传表型进行筛选

1. 根据载体的抗药性标记筛选　大多数克隆载体都带有抗生素抗性基因，如 Amp^r、Ter^r 等，而受体细胞本身无抗药性。因此可以确定，凡能在含相应抗生素的琼脂平板上生长的菌落都已导入了载体，获得了抗药性。但是在琼脂平板上生长的菌落，可能存在假阳性，即含有在体外重组时自身连接环化的、或未酶切完全的空载体，以及非目的基因插入的载体等，因此还需要进一步筛选鉴定。

2. 根据载体的抗药性标记插入失活选择　在含有两个抗药性基因载体中，外源目的片段插入其中一个基因，并导致其失活。可用两个含不同抗生物的平板互相对照筛选含重组体的阳性菌落。如携带完整 pBR322 质粒的细胞，能够在含氨苄西林和四环素的培养基中生长，如果 tet^r 基因被外源基因插入后失活，则失去对四环素的抗性。这样只能在含氨苄西林的培养基中生长，而不能在含四环素的培养基中生长的菌落即为含重组体分子的阳性菌落（图 14-18）。

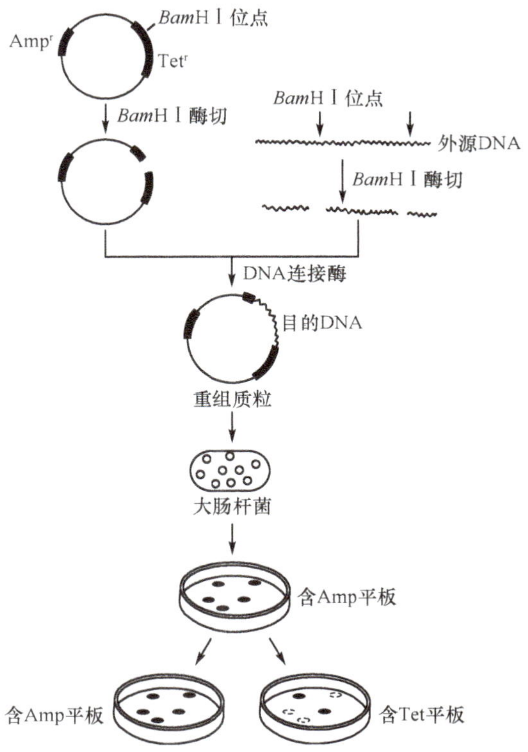

图 14-18　抗药性标记插入失活选择

3. 根据 β-半乳糖苷酶显色反应筛选　如前所述，pUC 系列载体以及其他一些载体中含有 *LacZ'* 基因，可作为筛选的标记。因此如果外源 DNA 片段插入载体的 *LacZ'* 基因，转化的菌落在含有 IPTG/X-gal（IPTG 是 β-半乳糖苷酶产生的诱导剂，见第 13 章乳糖操纵子模型部分）的培养基上呈白色；而没有外源片段插入的载体转化的细菌，在含有 IPTG/X-gal 的培养基上呈现蓝色（图 14-19）。

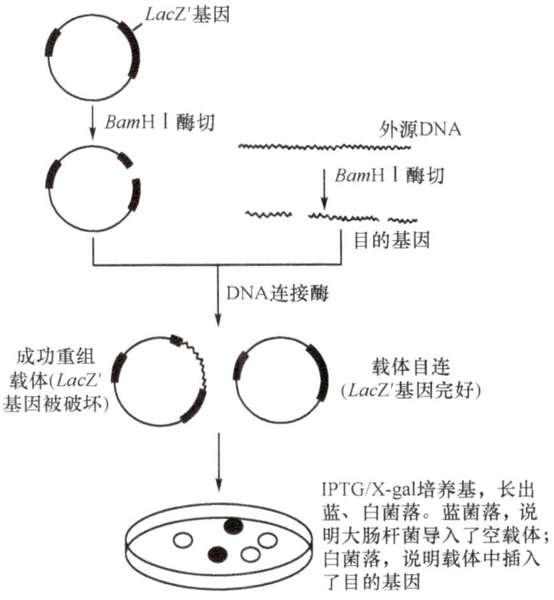

图 14-19　蓝白斑筛选原理

4. 根据插入的外源基因性状进行筛选 如果克隆的外源基因能够在宿主菌表达，且表达产物与宿主菌的营养缺陷性状互补，那么就可以利用营养突变菌株进行筛选。如把酵母基因组DNA随机切割后插入到质粒载体中，然后将重组质粒转化到组氨酸缺陷型大肠埃希菌细胞中，并在无组氨酸的培养基中培养。这样只有含酵母组氨酸基因并获得表达的转化菌才能在无组氨酸的培养基中生长（图14-20）。

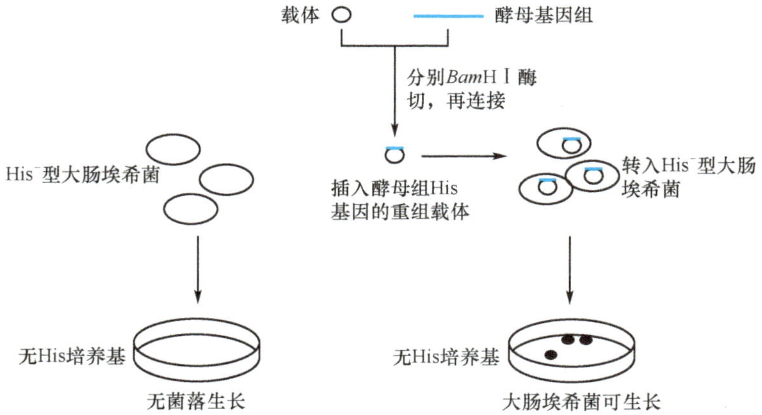

图 14-20 酵母组氨酸（His）基因在组氨酸缺陷型（His^-）大肠埃希菌中表达，实现营养缺陷性状互补，从而判断重组（插入载体）和转化（导入大肠埃希菌）是否成功

（二）限制性核酸内切酶酶切鉴定

对于初步筛选确定含有重组体的菌落，液体扩大培养并提取重组DNA分子，用插入位点的限制性核酸内切酶酶切后，进行琼脂糖电泳分析。若目的基因已成功插入到载体分子中，那么电泳结果应显示出预期大小的插入片段，这是简便而常用的鉴定方法（图14-21）。

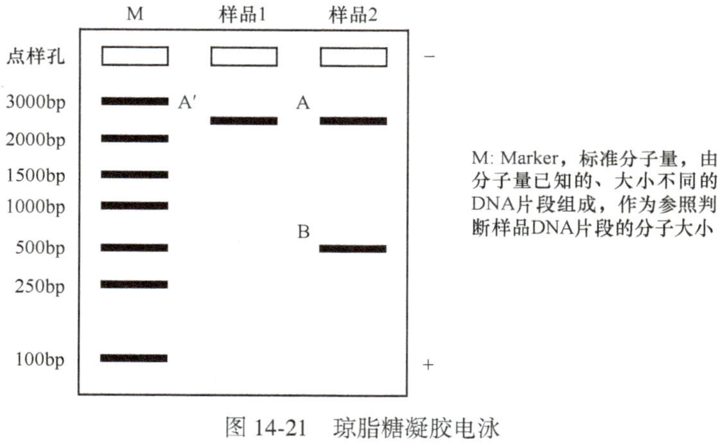

图 14-21 琼脂糖凝胶电泳

样品1为空载体单酶切产物A′（约2500bp），样品2为重组载体双酶切产物A（约2500bp）和B（约500bp），若原目的基因也为500bp，则表明目的基因已成功插入到载体分子中

（三）核酸分子杂交法

为进一步确定DNA插入片段的正确性，在限制性核酸内切酶酶切鉴定后，利用标记的核酸探针进行分子杂交，如Southern blotting杂交，以鉴定重组体中的插入片段是否是外源靶基因。

菌落或噬菌斑原位杂交也是常用的筛选方法，先将转化菌直接铺在硝酸纤维素膜或琼脂板上，再转移到另一硝酸纤维素膜上，碱裂解后从菌落释放的DNA原位吸附在膜上，然后用标记的特异性探针进行分子杂交，挑选阳性菌落（图14-22）。该法适用于大规模操作，是从基因文库中挑选含目的基因的阳性克隆的常用方法。

笔记栏

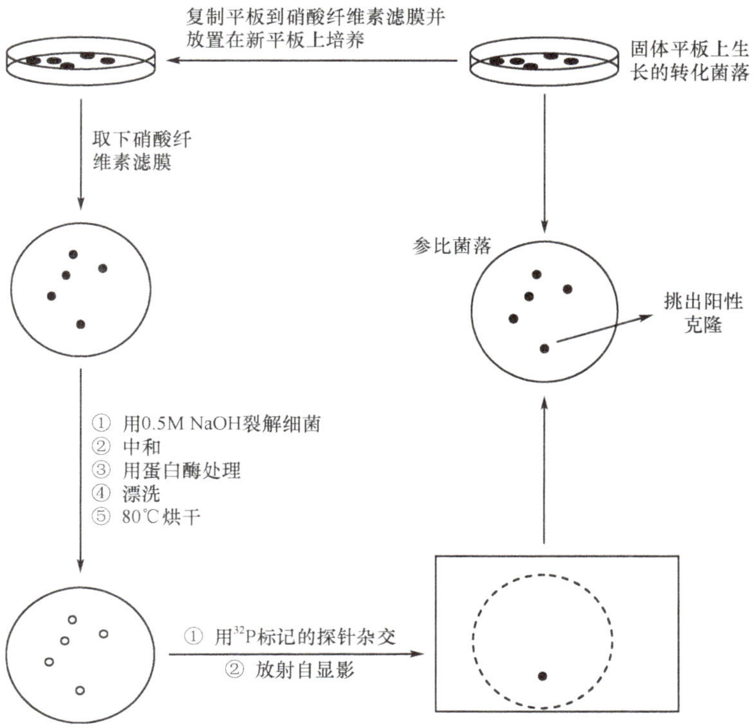

图 14-22　菌落杂交的基本过程

(四) PCR 法

某些载体的 MCS 两侧存在保守的序列，如 pGEM 系列载体的 MCS 两侧是 T7 及 SP6 启动子序列，可根据此序列设计引物，对提取的重组质粒进行 PCR 扩增，不但可快速扩增插入的目的片段，而且可以直接进行 DNA 序列分析。

如果是用 PCR 法获取的目的基因进行克隆，或者已知目的基因的全序列或其两端的序列与全长，可设计合成一对引物，以转化菌的质粒 DNA 为模板进行 PCR 扩增，若 PCR 产物与目的基因的预期长度相一致，那么即可初步筛选出含重组体的阳性菌落。

(五) 免疫化学检测法

此法不是直接筛选目的基因，而是利用标记的特异性抗体与目的基因表达产物的相互作用来筛选含重组 DNA 分子的转化菌，因而要求目的基因进入细胞后能够表达蛋白质产物。常用的方法有：放射性抗体检测法、免疫沉淀检测法、表达载体产物之免疫化学检测法等。本法特异性强、灵敏度高，适用于从大量转化细胞集合中筛选很少几个含目的基因的细胞克隆，也适用于选择不为宿主菌提供任何选择标记的克隆基因。

五、外源基因的表达

将外源目的基因克隆到表达载体上，导入受体细胞后，实现外源基因的表达也是 DNA 体外重组的目的之一。外源基因的表达涉及目的基因完成复制、转录、翻译等过程，因此需要建立合适的表达系统，包括构建表达载体、建立受体细胞以及分离、纯化表达产物。根据受体细胞的不同，表达体系可分为原核表达系统和真核表达系统。

(一) 原核细胞表达系统

原核表达系统主要有大肠埃希菌、芽孢杆菌及链霉菌系统等。其中大肠埃希菌是采用最多的原核表达体系。人胰岛素、生长激素、干扰素等基因已在大肠埃希菌系统中实现成功表达，其优点是培养方法简单、迅速、经济而又适合大规模生产。要实现外源基因在原核细胞中的高效表达需考虑以下因素：

1. 外源基因的性质　克隆基因要在原核细胞中获得有效表达，必需满足以下基本条件：①外源真核基因不能带有 5′端非编码区和内含子结构，因而必须用 cDNA 或化学合成基因，而

笔记栏

不能用基因组 DNA。②外源基因与表达载体重组后，必须形成正确的开放阅读框架，以利于外源基因的正确表达。③外源基因转录生成的 mRNA 必须相对稳定并能被有效翻译，所表达的蛋白质产物不能对宿主菌有毒害作用，且不易被宿主的蛋白酶降解。

2. 载体的表达调控元件 原核表达载体具有以下的调控元件与功能：①具有强启动子及其两侧的调控序列，能调控基因的转录，产生大量的 mRNA。常用的启动子有 *trp-lac* 启动子、λ 噬菌体 P_L 和 P_R 启动子以及 T7 噬菌体启动子等。②含有 SD 序列，提供核糖体 16S rRNA 3′端的识别与结合位点，而且 SD 序列与起始密码子 AUG 之间要有合适的距离，从而启动正确、高效的翻译过程。③带有不依赖 ρ 因子的转录终止区，以避免 RNA 的过度转录。④含合适的多克隆位点，确保外源基因按正确的方向插入表达载体中，而且阅读框架保持不变。⑤带有大肠埃希菌适宜的筛选标记等。

3. 目的蛋白的性质及表达方式 根据目的蛋白的性质及用途以及所用载体的特点，可分为融合型、非融合型和分泌型表达蛋白质以及包涵体。

（1）融合型表达蛋白：是指将外源目的基因与另一基因相拼接构建成融合基因进行表达，这样产生的蛋白质的 N 末端由另一基因序列（可以是原核 DNA 或其他 DNA 序列）编码，C 末端由外源目的基因编码。表达的融合蛋白可通过酶解法或化学降解法切除融合蛋白中的原核多肽或具有其他功能的多肽而获得外源目的蛋白。这种表达方式需要选用融合表达载体，载体的 MCS 位于原核基因序列或其他 DNA 序列的 3′末端，将外源基因插入、且阅读框架保持不变，即可保证融合蛋白的准确翻译。

融合型表达蛋白的表达效率高，性质稳定，可抵御细菌蛋白酶的降解，能在胞内形成良好的空间构象，且大多具有水溶性，常带有特殊的标记，易于采用亲和层析技术进行分离纯化。

（2）非融合型表达蛋白：是指外源目的基因不与另一基因融合，直接从起始密码 AUG 开始在原核调控元件控制之下表达蛋白质。非融合型表达载体也应包含强启动子及其调控序列、SD 序列、转录终止序列以及筛选标记等元件。非融合型表达的蛋白质具有类似天然蛋白质的结构，其生物学功能也更接近于体内的天然蛋白质。但其缺点是容易被细菌蛋白酶降解。

笔记栏

（3）分泌型表达蛋白：分泌型表达在 SD 序列下游携带有一段信号肽序列，外源蛋白的 N 末端与信号肽相连接，在信号肽的引导下，将蛋白质由细胞质跨膜分泌到细胞周质中，然后信号肽酶水解信号肽，释放出外源蛋白。

分泌型蛋白可以是融合蛋白，也可以是非融合蛋白。分泌型表达不仅可防止宿主蛋白酶对外源表达蛋白的降解，而且也能够减轻大肠埃希菌代谢负荷和便于蛋白质在细胞外的正确折叠和提纯。但分泌型蛋白的表达量往往较低，且有时信号肽不能被切除或在错误的位置上被切除。

（4）包涵体：当与大肠埃希菌高效表达外源基因时，所表达的蛋白质致密地集聚在细胞内，或被膜包裹或形成无膜裸露结构，这种水不溶性的结构称为包涵体（inclusion body）。由于大肠埃希菌细胞质是一个偏还原性的环境，蛋白质容易形成错配的二硫键，从而形成包涵体。包涵体的成分除目的蛋白外，主要有宿主细胞蛋白及膜蛋白片段，此外还含有少量的 DNA、RNA 和脂多糖等非蛋白分子。包涵体的形成有利于外源基因表达产物的分离纯化，稳定表达产物的结构，防止细菌蛋白酶的降解作用。但是以包涵体形式表达的重组蛋白丧失了原有的生物活性，因此必须通过有效的变性复性操作，获取天然的、有活性的目的蛋白。

4. 原核表达系统的不足 ①由于缺乏转录后加工机制，原核系统只适合表达克隆的cDNA，不宜表达真核基因组 DNA。②由于缺乏适当的翻译后加工机制，原核系统表达的真核蛋白不能形成正确的折叠和进行糖基化、磷酸化、乙酰化等修饰。③原核系统表达的真核蛋白常以包涵体形式存在，需经过变性复性处理，才能恢复生物学活性。④原核系统难以实现大量表达分泌性蛋白，而且在切除信号肽时也易出现问题。⑤原核系统中表达的真核蛋白不稳定，易被细菌蛋白酶降解。⑥原核细胞周质中常含有种类繁多的内毒素，易污染表达产物，影响产品纯度。

（二）外源基因在真核细胞中的表达

真核表达系统是指在真核细胞中表达外源基因的体系，主要有酵母、哺乳动物、昆虫细胞（杆状病毒）系统和高等植物系统等。这些表达系统在重组 DNA 药物、疫苗生产及其他生物制剂生产上都获得了一些成功。另外真核表达系统在研究各种蛋白质分子在细胞中的功能以及了解真核基因表达调控的机制方面也有广泛的应用。与原核表达系统相比,真核表达系统有其独特的优越性:①真核细胞具有转录后加工系统,因而真核系统可表达克隆的 cDNA 或真核基因组 DNA。②真核细胞具有翻译后加工系统,可进行糖基化、磷酸化、乙酰化等修饰,使表达蛋白形成正确的天然构象,具有完整的生物学活性。③某些真核细胞可将外源基因表达产物直接分泌至细胞培养基中,简化了分离纯化的操作。

1. 真核表达载体特点 真核表达载体大多是穿梭载体,既含有原核克隆载体的复制子、抗性筛选基因和 MCS 等序列,利于在原核细胞中进行目的基因的重组和载体的扩增;又含有真核细胞的启动子、增强子、剪接信号、转录终止信号和 PolyA 化信号及遗传选择标记等组件,便于在真核细胞中高效、正确表达目的基因。

2. 目的基因导入方式 外源基因导入真核细胞是真核表达的关键步骤。导入方法有两大类:病毒感染和载体转染。病毒感染是一种将外源基因导入细胞的天然方法;而转染则是利用化学或物理等方法将外源基因导入真核细胞的方法,转染真核细胞比原核细胞难度大。

3. 外源基因的表达方式 根据载体、转染方法以及宿主细胞的差异,目的基因的表达方式可分为两大类:瞬时表达和稳定表达。

瞬时转染的外源 DNA 不与宿主染色体整合,不能随宿主基因组的复制而扩增,外源基因进行瞬时表达。此时基因表达和对细胞的影响只能维持较短的时间(一般在 72 小时内),随着未转染细胞的大量增殖,少数的转染细胞很快丢失。瞬时转染方法相对简单,不需筛选耗费时间短,各种转染方法都可使用。常用的瞬时表达宿主是源自非洲绿猴细胞株 CV-1 的 COS 细胞。

稳定转染的外源目的基因已整合至宿主染色体中,随宿主基因组的复制、转录和翻译持续表达外源蛋白。稳定转染需利用标记基因进行筛选耗时长,而且有些外源基因表达产物对宿主细胞有毒性,因此不易获得成功。常用的稳定表达宿主细胞是源自中国仓鼠卵巢(CHO)细胞。

第四节 重组 DNA 技术在医学中的应用

DNA 重组技术自从诞生起,就在疾病基因的发现、药物生产(包括基因工程药物、基因工程疫苗)、实验动物模型的构建、癌症研究、艾滋病研究、遗传性疾病的基因诊断与治疗以及微生物检测等方面发挥了巨大作用。

一、疾病基因的发现与克隆

DNA 重组技术的应用使科学家可以通过基因定位确定克隆基因在分子遗传病中的作用。疾病基因发现的典型例子是脆性 X 综合征(fragile x syndrome, fxs)。fxs 是由于在人体内 X 染色体的形成过程中的突变所导致的遗传性疾病。虽然早已发现该病患者的 DNA 存在脆性位点,但对其确切的分子机制尚不了解。直到 1991 年,verkerk 等首次应用酵母人工染色体技术,成功克隆出家族性智力低下基因 *fmr*1(fragile x mental retardation 1),研究证明该基因的突变与 fxs 有关。现已知道 *fmr*1 基因的表达产物为一种 RNA 结合蛋白,RNA 结合蛋白对转录体的剪切、RNA 转运、mRNA 稳定性及翻译水平有重要调节作用。患者 *fmr*1 基因的 5′端非翻译区有遗传不稳定的$(CGG)_n$重复序列的高度扩增,有邻近的 CpG 岛的异常甲基化,几乎所有患者 *fmr*1 的 mRNA 及其蛋白产物不表达或低表达。正常人群 *fmr*1 基因中$(CGG)_n$存在多态性,重复序列为 6~46 个拷贝,而突变为该序列的高度重复。根据 CGG 扩增程度可把其突变分为以下 3 种类型:①前突变,见于正常男、女传递者,CGG 重复 52~200 拷贝,无 CpG 岛甲基化,各种体细胞中基因改变一致。②全突变,见于男、女患者和部分女性携带者,CGG 重复高于 200 拷贝,CpG 岛完全甲基化或高度甲基化,存在广泛的体细胞异质性。③嵌合型,属于一种中间类型,约占基因突变类型的 15%,具有前突变的基因型以及较低程度的 CpG 岛甲基化和体细胞不稳定性。CGG 重复序列不同程度的扩增可引起邻近 CpG 岛内不同程度甲基化,而 CpG 岛的过度甲基化可能抑制 *fmr*1 基因的正常转录、表达从而出现临床症状。简而言之,fxs 是 CGG 重复过度增加和相邻区异常甲基化的结果。

二、生物制药

发酵工业用大肠埃希菌生产人的生长激素释放抑制因子是第一个成功的实例。在 9 升细菌培养液中这种激素的产量等于从大约 50 万头羊的脑中提取得到的量。这是把人工合成的基

笔记栏

因连接到小型多拷贝质粒 pBR322 上,并利用乳糖操纵子 β-半乳糖苷酶基因的高效率启动子,构成新的杂种质粒而实现的。现在胰岛素、人的生长激素、人的胸腺激素 α-1、人的干扰素、牛的生长激素、乙型肝炎病毒抗原和口蹄疫病毒抗原等都可用大肠埃希菌发酵生产,其中有的还可在酵母或枯草杆菌中表达,这就为大规模的工业发酵开辟了新的途径。还有些很重要的基因,如纤维素酶的基因等也已在大肠埃希菌中克隆和表达。

三、基因诊断

基因诊断有时也称为分子诊断或 DNA 诊断(DNA diagnosis),是指采用分子生物学的技术方法来分析受检者的某一特定基因的结构(DNA 水平)或功能(RNA 水平)是否异常,以此来对相应的疾病进行诊断。基因诊断通过以核酸分子杂交(nucleic acid molecular hybridization)和聚合酶链反应(PCR)为核心发展起来的多种方法,配合 DNA 序列分析,以及近年新兴的基因芯片技术可以检测出 DNA 水平的异常。基因诊断是病因的诊断,既特异又灵敏,可以揭示尚未出现症状时与疾病相关的基因状态,从而可以对表型正常的携带者及某种疾病的易感者作出诊断和预测,特别对确定有遗传疾病家族史的个体或产前的胎儿是否携带致病基因的检测具有指导意义。

除了在遗传疾病领域,基因诊断的技术策略还广泛应用于感染性疾病,癌症以及法医学鉴定。

四、基因治疗

从基因角度可以理解为对缺陷的基因进行修复,或将正常有功能的基因置换或增补缺陷基因的方法。若从治疗角度可以广义地说是一种基于导入遗传物质以改变患者细胞的基因表达从而达到治疗或预防疾病的目标的新措施。导入的基因可以是与缺陷基因相对应的有功能的同源基因或与缺陷基因无关的治疗基因。

基因治疗有两种形式:一种是改变体细胞的基因表达,即体细胞基因治疗(somatic gene therapy),基因型的改变只限于某一类体细胞,其影响只限于某个体的当代,这是目前基因治疗采用的方式。另一种是改变生殖细胞的基因表达,即种系基因治疗(germline gene therapy)。从理论上讲,若对缺陷的生殖细胞进行矫正,不但当代可以得到根治,而且可以将正常的基因传给子代。但生殖的生物学极其复杂,且尚未清楚,一旦发生差错将给人类带来不可想象的后果,涉及一系列伦理学的问题,目前还不能用于人类,仅限于转基因动物,用于测试各种 DNA 在矫正遗传疾病方面是否有效。

小　结

自然界基因重组包括同源重组、特异位点重组、转座重组以及细菌的接合、转化、转导作用等。同源重组又称基本重组,是指通过链的断裂和再连接,在两个 DNA 分子的同源序列间发生单链或双链片断的交换。由整合酶催化,在两个 DNA 序列的特异位点间发生的整合称为位点特异重组。而转座重组指某些基因可以从一个位置移动到另一位置。细菌通过菌毛直接接触,将遗传物质从一个细菌传递至另一个细菌,称为接合作用。转化作用就是将供体菌 DNA 转移到受体菌,使受体菌获得新的遗传表型。而转导作用是指当病毒从被感染的供体细胞释放出来再次感染另一受体细胞时,两个细胞之间发生 DNA 转移及基因重组。

基因工程是通过类似于工程设计的方法,获得目的基因表达的产物,或者人为的改造生物的遗传性状 DNA,又称为 DNA 重组。DNA 重组技术的基本原理和主要步骤包括:①获取目的基因的 DNA 片段,并选择能够自我复制并具有选择标记的载体;②将目的基因与载体重组;③将重组 DNA 分子导入受体细胞(即宿主细胞)扩增;④筛选和鉴定含重组 DNA 分子的受体细胞,并扩增;⑤将目的基因克隆到表达载体上,转移到受体细胞,实现基因表达。重组 DNA 技术的操作依赖于一些重大发现和技术突破,例如工具酶的发现,载体的发现、改造和应用,以及 PCR 技术的发明。可以通过化学合成法、PCR 或 RT-PCR、及构建基因文库等方法来获取目的基因的 DNA 片段。利用限制性内切核酸酶和连接酶将目的基因与适合的载体进行体外重组,连接方法有黏性末端连接、平末端连接、人工接头连接、同聚物加尾连接和 T-A 克隆等。

将重组 DNA 分子导入原核细胞的过程称为转化，导入真核细胞的过程称为转染。重组 DNA 分子导入受体细胞经适当培养后，可以根据载体的遗传表型及限制性酶切、核酸分子杂交、PCR、免疫化学检测等方式对受体细胞进行筛选，以确定获得了重组体克隆。如果重组 DNA 是为了获得蛋白质产物，必须建立表达系统使目的基因表达。表达体系有原核表达系统和真核表达系统，根据研究目的、表达蛋白以及载体的特点进行选择。现在重组 DNA 技术已经成功应用于基因定位、疾病诊断、基因治疗、生物制药等方面。

（王含彦　朱彦雨）

第15章 肝脏的生物化学

肝脏是人体内最大的腺体,也是人体最重要的器官之一。成年人肝脏的重量约为1~1.5kg,约占体重的2.5%。人肝约含2.5×10^{11}个肝细胞,组成50万~100万个肝小叶。肝脏具有肝动脉和门静脉的双重血液供应,肝细胞之间又有丰富的血窦。肝脏还有肝静脉和胆道系统两条输出通道。这些结构为肝脏与人体其他部分之间的物质交换和分泌排泄等提供了良好的条件。因此,肝脏的代谢极为活跃,具有多样的代谢功能,在糖、脂、蛋白质、维生素、激素等代谢中均起重要作用,还具有分泌、排泄、生物转化等重要功能。

肝细胞有丰富的线粒体,为活跃的代谢活动提供足够的能量。肝细胞富含内质网、高尔基体和大量的核糖体,是肝脏合成血浆蛋白质及肝内参与物质代谢有关酶类的场所。此外,肝细胞中还含有各种活性较高和完备的酶体系,有的酶为肝脏所独有,有的酶以肝脏中活性最高,例如合成酮体和尿素的酶系,催化芳香族氨基酸及含硫氨基酸代谢的酶类,所以在全身物质代谢及生物转化中起着特别重要的作用。

第一节 肝脏在代谢中的作用

一、肝脏在糖代谢中的作用

(一)调节维持血糖浓度稳定

肝脏在糖代谢中最重要的作用是通过糖原的合成与分解及糖异生作用维持血糖浓度的相对恒定。当饭后血糖浓度升高时,肝脏利用血糖合成糖原。肝可利用各种己糖如葡萄糖、果糖等合成糖原,同时血糖浓度降低。相反,在空腹状态下,血糖浓度下降,肝糖原则可迅速分解为葡萄糖以补充血糖。在饥饿状态下,储存的肝糖原绝大部分被消耗。因此,较长时间饥饿后,依靠肝糖原分解而补充血糖的作用随之减弱,此时肝脏加速利用生糖氨基酸、甘油、乳酸等大量非糖物质异生为糖以补充血糖。当肝功能严重受损时,肝糖原的合成与分解及糖异生作用降低,维持血糖浓度恒定的能力下降,在饥饿时易发生低血糖,进食后易出现一时性高血糖。临床上可通过半乳糖耐量试验及测定血中乳酸含量来观察肝脏糖原生成及糖异生是否正常。

(二)磷酸戊糖途径及其他糖代谢

肝细胞中葡萄糖经磷酸戊糖途径,生成NADPH,作为供氢体参与多种代谢反应,为脂肪酸及胆固醇合成所必需;该途径还可为核酸的生物合成提供核糖;肝脏通过糖醛酸代谢生成UDP-葡萄糖醛酸,参与肝脏生物转化作用,是肝生物转化反应中最重要的结合物质。

二、肝脏在脂代谢中的作用

肝在脂类的消化、吸收、分解、合成以及运输等代谢过程中均起重要作用。

(一)脂类消化与吸收

肝脏将胆固醇转化为胆汁酸,生成和分泌胆汁,胆汁中的胆汁酸盐可乳化脂类,促进脂类消化吸收。当肝脏受损或胆道阻塞时,肝细胞分泌胆汁能力下降或胆汁排出受阻,可致脂类消化不良,如脂肪泻、厌油腻食物等临床症状。

(二)脂类合成与运输

肝脏是合成脂肪酸和脂肪的主要场所,还是人体中合成胆固醇最旺盛的器官。肝脏合成的三酰甘油、胆固醇及其酯和磷脂以极低密度脂蛋白(VLDL)和高密度脂蛋白(HDL)的形式分泌入血,供其他组织器官摄取和利用。磷脂是脂蛋白的重要组成成分,肝脏合成磷脂非常活跃,特别是卵磷脂。如果肝合成三酰甘油的量超过其合成与分泌VLDL的能力,或者磷脂合成发生障碍,使VLDL的合成减少和脂肪运输障碍,从而导致肝内脂肪不能及时运出,在肝中堆积引起脂肪肝。肝脏是合成胆固醇最活跃的器官,其合成量占全身总合成量的3/4以上。此外,肝脏还合成并分泌卵磷脂-胆固醇酰基转移酶(lecithin cholesterol acyl transferase,LCAT),可催化血浆中大部分胆固醇转化为胆固醇酯，以利运输。所以，在肝功能障碍时，往往有血浆胆固醇酯/胆固醇比值下降及脂蛋白电泳谱的异常。

肝脏是人体内生成酮体的主要场所。生成的酮体不能在肝脏氧化利用，而经血液运输到其他组织（心、肾、骨骼肌等）氧化利用，作为这些组织的良好的供能原料。

（三）脂肪分解

肝脏是氧化分解脂肪酸的主要场所。肝内脂肪酸的代谢有两条途径：内质网中的酯化作用和线粒体内的氧化作用。通过这两条途径，肝和脂肪组织之间不断进行脂肪酸的交换。饱食后，肝合成脂酸，并以三酰甘油的形式储存于脂库。饥饿时，脂库脂肪动员，释放出脂肪酸进入肝内进行 β-氧化，产生酮体供肝外组织利用。

三、肝脏在蛋白质代谢中的作用

肝脏在蛋白质合成与分解代谢中均起重要作用。

（一）蛋白质合成代谢

肝脏除合成自身所需蛋白质外，还合成多种分泌蛋白质。肝脏是合成和分泌血浆蛋白的重要器官。除 γ-球蛋白外，几乎所有的血浆蛋白均由肝细胞合成，如白蛋白（又称清蛋白）、纤维蛋白原、凝血酶原、载脂蛋白以及部分球蛋白。其中合成量最多的是白蛋白，成人每日合成量约12g，几乎占肝脏合成蛋白质总量的 1/4。血浆白蛋白是许多物质（如游离脂肪酸、胆红素等）的载体，并在维持血浆胶体渗透压方面起重要作用。肝功能减退时，其白蛋白合成能力下降，而球蛋白含量相对增加，可导致血浆中白蛋白与球蛋白含量的比值下降，甚至倒置。这种比值的变化可作为某些肝脏疾病的辅助诊断指标。此外，大部分的凝血因子由肝细胞合成，故肝功能严重障碍时，常出现血液凝固机能障碍。

（二）蛋白质分解代谢

1. 肝脏是清除血浆蛋白质的重要器官 很多血浆蛋白是糖蛋白，它们在肝细胞膜表面唾液酸酶的作用下脱去糖基末端的唾液酸后，被肝细胞膜上特异的受体-肝糖结合蛋白所识别，并经胞饮作用进入肝细胞而被溶酶体水解酶降解。

2. 肝脏中氨基酸的分解代谢也十分活跃 肝脏中有关氨基酸分解代谢的酶如转氨基、脱氨基及脱羧基等反应的酶含量丰富。体内大部分氨基酸，除支链氨基酸主要在肌肉中分解外，其余氨基酸特别是芳香族氨基酸主要在肝脏分解。因此，肝功能严重障碍时，会引起血中氨基酸含量增高及支链氨基酸/芳香族氨基酸比值的变化。

胚胎肝细胞还可合成一种与血浆白蛋白分子量相似的甲胎蛋白（α-fetoprotein，α-FP），胎儿出生后其合成受到阻遏，因而正常人血浆中几乎没有这种蛋白质。原发性肝癌患者癌细胞中编码甲胎蛋白的基因去阻遏而表达，血浆中可检测出这种蛋白质，故对原发性肝癌的诊断有一定的意义。

3. 肝是清除血氨及胺类解毒的主要器官 氨在肝中通过鸟氨酸循环合成尿素。其次，肝可将氨转变成谷氨酰胺。当肝脏功能严重损害（如急性重型肝炎）时，肝脏合成尿素的能力降低，可使血氨增高，导致神经系统症状（肝性脑病），临床上出现肝性脑病（肝昏迷）。另外，肝脏也是胺类物质解毒的重要器官。胺类主要来自肠道细菌对氨基酸（特别是芳香族氨基酸）的脱羧基作用，如酪氨酸脱羧产生酪胺等，它们的结构类似于儿茶酚胺类神经递质，故又称假性神经递质，可以取代或干扰大脑正常神经递质的作用。正常人肝脏具有抑制或处理假性神经递质的作用，当肝功能严重减退时，假性神经递质含量升高，与肝性脑病的发生有一定关系。

四、肝脏在维生素代谢中的作用

肝脏在维生素的储存、吸收、运输、改造和利用等方面具有重要作用。

（一）肝脏参与维生素的储存

人体内维生素 A、K、B_{12} 以肝为主要储存场所。肝脏含维生素 A、K、B_1、B_2、B_6、B_{12}、叶酸及泛酸等较多。

（二）肝脏参与维生素的吸收

肝脏所分泌的胆汁酸可促进脂溶性维生素 A、D、E、K 的吸收，所以肝胆系统疾病时容易引起脂溶性维生素的吸收障碍。例如，维生素 K 及维生素 A 的吸收障碍可引起出血倾向及夜盲症。

（三）肝脏参与多种维生素的代谢

多种维生素在肝内转变为辅酶的组成成分。如维生素 B_1 转化成硫胺素焦磷酸酯（TPP），维生素 B_6 转化成磷酸吡哆醛，维生素 PP 转变为辅酶Ⅰ（NAD^+）和辅酶Ⅱ（$NADP^+$）；泛酸转变为辅酶 A 等。此外，肝脏还将维生素 A 原（β-胡萝卜素）转化成维生素 A，将维生素 D_3 羟化为 25-OH-D_3，有利于活性维生素 D_3 的生成。维生素 K 是肝合成凝血因子Ⅱ、Ⅶ、Ⅸ、Ⅹ不可缺少的物质。

五、肝脏在激素代谢中的作用

许多激素如雌激素、醛固酮、抗利尿激素、甲状腺素、胰岛素等在其发挥调节作用之后，主要在肝脏内代谢转化，从而降低或失去活性，称为激素的灭活。激素灭活过程是体内调节激素作用时间长短和强度的重要方式之一。肝脏是体内类固醇激素、蛋白质激素、儿茶酚胺类激素灭活的主要场所。例如类固醇激素可在肝内与葡萄糖醛酸或活性硫酸根结合而被灭活。肝功能障碍，激素灭活作用受影响，体内的雌激素、醛固酮、抗利尿激素水平升高，临床上可出现男性乳房发育、皮肤蜘蛛痣、肝掌（雌激素对小血管的扩张作用）、面部色素沉着及水钠潴留等现象。

第二节　肝脏的生物转化作用

一、生物转化的概念

人体内存在许多非营养物质，这些物质既不能构成组织细胞的结构成分，又不能氧化供能，同时亦不能为组织的生存和代谢提供条件，而且其中部分还对人体产生不利的生物学效应或毒性作用，需及时清除。机体在将这些非营养性物质转变为水溶性增高的利于排出体外的物质过程称为生物转化（biotransformation）。

非营养物质的来源：非营养物质可分为内源性和外源性两大类。内源性物质包括代谢中所产生的各种生物活性物质如激素、神经递质，以及对机体有毒的代谢中间物产物如胺类、胆红素等。外源性物质包括药物、毒物、食物防腐剂、色素及经肠道细菌作用产生的腐败产物（如胺、酚、吲哚和硫化氢等）等。

生物转化具有解毒与致毒的双重性。在大多数情况下，通过生物转化作用，使非营养物质的生物活性降低或消失，或使有毒物质的毒性降低或失去其毒性，对机体产生保护作用。但是，有些物质经过生物转化后不但没有降低毒性，其生物活性或毒性反而增加，有的还可能溶解度降低，不易排出体外。例如 3，4-苯并芘、黄曲霉素等前致癌物质是经生物转化后才具有致癌作用。有的药物如环磷酰胺、水合氯醛等需经生物转化才能成为有活性的药物。所以，生物转化具有解毒与致毒的双重性，不能将肝脏的生物转化作用简单地看做是“解毒作用”。

肝脏是生物转化的主要器官，在肝细胞的微粒体、胞质、线粒体等部位都存在着生物转化的相关酶类。其他组织如肾、胃肠道、肺、皮肤及胎盘等也可进行一定的生物转化，但以肝脏生物转化功能最强。

二、生物转化的反应类型

根据化学反应是发生在分子内还是分子间可将生物转化分为两相反应。第一相反应是指被转化分子上的某些基团发生变化，包括氧化、还原和水解反应，有些物质经过第一相反应即可迅速排出体外。第二相反应为结合反应，许多物质经过第一相反应后，极性改变仍不大，必须与某些极性更强的物质（如葡萄糖醛酸、硫酸、氨基酸等）结合，进一步增加溶解度，才能最终排出体外。这些结合反应被称为生物转化的第二相反应。实际上，许多物质的生物转化反应非常复杂，往往需要连续经历不同类型的转化反应。

（一）第一相反应

1. 氧化反应　氧化反应是最常见的生物转化第一相反应，由肝细胞中多种氧化酶系所催化，即在肝细胞的微粒体、线粒体及胞液中含有参与生物转化的不同氧化酶系，包括加单氧酶系、单胺氧化酶系、脱氢酶系等。

$$RH+O_2+NADPH+H^+ \longrightarrow ROH+NADP^++H_2O$$

（1）微粒体加单氧酶系：是定位于微粒体的依赖细胞色素 P450 的加单氧酶系（cytochrome P450 monooxygenase，CYP），又称混合功能氧化酶，由 NADPH、NADPH-细胞色素 P450 还原酶、细胞色素 P450 等组成。该酶系催化许多脂溶性物质从分子氧中接受一个氧原子，生成羟基化合物或环氧化合物，另一氧原子被 NADPH 还原为水，所以又称为羟化酶或混合功能氧化酶。加单氧酶系催化的基本反应见图 15-1。

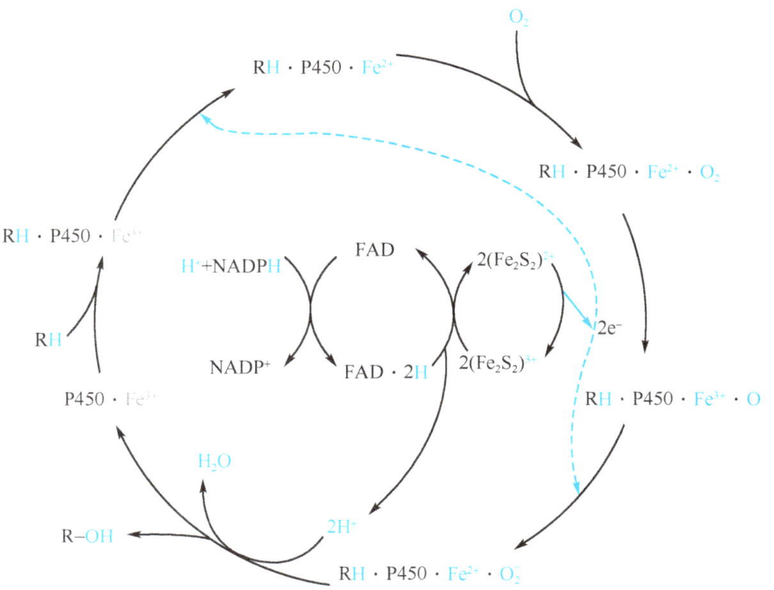

图 15-1 加单氧酶系催化反应

其中许多化合物不稳定，再经分子内部变换，生成稳定的化合物。如苯胺在加单氧酶系的催化下生成对氨基苯酚。

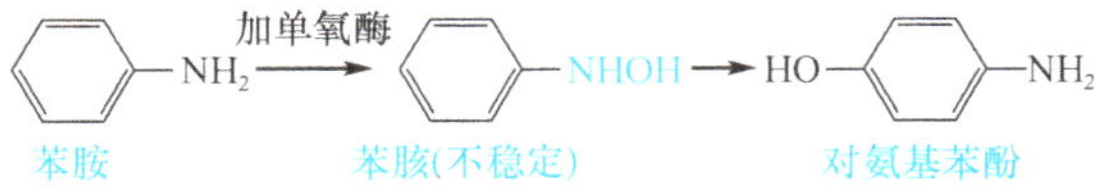

加单氧酶系的生理意义是参与多种药物和毒物的转化，经羟化作用后可加强药物或毒物的水溶性有利于排泄。加单氧酶的羟化作用也是许多物质代谢不可缺少的步骤。如类固醇激素和胆汁酸的合成需经过羟化作用，维生素 D_3 转变成活性维生素 D_3 也需要羟化反应。然而，有些致癌物质经氧化后丧失其活性，而有些本来无活性的物质经氧化反应后生成有毒或致癌物质。例如，多环芳香烃经加单氧酶作用生成的环氧化合物是致癌物质(图 15-2)。黄曲霉素 B_1 和苯并

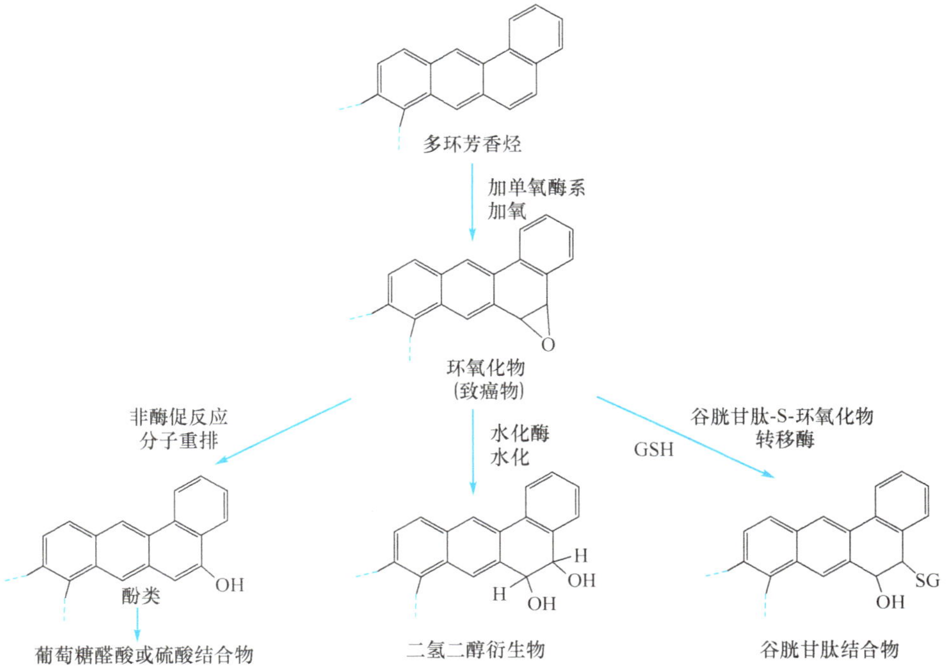

图 15-2 多环芳烃的生物转化

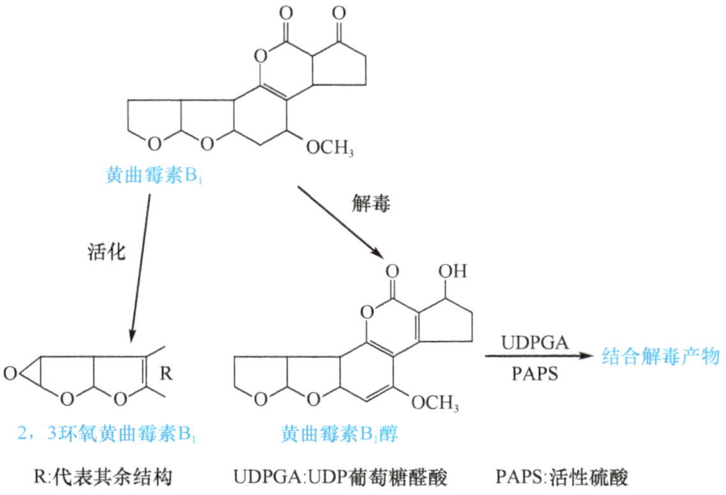

图 15-3 黄曲霉素的生物转化过程

芘在加单氧酶的催化下生成具有致癌作用的环氧化合物黄曲霉素 B_1-2,3-环氧化合物(图 15-3)和苯并芘二醇环氧化合物。

加单氧酶系酶可经诱导生成，如苯巴比妥类药物可诱导加单氧酶的合成，长期服用此类药物的病人，对异戊巴比妥、氨基比林等多种药物的转化及耐受能力亦同时增强，为达到药效需适当增加剂量。

(2) 线粒体单胺氧化酶系统：线粒体内的单胺氧化酶(monoamine oxidase，MAO)属于黄素酶类，是另一类参与生物转化的氧化酶，可催化胺类物质氧化脱氨基生成相应的醛，后者进一步在胞液中醛脱氢酶催化下生成酸。可催化组胺、酪胺、尸胺、腐胺等肠道腐败产物氧化脱胺，使之丧失生物活性。

$$RCH_2NH_2+O_2+H_2O_2 \xrightarrow{\text{单胺氧化酶}} RCHO+NH_3+H_2O$$

(3) 醇脱氢酶和醛脱氢酶：肝细胞液和微粒体内含有非常活跃的以 NAD^+ 为辅酶的醇脱氢酶(alcohol dehydrogenase，ADH)和醛脱氢酶(aldehyde dehydrogenase，ALDH)，可催化醇类氧化成醛，后者再经醛脱氢酶催化生成相应的酸。例如，苯甲醇经醇脱氢酶和醛脱氢酶催化后生成苯甲酸，但是苯甲酸的溶解度低，需进一步与甘氨酸结合生成马尿酸才能随尿液排出。

乙醇是一种人们日常广为饮用的饮料和调味剂。人类摄入的乙醇 30% 由胃、70% 经肠上段迅速吸收。吸收后的乙醇 90%～98% 在肝脏进行代谢，由醇脱氢酶和醛脱氢酶将其最终氧化为乙酸。

$$\underset{\text{乙醇}}{CH_3CH_2OH} \xrightarrow[NAD^+]{\text{醇脱氢酶}} \underset{\text{乙醛}}{CH_3CHO} \xrightarrow[NAD^+]{\text{醛脱氢酶}} \underset{\text{乙酸}}{CH_3COOH}$$

人类血中乙醇的清除率约为 100～200 mg/(h·kg)体重。大量饮酒后，乙醇除经醇脱氢酶氧化外，还可诱导微粒体乙醇氧化系统(microsomal ethanol oxidizing system，MEOS)。MEOS 是乙醇-P450 加单氧酶，其催化反应的产物是乙醛。只有血液中乙醇浓度很高时，该系统才发挥催化作用。乙醇持续摄入或慢性乙醇中毒时，可诱导 MEOS 活性增加 50%～100%，乙醇总量的 50% 可由此系统代谢。但是乙醇诱导 MEOS 活性不但不能使乙醇氧化产生 ATP，反而增加对氧和 NADPH 的消耗，故造成肝细胞能量的耗竭，引起肝细胞的损害。通常人体中都存在醇脱氢酶，且数量基本相等，但部分人群缺少醛脱氢酶或醛脱氢酶活性较低。该类人群在饮酒后容易造成体内乙醛堆积，引起血管扩张、面部潮红、心动过速等反应。乙醛可通过血-脑屏障刺激小脑，使负责人体平衡的小脑失调，从而出现酒后的蹒跚步态；乙醛对舌咽神经的麻痹可导致口齿不清；还可导致胃肠平滑肌痉挛以及通过对呕吐中枢的刺激引起恶心呕吐。

2. 还原反应 肝细胞微粒体内存在由 NADPH 供氢的还原酶类，主要包括硝基还原酶类（nitroreductase）和偶氮还原酶类（azoreductase），分别催化硝基化合物和偶氮化合物从 NADPH 接受氢，还原成相应的胺类。如硝基苯经脱氧加氢生成苯胺；催眠药三氯乙醛可在肝脏被还原生成三氯乙醇而失去催眠作用。硝基化合物和偶氮化合物多见于食品防腐剂、工业试剂、食品色素、化妆品等。

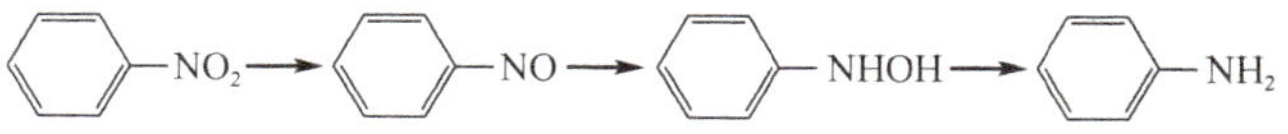

硝基苯　　　　　　　　　　　苯胺

3. 水解反应　肝细胞的胞液和微粒体中含有多种水解酶类，如酯酶、酰胺酶、糖苷酶等，分别水解各种酯键、酰胺键及糖苷键，以降低或消除其生物活性。这些水解产物通常需要进一步反应，以利排出体外。例如，乙酰水杨酸的生物转化过程，经过水解反应和结合反应两个过程。

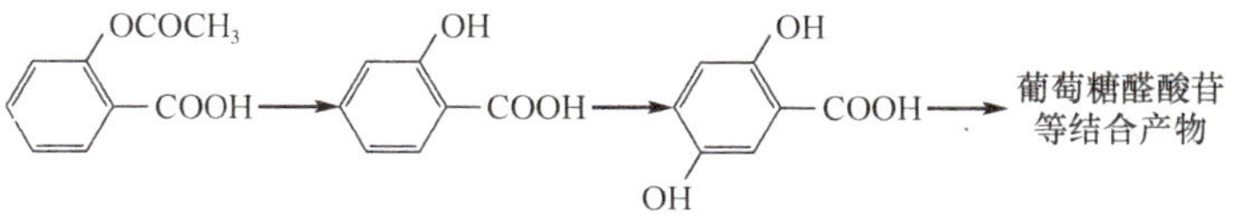

乙酰水杨酸　　　　水杨酸　　　　羟基水杨酸

（二）第二相反应——结合反应

结合反应是体内最重要的生物转化方式，属于第二相反应。体内一些内源性小分子作为结合剂，与含有羟基、羧基或氨基等功能团的非营养物质在肝内酶的催化下结合，从而掩盖非营养物质分子中的某些功能基团，使其生物学活性改变，增加其溶解度，易于排泄。作为结合剂的有葡萄糖醛酸、硫酸、乙酰辅酶 A、谷胱甘肽、甘氨酸等。其中，与葡萄糖醛酸和硫酸的结合反应最为重要。

1. 葡萄糖醛酸结合反应　肝细胞微粒体中含有非常活跃的尿苷二磷酸葡萄糖醛酸基转移酶（UDP glucuronyl transferase，UGT），它以尿苷二磷酸-α-葡萄糖醛酸（uridine diphosphate glucuronic acid，UDPGA）为活性供体。反应催化葡萄糖醛酸基转移到含醇、酚、胺、羧基等极性基团的化合物分子上。例如，苯酚与 UDPGA 反应生成苯 β 葡萄糖醛酸苷。

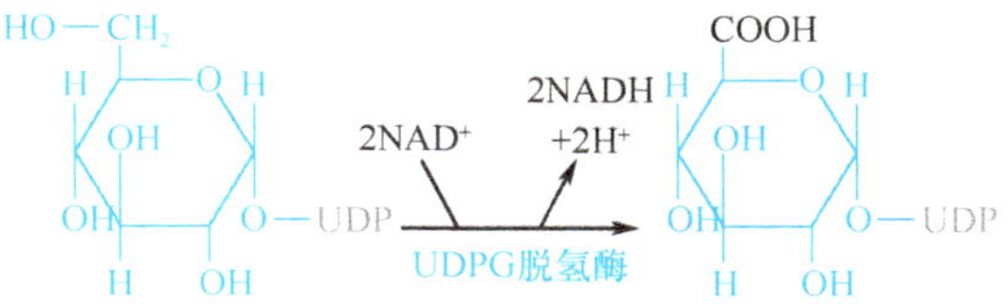

UDPG　　　　　UDPGA

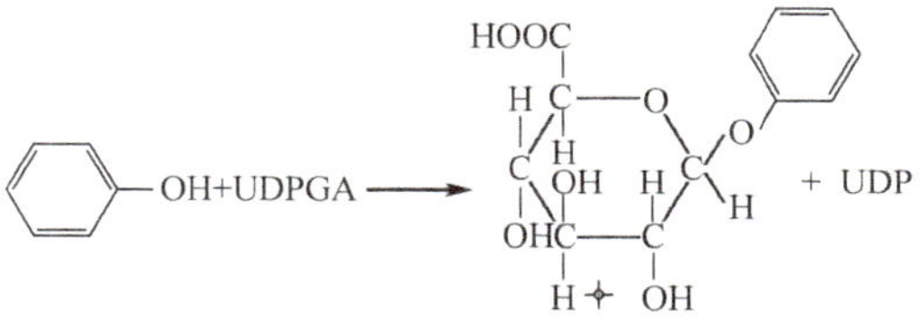

苯酚　　　　苯β葡萄糖醛酸苷

2. 硫酸结合反应　以 3′-磷酸腺苷 5′-磷酸硫酸（PAPS）为活性硫酸供体，在肝细胞内硫酸基转移酶（sulfotransferase，SULT）的催化下，将 PAPS 中的硫酸基转移到多种醇、酚、芳香族胺类分子以及内源性固醇类物质上，生成硫酸酯化合物。如雌酮就是通过形成硫酸酯进行灭活的。

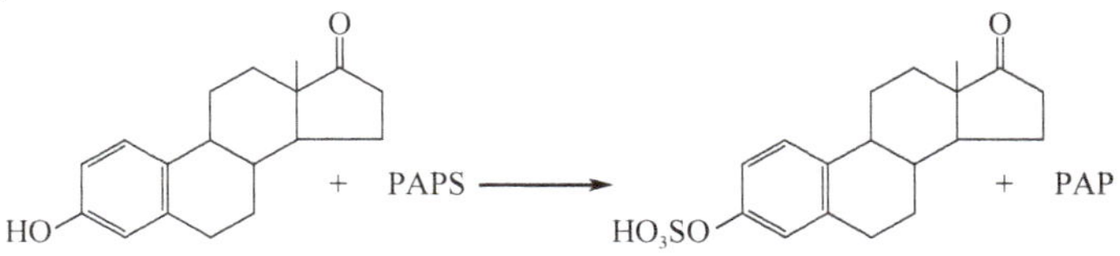

雌酮　　　　　　　　雌酮硫酸酯

3. 酰基化反应　在肝细胞液中乙酰基转移酶（acetyltransferase）的催化下，由乙酰 CoA 作为乙酰基供体，与芳香族胺类化合物结合生成相应的乙酰化衍生物。例如，大部分磺胺类药物和异烟肼在肝内通过这种形式灭活。但是，磺胺类药物经乙酰化后，其溶解度反而降低，在酸性尿中容易析出。所以，在服用磺胺类药物时应服用适量的小苏打，以提高其溶解度，利于随尿排出。

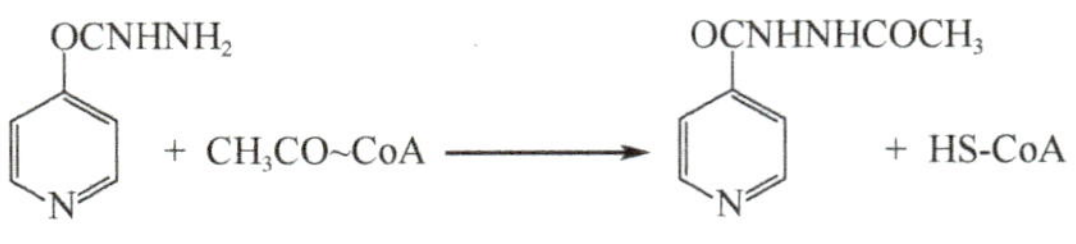

异烟肼 乙酰辅酶A 乙酰异烟肼 辅酶A

4. 谷胱甘肽结合反应 肝细胞中含丰富的谷胱甘肽S-转移酶（glutathione S-transferase，GST）。在谷胱甘肽S-转移酶催化下，谷胱甘肽（GSH）可与许多卤代化合物和环氧化合物结合，生成含GSH的化合物，主要随胆汁排出体外，不能从尿液排出。GSH结合物可在肝内和肾脏进一步分解代谢，最后形成硫醚氨酸，随尿液排出体外。例如环氧萘与谷胱甘肽的结合。

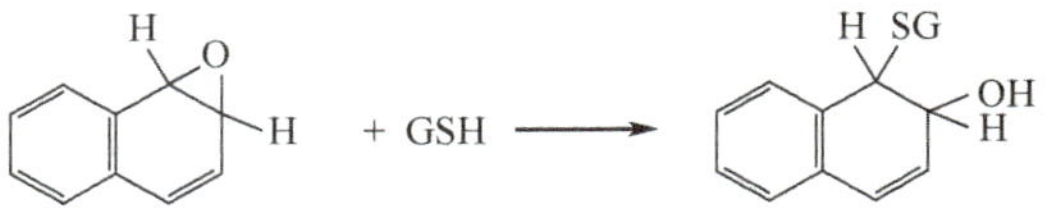

环氧萘 S-二萘醇谷胱甘肽

5. 甘氨酸结合反应 某些毒物、药物的羧基与辅酶A结合形成酰基辅酶A后，在肝细胞线粒体酰基转移酶催化下与甘氨酸结合，生成相应的结合产物。例如，胆酸和脱氧胆酸可与甘氨酸生成甘氨胆酸，苯甲酰CoA与甘氨酸生成马尿酸。

苯甲酰CoA 甘氨酸 马尿酸 辅酶A

6. 甲基化反应 肝细胞液及微粒体中具有多种转甲基酶，含有羟基、巯基或氨基的化合物可进行甲基化反应，由S-腺苷甲硫氨酸（SAM）提供甲基。例如，烟酰胺可甲基化生成N-甲基烟酰胺。

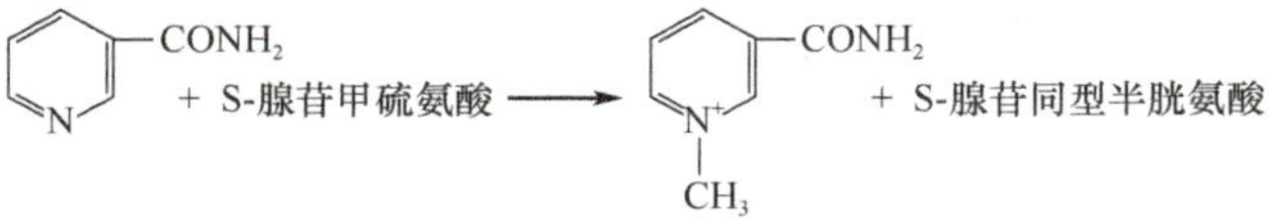

尼克酰胺 N-甲基尼克酰胺

三、影响生物转化作用的因素

（一）年龄的影响

新生儿肝中生物转化酶体系发育还不够完善，对药物及毒物的转化能力较差，易发生药物及毒素中毒。老年人肝细胞的数量减少，肝代谢药物的酶不易被诱导，对许多药物的耐受性降低，服药后药效较强，副作用较大。例如安替比林的半衰期在青年人为12小时，在老年人为17小时。因此，老年人的用药量应比青年人低。

（二）药物的影响

一些药物或毒物本身可诱导生物转化相关酶的合成，长期服用某种药物可使肝脏的生物转化能力增强，称为药物代谢酶的诱导。例如，长期服用苯巴比妥，可诱导肝微粒体加单氧酶系的合成，从而使机体对苯巴比妥类催眠药产生耐药性。同时，由于加单氧酶特异性较差，可利用诱导作用增强药物代谢和解毒，如用苯巴比妥治疗地高辛中毒。苯巴比妥还可诱导肝微粒体UDP-葡萄糖醛酸转移酶的合成，故临床上用来治疗新生儿黄疸。另一方面，许多药物的生物转化反应受同一酶体系的催化。因此，同时服用几种药物时可发生药物之间的竞争性抑制作用，影响其生物转化作用。例如，保泰松在体内可抑制双香豆素的代谢，从而增强双香豆素的抗凝作用，同时使用这两种药物容易引起出血。

（三）肝脏疾病的影响

肝炎、肝硬化等导致肝功能低下时，微粒体中加单氧酶系和UDP-葡萄糖醛酸转移酶活性显著降低，加上肝血流量的减少，病人对许多药物及毒物的摄取、转化发生障碍使药物或毒物的灭活速度下降，药物的治疗剂量与毒性剂量之间的差距缩小。如慢性活动性肝炎患者有甲苯磺丁脲、利福平、氯霉素、异烟肼、安替比林、保泰松等的代谢障碍，延长了药物的消除半衰期。因此，对肝病病人用药应慎重。同时应注意选择药物，掌握剂量，避免加重肝脏的负担。

笔记栏

第三节　胆汁和胆汁酸盐代谢

一、胆汁与胆汁酸概述

胆汁是肝细胞分泌的一种液体。正常人的肝脏平均每天分泌 300~700ml 胆汁，清澈透明，呈橙黄色，称为肝胆汁；进入胆囊后，经浓缩为原体积的 10%~20%，并掺入黏液等物而成为胆囊胆汁，随后经胆总管流入十二指肠。胆囊胆汁呈黄褐色或棕绿色。胆汁中的成分除水外，溶于其中的固体物质有蛋白质、胆汁酸、脂肪酸、胆固醇、磷脂、胆红素、磷酸酶、无机盐等，其中胆汁酸盐的含量最高。肝细胞分泌的胆汁具有双重功能：一是作为消化液，促进脂类的消化和吸收，二是作为排泄液，将体内某些代谢产物（胆红素、胆固醇）及经肝生物转化的非营养物排入肠腔，随粪便排出体外。

胆汁酸（bile acids）是存在于胆汁中一大类胆烷酸的总称，以钠盐或钾盐的形式存在，即胆汁酸盐，简称胆盐（bile salts）。胆汁酸是胆汁的主要成分，在脂类消化吸收及调节胆固醇代谢方面起重要作用。

二、胆汁酸的种类及生理功能

（一）胆汁酸的种类

胆汁酸按其来源可分为初级胆汁酸（primary bile acid）和次级胆汁酸（secondary bile acid）两大类。肝细胞内，以胆固醇为原料直接合成的胆汁酸为初级胆汁酸，包括胆酸和鹅脱氧胆酸及其与甘氨酸或牛磺酸结合后生成的甘氨胆酸、牛磺胆酸、甘氨鹅脱氧胆酸或牛磺鹅脱氧胆酸。初级胆汁酸分泌到肠道后受肠道细菌作用生成的产物为次级胆汁酸，包括脱氧胆酸和石胆酸及其在肝中生成的结合产物。按胆汁酸的结构也分为两类，一类是游离胆汁酸（free bile acid），包括胆酸、脱氧胆酸、鹅脱氧胆酸和少量石胆酸；另一类是结合胆汁酸（conjugated bile acid），是游离胆汁酸与甘氨酸或牛磺酸的结合产物，主要包括甘氨胆酸、牛磺胆酸、甘氨鹅脱氧胆酸和牛磺鹅脱氧胆酸。存在于人胆汁中的胆汁酸以结合型为主。上述胆汁酸的分类及结构式见图 15-4。

- 胆汁酸
  - 初级胆汁酸
    - 游离胆汁酸——胆酸、鹅脱氧胆酸
    - 结合胆汁酸 胆酸、鹅脱氧胆酸与甘氨酸或牛磺酸结合产物
  - 次级胆汁酸
    - 游离胆汁酸——脱氧胆酸、石胆酸
    - 结合胆汁酸 石胆酸、脱氧胆酸与甘氨酸或牛磺酸结合产物

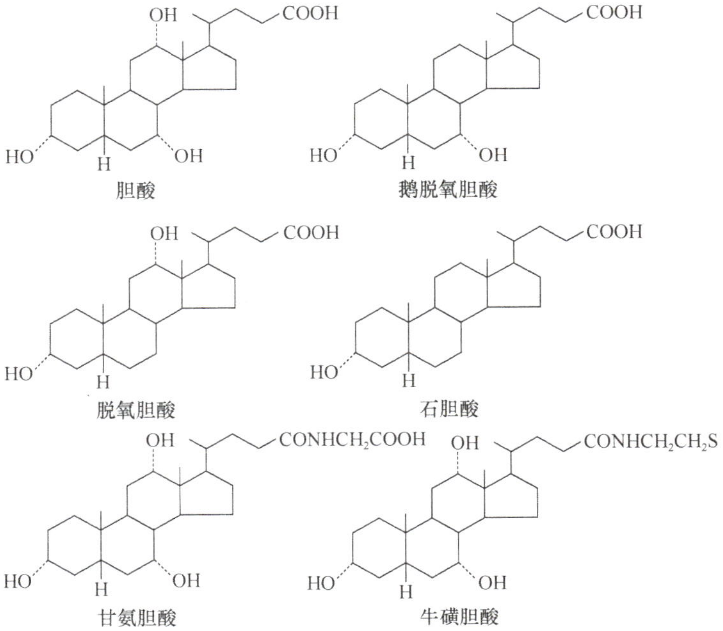

图 15-4　胆汁酸的分类及六种胆汁酸的结构式

存在于胆汁中的初级胆汁酸与次级胆汁酸均以钠盐或钾盐形式存在，形成相应的胆汁酸盐。

（二）胆汁酸的生理功能

1. 促进脂类的消化吸收 胆汁酸分子内既含有亲水性的羟基及羧基或磺酸基，又含有疏水性烃核和甲基。亲水基团均为 α 型，而甲基为 β 型，两类不同性质的基团恰位于环戊烷多氢菲核的两侧，所以胆汁酸的立体构象具有亲水和疏水两个侧面（图 15-5）。这种结构如同表面活性剂，使胆汁酸分子具有较强的界面活性，能够降低油/水两相之间的表面张力，促进脂类乳化。同时扩大脂类和消化酶的接触面，加速脂类的消化。

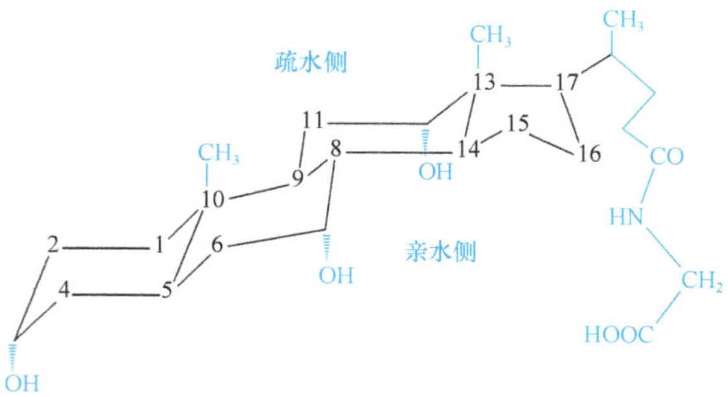

图 15-5 甘氨胆酸的结构（示其亲水、疏水两面）

2. 抑制胆固醇析出、防止结石产生 胆汁酸还具有防止胆结石生成的作用。胆汁中含有胆固醇，由于胆固醇难溶于水，须掺入卵磷脂-胆汁酸盐微团中运输。胆汁中胆固醇的溶解度与胆汁酸盐、卵磷脂与胆固醇的相对比例有关。如果肝合成胆汁酸的能力下降，消化道丢失胆汁酸过多或肠肝循环中摄取胆汁酸过少，以及排入胆汁中的胆固醇过多，均可造成胆汁中胆汁酸、卵磷脂和胆固醇的比值下降，易引起胆固醇析出沉淀，形成结石。

不同胆汁酸对结石形成的作用不同，鹅脱氧胆酸可使胆固醇结石溶解，而胆酸及脱氧胆酸则无此作用。临床常用鹅脱氧脱酸治疗胆固醇结石。

三、胆汁酸的代谢与胆汁酸的肠肝循环

（一）初级胆汁酸的生成

肝细胞以胆固醇为原料在一系列酶的催化下转变为初级胆汁酸，这是胆固醇排泄的重要途径之一。正常人每日合成约 1～1.5g 胆固醇，其中约 2/5（0.4～0.6g）在肝脏中转变为胆汁酸。胆汁酸的合成过程非常复杂，需经过多步酶促反应才能完成。催化各步反应的酶类主要分布在微粒体和胞液。胆固醇首先在 7α-羟化酶（cholesterol 7α-hydroxylase）的催化下生成 7α-羟胆固醇，后者再经还原、羟化、侧链氧化断裂和加辅酶 A 等多步反应，最后生成具有 24 碳的初级胆汁酸。

胆固醇 7α-羟化酶是胆汁酸生成的限速酶，而 **3-羟基-3-甲基戊二酰辅酶 A 还原酶**（HMG-CoA 还原酶）是胆固醇合成的关键酶，两种均系诱导酶，同时受胆汁酸和胆固醇的调节。胆汁酸浓度升高可同时抑制这两种酶的合成；高胆固醇饮食在抑制 HMG-CoA 还原酶合成的同时，诱导 7α-羟化酶基因的表达。肝细胞通过这两个酶的协同作用维持肝细胞内胆固醇的水平。甲状腺素能促进肝细胞初级胆汁酸的合成，所以甲状腺功能亢进病人的血清胆固醇浓度常偏低，而甲状腺功能低下病人血清胆固醇含量则偏高。

（二）次级胆汁酸的生成

随胆汁流入肠腔的结合型初级胆汁酸，在小肠下端和大肠经肠道细菌作用，部分（约 20%）被水解，80% 被重吸收进入肠肝循环，被水解的结合型初级胆汁酸脱去甘氨酸和牛磺酸而成为游离初级胆汁酸；后者继续在肠菌作用下，7-α 位脱羟基而转变成次级胆汁酸，其中胆酸转变成脱氧胆酸，鹅脱氧胆酸转变成为石胆酸，这两种次级胆汁酸的 75% 被重吸收入肝后与甘氨酸或牛磺酸结合而成次级结合胆汁酸进入肠肝循环，约 25% 次级胆汁酸随粪便排出体外（图 15-6）。

（三）胆汁酸的肠肝循环及其意义

排入肠道的初级胆汁酸和次级胆汁酸，95% 可由肠道重吸收入血，其中结合型的胆汁酸在回肠部位以主动吸收为主，游离型胆汁酸在肠道其他部位以被动扩散为主。重吸收的胆汁酸经门静脉入肝，在肝细胞内初级游离胆汁酸和次级游离胆汁酸均可再结合成结合型胆汁酸，并与肝细胞新合成的初级结合胆汁酸一起由胆道重新排入肠腔，形成胆汁酸的肠肝循环（enterohepatic circulation of bile acid）。未被重吸收的胆汁酸（主要为石胆酸）在肠菌作用下，衍生成多种胆烷酸的衍生物并随粪便排出，每天约 0.4～0.6g。胆汁酸的肠肝循环见图 15-7。

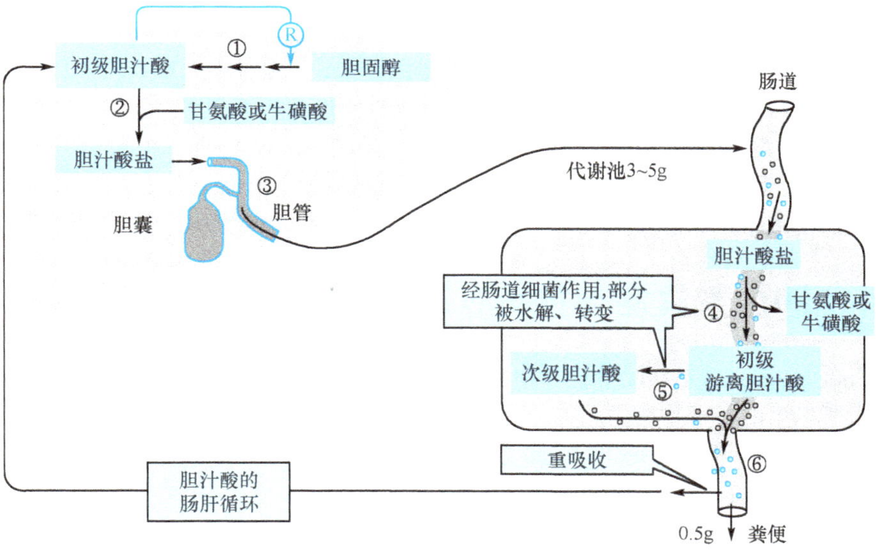

图 15-6 胆汁酸代谢

(R:示反应产物胆汁酸的抑制作用;①胆固醇在系列酶的催化下生成初级游离胆汁酸;②初级游离胆汁酸与甘氨酸或牛磺酸结合生成初级结合型胆汁酸;③初级胆汁酸随胆汁流入肠腔;④部分初级结合型胆汁酸在肠菌作用下水解生成初级游离胆汁酸;⑤进一步在肠菌作用下经 7-α 位脱羟,生成次级胆汁酸;⑥约 5% 随粪便排出,95% 被重吸收回肝,参与胆汁酸的肠肝循环)

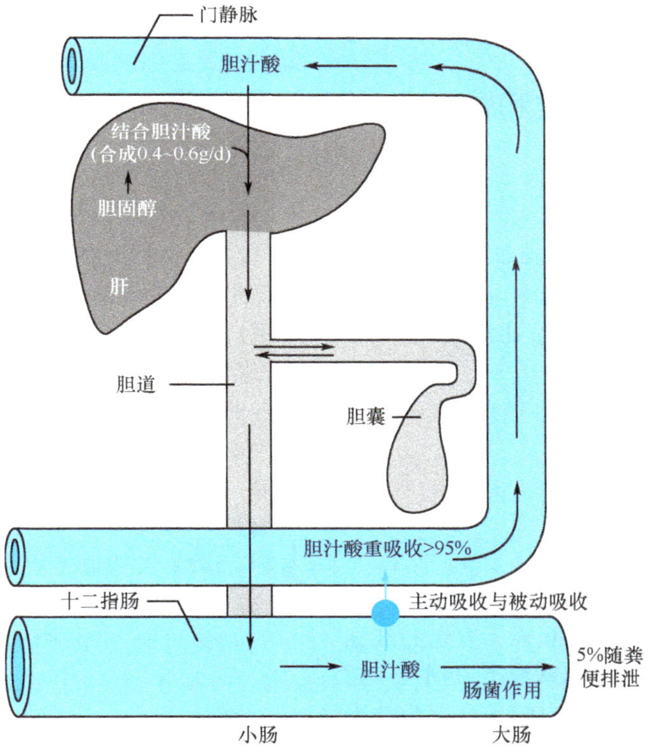

图 15-7 胆汁酸的肠肝循环

由于肝每天合成胆汁酸的量仅 0.4~0.6g,机体内胆汁酸储备总量(又称胆汁酸库,bile acid pool)共约 3~5g,即使全部倾入小肠也难以满足饱餐后脂类乳化的需求。人体每天约进行 6~12 次肠肝循环,从肠道吸收的胆汁酸总量可达 12~32g,从而使有限的胆汁酸满足人体对胆汁酸的生理需要和发挥最大限度的乳化作用,以利于食物中脂类的消化吸收。

口服阴离子交换树脂药物考来烯胺(消胆胺),可通过抑制胆汁酸反复吸收阻断胆汁酸的肠肝循环;由于减少肝中胆汁酸含量,促使胆固醇向胆汁酸转化,并且不断排出体外,故能降低血中胆固醇和低密度脂蛋白浓度。

第四节 胆色素代谢与黄疸

胆色素(bile pigments)是铁卟啉化合物在体内分解代谢时所产生的各种物质的总称,包括胆红素(bilirubin)、胆绿素(biliverdin)、胆素原(bilinogen)和胆素(bilin)等化合物。其中除胆素原族化合物无色外,其余均有一定颜色,正常时主要随胆汁排泄,是胆汁的主要颜色,故统称胆色素。胆色素代谢以胆红素代谢为中心,肝脏在胆色素代谢中起着重要作用。胆红素随胆汁排入肠道后,在肠道细菌的作用下转变为胆素原族化合物,最后氧化成胆素族化合物,随粪便排出体外。胆色素代谢异常时可导致高胆红素血症——黄疸。

一、胆红素的生成和转运

(一)胆红素的来源

体内含铁卟啉的化合物有血红蛋白、肌红蛋白、细胞色素、过氧化氢酶及过氧化物酶等。正常成人每天产生约250~350mg胆红素,胆红素来源包括:

(1)衰老红细胞中血红蛋白的分解,是胆红素的主要来源,占80%左右。

(2)造血过程中红细胞的过早破坏。

(3)含铁卟啉的酶类分解。

(二)胆红素的生成

红细胞的寿命平均为120天。衰老的红细胞在肝、脾、骨髓的单核-吞噬系统被识别、吞噬,并释放出血红蛋白。血红蛋白随后分解为珠蛋白和血红素。正常成人每天约有2×10^{11}个红细胞被破坏,约释放出6g血红蛋白,每一个血红蛋白分子含4个血红素分子。

血红蛋白继续分解,其珠蛋白部分被分解为氨基酸,被再利用;血红素则在单核-吞噬细胞微粒体的血红素加氧酶(heme oxygenase)催化及O_2和NADPH的参与下,其分子中的α-次甲基桥(=CH—)的碳原子两侧断裂,从而生成CO、铁和胆绿素。血红素中的铁进入体内铁代谢池,可供机体再利用或以铁蛋白形式储存。胆绿素进一步在胞液中胆绿素还原酶(biliverdin reductase)的催化下,从NADPH获得两个氢原子,还原生成胆红素。由于该酶活性较高,反应迅速,故正常人无胆绿素堆积。胆红素的生成过程及结构见图15-8和图15-9。胆红素的亲水基团形成氢键后隐藏于分子的内部,而疏水基团暴露在分子的表面,使胆红素成为难溶于水的脂溶性物质。

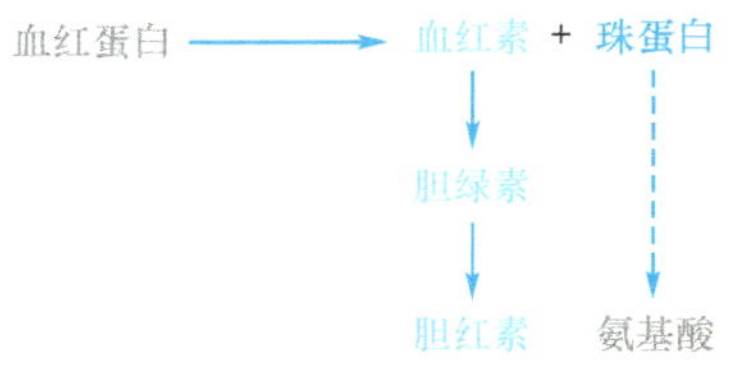

图15-8 血红蛋白的分解

(三)胆红素在血液中的转运

1. 胆红素的性质 ①亲脂性不溶于水;②极易穿过细胞膜和血-脑屏障进入神经组织;③具细胞毒性,特别是对神经细胞,故当新生儿的血中游离胆红素过高时,胆红素可穿过血-脑屏障将神经核黄染,同时引起一系列神经精神症状,称为核黄疸(kernicterus)。

2. 胆红素在血液中的转运 由单核-吞噬系统生成的胆红素进入血液后,在血液中主要与血浆白蛋白结合成胆红素-白蛋白复合物进行运输,这种结合属非共价的疏松结合。血红素与白蛋白的结合后,其理化性质发生了改变:①由疏水性变成了亲水性;②不易穿过细胞膜和血-脑屏障;③不能透过肾小球基膜。这些改变具有两方面意义:既增加了胆红素在血浆中的溶解度,有利于运输;又限制了胆红素自由透过各种细胞膜,避免其对组织细胞造成毒性作用。

正常人血浆中胆红素浓度为3.4~17.1μmol/L,而正常人每100ml血浆能结合20~25mg胆红素。故正常情况下,血浆中的白蛋白足以结合全部胆红素,不与白蛋白结合的胆红素很少。当血中白蛋白含量明显降低、结合部位被其他物质所占据或降低胆红素结合部位的亲和力、胆红素浓度升高,均可促使胆红素从血浆向组织转移。如某些有机阴离子(如磺胺药、脂肪酸、水杨酸、胆汁酸等)可与胆红素竞争白蛋白分子上的结合部位，干扰胆红素与白蛋白的结合或改变白蛋白的构象，从而使胆红素游离出来，增加其透入细胞的可能性。过多的游离胆红素可与脑部基底核的脂类结合，并干扰脑的正常功能。因此，对有黄疸倾向的病人或新生儿应该尽量避免使用上述药物。

近年来发现，胆红素过量对人体有害，但适量的胆红素对人体也有其有益的一面。胆红素和胆绿素是强有力的内源性抗氧化剂，可有效清除自由基，抑制过氧化脂质的产生。

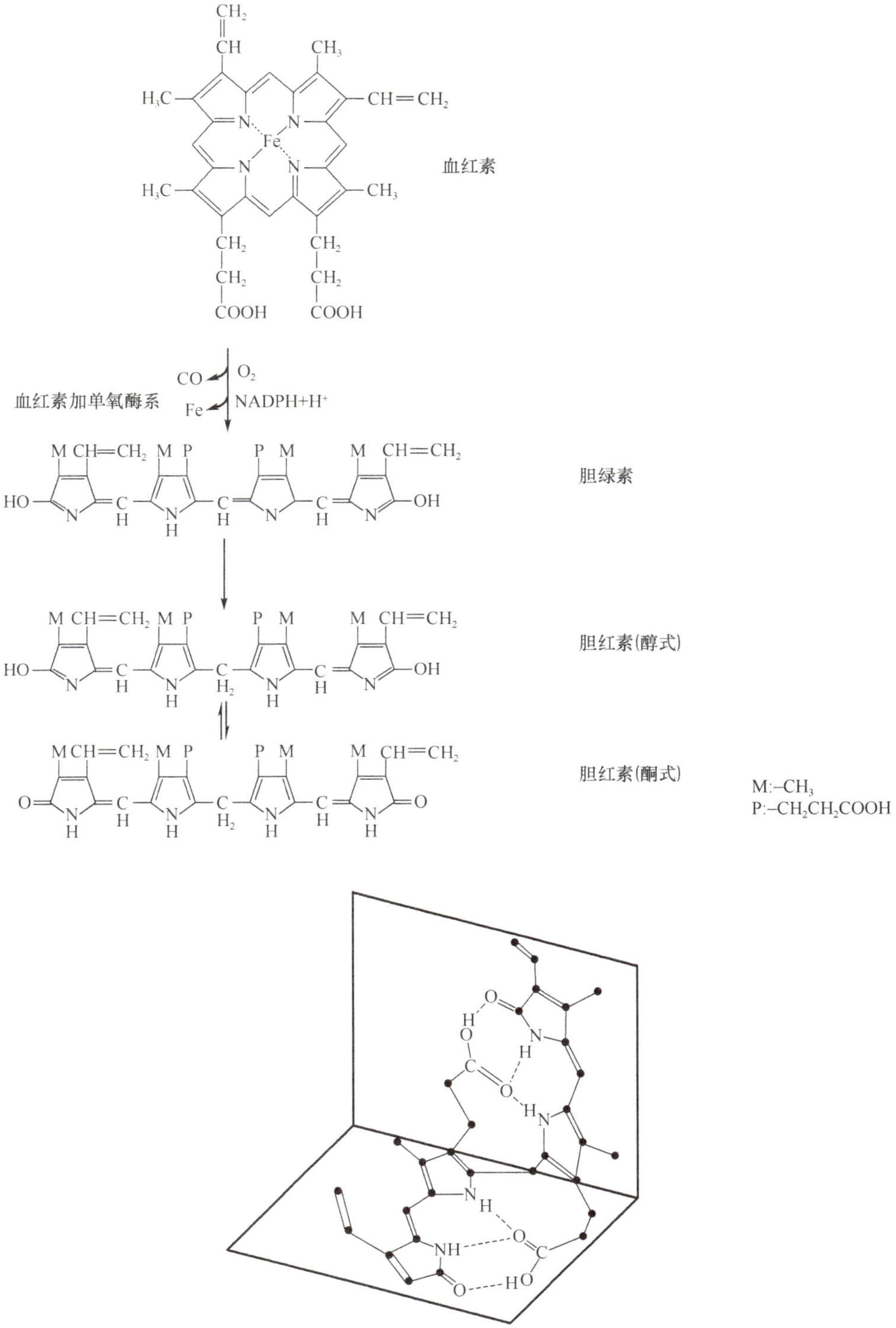

图 15-9　胆红素的生成及其空间结构

二、胆红素在肝细胞内的代谢

胆红素的进一步代谢主要在肝脏进行，肝细胞对胆红素有摄取、结合、排泄等重要作用。

（一）肝细胞摄取胆红素

血浆中的胆红素以胆红素-白蛋白复合物的形式运输，由于未与葡萄糖醛酸结合，故称为游离胆红素或未结合胆红素（unconjugated bilirubin）。血浆白蛋白运输的胆红素在肝血窦中先与白蛋白分离，随即与肝细胞膜表面的特异性受体蛋白结合，迅速被肝细胞摄取。

肝细胞中存在两种胆红素结合蛋白——Y 蛋白和 Z 蛋白，也称为配体蛋白（ligandin），是肝细胞内主要的胆红素载体蛋白，对胆红素具有高亲和力。胆红素进入肝细胞后与胞质中的 Y 蛋白和 Z 蛋白结合。Y 蛋白是一种碱性蛋白，在肝细胞内含量丰富，约占人肝细胞胞质蛋白总量的 2%，对胆红素的亲和力较强，是转运胆红素的主要蛋白质。Z 蛋白是一种酸性蛋白质，它与胆红素结合力较差，在胆红素代谢中的重要性次于 Y 蛋白。当胆红素浓度较低时，胆红素优先与 Y 蛋白结合，在胆红素的浓度高到使 Y 蛋白结合量接近饱和时，Z 蛋白的结合量就会增加。胆红素被载体蛋白结合后，即以“胆红素-Y 蛋白/胆红素-Z 蛋白形式送至内质网。此外，脂溶性物质如固醇类物质、某些染料及一些有机阴离子等与 Y 蛋白都具有很强的结合力，可竞争 Y 蛋白的结合，影响胆红素的转运。婴儿在出生 7 周后，体内 Y 蛋白的水平才能达到成年人的水平，故此时期可发生生理性新生儿黄疸。许多药物如苯巴比妥等可诱导肝细胞合成 Y 蛋白，加强胆红素的运输。因此，临床上可用苯巴比妥消除新生儿黄疸。

（二）结合胆红素的生成

在滑面内质网 UDP-葡萄糖醛酸转移酶的催化下，胆红素接受来自 UDP-葡萄糖醛酸的葡萄糖醛酸基，生成水溶性的胆红素葡萄糖醛酸酯（bilirubin glucuronide），胆红素与葡萄糖醛酸的结合与前两种结合不同，是共价结合。这种结合彻底改变了胆红素的理化性质，结合后：①无毒；②具水溶性；③可透过肾小球基膜；④不易通过细胞膜和血-脑屏障。由于胆红素有两个自由羧基，故可与 2 分子葡萄糖醛酸结合。胆红素葡萄糖醛酸二酯是主要的结合产物，仅有少量胆红素葡萄糖醛酸一酯生成（图 15-10）。除可与葡萄糖醛酸结合外，少量的胆红素还可与硫酸根相结合生成硫酸酯。这些经肝细胞转化、与葡萄糖醛酸或硫酸相结合的胆红素称为结合胆红素（conjugated bilirubin）。

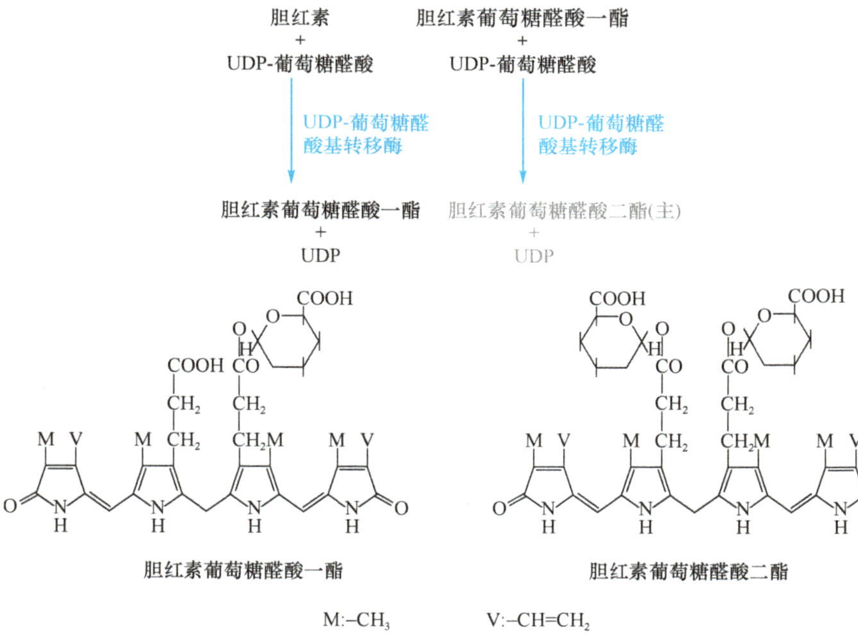

图 15-10 葡萄糖醛酸胆红素的生成及其结构

(三) 结合胆红素的排泄

结合胆红素水溶性强,被肝细胞分泌进入毛细胆管,作为胆汁的组成成分随之进入小肠。经肝转化生成的结合胆红素极性增强,可通过肾随尿排出,但不易通过细胞膜和血脑屏障,因此不易造成组织中毒。苯巴比妥具有诱导肝细胞合成 UDP-葡萄糖醛酸转移酶的作用,故临床上可用于治疗新生儿高胆红素血症。

血浆中的胆红素通过肝细胞膜特异受体、肝细胞质内载体蛋白和内质网的葡萄糖醛酸转移酶的联合作用,不断被肝细胞摄取、结合、转化与排泄,从而不断地被清除。

三、结合胆红素在肠道中的转变

结合胆红素随胆汁排入肠道后,在肠菌的作用下进行水解反应和还原反应,脱去葡萄糖醛酸基,再被逐步还原成多种无色的胆素原族化合物,包括中胆素原、粪胆素原和尿胆素原,总称胆素原(图 15-11)。大部分胆素原(80%~90%)随粪便排出。在结肠下段,无色的胆素原经空气氧化成尿胆素和粪胆素,呈棕褐色,是粪便的主要色素。成人一般每天排出胆素原 40~280mg。如因胆道阻塞,结合胆红素不能排入肠道,不能形成粪胆素原及粪胆素,粪便呈灰白色,临床上称之为白陶土样便。

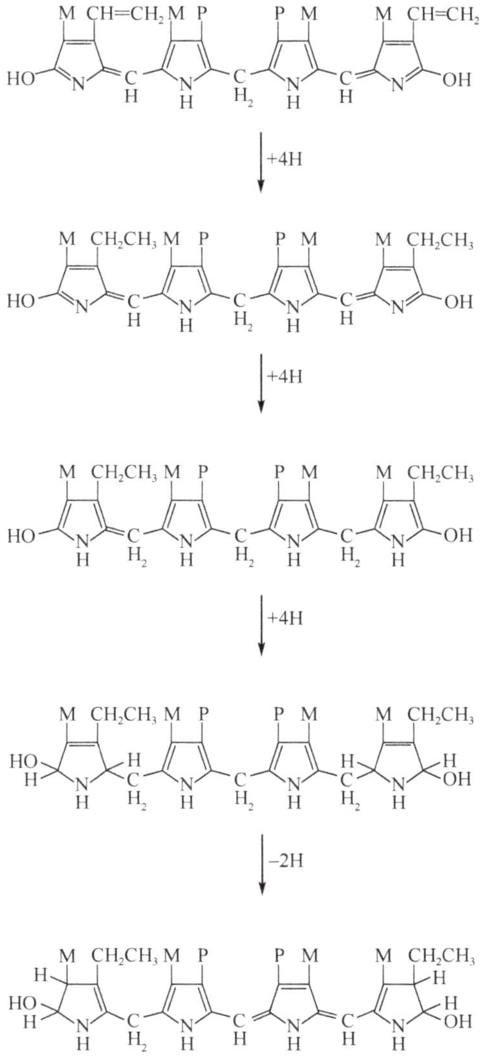

图 15-11　胆红素在肠道中的代谢

在生理情况下,胆素原约有 10%~20% 可被肠黏膜重吸收,经门静脉入肝,其中大部分再由肝排入胆道,构成胆素原的肠肝循环(bilinogen enterohepatic circulation)(图 15-12)。

重吸收的胆素原有少部分进入体循环，并运至肾脏随尿排出，即尿胆素原。后者经空气氧化成尿胆素，是尿中重要色素。正常人每天从尿中排出的尿胆素原约0.5～4.0mg。尿胆素原、尿胆素及尿结合胆红素临床上合称为尿三胆。

四、高胆红素血症与黄疸

正常血清中存在的胆红素按其性质和结构不同可分为两大类。一类未经肝细胞内葡萄糖醛酸结合转化反应，故称为未结合胆红素；另一类经过肝细胞转化，与葡萄糖醛酸或其他物质结合，这类胆红素称为结合胆红素。

正常人血清胆红素浓度为3.4～17.1μmol/L，其中约80%为未结合胆红素。未结合胆红素和结合胆红素由于结构和性质不同，与重氮试剂的反应不一样。未结合胆红素因其侧链丙酸基上的羧基和其他极性基团在分子内形成氢键，使分子卷曲而封闭其作用部位，与重氮试剂反应缓慢，必须先加入乙醇或尿素等破坏分子内氢键，才能与重氮试剂产生紫红色反应，所以未结合胆红素也称为间接胆红素。结合胆红素分子中的侧链丙酸基与葡萄糖醛酸结合，无分子内氢键生成，分子处于比较伸展的状态，能直接与重氮试剂起紫红色反应，故结合胆红素也称为直接胆红素。结合胆红素与未结合胆红素的主要区别见表15-1。

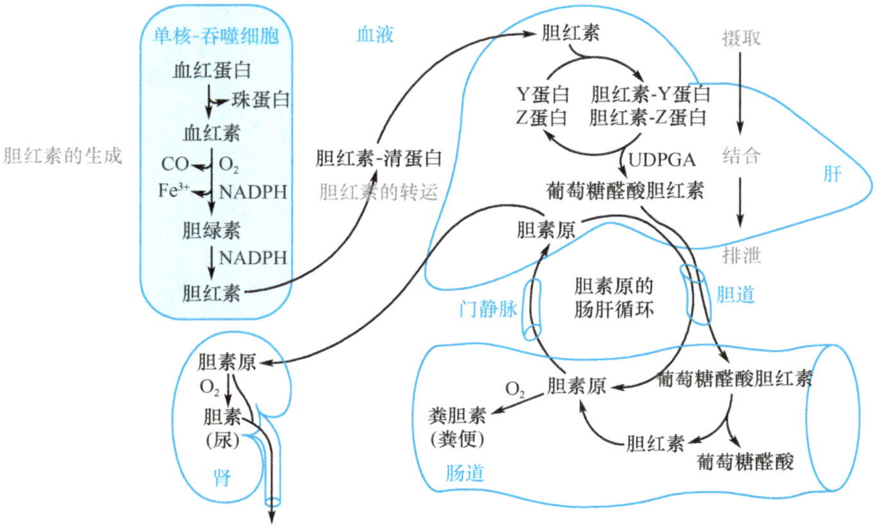

图15-12 胆红素的代谢与胆素原的肠肝循环

表15-1 未结合胆红素与结合胆红素的区别

	未结合胆红素	结合胆红素
其他名称	间接胆红素	直接胆红素
	游离胆红素	葡萄糖醛酸胆红素
与葡萄糖醛酸结合	未结合	结合
与重氮试剂反应	缓慢、间接反应	迅速、直接反应
水中溶解度	小	大
经肾随尿排除	不能	能
透过细胞膜对大脑的毒性作用	有	无

未结合胆红素是脂溶性物质，极易穿过细胞膜对细胞造成危害，尤其是能严重影响神经系统的功能。因此，肝脏通过摄取、生物转化作用及排泄等作用将胆红素变成极易排泄的水溶性结合胆红素，对机体具有重要的保护作用。凡能引起胆红素生成过多，或肝细胞对胆红素摄取、生物转化、排泄过程发生障碍的因素都可使血清中胆红素浓度升高，造成高胆红素血症。胆红素是金黄色物质，血清中含量过高，大量的胆红素可扩散入组织，造成组织黄染称为黄疸（jaundice）。特别是巩膜或皮肤，因含有较多弹性蛋白，后者与胆红素有较强亲和力，故易被染黄。黏膜中含有能与胆红素结合的血浆白蛋白，因此也能被染黄。

黄疸的程度与血清胆红素的浓度密切相关。血清中胆红素浓度高于正常值但不超过34.2μmol/L时，肉眼看不到巩膜或皮肤黄染，称为隐性黄疸。若超过34.2μmol/L，皮肤、巩膜、黏膜等组织明显黄染，称为显性黄疸。凡能引起胆红素代谢障碍的各种因素均可形成黄疸。根据黄疸产生的原因，可分为溶血性黄疸、肝细胞性黄疸和阻塞性黄疸三类，见图15-13。

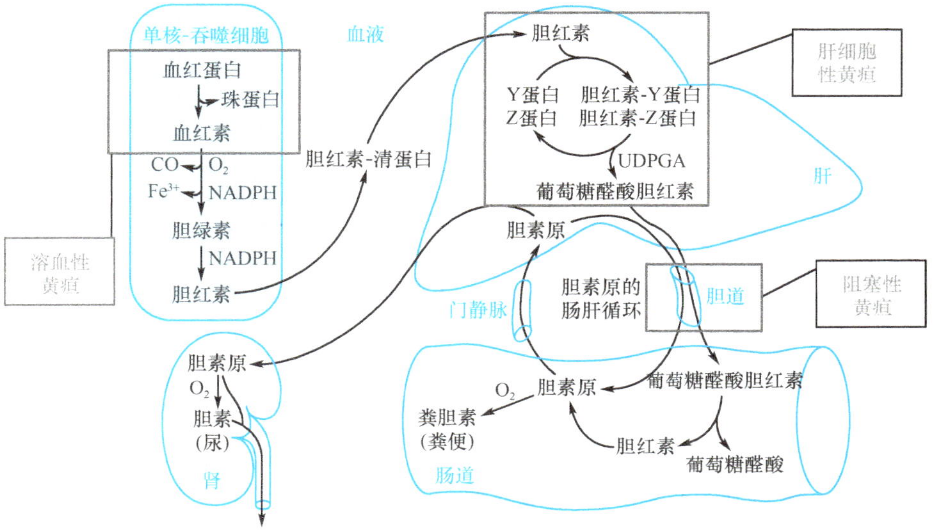

图 15-13　三种黄疸

（一）溶血性黄疸

由于某些疾病（如恶性疟疾、过敏等）、药物和输血不当等情况，引起红细胞大量破坏，产生的胆红素过多，超过肝细胞的处理能力，因而引起血清未结合胆红素浓度异常增高，称为溶血性黄疸（hemolytic jaundice）或肝前性黄疸（prehepatic jaundice）。此时，血中结合胆红素的浓度改变不大，重氮反应试验间接反应强阳性，尿胆红素阴性。由于肝对胆红素的摄取、转化和排泄代偿性增多，从肠道吸收的胆素原增多，造成尿胆素原增多。

（二）肝细胞性黄疸

因肝细胞功能障碍（如各种肝炎、肝肿瘤等），对胆红素的摄取、结合及排泄能力下降所引起的高胆红素血症，称为肝细胞性或肝原性黄疸（hepatocellular jaundice）。肝细胞性黄疸时：①肝细胞摄取胆红素障碍造成血中未结合胆红素升高；②由于肝细胞的肿胀坏死，毛细胆管阻塞、破裂或毛细胆管与肝血窦直接相通，使部分结合胆红素反流到血循环，造成血清结合胆红素浓度增高；③通过肠肝循环到达肝的胆素原也可经损伤的肝细胞进入体循环，使较多的胆素原经血液循环到达肾并随尿排出体外。所以，临床检验可以发现血清重氮反应试验呈双向阳性，尿胆红素阳性，尿胆素原增高。

（三）阻塞性黄疸

由于各种原因引起胆汁排泄通道受阻（如胆管炎症、肿瘤、结石或先天性胆管闭锁等疾病），使胆小管或毛细胆管压力增高而破裂，胆汁中结合胆红素返流入血而引起的黄疸成为阻塞性黄疸（obstructive jaundice），也称为肝后性黄疸（posthepatic jaundice）。实验室检查可发现血清结合胆红素浓度升高，重氮反应试验呈直接反应强阳性；血清未结合胆红素无明显改变；由于结合胆红素可以从肾排出体外，所以尿胆红素检查阳性；胆管阻塞使肠道生成胆素原减少或无生成，尿胆素原降低或无。

三种黄疸时血、尿、粪的实验室检查变化见表 15-2。

表 15-2　三种黄疸时血、尿、粪的实验室检查变化

指标	正常	溶血性黄疸	肝细胞性黄疸	阻塞性黄疸
血清胆红素				
总量	<17.1μmol/L	>17.1μmol/L	>17.1μmol/L	>17.1μmol/L
结合胆红素			↑	↑↑
未结合胆红素		↑↑	↑	
尿三胆				
尿胆红素	-	-	+	++

笔记栏

续表

指标	正常	溶血性黄疸	肝细胞性黄疸	阻塞性黄疸
尿胆素原	少量	↑	↑	↓
尿胆素	少量	↑	↑	↓
粪便				
粪胆素原	40~280mg/24h	↑↑	↓或正常	-或微量
粪便颜色	正常	深	变浅或正常	完全阻塞时呈白陶土色

小　结

肝脏是人体最重要的器官之一，其独特的组织结构和化学组成，赋予了肝脏复杂多样的生物化学功能。肝脏的代谢极为活跃，不仅在糖、脂、蛋白质、维生素、激素等代谢中均起重要作用，还具有分泌、排泄、生物转化等功能。

肝脏是调节血糖浓度的主要器官，通过糖原的合成与分解及糖异生作用维持血糖浓度的相对恒定。肝在脂类的消化、吸收、分解、合成以及运输等代谢过程中均起重要作用。肝是合成三酰甘油、磷脂、胆固醇的重要器官，并通过合成VLDL及HDL，参与三酰甘油和胆固醇的转运。肝脏是氧化分解脂肪酸的主要场所，也是人体内生成酮体的主要场所。肝脏是合成和分泌血浆蛋白的重要器官，除γ-球蛋白外，几乎所有的血浆蛋白均由肝细胞合成。同时，肝脏也是清除血浆蛋白质的重要器官。体内大部分氨基酸，除支链氨基酸主要在肌肉中分解外，其余氨基酸特别是芳香族氨基酸主要在肝脏分解。氨主要在肝内经合成尿素而解毒。肝脏在维生素的贮存、吸收、运输、改造和利用等方面起重要作用。它也是多种激素灭活的场所。

肝脏对各种非营养物质进行生物转化，提高其水溶性和极性，利于从尿液或胆汁排出。肝的生物转化可分为两相反应。第一相反应包括氧化、还原和水解反应；第二相反应为结合反应，主要与极性强的基团，如葡萄糖醛酸、硫酸、氨基酸等结合。许多物质的生物转化需要连续经历不同类型的转化反应。肝的生物转化作用受年龄、性别、疾病、药物等体内外各种因素的影响，并具有解毒与致毒的双重性特点。

胆汁是肝细胞分泌的一种兼具消化与排泄功能的液体。胆汁酸是胆汁的主要成分，是胆固醇的代谢产物，在脂类消化吸收及调节胆固醇代谢方面起重要作用。胆固醇7-α羟化酶是胆汁酸生成的限速酶，HMG-CoA还原酶是胆固醇合成的关键酶，二者共同受胆汁酸和胆固醇的调节。胆汁酸按其来源可分为初级胆汁酸和次级胆汁酸两大类。肝细胞内合成的胆汁酸为初级胆汁酸，初级胆汁酸分泌到肠道后受肠道细菌作用生成的产物为次级胆汁酸。按胆汁酸的结构也分为游离胆汁酸和结合胆汁酸两类。

胆汁酸的肠肝循环使有限的胆汁酸反复利用，以满足脂类消化吸收的需求。

胆色素是铁卟啉化合物在体内分解代谢的主要产物。衰老红细胞中血红蛋白的分解，是胆红素的主要来源。胆红素是难溶于水的脂溶性物质，对细胞具有毒性，在血液中主要与血浆白蛋白结合成胆红素-白蛋白复合物进行运输。到达肝细胞后，通过肝细胞对胆红素的摄取、转化，与葡萄糖醛酸结合生成水溶性的结合胆红素，进而经胆管排入小肠。

结合胆红素随胆汁排入肠道后，在肠菌的作用下还原为胆素原。大部分胆素原在结肠下段经空气氧化成黄褐色的胆素，约10%~20%的胆素原进入胆素原的肠肝循环，另有一小部分经肾排入尿中。

凡能引起胆红素生成过多，或肝细胞对胆红素摄取、生物转化、排泄过程发生障碍的因素都可使血清中胆红素浓度升高，造成高胆红素血症。大量的胆红素可扩散入组织，造成组织黄染，称为黄疸。根据黄疸产生的原因，可分为溶血性黄疸、肝细胞性黄疸和阻塞性黄疸三类。

（易　芳　鄢佳程）

笔记栏

第 16 章　放射损伤的生物化学

近年来，随着放射生物学的发展，核辐射的应用技术已经深入到放射医学各领域，如医疗单位使用的 X 射线、CT、加速器，放射性药物的介入疗法，以及伽玛刀、X 线刀等。核电站、核医学、核技术等工作人员的辐射防护，核事故病人的医学处理，肿瘤病人的放射治疗等已成为当今放射医学领域的重要研究内容。生物化学、分子生物学、病理学、生物物理学、细胞生物学等学科的融合推动着放射医学的发展。研究辐射导致的机体生物化学变化有助于深入理解放射损伤机制，对于辐射防护和提高临床辐射治疗水平具有较大的理论及实践意义。

辐射可分为两大类：电磁辐射和粒子辐射。电磁辐射为电磁波，仅有能量而无静止质量，包含无线电波、红外线、可见光、紫外线、X 射线和 γ 射线等(图 16-1)。粒子辐射指带一定能量并有一定质量的粒子(如电子、质子、粒子、中子、负介子及带电重粒子等)，在粒子高速运动下，消耗自己动能将能量传递给其他物质。

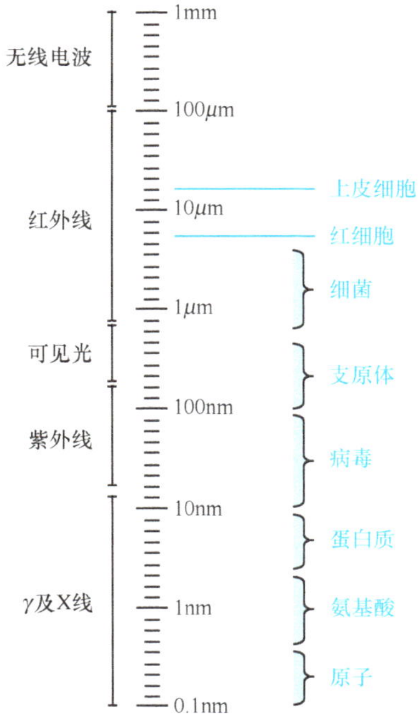

图 16-1　波长、放射源与靶

根据作用方式的不同，又可将辐射分成两类：电离辐射和非电离辐射。电离辐射是一切能引起物质电离的辐射总称，其种类很多，高速带电粒子有 α 粒子、β 粒子、质子，不带电粒子有中子以及 X 射线、γ 射线。红外光、可见光及紫外光，由于其能量低，不能引起水和组织电离，故称为非电离辐射。放射损伤是由放射线照射引起的机体组织损害。放射损伤的发生是一个复杂的过程。射线的作用虽只发生在照射的瞬间，但机体的损伤却有一个逐渐发展的过程。单次大剂量受到射线照射对机体各个器官的损伤称为急性放射性损伤，而长期慢性受照射致使机体各器官的放射损伤称为慢性放射性损伤。通常将放射病的发病分为原发作用与继发作用两个基本过程。所谓原发作用，是指在射线作用下，辐射能量在机体内吸收、传递、转化以及相应的生物大分子和细胞细微结构的损伤；所谓继发作用，是指进一步引起的代谢紊乱、形态学上的变化以及临床症状的出现和发展(图 16-2)。

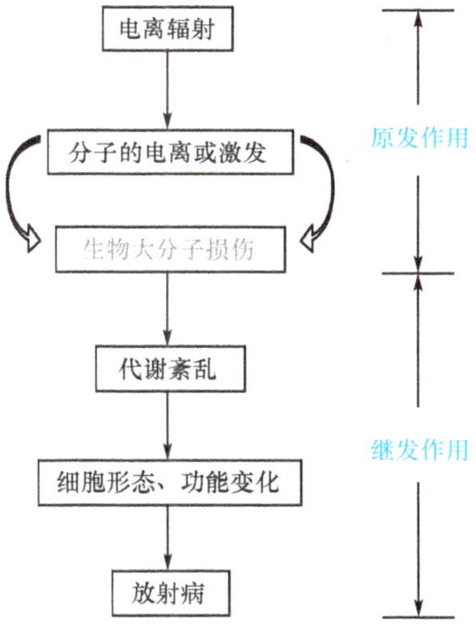

图 16-2　放射病发展过程

生物分子损伤是一切辐射生物效应的物质基础。而生物分子损伤与自由基(free radical)生成密切相关。自由基是指一些独立存在、带有一个或多个不成对电子的原子、分子、基团或离子。自由基的最大特性是化学不稳定性和高反应性，寿命很短，·OH(氢氧自由基)的平均寿命为 10^{-9}～10^{-8}s(秒)，生物分子自由基也多在 10^{-6}～10^{-4}s 之间。由于作用机体的电离辐射，在

笔记栏

体内通过能量转换产生自由基,使生物体发生一系列生物化学改变和代谢紊乱。生物大分子损伤,包括DNA损伤,染色体断裂,细胞凋亡。临床上主要表现为血象(白细胞、血小板及红细胞)减少;全身免疫机能降低,骨髓造血功能受抑制;性功能减退,植物神经功能失调,神经内分泌功能紊乱等诸多症状和体征。本章主要讨论放射损伤的基本生物化学和分子生物学机制。

第一节 射线对生物大分子结构的影响

机体辐射损伤中涉及的生物大分子主要包括核酸和蛋白质两大类。细胞的放射损伤可以按下列顺序考虑其出现的分子损伤:DNA—RNA—蛋白质—脂类及其他高分子。

胞内DNA损伤和细胞对放射的反应(致死的或其他)之间的关系是分子放射生物学的基础问题之一。在临床放射治疗范围内的剂量作用后,DNA损伤被认为是细胞死亡的主要原因。活细胞对放射致死效应的绝对敏感性变动很大,但一般来说,哺乳类细胞特别敏感。在通氧良好的混悬液中,几百拉德(辐射剂量单位,rad)的放射剂量就足以阻止绝大多数细胞的分裂。从纯放射化学的角度来考虑,由吸收这么小量放射所能引起的分子损伤量是极小的。大多数大的高分子,如细胞功能必需的蛋白质和酶,在细胞结构中是大量存在的。少数蛋白分子的损伤不会引起强烈的放射反应。但细胞结构中,作为生命信息载体的DNA分子相对较少,DNA分子及其碱基排列顺序是特殊的。因此,辐射对细胞的致死性效应通常以DNA的损伤来评判。辐射过程中自由基的产生对蛋白质分子同样能产生直接的损伤,如自由基引起脂类过氧化,从而造成蛋白质中巯基和氨基的氧化性损伤。氧自由基对蛋白质一级结构与空间构象都有一定干扰破坏作用。

一、辐射引起DNA结构损伤

DNA是细胞中最重要的生物大分子之一,也是电离辐射的重要靶分子。电离辐射通过射线的直接作用或自由基的间接作用造成细胞DNA损伤。电离辐射对DNA结构的影响比较复杂,其辐射分解产物也多种多样。从碱基损伤到糖基破坏,所导致的后果包括:DNA单链断裂、双链断裂、碱基改变、核糖改变、交联和二聚体形成等等,最终影响其生物学功能。

笔记栏

1. 碱基变化(DNA base change)

(1)碱基环破坏:电离辐射导致机体生成·OH和·H自由基,可与嘧啶碱基和嘌呤碱基发生加成和抽氢两类反应。这两种自由基都具有亲电子性,可加合到嘧啶环双键上,也可从5位甲基上抽去一个氢原子,从而改变嘧啶碱基的结构;对于嘌呤类碱基,·OH也可加合到第8位碳原子上,引起咪唑环的7、8位双键开环;·OH也可加合到C4、C5位上,从而引起嘌呤碱基的损伤。

(2)碱基脱落丢失。

(3)碱基替代:在复制期间,嘌呤碱被另一嘌呤碱替代,或嘌呤碱被嘧啶碱替代,也可由一些碱基的类似物取代。

(4)形成嘧啶二聚体等。

4种碱基的辐射敏感性依次为T>C>A>G。

碱基损伤可引起DNA双螺旋的局部变性,特异的核酸内切酶能识别和切割这种损伤,经过酶的作用,产生链断裂。这种对特异性酶敏感的位点称为酶敏感位点(enzyme sensitive sites,ESS)。

DNA链上损伤的碱基可在特定的糖基化酶作用下,水解糖苷键,引起碱基的脱落或缺失,核糖损伤后亦可引起碱基的脱落。

在有害因子作用下,某些碱基失去了与核糖结合的稳定性,在复制期间由一些碱基类似物取代碱基,破坏DNA的正常核苷酸序列,从而导致突变的发生。

2. DNA链断裂(DNA molecular breakage) DNA链断裂是辐射损伤的主要形式,包括双链断裂和单链断裂。磷酸二酯键断裂、脱氧核糖分子破坏、碱基破坏或脱落等都可能引起核苷酸链断裂。双链中一条链断裂称单链断裂(single strand breaks,SSB),两条互补链在同一对应处或相邻处断裂称双链断裂(double strand breaks,DSB)。双链断裂是一种最严重的DNA损伤,是基因突变和染色体断裂的主要原因。双链断裂常并发氢键断裂。双链断裂难以修复,是细胞死亡的重要原因。

3. DNA交联(DNA cross-linkage) DNA分子受损伤后,在碱基之间或碱基与蛋白质之间形成共价键,发生DNA-DNA交联和DNA-蛋白质交联。DNA双链中一条链上的碱基与其互补链上的碱基以共价键结合,称为链间交联;DNA分子中同一条链中的两个碱基相互共价结合，则为 DNA 链内交联。如嘧啶二聚体即是链内交联的典型例子。DNA 与蛋白质以共价键结合，称为 DNA-蛋白质交联。电离辐射可引起上述各种形式的 DNA 交联（图 16-3）。

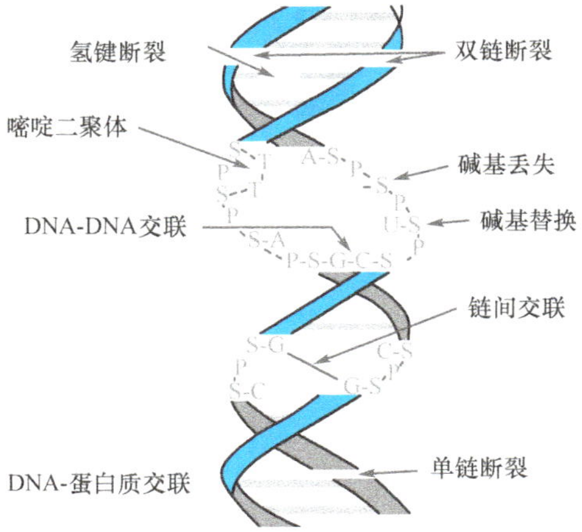

图 16-3　辐射导致的各种 DNA 分子损伤

二、辐射诱发基因突变

我们已经知道基因突变与 DNA 损伤关系密切，然而突变并不就是遗传物质的原始损伤。DNA 损伤要经过细胞内的酶学处理，也就是经过细胞对损伤的修复过程后．有一部分变化通过复制固定下来，才成为可遗传的突变。这个过程的分子机理很复杂，而目前了解还很有限。关于 DNA 的损伤修复参见第九章第五节。

电离辐射诱发的突变类型是多样的，但大部分是大片段的缺失或重排，小部分为点突变；而自发突变和甲磺酸乙酯诱变的特点是大部或全部为点突变。突变发生在体细胞可产生不同效应，其中一部分可能与细胞周期、增殖和致癌有关。如果突变发生在生殖细胞，则将引起一系列遗传效应。辐射诱发的突变可分为三类：点突变、染色体突变和基因组突变。

1. 点突变　基因序列上单个或少数碱基的改变，主要包括置换、插入、缺失。后两种属于移码突变，这些内容在第九章已详细叙述。

2. 染色体突变　染色体较大区域的改变，主要包括重复、丢失、倒位和易位。倒位指染色体上的一定大小片段断裂后倒转，在原来位置重新接上去，结果造成该片段与原来顺序相反。易位指染色体断裂的基因片段顺向或反向连接到另一染色体的其他部位上。

3. 基因组突变　指以基因组为单位的变化，以致影响染色体的数量。如在细胞分裂过程中染色体分离或 DNA 复制分配遗传使一堆同源染色体不能平均分配给两个子细胞而生成非整倍体或多倍体细胞。

三、辐射引起蛋白质分子的损伤

从理论上说，蛋白质大分子结构受电离辐射的影响而出现变化时，其生物学功能也会发生相应的改变。蛋白质和酶等生物大分子的辐射化学与小分子相比，具有某些特殊性。例如，天然状态的蛋白质分子和变性后的蛋白质分子有着不同的辐射敏感性；同一类型氨基酸残基在一个蛋白质分子中可能有不同的辐射敏感性，这主要取决于它们是位于分子表面还是隐藏在大分子内部；是与特异结构（活性部分）相关，还是与一般结构（非活性部分）相关，以及是否受某个邻位氨基酸残基的影响等。辐射对蛋白质和酶分子的作用包括分子结构破坏、蛋白合成变化以及分解代谢增强等几个方面。电离辐射对于蛋白质代谢的影响将在第三节中讨论。

（一）一级结构的变化

电离辐射引起蛋白质的一级结构变化，包括肽链电离、肽键断裂、巯基氧化、二硫键还原和旁侧羟基被氧化等。以核糖核酸酶（RNase）为例，RNase 是由 124 个氨基酸残基组成的单肽链，分子中 8 个半胱氨酸的—SH 构成 4 对二硫键，维系着一个紧密的高级空间结构（图 16-4）。RNase 的 4 个二硫键被还原后，分子就成为含有 8 个—SH基团，高级结构发生变化并且丧失酶活性的多肽。电离辐射对 RNase 的一级结构会产生一定的影响，进而改变酶活性。例如在充氮条件下照射，半胱氨酸含量下降，酶活性也随之大幅度降低。但在充空气条件下照射，半胱氨酸含量变化很小，酶活性仍保留。由此可见，RNase 一级结构中的半胱氨酸含量的减少关系到酶活性的丧失，因为半胱氨酸上的—SH 基团对构成酶活性中心具有重要作用。此外，其他一些氨基酸的破坏对 RNase 活性亦会产生一定的影响，如甲硫氨酸、酪氨酸、苯丙氨酸、赖氨酸和组氨酸等。它们虽然不是处于酶的活性中心，但它们的破坏对酶分子的细微结构造成潜在损伤。这种潜在损伤会影响 RNase 分子的高级结构的稳定性，妨碍被还原的多肽链重新正确折叠。

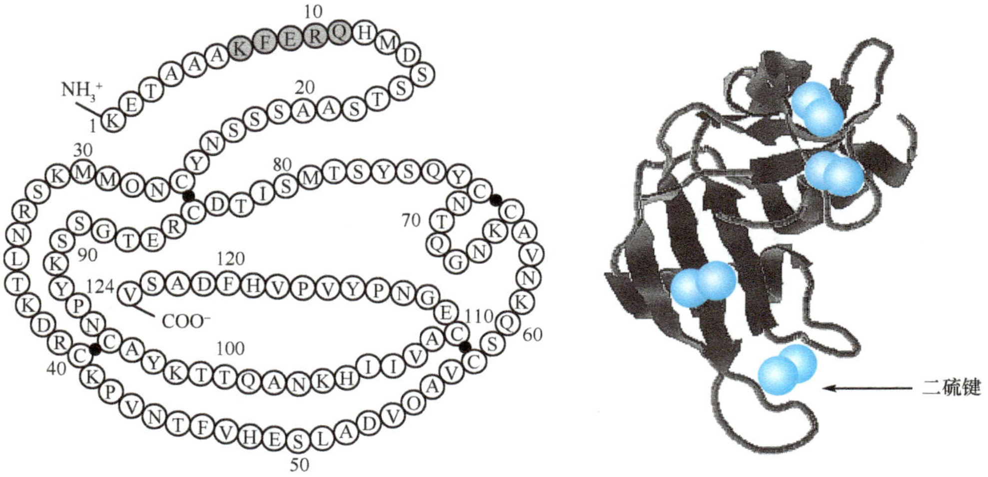

图 16-4 RNase A 的结构(示二硫键)

(二) 高级结构的变化

蛋白质的高级结构靠多种作用力来维系，包括肽链氢键、侧链氢键、离子键和疏水基团的相互作用等。蛋白质由于放射作用而丧失功能，常常可能是由于关键性侧链的变化或维系二级和三级结构的氢键或二硫键破坏所致。这种破坏可导致紧密卷曲的肽链展开，造成内部结构的解体，侧链基团必需的空间关系的变形，或者氨基酸基团的暴露，引起其生物学活性的改变。

第二节 辐射对核酸代谢的影响

DNA 的遗传信息通过 RNA 和蛋白质的生物合成来传递和表达。辐射引起的 DNA 分子的结构变化导致转录继而翻译的多种步骤的抑制或变化，进而导致基因表达的紊乱。机体的代谢也发生了广泛的改变。现将放射损伤导致的 DNA、RNA 的代谢改变简述如下。

一、辐射对 DNA 合成代谢和分解代谢的影响

放射损伤时，机体 DNA 代谢的改变主要表现在两个方面，即：合成代谢的抑制和分解代谢的加强。

(一) DNA 合成代谢抑制

机体受照射后，放射敏感组织(骨髓、淋巴以及小肠上皮)的细胞 DNA 合成明显减弱。减弱的程度与照射剂量有一定关系。随着时间的延长，受照射剂量小者可以逐渐恢复，而受大剂量照射后则往往进一步减弱，直至降低为零(图 16-5)。

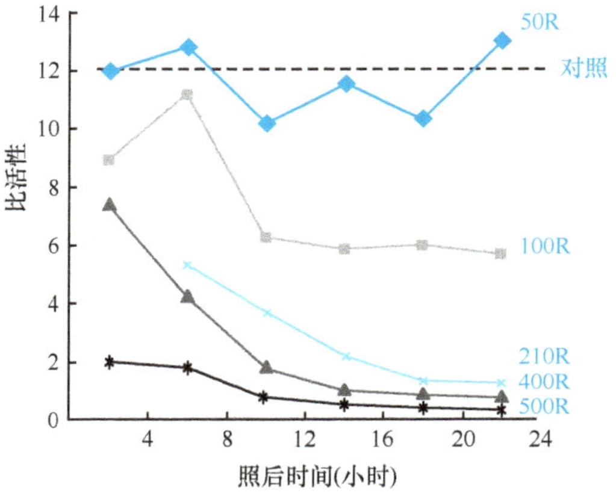

图 16-5 不同剂量全身照射后^{14}C-胸腺嘧啶脱氧核苷掺入大鼠胸腺 DNA 的变化

射线对细胞 DNA 合成的抑制程度，随着细胞处于周期的不同时相而不同。例如，用较小剂量(如 250 拉德)照射 G_1 期细胞，可使 DNA 合成被抑制一半；但细胞一旦进入 S 期，同样剂量照射即不再具有抑制作用。这一现象称为“G_1 期抑制”。这可能是由于细胞在 G_1 期要准备足够的 DNA 合成原料和产生足够的聚合酶，这些过程中不少环节对射线十分敏感。关于 DNA 合成抑制的准确机制尚未最后阐明。

(二) DNA 分解代谢加强

在 DNA 合成被抑制的同时，其分解代谢加强。如使 DNA 分解的脱氧核糖核酸酶(DNase)活性增强；组织中 DNA 降解产物增多；尿中 DNA 代谢物排出增多。

动物照射后常见尿中排出的核酸代谢物增

多，如：脱氧胞苷、脱氧胸苷、β-氨基异丁酸、尿素及黄嘌呤等。实验证明，在照射前一天，以带有放射性同位素的脱氧胞苷标记组织的 DNA，动物照射后则见所排出的放射性增高，表明尿中脱氧胞苷来源于组织 DNA 的分解。

二、RNA 的代谢变化

（一）辐射抑制体外 RNA 生物合成

DNA 的遗传信息通过 RNA 和蛋白质的生物合成来表达，辐射引起的 DNA 靶分子的结构变化导致转录过程的抑制或改变。目前已有实验研究证实，辐射对体外总 RNA 合成起抑制作用。以 DNA 为模板，在四种核苷三磷酸，镁离子和 RNA 聚合酶的反应体系中进行 RNA 的生物合成，可以观察到随着模板照射剂量的增加，RNA 合成逐渐减少。

模板 DNA 由于射线影响导致的碱基损伤、链断裂等，同样会影响 RNA 的合成。紫外线照射 DNA 所形成的嘧啶二聚体也阻止 RNA 合成时链的延伸。

（二）辐射抑制细胞总 RNA 的生物合成

由于 RNA 结构和功能的复杂性，细胞受照射后的 RNA 合成的变化要比体外试验复杂得多，多数报告认为细胞受 γ 射线照射后 RNA 合成受抑制，但也有少数报告认为在中等以下剂量照射后 RNA 合成是增强的。这种差异可能是由于细胞代谢状况、细胞周期和实验条件不同所致。因为细胞内存在着强有力的修复机制，细胞内的 DNA 模板损伤可以很快被修复，从而影响到 RNA 合成。一般说来 RNA 合成的抑制程度比 DNA 合成抑制程度轻，不同种类 RNA 合成的辐射敏感性不同，核内 RNA 的辐射敏感性比细胞质内 RNA 的辐射敏感性高。

（三）辐射对胞内 mRNA 的合成和半衰期影响复杂

电离辐射对 hnRNA 和 mRNA 等代谢的影响比较复杂，且与细胞分裂周期、不同组织、不同基因有关。如有报道表明 X 射线全身照射可提高小鼠肝脏和胸腺金属硫蛋白-1 mRNA 水平，但对小鼠脑及脾脏金属硫蛋白-1 mRNA 的表达无影响。

关于射线对 mRNA 的半寿期的影响看法不一。有人认为，如果 mRNA 一旦形成，射线并不影响 mRNA 的衰变和以后的翻译，但也有人认为辐射能使 mRNA 的半寿期缩短。如以核酸的单位长度计算，mRNA 在功能失活方面的辐射敏感性要比总体 DNA 高 2～3 倍。这是因为总体 DNA 中只有一小部分处于活性状态，而 mRNA 相对分子质量小，分子高度活泼。

（四）辐射干扰 tRNA 和 rRNA 的合成

tRNA 的前体在细胞核内转录形成过程对射线比较敏感，射线对 RNA 聚合酶Ⅲ的影响直接关系到 tRNA 的生成。体外培养的 HeLa 细胞受 10Gy（Gray，吸收剂量单位）左右的剂量照射后，即可观察到对 tRNA 前体生成的抑制作用。但 tRNA 一旦形成后，引起它们的改变所需照射剂量就要大得多。电离辐射对不同 tRNA 接受氨基酸的能力影响不同。

按照靶学说的观点，分子量大或沉降系数大的 rRNA 最易受到射线的攻击。在哺乳动物细胞中，经紫外线照射可观察到相对分子质量最大的 45S rRNA 的合成抑制最为明显，28～32SrRNA 次之，18S rRNA 更次之。

综上，射线通过改变染色质 DNA 的模板活性和 3 种 RNA 聚合酶的催化活力，而影响 mRNA 前体、tRNA 和 rRNA 的形成。同时，射线也影响 mRNA 的代谢，影响 tRNA 对氨基酸接受和转运活性以及与核糖的结合能力，干扰 rRNA 基因转录产物的加工及核糖体的组装，从而影响到蛋白质的生物合成。

第三节 辐射对蛋白质与氨基酸代谢的影响

一、辐射对蛋白质合成的影响

电离辐射对蛋白质生物合成的影响较复杂，目前的研究结果有的显示被激活，有的被抑制，有的呈双相变化，即先抑制而后增强。

放射使机体出现的蛋白质合成代谢障碍，可能主要不是总合成被破坏，而是部分蛋白质的合成过程被破坏，如抗体、核糖等特殊蛋白质的生物合成被抑制。不同蛋白质对辐射作用可能产生不同的效应。例如，哺乳动物接受电离辐射后，血清白蛋白和 γ 球蛋白含量下降，而 α 球蛋白含量和 β 球蛋白含量升高。虽然血清蛋白质成分有升有降，但蛋白质净合成是下降的。

笔记栏

放射对各亚细胞单位(细胞核、线粒体、微粒体等)的蛋白合成的影响也各不相同。大鼠照射800拉德后第3天,^{35}S-Met进入肝脏和小肠黏膜细胞的线粒体、微粒体蛋白质中的量减少,而进入肝脏和小肠黏膜细胞核糖中的量却增加,即前者合成抑制,后者合成增加。

从以上的讨论可以看出辐射对蛋白质生物合成的影响多样,在基因调控下,受照细胞损伤的DNA要修复、细胞的各种功能要恢复、还有一些代偿和反馈性的调节,这些都需要合成新的酶或蛋白质参与,所以这时细胞某一部分基因转录活性增加和蛋白质合成加速,是可以理解的。

二、组织蛋白质的分解增强

通常认为,全身照射后,组织蛋白质分解增强。放射病的初期和极期常出现氮代谢负平衡,肌肉等组织蛋白质的分解增强可能就是氮排出量增高的主要原因。急性放射损伤后,机体营养代谢的变化,主要表现在尿中总氮、尿素氮和氨基酸排泄量增加。

照射后蛋白质分解代谢增强非常显著,主要是由于许多蛋白质水解酶活力增加。如照射后由于溶酶体被破坏,组织蛋白酶释放,活力明显增加,促使细胞内和细胞外蛋白质分解增强。同时,照射后机体摄取食物减少,加剧了蛋白质分解代谢,释出大量游离氨基酸。一部分生糖氨基酸通过糖异生作用转化为葡萄糖,一部分代谢为尿素或其他非蛋白氮,整个机体处于负氮平衡状态。

全身照射后,小肠、脾脏等放射敏感组织中的蛋白质含量明显减少,糖异生作用增强,尿中排出的氨基酸和非蛋白氮含量增多。照射早期尿中排出的氨基酸及其代谢产物含量增加,如:牛磺酸、肌酸、β-氨基异丁酸(图16-6,表16-1)。β-氨基异丁酸为胸腺嘧啶的分解产物。牛磺酸为含硫氨基酸的代谢产物;肌酸是由甘氨酸、精氨酸及蛋氨酸在体内合成。电离辐射损伤动物和人体后,尿中肌酸增多和肌酸/肌酐比值升高。

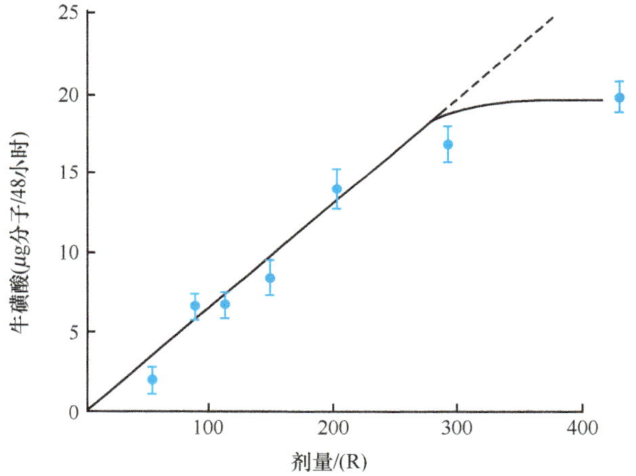

图16-6 照射0~48小时小鼠尿中牛磺酸的排泄量

表16-1 核事故病人尿中排泄量增加的氨基酸

氨基酸	病例数	照射量/(10^{-2}·C/kg^{-1})
Leu, Arg, Val,羟脯氨酸, Phe, 磺基丙氨酸	9	0.95~3.79(37~147R)
Gly,羟脯氨酸, Cys, Gly, 牛磺酸	4	0.64~4.64(25~180R)
牛磺酸,β-氨基异丁酸	3	6.10~9.43(236~365R)
Asp, Pro, Phe, Thr, Try	6	5.94~10.60(230~410R)
Cys, Pro, Phe, Try, His, Ala, Ser, Gly, Glu, β-氨基异丁酸	6	0.51~38.70(20~500R)

尿素是蛋白质分解代谢的主要最终产物。放射损伤机体的血液中尿素的含量和尿中尿素的排出量也明显地高出正常。

笔记栏

第四节 射线对能量代谢和其他物质代谢的影响

一、射线对能量代谢的影响

ATP 的形成是射线影响机体能量代谢最重要的环节。目前认为，线粒体膜结构的损伤是线粒体氧化磷酸化抑制的根本原因，但膜结构在损伤后分子重排或修复也起着重要作用。动物全身受照后，在对射线不敏感的细胞中也可观察到线粒体膨胀、嵴破坏等早期形态学变化。这些精细结构的损伤多数是可逆的，能及时得到修复。而在辐射敏感细胞中，则易发生不可逆的结构损伤。实验证明，在线粒体氧化磷酸化的三个部位中，第三个部位，即与细胞色素 a_3-O_2 的氧化作用相偶联的磷酸化作用对射线最敏感。

动物实验证明，不同剂量的 X 射线或 γ 射线照射后，机体脾脏、胸腺、肝脏、心脏等组织的线粒体氧化磷酸化可发生不同程度的障碍，具体表现为 P/O 比值的下降。有些实验表明，只有组织(如脾脏)直接受到照射，才能表现为 P/O 值的变化，因而强调直接作用的效应；而另一些实验表明可能有内分泌系统的参与，故强调远隔效应。例如，切除垂体或甲状腺或投以抗甲状腺药物的动物，再行照射，则不表现 P/O 值的变化。在急性放射病时，这两类损伤方式很可能都发生影响：在照射后的早期，以直接损伤为主，而随着疾病的发展，远隔效应也逐渐表现出来。

二、其他物质代谢

(一) 糖代谢

急性辐射损伤时，机体内糖代谢发生紊乱。这种代谢紊乱的变化不仅取决于糖代谢本身，而且与蛋白质和脂肪代谢平衡失调有关，同时也受神经内分泌系统调节的作用。不同组织中糖代谢的辐射敏感性有很大差异。一般来说，辐射敏感组织中糖代谢在照射后变化较大，而在辐射敏感性较低的组织中变化较小。机体糖代谢受各种因素影响，各种体内、外环境的变动，都会通过神经内分泌系统的活动给予敏锐的调节，这就带来了代谢的不稳定性。

1. 糖原的生成和糖异生增强　照射后由于动物拒食，胃肠运动改变和吸收功能障碍，可引起血糖及组织糖原含量的降低。另一方面，组织分解代谢加速，一些氨基酸和甘油又可通过糖异生作用而增高血糖或组织糖原的水平。急性大剂量照射后肾上腺皮质激素分泌增多促进糖异生。饥饿小鼠受 0.178C/kg(690 R) γ 射线照射后血液葡萄糖含量明显高于未受照射的饥饿小鼠。如果摘除垂体，上述变化则不复出现。在去肾上腺小鼠，变化也很轻微。说明照射引起的糖原及葡萄糖变化与垂体和肾上腺的功能改变有关。

2. 糖的分解作用的变化　许多实验结果显示，不论是无氧分解或有氧分解过程，在放射损伤初期，都不发生障碍，只是在放射病晚期才有可能使分解过程受到抑制。后者的发生，可能是因为酶的合成障碍或酶本身被破坏所致。

(二) 脂类代谢

急性放射病时，放射敏感组织及肝脏脂类合成增强。一般来说，许多组织中脂类含量增高，而且增高的部分主要是三酰甘油，但从动物整体来说，由于脂肪组织分解代谢加速，总脂含量是减少的。

放射损伤后组织器官和血液内脂类的改变情况包括：

1. 体脂下降随放射病的发展而加剧　患放射病的动物常常显著消瘦。用 700R X 射线照射小白鼠，在照射后第 1、2、3 昼夜将动物处死，提取测定脂类的结果表明，动物体内脂类的总含量降低，并随放射病的发展而加剧(表 16-2)。

表 16-2　700R X 射线照射后小白鼠体脂总含量的变化

照射后时间	正常	第一昼夜	第二昼夜	第三昼夜
脂肪含量(毫克/每克新鲜组织)	70.3	69.1	59.9	35.8

2. 血脂增高　动物在急性放射损伤的状况下，特别是在放射病的晚期，发生脂血症。如家兔遭受 1000R 全身照射后 23 小时，血浆中的脂类总量，从照射前的 437mg/dl 增多至 1522mg/dl。放射病机体血液中的磷脂、胆固醇和脂肪酸的含量一般来说含量增高，但有时降低。这种不稳定的变化，与受照射动物、剂量、时间等有很大关系。

3. 肝脂含量增多　患放射病的动物在全身脂肪含量减少的同时，肝脏中的脂肪含量增多。如以 1000R 全身照射家兔后 23 小时，肝脏中的三酰甘油增加 200% 以上。

（三）水、电解质代谢及酸碱平衡紊乱

急性放射病时，由于水向细胞外间隙及胃肠道移动，以及多尿等因素，导致血液容量减少。当照射剂量大到足以引起胃肠型放射病时，由于腹泻及呕吐导致急性脱水，血液及血浆容量的变化就更为严重。

在发病最初几天，由于多尿，尿中 K^+、Na^+ 及 Cl^- 排出相应增多。

放射损伤时血清 K^+ 增高，一般认为是放射敏感组织的细胞膜通透性增强以及细胞解体导致。而膜通透性的增强，又可能是由于 Na^+，K^+-ATP酶功能的紊乱导致。

急性代谢病早期，由于分解代谢增强，一般表现为代谢性酸中毒。随着疾病发展中多种因素的影响，如呕吐、钾大量丢失，而随之具有代谢性碱中毒的性质。又由于发热、通气过度，致 CO_2 分压下降及血液 pH 增高，而具有呼吸性碱中毒的性质。

急性放射病时内分泌系统的变化不可避免地对水、电解质代谢及酸碱平衡带来影响。

（四）胶原代谢改变

近年来有研究表明，放射损伤可引起皮肤Ⅰ型和Ⅲ型胶原含量的改变，其基本趋势为：Ⅰ型胶原含量下降，Ⅲ型胶原含量上升，而胶原总量变化不大。

小　结

放射损伤是由放射线照射引起的机体组织损害。根据作用方式的不同，通常将辐射分成两类：电离辐射和非电离辐射。通常将放射病的发病分为原发作用与继发作用两个基本过程。生物分子损伤是一切辐射生物效应的物质基础。DNA 是电离辐射的重要靶分子之一，在临床放射治疗范围内的剂量作用后，DNA 损伤被认为是细胞死亡的主要原因。电离辐射对 DNA 结构的影响包括：DNA 单链断裂、双链断裂、碱基改变、核糖改变、交联和二聚体形成等，一级结构中糖基和碱基的损伤进而影响其二级结构稳定性。不同的蛋白质分子对放射的敏感性不同。辐射对蛋白质和酶分子的作用包括分子结构破坏、蛋白合成变化以及分解代谢增强等几个方面。

辐射同样可引起代谢紊乱。放射损伤时，机体 DNA 合成代谢抑制和分解代谢加强。放射对各种不同 RNA 分子的合成代谢、蛋白质分子的合成代谢影响较为复杂，一般认为射线通过改变染色质 DNA 的模板活性和 3 种 RNA 聚合酶的催化活力，而影响 mRNA 前体、tRNA 和 rRNA 的形成。同时，射线也影响 hnRNA 和 mRNA 的代谢，干扰 rRNA 基因转录产物的加工及核糖体的组装，从而影响到蛋白质的生物合成。放射也导致照射后蛋白质分解代谢显著增强。尿中排出的氨基酸和尿素等非蛋白氮含量增多。

射线通过线粒体膜结构的损伤、抑制线粒体氧化磷酸化，从而干扰细胞能量代谢。并对机体的水、电解质代谢及酸碱平衡，糖代谢，脂代谢等都产生广泛的影响。照射后机体各项生化指标的变化，有助于放射病的诊断；深入研究生物大分子的辐射损伤机制和其代谢过程的变化，有助于更好理解各种放射防护药物的作用机制，从而提高临床治疗水平。

（易　芳　鄢佳程）

笔记栏

第17章 骨和牙的生物化学

骨是坚硬而有生命的器官，它不仅作为人体的支架、负荷重量及运动的杠杆，同时还构成体腔壁以保护脏器。骨内的红骨髓又是造血器官。人体骨储有几乎全部钙，大部分磷、镁，还作为钠、钾、OH^-等离子的来源。骨的代谢从不停止。在骨发育停止前，经历着生长及塑建过程，而在成人的一生总在不断进行再建。

牙齿是人体中最坚硬的器官，具有高度钙化的组织。从结构上分为牙冠、牙颈和牙根三部分。又分为牙釉质（珐琅质）、牙本质（象牙质）、牙髓（神经腺）、牙冠、牙颈、牙根等。牙齿有咀嚼、帮助发音和保持面部外形的功能。

骨骼系统生理因素的变化对牙齿影响是最直接也是最大的。牙齿颜色从儿童时期的雪白，开始随着年龄增长不同程度地呈现出象牙色（米黄色），其实，这就是骨骼系统的生命状态，逐渐走向不活跃的标志，中医云：齿是骨之余。准确说出了牙齿和骨骼系统的关系。

第一节 骨和牙的基本组成

一、骨的组成

骨组织由细胞及细胞间质构成。骨的细胞有成骨细胞、破骨细胞及骨细胞。骨的细胞间质即骨基质，由有机质和无机质构成。骨基质内的有机质和无机质的比例随年龄而不同。在儿童，两者各占骨干重的一半；在成人，有机质约占1/3，无机质约占2/3，在老年人，无机质更多。

骨中的有机质90%～95%为骨胶原，其他10%为无定性基质，主要为糖蛋白复合物、还有少量的蛋白及脂类。骨中的无机质即骨盐，以结晶的羟磷灰石和无定形的胶体磷酸钙形式分布在有机质中。

（一）有机质

1. 骨胶原 骨胶原由氨基酸组成，呈白色胶原纤维，主要为甘氨酸，占33%，其次为脯氨酸及羟脯氨酸，占25%，另外还有天门冬氨酸及谷氨酸等其他氨基酸。

在胶原纤维中，胶原的分子单位称为原胶原，它们定向整齐排列，分子之间通过共价键交联，形成稳定的胶原微纤维，再聚集成胶原纤维。

分析原胶原的结构，发现每个原胶原分子由三条α-肽链组成。α-肽链自身为α-螺旋结构，三条α-肽链则以平行、右手螺旋形式缠绕成“草绳状”三股螺旋结构，肽链中每三个氨基酸残基中就有一个要经过此三股螺旋中央区，而此处空间十分狭窄，只有甘氨酸适合于此位置。由此可解释其氨基酸组成中每隔两个氨基酸残基出现一个甘氨酸的特点。而且三条α-肽链是交错排列的，因而使三条α-肽链中的Gly、X、Y残基位于同一水平上，借Gly中的N-H基与相邻链X残基上羟基形成牢固的氢键，以稳定其分子结构。（图17-1）

α链有数种（如α_1、α_2…），它们之间在氨基酸组成上有所不同，但肽链长度近于相同，约含1000个氨基酸残基，分子量约为97 000。根据原胶原分子中α-肽链结构组成的差别，在体内可分为四型，其中Ⅰ型两种α-肽链组成，其他各型有三条相同α-肽链组成，他们各有不同的分布（表17-1）

骨胶原为Ⅰ型胶原，软骨胶原为Ⅱ胶原。骨胶原虽然和软组织胶原成分相似，但不能为有机酸或盐溶液所溶解，这可能由于大分子间及其延长轴上具有强有力的分子间及分子内链接的关系。

2. 氨基多糖 氨基多糖又称糖胺多糖、黏多糖、糖胺聚糖、酸性黏多糖等，是一种长链复合糖分子，由己糖醛酸和氨基己糖或中性糖组成的二糖单位彼此相连而形成。各种氨基多糖的结构单元为二糖单位，均含有乙酰氨基己糖和糖醛酸（硫酸角质素例外，不含糖醛酸而代之以半乳糖）。除透明质酸外都含硫酸。

氨基多糖通过共价键与蛋白质相连构成蛋白多糖（proteoglycans）。其分子组成以多糖链为主，蛋白质部分所占比例较小。往往一条多糖链上联结多条多肽链，分子量可达数百万以上。

蛋白多糖由透明质酸、核心蛋白（core protein）、非胶原性蛋白及多糖边链组成，在骨内只占5%，但在软骨的基质中占50%。葡萄氨基聚糖大分子的蛋白多糖具有高度黏着性，是形成无定形基质的基础。

笔记栏

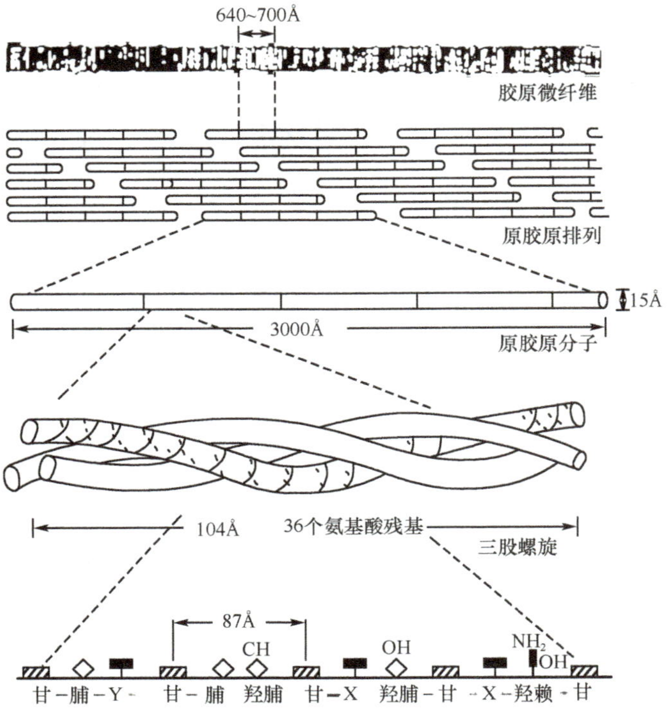

图 17-1 胶原结构示意图

表 17-1 各型胶原的组成、分布及其特征

类型	链的组成	分布	特征
Ⅰ	$[\alpha_1(\text{Ⅰ})]_2\alpha(\text{Ⅰ})$	皮肤、肌腱、骨、牙质	Hyl 含量低(<10 分子/链),糖含量低
Ⅱ	$[\alpha_1(\text{Ⅱ})]_3$	软骨、椎间盘	Hyp 含量高(>10 分子/链)
Ⅲ	$[\alpha_1(\text{Ⅲ})]_3$	皮肤、子宫、血管	Hyp 含量高,Hyl 含量低,糖含量低、含 Cys
Ⅳ	$[\alpha_1(\text{Ⅳ})]_3$ $[\alpha_1(\text{Ⅳ})]_2\alpha_2(\text{Ⅳ})$	肾小球、晶状体外被等	3-Hyp 含量高、糖含量高、Hyl 含量高(>20 分子/链)

注:Hyl 为羟基赖氨酸,Hyp 为羟脯氨酸

3. 脂质 在成熟骨质中,脂质少于 0.1%(干重),约 6~13mg/100g 干重,可能细胞膜、细胞质或血液是其来源,钙化部位脂质增加,可能与钙结合到磷脂上有关。酸性磷酸酯在钙化起始时是大量的,以不同形式出现在钙化前沿。

(二) 无机盐

骨的无机物成分称为骨盐,无机物约占干重量骨的 65%~75%,其中 95% 是固体的钙和磷,它们以无定形的钙磷和结晶羟磷灰石分布于有机质中。无定形的钙-磷固体主要以 $Ca_3(PO_4)_2\cdot 3H_2O$,或 $CaHPO_4\cdot 2H_2O$ 形式存在。无定形钙磷成分波动较大,在嫩的、新形成的骨组织中多(40%~50%),在老的、很成熟的骨组织中少(25%~30%)。羟磷灰石结晶为柱形或针形,1 克 骨盐有 10^{16}个结晶,故其表面积可高达 100 平方米。骨盐结晶性质很稳定,不易解离,但在其表层进行的离子交换速度则较快。关于骨中各种无机盐元素的含量情况,参见表 17-2 。

表 17-2 人骨的无机成分(干燥骨的%)

总量	约 74
Ca	25.6
P	12.3
Ca/P	2.03
CO_2	4.0
Na	0.13~0.6
Mg	0.39
K	0.05~0.4
Cl	0.17~0.19

从表 17-2 可以看出,除了钙离子外,骨中还含有少量的镁离子和钠离子以及极少量的钾离子。骨中镁离子含量虽然不多,但占体内镁离子总量的 50%;骨中钠离子也占体内总量的 35%,而且大部分钠离子用于交换。骨中阴离子除磷酸根是主要的以外,还有一些碳酸根离子和柠檬酸根离子以及少量的氯离子和氟离子。柠檬酸

笔记栏

根离子占骨干重的 1%，占人体柠檬酸总量的 70%～80%。这些离子常附在羟磷灰石晶体上。但吸附在晶体表面的物质极易脱落，故非骨盐的基本组成。此外，还有少量的锶和痕量的铜及锌，偶尔可看到有毒性的金属，如铅和镭。

二、牙的组成

牙组织由三种高度钙化的组织——牙釉质、牙本质、牙骨质组成。

（一）牙釉质

牙釉质覆盖在牙冠表面，含水极少，其高度钙化的无机盐高达 98.5%，硬度极大，为人体最坚硬的组织，具有保护整个牙齿的作用。釉质内无机物占重量的 95%～96%，占体积的 86%。主要无机物是钙、磷。X 线衍射技术证实钙、磷以羟磷灰石晶体的形式存在约占 90%。其他还有碳酸钙、磷酸镁和氟化钙，以及少量的钠、钾、铁、铅、锰、锶等。

1. 无机成分　已发现釉质中含有 40 多种元素，它们附在羟磷灰石晶体表面，或位于晶体的空隙之中。下面介绍釉质内几种重要无机成分的含量及分布。

（1）钙和磷：釉质中钙含量的平均值为 33.6%～39.4%，磷为 16.1%～18.0%。钙、磷浓度釉质表面到釉牙本质逐渐呈下降趋势。从表层到内层，钙的质量分数变化范围为 37.8%～34.5%，磷的质量分数变化范围为 18.0%～15.0%。钙磷的质量比为 2.1～2.3。钙在釉质中分布不均匀，其表面的钙磷比值较内层低。

（2）碳酸盐：釉质中碳酸盐的质量分数为 1.95%～3.66%。在釉牙本质交界处，含量较高，釉质表面含量较低。碳酸盐的分布特点与成釉质细胞的代谢活动密切相关，反映了成釉质细胞在成釉质过程中的活跃程度。早期，成釉质细胞功能旺盛，大量的碳酸盐结合进入釉质矿化部分。但在釉质表面，成釉质细胞代谢活动的终止时间比内层早，因而表面成釉质细胞分泌功能弱于内层，碳酸盐形成相应减少，最终使釉质表层碳酸盐明显少于内层。

（3）镁：在釉质的无机物中，镁的质量分数为 0.25%～0.56%，釉质内镁的分布与碳酸盐和钠的分布相同，近釉牙本质界处，镁含量是表面的 3 倍。另外，釉质镁含量不受口腔环境的影响，牙萌出前后镁含量变化不大。

（4）氟：釉质中，氟的质量分数为 0.005%～0.5%，其表面氟量明显高于釉牙本质界，在所有的无机物中，氟浓度变化最大。其原因在于釉质内氟浓度受多种因素的影响（如釉质蛋白，组织液等）。

2. 有机成分　成熟釉质中有机物占其总重量的 0.45%～0.8%，包括蛋白质、脂类、枸橼酸盐、乳酸盐、糖类和水。大部分有机物分布在釉质的带状结构内，如釉板、釉丛、釉柱间质和芮氏线。

釉质蛋白（enamel protein）是细胞外基质蛋白，是牙胚发育后期，由成釉细胞合成、分泌进入釉基质。新形成釉质内蛋白质的质量分数为 25%～30%，以后随釉质成熟而减少，逐渐由羟磷灰石晶体取代。

根据其亲水性和酸碱度将发育釉质中的基质蛋白分为两大类：疏水性釉原蛋白（amelogenin，Am）和酸性釉蛋白（enamelin，En）。Am 含大量的脯氨酸、谷氨酰胺、亮氨酸、组氨酸和天门冬氨酸，是一类疏水性、低分子量的蛋白质。En 由 Termine 命名，在发育期釉质中，比 Am 含量少，主要含谷氨酸、甘氨酸、脯氨酸和天门冬氨酸。

3. 其他成分　在釉质中，水占体积的 12%，重量的 4%。一部分水与无机物结合，另一部分与有机成分结合。在釉质内，羟磷灰石晶体与水结合，水构成晶体的水合外壳，使离子更易发生吸附和交换成。熟釉质中脂类占重量的 0.5%～0.6%，枸橼酸盐占 0.02%～0.1%；糖含量极低，包括半乳糖、葡萄糖、甘露糖等。

（二）牙本质和牙骨质

牙本质和牙骨质均来自间质细胞，其化学组成类似于骨组织。主要化学成分是矿物质，其质量分数为 70%，有机物和水为 30%。在有机成分中 90% 是胶原纤维，矿物质构成以羟磷灰石为主，但其矿化程度和体积均少于釉质的羟磷灰石晶体。牙本质和牙骨质也通称为牙质。

1. 无机成分　牙本质和牙骨质的无机成分主要是碳、磷酸矿物盐，带有少量的钠、镁、氯及各种微量元素。牙本质羟磷灰石晶体的钙磷比为 1∶2.13。牙本质晶体的大部分与胶原纤维伴行，沉积在纤维内。部分晶体沉积在胶原纤维的周围，形成长管，将胶原纤维包在其中。还有部分晶体与纤维不发生关系，而是沉积在钙球内。

2. 有机成分　牙本质的有机物约占 20%，是成熟釉质的 40 倍，主要包括胶原、非胶原蛋白、枸橼酸盐以及脂类等成分。

和牙本质相似，牙骨质的有机物含量也较高，是其重量的22%，其中大部分为胶原基质，其他非胶原蛋白和无定形基质含量较少。

（1）胶原：牙本质有机成分中，约90%为胶原，主要为Ⅰ型胶原，其中10%～15%是Ⅰ型胶原三聚体。Ⅱ型胶原少于3%，缺乏Ⅲ型胶原，还含有少量的Ⅴ和Ⅵ型胶原。

胶原由牙本质细胞合成，分泌后进入前期牙本质，排列成纤维。胶原纤维网在接近牙本质细胞体并不致密，但到达前期牙本质、釉牙本质界时则含量较高。分析牙本质胶原所含的氨基酸发现其具有与骨胶原相似的组成，脯氨酸、羟脯氨酸、甘氨酸、丙氨酸四种氨基酸占氨基酸总量的2/3。

牙骨质的有机成分中大部分均为不溶性胶原，主要为Ⅰ型胶原，其余为少量的非胶原蛋白和无定形基质。牙骨质胶原中同样有大量的交叉链。

（2）非胶原蛋白：牙本质基质中约9%～10%是非胶原蛋白。该蛋白为一类带负电荷、富酸性的蛋白。根据蛋白来源不同，将牙本质非胶原蛋白分为四大类。①牙本质特异性蛋白，是指由牙本质细胞合成和分泌，只在牙本质中存在的蛋白。②矿化组织特异性蛋白，是指由牙本质及牙骨质及骨组织细胞合成和分泌的蛋白。③非特异性蛋白，是指既在牙本质中存在，又在其他组织包括软组织中存在，既由成牙本质细胞又由其他类型细胞合成、分泌的蛋白。④血清来源蛋白，是指由身体其他细胞（主要是肝细胞）合成并分泌进入血清的蛋白，这些蛋白虽不由牙本质细胞合成，但对牙本质有高度的亲和力，可由血液循环进入牙本质中，又称牙本质亲和性蛋白。

（3）蛋白多糖：蛋白多糖是牙本质中另一类非胶原蛋白，它是由许多多糖侧链与一个核心蛋白共价结合形成的大分子。其侧链由重复的二糖链单位组成，每一个单位由一个糖醛酸和一个*N*-乙酰氨基己糖组成。牙本质中蛋白聚糖主要是4-硫酸软骨素和6-硫酸软骨素，前者占80%，后者占14%，还含有少量的硫酸角质素。

（4）脂类：牙本质中脂类的质量分数约为0.33%，包括中性脂、磷脂两大类。对完整和龋坏牙本质脂类分析发现：两种组织中均可查见相似的中性脂，磷脂却有差异。完整的牙体组织中未查见磷脂酰丝氨酸，而龋坏组织中却有该物质。

牙本质的脂肪酸成分有：$C_{16:0}$（棕榈酸），$C_{16:1}$（棕榈油酸），$C_{18:0}$（硬脂酸），$C_{18:1}$（油酸），$C_{18:2}$（亚油酸），$C_{18:3}$（γ-亚油酸），$C_{20:4}$（花生烯酸），$C_{22:6}$（二十二碳六烯酸），其中含量较多的是：$C_{16:0}$（棕榈酸），$C_{18:0}$（硬脂酸），$C_{18:1}$（油酸）。脱矿前后脂肪酸分析结构同样存在数量上的差异。

牙骨质中的脂类成分与牙本质相似，牙骨质表层患病者$C_{16:0}$（棕榈酸），$C_{18:0}$（硬脂酸），$C_{18:1}$（油酸）等脂肪酸明显高于健康者。

（5）柠檬酸盐：柠檬酸盐是广泛分布于矿化组织中的一种有机阴离子体，在牙本质中的质量分数约为1%。通常它与钙离子形成复合物。当用中性或酸性EDTA脱矿后，枸橼酸盐和磷酸钙的沉淀物可以在中性条件下分离。

第二节 骨牙代谢

骨代谢包括成骨作用与溶骨作用。成骨作用又包括两个过程即骨的有机质的形成和骨盐的沉积。骨的有机质的形成是成骨细胞分泌胶原和蛋白多糖，由胶原聚合胶原纤维作为骨盐沉积的骨架。成骨细胞被埋在骨的有机质中成为骨细胞。骨盐沉积于胶原纤维表面，先形成无定形骨盐（如磷酸氢钙），继而形成羟磷灰石结晶，这种骨的有机质形成和骨盐沉积的过程就是成骨作用。

溶骨作用是破骨细胞释放溶酶体中的蛋白水解酶，使骨的有机质（胶原）水解，同时破骨细胞还释放出一些酸性物质，如乳酸、柠檬酸、碳酸等，使局部酸性物质增加，促进骨盐的溶解，这种骨的有机质水解及骨盐溶解即溶骨作用。

正常成人体内成骨与溶骨作用处于动态平衡，即为骨的更新作用。这种作用不仅维持了骨骼的正常生长，还维持了钙磷的动态平衡。

一、胶原蛋白代谢

（一）胶原蛋白的生物合成

原胶原分子主要由成纤维细胞合成，软骨中胶原由软骨细胞合成，骨胶原来自成骨细胞，基底膜中胶原则由上皮或内皮细胞合成。胶原的生物合成可分为细胞内和细胞外两大阶段。

1. 细胞内合成阶段 在结缔组织细胞中，首先是按蛋白质合成的原则先合成一条很长的，约1400个氨基酸残基的肽链，称为溶胶原蛋白，而后转入内质网中进行羟基化和糖基化修饰。

（1）羟基化修饰：胶原分子组成中含有羟脯氨酸和羟赖氨酸，由脯氨酸、赖氨酸残基经脯氨酸羟化酶（prolyl hydroxylase）和赖氨酸羟化酶（lysyl hydroxylase）催化羟化生成的。此酶为加

单氧酶,需 Fe^{2+} 和维生素 C 为辅因子,α-酮戊二酸作辅底物。如脯氨酸的羟化反应(图 17-2):

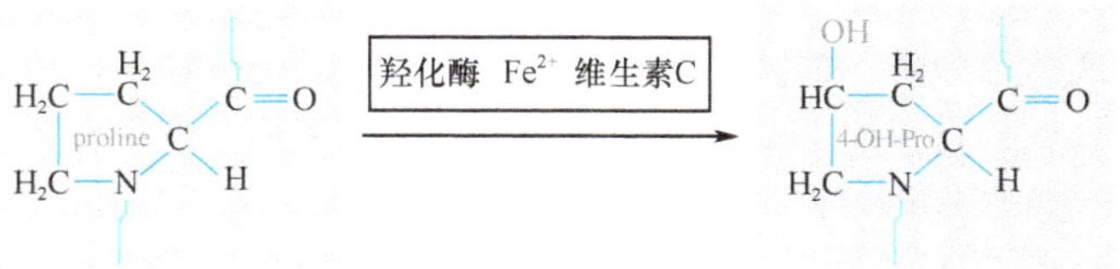

图 17-2　脯氨酸的羟化反应

此羟化反应中需分子氧,缺氧会妨碍胶原的生成,因而缺氧可使伤口愈合延迟。而维生素 C 是维持羟化酶活性所必需的,缺乏维生素 C,胶原合成不能形成正常的纤维,可出现皮肤结节,血管脆弱及伤口愈合缓慢等症状。羟化作用对三股螺旋的坚固性有重要作用,羟化不足的链在体温下不能形成坚固的三股螺旋,因而不能从细胞内排出。

(2) 糖基化修饰:胶原分子中含有共价连接的糖基。根据组织不同,糖含量可达 0.4% ~ 12%。其中糖基主要为葡萄糖、半乳糖及它们的双糖。在内质网中由半乳糖基转移酶及葡萄糖基转移酶催化将糖基联于 5-羟赖氨酸残基上。

糖基化的作用目前尚未完全阐明,研究发现这些糖基位于胶原纤维中原胶原的接头处。推测糖基化与纤维的定向排列有关。

经羟基化和糖基化修饰的溶胶原蛋白,形成三股螺旋而排出细胞外。

2. 细胞外胶原纤维成熟阶段　分泌到细胞外的溶胶原由内切酶作用,水解 N-末端和 C-末端的附加肽链,形成原胶原蛋白,原胶原分子可在中性 pH 条件下,借分子间各部分不同电荷的相互吸引而自动聚合成胶原纤维,此种聚合不稳定,经共价交联成网使之进一步固定。

胶原纤维的共价交联由赖氨酸氧化酶(lysyl oxidase)催化。此酶含 Cu^{2+},能将赖氨酸转变为醛赖氨酸(allysine),ε-醛赖氨酸与另一 α-肽链的 ε-赖氨酸醛醛缩合生成 ε-醛赖氨酸醛醛酸(Allysine aldol),再与组氨酸反应生成醇醛组氨酸,后者再与 5-羟赖氨酸进行醛胺缩合形成希夫碱结构(图 17-3),可使 4 条 α-肽链间共价交联。

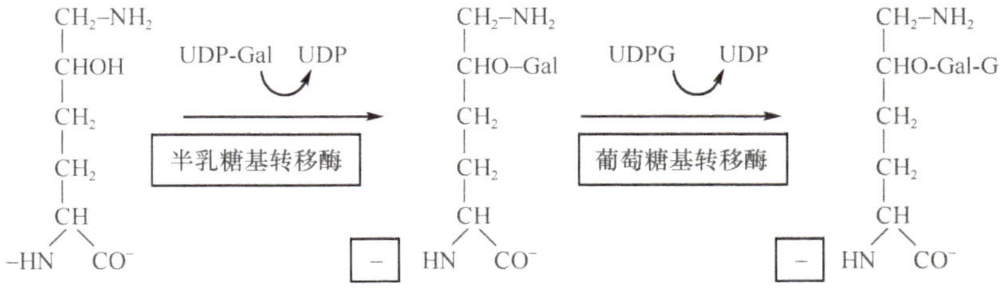

图 17-3　胶原的糖基化修饰

通过共价交联,胶原微纤维的张力加强,韧性增大,溶解度降低,最终形成不溶性的胶原纤维。

胶原蛋白分子共价交联对胶原正常功能有重要意义。例如人或动物进食山藜豆所致的山藜豆中毒表现为严重的骨、关节及大血管壁的异常,其发病即因为山藜豆毒素 β-氨基丙腈与赖氨酸氧化酶活性位点共价结合而使之失活,从而导致胶原纤维变脆弱。

(二) 胶原蛋白的生理功能

骨骼中胶原蛋白含量约占骨中总蛋白质量的 80%。以Ⅱ、Ⅸ、Ⅹ、Ⅺ型胶原为主要成分,其中Ⅱ型胶原的含量最为丰富。Ⅱ型胶原在软骨基质中形成的纤维直径较细小,这些细小的原纤维在软骨中形成纤细的网状结构,使胶原能最大限度地分布在蛋白多糖中,这对软骨负重所需的机械稳定性极为重要。Ⅸ型胶原通过一个氨基多糖侧链与软骨中的Ⅱ型胶原共价结合,对维持软骨基质的结构完整性起着重要的作用。Ⅹ型胶原存在于肥大的软骨和软骨骨化的软骨基质中,在软骨内骨化中起着重要的作用。因为含有胶原蛋白,所以骨骼与牙齿在坚硬中同时还带有弹性。骨骼与骨骼、肌肉能够相互连接也是靠胶原蛋白,而此处的胶原蛋白特称为肌腱。在软骨里,胶原致密的、立体的网状结构形成了整个软骨,使得运动时筋骨可保持柔软而具有弹性。

胶原蛋白与许多人类疾病相关。如骨形成不全(osteogenesis imperfecta)或称脆骨病(brittle bone disease),即是由于胶原蛋白生物合成或转录后的修饰作用障碍所致。现已清楚是由于Ⅰ型胶

笔记栏

原突变所致，据突变发生的位置及性质不同，发病的严重性亦不同。此外，有些结缔组织病涉及多种胶原合成紊乱或合成过程中酶（如赖氨酸羟化酶，赖氨酸氧化酶）活性的异常。如 Ehlers Danlos 综合征即有 10 种以上不同胶原的缺陷，其症状主要为关节过度伸张，皮肤弹性增高、脆弱，血管脆弱及外伤后皮下黏蛋白或皮下脂肪小结形成等，又被称为“印第安橡皮人”（India rubber man）。

二、氨基多糖代谢

（一）氨基多糖的生物合成

氨基多糖的合成首先按蛋白质生物合成的原理，在核糖体上合成多肽，并分泌入内质网中，在内质网修饰过程中，由相应的转移酶催化活性单糖转移到氨基酸的侧链上，合成氨基多糖。但糖链的延伸和加工修饰在高尔基体进行。参与蛋白多糖合成的各种单糖及其衍生物需先活化成活性单糖，即与二磷酸尿苷（UDP）结合，而各种单糖及其衍生物均可由葡萄糖转变而来。

氨基多糖合成的起始步骤是在木糖转移酶（xylose transferase）的催化下，将一分子木糖基连接到核心蛋白多肽链的丝氨酸残基上，形成 O-糖苷键（O-glycosidic bond）。再由半乳糖转移酶（galactose transferase）催化依次转移两分子半乳糖，构成“木聚霍半”三糖连接区。然后再由高度特异的糖基转移酶作用逐渐按顺序延长，糖链合成后再进一步修饰。由差向异构酶催化将葡萄糖醛酸转变为艾杜糖醛酸，而硫酸基则是由活性硫酸根（PAPS）提供，由硫酸转移酶催化加到新合成的多糖链的氨基或羟基上。（图 17-4 为硫酸软骨素 A 合成过程示意图），当 Vit A 缺乏时硫酸转移酶活性下降，糖胺多糖合成受限，可引起组织生长、发育的障碍。

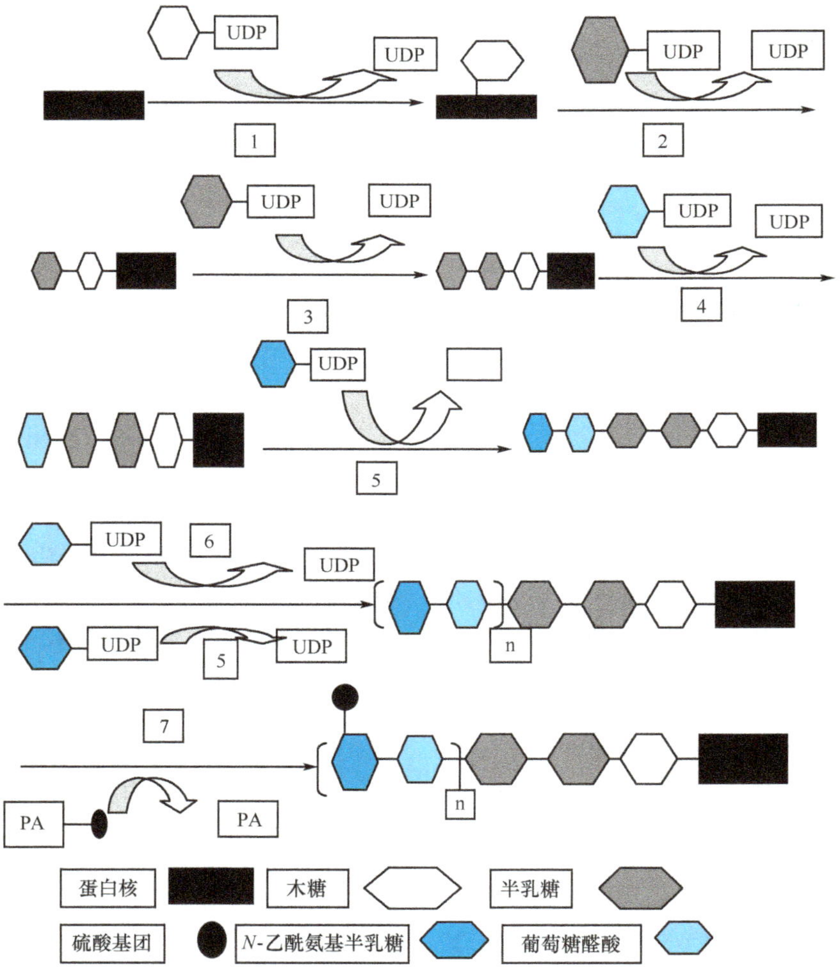

图 17-4 硫酸软骨素 A 合成过程示意图

1. 木糖转移酶；2. 半乳糖转移酶Ⅰ；3. 半乳糖转移酶Ⅱ；4. 葡萄糖醛酸转移酶Ⅰ；5. *N*-乙酰氨基半乳糖转移酶；6. 葡萄糖醛酸转移酶Ⅱ；7. 硫酸转移酶

（二）蛋白多糖的分解代谢

结缔组织基质中的蛋白多糖主要受组织蛋白酶 D 等的作用，部分肽链水解产生的带多糖链的小片段可被细胞吞噬，进而在溶酶体中逐步水解成各种单糖及其衍生物。因此，溶酶体是糖胺多糖分解的主要场所。

溶酶体中分解糖胺多糖的酶包括内切糖苷酶、外切糖苷酶及硫酸酯酶等。如图 17-5 所示透明质酸的水解过程：首先透明质酸酶（hyaluronidase）为一种内切酶，能水解透明质酸、硫酸软骨素 A 和 C 中的 β-N-乙酰氨基已糖糖苷键，产生主要为四糖或六糖的寡糖。随后再由 β-葡萄糖醛酸酶及 β-N-乙酰氨基葡萄糖苷酶等外切酶进一步水解，成为单糖及其衍生物。

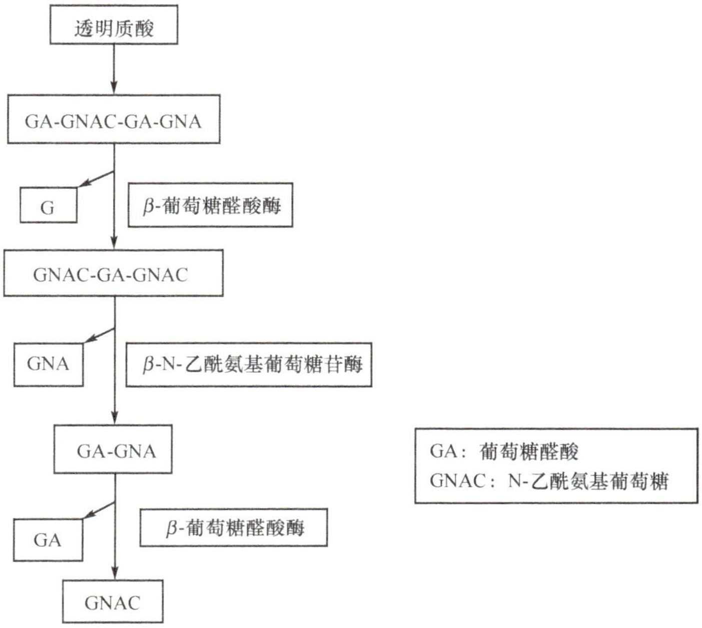

图 17-5　透明质酸的水解

大多数糖胺多糖都含有硫酸基团。溶酶体中也存在多种硫酸酯酶，能水解各种硫酸酯键。有些糖苷酶有很强的底物特异性、不能水解带硫酸基的寡糖链，因此，硫酸酯酶的先天性缺乏会引起糖胺多糖分解障碍，导致黏多糖症。

（三）蛋白多糖的生理功能

蛋白多糖分子大，具高度亲水性，对保持结缔组织水分及与组织间物质交换均有重要作用。例如软骨组织中胶原纤维排列成网格状，网格间隙中填充蛋白多糖，因其有高度亲水性，吸附大量水分在其中，当软骨受压时，水分可被挤压出去，而减压后又可重吸进来。关节软骨无血管供应，其营养物质的交换主要靠运动产生压力变化使液体流动。由此可以解释长期不运动导致关节软骨的萎缩。

蛋白多糖的糖链上含有较多的酸性基团，对于细胞外液中 Ca^{2+}、Mg^{2+}、K^{+}、Na^{+} 等阳离子有较大的亲和力，因此能调节这些阳离子在组织中的分布。

蛋白多糖分子巨大，有较大的黏滞性，附着于组织表面，能缓冲组织之间的机械摩擦，因而具有润滑、保护作用。例如关节液中的蛋白多糖有润滑关节面的作用。类风湿关节炎患者，关节液中蛋白多糖减少，失去原有润滑作用，因而关节面易被破坏。

三、钙磷代谢

（一）钙磷的吸收与排泄

钙磷主要以无机盐的形式存在于体内。成年人体内钙的总量约 700～1400g，磷的总量约 400～800g 。其中约 99% 的钙及 85% 的磷以羟磷灰石的形式存在于骨骼和牙齿中，其余存在于体液及软组织中。

钙的吸收部位主要在小肠上段，小部分也可在结肠吸收。每天成人食入约 0.6～1.0g，仅 200～250mg 被吸收，其余经粪便排出。

笔记栏

钙的排泄主要在肠道，约占80%，其次在肾排出，约占20%。肠道排出的钙包括食物中未吸收的钙和消化液中未被重吸收的钙；其排出量随食物含钙量及吸收状况的不同而有较大波动。正常成人每日进出体内的钙量大致相等，多吃多排，少吃少排，保持着动态平衡。但由于体内骨骼的不断更新和消化液的不断分泌，所以不吃也排。

磷以可溶性无机磷酸盐的形式经小肠吸收，吸收过程受维生素D的控制。凡影响到钙吸收的因素也会影响到磷的吸收。磷主要由肾脏随尿液排出，约占60%～80%，随粪便排出的约占20%～40%（图17-6）。

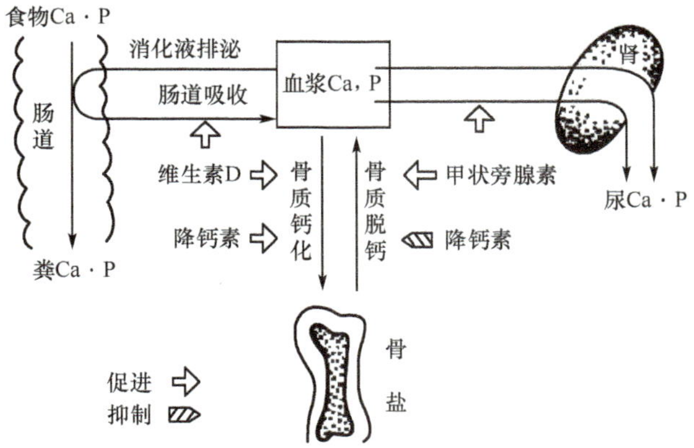

图17-6 人体钙磷代谢概况

（二）钙磷的生理功能

1. 钙的生理功能 钙是人体内必不可少的物质，除了能构成骨骼和牙齿外，还是体内多种酶的激活剂，参与血液凝结，对保持神经-肌肉的应激性和肌肉收缩起重要作用。是维持细胞的渗透压，调节酸碱平衡和加强骨的机械力的重要因素。70kg体重的正常成年人每日需要量为0.65g，生长期儿童和孕妇需1.0g。孕妇后3个月和哺乳期需要量更大。奶和奶制品是钙饮食中的主要来源。

2. 磷的生理功能 磷是构成骨盐的重要成分之一，磷是磷酸和磷脂的组成成分，磷还参与物质代谢，体液中的无机磷酸盐对维持酸碱平衡有一定的作用。正常成年人每天磷最低需要量为0.88g，在发育时期的儿童和孕妇稍多一些。

（三）血钙和血磷

1. 血钙 血液中的钙几乎全部存在于血浆中，所以血钙主要指血浆钙。在机体多种因素的调节和控制下，血钙浓度比较稳定。血钙正常值2.24～2.74mmol/L（9～11mg/dl）。血钙以离子钙和结合钙两种形式存在，各约占50%。其中结合钙绝大部分是与血浆清蛋白结合，小部分与柠檬酸、重碳酸盐等结合。因为血浆蛋白质结合钙不能透过毛细血管壁，故称为不扩散钙。柠檬酸钙等钙化合物以及离子钙可以透过毛细血管壁，则称为可扩散钙。血浆钙中只有离子钙才直接起生理作用。血浆中的不扩散钙，虽没有直接的生理效应，但它与离子钙之间处于一种动态平衡，并受血液pH的影响。

$$Ca^{2+} + \text{血浆蛋白质} \underset{[H^+]}{\overset{HCO_3^-}{\rightleftharpoons}} \text{血浆蛋白结合钙}$$

当血中pH降低时，促进结合钙解离，Ca^{2+}增加；反之，当pH增高时，结合钙增多，Ca^{2+}减少。因此，当碱中毒时，血浆离子钙浓度降低。离子钙有降低神经肌肉应激性的作用，因此当血钙低于1.75mmol/L或离子钙低于0.875mmol/L时，神经肌肉应激性升高，可发生手足搐搦。

2. 血磷 血磷主要是指血中的无机磷，它以无机磷酸盐的形式存在，如Na_2HPO_4、NaH_2PO_4、$CaHPO_4$、$MgHPO_4$等。正常成人血磷浓度为0.97～1.61mmol/L；儿童稍高，为1.29～1.94mmol/L，无性别差异。

3. 钙磷乘积及其意义 血浆中钙与磷的浓度保持着一定的数量关系，Ca^{2+}浓度与HPO_4^{2-}浓度的乘积是一个常数，称为溶度积。在以mg/dl表示时，二者的乘积（[Ca]×[P]）为30～40。当（[Ca]×[P]）>40，则钙和磷以骨盐形式沉积于骨组织；若（[Ca]×[P]）<35，则妨碍骨组织钙化，甚至使骨盐再溶解，影响成骨作用。

四、影响钙磷代谢的因素

(一) 维生素 D

1. 维生素 D 在体内的代谢转变 人们一直认为,在调节钙磷代谢上,维生素 D 本身直接作用于靶器官。近年来发现,它在发挥生理作用之前必须经过代谢转变(图 17-7)。在肝细胞中经 25-羟化酶系统的作用转变为 25-(OH)D_3,然后在肾脏近曲小管上皮细胞内经 1-羟化酶系统作用进一步羟化为 1,25-$(OH)_2D_3$,其生物活性大大增强可经血循环作用于远处靶器官(主要为肠、肾及骨)。

2. 维生素 D 的生理功能 体内每日生理合成的维生素 D 约 0.5~1.0μg。它的主要作用是升高血浆钙、磷水平,以促进骨的钙化。这种作用主要是通过促进肠钙吸收来实现的。

(1) 对小肠的作用:1,25-$(OH)_2D_3$ 能促进小肠对钙、磷的吸收,这是其最主要的生理功能。1,25-$(OH)_2D_3$ 与小肠黏膜细胞内的特异胞质受体结合,进入细胞核内,促进 DNA 转录生成 mRNA,从而使钙结合蛋白(calcium binding protein,CaBp)和 Ca^{2+},Mg^{2+}-ATP 酶合成增高。

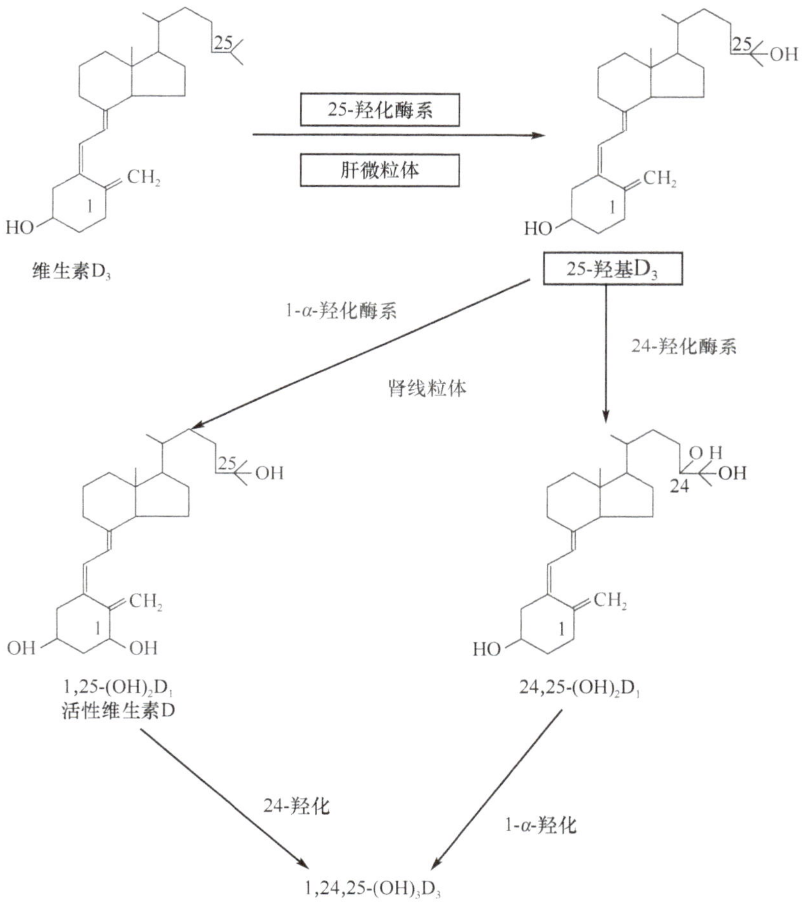

图 17-7 维生素 D 在体内的转变

CaBP 可以促进肠细胞的钙转运,使肠钙吸收入血。这是一种不依赖于肠腔中钙浓度的主动转运过程。维生素 D 使肠上皮细胞内线粒体浓集钙,造成胞质钙浓度下降,间接地促进肠黏膜对钙的吸收。维生素 D 亦可改变黏膜的通透性,加速钙的吸收。

活性维生素 D 可以促进人体小肠上皮吸收钙和磷,加速钙、磷入血。

(2) 对骨的作用:维生素 D 对骨无机盐代谢的影响是双向的,既可以促进新骨钙化,又可促进钙从骨中游离出来,使骨盐不断更新,以维持钙的平衡。维生素 D 与甲状旁腺素协同作用,有促进破骨细胞的溶骨作用,并促进肠钙吸收,使血钙增加。也有人认为,维生素 D 先作用于成骨细胞,使之造成骨吸收浓度梯度,从而促进破骨细胞形成和溶骨作用。维生素 D 对骨形

笔记栏

成和骨矿化的促进作用已为大多数学者所认可。维生素 D 可直接刺激成骨细胞，促使血和骨中柠檬酸与钙形成复合物，转运至新骨，有利于钙盐沉着。维生素 D 还作用于成骨细胞，影响遗传信息的转录过程，促进蛋白质合成和细胞分化，加速成骨作用。

（3）对肾的作用：维生素 D 在肾脏可以促进肾小管对钙、磷的重吸收，减少尿钙及尿磷，增加血钙和血磷。维生素 D 对肾脏钙、磷重吸收的影响不是直接作用，而是通过甲状旁腺素被抑制的间接作用使肾小管磷重吸收增加。当血清钙降低时，活性维生素 D 受低钙刺激而形成加速；当血清钙增高时，活性维生素 D 受高钙刺激而形成减慢。肝、肾功能障碍时都可以影响到维生素 D 的活化，这也是肝性、肾性佝偻病发生的原因。

（二）甲状旁腺激素（parathyroid hormone，PTH）

1. 甲状旁腺激素的合成与分泌 甲状旁腺激素是由甲状旁腺主细胞合成和分泌的一种单链多肽激素，成熟 PTH 含 84 个氨基酸残基，分子量约为 9500。甲状旁腺激素是维持血钙恒定的主要激素。其合成遵循典型的胞内多肽合成途径。首先在甲状旁腺主细胞内先合成一个含有 115 个氨基酸残基的前甲状旁腺激素原（pre-PTH），再脱掉氨基端二十五肽，生成九十肽的甲状旁腺激素原（pro-PTH），再脱去 6 个氨基酸，转变成 PTH。

2. PTH 的生理作用 调节细胞外液钙浓度主要依靠 PTH，当血浆钙浓度降低时，甲状旁腺受到刺激即刻分泌 PTH，后者通过它作用的靶器官升高血钙，降低血磷。PTH 的靶器官是骨骼、肾脏和小肠。

（1）对骨的作用：PTH 主要促进溶骨作用来增加血浆钙和血磷。PTH 使融合后的单核细胞分裂增生并转化为破骨细胞，使破骨细胞的数目增多，PTH 对破骨细胞的作用是间接的。

（2）对肾脏的作用：PTH 对肾脏的作用主要是促进磷的排泄和钙的重吸收，使血磷降低，血钙升高。PTH 直接作用于肾近曲小管上皮细胞，抑制磷重吸收使尿磷排出增多。PTH 对肾远曲小管上皮细胞的作用是增加钙的重吸收，减少尿钙的排泄，这对保证正常的血钙浓度有重要作用。

笔记栏

（3）对小肠的作用：PTH 亦有促进肠道对钙吸收的作用，但作用较小，有人认为 PTH 分泌增加，可促进 1α-羟化酶合成增加，后者使 $1,25(OH)_2$-D_3 生成增加，从而促进小肠对钙、磷的吸收。

PTH 对钙、磷代谢的主要作用是动员骨中钙、磷转移到细胞外液；降低尿钙的排出；促进尿磷排出，结果血钙浓度升高，血磷浓度降低。

（三）降钙素（calcitonin CT）

降钙素来源于甲状腺滤泡旁细胞（C 细胞），是由 32 个氨基酸组成的单链多肽，分子量为 3400。正常血清中的降钙素浓度为 10～20mg/L，半衰期小于 1 小时，主要在肾脏降解和排出。

1. 对骨骼的作用 体外骨培养证明：降钙素抑制骨的吸收，又能抑制骨自溶作用，使骨骼释放钙减少，同时骨骼不断摄取血浆中的钙，导致血钙降低，降钙素还可抑制骨盐的溶解与转移，抑制骨基质分解，增加尿钙、尿磷排泄，引起低钙血症或低磷血症。在体内降低血钙的作用很短暂，降钙素可对抗甲状旁腺激素对骨骼的作用。

2. 对肾脏的作用 可抑制肾小管对钙、磷、钠的重吸收，从而增加它们在尿中的排泄，但对钾和氢则影响不大。

3. 对胃肠道的作用 可抑制肠道转运钙以及胃酸、胃泌素和胰岛素等的分泌。

调节降钙素分泌的主要生理因素是血钙浓度。当血钙浓度升高，降钙素分泌增多；当血钙浓度降低，降钙素分泌减少。降钙素与 PTH（甲状旁腺激素）共同参与体内钙的调节，维持钙代谢的稳定。与 PTH 相比，降钙素对血钙的调节作用启动快，但持续时间短，很快就被 PTH 的作用抵消。由于降钙素的作用快速而短暂，它对高钙饮食引起的血钙升高回复到正常水平起重要作用。进食后，胃肠道激素，如胰泌素（促胰液素）和胃泌素以及胰高血糖素等都能促进降钙素的分泌。

五、其他元素代谢

（一）锌代谢

1. 吸收与排泄 正常成人体内锌含量为 2 克左右，人体内大约有 25%～30% 的锌储存于皮肤和骨骼。锌主要在十二指肠吸收，经粪便排出，少量从尿与汗液排出。成人每日需要为10～

15mg，妇女妊娠期和哺乳期需要量增加，含锌较多的食物有豆类与肉类。

2. 锌的生理功能　锌主要参与多种酶的构成，对酶的活性部位有催化作用，与人的生长、发育、生殖有密切联系。锌参与人体的糖、蛋白质、脂肪的代谢，同时锌对骨骼的发育有明显的影响。缺锌则骨中脱氧核糖核酸、胶原与蛋白合成下降，使骨生长盘的宽度变窄，导致长骨变短、增厚。缺锌使软骨中的碱性磷酸酶活力下降，以致骨矿化过程下降。锌还可以通过对生长激素与胰岛素生长因子的诱导作用，来调节骨代谢。

（二）镁代谢

1. 镁的吸收与排泄　镁是人体内位于钠、钾、钙之后最常见的阳离子。正常血清中镁为 0.8～1.0 mmol/L，机体总镁量约为 21～28g，其中的 57% 存在于骨骼中，其余大部分存在于骨骼肌、心肌、肝、肾、脑等组织中，主要在细胞内，细胞外液仅占 2%。

镁存在于除脂肪以外的所有动物组织及植物性食品中，日摄入量约为 250mg，其中 2/3 来自谷物和蔬菜。小肠对镁的吸收是主动转运过程，吸收部位主要在回肠。每日镁的吸收量约为 2～7.5mg/kg 体重，未吸收部分随粪便排出。摄入量与排出量存在一定正比关系。消化液中也含有多量的镁，成人每日可从消化液的吸收过程中回收约 35mg 的镁。长期或短期大量丢失消化液是造成缺镁的主要原因。消化道手术或造瘘术后未及时补充镁，便会出现缺镁综合征。

体内镁的主要排泄途径是肾，每日经肾小球滤过镁 1.8g，再由肾小管将大部分滤过的镁重吸收，仅有 2%～5% 由尿排出。男性每日由尿排镁 100mg，女性为 90mg，分别相当于每排出 1mg 肌酐排出 0.068mg 及 0.076mg 的镁。镁的排泄量因摄入量不同及地区差异而不同。红细胞中的镁约为血清镁的 3 倍，故测血清镁时应防止溶血。

2. 镁的生理功能　镁一半以上沉积于骨中。① Mg^{2+} 对神经、肌肉的兴奋性有镇静作用。② Mg^{2+} 是近 300 种酶的辅助因子。③ Mg^{2+} 与 ATP 分子的 β-和 γ-磷酸基构成螯合物，降低 ATP 分子的电负性，参与一切需要 ATP 的生化反应。④ Mg^{2+} 通过与磷酸基的络合作用维持 DNA 双螺旋的稳定性。⑤ Mg^{2+} 参与维持 tRNA 和核糖体的构象。⑥核糖体和 mRNA 及氨基酰 tRNA 之间的相互作用需要 Mg^{2+}，Mg^{2+} 还参与氨基酸的活化、核糖体循环中转肽及核糖体移位等重要步骤。因此 Mg^{2+} 与体内重要的生物高分子蛋白质、核酸、酶的结构、代谢与功能都有密切关系，在维持机体内环境的相对稳定和维持机体的正常生命活动中起着重要的作用。

3. 血镁　血清镁：正常人血清镁约为 0.81mmol/L（0.75～1.00mmol/L），男略高于女。血清镁若低于 0.75mmol/L 即为低镁血症，高于 1.0mmol/L 即为高镁血症。血清镁有三种存在形式：Mg^{2+} 约占血清总镁量的 55%；与重碳酸、磷酸、柠檬酸等形成的镁盐约占 15%；蛋白结合镁约占 30%。前两类属于可滤过镁，离子镁具有生理活性，红细胞镁可作为细胞内镁的指标进行测定，其结果可用于了解镁在体内的动态，正常人每升红细胞中含镁 56mg。

（三）氟代谢

1. 氟的吸收与排泄　成年人体内氟的总含量约为 2.57 克，其中 96% 以上蓄积在骨和齿等硬组织中。人体氟大部分来自于每天摄入的食物和水。饮水是人体氟的主要来源，约占人体氟来源的 65%。25% 来源于食物，如海味、茶叶等食物中氟含量非常丰富。人每日氟的总摄入量不应超过 4～5mg。

氟吸收主要在胃部及小肠。饮水中氟可被完全吸收，食物中一般吸收 50%～80%。氟的排泄主要通过肾脏以尿液的形式排出，还有少量通过肠道排出。氟主要是预防龋齿和老年性骨质疏松症。但是，从另外角度看，氟又是一种累积性毒物，可造成慢性氟中毒。体内含氟量超过一定程度时，骨骼会失去正常的颜色和光泽，变厚而软，容易折断。食物中含大量的钙、铝和脂肪时会影响氟的吸收。

2. 氟的生理功能　氟的重要性在于参与钙磷代谢，有助于钙和磷形成氟化磷灰石从而增强骨骼的强度，也参与牙釉质的形成，在牙齿表面形成氟化磷灰石保护层，提高牙齿的强度，增强牙釉质的抗酸能力。氟对细菌和酶有抑制作用，可减少由于细菌活动产生的酸，从而有利于牙齿的防龋作用。

3. 氟化物的防龋机制　氟主要是在牙齿发育过程中进入晶体结构的，牙釉质表面晶体内的氟化物也可以在牙齿萌出后结合。氟能够降低釉质的溶解度和促进釉质再矿化。高氟地区牙釉质溶解度较低，从而减少龋齿的发生。氟促进釉质进化实验发现：随着氟化物的增加，龋损深度减低，外层厚度增加。氟降低溶解度与促进再矿化的作用还体现在当酸缓冲液成为羟磷灰石(HA)的饱和溶液后,氟可结合游离的 HA 而成为氟羟磷灰石(FHA)重新沉积在釉质,即再矿化。如果在不饱和的酸缓冲液中,氟可吸附于 HA 上直接进入晶体形成 FHA 或釉质中羟离子交换形成氟磷灰石(FA)。

4. 氟中毒 氟中毒是一种慢性全身性疾病,早期表现为疲乏无力、食欲缺乏、头晕、头痛、记忆力减退等症状。过量的氟进入人体后,主要沉积在牙齿和骨骼上,形成氟斑牙和氟骨症。

氟斑牙在牙齿表面出现白色不透明的斑点,斑点扩大后牙齿失去光泽,明显时呈黄色、黄褐色或黑褐色斑纹。严重者牙面出现浅窝或花样缺损,牙齿外形不完整,往往早期脱落。

氟骨症表现为腰腿痛、关节僵硬、骨骼变形、下肢弯曲、驼背,甚至瘫痪。妇女因骨盆变形而造成难产。

氟中毒没有特效药治疗。最好的防治措施是改水源。含氟量较高的水也可用化学药物(如硫酸铝、活性炭等)除氟。

第三节 影响骨牙代谢的因素

人体正常的骨代谢过程是骨组织不断进行改建活动的一个复杂过程,包括骨吸收和骨形成两个方面。该过程的顺序一般认为是:激活→骨吸收→骨形成。首先,参与骨吸收的破骨细胞大量被激活,破骨细胞将基质溶解,并把骨中钙移出,形成骨吸收;随后在骨吸收的表面形成骨细胞,成骨细胞合成非矿化的骨基质,同时把钙运至钙化区;最后,钙、磷结晶逐渐沉积在骨基质中,骨基质钙化,形成骨组织。在骨代谢的过程中,每天都有一定量的骨组织被吸收,又有相当数量的骨组织合成,两者保持着动态的平衡,当骨吸收大于骨形成时,可出现骨丢失,发生骨质疏松、骨软化等;当骨形成而无相应的骨吸收时,则可出现骨质硬化。

骨的代谢过程受到体内许多因素的调节,如蛋白质、激素、无机盐及多种生物活性分子。当其发生异常时,就可造成骨代谢的紊乱。本节就影响骨代谢的主要因素进行阐述。

一、骨钙素(osteocalcin,BGP)

骨钙素又称 GLa 蛋白(bone gla protein,BGP)是一种由 49 个氨基酸组成的蛋白质。它来源于骨组织,由成骨细胞合成并分泌到骨中,是骨组织中非胶原性蛋白的主要成分,约占骨质蛋白的 3%。其作用是调节和维持骨钙。骨钙素 2/3 与羟磷灰石结晶结合,沉积于骨基质,1/3 进入血液循环。因此,血清中骨钙素浓度可特异性地反映它的“母体”成骨细胞的活性,用于判断成骨细胞活性受抑制的程度。由于在骨吸收过程中,基质中的骨钙素又可释放到血液,因此,骨钙素水平又可作为判断骨转移的指标。所以准确地说,骨钙素是评价骨形成和骨转换率的特异性指标,而并非是骨质疏松的特异性指标。

血清骨钙素测定的参考值是 4~10μg/L。在骨质合成时,尤其是骨损伤后骨质合成的早期,血清骨钙素可以增高。而骨钙素水平下降,则提示成骨细胞活性下降及骨转移率降低。

二、碱性磷酸酶(alkaline phosphatase,AKP)

碱性磷酸酶是广泛分布于人体肝脏、骨骼、肠、肾和胎盘等组织经肝脏向胆外排出的一种酶。目前已发现碱性磷酸酶有 AKP1、AKP2、AKP3、AKP4、AKP5 与 AKP6 六种同工酶。其中第 1、2、6 种均来自肝脏,第 3 种来自骨细胞,第 4 种产生于胎盘及癌细胞,而第 5 种则来自小肠绒毛上皮与成纤维细胞。

碱性磷酸酶 3(AKP3)与骨钙化作用密切相关,此酶的活性在婴儿胚胎期和骨骼发育期以及钙化过程中均有一致关系。骨碱性磷酸酶主要见于骨化的软骨组织中,不见于无钙化的软骨中。此酶系成骨细胞产生,当成骨细胞转变为骨细胞时,此酶活性降低,而最终消失。骨骼的形成是一种有序的过程,无机矿物质的沉积与骨基质有密切关系。骨矿化期由钙和磷所组成,因而血浆和细胞外液中钙和磷离子浓度的高低,必然影响骨矿化速度。

研究表明焦磷酸盐作为骨碱性磷酸酶的底物,而无机焦磷酸盐是矿化作用极强的抑制剂。由于成骨细胞能合成并释放碱性磷酸酶,并催化无机焦磷酸盐水解,从而降低焦磷酸盐浓度,有利于骨的矿化作用。可见此酶在调节矿化作用中能发挥起积极作用;因而在骨形成中成骨细胞在数量或功能增加的同时,也表现出碱性磷酸酶活性的升高。

笔记栏

三、前列腺素(prostaglandin,PG)

前列腺素是一类具有五元脂肪环、带有两个侧链的 20 个碳的酸。根据分子中五元脂肪环上取代基(主要是羟基和氢)的不同将 PG 分为 PGA、PGB、PGC、PGD、PGE、PGF 等;分子中侧链的双键数则标在 E 或 F 等的右下角,再根据脂肪环上第 9 位的立体构型在命名时在数字之后加上 α 或 β。各类型的前列腺素对不同的细胞可产生完全不同的作用。

PGE_2能刺激破骨细胞性骨吸收。这种活性伴随骨组织中 cAMP 水平的升高和破骨细胞数量的增加而增强。经典或替代途径激活补体系统引起骨吸收也是通过 PGE_2 依赖性机制。细胞外基质蛋白的破坏主要依靠基质金属蛋白酶(MMP)的作用。成纤维细胞、吞噬细胞、中性粒细胞产生 MMP 受细胞因子,如 TNF-α、IL-1β 等的调节,而这些细胞因子刺激 MMP 的释放依赖于 PGE_2。

牙周组织和龈沟液中的 PGE_2 的水平与牙周病变相关。成年型牙周炎、青少年牙周炎和顽固性牙周炎,病变活动部位龈沟液中的 PGE_2 的水平都显著高于病情稳定部位。说明 PGE_2 依赖性机制是它们的一个共同病理机制。

四、白细胞介素 1(interleukin-1;IL-1)

IL-1 由单核/巨噬细胞和骨髓基质细胞产生,可自分泌、旁分泌发挥作用。IL-1 包括 IL-α1 和 IL-β 两个不同的分子。两者基因结构非常相似,其生物学活性也相似。几乎所有的细胞对 IL-1 都作出反应,这使得 IL-1 具有广泛的生物学活性。

(一) IL-1 与骨代谢

成骨细胞和破骨细胞是骨组织的主要细胞。现已证明,IL-1 不仅对破骨细胞性骨吸收有明显促进作用,而且它还能影响成骨细胞的骨形成。IL-1 对成熟的破骨细胞不起作用,但 IL-1 促进破骨细胞的前体细胞分化成破骨细胞。IL-1还能介导 IL-6 对破骨细胞的生成的促进作用。IL-1 对成骨细胞最明显的作用是促进成骨细胞前列腺素的产生。其作用机制主要包括增加花生四烯酸释放,增加环氧化酶 mRNA 水平等。研究表明,IL-1 还能调节成骨细胞多种蛋白质基因的表达,如促进成骨细胞表达血浆素原激活因子等。

(二) IL-1 与牙周病

许多牙周病原菌及它们的产物是 IL-1 产生的有力刺激因子,因此 IL-1 可能是牙周病原菌刺激骨吸收的主要介导因子。细菌产物能刺激吞噬细胞产生 IL-1,通过后者介导一系列包括骨吸收在内的局部病理过程,这是牙周病理机制的重要途径。

五、胰岛素样生长因子(insulin-like growth factors, IGFs)

IGFs 是骨细胞中含量最丰富的生长因子,对成骨细胞功能起重要的调节作用,目前已知的 IGF 主要为 IGF-Ⅰ和 IGF-Ⅱ,IGF-Ⅰ、IGF-Ⅱ由骨细胞生成并储存于骨中,在骨吸收时从骨中释放出来;成骨细胞在骨吸收时也能分泌增加IGFs的量,以自分泌方式发挥作用,刺激成骨细胞增殖和分化;另外由破骨细胞产生的 IGFs 以旁分泌方式作用于成骨细胞。因为 IGF 对骨形成有很强的促进作用,因此 IGFs 在骨吸收时大量增加介导了骨吸收和骨形成之间的偶联作用,使骨吸收后骨形成增加。有利于骨重建的正常进行。

六、转化生长因子-β(transforming growth factor-β,TGF-β)

TGF-β 是由多种正常细胞与肿瘤细胞产生的二聚体,也是一族广泛存在,具有多种功能的多肽生长因子,在骨和血小板中含量最为丰富。骨细胞、成骨细胞、破骨细胞、软骨细胞和骨髓细胞通过自分泌和旁分泌途径均能产生 TGF-β。其以潜在的活性形式储存于细胞外基质中,一旦发生骨折,活化的破骨细胞产生低 pH 的微环境,以及类似于纤维蛋白溶解酶的蛋白酶激活 TGF,从而使其从细胞外基质中释放出来,并发挥其生物学效应。TGF-β 与靶细胞的细胞膜上 TGF-β 受体(TGF-βR)结合,并开始信息传递,TGF-βR 包括Ⅰ型及Ⅱ型,TGF-β 首先与Ⅱ型受体结合形成复合体,进而与Ⅰ型受体结合并磷酸化,激活一类分子 SMAD,被激活的 SMAD 或各种含有 SMAD 的转录因子作用于靶基因反应元件,从而调节了靶基因的转录水平,最终表现为 TGF-β 对细胞生长分化的调控。

TGF-β 对成骨细胞和软骨细胞生长有调控作用,这种作用在一定程度上表现为双相性。研究表明,含血清培养成骨细胞,低浓度的 TGF-β 可以刺激细胞 DNA 和胶原合成,抑制 AKP 活性,刺激细胞生长,而高浓度 TGF-β 则抑制胶原合成,对 DNA 合成无作用。无血清培养成骨细胞,高浓度 TGF-β 抑制 AKP 生成。此外,也有研究表明,TGF-β 促进骨髓源性和骨膜源性骨前体细胞趋化到骨软骨损伤部位,进而增生、分化,形成成骨细胞和软骨细胞。同时,它还抑制骨髓培养中破骨细胞的形成及它的活性,继而抑制骨吸收,但在低浓度时,TGF-β 通过前列腺素促进骨髓细胞形成破骨细胞。

TGF-β 不仅调节骨、软骨细胞生长分化,还调节骨组织中其他细胞生长因子在骨、软骨组织中的表达和作用。研究表明,TGF-β 能增强碱性成纤维细胞生长因子促软骨细胞胶原和蛋白多糖的合成作用,也能降低成骨细胞的胰岛素样生长因子的转录水平,从而抑制其表达。

由此可见,TGF-β 既是骨与软骨形成的促进因子,也是骨吸收抑制因子和促进因子,是骨吸收和骨形成之间有力的调节和偶联因子,在骨和软骨代谢中起着十分重要的作用。

七、骨形态蛋白
(bone morphogenic protein ,BMP)

BMP 是 TGF-β 超家族成员,具有刺激成骨的作用。BMP 可由成骨细胞产生,产生的 BMP 主要与骨基质结合,很少释放到骨外。BMP 的主要生物学作用是诱导未分化的间质细胞分化形成软骨和新生骨,前面已提到,BMP-2 诱导成骨细胞的前体细胞分化成成骨细胞。在 MC3T3-E1 小鼠成骨样细胞培养中,BMP 能增加 AKP 活性和胶原合成,但对成骨细胞增殖不起作用。在鼠骨肉瘤 ROS17/2. 8 细胞系培养中,BMP-7 抑制细胞增殖,而在人成骨细胞培养中,BMP-7 刺激细胞增殖。BMPs 与其他生长因子相互作用,共同诱导新骨形成。如 TGF-β、VitD 可使 BMP-2 增加。糖皮质激素促进 BMP-2、BMP-4 对成骨细胞分化的诱导作用并在分化早期促进 BMP-6 合成,BMP-6 在成骨细胞分化早期有重要作用,它介导糖皮质激素诱导的成骨细胞分化。BMPs 对其他生长因子的影响表现在 BMP-2 增加大鼠成骨细胞 IGF-Ⅰ、IGF-Ⅱ,BMP-4 增加单核细胞 TGF-β,而 BMP-7 能增加 IGF-Ⅱ型受体的数量和减少 IGFBP-的产生及增加 IGFBP-3、-5 的产生。BMPs 通过调节这些生长因子而诱导成骨作用。

笔记栏

八、肿瘤坏死因子
(tumor necrosis factor,TNF)

TNF 分为由巨噬细胞产生的 TNF-α 和由淋巴细胞产生的 TNF-β。研究表明,TNF-α 与 TNF-β 在体外有抑制骨形成和促进骨吸收的作用。TNF 不仅通过激活破骨细胞促进骨吸收,也通过成骨细胞介导,抑制成骨细胞合成Ⅰ型胶原,抑制成骨细胞 AKP 生成和减少细胞内钙含量,抑制骨形成和钙化,TNF 诱发骨母细胞产生一种破骨细胞活化因子,促进破骨细胞的骨吸收,而且也经过实验表现体外低浓度 TNF (10^{-9} ~ 10^{-7}mol/L) 更加促进骨吸收。

但是,TNF 的作用也很容易受到其他因素的影响。TNF-α 是强有力的骨吸收诱导剂,而且必须在成骨细胞存在时发挥作用,而雌激素的存在就可抑制它的产生,或者加入破骨细胞抑制因子如降钙素时,TNF 促进骨吸收的作用也受到抑制。相反,TNF 与白细胞介素、前列腺素则有协同促进骨吸收的作用。

第四节 代谢性骨疾病与口腔医学

骨代谢病主要表现为骨形成和骨吸收两者之间的转换紊乱或异常, 骨形成或骨吸收可减少或增加, 骨基质形成可缺乏或增加, 其矿化也可缺乏、不足或沉积过多, 结果骨可显示疏松、软化、硬化或过度钙化, 可兼具两种或两种以上的表现。

一、骨生长过度

骨生长过度 ,在临床上比较少见。给动物注射大量雌性激素,可以造成实验性畸形性骨炎,这是一种少见的疾病,其病因尚不明确。开始时,骨中的钙有转移现象,但以后或与此同时,钙又补充进入骨结构中。此时骨结构与正常者有所不同,其中有机质较正常增多,结果骨渐粗大,并变成畸形,外观很像象牙。在长骨、骨盆及颅骨等处,变化特别明显。在慢性甲状腺功能减退时,病理上可看到骨变粗密以及大脑不正常钙化。在肥大性关节炎时,可发现骨有过度增生。

这是一种常见的慢性病，常发生于 40 岁以后。

二、骨生长不足

骨生长不足，在临床上比较常见。根据病因或代谢失常的情况。可分为两大类：一类为骨质形成不够，如骨质软化病和骨质疏松病；另一类为已形成的骨质溶解过度，如弥漫性纤维性骨炎和肾性骨质病等。

（一）佝偻病与软骨病

佝偻病发病主要是在小儿时期以维生素 D 缺乏导致钙、磷代谢紊乱和临床以骨骼的钙化障碍为主要特征的疾病。当肠道钙摄入不足或活性维生素 D_3 缺乏时，血清钙降低，血磷也有不同程度下降，骨形成的微环境里，钙、磷浓度降低，使新形成的骨基质不能钙化，新骨形成减少。长期的低血钙刺激甲状旁腺增生，分泌较多的甲状旁腺激素，一方面作用于肾脏，促进合成较多的 $1,25\text{-}(OH)_2D_3$；另一方面作用于骨细胞和破骨细胞，加速骨吸收，使骨组织释放出更多的钙，以弥补血钙不足；还作用于肾小管，增加钙的重吸收，减少尿钙。甲状旁腺代偿性增生的软骨病人血钙正常或稍低于正常，无手足抽搐等临床表现，但有明显的骨骼畸形和骨组织破坏。甲状旁腺增生不良的软骨病人，骨组织破坏有限，骨钙外移不明显，但可有明显的手足抽搐。极其严重的病人，尽管有甲状旁腺代偿性增生，骨钙大量外移，也不能弥补血钙的下降，不仅有严重的骨破坏，而且有明显的手足抽搐。

成年人如长期缺乏维生素 D，亦可发生骨质软化症，称软骨病。骨软化症多见于妊娠、多产的妇女及体弱多病的老人，最常见的症状是骨痛、肌无力和骨压痛。重度患者有脊柱压迫性弯曲、身体变矮、骨盆变形等现象，但肌痉挛及手足抽搐的发生并不多见。病情加剧时完全不能行走。在骨痛与肌无力同时存在的情况下，患者步态特殊，摇摇摆摆，被称为“鸭步”或“企鹅步”态。

对佝偻病和软骨病，应以预防为主，多晒太阳，喂养的婴儿应注意供给钙和维生素 D。对患者应给与维生素 D 制剂和钙剂治疗。

（二）骨质疏松症

骨质疏松症（osteoporosis）是以骨组织显微结构受损，骨矿成分和骨基质等比例地不断减少，骨质变薄，骨小梁数量减少，骨脆性增加和危险度升高的一种全身骨代谢障碍的疾病。本症是骨质生成不足，但不是由于维生素 D 缺乏，而是由于蛋白质合成失常，骨的基质不能形成，以至于骨盐无法沉积造成。

正常成熟骨的代谢主要以骨重建形式进行。在调节激素和局部细胞因子等的协调作用下，骨组织不断吸收旧骨，生长新骨。如此周而复始地循环进行，形成了体内骨转换的相对稳定状态。成年以后，骨转换的趋势是：随着年龄的增加，骨代谢转换率逐年下降，故骨矿密度（bone mineral density，BMD）或骨矿含量（BMC）逐年下降。正常情况下，每年的 BMC 丢失速度约 0.5%。BMC 的丢失伴有骨微结构的紊乱和破坏，当骨量丢失到一定程度时，骨的微结构发生变化，有的结构（如骨小梁）无法维持正常形态，发生骨小梁的变窄、变细、弯曲、错位甚至断裂（微损害，微骨折），有的被全部吸收，形成空洞。原发性骨质疏松症的病因和发病机制仍未阐明。凡可使骨的净吸收增加，促进骨微结构紊乱的因素都会促进骨质疏松症的发生。

三、研究骨组织代谢在口腔医学中的意义

牙槽骨是人体骨组织中代谢最活跃的部分，一生都处于不断变化之中，牙槽骨组织的健康状况直接影响口颌系统的功能与健康。牙周病是造成牙缺失的主要原因，其病理表现为牙槽骨的进行性吸收，如何防止牙槽骨的吸收、稳定以及恢复被吸收的牙槽骨组织，是牙周科医生为之奋斗的目标。

口腔颌面外科常可见到由于肿瘤、外伤、唇腭裂等原因所致的颜面骨组织缺损。为恢复颜面形态，常常要使用自体骨、异体骨以及各种骨的代用品。修复材料的选择及其与自体骨组织的相容性直接影响手术预后。近年以骨再生理论为基础，骨牵张引长技术在临床推广和应用，使局部骨组织缺乏的患者可以利用自身骨组织的再生能力修复身体外形。

口腔修复科的患者随着牙的缺失，牙槽骨由于缺少功能刺激会逐渐发生萎缩，使修复体的固位发生困难。牙槽嵴增高技术及种植体技术的开展可以明显地改善修复体的固位。

口腔正畸科的目标是矫治各种错颌畸形。通过牙在骨组织中的移动，以及对颌骨生长发育的控制达到矫治的目的。因此，了解骨组织的代

笔记栏

谢过程和颌骨生长发育的规律，将有助正畸医生的诊断、设计、及对矫治效果预后的判断与保持。

除此以外，颞下颌关节病患者髁突软骨的修复及根尖病变组织修复均与骨组织代谢有密切的关系。了解骨代谢的有关知识对解决口腔医学中的问题，以及对口腔医学的发展有重要意义。

小　结

本章主要讲述了骨牙的组成、代谢及其影响因素。骨牙主要由有机质和无机盐组成。有机质中主要包括胶原蛋白、蛋白多糖等，无机盐包括钙、磷、镁、锌、氟等四十多种微量元素。

骨代谢包括成骨作用和溶骨作用。成骨作用又包括有机质的生成和骨盐的沉积。溶骨作用是破骨细胞释放溶酶体中的蛋白水解酶，使骨的有机质（胶原）水解。同时，破骨细胞还释放出一些酸性物质，如乳酸、柠檬酸、碳酸等，使局部酸性物质增加，促进骨盐的溶解，这种骨的有机质水解及骨盐溶解即溶骨作用。因此骨牙代谢就是有机质及无机盐在体内的代谢过程。

在骨牙代谢过程中，骨钙素、前列腺素、碱性磷酸酶、白细胞介素1、胰岛素样生长因子（IGFs）、转化生长因子（TGF-β）、骨形态蛋白（BMPs）、肿瘤坏死因子α（TNF-α）等因素在骨牙代谢产生了重要的作用。

（汤建才　郾佳程）

第 18 章　麻醉生物化学

麻醉系指用药物或非药理学方法使人体局部或全身暂时失去知觉，麻醉的目的是为解除患者手术时的痛苦。麻醉学已经成为近代医学中的一门重要的学科。其发展已经突破了麻醉原有的领域，包括控制病人生命活动和调整其生理功能（如心跳、呼吸、血压和代谢）。

根据麻醉的方法不同，麻醉可分为全身麻醉和局部麻醉。全身麻醉是指将麻醉药通过吸入、静脉或肌肉注射或直肠灌入体内，使中枢神经系统抑制者；局部麻醉将麻醉药通过注射使脊神经、神经丛或神经干以及更细的周围神经末梢阻滞。局部麻醉中将局麻药注入椎管内使蛛网膜下隙神经阻滞，或注入硬膜外隙形成不同的阻滞方式。根据麻醉药作用于神经系统的不同部位，可分类如下（表 18-1）。

表 18-1　麻醉药作用于不同神经部位与麻醉方法分类

麻醉方法分类	麻醉药作用方式	作用的神经部位
全身麻醉	吸入	
	静脉注射	
	肌肉注射	中枢神经
	直肠灌注	
局部麻醉		
蛛网膜下隙阻滞	局麻药注入椎管内	蛛网膜下隙脊神经
硬脊膜外隙阻滞	局麻药注入椎管内	硬脊膜外隙脊神经
区域阻滞或传入阻滞或神经节阻滞	局麻药注入	神经干或神经丛或神经节
局部浸润麻醉	局麻药浸润	神经末梢、皮肤
表面麻醉	局麻药喷、洒、涂敷	黏膜

本章主要从生物化学的角度阐述麻醉期间，人体主要器官代谢的变化情况，以便更好地理解在麻醉期间人体生理功能的变化，为进一步研究新的麻醉药物，处理临床麻醉问题奠定基础。

第一节　全身麻醉状态下的机体代谢状况

一、全麻概述

全身麻醉药经呼吸道，或者经静脉或肌肉注射进入体内，产生可逆性中枢神经系统抑制称为全身麻醉。全身麻醉的基本特点是使患者意识消失，并能抑制机体对伤害性刺激的反应。对中枢神经系统抑制的程度与血液内药物浓度有关，并且可以调节和控制。这种抑制完全是可逆的，当药物被代谢或从体内排出后，患者的神志及各种条件反射逐渐恢复。

在全身麻醉期间身体各个器官的生理功能均出现了一定的变化，本节主要阐述全身麻醉状态下机体的主要代谢变化及人体主要器官的代谢情况。

二、麻醉对代谢的影响

血糖升高、呼吸或代谢性酸中毒是麻醉期间较常见的现象，也是麻醉手术期间检测代谢的最基本指标。虽然通气不良和手术刺激都可引起同样或类似的现象，而且手术对代谢的影响远非麻醉所致者可以相比，但除手术和通气因素外，代谢异常仍存在，说明麻醉对代谢确有一定的影响。麻醉对代谢的影响虽然程度并不强烈，甚至可无临床意义，但如麻醉处理不当，代谢的影响亦可加剧。反之，临床的麻醉工作中如能考虑病人的代谢状况，不仅可以防止病人代谢的无谓消耗，而且有利于手术后的恢复。病人的通气及静脉渠道都是调整代谢功能的重要途径，也是麻醉者可以借以干预病人代谢的通道。

笔记栏

（一）麻醉剂对血糖的影响

麻醉期间的高血糖可谓麻醉与代谢的关系中最早引人瞩目的课题。有关的研究结果仍然有一定分歧。迄今所知，麻醉期间的血糖水平受到麻醉药、麻醉方法和手术因素的影响。许多研究工作由于上述各因素的不同，所得结论也各异。乙醚麻醉时血糖显著增高已成定论，但其他麻醉则不尽然。氟烷、甲氧氟烷、安氟烷等麻醉时血糖水平改变均不显著。硫喷妥钠麻醉时血糖变化也很轻微（约在 0.11mmol/L 范围）。麻醉诱导如欠平稳则血糖波动即很明显。因此可以认为，麻醉和手术时血糖之所以升高，实际是应激反应的结果，交感神经-内分泌的反应则是其机制所在。

麻醉剂明显促使血浆肾上腺素及去甲肾上腺素含量升高。这主要是由于麻醉期间发生缺氧或二氧化碳蓄积作用于下丘脑-垂体-肾上腺素所致。实验证明，高血糖和酸中毒与去甲肾上腺素关系密切。从动物实验及临床观察，乙醚麻醉时，手术尚未开始，血糖浓度已迅速上升，肝和肌肉中糖原分解，血糖浓度明显升高。血中乳酸、丙酮酸含量升高，甚至出现代谢性酸中毒，体内动用脂肪，血中游离脂肪酸及酮体含量升高。使用肾上腺 α 受体阻滞药后，高血糖和酸中毒均能明显减轻或完全避免。

（二）麻醉对糖原异生等的影响

糖原异生是机体维持血糖水平正常和缓解乳酸中毒的重要机制。麻醉时糖原异生被抑制，糖代谢因此异常。脂肪代谢于麻醉时并无明显改变。氟烷不仅不抑制脂肪代谢，而且于肝切片灌流液中加入脂肪酸，可使氟烷对肝组织的氧耗、尿酸生成和糖原异生的抑制作用减轻。在游离灌注胰腺的试验中观察到，氟烷可抑制胰岛素的释出。全身麻醉时所常见的糖耐量降低，可能与胰岛素释放不足有关。当然，也不能排除麻醉时胰岛素活性可能降低的因素。

身体各器官的功能有赖于其代谢的正常和有效，各器官的代谢能源也各自有其选择，例如脑组织只选择葡萄糖为其代谢能源，虽亦有研究认为酮体也可被脑组织用作能源，但毕竟并非主要。因此，对于各器官的代谢研究，有可能开辟一条更合乎生理的维护器官功能的另一渠道，即通过代谢途径以维护器官功能的渠道。虽然体格健壮的病人在实施一般手术时代谢的改变并不显著，其本身的代偿能力也足以保护其术后的恢复；但如病人术前已有严重的代谢异常，术前未能进行必要的纠正，术中再增加其代谢负担，术后的恢复亦失去保障。危重病例的代谢维护和调理更是康复的基础。代谢负平衡则机体免疫能力下降，器官功能低落，于是抗感染的措施难以生效，器官功能易于衰竭。临床称之为“衰竭”，实际上是指代谢负平衡已经到达极限。如果这些病例于复苏开始便已重视其代谢的维护，至少可以赢得更多的抢救时间，争取更多存活的机会。

（三）麻醉对血液 pH 的影响

当血液的酸碱值低于 7.35 时称为酸中毒，当血液酸碱值高于 7.45 时称为碱中毒。酸中毒与碱中毒的发生与血液中碳酸盐和二氧化碳的比例密切相关。临床上发现乙醚麻醉时血液 pH 明显降低。许多研究证实，虽然通气与 pH 的改变有关，但与此同时，血糖和乳酸水平亦明显上升，说明代谢因素确实存在。麻醉持续的时间越久则乳酸水平上升明显（可上升 10mmol/L）。环丙烷麻醉时也有类似的表现，只是程度较轻而已。其主要原因可能是麻醉对呼吸的干扰和影响，导致的呼吸性酸碱平衡紊乱。

三、全麻与脑代谢

（一）脑血流与脑代谢

脑是机体高级神经活动的重要器官，具有复杂的生理功能，代谢极为活跃。生理状态下，脑血流量维持相对稳定，以维持脑组织的正常神经功能和代谢活动。脑功能的维持依赖于持续的血液供应，脑循环可以将血液精确地分布到局部脑组织，以适应神经元的代谢需要。局部脑代谢增加，相应的局部脑血流也增加，这种脑代谢与脑血流的关系称为脑代谢与脑血流的偶联。

理解脑代谢是理解脑缺血和神经损伤的基础。代谢包括能量的产生和利用。突触传递、离子运动、分子调控、蛋白质合成和细胞内物质转运这些细胞活动都需要能量。这里将阐述代谢的一些重要特征，讨论缺血对代谢的影响，最后就麻醉剂如何干预神经损伤的机制进行了探讨。

1. 能量产生 葡萄糖是神经元主要的能量来源。葡萄糖通过血脑屏障经转运蛋白转运入神经元是不耗能的过程。葡萄糖经过代谢转化

笔记栏

成腺苷三磷酸(ATP)。ATP 分解为 ADP(腺苷二磷酸)为绝大多数细胞活动提供能量,脑细胞没有 ATP 必将死亡。

在正常情况下葡萄糖代谢成丙酮酸,在这一过程中产生 ATP 和 NADH。丙酮酸进入三羧酸循环,进一步产生 NADH。线粒体将 NADH 氧化成 NAD^+ 和 ADP 与无机磷生成 ATP 两过程相偶联。这一过程中每分子 NADH 转化成 2.5 个 ATP。

2. 需能的细胞活动　将胞膜两侧的离子泵入/出细胞是脑中最需能的活动。钠钾钙离子不断从胞膜漏过,将这些离子泵回原位需要 ATP。神经元兴奋显著增加了钾钠钙离子流,为维持正常的离子浓度,增加了离子泵的活动。离子泵是以 ATP 为能量来源,因此与静息神经元相比兴奋神经元更加需要 ATP。

神经元需要能量来维持正常结构和内部功能。细胞膜结构、细胞器、细胞质是由碳水化合物、脂类、蛋白质组成的,这些物质的合成需要能量。离子通道、酶、细胞结构成分都是重要的蛋白质,它们在细胞内不断地合成、修饰、降解,如果缺少 ATP,蛋白质不能合成,神经元将死亡。在功能正常的神经元,碳水化合物和脂类物质也不断合成与降解,它们代谢同样需要能量。绝大多数物质是在胞体合成的,这些成分转运到轴突和树突需要能量。

神经元通常不是静止的。神经元经常兴奋,兴奋使离子分布改变,神经元需要维持正常的离子分布浓度。神经元活动使得神经元结构本身也发生改变,维持神经元膜两侧的离子梯度,特别是钠钾钙离子梯度对神经元的存活和功能都很必要。这一切都需要大量的能量,仅钠钾泵所需的能量就占神经元总需能量的 40%。

(二) 全麻对脑代谢和脑血流量的影响

脑的功能和代谢依赖于脑血液持续灌注。为维持脑功能和脑代谢正常,脑血流量(CBF)必须保持相对恒定。脑组织只占全身体重的 2%,但脑血流却占心输出量的 15%。这么多的脑血流是脑高代谢率决定的。脑组织对能量供应中断极其敏感,即使短时间的缺氧缺血便能引起不可逆的脑损伤。脑功能的维持依赖于持续的血液供给,脑循环可以将血液精确地分别到局部脑组织,以适应神经元的代谢需要。在正常情况下,大脑具有维持脑血流稳定的机制。

从全麻药对脑血流量的影响来看,可将其分为两类。一类为引起脑血管扩张的药物,主要是吸入麻醉药;一类是能引起脑血管收缩的药物,主要以静脉全麻药为主,如硫喷妥钠,但氯胺酮、箭毒和琥珀胆碱不包括在其中。

在临床上麻醉药物导致的脑血流量和脑代谢的变化,一旦引起脑血流和(或)氧供应中断,会导致 ATP 合成障碍,神经元中 ATP 含量降低。因为缺氧时,线粒体产生 ATP 和 NADH 重生成 NAD 减少。葡萄糖代谢需要 NAD,NAD 缺少时葡萄糖代谢受阻,缺氧时葡萄糖代谢方式改变,丙酮酸转化成乳酸产生 NAD。这一过程产生的 H^+ 可能对神经有损害。除降低 pH 外,无氧糖酵解的一个大问题在于每分子葡萄糖代谢只生成两分子 ATP。此 ATP 水平不足以满足脑的能量需要。缺血时除中断氧供应外还中断葡萄糖的供应,无氧酵解途径也被阻止了。

以上效应导致钠钾泵功能受阻、ATP 敏感性钾通道激活和钙激活的钾通道开放。后两者引起超极化,从而阻止神经元自发性兴奋,引起神经元沉寂。这可以解释为何脑缺血一发生,立即引起脑电图(electroencephalogram,EEG)静止。但是钠钾泵功能丧失又将导致神经元外的钾堆积,引起随后的缓慢的去极化。一旦这种去极化达到阈值,钠钾钙电导急剧增加引起快速去极化并使膜电位完全消失。在这一过程中兴奋性递质谷氨酸释放并激活 α-氨基-3-羟基-5-甲基-4-异恶唑-丙酸(α-amino-3-hydroxyl-5-methyl-4-isoxazolepropionate,AMPA)、N-甲基-天门冬氨酸(N-methyl-D-aspartate,NMDA)受体,这进一步使进入神经元的钠钙离子及流出神经元的钾离子增加。钙离子经过激活的 NMDA 受体、电压敏感性钙通道、可逆的钙转运体进入细胞,同时线粒体和内质网的细胞内钙释放,这使细胞内钙离子浓度升高。细胞内钙离子浓度的升高被认为是缺血性脑损伤重要的始发因素。细胞质钙浓度的升高可以引起神经元坏死和凋亡,坏死和凋亡是永久性神经元损伤两种主要方式。其他因素也可以引起神经元坏死性或凋亡性损伤;线粒体损伤、自由基的形成、DNA 损伤、神经胶质增生、蛋白水解素、细胞骨架损伤等都被认为导致神经元损伤。坏死发生迅速,而凋亡则需数天才完成。但是也有文献报导迟发性坏死可在损害后数天发生。

乳酸的形成是脑缺血病理生理过程中的另一个有害因素。氧供中断导致葡萄糖的无氧酵解,产生大量乳酸。pH 的降低进一步损害细胞内环境的稳定。

四、全麻与呼吸代谢

1. 氧代谢的概念 氧代谢(oxygen metabolism)是指氧气从肺部进入循环系统,再由循环系统输送至组织器官,并最终被细胞利用的过程,氧代谢根据氧在机体内的不同阶段而分为氧输送、氧供和氧耗三个过程(图 18-1)。氧输送(oxygen transport)是指空气中的氧被循环系统输送到利用氧的部位-线粒体的过程称为氧输送。氧输送包括肺通气、肺换气、氧在血液中的运输及氧在组织中的释放共四个阶段,其中任何一个阶段发生障碍都会引起缺氧。氧供(oxygen delivery,DO_2)又称为总体氧供(global oxygen delivery),是指单位时间内循环系统向全身组织输送氧的总量。氧供与氧输送在概念上是有所区别的。氧输送是指循环系统输送到组织的氧量;氧供是指通过毛细血管送到组织细胞并被新陈代谢所利用的氧量。氧输送强调的是输送氧的量;氧供强调的是输送氧的质。例如,在感染性休克中常存在动-静脉短路,氧输送正常,但能够被细胞利用的氧量却不足,即氧供不足。氧耗(oxygen consumption,VO_2)又称总体耗氧(global oxygen consumption),是指全身组织单位时间内消耗氧的总量。

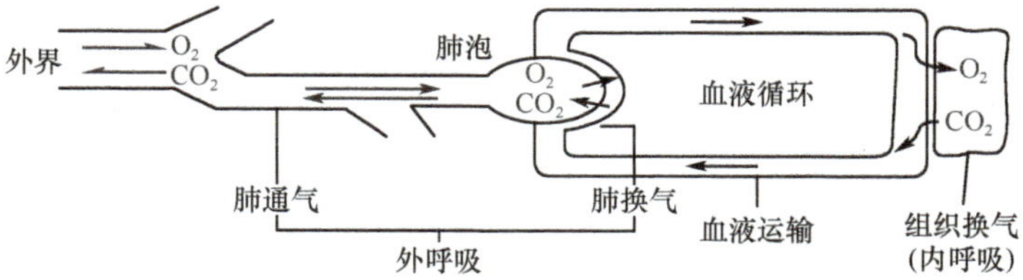

图 18-1 氧代谢过程

2. 血红蛋白结合氧运输方式 物理溶解方式下的氧运输是指氧以物理溶解在血液中的含量,受氧分压和溶解系数的影响。血红蛋白(Hb)是氧运输的主要载体。血内溶解的氧可以扩散方式自由通过红细胞膜,进入红细胞后立即与 Hb 结合,这种结合为可逆性。每一 Hb 分子可结合 4 个 O_2,结合位点在 Fe^{2+} 离子上,无电子的变化,故不属氧化还原反应。

Hb 是氧运输的主要携带者。血液中由 Hb 携带的氧受多种因素影响,其中主要是 Hb 含量与血氧饱和度(SaO_2)。标准状态下,每克 Hb 可结合 1.39ml 氧。按人均 Hb150g/L、$SaO_2$96% 计算,动脉血内 Hb 携带的 O_2 约 $1.39\times150\times96\% = 200$ml/L。但动脉血氧含量($CaO_2$)$= 1.39\times150\times96\%+2.9=203$ml。

3. 氧合血红蛋白解离曲线 氧合血红蛋白(HbO_2)解离曲线(图 18-2)反映 Hb 与氧分子结合或分解的能力。Hb 与 O_2 结合的饱和度主要决定于氧分压(PO_2)并呈正相关,显示成 S 形曲线。

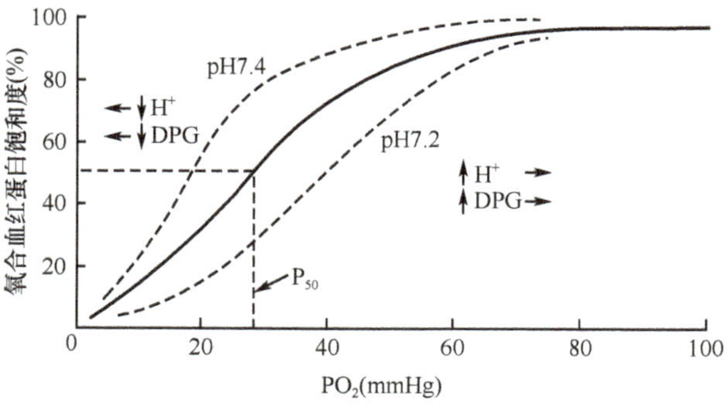

图 18-2 氧解离曲线及其影响解离曲线左移和右移的因素

HbO_2 解离曲线的生理特征 HbO_2 解离曲线呈 S 形,上部较平坦,说明 PO_2较高,使 Hb 充分摄氧并与之结合。相当于 PO_2 60~100mmHg 之间,尽管 PO_2 有很大变动,但对 SaO_2 的影响很小。因此,对轻度呼吸功能不全或高原居住者,虽然血中 PO_2 轻度下降,但 SaO_2 改变不明显,这就能保证机体能够得到较多的氧供。同理,此时即使增加吸氧浓度,对 SaO_2 改善也不明显。

当 PO_2 60mmHg 以下时,曲线的坡度陡直即 PO_2 轻度下降,就能促使大量氧与 Hb 解离,SaO_2

笔记栏

下降显著。当 PO_2 位于 10~40mmHg 时，坡度更陡。这种特点有利于组织摄氧，特别是当组织代谢活跃、氧需求增加时。当 PO_2 轻度上升，会产生大量氧合，这有利于血液在肺的氧交换。此时吸入少量氧，SaO_2 明显升高。

P_{50} 是指血液 pH 为 7.40、$PaCO_2$ 为 40mmHg、温度为 37°C 条件下，SaO_2 为 50% 时的 PO_2，正常人约为 26.6 mmHg。其主要意义在于大致反映解离曲线的位置，即反映 Hb 与氧的亲和力。P_{50} 值增大表明曲线右移，Hb 与氧亲和力降低；如其值减少则曲线左移，则表明 Hb 与氧的亲和力增加。

影响氧离曲线的因素：氧离曲线受血液的 PCO_2、H^+ 浓度（pH）及温度等因素影响。由于 PCO_2、pH 的变化而引起的氧离曲线的移动，称 Bohr 效应，即 pH 每降低 0.10，P_{50} 可增大 15% 左右。在组织内如细胞代谢产生大量 CO_2，可使血浆和红细胞内 PCO_2 升高，pH 降低，从而使曲线右移而有利于的释放。此外，在红细胞内有 2,3-二磷酸甘油酸酯（2,3-DPG），与 Hb 结合后可使 Hb 对 O_2 的亲和力低下，且可降低红细胞内 pH，二者均使曲线右移有利于 O_2 释放。但血内 2,3-DPG 含量将随储存的日期而降低。

4. 二氧化碳的运输　CO_2 是机体氧化代谢最终的产物，它从组织进入血液，经循环和肺内气体交换进入肺泡，随呼吸而排出体外。所谓 CO_2 的运输，即是 CO_2 由组织运至肺泡的过程。CO_2 的运输也有多种方式，同时也受多种因素所影响。

静息状态正常人由肺呼出 CO_2 约 200ml/min；随运动量和代谢水平的增加，其产生量也急剧增加，甚至达 2000ml/min。血液循环是 CO_2 运输的主要媒介。在血液中，CO_2 的运输方式主要有两种。

（1）物理溶解：以物理溶解状态存在于血液中的 CO_2，只占血内 CO_2 总量的 5%。正常人 $PaCO_2$ 为 40mmHg，系指溶解在血内 CO_2 的分压，此时溶于动脉血中的 CO_2 约 27ml/L。物理溶解在血浆中的 CO_2 虽少，却是 CO_2 弥散的驱动力，直接影响着血液的酸碱平衡或 pH。肺是调节血液中 CO_2 含量的主要因素，血液中 CO_2 水平也可直接影响机体的呼吸功能，两者互为因果，具有重要的生理意义。

（2）化学结合：即 CO_2 与血液中某种化学物质结合后进行运输，且是体内运输 CO_2 的主要方式，有两种：①碳酸氢盐（HCO_3^-）的形式：溶解于血浆中的 CO_2 大部分扩散入红细胞，在碳酸酐酶作用下，迅速与 H_2O 结合，形成 H_2CO_3，继后解离为 H^+ 和 HCO_3^-，后者约占动脉血总量的 87%。②与 Hb 结合：形成氨基甲酰血红蛋白（carbaminohemoglobin）。虽然仅占血液中 CO_2 总量的 7%，但由于其具有可变和易于交换的特性，在 CO_2 运输中起重要作用。

CO_2 解离曲线是表示血液中的 CO_2 含量与 $PaCO_2$ 关系的曲线（图 18-3）。在生理范围内的 $PaCO_2$（30~50mmHg）条件下，血液含 CO_2 量与 $PaCO_2$ 呈线性正相关。

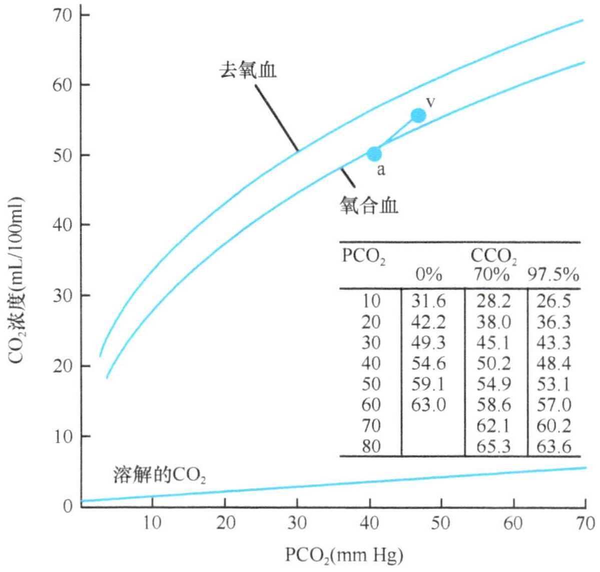

PCO_2	CCO_2 0%	70%	97.5%
10	31.6	28.2	26.5
20	42.2	38.0	36.3
30	49.3	45.1	43.3
40	54.6	50.2	48.4
50	59.1	54.9	53.1
60	63.0	58.6	57.0
70		62.1	60.2
80		65.3	63.6

图 18-3　CO_2 解离曲线

CO_2 解离曲线的位置直接受血红蛋白氧合程度的影响。在任何 CO_2 分压下，脱氧血红蛋白和 CO_2 的亲和力均高于氧合血红蛋白。即当血红蛋白被饱和时，CO_2 解离曲线便右移；当氧合血红蛋白脱氧时，CO_2 解离曲线便左移；此即所谓 Haldane 效应。CO_2 解离曲线此种特征对 CO_2 的运输具有重要的生理意义。因为在组织水平，SaO_2 降低，脱氧血红蛋白增多，有利于脱氧血红蛋白与 CO_2 结合，并将 CO_2 运至肺循环内，HbO_2 增多，CO_2 容易解离，继后通过呼吸将 CO_2 排出体外。

五、全麻与心肌代谢

（一）心肌代谢

心肌代谢的主要目的：产生能量，维持细胞内外离子一定的浓度梯度，保证细胞的完整性。同时，实现心脏不停息的泵血功能。代谢的主要底物是葡萄糖、乳酸及游离的脂肪酸（FFA）等，产生可直接利用的能量-ATP 及磷酸肌酸，满足心肌化学和机械功的需要，即离子转运和心肌收缩。

ATP 释放能量受储存在肌凝蛋白分子头部的 ATP 酶调节，ATP 酶对 Ca^{2+} 很敏感，当 Ca^{2+} 浓度升高时，ATP 经水解释放能量。磷酸肌酸通过磷酸肌酸酶的催化作用迅速转化为 ATP 。此外，心肌内含有肌激酶，使 ADP 直接产生 ATP。ATP 的水解速度是决定心肌收缩速率的主要因素。心肌缩短的最大速率与肌凝蛋白 ATP 酶活性有非常明显的相关性，故影响此酶活性的因素均可影响心肌的功能。由于禁食病人血清中游离脂肪酸的浓度升高，所以此类病人的心肌细胞主要代谢游离脂肪酸和葡萄糖，而 FFA 又抑制细胞对葡萄糖的利用，使心肌主要代谢 FFA。血液中 FFA 主要与白蛋白结合，而心肌细胞有白蛋白受体，为代谢 FFA 提供了条件。大约 60% ~ 70% 的氧由 FFA 利用，葡萄糖仅利用 30% ~ 40%。FFA 为脂溶性，能自由通过细胞膜进入胞质，在胞质中经硫激酶催化生成乙酰辅酶 A 衍生物，后者再进入线粒体经三羧酸循环后氧化产生 ATP。线粒体是进行物质代谢，提供 ATP 能量的主要场所，占心肌细胞容量的 23%，由此反映了 ATP 对心功能的重要。

（二）全麻药对心肌代谢功能的影响

笔记栏

（1）麻醉药都能直接抑制心肌细胞的收缩功能，其作用机制是多方面的，例如乙醚能干扰 Ca^{2+}、葡萄糖透过肌质网；氟烷、戊巴比妥酸盐抑制线粒体摄取 Ca^{2+}，氟烷还能抑制磷酸葡萄糖异构酶的活性和糖酵解作用，也抑制脂肪酸的氧化作用。因此，麻醉药既抑制无氧代谢的糖酵解，又干扰其他物质代谢的氧化作用。

（2）静脉全麻药则通过降低心肌细胞内 Ca^{2+} 浓度，使心肌在收缩过程中得不到足够的 Ca^{2+}，而产生心肌抑制作用。其降低 Ca^{2+} 的途径包括：①抑制细胞外 Ca^{2+} 的跨膜内流；②增加心肌细胞膜系统结合 Ca^{2+} 的能力；③抑制肌质网 Ca^{2+} 的释放；④减慢肌质网 Ca^{2+} 从摄取部位向释放部位的转运，至于抑制线粒体功能使能量生成障碍，可能不是静脉麻醉药抑制心肌作用的原因，至少不是主要原因。目前尚无足够证据证实静脉麻醉药能降低收缩蛋白对 Ca^{2+} 的敏感性，对心肌收缩蛋白有直接的抑制作用。

六、全麻与肝代谢

肝脏是机体中最大的实质器官，在维持机体内环境稳定中起重要作用。肝脏是维持生命活动，进行物质代谢和能量代谢的重要脏器，绝大部分麻醉药物都要在肝脏中进行生物转化。麻醉和麻醉药对肝脏的影响，以及肝脏功能的改变可能对麻醉产生影响，始终为麻醉科医生所关注。

麻醉主要影响肝血流量及肝氧供氧耗。麻醉和手术时引起肝血流量减少。肝脏血流量减少，会引起肝细胞供氧不足，慢性缺氧会造成肝细胞的脂肪变性，这是因为低氧使内质网受损，减少脂蛋白合成，且线粒体也受损，脂肪酸氧化减少，两者均使脂质在肝细胞内堆积。严重缺氧会导致肝细胞线粒体呼吸功能降低，ATP 产生减少，能量供应不足，使肝细胞膜上 Na^+-K^+ 泵主动转运受阻，细胞内 Na^+ 增多，水分过多进入胞内，使肝细胞肿胀、破裂、死亡。严重缺氧还可因酸中毒和细胞内 Ca^{2+} 浓度增多，磷脂酶分解溶酶体膜磷脂，使大量溶酶体酶释出，导致肝细胞及其周围组织的溶解坏死。

临床研究发现，有些麻醉药物如氟烷，会引起肝中毒。其主要原因是在低氧条件下，氟烷的代谢产物以共价键结合成 CF_3CHCl_2（三氟二氯乙烷）自由基并与细胞色素 P450 共价结合，使细胞色素 P450 失活。细胞色素 P450 是氟烷代谢的主要催化酶。CF_3CHCl_2 还能激发脂质过氧化反应导致质膜破坏及蛋白的失活，造成细胞内膜结构如内质网、线粒体损伤，溶酶体释放，膜离子梯度破坏最终导致肝细胞死亡。

麻醉药物还能减慢许多其他药物的清除，主要通过降低肝细胞代谢及分解药物或减少肝脏的血流而起作用。

七、全麻与肾

（一）肾脏的生理功能

肾脏是一个具有多重功能的重要器官，其主要功能包括外分泌排泄功能和内分泌功能。肾脏的外分泌排泄功能是通过改变水的排泄、维持血浆渗透压；维持每一种电解质的血浆浓度于正常范围之内；通过排 H^+、保 HCO_3^- 维持血浆 pH 于 7.4 左右；排出蛋白质代谢所产生的含氮废物，主要有尿素、尿酸、肌酸等，从而保持内环境的稳定。此外肾脏还具有多种内分泌功能：产生肾素——在血压调节中起中重要作用；生成促红细胞生成素——刺激骨髓生成红细胞的重要因子；活化维生素 D_3 使维生素 D 转化为活化型；降解胰岛素、生成前列腺素等。

（二）麻醉对肾功能的影响

围术期影响肾功能的因素诸多，与麻醉相关的主要是病人术前病理生理状态、手术创伤和机体的应激反应、麻醉药的药理作用以及肝肾功能对药代和药效的影响。

麻醉药对肾功能的影响可直接通过影响肾小管对钠的主动转运，也可通过呼吸循环功能障碍间接影响肾血流动力学和肾小管功能，通常以间接作用较为重要。某些麻醉药物通过对心血管系统的作用使有效循环血量减少，肾血流量相应减少，并且血压降低可反射性地使肾血管收缩，肾血流量降低，并激活肾素-血管紧张素Ⅱ分泌增加，肾小球入球小动脉收缩，使肾血流量进一步减少，导致肾小球滤过率和尿量减少。肾血流量的减少会导致体内水，无机盐的代谢紊乱，严重时会引起肾功能的衰竭。

1. 体内外液体交换失平衡——水钠潴留　机体通过神经-体液机制对肾的调节，使机体钠水排出量与摄入量之间保持动态平衡。肾血流量减少，会导致肾小球滤过率下降，重吸收无相应减少，便可导致水钠潴留。

水钠潴留，如水潴留大于钠潴留则表现为低钠血症。低钠血症的临床表现为低渗透压所致。在失钠性低钠血症，可出现循环容量不足的表现，如血压下降等。容量过多型则有水肿等表现。低渗透压主要影响神经系统，表现类似代谢性脑病，严重程度取决于血钠下降的程度和速度。轻者表现为表情淡漠、头痛、食欲缺乏，视力模糊等，渐出现肌痉挛，运动失调，严重时发展为谵妄、惊厥、抽搐及至昏迷。

当水潴留小于钠潴留表现为高钠血症。高钠血症的临床表现为高渗所致，主要为神经系统症状，严重失水可有低容量的表现。临床症状的严重程度与血浆渗透压的升高幅度明显相关。早期轻者表现为嗜睡、乏力、烦躁，渐出现不安，易激惹、震颤、共济失调，进一步发展为抽搐，强直性肢体痉挛，昏迷甚至死亡。

2. 对药物代谢的影响　从药代学和药效学的角度考虑，麻醉用药与肾功能相关的重要意义在于肾脏是药物代谢和排泄的主要器官之一。影响药物作用的肾源因素有：①大多数麻醉药物是高脂溶性的，这些药物若不能通过代谢降解成为水溶性的，就会被肾小管重吸收而滞留于体内。②药物与血浆蛋白结合后，很不容易通过肾小球血管膜孔而被滤过。蛋白结合率越大或是在脂肪内储积量多的药物，排泄速度转慢，作用时效就延长。③尿的 pH 亦直接影响药物排泄，碱性尿能使巴比妥类和哌替啶等酸性药排泄加速；而碱性药则在酸性尿中排泄较快。

八、麻醉与应激反应

（一）神经内分泌反应

应激反应的神经内分泌反应是以交感-肾上腺素和下丘脑-垂体-肾上腺素为主的。交感-肾上腺素的激活导致肾上腺髓质分泌儿茶酚胺和交感神经末梢释放去甲肾上腺素，引起血压升高和心动过速等心血管效应及肝脾肾等内脏血管收缩；下丘脑-垂体-肾上腺素的激活引起多种激素的释放，包括 ACTH、生长激素、β-内啡肽、催乳素、氢化可的松、胰高血糖素、甲状腺激素等的升高，从而引发一系列的效应。

（二）神经内分泌改变引发的代谢改变

手术创伤引发一系列的神经内分泌反应，释放多种代谢激素，促发自身碳水化合物，脂肪和蛋白的分解。这是机体对外界刺激的保护性反射，利用存储的能量来适应应激情况从而提高生存几率。在手术麻醉状态下，这样反应是否必要仍有争议。

碳水化合物的代谢：手术开始以后血糖水平是增高的。皮质醇和儿茶酚胺使肝糖原和糖异生作用增强从而增高血糖，另外外周组织对糖的利用也减少。血糖浓度与手术的强度有关，并与儿茶酚胺水平紧密相关。在心脏手术，血糖水平可以增加到10~12mmol/L并在术后24小时内维持高水平。蛋白代谢：皮质醇的增高激发蛋白分解代谢，分解的蛋白大多数是骨骼肌，但是部分平滑肌也分解为氨基酸，继发分解为能量或者被转运到肝脏合成急性蛋白和其他一些产物，糖和酮体等。脂质代谢：手术中激素水平的改变，如皮质醇，儿茶酚胺和生长激素的增多和胰岛素的减少引起酯类如三酰甘油分解为甘油和脂肪酸，甘油进入肝脏进行糖异生作用，脂肪酸在肝脏或者骨骼肌被氧化成酮体或者被重新酯化。水电解质代谢：应激反应引起的多种激素影响着水、电解质的代谢，保存机体适当的液体容量。垂体后叶分泌的精氨酸加压素可以促进尿液的浓缩，引起水钠潴留，精氨酸加压素的这种效应可以持续到手术后的3~5天，取决于手术的大小和并发症。另外，肾素-血管紧张素-醛固酮系统的激活增加远端小管对水钠的吸收。

第二节 其他麻醉状态下机体的代谢状况

麻醉除了全麻外，在临床常用的麻醉方法还包括局部麻醉，椎管内麻醉和低温麻醉等。本节主要阐述上述常用的麻醉方法对机体代谢的影响。

一、局部麻醉

（一）局部麻醉的概述

局部麻醉是在保持意识、病人清醒的情况下，注射局麻药使躯体某一部位的神经传导功能暂时受到阻滞的麻醉方法。各种局麻药是局部麻醉技术的药理学基石，当被使用于神经轴突的附近时，产生局部、暂时的神经传导阻滞，使神经冲动传导完全被阻断，该区域神经支配的感觉完全消失。低浓度的局部麻醉药可只选择性地阻断痛觉而对运动功能不产生明显干扰。

神经细胞膜的除极化有赖于Na^+内流，这提示局麻作用与阻滞细胞膜Na^+通道有关。局麻药阻滞Na^+内流的作用，阻止动作电位的产生和传导。进一步研究发现，局麻药与Na^+通道内侧受体结合后，引起Na^+通道蛋白质构象变化，促使Na^+通道的失活状态，闸门关闭，阻滞Na^+内流，从而产生局麻作用。

（二）局部麻醉对机体代谢的影响

一般地说，局部或区域麻醉对机体影响的深度和广度不如全身麻醉，对机体的应激反应及代谢变化也较全身麻醉为轻。

在临床上以肾上腺素、去甲肾上腺素、血浆皮质醇和血糖为指标，观察到全身麻醉者，上述指标明显上升，并持续至术后数小时才下降。而局部麻醉者变化不明显。氮平衡则以全身麻醉者术后负氮平衡明显，而局部麻醉者术后第二天已趋平衡。cAMP、乳酸、生长激素等在全身麻醉者均有增加，而在局部麻醉者变化轻微。但接受丁哌卡因硬膜外麻醉较接受氯胺酮-氟烷-笑气-全身麻醉者，血糖、血乳酸、血游离脂肪酸等指标，在手术期间以及术后期都明显地降低。

二、椎管内麻醉

（一）椎管内麻醉的概述

椎管内麻醉(intrathecal anesthesia)包括蛛网膜下隙阻滞，简称脊麻(spinal anesthesia)和硬脊膜外隙阻滞(epidural anesthesia)(含骶管阻滞)：将局麻药注入蛛网膜下隙暂时使脊神经前根和后根的神经传导阻滞的麻醉方法称为蛛网膜下隙阻滞；将局麻药注入硬脊膜外隙，暂时阻断脊神经根的神经传导方法，称为硬脊膜外隙阻滞，简称硬膜外阻滞。

（二）椎管内麻醉对机体代谢的影响

椎管内麻醉时药物的主要作用部位是脊神经根。蛛网膜下腔阻滞时，局麻药物经脑脊液稀释及扩散后直接作用于脊神经和脊髓表面，而硬膜外阻滞时，药物首先是在硬膜外腔扩散，进而通过不同途径产生麻醉作用。脊神经阻滞后，相应的支配区域出现麻醉现象，感觉神经阻滞后感觉和痛感消失，运动神经阻滞后产生肌肉松弛。

椎管内麻醉常应用阿片类药物如吗啡、芬太尼等。以椎管内应用吗啡为例讲述其对代谢的影响。吗啡可引起组胺释放而致皮肤血管扩张。吗啡由于兴奋交感神经中枢，促使肾上腺素释放，引起肝糖原分解增加，导致血糖升高。吗啡可抑制 ACTH 的释放。

在临床上除了应用阿片类药物外，局麻药也可用于椎管麻醉。局麻药阻滞脊神经交感神经纤维，导致外周血管扩张，血容量重新分布，产生回心血量减少，心输出量减少，表现血压下降，心率代偿性增快。血压下降会引起机体一些重要器官（如脑、肝、肾）血流量的减少，引起机体代谢功能的紊乱。

麻醉平面也会对机体代谢产生一定的影响。在骶神经麻醉手术中，膀胱功能恢复晚，容易引起尿潴留。因尿潴留使膀胱内压升高，尿液沿输尿管反流，造成肾盂积液，继之肾实质受压、缺血，甚至坏死，最后导致慢性肾功能衰竭。

椎骨内麻醉后，病人容易打寒战。这是一种体温调节现象，是对中心体温降低的一种生理反应。椎管内注入局麻药导致部分交感神经被阻滞，阻滞区的血管不能发生代偿性收缩，削弱了机体对寒冷的反应能力，因此体温通过传导的方式迅速由中央室向外周室分布，中央室的体温随之下降。另外运动神经被阻滞后，通过肌肉运动和张力产生的热量随之减少，阻滞区域皮肤温度上升给调节系统造成错觉，使其对实际是低于正常的中心体温不发生反应，区域阻滞后外周的冷感觉传入信号被阻断，中枢认为外周处于温暖状态，因而中枢不指令产热以增加外周温度。

三、低温麻醉

（一）低温麻醉的概述

低温麻醉是一种特殊形式下的麻醉方法，用药物抑制体温调节中枢，用物理方法将体温降到预定温度。其目的是降低麻醉病人机体代谢率，减少氧耗量，提高机体对缺 O_2 和阻断血流供应的耐受能力，称低温麻醉。

（二）低温麻醉对机体代谢的影响

低温氧耗量明显下降，脑和其他器官循环被阻断的时间可延长。在低温下，酶的作用受到干扰，需 O_2 代谢降低，氧合血红蛋白的离解曲线左移。释放至组织的 O_2 减少。身体各器官的氧耗量有不同程度的下降。当温度降至 26～27℃时，总的氧摄取量为常温的 40%，心脏 50%，每 100g 脑组织对氧的摄取量由常温时的 2.5～4.7ml/min，降温到 27℃时为 0.8～1ml/min。实验证明当体温降至 28℃左右，阻断脑循环 10～12min，或阻断全身循环 6min 是安全的。阻断的时间界限与年龄、体质、阻断循环前有无低血压、缺 O_2、脑压高低、心脏功能状况有一定的关系。如深低温降至 20℃以下，阻断循环 45 分钟，动物生存率可在 90%以上。低温使代谢普遍降低，每降低 10℃，代谢率降低一半。由于葡萄糖的代谢降低，可发生血糖增高，而在低温下注射胰岛素时，其作用较常温为强，使血糖下降幅度增大，可能与肝糖原分解酶和胰岛素分解酶的活性减弱所致。低温对蛋白质的合成速度也降低。低温与体温的关系见表 18-2。

表 18-2　代谢率与体温的关系

体温（℃）	代谢率（%）
36.8	100
31.8	75～80
30.3	60～70
26.8	50
20.0	25
16.8	20
15.0	15
6.8	6

低温对体内酸碱平衡也会产生一定的影响，有代谢性酸中毒的趋向，尤其循环停滞时，组织缺 O_2，产生大量的酸性代谢产物，更易产生代谢性酸中毒。CO_2 在血浆内的溶解度增加，故血中含有较多的碳酸而其张力将会下降。

低温可使呼吸变慢变浅，28℃以下时，呼吸可逐渐停止。其原因是低温对中枢的抑制作用；低温时由于代谢减慢，CO_2 产生减少，CO_2 血内溶解增加，血内 CO_2 张力降低是呼吸抑制的主要原因之一。

低温会促使血压下降，肾血管阻力增加，肾脏血流量减低，肾小球过滤率减少，尿量常减少。肾小管的浓缩能力和重吸收作用降低。降温过程中，尿钠和氯增加，钾排泄减少。恢复体温后恢复正常。

低温使肝脏分泌胆汁的功能减低，并使解毒时间延长。

第三节 麻醉剂的代谢

药物进入机体后主要以两种方式消除：一种是药物直接以原型随粪便、尿液或呼吸道排出体外；另一种是药物在体内经代谢后，以代谢物的形式随粪便和尿液排出体外。药物的代谢，也称生物转化，是药物从体内消除的主要方式之一。麻醉药通常有数条代谢途径，其目的是将脂溶性的、有活性而无法排出的药物转变成水溶性、灭活的物质，从而能通过肾脏或胆道排出体外。

药物在体内的代谢主要有两个阶段，分别为Ⅰ、Ⅱ相反应。Ⅰ相反应包括氧化、还原、水解，主要通过细胞色素P450进行氧化或羟基化反应，其代谢产物可能活性已较小，也可能反应性较好甚至是有毒物质。通常Ⅰ相反应代谢产物进入Ⅱ相反应，即与谷胱甘肽、葡萄糖醛酸或硫酸根等结合或经甲基化、乙酰化后排出体外。咪达唑仑需进行Ⅰ、Ⅱ相反应代谢。另一些麻醉物则主要通过Ⅱ相反应代谢，如吗啡。

一、吸入全身麻醉药的代谢

（一）吸入麻醉药的生物转化

吸入麻醉是利用气体或经挥发出来的气体通过呼吸道进入体内而起到麻醉作用的。挥发性吸入麻醉药又分为烃基醚，卤代烃基醚和卤烃三类。烃基醚包括双乙醚、双乙烯醚、乙基乙烯醚等，卤代烃基醚包括甲氧氟烷，恩氟烷、七氟烷及地氟烷等。

药物进入体内后，药物发生分子结构的改变，包括功能（活性）基团的增减、交换以及分子的结合或降解，统称为药物的生物转化（代谢）。药物经转化后，其药理作用和活性也随之消失或改变。业已证明，许多组织均存在使药物转化的某些非特殊酶类，其中以肝脏转化外源性化合物的功能最强。肝脏含有许多Ⅰ相代谢和Ⅱ相代谢所需的酶，是药物代谢的主要部位。

吸入麻醉药并不像其他药物在体内发生生物化学后就失去活性，而是大部分经原形排出体外；但也有是经过细胞色素P450 2E1（CYP2E1）催化代谢，如氟烷。CYP2E1是细胞色素P450的一种同工酶，主要参与麻醉药的代谢。吸入麻醉药在体内的代谢主要经过以下几个过程。

1. 药物的生物转化 药物在肝脏内经过第一相反应即羟基化、脱羟基等代谢过程和第二相反应即硫酸酯、葡萄糖醛酸等亲水性功能基团的结合过程。药物通过以上反应转化后排出体外。

2. 药物代谢的酶诱导 吸收麻醉药中氟烷、甲氧氟烷、N_2O等皆有自身酶诱导作用，可加速其自身代谢的速率。长时间吸入亚麻醉剂量的健康人，其肝脏药物代谢能力明显增加，每周4小时连续2周，其唾液安替比林（一种药物代谢标记物）清除率增加29%。若将实验动物长时间接触亚麻醉剂量的恩氟烷和异氟烷后，可以明显缩短戊巴比妥的睡眠时间，表明了这些吸入麻醉药有酶诱导作用。

3. 自由基团形成过氧化脂质 所有化学结合由两个电子构成，按下述方式结合分离A-B→A+B。两个电子向左右分开，此过程称为异种溶解（heterolysis），其生成物是基团，它在溶液中以均匀的状态自由移动，故称为自由基团。此基团的反应活跃，一旦生成后即可破坏构成生物膜磷脂质中的不饱和脂肪酸，易成为连锁反应，产生脂质过氧化物的蓄积。但通常情况下，由于维生素E及还原型谷胱甘肽等抗氧化物的作用，在连锁反应的早期即可控制住自由基团的产生，但在维生素E缺乏症、反射性损伤及麻醉药中间代谢物堆积时，都可引起自由基团生成。

4. 代谢活性物质与组织结合（共价结合） 近年来认为许多物质的毒性反应是因共价结合（即与组织内高分子如蛋白质、核酸、脂质等结合）所致，尤其许多致癌物在受到代谢激活后即与组织内高分子物质结合。自由基能与磷脂脂肪链共价结合，也可以与脂双键的碳结合使邻近碳原子活化而激活脂过氧化反应，最终引起肝脏的损害作用（肝细胞膜结构破坏、肝细胞凋亡）。

（二）各种吸入麻醉药的代谢

三氯乙烯在体内代谢而其他吸入麻醉药，尤其是新的吸入麻醉药大部分以原形经肺排出。事实上吸入麻醉药在体内均有不同程度的代谢物产生，只是代谢的多少而异（表18-3）。表中显示，三氯乙烯的代谢率最高（15.0%～20.0%），而地氟烷和异氟烷最低。

表 18-3　各种吸入麻醉药的代谢

吸入麻醉药	代谢产物	代谢率(%)
乙醚	葡萄糖醛酸、脂肪酸、甘油三酯等	2.1~3.6
三氯乙烯	三氯乙酸、三氯乙醇	15.0~20.0
氯仿	盐酸	4.5~5.0
三氟乙基乙烯	三氟乙酸、三氟乙醇	12.1~15.4
氟烷	Br^-、Cl^-、F^-、三氟乙酸	10.6~23.2
甲氧氟烷	F^-、甲氧二氟乙酸、草酸	7.4~44.0
恩氟烷	F^-、有机 F^-	2.4~2.9
异氟烷	F^-、有机 F^-	0.17~0.20
七氟烷	F^-、有机 F^-	3.0
地氟烷	F^-、有机 F^-	0.1

1. 氧化亚氮的代谢　氧化亚氮在体内的代谢不是通过酶作用的结果，而是经肠道内细菌与维生素 B_{12} 反应生成氮气（N_2）。N_2O 在细菌中的降解是以单纯电子传递形式产生 N_2 和自由基。有人提出 N_2O 形成的自由基对人体可能产生毒性作用，但至今还没有证据证实 N_2O 对手术的病人产生有害作用。一些动物实验结果表明，长时间应用 N_2O 不引起肝脏的损害。应用 N_2O 能抑制蛋氨酸合成酶的活性，但这一作用是由于维生素 B_{12} 被氧化及改变与 B 族维生素相似的蛋白所致。

2. 甲氧氟烷的代谢　甲氧氟烷在体内的实验证明当反复给动物苯巴比妥及甲氧氟烷后，会产生肝的酶诱导，促进甲氧氟烷的代谢。对人用 ^{14}C 标记的甲氧氟烷进行观察，表明麻醉初期可出现代谢，且持续 9~12 天，血清及尿中无机氟逐渐增加，在近端肾小管由草酸钙蓄积；血清及尿中的无机氟含量与甲氧氟烷的用量平行，肾毒性亦与用量相关。因此，临床上应控制甲氧氟烷给药量及给药时间，且对已使用对肝酶有诱导作用的其他药物及用异烟肼、庆大霉素的病人应慎用甲氧氟烷。

3. 氟烷的代谢　人有 12%~20% 的氟烷在体内被代谢，在 2 周内以非挥发性物质从尿中排出。氟烷亦能引起肝脏的酶诱导。Cohen 等对氟烷代谢的结果表明，氟烷的 0.4% 成为 CO_2，11.6% 被代谢成为非挥发性物质从尿中排出，29% 以原形留在脂肪组织内，其余以原形排出体外。非挥发性物质都为低分子量（700~1000 以下）化合物，大部分是三氟乙酸钠的乙醇胺化合物，主要存在于肝脏、胆汁、肾及精液腺中。乙醇胺的来源可能是细胞膜中的磷脂酰乙醇胺。有人认为三氟乙酸盐是无害的，但三氟乙酸易与蛋白质、多肽、氨基酸及脂质结合，可能因致敏而引起肝损害。

4. 恩氟烷的代谢　恩氟烷有近 82.7% 以原形经肺排出，有近 2.4% 以非挥发性氟代谢产物由尿中排出。麻醉后 7 小时排氟氯最高，恩氟烷主要在肝脏微粒体内代谢。有 2.5%~10% 的恩氟烷在肝内降解为无机氟与有机氟化物。

5. 异氟烷的代谢　由于异氟烷的组织溶解度低，化学性质稳定，因此在体内的代谢甚少，其最终代谢产物是三氟乙酸及无机氟。有研究结果表明，以 1.2% 异氟烷吸入麻醉 4 小时，在麻醉后 6 小时测定血清无机氟的 量仅为 4.4μmol/L，24 小时内即可恢复至正常值。

6. 七氟烷的代谢　七氟烷的代谢近些年来备受重视，研究表明，七氟烷的主要代谢产物是六氟异丙醇、CO_2、和 F^-。这些代谢物又很快地从体内被排出，如六氟异丙醇以葡萄糖醛酸缩合物形式从尿中排出，该化合物与无机氟化物在停用七氟烷后 48 小时内几乎完全排出体外。

体外的研究表明七氟烷与甲氧氟烷的代谢程度近似。但在大鼠体内，七氟烷麻醉后血浆中氟化物的含量较甲氧氟烷麻醉后低。在自愿受试者七氟烷麻醉后 1 小时后峰氟浓度是 22.1±6.0μmol/L。这种浓度相对低的原因可能是其在脂肪中的溶解度为甲氧氟烷的 1/20，术后代谢的可能性非常少。此外，与甲氧氟烷不同，七氟烷的有机氟化物是稳定的。七氟烷的代谢可被苯巴比妥和其他相似的诱导剂所诱导，然而氟浓度不会增加到导致肾毒性的程度。

7. 地氟烷的代谢　地氟烷是目前在体内代谢最少的吸入麻醉药。动物实验结果表明，地氟烷代谢产生的 F^- 及非挥发性有机氟化物均较异氟烷少。鼠吸入地氟烷后约 4 小时达血浆峰氟浓度。其代谢途径可能与异氟烷相同。异氟烷用一个氟原子取代氯原子形成地氟烷，能降低 α-碳的代谢。用苯巴比妥或乙醇预处理能增加血浆浓度。

（三）静脉麻醉药代谢

常用静脉麻醉药有硫喷妥钠（thiopental sodium）、氯胺酮（ketamine）、依托咪酯（乙咪酯 atomidate）、羟丁酸钠（mdiumhydroxybutyrate，γ-OH）、普丙泊酚（propofol）等。下面分别就几种常用的静脉麻醉药的代谢进行阐述。

1. 硫喷妥钠(thiopental sodium) 硫喷妥钠容易透过血-脑屏障,增强脑内抑制性递质γ-氨基丁酸(GABA)的抑制作用,从而影响突触的传导,抑制网状结构的上行激活系统。

给药后数分钟硫喷妥钠进入肝脏较多,代谢率较高。研究表明,给药数小时后硫喷妥钠大部分储存在脂肪,药物运送至肝脏的速率慢,在肝脏代谢率较低,约每小时10%~24%。硫喷妥钠在肝脏代谢,产生易溶于水和几乎无药理活性的羟基硫喷妥钠及羧酸衍生物,其后为第五位碳氧化、第二位碳脱硫以及巴比妥酸环水解,加大硫喷妥钠剂量则在生成戊巴比妥钠的同时出现脱硫化反应。

硫喷妥钠经肝脏清除的特点是摄取率较低、依赖肝脏酶的活性而与肝血量无关,但动物研究发现酶诱导或抑制并未改变其作用时间。硫喷妥钠也有小部分在肝细胞外如肾和中枢神经中分解。代谢产物一般无活性,较代谢前易溶于水,经肾排泄。

2. 氯胺酮(ketamine) 氯胺酮在肝脏经微粒体酶氧化代谢生成去甲氯胺酮(N-demethylated ketamine),即代谢产物Ⅰ。动物实验证实去甲氯胺酮活性为氯胺酮的1/5~1/3,代谢产物具有活性的特性可延长氯胺酮的作用时间,尤其重复给药或持续静脉输注时明显。给予氯胺酮2~3min血浆中即可出现去甲氯胺酮,其在30min内达到峰浓度(0.3μg/ml),去甲氯胺酮在环已酮环上的两个位置羟基化,形成羟基去甲氯胺酮代谢产物Ⅲ和Ⅳ。代谢物Ⅲ和Ⅳ脱水形成代谢产物Ⅱ,也可能与葡萄糖醛酸结合,以水溶性代谢产物从尿液排泄,有4%的原型氯胺酮经肾脏分泌排泄,16%以羟基化衍生物代谢。研究表明,5天之内91%的氯胺酮由尿液排出,粪便排出仅占3%。

3. 依托咪酯(乙咪酯,atomidate) 依托咪酯在肝内被迅速水解为羧酸酯,形成无药理作用的水溶性代谢产物。肝微粒体酶和血浆酯酶参与该水解作用,水解完全。静脉注射后75%的依托咪酯在给药后24h内主要以代谢产物形式从尿中排出,尿液中的原型低于3%。其余10%~13%经胆汁排泄。依托咪酯清除率为硫喷妥钠的5倍。

4. 羟丁酸钠(mdiumhydroxybutyrate,γ-OH) 羟丁酸钠在体内80%~90%代谢生成CO_2和H_2O,由呼吸道与肾脏排出。多数认为其代谢过程与脂肪酸一样,经β分解为乙酸和乙醛,偶尔出现酮尿。也有人认为先转化为γ-氨基丁酸,再进入三羧酸循环代谢,最后转化为CO_2和H_2O。

笔记栏

5. 异丙酚(propofol) 异丙酚相对清除率与硫喷妥钠形似,静脉注射后两药的血药浓度最初以相似速率下降,然而异丙酚因其高代谢清除率,其后的血药浓度下降速率比硫喷妥钠明显快。异丙酚的血浆清除率超过肝血流量,提示有组织摄取(很可能是肺)和组织内代谢。异丙酚在肝脏代谢迅速,生成水溶性的无活性硫酸盐与葡萄糖醛酸化合物后由肾脏排泄,仅少于0.3%的药物以原形经尿排出。其半衰期为0.5~1.5小时。

二、局部麻醉药的代谢

(一)概述及分类

局部麻醉药简称为局麻药。局麻药是指在用药局部能暂时地、完全和可逆性地阻断神经的冲动和传导,在意识清醒的条件下,使局部的痛觉和感觉消失的药物。

根据其中间链为酯链或酰胺键可将局部麻醉药分为酯类和酰胺类。但也有少数局部麻醉药例外。

含有酯类的局部麻醉药有普鲁卡因、可卡因、丁卡因、氯普鲁卡因、丙美卡因、奥布卡因、苯佐卡因等。

含有酰胺类的局部麻醉药有利多卡因、辛可卡因、丁哌卡因、甲哌卡因、依替卡因、丙胺卡因、三甲卡因、罗哌卡因等。

(二)药物代谢

局麻药以原形形式从尿内排泄的比率受到种族、化学结构、给药途径、尿液pH及其他因素的影响。其余部分是通过酶的催化作用进行转化,并从粪便和尿内排泄出的不同代谢物,通过呼气和唾液排泄是不常见的途径。下面分别就酯类和酰胺类两种类型的局麻药(以普鲁卡因和利多卡因为例)的生物转化分述如下。

1. 酯类局麻药的代谢 酯类局麻药主要是通过血内酯酶催化而进行水解,产生的芳香族酸和氨基醇,是属肝外性代谢。以普鲁卡因为例,普鲁卡因首先经过组织和血浆内酯酶进行水解,产生对氨基苯甲酸(PABA)和二乙氨基乙醇(DEAE)。

PABA可以原型或不同的结合产物进行排

泄,约 2/3 DEAE 进一步氧化、脱羟、脱氨和降解,1/3 以上以原型排泄,故仅有微量的原型普鲁卡因随尿液排出。

2. 酰胺类局麻药的代谢 酰胺类局麻药主要在肝细胞内质网内进行,经微粒体酶的催化及需 NADPH 和氧的参与,再经氧化、脱烃作用把叔胺降解为较易于水解的仲胺。以利多卡因为例,利多卡因主要通过肝脏微粒体混合功能氧化酶和酰胺酶进行代谢,而脑、肾或胎盘可能是代谢的另一场所。生物转化首先是将氨基氮进行氧化去乙基,产生中间体仲胺-乙基甘氨酸二甲代苯胺(MEGX)和乙醛。MEGX 较利多卡因易水解为原二甲代苯胺(GX)。血内 GX 的半衰期极长,在肌肉注射利多卡因两天后仍可测出微量。此时 MEGX 虽已消退,而 GX 仍有潜在蓄积的可能。MEGX 可保持类似利多卡因的心血管作用,并可加强利多卡因诱发惊厥;GX 本身虽不诱发惊厥。但仍有协同利多卡因引起中枢神经系统的毒性作用。

应用苯巴比妥的病人,由于酶诱导的作用,有可能缩短利多卡因的生物转化时间,其血内浓度也略较对照组病人为低。

小　结

本章主要讲述了在麻醉状态下全身的代谢状况及其麻醉剂在体内的代谢过程。在全身麻醉状态下血糖浓度升高,糖原异生障碍,机体的酸碱平衡被打破。全身麻醉对全身重要器官(如脑、心、肝、肾脏)的功能产生一定的影响。全麻药物引起的脑血流与脑代谢的变化超过一定的限度会导致脑缺血,则可能造成大脑不可逆损伤。在呼吸代谢过程中,由于麻醉导致的呼吸抑制,引起机体的供氧不足,导致机体代谢紊乱(如酸碱失衡)。在心肌细胞中,全麻药则通过降低心肌细胞内 Ca^{2+} 浓度,使心肌在收缩过程中得不到足够的 Ca^{2+},而产生心肌抑制作用。在全麻状态下,肝、肾功能出现一定程度的抑制。麻醉主要影响肝血流量及肝氧供氧耗。肝脏血流量减少,会引起肝细胞供氧气不足,慢性缺氧会造成肝细胞的脂肪变性。有些麻醉药物(如氟烷)可能造成肝中毒。麻醉药对肾功能的影响主要通过影响肾小管对钠的主动转运,也可通过呼吸循环功能障碍间接影响肾血流动力学和肾小管功能。在手术麻醉过程中,由于机体的应激状态造成神经及内分泌异常,引起机体代谢异常(如血糖身高、蛋白质分解代谢加快等)。

以肾上腺素、去甲肾上腺素、血浆皮质醇和血糖为指标发现局部麻醉造成的机体应激反应及代谢变化远不如全身麻醉。椎管内麻醉可引起机体血压下降、尿潴留、体温下降等症状。低温麻醉下,氧耗量明显下降,呼吸变慢变浅,有代谢性酸中毒的趋向。低温会促使血压下降,肾血管阻力增加,肾脏血流量减低,肾小球过滤率减少,尿量常减少大部分麻醉药物在体内都要通过肝脏的生物的转化作用,经过一定的代谢才能排出体外。不同的麻醉药物其代谢途径有所不同。吸入麻醉药(如氧化亚氮、氟烷等)大部分以原形经肺排出。但实际上吸入麻醉药在体内均有不同程度的代谢物产生,只是代谢的多少而异。静脉麻醉药(如硫喷妥钠、氯胺酮)主要通过肝脏进行代谢后排出体外。局部麻醉药物分为酯类局麻药和酰胺类局麻药。酯类局麻药主要是通过血内酯催化而进行水解,产生的芳香族酸和氨基醇,是属肝外性代谢。酰胺类局麻药主要在肝细胞内质网内进行,经微粒体酶的催化及需 NADPH 和氧的参与,属于肝内代谢。

(汤建才　鄢佳程)

第19章 应激状态下机体的代谢特点

物质代谢是生命的本质特征，是生命活动的物质基础和能量源泉。生物体的生存与健康有赖于机体经常不断地与外界进行物质交换。正常情况下，体内千变万化的物质代谢和错综复杂的代谢网络能有条不紊地进行。体内物质代谢的特点有：①各种物质代谢过程互相联系形成一个整体；②机体物质代谢不断受到精细的调节；③各组织器官物质代谢各具特色；④体内各种代谢物都具有共同的代谢池；⑤能量生成和消耗以ATP为中心；⑥NADPH提供合成代谢所需的还原当量。当人体所处代谢途径的内外环境发生变化时，机体通过神经系统和神经体液途径对机体的生理功能及物质代谢进行调节，体内物质代谢以及与之伴随的能量代谢能适应内外环境的变化而变化，在一定程度上保持机体内环境的相对恒定和动态平衡。

第一节 饥饿状态下机体的代谢特点

正常成人通过三大营养物质的氧化提供维持生命活动所需要的能量。在病理状态（如消化道梗阻或昏迷）或特殊情况下（如医疗上需禁食）不能进食时，如果未得到及时治疗或相应处理，必将引起体内的代谢发生一系列的变化，以调整供能物质的组成，减少葡萄糖作为燃料的消耗。本节介绍不同饥饿状态下物质代谢的特点。

一、短期饥饿

饥饿第1天，机体主要依靠肝糖原分解来维持血糖水平恒定。继之（不能进食的2~3天），血糖水平下降至一定程度后，胰高血糖素分泌增加，胰岛素分泌减少。这两种激素水平的增减可引起体内的物质代谢发生“三增强一减弱”为主要特征的变化。

1. 肌蛋白质分解加强，氨基酸释放增多 蛋白质分解增加出现较迟，肌肉蛋白质分解的氨基酸大部分转变成丙氨酸和谷氨酰胺释放入血循环，以便作为氧化供能和糖异生的原料。饥饿第3天，肌肉释放出的丙氨酸约占输出总氨基酸的30%~40%。

2. 糖异生作用增强 饥饿2天后，肝脏糖异生作用明显增加，糖异生速度约150克葡萄糖/天，糖异生的原料主要来自蛋白质分解释放的氨基酸（40%），其次是乳酸（30%），还有少部分来自脂肪动员产生的甘油（10%）。肝脏是饥饿初期糖异生的主要场所，约占80%，小部分（约20%）在肾皮质中进行。

3. 脂肪动员加强，酮体生成增多 激素信号使脂肪较早被动员，血浆甘油和游离脂酸含量升高，脂酸成为肝、脂肪组织的基本能源。由于草酰乙酸等三羧酸循环中间物被消耗用于糖异生，脂酸氧化生成的乙酰CoA进入三羧酸循环氧化受阻，从而积聚由肝脏转变生成酮体。脂肪动员释放出的脂酸经β氧化后约25%的乙酰CoA在肝脏转变生成酮体。饥饿初期，酮体主要被心、肌、肾所利用，一部分酮体可被大脑利用。这使得上述组织对葡萄糖摄取、利用减少。利用酮体供能是组织适应饥饿环境的主要代谢改变。脂酸氧化释放出的甘油可被肝异生为葡萄糖。

4. 组织氧化葡萄糖减弱 由于胰岛素分泌减少，葡萄糖进入组织细胞减少，葡萄糖氧化的关键酶活性降低，加之，心、肌、肾摄取氧化脂酸和酮体增加，因而这些组织对葡萄糖的摄取和利用减少。饥饿时脑对葡萄糖的摄取及利用亦有所减少，但饥饿初期大脑仍主要由葡萄糖供能。

因此，饥饿时分解储存的蛋白质（尤指肌蛋白）和动员脂肪成为主要的供能途径，其中动员脂肪约占能量来源的85%以上。如果在饥饿初期及时补充葡萄糖，不仅可以减少酮体生成，降低酮症酸中毒的发生率，同时也可减少体内蛋白质的消耗（每输入100克葡萄糖约可节省50克蛋白质的消耗），避免造成负氮平衡，这对不能进食的消耗性疾病患者临床处理更为重要。

二、长期饥饿

为适应长期饥饿的环境条件，各组织发生与

笔记栏

短期饥饿不同的代谢改变。

(1) 因蛋白质持续分解会危及生命，此时组织蛋白质分解减少，肌肉组织释放氨基酸减少，负氮平衡有所改善。

(2) 肾皮质的糖异生作用明显增强，其能力几乎和肝相当，生成约 40 克葡萄糖/天，占这个时期糖异生总量的 50%。由于蛋白质分解减少，糖异生原料主要是乳酸和丙酮酸。

(3) 脂肪动员进一步加强，肝的生酮量进一步增多，肾皮质也可产生一定量的酮体。脑组织利用酮体增加，超过葡萄糖，占总耗能的 60%，以节约对组织蛋白的消耗。心、肌、肾皮质以脂酸为主要能源，以保证酮体优先供应脑组织。

(4) 严重饥饿和长期禁食情况下，体内糖原耗尽，大量动用脂肪供能，若酮体生成量超过了酮体利用量，可出现酮症酸中毒。

据理论计算，正常成人脂肪储备在饥饿时可维持 3 个月基本代谢能量需要，但饥饿时不能只靠氧化脂肪存活，因为同时机体大量非必需氨基酸消耗，过量酮体的生成聚积，缺乏维生素、矿物质和蛋白质补充，可危及生命。

第二节　应激状态下机体的代谢特点

应激(stress)是指一些刺激因素(如剧变的环境温度、严重创伤、剧痛、大失血、窒息、手术、休克、冻伤、缺氧、中毒、严重感染以及剧烈情绪激动等)作用于机体后机体所作出的一系列非特异性全身反应。任何躯体的或心理的刺激，只要达到一定的强度，除了引起与刺激因素直接相关的特异性变化外，都可以引起一组与刺激因素的性质无直接关系的全身性非特异反应。导致应激反应(stress response)的刺激因素被称为应激原(stressor)。1991 年美国胸科医师学会/危重病学会(ACCP/SCCM)提出，将创伤、大手术、急性胰腺炎、急性心梗、急重症等应激状态下机体出现的一系列反应称为全身炎症反应综合征(system inflammatory response syndrome，SIRS)。SIRS 时机体内的炎性介质如白细胞介素(interleukin，IL)、肿瘤坏死因子(tumor necrosis factor，TNF)、表皮生长因子(epidermal growth factor，EGF)、前列腺素(prostaglandin，PG)、活性氧代谢产物、氧自由基、NO 等大量释放。SIRS 的临床特点是继发于上述应激状态之后的高代谢表现。最早(1936 年)提出应激概念的加拿大内分泌学家 H. Seyle 认为应激是一个动态过程，包括三期，即警告反应期、抵抗期(适应期)和衰竭期。第一阶段为警告反应，是为了唤起机体的防御能力，为了对付环境的急剧变化，机体的对抗或逃避能力增强，此阶段以交感神经-肾上腺髓质活动为主。如持续暴露于有害刺激之下，机体就转入第二阶段，即适应或抵抗阶段，此期以对刺激的适应为特征，机体活动则以下丘脑-腺垂体-肾上腺皮质轴系统活动为主，机体对应激原的抵抗力增强，对应激原耐受性增强；若有害刺激继续作用，或刺激过于严重，机体会丧失所获得的抵抗能力而进入第三阶段，即衰竭阶段。

应激状态伴有神经及体液的变化，包括交感神经兴奋引起肾上腺髓质和皮质激素分泌增多，血浆胰高血糖素及生长激素水平增高，胰岛素水平降低。这些激素水平的变化，会引起一系列代谢改变。应激时，机体代谢改变见表 19-1。

表 19-1　应激时机体的代谢改变

内分泌腺或组织	代谢改变	血中含量
胰岛 A 细胞	胰高血糖素分泌增加	胰高血糖素↑
胰岛 B 细胞	胰岛素分泌抑制	胰岛素↓
肾上腺髓质	去甲肾上腺素及肾上腺素分泌增加	肾上腺素↑
肾上腺皮质	皮质醇分泌增加	皮质醇↑
肝	糖原分解增加	葡萄糖↑
	糖原合成减少	
	糖异生增强	
	脂酸 β 氧化增加	
	酮体生成增加	酮体↑
肌	糖原分解增加	乳酸↑
	葡萄糖的摄取利用减少	葡萄糖↑
	蛋白质分解增加	氨基酸↑
	脂酸 β 氧化增加	
脂肪组织	脂肪分解增加	游离脂酸↑
	葡萄糖摄取及利用减少	甘油↑
	脂肪合成减少	

一、血糖升高

应激时，肾上腺素、去甲肾上腺素及胰高血糖素分泌增加，促进糖原分解而抑制糖原合成；同时，肾上腺皮质激素、胰高血糖素又可使糖异生作用加强，不断补充血糖；肾上腺皮质激素及生长素水平升高以及胰岛素水平降低，使组织细胞摄取和利用葡萄糖减少。SIRS 的高血糖可能与下列因素有关：①全身炎症反应时，激发神经内分泌的反应，包括儿茶酚胺、糖皮质激素、生长激素、胰高血糖素及胰岛素分泌增加。在一定范围内，这种内分泌激素增加处于相对平衡。但是超常应激反应时，这种平衡难以维持，且以拮抗激素占优势。高血糖常见于病情较重的 SIRS 患者。②SIRS 时循环中胰岛素拮抗激素水平增高，靶细胞胰岛素受体数目明显减少，影响胰岛素的生物效应，发生胰岛素抵抗。③SIRS 患者蛋白质分解加速，大量氨基酸从外周组织进入肝脏，刺激糖异生。SIRS 患者丙酮酸脱氢酶活力降低，血中乳酸增加，使糖异生增加。

应激时血糖浓度明显升高，对保证大脑、红细胞的能供有重要意义。但应激性高血糖反应也是 SIRS 严重程度的显著标志之一。应激性高血糖水平越高，病情越严重，预后越差，病死率越高。

二、脂肪动员加速

脂解激素（肾上腺素、胰高血糖素及糖皮质激素等）分泌增加而抗脂解激素（胰岛素）分泌减少，导致脂肪大量动员，血液中脂酸升高，可作为心、肌、肾等组织的主要能量来源；而且肝生酮作用增强，肝外组织利用酮体也增加，节省葡萄糖的消耗。这也是应激时血糖升高的另一原因。

三、蛋白质分解加强

肾上腺皮质激素分泌增加和胰岛素分泌减少均可引起蛋白质分解加强，氨基酸释出增多，血中氨基酸增多。一方面为糖异生提供原料，另一方面使氨基酸分解加强，尿素合成及尿氮排出增加，可出现负氮平衡。

总之，应激时糖、脂、蛋白质代谢特点是分解代谢增强，合成代谢受到抑制。血液中分解代谢产物如葡萄糖、氨基酸、游离脂酸、甘油、乳酸、酮体以及尿素等含量增加。

四、特殊应激状态下机体代谢的改变

（一）缺氧时的代谢改变

在慢性供氧不足的情况下，组织细胞可通过增强无氧酵解过程和提高利用氧的能力来获取维持生命活动所需的能量。

1. 细胞利用氧的能力增强 慢性缺氧时，细胞内线粒体数目和膜的表面积增加，呼吸链中的酶如琥珀酸脱氢酶、细胞色素氧化酶含量增多，酶活性增高，使细胞利用氧的能力增强。如胎儿在母体内处于相对缺氧的环境，其细胞线粒体的呼吸功能为成年人的 3 倍，于出生后 10～14 天，线粒体呼吸功能降至成年人水平。

2. 糖酵解增强 磷酸果糖激酶是糖酵解的限速酶。缺氧时，ATP 生成减少，ATP/ADP 比值降低，可激活磷酸果糖激酶，使糖酵解增强，在一定程度上补偿能量的不足。

3. 低代谢状态 缺氧可使细胞的耗能过程减弱，如糖、蛋白质合成减少，离子泵功能抑制等，使细胞处于低代谢状态，减少能量的消耗，有利于在缺氧时的生存。

（二）休克时的代谢改变

由于微循环严重障碍，组织低灌注和细胞缺氧，细胞内最早发生的代谢变化是从优先利用脂酸供能转向优先利用葡萄糖供能。休克时代谢变化总的趋势为氧耗减少，糖酵解增强，脂肪和蛋白质分解增加，合成减少。其表现为一过性高血糖和糖尿，血中游离脂肪酸和酮体增多，蛋白质分解增加，血清尿素氮水平增高，尿氮排泄增多，出现负氮平衡。也有部分患者可出现高代谢状态，这与休克状态下代谢活动的重新调整，如儿茶酚胺、生长素、糖皮质激素和胰高血糖素分泌增多而胰岛素分泌减少有关。

（1）休克时儿茶酚胺释放促进胰高血糖素分泌增多，使血糖升高。细胞无氧酵解增强使乳酸生成增多，而休克时肝肾灌注不良，乳酸不能被肝脏充分摄取并转化为葡萄糖，也不能被肾脏及时清除，因此容易发生代谢性酸中毒。

（2）休克时蛋白质分解增加，血清尿素、肌酐及尿酸含量升高。组织灌注障碍，细胞缺氧，胞膜钠泵功能障碍，致 ATP 生成减少；代谢性酸中毒导致组织蛋白分解为具有生物活性的多肽如缓激肽、心肌抑制因子和前列腺素等，这些物质具有强烈的扩张血管作用，使微循环障碍更为显著，破坏线粒体膜，使细胞的呼吸功能中断，导致细胞死亡。

（3）休克时肾脏血容量减少，使醛固酮及抗利尿激素分泌增加，以保留水分，增加血容量，加之 ATP 生成减少，细胞膜钠泵功能障碍，因而细

胞内 Na^+增多，而细胞外 K^+增多，水、电解质平衡紊乱。

（三）发热时的代谢改变

体温升高时物质代谢加快。一般认为，体温每升高 1℃，基础代谢率提高 13%，所以发热病人的物质代谢明显增多。如果持久发热，营养物质没有得到相应的补充，病人就会消耗自身的物质，导致消瘦和体重下降。

1. 糖代谢 发热时由于产热的需要，能量消耗大大增加，因而对糖的需求增多，糖的分解代谢加强，糖原储备减少。尤其在寒战期糖的消耗更大，乳酸的产量也大增。因为在正常情况下，肌肉主要依靠糖和脂肪的有氧氧化供给能量。寒战时肌肉活动量加大，对氧的需求大幅度增加，此时氧的摄入不能满足机体需要，以致产生氧债，肌肉活动所需的能量大部分依靠无氧代谢供给。据粗略计算，肌肉剧烈颤动时，从有氧氧化得到的能量只有糖酵解供给能量的 1/5，因而产生大量乳酸。当寒战停止后，由于氧债的偿还，乳酸又被逐渐消除。

2. 脂肪代谢 发热时因能量消耗的需要，脂肪分解也明显加强。由于糖原储备不足，加之发热病人食欲较差，营养摄入不足，机体乃动员脂肪储备。另外，交感-肾上腺髓质系统兴奋性增高，脂解激素分泌增加，也促进脂肪加速分解。

3. 蛋白质代谢 正常成人每日约需摄入 30~45 克蛋白质才能维持总氮平衡。发热时由于高体温和白细胞致热原（leukocyte pyrogen，LP）的作用（LP→PGE↑→骨骼肌蛋白分解），病人体内蛋白质分解加强，尿氮比正常人增加约 2~3 倍。此时如果未能及时补充足够的蛋白质，将产生负氮平衡，蛋白质分解加强可为肝脏提供大量游离氨基酸，用于急性期反应蛋白的合成和组织修复。

4. 水、盐及维生素代谢 在发热的体温上升期，由于肾血流量的减少，尿量也明显减少，Na^+和 Cl^-的排泄也减少。但到退热期因尿量的恢复和大量出汗，Na^+、Cl^-排出增加。高温持续期的皮肤和呼吸道水分蒸发的增加及退热期的大量出汗可导致水分的大量丢失，严重者可引起脱水。因此，高热病人退热期应及时补充水分和适量的电解质。

发热尤其是长期发热病人，由于糖、脂肪和蛋白质分解代谢加强，各种维生素的消耗也增多，应注意及时补充。

（四）创伤应激时的代谢改变

当遭受创伤应激后，机体代谢反应基本特征是高代谢，此过程可分为消落期（ebb phase）和起涨期（flow phase）两个阶段。

1. 糖代谢 遭遇创伤应激后，在多种因素作用下，机体原有糖代谢平衡紊乱，糖原分解加快，糖原合成减少，糖异生加强，无氧酵解增多，有氧氧化障碍，糖利用抑制，血糖升高。创伤早期血糖升高的主要原因是糖原分解所致，也可能与糖异生有关；当机体进入代谢起涨期后，糖原分解殆尽，糖原合成不足，此时血糖升高主要来源于糖异生，糖摄取利用障碍也可能是原因之一。

在创伤早期，机体处于代谢消落期，此时氧耗减少，糖原分解导致血糖升高。创伤应激使血中肾上腺素与胰高血糖素等浓度升高，激活腺苷酸环化酶（AC），后者通过催化 ATP 成 cAMP，进一步激活蛋白激酶 A（PKA），令磷酸化酶具有活性，使机体内糖原分解加速。另外因胰岛素分泌受抑制导致磷酸二酯酶活性下降，使得 cAMP 不至于很快水解成 AMP，有利于糖原分解的继续，导致血糖升高。当机体进入代谢的起涨期时，在创伤应激的反馈调节下，机体要逐渐恢复原来的平衡以维持内环境的稳态。随着胰岛素分泌的逐渐增加，磷酸化酶的活性下降，糖原分解会因此慢慢减少。然而当机体遭受严重创伤以至不能通过自身的调节作用来纠正时，糖原分解亦会因糖原耗竭和糖原合成不足导致该代谢过程原料缺乏，故在创伤后期，糖原分解水平是有所下降的。

随着机体进入应激代谢反应的起涨期，糖异生作用明显增强。蛋白质分解释放的氨基酸及糖在缺氧情况下酵解生成的乳酸可为糖异生提供底物。由于创伤后的激素调节，以及肝脏可以不断获得前体物质-氨基酸，外源性葡萄糖输注不能抑制糖异生。炎症因子 TNF2α 可以刺激胰高血糖素分泌，后者通过 cAMP 和依赖 cAMP 的蛋白激酶（PKA），使 6-磷酸果糖激酶-2 磷酸化而失活，降低肝细胞内 2，6-双磷酸果糖水平，从而促进糖异生而抑制糖分解。细胞因子刺激糖皮质激素分泌，后者可导致磷酸烯醇式丙酮酸羧激酶的合成增强。在创伤后各种原因导致胰岛素受体水平下调出现的胰岛素抵抗（insulin resistance，IR）与糖异生的酶活性升高有关。表皮生长因子（EGF）亦能促进糖异生作用。

笔记栏

当遭受创伤应激后，机体代谢反应基本特征是高代谢，氧消耗及氧运输增加，组织器官缺氧。糖异生过程中 NAD^+接受氢生成的 NADH + H^+对丙酮酸脱氢酶复合体活性有反馈抑制作用，NADH + H^+在缺氧时不能被氧化，胰高血糖素对丙酮酸脱氢酶活性又有抑制作用，糖的有氧氧化受到抑制，葡萄糖就只能经糖酵解或者糖原合成途径进行代谢。在缺氧时氧化磷酸化受阻，ADP 与 Pi 不能合成 ATP，ADP/ATP 比例升高。反映在细胞内，则是磷酸果糖激酶-1 及丙酮酸激酶活性增强，糖酵解使得血中丙酮酸、乳酸浓度升高，可出现高乳酸血症。然而应激后胰高血糖素的升高可抑制 2，6-双磷酸果糖合成，从而减少 1，6-双磷酸果糖的生成，这就降低了丙酮酸激酶的活性。糖原分解过程中生成的 6-磷酸葡萄糖对糖酵解的已糖激酶有反馈抑制作用。细胞因子 IL-1，IL-6，TNF 等通过影响胰岛素/高血糖素，从而抑制糖分解代谢。另外因为血细胞中缺乏线粒体，故无论在任何条件下，其只能依靠葡萄糖无氧酵解供能。磷酸果糖激酶-1 是细胞质内糖酵解过程的限速酶，它催化 6-磷酸果糖磷酸化为 1，6-二磷酸果糖，胰岛素刺激、高血糖素抑制 PFK-1 活性，从而影响糖酵解速度。

2. 脂代谢 创伤应激反应的代谢起涨期，糖原逐渐消耗殆尽，糖原合成不足，能量供给不能满足需要，氧消耗及氧运输增加，组织器官缺血缺氧，体温升高，游离脂肪酸成为主要能量来源，以维持机体生命活动和创伤修复的需要。

3. 蛋白质代谢 创伤应激反应的代谢起涨期，外周组织氨基酸迅速动员、进入氨基酸池、重新分布，肌肉蛋白同时加速降解，释放氨基酸供细胞增殖。

小 结

体内各种物质代谢相互联系并相互制约。体内物质代谢的特点：①整体性；②在精细调节下进行；③各组织器官物质代谢各具特色；④代谢物具共同的代谢池；⑤能量生成和消耗以 ATP 为中心；⑥NADPH 提供合成代谢所需的还原当量。

在人类生活过程中，其内外环境不断变化，机体通过神经系统和神经体液途径对机体的生理功能及物质代谢进行调节，以适应环境的变化，从而维持内环境的相对恒定。短期饥饿时：蛋白质分解增强，氨基酸释放增多；糖异生作用增强；脂肪动员增强，酮体生成增多；组织氧化葡萄糖减弱。长期饥饿时：脂肪动员进一步增强，肾皮质的糖异生作用明显增强，组织蛋白质分解减少。

应激是一些刺激因素（如创伤、剧痛、大失血、窒息、手术、休克、冻伤、缺氧、中毒、严重感染以及剧烈情绪激动等）作用于机体后机体所作出的一系列非特异性全身反应。应激时糖、脂、蛋白质代谢特点是分解代谢增强，合成代谢受到抑制。不同的应激状态下机体代谢也会出现某些特殊改变。

（张秀云　鄢佳程）

笔记栏

参考文献

曹亚.2003.实用分子生物学操作指南.北京:人民卫生出版社

刘秉文,陈俊杰.2005.医学分子生物学.第2版.北京:中国协和医科大学出版社

刘德培.2003.医学分子生物学.北京:人民卫生出版社

刘树铮.2006.医学放射生物学.北京:原子能出版社

刘新光.2007.生物化学.案例版.北京:科学出版社

刘正.2003.口腔生物学.第3版.北京:人民卫生出版社

聂剑初.1999.生物化学简明教材.第3版.北京:高等教育出版社

孙汶生,曹英林,马春红.2004.基因工程学.北京:科学出版社

孙增勤.2009.实用麻醉手册.第2版.北京:人民军医出版社

谭秀娟,罗自强.2005.麻醉生理学.第2版.北京:人民卫生出版社

王镜岩,朱圣庚,徐长法.2002.生物化学.第3版.北京:高等教育出版社

吴士良,周迎会,黄新祥.2005.医学生物化学与分子生物学.北京:科学出版社

伍欣星,聂广,胡继鹰.2000.医学分子生物学原理与方法.北京:科学出版社

谢荣.1994.麻醉学.第3版.北京:科学出版社

胥少汀,葛宝丰,徐印坎.2005.实用骨科学.第3版.北京:人民军医出版社

于秉治.2004.医用生物化学.北京:中国协和医科大学出版社

查锡良.2008.生物化学.第7版.北京:人民卫生出版社

张乃衡.1999.医学分子生物学.北京:北京医科大学出版社

周爱儒,查锡良.2005.生物化学.第6版.北京:人民卫生出版社

周梦圣.2000.生物化学.北京:中国中医药出版社

周学东.2002.口腔生物化学.成都:四川大学出版社

朱宪彝.1989.代谢性骨病学.天津:天津科学出版社

朱玉贤,李毅.2002.现代分子生物学.第2版.北京:高等教育出版社

庄心良,曾因明,陈伯銮.2003.现代麻醉学.北京:人民卫生出版社

Berg JM, Tymoczko JL, Stryer L.2002.Biochemistry.5th ed.New York: W.H.Freeman and Company

Blumberg D, Hochwald S, Burt M, et al.1995.Tumor necrosis factor alpha stimulates glucogenesis from alanine in vivo.J Surg Oncol, 9(4): 220~225

Cole AS, Eastoe JE.2004.Biochemistry and Oral Biology.2nd ed.Oxford: Butterworth-Heinemann

David LN, Michael MC.2005.Lehninger Principles of Biochemistry.4th ed.New York: W.H.Freeman and Company

Gerald L.2008.Human Biochemistry and Disease.London: Academic Press

Horton HR, Moran LA, Ochs RS et al.2003.生物化学原理(影印版).北京:科学出版社

Jeremy MB.2002.Biochemistry, 5th ed.New York: W.H.freeman and company

Lehninger AL, Nelson DL, Cox MM.2004.Lehninger Principles of Biochemistry.4th ed.W.H.freeman and company

Magnan C, Laury MC, Adnot P, et al.1998.Hormonal counter regulation failure in rats is related to previous hyperglycaemia-hyperinsulinaemia.Diabetes Metab, 24(1):46~54

Matthew PS.2003.Molecular Cell Biology.5th ed.New York: W.H.Freeman and Company

Moazed D, Noller HF.1989.Interaction of tRNA with 23S rRNA in the ribosomal A, P, and E Site.Cell, 57: 585~597

Murray RK, Granner DK, Mayes PA et al.2003.Harper's illustrated Biochemistry.26th ed.New York: McGraw-Hill Companies Inc

Noller HF, Hofferth V, Zimniak L.1992.Unusual resistance of peptidyl transferase to protein extraction procedures.Science, 256: 1416~1419

Paul GB, Bruce FC, Robert KS.2005.Clinical Anesthesia.5th ed.Philadelphia: Lippincott Williams & Wilkins

Robert KM, Daryl KG, Victor WR.2006.Harper's Illustrated Biochemistry.27th ed.New York: McGraw Hill Company

Robert W.1999.Molecular Biology.New York: McGraw-Hill Companies Inc

Ronald D.Anesthesia.5th ed.American: Science Press

Shuttleworth A, Whittaker DK, David BF.2000.Oral Bioscience.Oxford: Churchill Livingstone

Soler C, Soley M.1993.Rapid and delayed effects of epidermal growth factor on gluconeogenesis.Biochem J, 294 (Pt 3): 865~872

Trudy M.2000.生物化学导论(影印版).北京:科学出版社

Waage A, Halstensen A, Shalaby R, et al.1989.Local production of tumor necrosis factor alpha, interleukin 1, and interleukin 6 in meningococcal meningitis.Relation to the inflammatory response.J Exp Med, 170(6): 1859~1867

Wilmore DW.Carbohydrate metabolism in trauma.1976.Clin Endocrinol Metab, 5(3):731~745

笔记栏

生物化学名词英中对照

A

Abacavir, ABC　阿巴卡韦
abasic site, AP　无碱基位点
abortive initiation　流产式起始
absolute specificity　绝对特异性
acetoacetic acid　乙酰乙酸
acetyl CoA　乙酰 CoA
acetoacetic acid thiokinase　乙酰乙酸硫激酶
acetone　丙酮
acetyltransferase　乙酰基转移酶
acetyl CoA carboxylase　乙酰 CoA 羧化酶
active center　活性中心
activation energy　活化能
activator　激活剂
acyl carrier protein, ACP　酰基载体蛋白
acyl-CoA transferase　脂酰 CoA 转移酶
acylcoenzyme A cholesterol acyltransferase, ACAT　脂酰 CoA 胆固醇脂酰转移酶
Adefovir　阿德福韦
adenine, A　腺嘌呤
adenine nucleotide transporter　腺苷酸载体
adenine phosphoribosyl transferase, APRT　腺嘌呤磷酸核糖转移酶
adenosine deaminase, ADA　腺苷酸脱氨酶
adrenalin　肾上腺素
aerobic oxidation　有氧氧化
alanine-glucose cycle　丙氨酸-葡萄糖循环
alanine transaminase , ALT　丙氨酸氨基转移酶
albinism　白化病
alcohol dehydrogenase, ADH　醇脱氢酶
aldehyde dehydrogenase, ALDH　醛脱氢酶
aldosterone　醛固酮
allopurinol　别嘌呤醇
allosteric enzyme　变构酶
allosteric regulation　变构调节
allolactose　别乳糖
Alkaline phosphatase, ALP/AKP　碱性磷酸酶
AIRcarboxylase AIR　羧化酶
amelogenin, Am　疏水性釉原蛋白
amines　胺类
amino acid　氨基酸
amino acid metabolic pool　氨基酸代谢库
γ-aminobutyric acid, GABA　γ-氨基丁酸
5-aminoimidazole ribonucleotide, AIR　5-氨基咪唑核苷酸
aminopeptidase　氨基肽酶
aminotransferase　氨基转移酶
aminoacyl-tRNA synthetase　氨基酰-tRNA 合成酶
ammonia　氨
AMPA　α-氨基-3-羟基-4 异恶唑-丙酸
amobarbital　异戊巴比妥
anaerobic degradation　无氧分解
anaplerotic reaction　回补反应
antilipolytic hormones　抗脂解激素
annealing　退火
antimycin A　抗霉素 A
apolipoprotein, apo　载脂蛋白
apparent K_m　表观 K_m 值
apoenzyme　酶蛋白
Ara-CTP　阿糖胞苷三磷酸
arachidonate　花生四烯酸
argininosuccinate synthetase　精氨酸代琥珀酸合成酶
argininosuccinase　精氨酸代琥珀酸裂解酶
artificial enzyme　人工酶
aspartate transcarbamoylase, ATCase　天冬氨酸氨基甲酰转移酶
ATP synthase　ATP 合酶
attenuator　衰减子
autocatalysis　自身激活
azoreductase　偶氮还原酶

B

bacterial artificial chromosome　细菌人工染色体
bacteriophage, phage　噬菌体
basic leucine zipper, Bzip　碱性亮氨酸拉链
bidirectional replication　双向复制
bile acid　胆汁酸
bile acid pool　胆汁酸库
bile pigments　胆色素
bile salts　胆盐
bilinogen enterohepatic circulation　胆色素的肠肝循环
bilinogen　胆素原
bilin　胆素
bilineurine　胆碱
bilirubin　胆红素
bilirubin glucuronide　胆红素葡萄糖醛酸酯
biliverdin　胆绿素
biliverdin reductase　胆绿素还原酶
binding group　结合基团
biocatalyst　生物催化剂
biological oxidation　生物氧化
biotransformation　生物转化
biuret test　双缩脲反应
blood sugar　血糖
blunt end　平末端或钝末端
bone mineral density , BMD　骨矿密度
Bone Morphogenic Protein , BMP　骨形态蛋白
bovine spongiform encephalopathy, BSE　牛脑海绵状病
branching enzyme　分支酶
brittle bone disease　脆骨病

C

C value paradox　C 值矛盾

C value　C 值
calcium binding protein, CaBP　钙结合蛋白
cAMP-dependent protein kinase　依赖 cAMP 的蛋白激酶
capping enzyme　加帽酶
carbamoyl phosphate synthetase Ⅰ, CPS Ⅰ　氨基甲酰磷酸合成酶Ⅰ
carbamoyl phosphate synthetase Ⅱ, CPS Ⅱ　氨基甲酰磷酸合成酶Ⅱ
carbohydrate　碳水化合物
carboxin　萎锈灵
carboxyamino-imidazole ribonucleotide, CAIR　5-氨基咪唑-4-羧酸核苷酸
carboxyl-terminal domain, CTD　羧基末端结构域
carboxypeptidase A　羧基肽酶 A
carboxypeptidase B　羧基肽酶 B
carnitine acyl transferase-Ⅰ, CAT-Ⅰ　肉碱脂酰转移酶Ⅰ
carnitine acyl transferase-Ⅱ, CAT-Ⅱ　肉碱脂酰转移酶Ⅱ
carnitine-fatty acyl carnitine transposase　肉碱-脂酰肉碱转位酶
carnitine　肉碱
catabolite gene activator protein, CAP　代谢物基因激活蛋白
catalytic group　催化基团
catecholamine　儿茶酚胺
cDNA library　cDNA 文库
cellular prion protein, PrP^c　细胞型(正常型)
cellular respiration　细胞呼吸
chaperonins　伴侣素或分子伴素
chaperon　分子伴侣
chemical modification　化学修饰
chemiosmotic hypothesis　化学渗透假说
chloromycetin　氯霉素
cholamine　乙醇胺
cholesterol 7α-hydroxylase　胆固醇 7α-羟化酶
cholesterol ester, CE, 胆固醇酯
cholesterol　胆固醇
cholesteryl ester transfer protein, CETP　胆固醇酯转移蛋白
chylomicrons, CM　乳糜微粒
chymotrypsin　糜蛋白酶
cis-aconitase　顺乌头酸酶
cis-aconitic acid　顺乌头酸
cis-acting elements　顺式作用元件
cis　顺式
citrate cycle　柠檬酸循环
citrate pyruvate cycle　柠檬酸-丙酮酸循环
citrate synthase　柠檬酸合酶
citrate　柠檬酸
cloning vector　克隆载体
closed binary complex　闭合的酶-启动子二元复合物
coenzyme Ⅰ, Co Ⅰ　辅酶Ⅰ
coenzyme Ⅱ, Co Ⅱ　辅酶Ⅱ
coenzyme　辅酶
cofactor　辅助因子
colipase　辅脂酶
combivir, AZT+3TC　双汰芝
commalessness　连续性
competent cell　感受态细菌
competitive inhibition　竞争性抑制作用
complementary DNA; cDNA　互补 DNA
complex　蛋白复合体
conformational disease　构象病
conformation　空间构象
conjugated bile acid　结合胆汁酸
conjugated bilirubin　结合胆红素
conjugated enzyme　结合酶
consensus sequence　共有序列
conservative　全保留
constitutive gene expression　组成性表达
coordinate expression　协调表达
coordinate regulation　协调调节
core element　核心元件
core particle, CP　核心颗粒
core protein　核心蛋白
corepressor　辅阻遏剂
corticosteroid　皮质醇
corticosterone　皮质酮
cos site-carrying plasmid, cosmid　柯斯质粒
covalent modification regulation　共价修饰调节
covalent modification　共价修饰
creatine kinase, CK　肌酸激酶
creatine phosphate, CP　磷酸肌酸
creatine　肌酸
creatinine　肌酸酐
Creutzfeldt-Jakob disease, CJD　人类变异性克雅氏疾病
cytochrome P450 monooxygenase, CYP　细胞色素 P450 加单氧酶系
cytochromes, Cyt　细胞色素
cytosine, C　胞嘧啶

D

deoxyribozyme, DRz　脱氧核酶
decarboxylase　脱羧酶
degeneracy　简并性
directionality　方向性
diphtheria toxin　白喉毒素
DNA cloning　基因克隆
DNA diagnosis　DNA 诊断
DEAE　二乙氨基乙醇
double strand breaks, DSB　双链断裂
DNA cross-linkage　DNA 交联
DNA molecular breakage　DNA 链断裂
DNA base change　碱基变化
Derepression　去阻遏
Dimerization　二聚化
Dimmer　二聚体
dispersive　混合式
DNA polymerase　DNA 聚合酶
DNA-dependent DNA polymerase　依赖 DNA 的 DNA 聚合酶
DNA polymorphism　DNA 多态性
D-loop replication　D 环复制
DNA damage　DNA 损伤
DNA mutation　DNA 突变
direct repair　直接修复
double reciprocal plot　双倒数作图法
dihydrofolic acid synthetase　二氢叶酸合成酶
dehydrogenase　脱氢酶

de novo synthesis 从头合成途径
Didanosine, ddI 去羟肌苷
denaturation 变性
dimercaptopropanol, BAL 二巯丙醇
dinitrophenol, DNP 二硝基苯酚
domain 结构域
DHU 双氢尿嘧啶
deoxyribonucleic acid, DNA 脱氧核糖核酸
decarboxylation 脱羧基作用
dopamine 多巴胺
dipeptidase 二肽酶
depot fat 储脂
desaturase 去饱和酶
diacylglycerol, DG 二酰甘油
diacylglycerol pathway 二酰甘油途径
dihydrosphingosine 二氢鞘氨醇
dimethylallyl pyrophosphate 二甲基丙烯焦磷酸
debranching enzyme 脱支酶
diabetes mellitus 糖尿病
dihydroxyacetone phosphate, DHAP 磷酸二羟丙酮

E

editing activity 编辑活性
elastase 弹性蛋白酶
electroencephalogram, EEG 脑电图
electron transfer chain 电子传递链
electroporation 电穿孔
elongation 延长
Emtricitabine, FTC 恩曲他滨/依曲西他平
enamel protein 釉质蛋白
enamelin, En 酸性釉蛋白
endopeptidase 内肽酶
energy barrier 能障
energy-rich phosphate bond 高能磷酸键
enhancer binding protein, EBP 增强子结合蛋白
enhancer 增强子
enterohepatic circulation of bile acid 胆汁酸的肠肝循环
enterokinase 肠激酶
entrance 进位
enzyme sensitive sites, ESS 酶敏感位点
epidermal growth factor, EGF 表皮生长因子
epinephrine 肾上腺素
error prone repair 差错倾向修复
erythromycin 红霉素
essential activator 必需激活剂
essential amino acid 必需氨基酸
essential fatty acids 必需脂肪酸
essential group 必需基团
estradiol 雌二醇
etomidate 依托咪酯
eukaryote 真核生物
eukaryotic elongation factor, eEF 真核生物延长因子
eukaryotic initiation factor, eIF 真核起始因子
excision repair 切除修复
exon skipping 外显子跳跃
exon 外显子
exopeptidase 外肽酶
expression vector 表达载体

F

familial hypercholesterolemia, FH 家族性高胆固醇血症
farnesyl pyrophosphate, FPP 焦磷酸法尼酯
fat mobilization 脂肪动员
fatal familial insomnia, FFI 致死性家庭性失眠症
fatty acid, FA 脂肪酸
fat 脂肪
flavoprotein, FP 黄素蛋白
folding 折叠
foreign DNA 外源基因
formimino 亚胺甲基
formylglycinamide ribonucleotide, FGAR 甲酰甘氨酰胺核苷酸
formylglycinamidine ribonucleotide, FGAM 甲酰甘氨咪核苷酸
fragile x mental retardation 1, fmr1 家族性智力低下基因 1/脆性 X 综合征致病基因 1
fragile x syndrome, fxs 脆性 X 综合征
frameshift mutation 框移突变
free bile acid 游离胆汁酸
free fatty acid, FFA 游离脂肪酸
free radical 自由基
fructose bisphosphatase-1 果糖双磷酸酶-1
fructose-1,6-bisphosphate F-1,6-BP 1,6-二磷酸果糖
fructose-6-phosphate F-6-P 6-磷酸果糖
FTC 氧硫代胞嘧啶
fumarase 延胡索酸酶
fumarate 延胡索酸

G

genetic coden 遗传密码
gene engineering 基因工程
genomic library 基因组文库
germline gene therapy 种系基因治疗
glutathione S-transferase, GST 谷胱甘肽 S-转移酶
gene expression 基因表达
gene 基因
genome 基因组
general transcription factors 基本转录因子
glutamine-PRPP amidotransferase 谷氨酰胺-PRPP-酰胺转移酶
glycinamide ribonucleotide, GAR 甘氨酰胺核苷酸
GAR synthetase 甘氨酰胺核苷酸合成酶
GAR transformylase GAR 甲酰转移酶
gout 痛风症
glutathione GSH 谷胱甘肽
Gerstmann syndrome, GSS 格斯特曼综合征
guanine, G 鸟嘌呤
α-glycerophosphate shuttle α-磷酸甘油穿梭
glucogenic amino acid 生糖氨基酸
glucogenic and ketogenic amino acid 生糖兼生酮氨基酸
glutamic pyruvic transaminase, GPT 谷丙转氨酶
glutamic oxaloacetic transaminase, GOT 谷草转氨酶
glutamine synthetase 谷氨酰胺合成酶
glutaminase 谷氨酰胺酶
γ-glutamyl cycle γ-谷氨酰基循环
glycerol 甘油

glycosphingolipid 鞘糖脂
α-1,4-glucan transferase α-1,4-寡糖基转移酶
α-1,6-glucosidase α-1,6-葡萄糖苷酶
glyceraldehydes-3-phosphate 3-磷酸甘油醛
glycogen,Gn 糖原
glycogenesis 糖原合成
glycogenolysis 糖原分解
glycogen primer 糖原引物
glycogen synthase 糖原合酶
glycolipid 糖脂
glycolysis 糖酵解
glycoprotein 糖蛋白
glucagons 胰高血糖素
glucocorticoid 糖皮质激素
glucokinase,GK 葡萄糖激酶
gluconeogenesis 糖异生
glucose,G 葡萄糖
glucose-6-phosphate G-6-P 6-磷酸葡萄糖
glucose-6-phosphatase 葡萄糖-6-磷酸酶
glucose-6-phosphate dehydrogenase G6PD 6-磷酸葡萄糖脱氢酶
glucose tolerance test,GTT 糖耐量试验

H

holoenzyme 全酶
heat shock protein,HSP70 热激蛋白 70
heme oxygenase 血红素加氧酶
hemolytic jaundice 溶血性黄疸
hepatocellular jaundice 肝原性黄疸
hypoxanthine-guanine phosphoribosyl transferase 次黄腺嘌呤-鸟嘌呤磷酸核糖转移酶,HGPRT
highly active antiretroviral therapy,HAART 高效抗逆转录病毒治疗
hepatitis B virus,HBV 乙型肝炎病毒
heterogeneous nuclear RNA,hnRNA 不均一核 mRNA
heteroduplex 杂化双链
hyperchromic effect 增色效应
α-helix α-螺旋
Hyaluronidase 透明质酸酶
heat shock transcription factor,HSTF 热休克转录因子
heterodimer 异二聚体
housekeeping gene 管家基因
hypersensitive site 超敏位点
heterogenous nuclear RNA,hnRNA 核内不均一 RNA
helicase 解旋酶
hydrolases 水解酶类
hemoglobin,Hb 血红蛋白
half-life 半寿期
hyperammonemia 高血氨症
histamine 组胺
histidinemia 组氨酸血症
homocysteine 同型半胱氨酸
homocystinuria 同型胱氨酸尿症
5-hydroxytryptamine,5-HT 5-羟色胺
hyperammonemia 高血氨症
hypercholesterolemia 高胆固醇血症
hepatic lipase,HL 肝脂肪酶
high density lipoprotein,HDL 高密度脂蛋白
hormone sensitive lipase,HSL 激素敏感脂肪酶
hydroxymethyl glutaryl-CoA,HMG-CoA β-羟-β-甲基戊二酸单酰 CoA
hyperlipoidemia 高脂血症
hyperlipoproteinemia 高脂蛋白血症
hepar adiposum 脂肪肝
hexokinase,HK 己糖激酶
hexose monophosphate shunt 磷酸己糖旁路
hyperglycemia 高血糖
hypoglycemia 低血糖

I

initiation coden 起始密码
isoacceptor 同工接受体
initiation 起始
initiation factor,IF 起始因子
intein 内蛋白子
interferon,IFN 干扰素
insertion vector 插入型载体
infection 感染
inclusion body 包涵体
intrathecal anesthesia 椎管内麻醉
interleukin,IL 白细胞介素
insulin resistance,IR 胰岛素抵抗
induction 诱导
interrupted genes 不连续基因/断裂基因
internal control regions,ICR 内部控制区
intron 内含子
inverted repeat 反转重复序列
iron-response element,IRE 铁反应元件
interference RNA,RNAi 干扰 RNA
intrinsic terminator 内源性终止子
internal promoter 内部启动子
intron 内含子
inchworm model 爬行模型
integrase 整合酶
irreversible inhibition 不可逆性抑制作用
immobilized enzyme 固定化酶
isoenzyme 同工酶
induced-fit hypothesis 诱导契合假说
inducer 诱导剂
induction 诱导作用
isomerases 异构酶类
inosine monophosphate,IMP 次黄嘌呤核苷酸
inosine, I 次黄嘌呤核苷
isoelectric point,pI 等电点
immunoglobulin,Ig 免疫球蛋白
interleukin-1;IL-1 白细胞介素-1
insulin-like growth factors,IGFs 胰岛素样生长因子
isoprene 异戊二烯
iron-sulfur cluster,Fe-S 铁硫中心
iron-sulfur protein 铁硫蛋白
inositol triphosphate,IP_3 三磷酸肌醇
intermediate density lipoprotein,IDL 中间密度脂蛋白
isopentenyl pyrophosphate,IPP 异戊烯焦磷酸
insulin 胰岛素

isocitrate 异柠檬酸
isocitrate dehydrogenase 异柠檬酸脱氢酶

J

jaundice 黄疸

K

kanamycin 卡那霉素
ketamine 氯胺酮
kernicterus 核黄疸
kinetics of enzyme-catalyzed reaction 酶促反应动力学
kuru disease, Ku-rmm 库鲁病
α-ketoacid α-酮酸
ketogenic amino acid 生酮氨基酸
ketone bodies 酮体
ketonemia 酮血症
ketonuria 酮尿症
α-ketoglutarate α-酮戊二酸
α-ketoglutarate dehydrogenase complex α-酮戊二酸脱氢酶复合体

L

lytie 溶菌性
lysogenic 溶原性
leukocyte pyrogen, LP 白细胞致热原
ligandin 配体蛋白
lecithin cholesterol acyl transferase, LCAT 卵磷脂-胆固醇酰基转移酶
leading strand 领头链
lagging strand 随从链
LexA repressor LexA 抑制子
ligase 连接酶
ligases 合成酶类/连接酶类
Lineweaver-Burk 林-贝氏
lyases 裂解酶类
lamivudine, 3TC 拉米夫定
L-glutamate dehydrogenase L-谷氨酸脱氢酶
Lanosterol 羊毛固醇
lecithin-cholesterol acyl transferase, LCAT 卵磷脂胆固醇脂酰转移酶
linoleate 亚油酸
linolenate 亚麻酸
lipids 脂类
lipoid 类脂
lipolytic hormones 脂解激素
lipoprotein, LP 脂蛋白
low density lipoprotein, LDL 低密度脂蛋白
lysophospholipids 溶血磷脂
lactate 乳酸
lactate cycle 乳酸循环
lactate dehydrogenase, LDH 乳酸脱氢酶
liver glycogen 肝糖原
L-malate dehydrogenase L-苹果酸脱氢酶
lysyl hydroxylase 赖氨酸羟化酶
lysyl oxidase 赖氨酸氧化酶

M

molecular chaperone 分子伴侣
mitochondrial peptidase, MPP 线粒体肽酶
multiple cloning site, MCS 多克隆位点
monoamine oxidase, MAO 单胺氧化酶
microsomal ethanol oxidizing system, MEOS 微粒体乙醇氧化系统
monocistron 单顺反子
micro RNA, miRNA 微小 RNA
mRNA splicing mRNA 的剪接
minichromosome maintenance protein MCM 蛋白/微小染色体维持蛋白
multielement catalysis 多元催化
multifunctional enzyme 多功能酶
metalloenzyme 金属酶
metal-activated enzyme 金属激活酶
maximum velocity 最大反应速度
mimic enzyme 模拟酶
Michaelis constant, K_m 米氏常数
methotrexate, MTX 甲氨蝶呤
messenger RNA, mRNA 信使 RNA
melting temperature, T_m 解链温度
molecular hybridization 分子杂交
motif 模体
myoglobin, Mb 肌红蛋白
mad cow disease 疯牛病
molecular hybridization 分子杂交
molecular disease 分子病
malate-aspartate shuttle 苹果酸-天冬氨酸穿梭
malonate 丙二酸
mitochondrial DNA, mtDNA 线粒体 DNA
melanin 黑色素
metabolic pool 代谢库
methyl 甲基, $—CH_3$
methylene 甲烯基, $—CH_2—$
methionine cycle 甲硫氨酸循环
methyl transferase 甲基转移酶
methylation 甲基化作用
malonyl-CoA 丙二酰 CoA
methylmalonic acidemia 甲基丙二酸血症
methylmalonic aciduria 甲基丙二酸尿症
mevalonic acid, MVA 甲羟戊酸
micelles 乳化微团
mixed micelles 混合微团
monoacylglycerol, MG 单酰甘油
monoacylglycerol pathway 单酰甘油途径
malate 苹果酸
muscle glycogen 肌糖原

N

native conformation 天然功能构象
nuclear localization sequence, NLS 核定位序列
nuclear importin 核输入因子
nucleic acid molecular hybridization 核酸分子杂交
N-formyl methionine, fMet N-甲酰甲硫氨酸
NMDA N-甲基-天门冬氨酸
N-demethylated ketamine 去甲氯胺酮
nitroreductase 硝基还原酶
nucleolus 核仁

non-competitive inhibition 非竞争性抑制作用
non-essential activator 非必需激活剂
nucleotides 核苷酸
nonnucleoside reverse transcriptase inhibitor, NNRTI 非核苷类逆转录酶抑制剂
nucleotide 核苷酸
nucleic acid 核酸
N-acetyl glutamatic acid, AGA *N*-乙酰谷氨酸
non-essential amino acid 非必需氨基酸
norepinephrine 去甲肾上腺素
nitrogen balance 氮平衡
nascent 新生的
nonessential fatty acids 非必需脂肪酸

O

obstructive jaundice 阻塞性黄疸
open reading frame, ORF 开放阅读框架区
oligomer 寡聚体
oxygen metabolism 氧代谢
oxygen transport 氧输送
oxygen delivery, DO_2 氧供
oxygen consumption, VO_2 氧耗
operator 操纵序列
operon 操纵子
orientation arrange 定向排列
oxidoreductases 氧化还原酶类
optimum temperature 最适温度
optimum pH 最适 pH
Osteocalcin, BGP 骨钙素
Osteoporosis 骨质疏松症
open binary complex 开放的二元复合物
origin recognition complex, ORC 起始识别复合物
orotic acid 乳清酸
orotic aciduria 乳清酸尿症
oligomycin 寡霉素
Ornithine cycle 鸟氨酸循环学说
ornithine carbamoyl transferase, OCT 鸟氨酸氨基甲酰转移酶
oxidative deamination 氧化脱氨作用
oligopeptidase 寡肽酶
orinithine decarboxylase 鸟氨酸脱羧酶
oxaloacetate 草酰乙酸

P

protein biosynthesis 蛋白质生物合成
proofreading activity 校正活性
polyA binding protein, PABP polyA 结合蛋白
peptide bond formation 成肽
polyribosome 或 polysome 多聚核糖体
peptidyl transferase 转肽酶
post-translation processing 翻译后加工
protein disulfide isomerase, PDI 蛋白质二硫键异构酶
peptide prolyl cis-trans isomerase, PPI 肽-脯氨酰顺反异构酶
polyprotein 多蛋白
pro-opio melano cortin, POMC 鸦片促黑皮质素原
protein targeting 蛋白质的靶向输送
protein translocators 运输蛋白
peptide translocation complex 肽转位复合物
puromycin 嘌呤霉素
palindrome 回文
plasmid 质粒
Polymerase Chain Reaction, PCR 聚合酶链反应
propofol 异丙酚
PABA 对氨基苯甲酸
prostaglandins, PG 前列腺素
posthepatic jaundice 肝后性黄疸
prehepatic jaundice 肝前性黄疸
primary bile acid 初级胆汁酸
polymer 多聚体
pre-initiation complex, PIC 前起始复合物
promoter 启动子
pre-mRNA mRNA 前体
prokaryote 原核生物
primase 引物酶
Primosome 引发体
preinitiation complex, preIC 复制前起始复合物
pre-replication complex, preRC 前复制复合物
proliferating cell nuclear antigen, PCNA 增殖细胞核抗原
point mutation 点突变
p-aminobenzoic acid, PAPA 对氨基苯甲酸
prosthetic group 辅基
proximity effect 邻近效应
purine nucleotide phosphorylase, PNP 嘌呤核苷磷酸化酶
protease inhibitor, PI 蛋白酶抑制剂
purine 嘌呤
pyrimidine 嘧啶
poly(A) 多聚腺苷酸尾巴
β-pleated sheet β-折叠
primary structure 一级结构
Prion protein, PrP 朊病毒蛋白
prion 朊病毒
peptide 肽
peptide bond 肽键
protein coagulation 凝固作用
protein 蛋白质
polypeptide 多肽
pseudouridine, ψ 假尿嘧啶核苷
proteoglycans 蛋白多糖
prolyl hydroxylase 脯氨酸羟化酶
parathyroid gland, PTH 甲状旁腺素
prostaglandin, PG 前列腺素
piericidin A 粉蝶霉素 A
Parkinson disease 帕金森病
pepsinogen 胃蛋白酶原
pepsin 胃蛋白酶
peptidase 肽酶
phenyl ketonuria, PKU 苯丙酮尿症
phenylalanine hydroxylase 苯丙氨酸羟化酶
polyamines 多胺
protein turnover 蛋白质的转换更新
protease 蛋白酶
proteasome 蛋白酶体
purine nucleotide cycle 嘌呤核苷酸循环
putrefaction 腐败作用
palmitoleic acid 软脂酸

pancreatic lipase 胰脂酶
phosphatidic acid,PA 磷脂酸
phosphatidic acid pathway 磷脂酸途径
phosphatidylcholine,PC 磷脂酰胆碱
phosphatidylethanolamine,PE 磷脂酰乙醇胺
phosphatidylinositol,PI 磷脂酰肌醇
phosphatidylinositol 4,5-biphosphate,PIP_2 磷脂酰肌醇 4,5-二磷酸
phosphatidylserine ,PS 磷脂酰丝氨酸
phosphoglycerides 甘油磷脂
phospholipase 磷脂酶
phospholipid,PL 磷脂
4′-phosphopantetheine 4′-磷酸泛酰氨基乙硫醇
polyunsaturated fatty acid 多不饱和脂酸
progesterone 孕酮
Pasteur effect 巴斯德效应
Phosphoenolpyruvate,PEP 磷酸烯醇式丙酮酸
phosphoenolpyruvate carboxykinase 磷酸烯醇式丙酮酸羧激酶
phosphofructokinase-1,PFK-1 磷酸果糖激酶-1
3-phosphoglycerate 3-磷酸甘油酸
2-phosphoglycerate 2-磷酸甘油酸
phosphoglucomutase 磷酸葡萄糖变位酶
6-phosphogluconate 6-磷酸葡萄糖酸
6-phosphogluconate dehydrogenase 6-磷酸葡萄糖酸脱氢酶
phosphopentose epimerase 磷酸戊糖差向异构酶
phosphopentose isomerase 磷酸戊糖异构酶
phosphopentose pathway 磷酸戊糖途径
phosphorylase 磷酸化酶
phosphorylase b kinase 磷酸化酶 b 激酶
proteoglycan 蛋白聚糖
pyruvate 丙酮酸
pyruvate carboxylase 丙酮酸羧化酶
pyruvate kinase,PK 丙酮酸激酶

Q

quarternary structure 四级结构

R

ribosomal protein,rp 核蛋白体蛋白质
ribosomal binding site,RBS 核蛋白体结合位点
ribosomal cycle 核蛋白体循环
registration 注册
release factor,RF 释放因子
recombinant DNA DNA 重组
restriction endonuclease,RE 限制性核酸内切酶
restriction enzyme 限制酶
replacement vector 置换型载体
replication form,RF 复制型
regulation of gene expression 基因表达调控
repression 阻遏
RNA-induced silencing complex, RISC RNA 诱导的沉默复合物
ribosomal RNA,rRNA 核糖体 RNA
ribozyme,Rz 核酶
replication fork 复制叉
reverse transcription 逆转录
rolling circle replication 滚环复制
restriction fragment length polymorphism,RFLP 限制性片段长度多态性
recombination repair 重组修复
random amplified polymorphic DNA,RAPD 随机引物扩增多态性
rad 拉德
Rho-dependent terminator ρ 因子依赖型终止子
repression 阻遏作用
recommended name 推荐名称
relative specificity 相对特异性
reversible inhibition 可逆性抑制作用
ribonucleotide reductase,RR 核糖核苷酸还原酶
residue 氨基酸残基
renaturation 复性
ribonucleic acid,RNA 核糖核酸
RNaseA 核糖核酸酶
ribosomal protein 核糖体蛋白
relaxed state 松弛态
random coil 无规卷曲
rare base 稀有碱基
renaturation 复性
ribosome 核蛋白体
rare base 稀有碱基
RNomics RNA 组学
respiratory chain 呼吸链
rotenone 鱼藤酮
regulatory particle,RP 调节颗粒
remnant 残余颗粒
reverse cholesterol transport 胆固醇的逆向转运
renal threshold for glucose 肾糖阈
ribose-5-phosphate 5-磷酸核糖
ribulose-5-phosphate 5-磷酸核酮糖

S

sodiumhydroxybutyrate γ-OH 羟丁酸钠
systemic inflam matory response syndrome,SIRS 全身炎症反应综合征
sense coden 有意义密码
Shine-Dalgarno sequence SD 序列
signal sequence 信号序列
signal peptide 信号肽
signal peptidase 信号肽酶
signal recognition particles,SRP 信号肽识别颗粒
streptomycin 链霉素
sticky end 或 cohesive end 黏性末端
somatic gene therapy 体细胞基因治疗
stable transfection 稳定转染
stress 应激
stress response 应激反应
stressor 应激原
single strand break,SSB 单链断裂
stage specificity 阶段特异性
silencer 沉默子
split genes 断裂基因
selectivity factor 选择性因子
special transcription factors 特异转录因子
small interfering RNA,siRNA 小分子干扰 RNA

small nuclear RNA, snRNA 核小 RNA
small cytoplasmic RNA, scRNA 细胞质小 RNA
Small nucleolar RNA, snoRNA 核仁小 RNA
small nuclear RNA, snRNA 核小 RNA
miRNA, micro RNA 微小 RNA
semi-conservative replication 半保留复制
semiconservative 半保留
semi-discontinuous replication 半不连续复制
single stranded DNA binding protein, SSB 单链结合蛋白
synthesis phase S 期
SOS repair system SOS 修复系统
spliceosome 剪接体
sulfotransferase, SULT 硫酸基转移酶
surface effect 表面效应学说
simple enzyme 单纯酶
substrate 底物
stereospecificity 立体异构特异性
systematic name 系统名称
specificity 专一性
sucrase 蔗糖酶
salvage pathway 补救合成(或重新利用)途径
severe combined immunodeficiency disease, SCID 严重联合免疫缺陷症
stavudine, d4T 司坦夫定
small cytoplasmic RNA, scRNA 胞质小 RNA
supersecondary structure 超二级结构
supercoil 超螺旋结构
small catalytic RNA 催化性小 RNA
secondary structure 二级结构
small non-messenger RNA, snmRNA 非 mRNA 小 RNA
small nuclear RNA, snRNA 核内小 RNA
small nucleolar RNA, snoRNA 核仁小 RNA
nucleic acid 核酸
Sickle Cell Anemia 镰刀状红细胞贫血
scrapie associated prion protein, PrPSc 搔痒型(致病型)
subunit 亚基
spermidine 精脒
spermine 精胺
sphingolipid, SL 鞘脂
sphingomyelin 鞘磷脂
sphingosine 鞘氨醇
squalene 鲨烯
sterol carrier protein, SGP 固醇载体蛋白
succinyl CoA thiophorase 琥珀酰 CoA 转硫酶
saccharide 糖
substrate cycle 底物循环
substrate level phosphorylation 底物水平磷酸化
succinate 琥珀酸
succinate dehydrogenase 琥珀酸脱氢酶
succinate thiokinase 琥珀酸硫激酶
succinyl-CoA 琥珀酰 CoA

T

translation 翻译
termination coden 终止密码
termination 终止
translational initiation complex 翻译起始复合物
translocation 转位
translocase 转位酶
termination factor 终止因子
transport vesicles 运输小泡
tetracycline 四环素
target DNA 或 interest DNA 目的基因
transformation 转化
transfection 转染
transfectant 转染细胞
transient transfection 瞬时转染
transforming growth factor-β, TGF-β 转化生长因子-β
tumor necrosis factor, TNF 肿瘤坏死因子
thiopental sodium 硫喷妥钠
TATA box-binding protein, TBP TATA 盒结合蛋白
TATA box-binding protein-associated factor, TAF TATA 盒结合蛋白相关因子
temporal specificity 时间特异性
transcription activators 转录激活因子
transcription inhibitors 转录抑制因子
transferrin 转铁蛋白
transfer RNA, tRNA 转运 RNA
ternary initiation complex 三元起始复合物
transcription factor, TF 转录因子
terminus 复制终点
topoisomerase 拓扑异构酶
telomerase 端粒酶
transition 转换
transversion 颠换
transaminase 转氨酶
transferases 转移酶类
tandem enzyme 串联酶
trizivir, AZT+3TC+ABC 三协维
tenofovir, TDF 替诺福韦/泰诺福韦
telbivudine, L-dT L-脱氧胸腺嘧啶核苷, 替比夫定
tense state 紧张态
tertiary structure 三级结构
thymine, T 胸腺嘧啶
transfer RNA, tRNA 转运 RNA
β-turn β-转角
thenoyl trifluoroacetone, TTFA 噻吩甲酰三氟丙酮
transmembrane transporter 跨膜转运蛋白
tetrahydrofolic acid, FH_4 或 THFA 四氢叶酸
transaminase 转氨酶
transamination 转氨基作用
trypsin 胰蛋白酶
testosterone 睾酮
thiolase 硫解酶
thiolysis 硫解
trans- 反式
triacylglycerol, TG 三酰甘油
tricarboxylic acid cycle, TAC 三羧酸循环

U

Universality 通用性
unconjugated bilirubin 未结合胆红素
UDP glucuronyl transferase, UGT 尿苷二磷酸葡萄糖醛酸基转移酶

uridine diphosphate glucuronic acid, UDPGA 尿苷二磷酸-α-葡萄糖醛酸
upstream control element, UCE 上游控制元件
upstream binding factor, UBF 上游结合因子
uncompetitive inhibition 反竞争性抑制作用
uracil, U 尿嘧啶
ubiquinone, Q 泛醌
uncoupler 解偶联剂
uncoupling Protein, UCP 解偶联蛋白
ubiquitin 泛素
ubiquitination 泛素化
Urease 尿素酶
urea cycle 尿素循环
UDP-glucose pyrophosphorylase 尿苷二磷酸葡萄糖焦磷酸化酶
uridine diphosphate glucose, UDPG 尿苷二磷酸葡萄糖
urine glucose 尿糖

V

Vector 载体
very low density lipoproteins, VLDL 极低密度脂蛋白
vitamin D_3, Vit-D_3 维生素 D_3

W

Wobble 摆动性

X

Xylose transferase 木糖转移酶

Y

yeast artificial chromosome, YAC 酵母人工染色体

Z

zinc finger 锌指
zymogen, proenzyme 酶原
zidovudine, ZDV 或 AZT 齐多夫定
zalcitabine, ddC 扎西他滨

其他

3′-phosphoadenosine-5′-phospho-sulfate, PAPS 3′-磷酸腺苷-5′-磷酸硫酸
3′-untranslated region, 3′-UTR 3′-非翻译区
5-Flurouracil, 5-FU ribonucleotide, FAICAR 氟尿嘧啶核苷酸
5-formylaminoimidazole-4-carboxamide 5-甲酰胺基咪唑-4-氨甲酰核苷酸
5′-untranslated region, 5′-UTR 5′-非翻译区
β-5-phosphoribosylamine, PRA β-5-磷酸核糖胺